제14판 머리말

'회사법 이야기'를 통해 회사법 규범과 현실이 만나는 공간 속에서 회사법 문제를 바라보는 안목을 가졌으면 하는 희망을 이 책에 담았습니다. 소개된 회사법 사례와 이야기는 어디까지나 회사법에 대한 보다 쉬운 접근을 위해 이용된 소재거리일 뿐 100% 진실은 아니라는 점을 유념하셨으면 합니다.

회사법은 기업 현실을 반영하면서 회사를 둘러싼 다양한 이해당사자들의 이익을 잘 규율할 수 있는 규범체계이어야 합니다. 너무나 당연한 말입니다만, 이 말이 갖는 의미를 늘 스스로 상기하곤 합니다. 다 같이 사법적(私法的) 이익관계를 규율하는 민법에 비하면 회사법 대상이 되는 이해관계는 훨씬 입체적이고 다차원적이며 사회적 파급효과가 커서 공적 영역으로까지 확장되는 때도 있습니다. 이와 관련하여 최근 회사와 그 경영자는 누구를 위한 존재인가, 자본다수결의 정당성은 어디까지 수용할 수 있으며 그 한계는 무엇인가, 단체법적 규율을 특징으로 하는 회사법 관계에 전통적인 계약자유의 원칙을 어느 정도로 수용할 수 있는가라는 등의 근본적이면서도 어려운 이슈에 대한 논쟁이 뜨겁습니다. 이러한 논의는 바람직한 회사상과 회사법제를 만들어가는 데 건설적인 자양분이 될 것입니다.

회사는 우리 사회생태계에 적응하고 생존하기 위해 끊임없이 변모하는 생명체와 같은 것입니다. 그러기에 회사법 또한 이에 맞추어 끊임없이 진보하지 않으면 안 됩니다. 이를 위해 회사법 정신과 철학을 지켜가면서 동시에 회사법제가 우리 사회 구성원 모두에게 유익한 공기(公器)이자 인프라가 될 수 있도록 그 면모를 새롭게 다져 나가야 할 것입니다.

이 자리를 빌려 로스쿨 명예교수로서 연구와 교육을 계속할 수 있는 여건을 제공해주고 있는 대학과 동료 교수님들께 감사의 말씀을 드립니다. 이 책은 인하대학교의 지원으로 집필되었습니다.

2024년 여름, 로스쿨 연구실에서 저자 드림

제13판 머리말

코로나가 전 세계를 휩쓸고 있는 상황이 계속되고 있습니다. 그러한 가운데에도 자연은 여전히 아름다운 모습을 보여주고 있고 강인한 생명력을 가진 인간과 인간이 만든 제도는 살아서 작동하고 있습니다. 회사제도 역시 그러했습니다. 우리 인체가 그러하듯이 회사법과 회사제도는 우리 사회의 다른 여러 제도와 유기적으로 상호 작용하면서 그 기능을 담당합니다. 필자는 회사법을 공부할 때 늘 이러한 점을 잊지 않으려 하고 있고, 학생들에게도 이러한 점을 강조하곤 합니다. 회사제도가 처한 현실은 단지 회사의 영역에 국한되는 것이 아니라 사회 전반으로 확장됩니다. 그러므로 우리 사회의 생태계를 구성하는 정치·경제·문화·정신이 총체적으로 건강하지 못하다면 그 일부에 속하는 회사제도는 건강할 수 없습니다. 역으로 회사제도가 건강하지 못하면 우리 사회 전체에도 좋지 않은 영향을 미치게 됩니다. 사회적 비리가 회사제도를 이용하는 현상이나 기업형 범죄는 본디는 중립적어야 할 회사제도가 악용되는 극단적 사태입니다. 또한 상법, 특히 회사법은 경제성장과 사회발전의 인프라로서 우리 모두의 후생을 증진시키는 중요한 토대가 되므로, 이를 우리 기업현실에 부합하면서도 나아가 글로벌 스탠더드 수준으로 발전시켜 나아가야 합니다. 주주 등 이해당사자 수의 급격한 증가, 원격화, 비대면화, 전자화 등 종전의 기업환경과는 달라진 변화양상을 회사법이 적극적으로 수용하는 제도개선도 이루어져야 합니다. 이 책이 개정판을 계속할 수 있도록 도와준 많은 분께 고마움을 표합니다. 이 책의 저술을 지원해준 인하대학교에 감사드립니다.

2023년 새해를 맞으면서
로스쿨 연구실에서 저자 드림

제12판 머리말

이 책은 회사법 세계를 안내하는 길잡이입니다. 회사법(상법 제3편)을 알기 쉽게 설명하는 한편, 회사법에 관한 주요 사건과 판례를 업데이트했습니다. 이를 통해 우리 주위에서 실제 벌어지고 있는 회사법의 다이내믹한 실상과 생생한 적용 모습을 파악할 수 있을 것입니다. 회사법을 공부함에 있어서 개개의 법조문 내용을 파악하는 것은 물론 중요합니다. 하지만 더 중요한 것은 그 취지와 정신, 기본구조, 기능과 적용을 이해하는 것입니다. 이것이 바로 회사법 공부의 기초가 됩니다. 이것이 튼튼하다면 다른 것들은 저절로 알 수 있으며 나아가 응용능력과 문제해결 능력까지도 덤으로 가질 수 있습니다. 회사법을 설계함에 있어서 건강한 회사제도의 유지라고 하는 공익적 요소를 감안하고 있지만, 기본적으로 사익의 조정을 목적으로 하고 있습니다. 이 때문에 회사법 문제에 대한 규율은 법 이에도 정관이나 계약 등과 같은 자치적 수단에 의하는 경우가 참으로 많습니다.

회사를 둘러싼 사회적 변화에도 주목할 필요가 있습니다. 주식투자 인구가 증가함에 따라 흔히 개미투자자라고 불리는 일반 주주들의 회사에 대한 목소리가 높아지고 있습니다. 이는 주주민주주의의 저변 확대라는 점에서 바람직한 현상입니다. 공정거래위원회도 2021년을 소수주주권의 대폭적인 신장이 돋보인 한 해라고 평가하고 있습니다. 코로나-19로 사회가 움츠러드는 상황에서도 비대면 주주총회의 개최가 활발해지면서 역설적으로 전자투표 등 군소주주 보호제도의 활용도가 제고되었습니다. 또한 기업의 사회적 역할의 하나로 비재무적 요소인 ESG(친환경 · 사회 · 지배구조) 경영에 대한 요청이 증대되고 있습니다. 기업으로서도 지속 가능한 활동을 위해 기업의 기반이 되는 사회의 건강을 위한 일에 동참해야 함은 당연합니다. 사회로서도 더 나은 공동체를 만들기 위해 영향력 면에서 기업을 활용하는 것이 효과적이라고 생각할 것입니다. 다만 기업의 본질적 존재이유인 영리성이 사회적 가치와 조화를 이룰 수 있도록 하여 기업과 사회가 공존할 수 있는 길을 찾는 데 지혜를 모아야 할 것입니다.

이 책이 저술될 수 있도록 지원해준 인하대학교에 감사드립니다.

팬데믹이 주는 의미를 생각하며,
로스쿨관 연구실에서 저 자 씀

제11판 머리말

이번 개정판은 2020. 12. 29.부터 시행되고 있는 상법 개정내용(다중대표소송, 감사위원 분리선출, 상장회사 특례규정과 일반규정의 선택적 관계, 전자투표에 의하는 경우 결의요건 특례, 배당기준일을 영업연도 말로 전제한 규정 삭제 등), 그리고 최근의 판례와 회사법 사건을 반영했습니다. 회사법의 핵심 내용을 간단명료하게 설명하고 실제의 사례를 통해 회사법 적용의 생생한 모습을 전달하는 종전의 기조에는 변함이 없습니다.

최근 기업을 대상으로 한 설문조사에 의하면 기업에 가장 큰 영향을 주는 법으로 상법을 지목하고 있다고 합니다. 그만큼 기업의 기본법으로서 상법이 기업환경에 미치는 영향과 역할이 크다는 뜻일 것입니다. 또한 코로나 사태는 주주총회와 같이 대면을 전제한 회사법 운영에도 영향을 주고 있습니다. 우리 회사법 제도의 전자화가 상당히 진척된 상태이기는 하지만, 비대면화 시대에 걸맞은 회사법 마련에 지혜를 모아야 할 시점이라고 생각됩니다.

잃어버린 소소한 일상을 기다리면서,
로스쿨관 연구실에서 저 자 씀

제10판 머리말

이 책을 처음 출간한 지 어느덧 10년이 지나고 있습니다. 부족한데도 매년 개정판을 낼 수 있도록 이 책을 아껴주신 많은 독자 분들께 감사드립니다. 책의 이름을 종전의 『(신문기사와 함께하는) 회사법입문』에서 『(뉴스&팩트) 회사법입문』으로 변경했습니다. 저로서는 마음을 비우는 것이 이 책을 처음 출간했을 때나 지금이나 가장 물리치기 어려운 유혹입니다. '살아있는 회사법의 생생한 현장'을 보여주자는 것, '있어야 할 것은 다 있되 간단 명쾌해야' 한다는 것이 처음 이 책의 집필을 시작하면서 스스로 한 약속인데 지금까지 할 수 있는 한 이를 지키려 해왔습니다.

필자는 최근 법무부의 의뢰로 상법 조문 전체(제1조~제935조)를 쉽게 읽힐 수 있도록 정비하는 일을 맡았습니다. 상법 조문이 법률전문가들에게는 익숙할지 모르나 그 수범자인 일반시민들이 보기에는 '이상한 언어들의 집합'처럼 느껴지는 점이 없지 않았는데 이를 쉽게 접할 수 있도록 하는 것이 이 프로젝트의 목적이었습니다. 이를 위해 법학 교수뿐만 아니라 회계 및 경영학 교수, 어문학 교수, 학생, 시민 등의 다양한 관점과 생각을 모아 상법 조문에 반영하고자 했습니다. 상법학자로서 사회에 기여할 수 있는 좋은 기회인지라 개인적으로는 즐거운 마음으로 이 일을 수행했습니다. 이를 계기로 상법의 대중화에 진전이 있기를 기대합니다.

끝으로, 정치사상가 몽테스키외가 설파한 바와 같이 상업이 자유를 진작시키는 효과가 있는 것이라면, 상업의 중심에 있는 회사 제도가 자유의 확산에 기여할 수 있었으면 좋겠다는 생각을 합니다. 연구를 지원해준 인하대학교 당국에 감사드립니다.

2020년 새해
저 자 씀

제9판 머리말

회사법(상법 제3편)은 회사를 둘러싼 다양한 당사자들의 이해관계를 규율하는 기본법입니다. 이에 대한 '사적 자치'와 '법적 규제'를 씨줄과 날줄로 삼아 기능적으로 조합하는 규범체계입니다. 전자를 존중하고, 후자는 전자가 제대로 작동할 수 있도록 하고 조율하는 역할을 담당해야 합니다.

회사법의 바람직한 모습이 어떠해야 하는가에 대해서는 일률적으로 답할 수 없습니다. 규범적 당위성과 함께 기업현실 등을 종합적으로 고려해야하기 때문입니다. 그동안 한국경제의 견인차로서 국민경제의 성장과 일자리 제공에 기여를 해온 기업의 활력이 많이 위축되고 있습니다. 이러한 냉엄한 경제현실을 타개하기 위하여 다각적인 노력이 필요하다는 목소리가 더욱 높아지고 있습니다.

개정판을 출간하면서 이 책이 제공하는 부가적 가치가 무엇인가를 다시금 되돌아봅니다. 이번 개정판에서도 회사법 규범이 기업현실에 실제 작동되는 생생한 모습을 살펴보고 회사법의 핵심원리를 간단명료하게 체계화하려고 했던 원래의 집필의도에 한걸음 더 접근하고자 했습니다. 끝으로 지난 1년간 연구년을 허락해 준 대학에 고마움을 표합니다.

2019년 새해, 로스쿨관 연구실에서
저 자 씀

제8판 머리말

회사 없는 세상은 더 이상 상상조차 할 수 없는 정도로 오늘날 회사가 우리 사회 전반에 미치는 영향은 실로 막대합니다. 회사법(상법 중 회사편)은 회사에 관한 법률관계를 규율하는 기본법입니다. 그러기에 바람직한 회사법을 모색하는 것은 전국을 잇는 고속도로 몇 개를 건설하는 이상으로 중요하고 사회적 인프라를 구축하는 공익적 의미가 있습니다.

'좋은 회사법'을 찾아가는 노력은 현재도 진행 중입니다. 그 일환으로 경제민주화에 대한 사회적 욕구를 회사법에 투영시키고자 하는 회사법 개정 시도가 꾸준히 행해지고 있습니다. 그 목표는 회사가 '특정인의 전유물'이 아니라 '이해관계자 모두의 회사'로 거듭나게 하는 데 맞추어져 있습니다. 왜곡된 회사의 지배구조를 바로 잡는 것이 그 관건이라는 것이 국민적 공감대이고, 이를 지렛대로 삼아 다수의 회사법 개정안들이 국회에 상정되었습니다. 그 중에서 가장 주목을 끌고 있는 것은 주주총회의 정상화와 주주들의 보다 용이한 의결권행사를 위한 전자투표의 의무화, 이사선임에 있어서 대주주 독점을 완화하기 위한 집중투표의 실효성 제고, 감사위원회의 독립성을 확보하기 위한 감사위원인 이사의 분리선출, 자회사의 경영진을 상대로 모회사의 주주가 소송을 제기할 수 있도록 하는 이중대표소송의 도입, 노동자들의 경영참가 등입니다. 이와 함께 그동안 자본시장법상의 특례로 인정되어 왔던 예탁결제원에 의한 그림자투표의 폐지, 기관투자자의 적극적이고도 성실한 의결권행사를 유도하기 위한 스튜어드십 코드(stewardship code)의 실시 등도 회사지배구조의 민주화를 위한 제도개선사항들입니다.

그러나 이러한 움직임이 '경제민주화' (헌법 제119조 제2항)에 쏠린 나머지 헌법상 경제질서의 근간을 이루는 '경제자유화' (헌법 제119조 제1항)를 후퇴시키고 있다는 지적이 있습니다. 그로 인하여 경영의 비효율성과 불안정성, 외국투기자본의 시장교란, 일자리 창출과 서민의 경제적 안정을 위한 국가시책에 오히려 역행할 수 있다는 우려의 목소리도 있습니다. 장기적 저성장과 양극화의 늪에 빠진 한국경제를 살릴 길이 무엇인가에 대한 고민이 깊어지고 있습니다. 그 돌파구를 경제적 자유를 확대하는 쪽에서 찾아야 한다는 입장과 경제민주화에서 찾아야 한다는 입장이 팽팽하게 맞서고 있는 상황입니다. 어느 한쪽만을 취할 것이 아니라 조화로운 균형감각과 통찰이 절실하게 요구됩니다. 이러한 시대적 요구에 회사법도 부응하여야 할 것이고, 이를 위하여 모두의 지혜와 노력을 모아야 할 시점에 있습니다.

2018년 새해를 맞이하면서
저 자 씀

제7판 머리말

회사법제는 공동의 선을 추구하되 인간의 욕망을 직시하는 현실적인 수단을 동원하여 시스템적으로 해결방안을 모색합니다. 이러한 회사법제의 이상지향적이면서 현실지향적인 점 때문에 회사법 공부가 더욱 흥미로운 것 같습니다.

각 분야에서의 민주화를 염원하는 시대적 요구는 향후 회사법제에도 영향을 미칠 것으로 보입니다. 회사제도는 공유경제의 이상을 실현하는 도구이기에 더욱 그러합니다. 회사법은 주주, 회사채권자, 노동자, 소비자 등 다수의 이해관계인들 간 이익충돌의 조정을 위하여 형평성을 추구하는 동시에 공동의 목표를 효과적으로 달성하기 위하여 효율성을 지향하는 것이 마땅합니다. 주주중심주의는 회사법제의 근간으로서 그 지위를 유지하겠지만, 주주 외의 다른 이해관계자를 고려하지 않는 주주 유일주의는 더 이상 사회로부터 지지를 얻기 어려울 것입니다.

헌법 제199조 제1항에서 천명하고 있는 바와 같이 기업법제는 '개인과 기업의 경제상의 자유와 창의 존중을 기본'으로 삼는 헌법정신의 구체적 실현에 보다 철저해야 할 것이며, 그와 함께 헌법 제119조 제2항의 정신에 입각하여 '기업의 사회화'에 대한 요청에 부응해 나가야 할 것입니다. 기업의 지배구조에 대해서는 서구식 일변도가 아니라 우리 기업문화의 장점을 살릴 수 있는 다양한 방식에 대해서도 열린 자세가 필요합니다. 회사제도가 우리 사회의 건강한 한 부분으로 작동할 것과 이 책이 시민의 회사법 지식 확산에 도움이 되길 희망합니다.

2017년 새해를 맞이하면서
저 자 씀

제6판 머리말

회사법 지식의 저변을 확대하고 회사법이 적용되는 생생한 현장을 전달하고자 개정판을 세상에 내놓습니다. 이번 개정판에서는 상법 중 회사편의 2015년 개정내용(2016. 3. 2. 시행)을 반영하고, 의미있는 회사법 사건들을 추가하였습니다. 중요한 핵심 Keyword를 굵은 글씨로 표시하여 이것만을 읽고서도 전체의 줄거리를 파악할 수 있도록 하였습니다.

2015년 상법개정은 기업구조재편의 활성화를 위한 제도개선에 관한 것입니다. 전 국민의 관심을 불러일으킨 회사법 사건들이 2015년에도 잇달았습니다. 그 중에서도 특히, 제일모직과 삼성물산의 합병사례에서는 누구를 위한 합병인지에 관하여 뜨거운 논쟁을 불러일으켰고, 기업이 위기에 직면했을 때 지지를 받기 위해서는 일관된 친주주정책이 절실하다는 점을 일깨우는 계기가 되었습니다. 롯데그룹의 지배권승계 갈등은 제도에 의하지 않고 특정인에 과도하게 의존하는 기업경영의 불안정성과 불투명한 기업지배구조가 문제의 원인이라는 점에서 집중 조명을 받았습니다. 이들 사례는 빙산의 일각일 뿐, 기업현실은 조용한 듯하지만 때로는 산들바람처럼, 때로는 지표면 아래의 거대한 용암같이 꿈틀대고 살아 움직이고 있음을 느낄 수 있었습니다.

직물에서의 씨줄과 날줄처럼 회사법에 있어서 기업에 대한 '규제'와 '자율'을 어떻게 배분할 것인가에 관하여 심층적 검토가 요구됩니다. 이와 관련하여 회사법의 역할이 '헬리콥터 맘'이어야 할지, '빗자루 맘'이어야 할지, 새로운 패러다임에 대한 모색이 필요합니다. 경제활동에 있어서 자유와 창의의 존중을 기본으로 삼는 우리 헌법정신이 회사법에도 구현되어야 할 것은 지극히 당연합니다. 그러나 다른 한편, 관련 이해관계가 매우 복잡 다양한 회사의 법률문제에서는 마냥 자율에만 맡겨둘 수는 없기에 '갈등관리 규범'으로서의 회사법 기능은 여전히 중요합니다. 인간의 탐욕과 공유가치창출(CSV · creating shared value)을 절묘하게 결합시킨 제도로 회사제도가 제자리를 잡고, 회사를 둘러싼 이해당사자들간에 '최대다수의 최대행복'을 안정적으로 구현하는 제도적 기반을 제공할 수 있도록, 회사법의 면모를 쇄신하는 작업은 계속되어야 할 것입니다.

2016년 새해를 맞이하면서
저 자 씀

제5판 머리말

회사법이 현실의 기업세계에서 구체적으로 적용되는 생생한 모습을 이 책에 담고자 했습니다. 이번 개정판에서는 최근의 주요 회사법 사건을 추가하고 법제의 변화를 반영하였습니다. 2014년에 그동안 법조문상으로만 존재하였던 무기명주식제를 폐지하고 기명주식으로 단일화 한 것은 회사법의 현실적합성을 높인 것으로 평가됩니다.

작년 한 해 동안 ㈜청해진해운의 세월호 참사를 비롯하여 회사법과 관련된 크고작은 사건 · 사고들이 줄을 이었습니다. 이런 사건들은 '사회적 시스템'으로서의 회사법의 역할이 무엇이어야 하는가, 그리고 기업의 생태계를 이루는 정부, 시민, 교육, 종교 등과 회사의 관계를 다시금 성찰해 보는 계기가 되었습니다.

오늘날과 같이 가치혼돈과 가치충돌이 극심한 시대에 진정 가치 있는 것이 무엇인가를 헤아릴 수 있기 위해서는 철학과 통찰이 절실합니다. 회사법 공부에 있어서도 회사제도를 바라보는 올바른 시각의 정립이 무엇보다도 중요한 이유입니다. 회사법의 바람직한 모습이 어떠하여야 할 것인가에 대해서는 회사와 시장의 자율을 증대하는 쪽으로 나아가야 한다는 입장과 회사에 대한 민주적 통제가 더욱 확대되어야 한다는 입장이 대립되는 양상을 보이고 있습니다. 그러나 이들은 양자택일이 아닌 조화의 문제입니다.

회사법의 중심개념이 자본과 영리추구에 있다는 사실을 부정할 수 없습니다. 그러나 회사법은 단순히 돈(자본)만을 바라보고 추구하는 학문은 아닙니다. 회사법이 추구하는 진정한 가치는 이에 참여하는 자들의 이익을 합리적으로 규율하는 시스템을 구축하고, 이를 통하여 공동의 선을 추구하는 데 있다고 필자는 믿습니다. 회사제도가 '협력하여 선을 이루는 사회적으로 유용한 시스템'으로서 회사 참여자 모두의 이익을 증진시키는 기능을 다할 때 회사법제는 비로소 그 존재 이유와 정당성을 부여받을 수 있습니다.

그러기 위해서는 시장에 부응하면서도 동시에 회사법의 가치를 추구하는 '효율적이면서도 정의로운' 회사법제를 향하여 끊임없는 진화가 필요합니다. 이 책이 이러한 회사법의 가치실현과 회사법 지식의 보급에 작은 도움이 될 수 있기를 희망합니다.

2015년 새해를 맞이하면서
저 자 씀

제4판(전정판) 머리말

누구나 회사법에 쉽게 친근해질 수 있도록 스토리텔링(storytelling) 방식으로 쓴 회사법 안내서를 세상에 내놓은 지 벌써 몇 해가 훌쩍 지났습니다. 이번 개정판에서는 서술순서를 전면적으로 바꾸었습니다. 회사법을 보다 체계적으로 이해할 수 있도록 하기 위함입니다. 높은 창공을 비행하는 독수리의 눈과 같이 목차를 익히는 것만으로도 회사법 전체에 대한 안목을 가질 수 있을 것입니다. 제1장부터 제5장까지는 회사법 기초를, 제6장부터 제10장까지는 재무구조를, 제11장에서는 지배구조를, 제12장에서는 회사의 대외관계를, 제13장에서는 회사의 설립부터 소멸까지의 일생을, 제14장부터 제15장까지는 준법통제와 회사분쟁의 해결에 관하여 다루었습니다. 또한 이전 판의 내용을 보완하고, 최근의 괄목할 만한 회사법 사건을 추가하였습니다. 2011년 개정상법에 대한 기업들의 수용상황을 반영하고자 하였습니다. 실제의 사건을 통하여 회사법이 적용되는 현실을 생생하게 느낄 수 있도록 하고 간단명료하게 설명하고자 한 초판의 입장은 그대로 유지되었습니다. 이 책이 회사법 내용과 그 안에 담겨진 회사법 정신을 이해하는 데 도움이 될 수 있었으면 합니다.

2014년 새해를 맞이하면서
저 자 씀

제3판 머리말

초판을 출간하고 시간이 얼마 지나지 않았지만 과분한 호응에 힘을 얻어 다시금 개정판을 내게 되었습니다. 이번 개정판에서는 회사법 사건을 다룬 주요 신문기사와 사례를 추가하였습니다. 기업의 역동성으로 인해 회사법 관련 사례들이 더욱 풍부해지고 있어 이를 반영할 필요가 있었습니다. 회사법제도에 관한 이론적 설명을 좀 더 충실하게 보완하였으나, 과다한 설명을 절제하려는 초판의 입장을 그대로 유지하였습니다.

또한 2011년 개정상법(2012년 4월 15일자 시행)하에서 개별 기업들이 정관을 어떤 내용으로 변경하고 있는지를 반영하였습니다. 이를 통하여 개정상법에 대한 기업들의 수용태세를 엿볼 수 있을 것입니다. 아직 시행초기여서 예단하기에 섣부른 감이 있으나, 현시점에서 보이는 전체적인 느낌으로는 기존의 정관내용에서 크게 벗어나지 않으려는 기업들의 보수적인 태도를 읽을 수 있습니다. 개정법에 의해 기업들이 정관에 의하여 임의적으로 선택할 수 있는 무액면주식, 집행임원제 등을 채택한 사례는 아직 발견하기가 쉽지 않습니다. 주식의 종류에 있어서도 약간 변화된 사례가 있기는 하지만 기존 틀에서 크게 벗어난 것으로는 보이지 않습니다. 그러나 다른 한편으로는, 개정법을 적극적으로 수용하는 정관변경 사례도 늘어나고 있습니다. 이사의 책임을 가볍게 하고, 이사회에 재무제표 승인과 배당에 관한 결정권한을 부여하고, 이사회가 다양한 형태의 사채를 발행할 수 있고, 대표이사에게 1년을 초과하지 않는 범위에서 사채발행을 할 수 있는 권한을 부여하는 등 주로 경영의 효율성과 신속성을 명목으로 이사의 권한을 강화하는 정관변경이 이에 속합니다. 2011년 개정상법이 기업의 자치와 선택을 획기적으로 넓힌 만큼 시간이 흐름에 따라 기업들이 이를 수용하는 폭도 점차 늘어갈 것으로 예상됩니다. 다만 이 과정에서 군소주주와 회사채권자들의 이익이 부당하게 침해되지 않도록 각별히 유의하여야 할 것입니다.

'경제민주화'가 시대의 화두가 되고 있는 이 때에 회사법이 기업을 둘러싼 다수 이해당사자들이 '협력하여 공동선'을 이루는 데 있어 유용한 기본법제로서 거듭날 수 있기를 기대합니다.

2013년 새해를 맞이하면서

저 자 씀

제2판(전정판) 머리말

이 책은 2011년에 대폭 개정되고 2012년부터 시행되는 상법 중 회사편의 내용을 반영하였습니다. 이번 개정상법의 특징은 기업형태를 다양화하고, 재무에 대한 법적 규제를 완화하고, 정관에 의한 기업의 자치를 확대하는 동시에, 기업지배구조의 개선과 경영통제를 위한 제도보완에 역점을 두고 있습니다. 이는 헌법 제119조에서 규정하고 있는 기업의 경제상의 자유와 창의를 존중하는 한편, 경제주체간의 조화를 통한 경제의 민주화를 위하여 경제에 관한 규제와 조정을 할 수 있다는 조항을 법제화하고, 나아가 헌법 전문에서 천명하고 있는 '자율'과 '조화'의 헌법정신을 구현하기 위함이기도 합니다. 아직은 미흡한 점이 있지만 우리의 기업현실에 한층 밀착된 법 개정이라 하겠습니다. 돌이켜보면, 대한민국이 건국된 이후 독자적인 상법전을 가지기 시작한 1962년의 제정상법 이래, 상법전은 기업의 법률적 생활관계를 규율하는 기본법으로서 그 사명을 수행하여 왔고, 그동안 1984년, 1995년, 1998년, 1999년, 2001년 7월과 12월, 2009년 1월과 5월, 2011년 4월의 개정을 거쳐 왔습니다. 이러한 수차례의 상법 개정을 거쳐 오면서 상법의 기업현실에 대한 규범력은 향상되어 왔고, 기업의 양적·질적 성장을 가져오는 제도적 기반이 되었습니다.

2011년 말 법무부와 한국상사법학회의 연석송년모임에서 법무부 보고에 따르면, 건국 초기에는 상법 등 우리나라의 기업 및 경제 관련법이 다른 외국의 선진법제를 모방하고 수입하던 단계에서 이제는 오히려 우리의 법제를 동남아 등 다른 외국에 전수하고 수출함으로써 글로벌경제의 동반성장에 기여하는 수준에 이르렀다고 합니다. 일제의 강점으로부터 해방된 조국의 독립과 부국강병에 일조하기 위하여 상법연구에 본격적으로 투신하게 되었다 하여 저자가 상법을 공부하는 데 있어 의미와 좌표를 제시해주신 박원선 교수님(1907~1986; 1961년 대한민국상법심의위원,

전 연세대 교수 및 학술원 회원)의 말씀이 다시금 회상되어 감회가 깊었습니다. 개정상법이 한층 발전된 모습으로 우리 기업의 경쟁력을 높이는 데에 필요한 제도적 인프라를 제공하고 주주·회사채권자·근로자 등 기업을 둘러싼 다수 당사자들의 이해관계를 공평하게 조정하는 기본규범으로서 그 역할을 다할 수 있기를 소망하면서, 이를 가급적 알기 쉽게 서술하고자 한 이 책의 개정판을 감히 세상에 내놓습니다. 2011년 한 학기 동안 연구학기를 갖게 해준 인하대학교에 감사드립니다.

2012년 2월
저 자 씀

초판 머리말

1. 최근 우리 사회에서 발생한 각양각색의 회사사건들은 회사법 쟁점에 대한 치열한 법리적 논쟁을 불러일으키고 있습니다. 특히 1997년 말 IMF관리체제 직후 우리 기업의 규범적 실상이 그대로 드러났습니다. 이에 대한 반성으로 기업법제를 개선하기 위한 노력이 가속화되었으며, 기업들로 하여금 그동안 양적 성장에 밀려 상대적으로 소홀히 하였던 회사법 규범에 대한 인식수준이 높아지게 하는 계기가 되었습니다. 이 책에서는 신문기사와 판례에 실린 우리 시대의 회사법 사건을 통하여 이에 투영되어 있는 회사법의 모습을 보여주고 그 회사법적 의미를 파악하고자 하였습니다. 이에 의하여 살아 움직이는 회사법을 발견할 수 있을 것입니다.

2. 이 책은 회사법에 대한 전체적인 그림을 그릴 수 있고 회사법의 복잡한 여러 제도들 간의 연결고리를 파악할 수 있도록 쓰여졌습니다. 비전공자들도 쉽게 이해할 수 있도록 실제의 케이스에 기반을 둔 생생하고 피부에 와 닿는 회사법 해설서를 만들고자 한 것이 이 책을 집필하게 된 시발점입니다. 이 책에서 일관되게 지향한 바는, 회사법에 친숙해지고 흥미를 갖도록 하자는 것, 그리고 회사법이 현실세계에 어떻게 적용되는지를 꿰뚫어 볼 수 있는 안목과 통찰력을 갖도록 하자는 것이었습니다. 그래서 내용의 본류를 유지하면서도 복잡한 설명을 가능한 단순화하고 절제하여 기술하고, 기본원리를 제시하는 데에 역점을 두었습니다.

3. 이 책은 이미 발간되어 있는 훌륭한 회사법 역작들, 다른 많은 사람들의 아이디어와 도움이 모여진 결과물입니다. 원고초안을 읽고 의견을 개진해 준 우리 대학원생 남행주, 송성근, 조영근, 황디잉꿔, 초기삽화를 그려준 CyberMBA, 초학자의 눈높이에서 원고를 정독하고 꼼꼼하게 교정을 해준 아내, 책의 체계와 지적재산권문제에 대하여 자문을 해주신 김원오 교수님, 이경규 교수님, 이수미 교수님, 교재개발을 지원해준 인하대학교 법학연구소, 출판을 맡아준 법문사와 책을 아름답게 꾸며준 김용석 과장님께 깊이 감사드립니다.

2011년 새 봄을 앞두고
로스쿨관 연구실에서
저 자 씀

차 례

Contents

일러두기

책의 구성 및 공부방법

저자가 생각하는 효과적인 법학공부방법은 실제의 사례로부터 접근하는 것, 그리고 문제에 대한 해결책을 스스로 생각해봄으로써 우리 머릿속에 이미 축적되어 있는 지식과 합리적 사고능력을 최대한 동원시키는 것이다. 이에 맞추어 아래와 같은 체제로 이 책을 구성하였다.

1. 각 장 · 절별로 전체적인 조감이 가능하도록 개요를 제시하였다. 법학에서도 '숲을 먼저 알고 나무를 보는' 접근법은 여전히 유용하다.

2. 이어서 주요 사항별로 '사례 – 생각해보기 – 해설 – 연습 및 응용'의 순으로 구성하였다.

《사례》는 실제의 회사법 사례 중에서 유의미한 것을 신문, 판례, 회사의 정관과 사업보고서 등에서 따온 것이다. 다만 신문기사가 갖는 속성상 그 내용의 진실성과 정확성이 반드시 담보되는 것이 아니라는 점은 주의를 요한다.

《생각해보기》는 법에 대한 사전 지식이 없는 백지상태에서 스스로가 문제의 핵심과 해결방법을 찾아보도록 하기 위한 것이다. 법학은 단순히 법조문을 암기하는 것이 아니라 '법적으로 사고할 수 있는 능력(legal mind)'을 기르는 학문이므로 이러한 훈련과정이 필요하다.

《해설》은 관련 법제와 법리를 설명한 것이다. 해설 중간에 간간이 있는 '대화' 부분은 일정한 주제를 놓고 정반합(正反合)적인 대화를 통하여 문제에 대한 해답을 스스로 찾아 나아가는 과정을 묘사하고 있다. 소크라테스식 법학공부방법(Socratic method)을 소박하게 응용한 것이라고도 할 수 있겠다. 쉽고 명확한 내용전달을 위하여 [그림]과 <표>를 많이 활용하였다. 이 중 상당수는 저자의 『사례 주식회사법』(영남대학교출판부)에서 가져온 것이다.

《연습 및 응용》을 통하여 학습의 이해도를 스스로 점검하도록 하고 보다 심화된 학습을 유도하였다. 주석에 있는 참고자료를 활용하면 좀 더 심층적인 공부가 가능하다.

3. 예시 설명에서 '회사'는 X회사, Y회사 등으로, '등장인물 내지 당사자'는 K(김氏), L(이氏), P(박氏), C(최氏), A, B, C 또는 甲, 乙, 丙, 丁, 戊 등으로 표시하였다. 회사별로 당사자를 구분해야 할 필요가 있는 때에는 예컨대, X회사의 주주(shareholder)는 Sx, Y회사의 주주는 Sy, X회사의 채권자(creditor)는 Cx, Y회사의 채권자는 Cy 등으로 표시하였다. 이사(director)는 D, 대표이사(representative director)는 R, 피해자(victim)는 V로 표시하였다.

4. 법학공부에서는 근거가 되는 법률, 그 법리적 근거, 법률용어, 실제 적용사례로서의 판례에 대한 이해가 필수적이다. 번거롭더라도 법전을 항상 옆에 두고 근거 법령을 일일이 찾아서 확인

해야 한다. 법률용어는 법률세계에서 통용되는 공통의 약속이므로 책의 말미에 있는 찾아보기를 이용하거나 법률용어집을 통하여 암기해두어야 한다. 판례를 공부함에 있어서는 ① 사실관계(Fact), ② 원고의 청구취지・청구이유와 법적 쟁점(Issue), ③ 법령(Rule), ④ 법원의 법 해석과 적용을 통한 분석과 판단(Analysis), ⑤ 문제에 대한 해답으로서의 결론(Conclusion)을 파악해두어야 한다(FIRAC 방식). 교과서에 개별 항목별로 설명되어 있는 것들을 실제의 사건에서는 − 마치 노련한 의사가 환자의 상태와 원인을 정확하게 파악하여 처방을 하거나 수술을 하는 것처럼 − 이들을 모두 종합하여 쟁점을 추출하고 그 상호관계를 파악하고 중요도에 따라 배열할 수 있어야 한다.

5. 이 책에서 기업 내지 회사는 그 대부분이 '주식회사'를 지칭하는 것임을 밝혀둔다. 책의 초입에 있는 '주식회사법의 기본원리'(Basic Principle)는 처음에는 개략적으로 훑어보고 공부가 다 끝난 다음에 다시 한 번 더 보아 눈감고도 머릿속에 그릴 수 있을 정도로 충분히 익혀두어야 한다. 그 때 비로소 그 의미가 제대로 보일 것이고, 마치 손오공의 '여의봉'이나 어떤 문이건 열 수 있는 '마스터 키'처럼 두루두루 자유자재로 활용할 수 있을 것이다.

법령 약어

[공정]	독점규제 및 공정거래에 관한 법률
[민]	민법
[민소]	민사소송법
[민집]	민사집행법
[비송]	비송사건절차법
[상]	상법
[상등]	상업등기법
[상령]	상법 시행령
[외감]	주식회사 등의 외부감사에 관한 법률
[자본]	자본시장과 금융투자업에 관한 법률
[전등]	주식・사채 등의 전자등록에 관한 법률
[특가]	특정경제범죄 가중처벌 등에 관한 법률
[헌]	헌법
[형]	형법

제 1 장

회사법 윤곽

[들어가기 전]

Q1 영업활동은 굳이 회사에 의하지 않고 개인으로나 여럿이 공동으로 할 수 있음에도 회사제도가 생겨난 이유는? 회사법이 추구하는 정신은 무엇인가?

Q2 회사의 종류에는 어떠한 것들이 있는가?

Q3 회사를 둘러싼 이해당사자는?
(주주, 회사채권자, 경영자, 근로자는 회사에 대하여 어떤 이해관계를 가지고 있는가? 이들 상호간 이익충돌을 해결하는 방법은?)

Q4 회사법적 규율에 있어서 '법적 규율'과 '회사자치'(정관자치)의 역할 분담은? 또 회사법관계에서 계약의 기능과 한계는?

Q5 회사법관계에서 '개인법리'와 '단체법리'가 적용되는 부분은?

Q6 '법인' 제도를 회사의 중요한 제도적 장치로 채택한 이유는?

Q7 "주주는 유한책임을 지는데 그침에도 불구하고 주식회사의 지분적 소유자이다"라는 회사법 명제의 타당성은?

Q8 회사는 의사결정 · 집행 · 감독을 누가 어떻게 하는가?

Q9 회사는 자금을 어떻게 조달할 수 있는가?

Q10 회사는 영업활동으로 얻은 이익을 주주 · 회사채권자 · 경영자 · 근로자 등에게 어떻게 배분하는가?

회사법의 씨줄과 날줄

* 회사법의 기본원리를 주식회사를 중심으로 하여 간단하게 설명한다. 이 부분은 지금 보아도 좋고, 회사법 공부가 모두 끝난 다음에 보아도 좋다.

A. 회사법 일반원리

❖ **회사법은 ⓐ 주주**(대주주, 일반 군소주주), **ⓑ 회사채권자**(일반 채권자, 사채권자), **ⓒ 경영자, ⓓ 근로자 등 회사를 둘러싼 여러 이해당사자들의 이익상충을 조정하는 기본규범이다.**

회사법의 실체규정 및 절차규정은 회사의 이해당사자(특히 주주와 회사채권자)들의 이익을 보호·조정하고 이들이 참여할 수 있는 기회를 부여하기 위함이다.

❖ **회사의 종류는 ⓐ 합명회사, ⓑ 합자회사, ⓒ 유한책임회사, ⓓ 유한회사, ⓔ 주식회사 5종에 한한다.**

(1) 이들 구분은 사원의 회사채권자에 대한 책임(무한책임 vs 유한책임)과 회사내부의 법률문제에 대한 자치의 허용 정도(엄격 vs 완화)의 차이에 의한 것이다.

(2) 합명회사와 합자회사는 무한책임을 지는 사원이 중심이 되므로 인적회사이다. 합명회사가 인적회사의 전형이고, 합자회사에 관해서는 상법에 특별한 규정이 없으면 합명회사의 규정이 준용된다.

(3) 주식회사와 유한회사는 사원이 유한책임을 지므로 회사채권자를 보호하기 위하여 회사의 물적 기초를 중시하는 물적회사이다. 주식회사가 물적회사의 전형이고, 유한회사에 대해서는 상법에 특별한 규정이 없으면 주식회사의 규정이 준용된다.

(4) 유한책임회사는 사원이 대외적으로 유한책임을 지면서 회사 내부적으로 사적 자치를 광범하게 허용한다. 상법에 특별한 규정이 없으면 그 내부관계에는 합명회사의 규정이 준용된다.

❖ **회사는 영리법인이다.**

(1) 회사는 모두 법인이다. 따라서 회사는 그 자체가 사원과는 독립적으로 권리의무의

주체가 될 수 있는 권리능력을 갖고, 행위능력과 불법행위능력을 갖는다. 이 점은 법인격 없는 조합에 대비된다. 회사는 법인이므로 기관에 의하여 의사를 결정하고 집행한다. 회사는 대외적으로 대표나 대리의 방식에 의하여 행위를 한다.

(2) 회사는 영리성을 본질로 한다. 그리하여 회사는 영업활동을 하고 그에 의하여 얻는 이익을 투자자인 사원(주식회사의 경우 주주)에게 배당하는 것을 목적으로 한다.

(3) 합명회사와 합자회사와 같은 인적회사는 2인 이상의 사원이 회사의 성립요건이자 존속요건이다(사난성). 그러나 주식회사나 유한회사와 같은 물적회사는 사원이 1인 이상이면 된다(사원성). 유한책임회사도 1인 이상의 사원을 요한다.

❖ 주식회사는 ⓐ 상장 여부에 따라 비상장회사와 상장회사로 구분하고, ⓑ 비상장회사는 자본금 규모(10억원)에 의해 구분하고, ⓒ 상장회사는 주로 자산 규모에 의해 구분하여, 이에 대한 적용법조를 달리한다.

주식회사에 관한 기본규정은 자본금 10억원 이상의 비상장회사에 관한 것이다. 이를 일반규정으로 하여 그 밖의 회사에 대해서는 특례규정을 두고 있다.

❖ 회사규범은 ① 상법 중 강행규정 → ② 정관 → ③ 상법 중 임의규정 순으로 적용된다.

(1) 주식회사는 인적 신뢰관계가 없는 다수인을 상대로 하므로 이에 관한 상법규정은 대외적인 것이건 대내적인 것이건 원칙적으로 강행규정이다.

(2) 회사법의 일반조항 외에 특례조항이 있는 경우, (i) 특례규정이 일반규정을 배제하는 관계에 있는지, (ii) 양자택일적 관계(상장회사의 소수주주권)에 있는지를 판단하여야 한다.

(3) 상법의 강행규정이나 주식회사의 본질에 반하지 않는 한, 개별 회사는 정관에 의하여 자치적으로 규율할 수 있다(정관자치). 정관은 상법 중 임의규정에 우선한다.

❖ 주식회사의 대내적인 조직법은 단체법적 색채가 강하다.

주식회사에는 다수의 이해관계인이 존재하므로 조직법 관계에는 민법의 개인법리를 적용하기에 적합하지 않다. 그리하여 정형적 · 획일적 · 집단적 처리를 위하여 단체법리가 적용되는 경우가 많고, 강행법규성이 뚜렷하다.

❖ **주식회사의 대외적인 거래문제는 거래법의 일반 법리에 의한다.**

회사의 대외적 거래관계는 일반 거래법리에 의한다. 그리하여 거래안전과 선의의 상대방 보호를 위한 규정과 법리가 적용된다(예: 외관법리 또는 금반언법리, 표현대표이사, 미등기의 경우 선의자 보호 등).

B. 주주 및 지배구조

❖ **'주주'는 자본금에 출자한 자로서, 주식의 소유자이다.**
「자본금 ⇔ 주식 ⇔ 주주」는 상관관계에 있다. 이를 관리하는 기술적 장치가 주권과 주주명부이다. (주식 → 주권, 주주 → 주주명부)

(1) (i) 주식 보유를 통하여 자본금 형성에 참여한 자만이 주주가 된다(실질적 기준). (ii) 실제의 주주가 주주명부상의 주주와 다른 경우, '일단' 주주명부의 기재를 기준으로 하여 ⓐ 주주 입장에서는 '대항력'과 '추정력'을, ⓑ 회사 입장에서는 '면책력'을 갖는다(일응 형식적 기준).

(2) 주주는 회사에 대해서도 제3자(회사채권자)에 대하여 아무런 책임이 없다. 단지 주식인수인으로서 회사에 출자의무만을 질 뿐이다(유한책임원칙). 이 때문에 주주의 이기심으로부터 회사채권자 등을 보호하기 위하여 회사 물적 기초의 기준이 되는 자본의 충실을 강행법적 원칙으로 한다.

(3) 주주는 회사에 대한 관계에서 자본금 형성에 대한 기여도(주식수)에 상응하여 평등한 지위에 있으며(비례적 평등), 회사로부터 차별대우를 받지 않는다(차별금지). 이를 주주평등의 원칙이라 한다. 이는 자본질서에 관한 것이므로 강행법적 원칙이다.

(4) 주주는 위험자본인 주식의 소유자로서 직접 또는 간접으로 회사의 경영에 관여한다(예: 주주총회에서의 의결권, 이사 또는 감사 선임 및 보수 결정권 등). 따라서 주주는 경영성과에 연동된 가변적인 이익배당을 받으며, 회사해산시에는 가장 최후의 순위인 잔여재산분배청구권자의 지위에 있다.

❖ **주식양도는 회사존속 중 주주가 투자금을 회수하는 원칙적 방법이다.**

(1) 주식양도는 원칙적으로 자유롭다(주식양도 자유의 원칙). 주식양도에 대한 제한은 법률이나 정관에 의해서만 할 수 있다.

(2) 매우 이례적으로, 회사의 중대한 구조적 변화를 가져오는 것 중 법정 사유에 해당하는 경우 이에 반대하는 주주는 회사에 주식매수청구권을 행사함으로써 투자금을 우선적

으로 회수받아 탈퇴할 수 있다(exit right).

(3) 주식양도의 '효력요건'은 양도인과 양수인간의 주식양도에 관한 합의 및 주권 교부이다. 이를 회사에 '대항'하기 위해서는 주주명부에 명의개서를 하여야 한다.

❖ 주주명부는 회사에 대한 관계에서 주주가 누구인지를 정형적으로 처리하기 위한 기술적 제도이다.

(1) 주주명부의 기재(명의개서)에는 ⓐ 대항력, ⓑ 추정력, ⓒ 면책력이 인정된다. 창설적 효력은 없다.

(2) 특정 시점에 누가 주주로서 권리를 행사할 자인지를 확정하는 방법으로 주주명부 폐쇄와 기준일 제도가 있다. 실제 주주라 하더라도 명의개서를 게을리 하면 회사에 대하여 주주가 아닌 실기주 상태가 된다.

❖ 주식회사의 지배구조는 ⓐ 주주민주주의, ⓑ 소유와 경영의 분리, ⓒ 경영통제를 기본원리로 한다.

(1) (i) 주식회사의 의사결정권은 주주총회와 이사회가 나누어 갖고, (ii) 집행권은 대표이사(또는 대표집행임원)가 가지며, (iii) 경영통제권은 주주(주주권), 감사 또는 감사위원회(감사권), 이사회(감독권), 각 이사(감시권) 등이 갖는다.

(2) 개별회사의 지배구조 상황은 상장 여부, 자본금 규모(10억원), 자산 규모(2조원), 주식 집중도(1인 주식회사) 등에 따라 다를 수 있다. 그리하여 이에 대한 법 적용의 엄격성과 유연성에 차이를 두고 있다.

❖ 주주총회는 ⓐ 소집 → ⓑ 의결권 행사 → ⓒ 결의의 단계를 거쳐 주주들의 총의를 가결 또는 부결로 결정한다.

(1) 주주총회는 최고의 의사결정기관이나 그 권한이 제한적이다(제한적 최고기관).

(2) 주주총회의 소집결정권 및 소집권은 원칙적으로 이사회에 있다. 예외적으로 소수주주, 감사 또는 감사위원이 소집청구권을 갖고, 법원이 소집명령권을 갖는 경우가 있다.

(3) 주주총회의 소집은 주주에게 총회 출석 기회를 실질적으로 보장하는 방법에 의하여야 한다. 그리하여 절차의 엄격성이 요구된다.

(4) 주주총회에서는 주주만이 의결권을 갖는다. 주주평등의 원칙상 '1주 1의결권'은 강행법적 원칙이다.

(5) 주주가 보다 용이하게 의결권을 행사할 수 있도록 다양한 의결권행사 방법을 두고

있다(예: 대리행사, 불통일행사, 서면투표, 전자투표, 전자주주총회 등).

(6) 주주총회의 결의요건은 결의사항의 중요도에 따라 ⓐ 보통결의, ⓑ 특별결의, ⓒ 특수결의로 구분한다.

(7) 주주총회 결의의 하자를 다투는 회사소송은 하자의 내용과 경중에 따라 ⓐ 결의 취소의 소, ⓑ 무효 확인의 소, ⓒ 부존재 확인의 소, ⓓ 부당결의 취소·변경의 소 4종이 있다.

❖ 이사회는 이사 전원으로 구성되며, 의사결정권과 감독권을 갖는다. 주주총회와 함께 주식회사의 양대 의사결정기관이다.

(1) 이사는 회사와 위임관계에 있는 경영의 수임자이다. 회사 또는 주주와의 이익상충 가능성이 있는 소위 '대리인문제'(agency problem)를 예방하고 시정하기 위하여 통제장치를 두고 있다.

(2) 이사는 주주총회의 결의에 의하여 선임되며 등기하여야 한다. 사외이사(또는 독립이사)는 이사회의 독립성을 위한 제도이다.

(3) 이사회는 의사결정권과 감독권을 갖는다(이사회 중심주의). 이사회 내에 이사(2인 이상, 감사위원회는 3인 이상)로 구성된 위원회를 둘 수 있다.

(4) 이사회는 주주총회에 비해 기동성을 중시한다. 이사회에서 이사는 '1인 1의결권'을 가진다. 이사의 의결권 행사는 일신전속적이므로 대리행사가 허용되지 않는다.

(5) 대표이사는 회사 대표권을 갖는다. 대표권의 범위는 회사의 영업에 관한 일체에 미치고(포괄성), 이에 대한 제한은 선의의 제3자에게 대항하지 못한다(정형성). 대표권 남용의 경우 상대방이 악의가 아닌 한 원칙적으로 유효하다. 대표이사의 직무상 불법행위는 곧 회사의 불법행위가 되고, 이때 대표이사도 회사와 함께 연대책임을 진다.

(6) 집행임원을 임의적으로 두어 집행기능을 전담케 하고, 이러한 경우 이사회는 감독기능만을 전담한다. 대표집행임원을 둔 때에는 대표이사를 둘 수 없다.

❖ 감사 또는 감사위원회는 이사의 직무집행에 대한 감사권을 가지며, 중립성이 생명이다.

(1) 감사는 중립성 확보가 관건이다. 감사와 감사위원회는 택일적이다.

(2) 감사위원회는 이사회 내 위원회의 일종으로 3인 이상의 이사로 구성된다. 자산 2조원 이상인 대규모상장회사에서는 감사를 둘 수 없고 감사위원회가 강제된다.

❖ 「의무 ⇒ 책임 ⇒ 책임추궁」에 의하여 준법통제를 한다.

(1) 이사 · 집행임원 · 감사 등은 회사와 위임의 관계에 있는 수임자로서 회사에 대하여 선량한 관리자의 주의의무를 진다. 이를 원천으로 하여 각종 작위 · 부작위 의무(이사회출석의무, 감시의무, 영업비밀준수의무 등)를 진다. 이사는 회사에 대해 충실의무를 지며 이를 토대로 각종 이익상충 금지의무(경업 · 겸직금지, 자기거래금지, 회사기회유용금지 등)가 파생된다. 이사는 총주주의 이익을 보호하고 모든 주주를 공평하게 대우할 충실의무를 진다.

(2) 상법 399조에 기하여, 이사는 고의 또는 과실로 법령이나 정관을 위반하거나 임무를 해태하여 회사에 손해를 가한 때에는 연대하여 '회사'에 손해배상책임을 진다. 이는 위임계약 위반에 따른 채무불이행책임으로, 민법상 불법행위책임과 청구권경합관계에 있다.

(3) 상법 401조에 기하여, 이사는 고의 또는 중대한 과실로 임무를 해태함으로 인하여 제3자에게 손해를 가한 때에는 연대하여 '제3자'(회사채권자, 주주 등)에 손해배상책임을 진다. 이는 법정책임으로 민법상 불법행위책임과 청구권경합관계에 있다.

(4) 법률상의 이사가 아닌 업무집행관여자도 상법 399조 및 401조의 책임을 지고, 상법 399조의 책임은 대표소송의 대상이 된다.

(5) 책임을 추궁하는 방법으로, (i) 사전적 방법으로 위법행위 유지청구권, 직무집행정지 및 직무대행자 선임의 가처분, (ii) 사후적 방법으로 손해배상책임, 대표소송, 해임 등이 있다.

C. 재무구조

❖ 주식회사는 자기자본과 타인자본에 의하여 자금을 조달할 수 있다.

(1) 주식회사는 주식 발행에 의하여 자본금(자기자본)을, 사채(社債) 발행에 의하여 타인자본을 조달할 수 있다.

(2) 자본금은 회사가 보유하여야 할 순자산(=총자산-부채) 평가액의 최저액이다. 자본금은 채권자 보호와 회사재산의 건실을 위한 구속 기능을 담당한다. 주주가 유한책임을 지는 데 그치기 때문에 채권자 보호를 위하여 자본충실은 강행법적 원칙이다.

(3) 자본충실은 출자에 있어서 '유입'의 충실과 '유출'의 억제 양면 모두에 요구된다.

(4) 액면주식을 발행한 경우 [자본금 = 액면가 × 발행주식총수]의 관계가 원칙적으로 성립하고, 무액면주식을 발행한 경우 [자본금 = Σ(발행가의 1/2 이상으로 이사회가 정한 금액 × 매회차 발행주식수)]의 관계가 성립한다. 무액면주식의 경우 일단 주식을 발행한 이후에는 주식수와 자본금간의 구속(함수)관계가 사라진다.

(5) 자본금 감소는 엄격한 법정절차(주주 보호절차 및 채권자 보호절차)를 거쳐야 함이 원칙이다. 출자의 환급 여부에 따라 ⓐ 실질적 자본금 감소(유상감자)와 ⓑ 명목적 자본

금 감소(무상감자)로 구분하여 절차에 차이를 두고 있다.

(6) 준비금은 '보충' 자본금의 성격을 가지며 그 기능은 자본금과 유사하다. 준비금에는 적립의 강제 여부에 따라 법정준비금과 임의준비금이 있다. 법정준비금에는 이익준비금과 자본준비금이 있다.

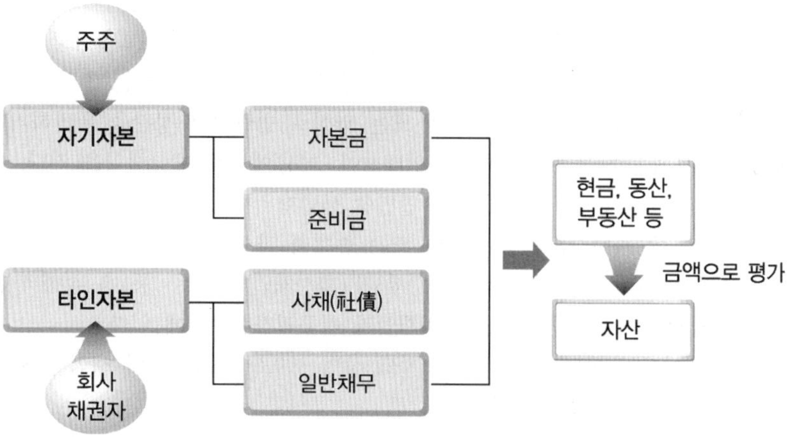

❖주식은 자본금의 구성단위이며 주주의 회사에 대한 권리(주주권)이다.

(1) 주식은 액면가 유무에 따라 액면주식과 무액면주식으로 구분된다. 회사는 이 중에서 택일해야 한다. 액면주식의 액면가는 100원 이상이고 균일하여야 한다.

(2) 기명주식만을 발행할 수 있다. 무기명주식은 폐지되었다.

(3) 종류주식은 ⓐ 이익배당, ⓑ 잔여재산분배, ⓒ 상환, ⓓ 전환, ⓔ 의결권의 배제 또는 제한에 있어서 내용이 다른 주식이다. 이를 발행하려면 정관에 근거가 있어야 한다. 종류주주에게 손해를 입힐 가능성이 있는 소정의 경우 종류주주총회를 거쳐야 한다.

❖주권은 주식을 유가증권으로 만든 것이다.

(1) 주권은 무형의 주식을 유형의 유가증권으로 만든 것이다.

(2) 회사는 주권을 발행할 의무를 진다. 다만, ⓐ 주주의 '주권' 불소지 신고에 의하여 개별적으로, ⓑ '주식'의 전자등록에 의하여 일괄적으로 실물주권을 발행하지 않는 방법이 있다.

(3) 주권을 분실한 경우 법원으로부터 제권판결을 받아 분실된 '주권'을 무효로 하고(주식을 무효로 하는 것이 아님), 이에 의해 주권 점유자의 지위를 회복할 수 있다.

❖ 주식 인수와 납입(출자) ⇒ 자본금 증가 ⇒ 신주 발행

(1) 출자는 자본금 형성에 참여하는 것이며, 그 대가로 신주가 발행된다. 출자방법은 금전출자가 원칙이다. 현물출자는 공정한 평가를 담보할 수 있는 방법에 의하여야 한다.

(2) 회사가 자금조달을 목적으로 신주를 발행(유상증자)하려면, ⓐ 수권자본주의, ⓑ 자본충실원칙, ⓒ 기존 주식의 비례적 가치 유지의 원칙을 준수하여야 한다. 신주발행의 권한은 원칙적으로 이사회에 수권되어 있다. 액면주식의 경우 액면미달발행은 원칙적으로 금지된다. 신주인수권은 기존 주식가치의 희석화를 막기위하여 기존 주주에게 주식수에 비례하여 주어지는 것이 원칙이다. 제3자에 대한 신주인수권 부여는 엄격한 요건을 충족한 경우에 한하여 예외적으로 허용된다.

(3) 유상신주 발행의 절차는 이사회의 신주 발행사항 결정 → 배정기준일 → (신주인수권자 확정) → 청약과 배정에 의한 신주 인수계약 성립 → 납입 → 신주의 효력발생(납입일 다음날) → (신주권 발행) 순에 의한다.

(4) 신주인수권자가 청약을 하지 않거나 납입을 하지 않으면 실권주가 된다.

(5) 법정준비금의 자본금 전입에 의하여 신주를 발행할 수 있다(무상신주). 오로지 주주만이 기존 주식수에 비례하여 액면가로 무상신주를 받을 수 있다.

❖ 주식회사의 영리성에 기하여 주주는 이익을 배당받을 수 있다.

(1) 이익배당을 하기 위해서는 ⓐ 배당가능한 이익이 존재하여야 하고, ⓑ 주주총회의 승인(또는 이사회 승인 특례)이 있어야 한다.

(2) 금전배당이 원칙이다.

(3) 주식배당은 배당금을 자본금으로 전환하고 그에 의하여 발행된 신주로 배당한다.

(4) 현물배당은 금전과 신주를 제외한 현물에 의한 배당이다.

(5) 결산배당이 원칙이다. 중간배당은 결산에 의하여 배당가능한 이익이 확정되기 전에 이사의 책임하에 행해진다.

(6) 배당가능이익을 재원으로 하는 자기주식 취득이나 상환주식 상환은 이익배당의 실질을 가진다.

❖ 사채(社債)는 채무부담에 의한 집단적 · 정형적 자금 조달방법이다.

(1) 사채는 주식과는 달리 자본충실을 위한 법적 규제를 받지 않는다.

(2) 집단적 · 정형적 처리를 위하여 채권(債券), 사채명부, 사채권자집회 등을 둔다.

(3) 사채는 본질적으로 채무이다. 그러나 전환사채, 신주인수권부사채 등은 잠재주식의

성격을 지니므로 신주발행의 법리가 적용된다.

❖ 주식회사는 상인으로서 상업장부를 작성하는 외에 재무제표를 작성하여야 한다.

(1) 상업장부에는 회계장부와 대차대조표가 있다.

(2) 재무제표에는 대차대조표, 손익계산서 등이 있다.

(3) 재무제표의 승인은 정기(결산)주주총회의 권한인 것이 원칙이다. 다만 정관에 의하여 법정요건을 충족하는 경우 이사회의 권한으로 할 수 있다.

D. 설립 · 구조변경 · 해산

❖ 주식회사의 설립은 발기인에 의하여 ⓐ 정관 작성 → ⓑ 실체형성 → ⓒ 설립경과 조사 → ⓓ 설립등기의 단계로 진행된다.

(1) 발기인은 설립시의 정관(원시정관)에 발기인으로 기명날인 또는 서명한 자이다. 발기인은 1주 이상의 주식을 인수하여야 한다. 발기인은 '설립 중 회사'의 기관으로 설립에 관한 책임을 진다.

(2) 주식회사를 설립하는 방법에는 발기설립과 모집설립이 있다.

(3) 주식회사 설립시의 실체형성 절차는 ⓐ 주주 확정 → ⓑ 자본금 확정(주식 인수와 납입) → ⓒ 기관 구성(이사 · 감사 선임)에 의한다. 이후 설립경과를 조사한다.

(4) 설립등기에 의하여 설립 중 회사는 비로소 완전한 법인격을 갖게 된다(창설력).

(5) 발기인이 설립 중 회사의 기관으로 회사설립을 위하여 한 행위는 별도의 이전절차 없이 자동적으로 성립된 회사에 귀속한다(동일체).

❖ 합병 · 회사분할은 포괄승계에 의한 구조변경 방식이다.

(1) 합병은 존속회사(또는 신설회사)가 소멸회사를 '포괄승계'하여 합일하는 것이다. 이에 의하여 소멸회사는 청산절차 없이 소멸한다.

(2) 합병에는 신설합병과 흡수합병 등이 있다.

(3) 합병은 합병계약서 작성 → 주주 보호절차(공시, 주주총회 특별결의, 종류주주총회, 반대주주의 주식매수청구권) → 채권자 보호절차(채권자 이의절차) → 합병기일 → 보고총회(또는 창립총회) → 합병등기(합병 효력발생)의 순으로 진행한다.

(4) 합병의 대가로 소멸회사의 주주에게 존속회사의 신주를 발행해 주는 것이 원칙이나, 모회사의 주식, 금전 · 현물 지급 등 합병대가의 유연화가 가능하다. 합병비율은 공정

하여야 한다.

(5) 흡수합병의 경우 약식절차가 인정된다. (i) 간이합병의 경우 '소멸회사'의 주주총회 특별결의를 이사회 결의로 갈음할 수 있다. (ii) 소규모합병의 경우 '존속회사'의 주주총회 특별결의를 이사회 결의로 갈음할 수 있고, 반대주주에게 주식매수청구권이 인정되지 않는다.

(6) 회사분할에는 단순분할과 분할합병이 있고, 인적분할과 물적분할이 있다. 합병과 동일한 법리에 의하는 것이 원칙이다. 다만, 분할회사의 채권자 보호를 위하여 분할당사회사가 연대책임을 지는 것을 원칙으로 하나, 이를 제한할 수 있다.

(7) 영업양수도는 '특정승계'의 거래법적 방식에 의한다.

❖ 물적분할, 주식의 포괄적 교환이나 이전에 의하여 완전지주회사를 만들 수 있다.

(1) 완전지주회사는 완전자회사의 주식을 100% 보유하는 회사이다.

(2) 주식의 포괄적 교환은 '기존' 회사를 완전지주회사로 만드는 방식이다. 주식의 포괄적 이전은 완전지주회사를 새로이 '신설'하는 방식이다.

(3) 이를 위하여 주주총회의 특별결의를 요하나, 채권자 보호절차는 필요 없다.

❖ 회사는 ⓐ 해산 → ⓑ 청산의 단계를 거쳐서 소멸하는 것이 원칙이다.

회사를 해산하는 경우에는 채권자 보호를 위하여 청산절차를 밟아야 하는 것이 원칙이고, 최종적으로 잔여재산을 주주에게 분배한다.

E. 회사분쟁의 해결

❖ 회사소송에 관해서는 단체법적 법률관계의 획일적 확정을 위해 상법에 민사소송법의 특칙을 두고 있다. 그 외는 민사소송법이 적용된다.

(1) 회사소송의 원고적격은 주주·이사·감사 등으로 제한되는 경우가 많다.

(2) 회사소송의 제소기간은 대부분 6개월로 제한된다. 다만 1개월, 2개월, 2년으로 하는 경우도 있다.

(3) 회사소송의 관할은 회사 본점 소재지의 지방법원을 전속관할로 한다. 회사소송이 제기되면 회사는 지체없이 공고하여야 한다. 수개의 소가 제기된 경우에는 병합심리를 하여야 한다. 재량기각, 악의의 제소자에 대한 담보제공명령, 중복소송의 금지, 당사자처분권 제한 등이 인정된다.

(4) 회사소송에서 원고 승소판결의 경우 대세적 효력이 인정되고, 소급효가 원칙적으로 제한된다(장래효).

(5) 회사소송에서 원고 패소판결의 경우 대인적 효력에 그치고, 악의 또는 중대한 과실이 있는 경우에 한하여 회사에 연대하여 손해배상책임을 지는 것이 원칙이다.

(6) 선행행위를 다투는 소는 후속행위를 다투는 소에 흡수되므로 후자에 의하여 다투어야 한다(흡수관계).

❖ 회사소송 외에 보전소송과 상사비송이 있다.

(1) 회사법상의 보전소송은 임시의 지위를 정하기 위한 가처분이 대부분이다. 민사집행법에 의한다.

(2) 상사비송은 쟁송성이 약하고 법원의 후견적 관여가 요구되는 사안에 인정된다. 비송사건절차법에 의한다.

[회사법 골격과 연결망]

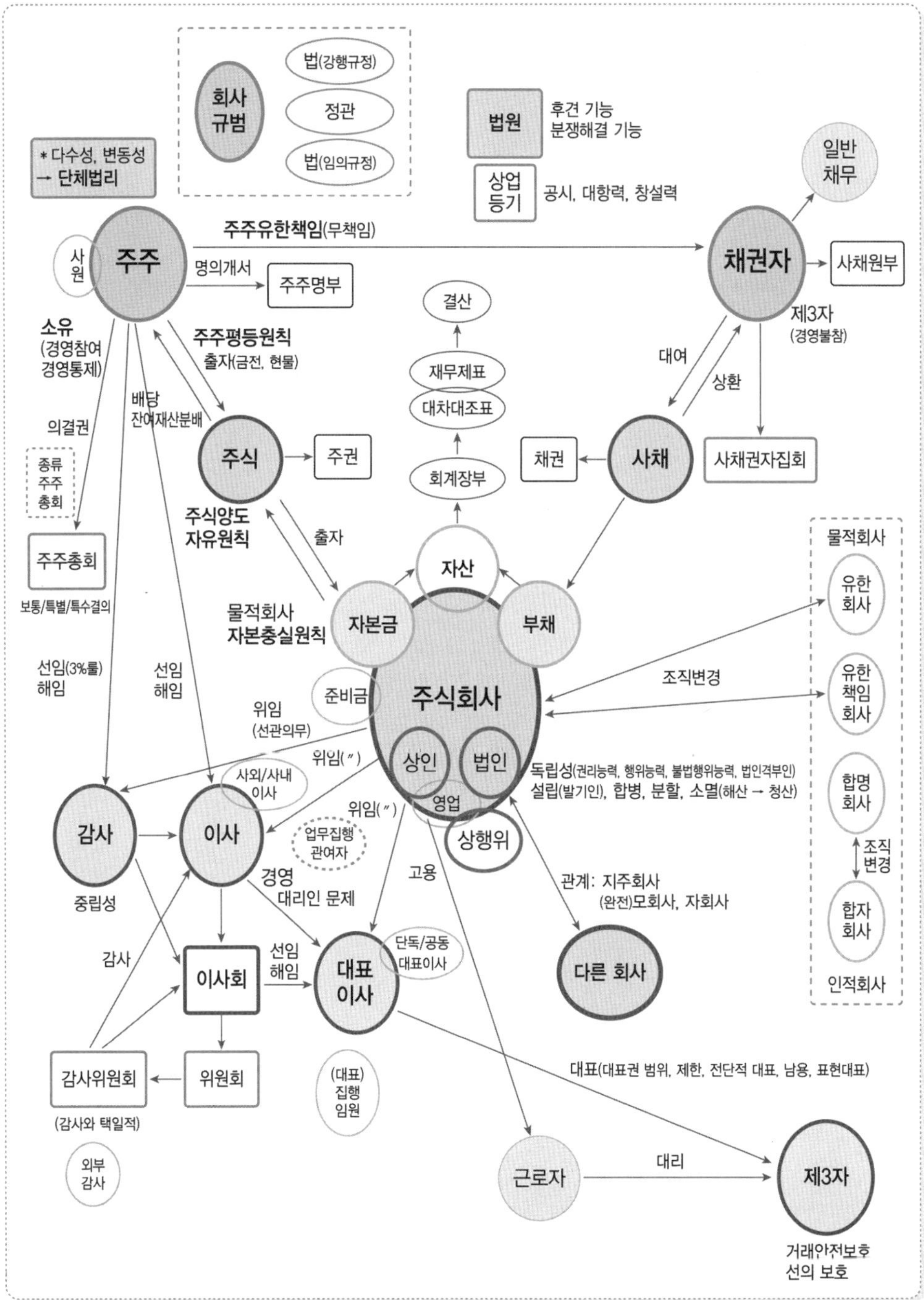

회사 규범
법(강행규정)
정관
법(임의규정)
* 다수성, 변동성 → 단체법리
법원
후견 기능
분쟁해결 기능
상업 등기
공시, 대항력, 창설력
일반 채무
주주
사원
주주유한책임(무책임)
채권자
사채원부
명의개서
주주명부
제3자 (경영불참)
소유 (경영참여 경영통제)
주주평등원칙
출자(금전, 현물)
결산
재무제표
대차대조표
회계장부
대여
상환
배당
잔여재산분배
의결권
종류 주주 총회
주식
주권
채권
사채
사채권자집회
주주총회
보통/특별/특수결의
주식양도 자유원칙
출자
자산
물적회사 자본충실원칙
자본금
부채
물적회사
유한 회사
유한 책임 회사
합명 회사
조직 변경
합자 회사
인적회사
조직변경
선임(3%룰) 해임
선임 해임
준비금
주식회사
위임 (선관의무)
위임(〃)
위임(〃)
사외/사내 이사
상인
법인
영업
상행위
독립성(권리능력, 행위능력, 불법행위능력, 법인격부인)
설립(발기인), 합병, 분할, 소멸(해산 → 청산)
감사
이사
업무집행 관여자
중립성
경영 대리인 문제
고용
관계: 지주회사 (완전)모회사, 자회사
다른 회사
감사
이사회
선임 해임
대표 이사
단독/공동 대표이사
감사위원회
위원회
(감사와 택일적)
외부 감사
(대표) 집행 임원
대표(대표권 범위, 제한, 전단적 대표, 남용, 표현대표)
근로자
대리
제3자
거래안전보호 선의 보호

제 2 장

회사란 무엇인가?

제 1 절 회사와 상인

K는 소소한 일상생활을 다루는 1인 유튜브(YouTube) 방송을 시작한 지 불과 며칠 만에 구독자 수가 수십만 명을 돌파하는 유튜브 대박에 성공했다. 이를 더욱 확장하기 위해 개인방송에서 벗어나 사업화하고자 한다. 어떤 방법이 있을까?

K가 부딪치는 첫번째 법적 문제는 기업의 조직형태를 어떤 것으로 할 것인지를 선택하는 것이다. 이에는 ① K 혼자서 하는 방법, ② 동업자를 구해 함께 하는 방법, ③ 별도의 회사를 만드는 방법이 있다.

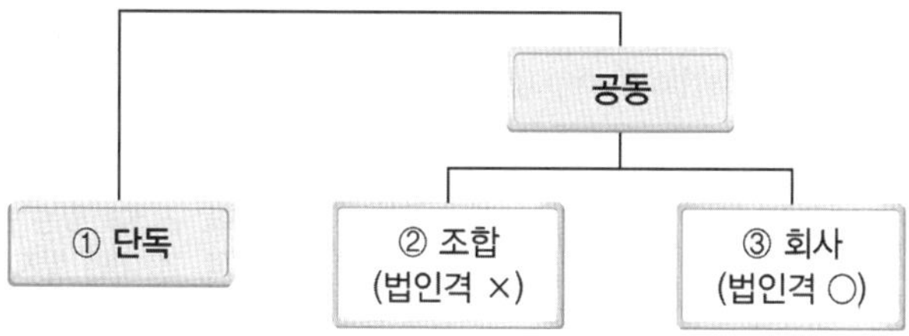

:: [그림 1-1] 기업형태

①의 방법(**단독**)은 누구의 간섭도 받지 않고 혼자 결정하고 수익을 혼자 독차지할 수 있는 이점이 있지만, 자금과 인력에 한계가 있고 모든 책임을 혼자서 무한대로 져야 하는 단점이 있다.

②의 방법(**조합**)은 ①의 문제점을 어느 정도 보완할 수 있지만, 사업 그 자체의 독자성과 영속성을 확보하기 어렵다는 단점이 있다.

③의 방법(**회사**)은 회사 그 자체가 K와는 독립하여 스스로 법인격을 갖추고 있으므로 사업의 독자성과 영속성을 확보할 수 있다. 그러나 이해당사자가 늘어나서 이들과 정보와 이익을 함께 나누어야 한다는 번거로움과 불편을 감수해야 한다. 득과 실, 장점과 단점은 동전의 양면과도 같이 공존한다.

위의 ①, ②, ③ 모두 상법상의 '**상인**'으로, **상인과 상행위에 관한 상법 제1편과 제2편의 규정이 적용된다**. 이 중에서 '회사'는 상인의 전형으로 태생적 상인이다.

›› 회사의 어원

[1] 회사(會社)를 가리키는 영어 'company'는 어원적으로 라틴어 'cum'(together, 함께)과 'pan'(bread, 빵)의 복합어이다. '함께 빵을 나누어 먹는다'는 것이 회사의 원래 뜻이다.

[2] 회사의 또 다른 영어 'corporation'은 라틴어의 'corpus'(body, 사람의 몸)에서 유래하였다. 회사에는 정작 육체가 없는데 만들어진 가상의 사람이라는 의미이다.

›› 최초의 회사

동인도회사(East India Company)는 17세기 초 영국·프랑스·네덜란드 등이 동양에 대한 무역권을 부여받아 동인도에 설립한 무역회사를 통칭한다. 동인도의 특산품인 후추·커피·면직물 등을 수입하였다. 무역회사가 난립한 가운데 경쟁이 치열해지자 이를 통합하여 1602년 네덜란드 동인도회사(Vereenigde Oost-Indische Compagnie)를 설립하고 운영하였는데 세계 최초의 주식회사 형태를 갖추었다. 일본에서도 이를 본떠 조선과의 무역을 독점하는 동양척식주식회사(東洋拓殖株式會社)를 1908년 부산에 세웠다.

[그림 1-2] 네덜란드 암스테르담 대학 구내에 있는 동인도회사(VOC) 흔적, 2018년 필자 방문

한국에서 가장 오래된 근대식 상점은 1896년 서울에서 면포를 취급하는 '박승직 상점'이다(두산그룹의 모태). 한국에서 최초로 설립된 회사에 대해서는, 1896년에 설립한 '천일은행'(상업은행과 우리은행의 모태)이라는 견해, 1897년에 설립한 '한성은행'(조흥은행과 신한은행의 모태)이라는 견해, 대한제국의 식산흥업정책에 따라 1897년에 설립되어 삼베와 모시로 만든 실을 중국으로 수출한 '대조선저마제사회사'(大朝鮮苧麻製絲會社)라는 견해 등이 있다. (출처: 오마이뉴스 2002. 12. 20; 중앙일보 2019. 4. 11)

제 2 절 회사의 존재이유

태초에 회사는 없었다. 그러나 지금은 도처에 회사라는 것이 존재하여 활동하고 있다. 회사의 존재이유는 무엇인가? 이런 질문은 회사법적으로도 의미가 있다. 회사의 존재이유가 건강하게 구현될 수 있도록 회사에 관한 법제가 만들어져야 하기 때문이다. 각자의 시각에서 바라보는 회사의 존재이유에 대해 들어보자.

A: "기업은 민족의 독립과 부국강병에 도움이 되는 존재이어야 한다."(백산상회의 안희제,[1] 경성방직 발기인[2])

B: "기업은 영리, 즉 이익을 추구하는 존재이다. 기업에 투자하여 주식을 보유하고 있는 주주들의 이익 창출을 위해 기업이 존재한다."(Adolf A. Berle 컬럼비아대 로스쿨 교수, Milton Friedman 시카고대 교수)

C: "회사는 주주의 이익을 위해서만 존재해서는 안 되며 직원, 일반 대중, 고객 등 주요 이해관계자에 대해서도 의무를 져야 한다."(Merrick Dodd 하버드대 로스쿨 교수)

---

1) ≪**백산상회**≫
백산상회는 경남 의령 출신의 백산 안희제가 부산에 설립한 무역회사이다. 1914년 곡물·면포·해산물 등을 판매하는 소규모 개인회사로 출발해 1917년에는 합자회사로 확장했고 1919년에는 자본금 100만원, 주주 32명, 주식 수 2만 주 규모의 백산무역주식회사로 확대 개편했다. 백산상회의 주주명부에 의하면 경주 최씨 부자로 알려진 명문가 출신의 최준 등을 비롯하여 독립운동을 지원하는 자산가들의 적극적인 참여로 이뤄졌다. 1927년 일제의 탄압으로 백산상회가 해산한 뒤 안희제는 1933년 중국으로 망명해 발해의 고도인 헤이룽장성 목단강 인근에서 국외 독립운동기지인 발해농장을 열었다. (출처: 경향신문 2005. 3. 28; 천지일보 2020. 9. 23; 부산일보 2023. 7. 31; 경남신문 2023. 3. 2)

2) ≪**경성방직**≫
경성방직주식회사(京城紡織株式會社; 현 ㈜경방, 1956년 3월 3일 상장 1호)는 1919년 10월 5일 독립선언식이 거행되었던 태화관에서 창립총회와 이사회를 열면서 첫발을 내딛게 되었다. 일본의 자본주의가 비약적으로 발전하고 있었을 때였다. 미쓰이 재벌의 방직회사가 부산에 설립됐다. 그 시절은 방직회사가 첨단산업의 상징이기도 했다. 일본 재벌의 진출을 보면서 조선의 경제인들이 조선인 주식회사 설립운동을 일으켰다. 그 주동은 경주 최부자로 알려진 최준과 전라도 갑부로 알려진 김성수 집안이었다. 뜻을 같이하는 조선의 부자들이 발기인으로 합류했다. 조선인의 손으로 만드는 회사인 만큼 그들은 몇 명의 부자가 아니라 전 조선 민족의 회사로 만들기로 했다. 발기인 명단에 갑신정변의 주역인 박영효도 있었다. 조선인 사이에 1인 1주 운동을 벌이는 주식의 공개 모집방법을 채택했다. 일반 백성들은 아직 주식이 뭔지 모를 때였다. 김성수가 전국의 벽지까지 그 취지를 알리며 돌아다녔다. 주식에 경험이 없는 사람들은 독립운동 자금을 희사한다는 기분으로 돈을 냈다. 창립취지서에서는 조선경제의 독립, 조선공업의 발전, 일자리 제공, 산업기술 연미를 위해 회사를 창립한다고 밝히고 있다. (출처: www.kyungbang.co.kr; 엄상익, 한국의 뿌리주식회사, 아시아엔 2024. 7. 3)

D: "기업은 사회의 한 기관이다. 그러므로 기업의 목적은 사회에 있어야 하고, 새로운 가치를 가진 제품이나 서비스를 내놓음으로써 새로운 시장을 만드는 데에 기업의 목적이 있어야 하며, 제품과 서비스를 소비하는 주체는 고객이므로 기업의 존재이유는 고객의 만족에 있다."(Peter Drucker 사회생태학자)

E: "기업의 존재 목적은 고객 가치 제공, 임직원 투자, 협력업체와의 공정하고 윤리적인 거래, 지역사회 지원, 환경보호, 장기적인 주주가치 창출이다."(Business Round Table)

F: "거래비용의 절감이야말로 기업이 존재하는 이유, 즉 기업의 본질이다. 거래비용을 절감해 제품을 적은 비용으로 생산하고 판매하는 것이 기업이다. 기업은 시장거래를 조직에 내부화함으로써 거래비용을 낮추게 된다."(Ronald H. Coase 시카고대 로스쿨 교수)

G: "이 회사는 다음의 사업을 영위함을 목적으로 한다. ① 의약품, 원료의약품, 화학약품, 공업약품, 농예약품, 수의약품 및 농축사료첨가제 등의 제조 및 매매, ② 제의약기구, 위생재료 등의 제조 및 매매, ③ 일반기계기구류의 제조 및 매매, ④ 운수 및 보험사업 등의 대리업, ⑤ 화장품의 제조 및 매매, ⑥ 식료품, 청량음료, 보존음료수 및 기타 가공식품의 제조 및 매매, ⑦ 부동산의 매매 및 임대업, ⑧ 생활용품의 제조 및 매매, ⑨ 정보통신 관련 사업, ⑩ 통신판매업, ⑪ 전 각호에 관련한 일절의 부대사업, 투자 및 수출입업"(유한양행 정관 2조 목적 조항)

생각해보기

1. 상법이 예정하는 회사의 주된 목적은 무엇인가?
2. 회사가 영리성을 본질로 한다는 것은 구체적으로 어떤 뜻인가?
3. 회사의 영리성과 사회적 책임이 상충하는 경우 어느 것을 우선시 할 것인가?

회사는 영리성을 본질적 속성으로 한다. 오늘날에는 이에 덧붙여 사회적 가치에 기여해야 할 책임이 거론되고 있다.

1. 회사의 영리성

법률적 관점 특히 회사법적 관점에서 회사의 주된 목적은 영리성을 추구하는 데에 있다(상 169조). 회사는 상법상의 **상인**(상 4조, 5조)이며, 영리활동을 위하여 조직된 태생적 상인이다. **회사가 '영리를 목적'으로 한다는 것**은, (ⅰ) 회사가 단순히 영리활동을 한다는 것에 그치지 않고, (ⅱ) 그 영리활동을 통하여 얻은 이익을 구성원인 사원에게[3] 분배하는 것을 목적으로 하여야 한다는 것을 뜻한다.[4]

>>> **사 례**

원전 재난을 소재로 한 영화 '판도라'는 온라인의 증권형 **크라우드펀딩**(crowd funding)을 통해 460명의 투자자로부터 7억원을 조달했다. 제작비 약 170억원 중 5억원을 증권형 크라우드펀딩을 통해 마련한 영화 '인천상륙작전'은 관객 700만 명을 모았다. 투자자 314명은 현재 관객 수를 기준으로 투자원금에 24.6%의 이자를 얹은 금액을 돌려받을 수 있다. 크라우드펀딩은 온라인에서 대중들에게 투자금을 십시일반 모아 좋은 아이디어를 가진 신생기업의 사업자금을 조달하는 제도이다. (출처: 한국경제 2016. 9. 3; 머니투데이 2016. 11. 28; 동아일보 2016. 12. 13) 크라우드펀딩은 자금조달뿐만 아니라 사전에 시장성 테스트의 수단으로 활용되기도 한다.

2. 회사의 사회성

(1) 사회적 책임

기업은 영리활동을 통하여 얻은 이익의 일부를 기업의 생태계를 이루고 수익의 원천이 되는 사회에 환원하여야 한다는 주장을 기업의 사회적 책임론(CSR; corporate social responsibility)이라 한다.

헌법은 사유재산제와 사기업제도를 자본주의 시장경제의 기본질서로 삼고 있고, 기업의 영리추구를 위한 활동은 공공의 복리 등을 위하여 필요한 경우에 한해서만 법률에 의하여 제한할 수 있을 뿐이다(헌법 23조, 119조 1항). 따라서 기업으로 하여

3) 회사법에서의 '사원'은 피고용인(employee)을 뜻하는 것이 아니라 회사에 출자한 지분적 소유자(owner)를 뜻한다. 주식회사의 사원을 특히 '주주'라 한다.

4) '상인'의 영리성은 일반적으로 대외적 거래에서 영리를 목적으로 하면 족하다. 그러나 '회사'의 영리성은 나아가 그 이익을 사원에게 분배하는 것을 목적으로 하여야 한다는 점에서 차이가 있다.

금 이익을 사회에 환원하도록 강요하는 것은 이러한 헌법정신에 위배된다. 다만, 경제 민주화를 위하여 기업의 사회적 책임을 제한적으로 법제화하는 것이 입법정책상 불가능한 것은 아니다(헌법 119조 2항).

>>> ㈜유한양행 창업주 유일한(柳一韓)의 기업정신

유일한 박사는 한국의 기업가이자 교육자, 독립운동가로 평가받는 인물이다. 유일한은 평양 출생(1895~1971)으로 1904년 선교사를 따라 미국으로 건너가 고학으로 미시간대학에서 학사학위를, 캘리포니아대학에서 상학석사학위를 받은 뒤 스탠퍼드대학원에서 3년간 법학을 전공했다. 졸업 후 미국에서 전자회사의 사원으로 잠시 근무하다가, 1922년 자립하여 숙주나물을 취급하는 라초이식품주식회사를 설립, 1925년까지 경영하여 거금을 벌었다. 중국인 여의사와 결혼하고 귀국하여 1926년 12월에 유한양행(柳韓洋行)을 설립하였다. 1939년 우리나라 최초로 종업원지주제를 시행했고, 만주 다롄(大連)·톈진(天津) 등 동북아 일원까지 사세를 확장했다. 1969년 기업경영에서 은퇴하여 혈연관계가 전혀 없는 전문경영인에게 사장직을 물려주었다. 학교법인 유한재단을 설립하여 기업에서 얻은 이익을 인재양성 및 교육사업에 투자했고, 세상을 떠나며 자신의 전 재산을 사회에 기부함으로써 노블레스 오블리주를 몸소 실천했다. 영리단체인 유한양행은 기업으로 활동해서 이익을 얻고, 그 이익을 주주로서 비영리단체인 유한재단에 분배함으로써 유한재단은 공익적 활동을 지속적으로 수행할 수 있는 순환구조이다. (출처: 「유한 오십년」, 유한양행, 1976; 「한국민족문화대백과」, 한국학중앙연구원)

(2) 비영리적 출연

1) 가능성

영리법인인 회사는 그 존재목적이 영리성을 추구하는 데 있다. 영리성을 추구하기 위한 구체적인 사업의 내용(목적)을 회사의 정관에 명시하고 있다.[5)]

회사는 **정관 소정의 목적**에 의하여 **권리능력**의 제한을 받지 않는다는 것이 통설이다. 이에 의하면 회사는 당연히 비영리적인 기부 등을 할 수 있다. 다만 과다하고 부적절한 기부 등에 대해서는 이사의 손해배상책임이나 대표권 남용이 문제될 수 있을 뿐이다. 회사의 권리능력은 정관 소정의 목적범위 내로 제한된다는 입장을 취

5) 회사의 '목적'(사업)은 정관에 반드시 기재하여야 하는 절대적 기재사항이다(상 289조 1항 1호). 민법 34조는 "법인은 법률의 규정에 좇아 정관으로 정한 목적 범위 내에서 권리와 의무의 주체가 된다"라고 규정함으로써 비영리법인이 권리의무의 주체가 될 수 있는 내용(권리능력)은 정관으로 정한 목적 범위에 의해 제한된다.

하고 있는 판례도 그 목적범위를 정관 소정의 목적을 달성하는 데 직접 또는 간접적으로 필요한 것 모두를 포함하는 것으로 넓게 보고 있다.[6]

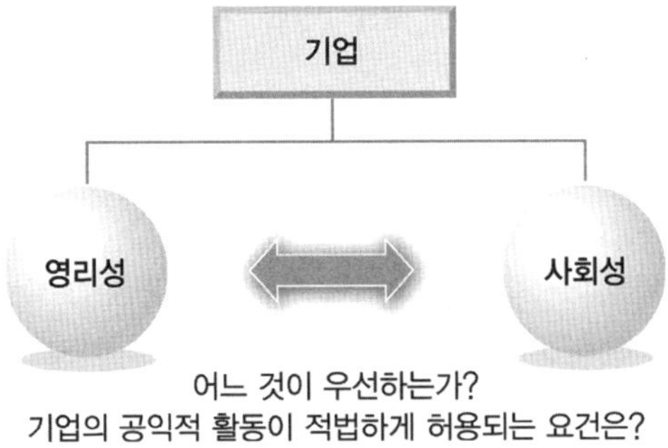

:: [그림 2-1] 회사의 영리성과 사회성

회사의 비영리적 · 공익적 활동이 반드시 회사의 영리성과 상충되는 것만은 아니다. 회사의 공익적 활동을 통하여 쌓여진 좋은 평판과 이미지는 무형의 자산이 되고 장기적으로 회사의 이익증진에 도움이 되기 때문이다. 그러나 **회사의 사회적 책임의 이행은 회사의 자발적인 것이어야 하고 회사 본연의 목적인 영리성에 우선할 수 없다.**

2) 적법성

회사의 비영리적 · 공익적 출연행위는 다음의 요건과 절차를 갖추는 경우에 한하여 제한적으로 허용된다. (i) **장기적인 관점에서 회사의 영리추구에 도움이 되는 것이고,** (ii) **출연의 정도가 회사의 재무상태에 비추어 합리적인 범위 내이어야 하고,** (iii) **출연행위가 이사회의 승인이나 주주총회의 결의를 거치는 등의 적법한 절차를 거쳐야 한다.**[7]

---

6) 대법원 1999. 10. 8. 선고 98다2488 판결 등.

7) 대법원 2019. 5. 16. 선고 2016다260455 판결: 카지노 사업자인 강원◎드(A)가 이사회에서 주주 중 1인인 강원도 태백시가 출자한 오투리조트(B)에 대한 기부를 결의하였는데, A회사가 이사회 결의에 찬성한 이사인 C 등을 상대로 상법 399조에 따른 손해배상을 구한 사안이다.

연습 및 응용

Q1 X회사가 아래의 행위를 하는 경우 이는 적법한가?

(1) 전문지식과 봉사정신을 겸비한 지식인 양성을 위하여 X회사가 학교법인으로 되어 있는 대학에 매년 거액을 기부하는 행위
(2) 정당에 정치자금을 제공하는 행위
(3) ESG 경영을 위해 이사회 결의를 거쳐 탄소 배출량을 줄이는 공법으로 제품생산방식을 변경하였는데, 그로 인해 생산원가가 높아지고 매출액이 감소하여 주가가 떨어짐으로써 주주가 손해를 입은 경우

위의 (1), (2) 어느 것도 X회사의 목적사업으로 정관에 기재되어 있는 사항이 아니다. 위와 같은 행위의 적법성과 유효성을 판단하기 위해서는 회사의 영리성이라는 본질, 회사의 권리능력 범위, 이사나 대주주의 충실의무, 이사의 손해배상책임 등의 문제를 종합적으로 따져보아야 한다.

(1) 기부, 장학금 지원 등과 같은 회사의 비영리적·공익적 출연은 회사의 장기적 영리실현에 도움이 된다. 회사의 재무상황에 비추어 적절한 수준이고 이에 필요한 절차를 거치면 적법하다.[8)]

(2) 회사가 특정 정당에 정치자금을 지원하면 그 정당을 지지하지 않는 주주들의 정치적 신념에 배치되고, 정경유착의 폐단이 있을 수 있다. 정치자금법은 회사를 포함한 모든 법인의 정치자금 제공을 금지하고 있다(동법 31조).

(3) ESG란 친환경(Environment), 사회(Social), 지배구조(Governance)의 약칭으로, 2006년에 제정된 UN 책임투자원칙(PRI)의 핵심을 이룬다.[9)] ESG 경영은 기업의 존립목적을 단순히 주주의 단기 이익을 극대화하는 것을 넘어 이해관계자를 포함한 보다 포괄적인 가치를 성취하는 방향으로 전개되어야 한다는 시대의 흐름을 반영한 것이다. 기업 존재이유의 본질에 해당하는 영리추구(돈버는 기업)와 이러한 사회적 요구(착한 기업)의 조화가 필요하다.

8) 회사 기부의 적법성에 관한 미국 법원의 판례: 미국 뉴저지 주에 있는 밸브제조회사가 같은 주에 소재하고 있는 프린스턴 대학에 매년 장학금을 지급하여 왔다. 그런데 이 회사의 주주가 이를 두고 회사의 목적범위(영리성)를 벗어난 행위라는 것을 이유로 이사를 상대로 손해배상을 청구하였다. 이 사건에서, 법원은 기업의 사회적 책임론과 함께 그러한 기부행위가 결국 당해 기업에 '장기적으로는 영리성에 부합'한다는 이유로 이사의 책임을 부정하였다(A. P. Smith MFG, Co. v. Barlow, Supreme Court of New Jersey, 1985, 13 N. J. 145, 98 A. 2d 581).

9) 한국ESG기준원, ESG모범규준 참조.

Q2 '사회적 기업'이 상법상의 회사가 될 수 있는가? 아래 신문기사를 읽고 이를 토론해 보시오.

> 서울 ○○구의 ○○공동체에는 커피 향이 가득하다. 서울에 거주하는 외국인 노동자 선교회인 이곳에 커피 로스팅 사업과 더불어 바리스타 교육을 실시하고 있기 때문이다. ○○공동체는 노동부로부터 사회적 기업의 인증을 받은 뒤 '커피복(커피福)'이란 이름의 커피사업을 시작했다.
>
> 바리스타 교육을 수료한 사람의 절반이 이주 노동자이다. 이들에겐 재료값 수준의 저렴한 교육비를 받고, 생두를 로스팅해서 카페에 납품하고 있다. 교육받은 이주노동자들을 바리스타로 고용하고 카페에서 나오는 수익금을 이들을 위해 사용하는 선순환 구조를 사업목표로 하고 있다. (출처: 경향신문 2010. 6. 1; 한국일보 2010. 5. 19)

(1) 사회적 기업social enterprise은 비영리조직과 영리기업의 중간 형태로 사회적 목적을 추구하면서 영리활동을 수행하는 기업이다(사회적기업육성법 1조, 2조 1호, 8조 1항 1호). 일반적인 영리기업이 이윤추구를 목적으로 하는데 반해, 사회적 기업은 사회서비스의 제공 및 취약계층의 일자리 창출을 목적으로 하는 점에서 영리기업과 차이가 있다.

(2) 영리사업을 주로 하면서 부수적으로 비영리사업을 겸영하더라도 상법상의 회사가 되는 데에는 문제가 없다. 그러나 영리성의 의미를 이익분배설에 의하여 이해하는 한, 오로지 공익사업만을 목적으로 하는 것은 상법상의 회사가 될 수 없다.

제 3 절 회사의 존재형식

>>> 사람이 아닌데도 사람처럼 권리·의무를 가질 수 있는 존재라는 '법인' 개념은 언제부터 어떻게 생겨났을까? "역사시대의 거의 내내 피와 살을 지닌 사람만이 두 다리로 서며 큰 뇌를 가진 존재만이 자산을 소유할 수 있었다. 그러나 인간들의 집단적 상상에 따라 호모 사피엔스(Homo Sapience)와는 독립된 가상의 인간인 법인으로 회사를 탄생시켰다. 인간 아르만 푸조는 사망했지만 프랑스 자동차회사 푸조는 아직도 살아 있다." (출처: 유발 하라리, 「사피엔스」, 김영사, 2011(조현욱 옮김), 48~57면)

회사는 **영리법인**이다(영리성+법인성)(상 169조).

(1) **영리성**의 의미에 대해서는 위에서 이미 설명하였다.

(2) 회사는 사원의 존재를 필수적으로 요구한다는 점에서 그 수의 다과에 관계없이 모두 **사단**이다. 사단은 사원의 단체라는 뜻이다. 그러나 사단성의 의미는 회사의 종류에 따라 다소 다르다. 합명회사나 합자회사와 같이 사원이 중심이 되는 인적 회사는 2인 이상의 사원을 요하는 전통적인 사단개념에 충실하다. 반면에 주식회사·유한회사와 같이 회사의 물적 기초가 중심이 되는 물적 회사는 전통적인 사단개념에서 탈피하여 '물적(자본적) 사단'으로 사단의 의미가 변용되어 있다. 전통적인 의미의 '사단성'(社團性)은 퇴색하였지만, '사원성'(社員性)의 잔재가 완전히 사라진 것은 아니다. 유한책임회사도 1인 사원이 가능하다. 1인 주주인 주식회사에서는 다수의 주주를 전제로 한 회사법 규정의 수정 적용이 불가피하다.

(3) 회사는 모두 **법인**이다. 회사는 구성원인 사원(주주)과 독립하여 회사 그 자체가 법인격을 갖는다.[10][11] 따라서 회사는 그 스스로 권리와 의무의 주체가 될 수 있는 권리능력자이다.[12] 다만 법인격이 남용되는 때에는 그 폐단을 시정하기 위하여 예외적으로 법인격부인론이 적용될 수 있다.

---

10) 법률세계에서는 '사람'(人)만이 권리와 의무의 주체가 될 수 있는 '법인격'을 갖는다. 사람(人)에는 '자연인'(自然人)과 '법인'(法人)이 있다. 자연인은 생물학적으로 사람인 자로서 권리와 의무의 주체가 된다. 법인은 자연인은 아니지만 법에 의하여 법인격이 부여되어 있는 사람으로 그 자신이 구성원과는 독립적으로 권리와 의무의 주체가 된다. 예를 들면, 甲(정주영)이 창업한 乙회사(현대건설)는 甲과는 독립하여 스스로 권리와 의무의 주체가 되고, 乙회사는 甲의 사망과는 무관하게 해산하지 않는 한 영구적으로 존속한다. 일전에 이탈리아의 어느 갑부가 자신이 애지중지하던 고양이에게 고가의 아파트를 상속했다는 외신보도가 있었다(문화일보 2010. 8. 20). 그러나 이는 법률적으로는 정확한 표현이 아니다. 고양이는 자연인도 법인도 아니어서 법인격(즉, 권리능력)이 없기 때문에 상속을 받을 수 없다.

11) 대법원 2022. 6. 9. 선고 2018다228462, 228479 판결: 주주가 회사의 재산관계에 대하여 법률상 이해관계를 가진다고 평가할 수 없고, 주주는 직접 제3자와의 거래관계에 개입하여 회사가 체결한 계약의 무효 확인을 구할 이익이 없다. 이러한 법리는 회사가 영업의 전부 또는 중요한 일부를 양도하는 계약을 체결하는 경우에도 마찬가지이다. 주식회사의 주주는 주식의 소유자로서 회사의 경영에 이해관계를 가지고 있기는 하지만, 직접 회사의 경영에 참여하지 못하고 주주총회의 결의를 통해서 이사를 해임하거나 일정한 요건에 따라 이사를 상대로 그 이사의 행위에 대하여 유지청구권을 행사하여 그 행위를 유지시키고 대표소송에 의하여 그 책임을 추궁하는 소를 제기하는 등 회사의 영업에 간접적으로 영향을 미칠 수 있을 뿐이다. (대법원 1979. 2. 13. 선고 78다1117 판결; 대법원 2001. 2. 28. 자 2000마7839 결정 참조)

12) 회사는 법인인 이상 그 스스로가 독자적으로 권리를 가진다. 따라서 100% 지배주주라 하여도 회사재산을 함부로 자신 또는 제3자의 이익을 위하여 사용하면 형사법적으로는 **횡령죄** 또는 **배임죄**를 구성한다.

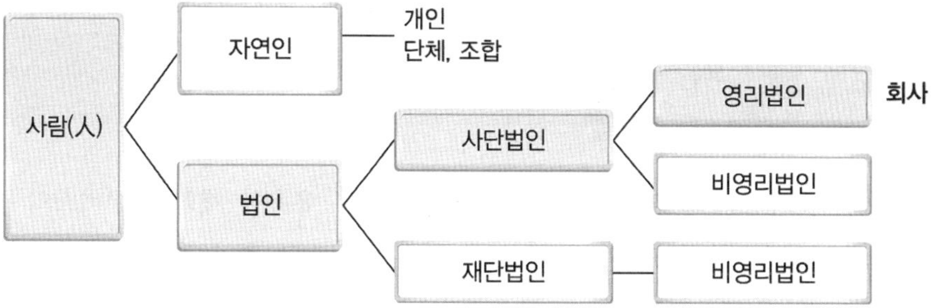

:: [그림 2.3-1] 회사의 존재형식

연습 및 응용

Q1 아래 사례를 읽고 법인과 회사 제도의 긍정적 측면과 부정적 측면을 토론하시오.

> 부산지검은 자본금 납입을 가장해 유령법인을 설립해준 혐의로 법무사 사무장 등을 기소했다. 이들은 사채업자를 통해 발급 받은 잔고증명을 이용해 유령법인 89개를 설립해주고 건당 20만원의 수수료를 챙긴 혐의를 받고 있다. 이렇게 설립된 유령법인은 보이스피싱을 위한 대포통장을 만드는 데 이용된 것으로 조사됐다. (출처: 노컷뉴스 2019. 7. 29)

회사에 법인격을 부여한 이유는 회사를 중심으로 하는 법률관계를 간명하게 처리하기 위한 법기술로 필요하기 때문이다. 이에 의하여 회사는 스스로 권리의무의 귀속주체(권리능력)가 될 수 있으며, 해산하지 않는 한 백년이건 천년이건 영속한다. 공동기업의 원초적 형태는 조합이지만, 조합은 그 자체가 법인격을 갖지 못하여 조합의 구성원인 조합원을 중심으로 하여야 하기 때문에 법인으로 하였을 때의 이점을 누릴 수 없다. 법인제도는 칼과 같이 유용성과 악용될 위험성도 동시에 갖고 있다. 유용성을 살리면서 폐단을 방지하는 것은 법인제도를 기반으로 하는 회사법의 과제이기도 하다.

제 4 절 회사법 정신

(1) 회사는 공동의 경제활동을 통하여 사회적으로 유용한 재화와 서비스의 생산과 분배의 기능을 담당하도록 법적으로 조직된 제도이다. 회사 참여자는 각자가 가진 다양한 생산요소를 투입하여 소비자에게는 재화와 서비스를 제공하고, 자본가에게는 투자이익, 경영자에게는 보수, 근로자에게는 임금, 국가에는 세금의 형태로 배분한다. 그에 의하여 회사 참여자는 각자의 일을 영위하며, 국가는 국방 · 교육 · 치안 · 복지 등의 공공재를 공급하는 데 필요한 재원을 공급받게 된다.

(2) 회사법의 정신과 철학은 무엇인가? 인간으로서의 존엄과 가치(헌법 10조)를 유지하고 행복한 삶(헌법 10조)을 영위하기 위해서는 그에 필요한 물질적 기초와 일터가 필요하고, 이를 가능하게 하는 것이 시장과 거래이다. 그 중에서도 오늘날과 같은 산업사회에서는 기업과 회사가 경제활동의 중추적 역할을 담당한다.

대한민국의 경제질서는 사적 소유(헌법 23조)와 '개인과 기업의 경제상의 자유와 창의'를 존중하는 자본주의적 시장경제를 기본으로 삼고 있다(헌법 119조 1항). 이러한 헌법적 가치를 구체적으로 실현하는 것은 회사법제에 주어진 역할이기도 하다. 우리 **회사법은 자유와 창의의 발현인 기업가정신을 존중한다. 다만 경제주체간의 조화를 통한 경제 민주화를 위하여**(헌법 119조 2항) **회사 및 회사 참여자를 규율**할 필요가 있다. 그에 의하여 '정글의 법칙'이 아니라 자본, 노동, 전문적 경험과 식견 등 다양한 탤런트를 가지고 **회사에 참여하는 자 모두에게 이익이 될 수 있는 공정한 '게임의 규칙'**(rule of game)을 설정하여 운용하도록 도와주는 것이 회사법의 주요 기능이다.

››› 기업에 대한 헌법정신

박근혜 대통령 탄핵재판에서 헌법재판소는 "피청구인은 직접 또는 경제수석비서관을 통하여 대기업 임원 등에게 미르와 케이스포츠에 출연할 것을 요구하였다. (중략) 공권력 개입을 정당화할 수 있는 기준과 요건을 법률로 정하지 않고 대통령의 지위를 이용하여 기업으로 하여금 재단법인에 출연하도록 한 피청구인의 행위는 해당 기업의 재산권 및 기업경영의 자유를 침해한 것이다."라고 하여 대통령 파면 사유의 하나로 삼았다 (헌재 2017. 3. 10. 2016헌나1)(2021. 12. 31. 사면). 이는 향후 시장(기업)과 정부의 관계에 있어서 대통령을 포함한 정부기관 모두가 준수하여야 할 헌법적 기준이 됨을 명심해야 한다.

제 3 장

회사의 종류

제 1 절 5종의 회사

(1) 회사의 종류는 **합명회사**(合名會社), **합자회사**(合資會社), **유한책임회사**(有限責任會社), **주식회사**(株式會社), **유한회사**(有限會社) 5종이다(상 170조). 이러한 구분은 사원이 회사채무에 대하여 대외적으로 어떤 책임을 지는가, 그리고 대내적으로는 사원간 자치가 허용되는 폭을 기준으로 한 것이다. 회사의 종류는 법에서 규정하고 있는 것에 한정된다(회사종류법정주의).

(2) 합명회사는 2인 이상의 무한책임사원으로 구성된다(일원적 구성). 합자회사[1]는 1인 이상의 무한책임사원과 1인 이상의 유한책임사원으로 구성된다(이원적 구성). 이들 두 회사는 사원이 중심이 되는 **인적회사**이다. 주식회사 · 유한회사는 1인 이상의 유한책임을 지는 사원으로 구성되며, 회사의 물적 기초가 중심이 되는 **물적회사**이다. 유한책임회사는 1인 이상의 유한책임을 지는 사원으로 구성되며, 대외적으로는 사원 전원이 유한책임을 지면서도 내부적으로는 조합의 실체를 가지는 회사로서 그 자체가 법인격을 갖는다. 유한책임회사의 내부관계에 대하여는 정관이나

〈표 3.1-1〉 회사의 종류

인적회사		혼성회사	물적회사	
합명회사	합자회사	유한책임회사	유한회사	주식회사
무한책임사원 (2인 이상)	무한책임사원(1인 이상), 유한책임사원(1인 이상)	유한책임사원 (1인 이상)	유한책임사원 (1인 이상)	유한책임사원 (주주; 1인 이상)
사원이 중심이 되는 전형적 인적회사	합명회사와 자본의 결합	대외적으로는 사원 전원이 유한책임, 내부적으로는 조합의 실체	물적회사에 인적 요소 가미	회사의 물적기초(자본)가 중심이 되는 전형적인 물적 회사
인적 결합이 강한 소수의 공동기업에 적합	특별규정이 없으면 합명회사 규정 준용	내부관계에 관해서는 합명회사의 규정 준용	유한책임의 장점을 누리면서 소규모 · 폐쇄적 운영에 적합하며 주식회사의 규정 준용	대규모의 공개기업에 적합

1) 합자회사와 합자조합은 유한책임과 무한책임의 이원적 구조로 되어 있는 점은 같다. 그러나 법인격 유무에 차이가 있다.

상법에 규정된 사항을 제외하고는 합명회사에 관한 규정을 준용한다(상 287조의18). 합명회사 · 합자회사 · 유한책임회사 · 유한회사는 사원들이 끈끈한 인적 유대관계로 맺어져 있는 소규모 · 폐쇄적 기업에 적합하다. 주식회사는 원래 대규모의 자금이 필요한 공개적 기업에 적합하다.

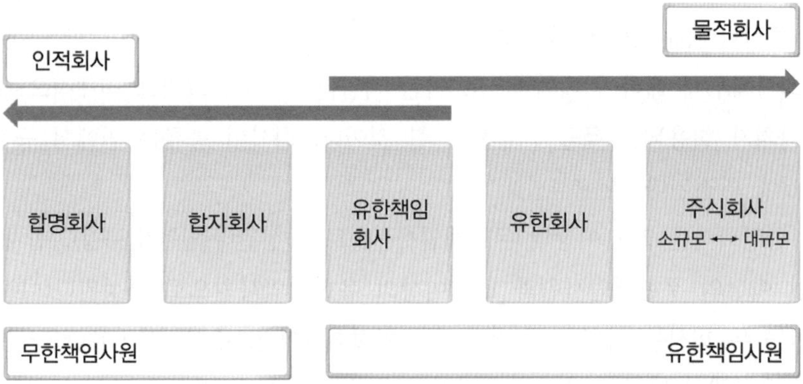

:: [그림 3.1-1] 회사 종류별 인적 · 물적 특성의 스펙트럼

(3) 현재 국내 회사는 실태적으로 기업규모에 상관없이 **주식회사 편중현상**을 보이고 있다.[2] 이에 비해 유한회사의 이용도는 낮은 수준이다.[3] **상법은 주식회사의 현실적 다양성을 감안하여 주식회사에 관한 법규정을 다원화하였다. 그 결과 소규모의 '인적' 주식회사도 주식회사의 법제 안에 수용**하고 있다. 이 때문에 주식회사 편중현상은 좀처럼 줄어들지 않을 것으로 전망된다.

>>> 주식회사의 특징

주식회사는 **영리성**과 **법인성**을 갖는다는 모든 회사에 공통된 것 외에, ① 주주가 회사채무에 대하여 유한책임을 지므로 물적 기초인 자본의 충실과 채권자 보호가 특히 필요하

2) 2024년 말 기준으로 국세청에 법인세를 신고한 법인의 수는 총 1,058,498개이다. 이 중에서 주식회사 1,008,022개(95.2%), 유한회사 46,587개(4.4%), 합자회사 2,882개(0.3%), 합명회사 1,007개(0.1%)이다. 국세청은 유한책임회사를 유한회사에 포함하여 집계하고 있다. 유한책임회사는 도입 이후 점차 증가하는 추세이다. 비상장법인이 1,055,965개로 대다수를 차지하고, 주권상장법인 864개, 코스닥상장법인 1,669개이다. 사업연도 종료일은 12월 말이 1,001,964개로 대다수이고, 6월 말이 12,354개, 3월 말이 9,211개, 기타 종료일이 26,203개이다. (국세청, 국세통계포털)

3) 유한회사는 주식회사에 비하여 설립이 용이하고, 경영기구가 간단 · 유연하고, 인적 폐쇄성을 유지하기가 용이하며, 공시부담이 가볍다는 장점을 가지고 있다. 이 때문에 국내에 진출한 외국기업 중에는 유한회사의 조직형태를 취하는 사례가 늘어나고 있다(예: 구글코리아, 한국마이크로소프트, 애플코리아, 한국휴렛팩커드, 한국레노버, 한국맥도날드 등). 유한회사도 외부감사의 대상이 되는 것으로 바뀌었다.

고(**유한책임성, 채권자 보호의 필요성, 자본충실성**),[4] ② 주식과 사채 발행을 통하여 거액의 자금조달이 가능하며(**다수성, 대규모성**), ③ 주주는 회사에 대하여 주식수에 따라 평등하고(**주식평등성**), ④ 주식양도가 자유롭고(**자유양도성, 개방성**), ⑤ 소유와 경영이 분리되며(**경영의 독자성**), ⑥ 설립에 있어서 모집설립이 가능하고 발기인제도를 둔다는 것 등이 특징이다. 주식회사는 **다수성**으로 인하여 **정형적 · 획일적 요청이 강하므로 단체법리**가 적용되는 경우가 더욱 많다.

(4) 조직변경에 의하여 회사는 법인격의 동일성을 유지하면서 다른 종류의 회사로 변경할 수 있다.

제 2 절 주식회사의 다원화

(1) 주식회사는 증권이 거래될 수 있는 조직화된 유통시장(거래소시장)이 존재하는가에 따라 상장회사(상장법인)와 비상장회사로 구분된다. **상장회사**는 거래소시장에 상장된 증권을 발행한 회사이고 그렇지 않은 회사가 **비상장회사**이다(자금 9조 15항, 상 542조의2 이하). 상장회사는 증권을 쉽게 사고팔 수 있는 조직화된 시장이 있기 때문에 투자금 회수가 비상장회사에 비하여 훨씬 용이하다. 상장회사의 지배구조에 관해서는 상법에 특례규정을 두고 있고, 재무구조에 관해서는 「자본시장과 금융투자업에 관한 법률」(이하 자본시장법)에 특례규정을 두고 있다.

(2) 주식회사는 자본금을 기준으로 하여 **자본금 총액이 10억원 미만인 소규모주식회사**(상 292조 등)와 그 이상의 회사인 **일반적인 주식회사**로 구분된다. 상법은 일반적인 비상장 주식회사에 관한 규정을 일반조항으로 하고 소규모주식회사에 대해서는 특례를 두고 있다.

4) 유한회사와 유한책임회사도 그러하다.

〈표 3.2-1〉 주식회사의 유형

구분	유형	내용
비상장회사	자본금 10억원 미만 (소규모주식회사)[5]	① 발기설립으로 설립하는 경우 원시정관은 공증인의 인증 없이도 효력이 발생한다(292조 단서). ② 주금에 대한 납입금보관증명서를 잔고증명으로 대체할 수 있다(318조 3항). ③ 무기명사채를 발행한 경우 사채권자집회 소집에 관한 공고기간이 일반적인 3주에서 2주로 단축된다(491조의2 2항). ④ 주주 전원의 동의가 있으면 소집절차 없이 주주총회를 열 수 있고 서면결의로 주주총회 결의를 갈음할 수 있다(363조 4항·5항). 주주총회 소집통지기간이 일반적인 2주에서 10일로 단축된다(363조 3항). ⑤ 이사를 1인 또는 2인만 둘 수 있다(383조 1항 단서). ⑥ 이사회를 두지 않아도 된다(383조 4항·5항·6항). 주주총회나 대표이사가 의사결정을 한다. 대표이사는 반드시 두어야 한다. ⑦ 감사가 임의기관이다(409조 4항).
	일반 비상장회사	상법 제3편 제4장(주식회사)의 **일반조항**[6]
상장회사	일반 상장회사	① 적용범위와 특례 – 상장회사, 특례 우선적용 (542조) ② 주식매수선택권 특례 (542조의3) ③ 주주총회 소집공고 등 – 공고로 통지를 갈음할 수 있고, 독립이사 사업개요 등을 통지·공고하거나 열람하도록 해야 한다(542조의4). ④ 전자주주총회 – 현장주총과 병행하여 전자주총을 개최할 수 있다(542조의14 1항). ⑤ 이사·감사의 선임방법 – 이사·감사는 통지·공고한 자 중에서 선임해야 한다(542조의5). ⑥ 소수주주권 특례 (542조의6) – 지분율 완화, 6개월 계속보유 ⑦ 집중투표 특례 (542조의7) ⑧ 독립이사 – 이사 총수의 1/3 이상, 결격사유 확대 (542조의8) ⑨ 주요주주 등 이해관계자와의 거래 엄격히 제한 (542조의9 1항)
	자본금 1천억원 이상	소수주주권 행사요건 완화 (542조의6 2항~5항)
	자산 1천억원 이상	상근감사 또는 감사위원회 (542조의10 1항 본문)
	자산 5천억원 이상	준법지원인 설치의무 (542조의13 1항, 상령 39조)
	자산 2조원 이상 (대규모상장회사)[7]	① 집중투표 – 정관에 의한 배제 금지, 1% 이상 주주 청구시 실시의무(542조의7 2항·3항) ② 독립이사 수 – 3명 이상 및 과반수 (542조의8) ③ 독립이사후보추천위원회 – 설치의무, 과반수를 독립이사로 구성(542조의8) ④ 회사와의 대규모거래 제한 – 최대주주·특수관계인 등의 회사와의 대규모거래시 이사회 승인을 받아야 한다(542조의9 3항). ⑤ 감사위원회 – 설치 강제, 대표는 독립이사이어야 한다(542조의11). ⑥ 감사위원 분리선출 – 2명 이상 분리선출 강제 (542조의12)

5) 2024년 말 기준으로 총 1,058,498개의 법인 중에서 자본금 10억원 이하인 법인은 모두 1,008,307개로 우리나라 회사의 대부분(95.3%)이 이에 속한다. 이들은 회사 생태계의 모세혈관으로 우리나라 회사의 저변

■ **회사간 관계에 의한 구분**

회사는 모두 법인이기 때문에 그 자체가 독립된 존재이다. 그러나 독립된 회사가 경제적으로는 다른 회사와의 어떤 관계를 맺고 있는 때도 있다. 그 관계는 (i) 아무런 관계가 없는 경우, (ii) 지배·종속의 관계에 있는 경우(예: 모회사와 자회사, 지주회사), (iii) 특수한 결합관계(예: 자본참가·피참가회사, 계열회사, 관계회사 등) 등으로 구분할 수 있다.

제 3 절 외국회사

설립준거법에 따라 내국회사와 외국회사로 구분된다. ① **내국회사**는 우리나라의 법률에 의하여 설립된 회사이고, ② **외국회사**는 상법상의 회사와 같은 실질을 가진 것으로 외국법에 준거하여 설립된 회사이다(상 617조).[8] 외국에서 설립된 회사이더라도 우리나라에 본점을 두거나 우리나라에서 영업할 것을 주된 목적으로 하는 때에는 우리나라에서 설립된 회사와 같은 규정에 따라야 한다(상 617조).

을 이루고 있다. (출처: 국세청, 국세통계포털) 실태조사에 의하면, 자본금 총액이 10억원 미만인 소규모주식회사(상 292조 등)는 인적 유대관계를 갖는 소수의 주주끼리 폐쇄적으로 운영되는 회사이다. 이들 회사는 소유와 경영이 확연하게 분리되는 일반적인 주식회사와는 달리 주주들이 직접 경영에 참여하려는 경향이 뚜렷하다. 소규모주식회사에 대해서는 창업의 원활과 기관운영의 간소화를 위하여 특례조항을 두고 있다.

6) 이를 주식회사의 기본 모델로 해서 '일반조항'(기본규정)을 두고, 다른 주식회사 군(群)에 대해서는 '특례조항'을 두고 있다.

7) 자산 2조원 이상의 대규모상장회사는 2025년 6월 기준 225개이다. (출처: 한국거래소, 2025년 기업지배구조 보고서)

8) 외국회사가 대한민국에서 영업을 하려면 대한민국 내에 영업소를 설치하거나 대표자 중 1명 이상이 대한민국에 그 주소를 두어야 한다(상 614조 1항).

연습 및 응용

Q1 유한회사와 유한책임회사의 공통점과 차이점은?

(1) 같은 점 – 양자는 상당히 유사하다. 양자 모두 상법상의 회사로서 법인이고, 사원이 1인 이상이면 되고, 모든 사원은 출자의무를 지며, 출자가액을 한도로 유한책임을 진다.

(2) 다른 점 – ① 유한회사는 주식회사의 규정을 준용하는 데 반해, 유한책임회사는 인적 요소를 중시하여 그 내부관계에 대해서는 합명회사에 관한 규정을 준용하므로 내부문제에 있어 사적 자치의 폭이 넓다. ② 유한회사의 사원은 출자 부족분에 대해 전보책임을 지나(상 550조 1항, 551조 1항), 유한책임회사의 사원은 전보책임을 지지 않는다. ③ 유한회사의 경우 정관으로 지분양도를 제한하지 않으면 사원은 자유롭게 지분을 양도할 수 있으나(상 556조), 유한책임회사의 경우 정관에 다른 정함이 없으면 다른 사원의 동의(업무를 집행하지 않는 사원은 업무집행사원 전원의 동의)를 얻어야 양도할 수 있다(상 287조의8). ④ 유한회사의 경우 사원총회가 최고의 필요기관이나(상 571조), 유한책임회사에는 그에 관한 규정이 없다. ⑤ 유한회사의 경우 감사가 임의기관이나(상 568조), 유한책임회사에는 이에 관한 규정이 없다. ⑥ 유한회사의 경우 지분이 균일하여야 하나(상 546조), 유한책임회사의 경우는 사원자치에 의한다(상 287조의35).

Q2 아래 X, Y, Z회사 각각에 적용되는 상법 규정의 내용에는 어떠한 차이가 있는가?

(1) X회사는 자본금 8억원, 부채 3억원, 매출액 100억원, 종업원 500명인 주식회사이다.

(2) Y회사는 자본금 900억원, 부채 100억원, 매출액 3,000억원, 종업원 1,000명인 주식회사이다.

(3) Z회사는 자본금 1조원, 부채 2조원, 매출액 5조원, 종업원 5,000명인 주식회사이다.

상법은 주식회사에 관하여 상장 여부 및 자본금 또는 총자산(자본과 부채의 합)의 규모에 따라 적용법조에 차이를 두고 있으며, 매출액이나 종업원 규모는 고려하지 않는다. 비상장의 자본금 10억원 이상인 주식회사를 상법상 회사에 관한 법규정의 기본형으로 삼고 있다.

X회사는 현재 한국거래소의 상장요건에 미달하기 때문에 비상장회사이며, 자본금 10억원 미만의 비상장주식회사에 관한 특칙의 적용을 받는다.

Y회사는 만일 상장하지 않은 경우라면 상법의 일반규정의 적용을 받으나, 만일 상장한 경우라면 자산 1,000억원 이상의 상장회사에 대한 특칙의 적용을 받게 된다.

Z회사 역시 상장 여부에 따라 달라진다. 만일 상장하지 않은 경우라면 상법의 일반규정의 적용을 받으나, 만일 상장한 경우라면 자산 2조원 이상의 상장회사에 대한 특칙의 적용을 받게 된다.

Q3 국내의 거래소시장에 주식을 상장을 하고 있는 외국계 기업에 관한 아래 신문기사를 읽고 다음 질문에 답하시오.

> [1] 국내 증권시장에 상장한 이스트◎◎◎홀딩스 등 대부분의 중국 기업들이 홍콩 현지법을 내세워 투자자 보호를 위한 정관을 따르지 않고 있다. 한국거래소가 상장심사를 할 때 제3자를 대상으로 한 증권발행의 경우 주주총회의 특별결의를 거치도록 지도하고 있지만 그 권한을 이사회에 위임함으로써 투자자 피해가 발생하고 있다. (출처: 한국경제 2015. 6. 27)
> [2] 국내 증권시장에 상장된 중국 기업은 합병 등의 경우에도 주주들이 주식매수청구권을 행사할 수 없어 소액주주 보호장치에 허점이 있는 것으로 나타났다. 국내에 상장한 중국 기업들의 설립 근거지인 홍콩과 케이맨군도의 상법에서 주식매수청구권을 인정하지 않고 있기 때문이다. (출처: 한국경제 2015. 8. 30)

(1) 위 회사는 외국회사인가, 내국회사인가?

(2) 위 [1]에 관한 아래 주장의 타당성은?

A: "설립근거법인 홍콩 법에 따라 주주 아닌 자에 대한 신주발행의 권한을 이사회에 위임한 것이므로 법적으로 아무런 문제가 없다."

B: "주식거래가 한국에서 이루어지는 한 한국의 법이 적용되어야 하고, 정관 내용은 상장 당시 한국의 금융당국과 주주들에게 한 약속이므로 그에 따라야 한다."

Q4 상장회사로 되는 경우와 비상장회사로 남은 경우의 장단점을 아래 신문기사를 참조하여 비교해보시오.

> [1] 중국 알리바바의 마윈 회장은 2014년 9월 알리바바를 미국 뉴욕증권거래소에 상장한 것을 후회한다고 최근 고백했다. 상장으로 마윈은 일약 중국 최고의 부자로 등극했으나 기업공개로 까다로운 주주들의 눈치를 보게 되어 소신있는 경영은 어려워졌다는 이유에서이다. (출처: 조선비즈 2015. 6. 10; 머니투데이 2015. 6. 10; 한국경제 2015. 6. 10)
> [2] 신○통상이 유가증권시장 입성 49년 만에 비상장회사로 돌아간다. 의사결정의 신속함을 확보해 경쟁력을 유지하려는 차원에서 상장폐지하려는 것이라고 회사 측은 설명하고 있다. 신○통상은 일본산 불매 운동에 따른 국내 브랜드의 반사이익, 코로나에 따른 보복소비 등으로 최근 수년 동안 실적이 고공행진 했다. (출처: 비즈니스포스트 2024. 6. 21)

Q5 상법이 규정하고 있는 다섯 종류의 회사를 비교하고 차이점을 설명하시오.

	합명회사	합자회사	주식회사	유한회사	유한책임회사
사원의 책임 (본질적 차이)	**무한책임사원**(직접·연대) 2인 이상	**무한책임**(1인 이상) 과 **유한책임**(1인 이상)(직접·연대)의 이원적 조직 *유한책임: 출자의무를 이행하지 않는 부분	**유한책임**(간접·분할)	**유한책임**(간접·분할)(+자본전보책임) *자본전보책임: 현물출자를 과대평가한 경우 부족분 연대책임	**유한책임**(간접·분할)
특성	▲전형적 인적회사: 인적 결합이 강한 소수의 공동기업에 적합	▲합명회사에 자본적 요소 가미(실질적으로 합명회사와 유사) ▲특별규정이 없으면 합명회사 규정 준용	▲자본 중심의 전형적 물적 회사 대자본 형성이 용이하여 대규모사업에 적합 ▲출자 크기: 회사 의사결정 및 손익분배 등에 있어서 비례적 기준 ▲1인 주주 인정	▲물적 회사에 인적 요소 가미 ▲폐쇄성, 간소 ▲특별규정이 없으면 주식회사 규정 준용 ▲1인 사원 인정	▲내부적으로는 조합의 실체를 가지는 인적회사(인적 자본 중시), 대외적으로는 사원 전원이 유한책임 ▲내부관계에 합명회사 규정 준용 ▲1인 사원 인정
출자·자본	▲각 사원 출자의무 ▲재산(금전, 현물)출자뿐만 아니라 노무·신용출자도 인정 (자본금제도 없음)	※유한책임사원: 신용·노무 출자할 수 없음 (자본금제도 없음)	자본금제도		
			▲최저액면가: 100원 이상 균일 ▲재산출자만 인정(노무·신용출자는 인정하지 않음) ▲수권자본제	▲최저액면가: 100원 이상 균일 ▲(좌동) ▲확정자본제	▲최저액면가: 제한 없음 ▲재산출자만 인정(노무·신용출자는 인정하지 않음) ▲확정자본제
설립 절차	정관, 설립등기 설립 무효·취소의 소	(좌동)	▲설립 전에 회사재산 확보 및 업무집행기관 구성 ▲발기설립, 모집설립 모두 인정	▲(좌동) ▲모집설립 불인정	▲(좌동) ▲모집설립 불인정
사원 변동	▲정관기재사항(특정) ▲지분양도 제한(사원 전원 동의)(폐쇄적) ▲퇴사 허용(다만, 퇴사사원은 회사채권자에 대해 2년간 보충적 이행책임) ▲제명 가능	※유한책임사원: 정관기재, 지분양도는 무한책임사원 전원의 동의를 요함(유한책임사원 동의 불요) *경영자는 무한책임	▲주주성명은 정관기재사항 아님 ▲주식양도자유원칙(지분 증권화 및 무권화)	▲정관으로 사원 특정 ▲지분양도 가능하나 지분 증권화 금지	▲정관으로 사원 특정 ▲지분양도 제한(다른 사원 동의) 업무를 집행하지 않은 사원의 지분양도: 업무집행사원 전원 동의 *합명회사보다 완화(정관으로 달리 정할 수 있음) ▲퇴사·제명 가능
기관	▲각자기관, 자기기관 ▲선임절차 없이 사원 각자가 업무집행권과 회사대표권을 가짐(정관으로 업무집행사원과 대표사원을 둘 수 있음) ▲사원총회(불요)	※유한책임사원: 업무집행권은 없고, 업무집행에 대한 감시권을 가짐	▲주주총회: 제한적 최고기관 ▲타인기관(소유와 경영 분리): 주주자격과 별도로 이사(3인 이상)를 선임하고 이사회 구성, 감사(필요), 이사·감사 임기 제한	▲사원총회(필요기관): 만능의 최고기관 ▲이사(1인 이상), 감사(임의), 임기제한 없음 *조직; 간소, 유연	▲업무집행자(필수; 사원·제3자·법인 가능): 회사 대표 ※업무집행자 아닌 사원: 감시권 ※사원총회: 불요 *사적 자치: 광범(유연성)
사원의 의사 결정 방법	▲두수주의(=지분단일주의): 사원들은 각자 1개 의결권 ▲기본적 사항 결정은 총사원의 동의를 요함	※유한책임사원: 총사원의 동의 요하는 경우에 예외적으로 의사결정에 참여	▲1주 1의결권(=지분 복수주의)	▲출자 1좌 1의결권(다만, 정관으로 달리 정할 수 있음)	▲두수주의(유한책임과 배치)
이익 배당	▲이익 없어도 배당 가능 ▲정관으로 자유로이 정할 수 있음(출자에 비례하지 않음)→민법의 조합규정(출자비율에 의함)	※유한책임사원: 좌동(출자액을 한도로 손실분담)	▲이익 없으면 배당 불가 ▲주식 수에 비례(강행규정)	▲(좌동) ▲(좌동)(정관에 달리 정할 수 있음)	▲이익 없으면 배당 불가(준비금 적립 불요) ▲(좌동)(정관에 달리 정할 수 있음)

제 4 장

회사의 규범

제 1 절 총 설

회사법 관계에 적용되는 규범에는 국가가 만든 법령과 회사가 만든 정관이 있다. 이 밖에도 사법의 지도원리와 회사법에 특유한 원칙들이 법령과 정관을 해석하는 기준이 되고 그 흠결을 보충하는 역할을 담당한다.

››› 법, 정관, 계약

(1) 주주, 회사채권자. 경영자, 근로자 등은 회사와의 **계약**에 의하여 일정한 법률관계를 맺고 있다. 주주가 되기 위한 전 단계로 주식인수계약에 의하여 회사와 법률관계를 맺으나, 주주가 된 이후에는 정관에 의하여 단체법적으로 규율된다. 채권자, 경영자, 노동자는 각각 채권계약, 위임계약, 고용계약에 의하여 회사와 법률관계를 맺는다.

(2) 이들간 **이해상충을 조정하는 기본규범을 제공하는 것이 회사법의 역할**이다. 주식회사에 관한 회사법 규정은 인적 신뢰관계가 없는 다수인의 이해관계를 규율하여야 할 필요 때문에 원칙적으로 **강행규정**의 성격이 강하다. 정관은 회사법의 강행규정에 반할 수 없으나 임의규정을 변경·보완하는 기능을 한다(정관자치).

(3) 계약(契約)은 사적인 문제를 당사자 간의 합의에 따라 해결하는 가장 기본적이고도 중요한 수단이다. 계약은 구속력이 있다. 계약법의 기본정신은 자유의 원칙(사적자치의 원칙)이다. 회사법 문제에서 계약은 단체법인 회사법이 법률관계를 획일적으로 규율하는 데 따른 제약을 보충하고 주주간 이익을 자율적으로 조정하는 수단으로 이용된다. 회사법 문제에서 계약은 (i) 당사자 간에는 계약법의 일반법리에 따라 구속력이 있으나(자치의 영역), (ii) 회사에 대한 관계에서는 단체법적 질서유지를 위해 그 효력이 부분적 또는 전면적으로 제한된다(단체적 규율의 영역).[1)]

››› 사 례

산업은행은 한○칼에 8,000억원을 제공하는 투자계약을 체결하면서 투자합의서에 한○칼의 산업은행에 대한 의무조항을 명시했다. 이에는 A항공의 B항공 인수를 위해 산은의 감시·관리 권한을 강화하고 한○칼이 이를 제대로 이행하지 않으면 위약금 5,000억원을 물고 손해배상책임을 부담하고, 한○칼은 산은이 지명하는 사외이사 3인과 감사위원회 위원을 선임하도록 하는 내용 등을 담고 있다. (출처: 한국경제 2020. 11. 18; 서울경제 2020. 11. 18) 이러한 계약은 회사법상 어떤 의미가 있는가?

---

1) 대법원 2023. 8. 18. 선고 2022다227619 판결; 대법원 2025. 6. 12. 선고 2020다219577 판결 등.

제 2 절 원 리

(1) 권리남용금지 · 신의성실 원칙 등

권리남용금지 및 신의성실의 원칙(민 2조)은 사법의 기본원칙이다. 이는 회사법 관계에도 적용된다.[1] 회사법은 정의와 형평의 지배를 받는다. 또한 회사법은 회사의 경영상의 합목적성을 존중하고 형평성과 함께 효율성을 추구한다.

(2) 강행법규성 vs 자치원리

회사법은 사익을 조정하는 사법체계에 속한다. 따라서 이에 관한 법적 규율은 당사자간의 자치에 의하는 것이 원칙이다(자율의 영역). 그러나 회사법은 다수의 이해관계를 획일적으로 규율할 필요가 있으므로 자율에만 맡기지 않고 규제를 하는 경우가 있다(규제의 영역). 이 때문에 특히 주식회사에 관한 상법규정은 강행법적 성격을 띠는 경우가 많다.

(3) 조직법 분야: 단체법리

주식회사에 관한 법률문제는 다수인의 이해관계가 관련된다. 이 때문에 특히 조직법 분야에서는 단체법적 · 정형적 · 획일적으로 처리하는 경우가 많다.

(4) 거래법 분야: 거래안전

회사의 대외적 거래에 있어서는 거래에 관한 일반법리에 의하고 거래의 안전을 보호하기 위하여 금반언법리(estoppel) 및 외관주의가 적용된다. 이에 의하여 선의의 제3자의 신뢰를 법적으로 보호해준다. 다만 선의라 하더라도 중과실이 있는 때에는 악의와 원칙적으로 동일하게 취급한다.

---

1) 대법원 1996. 12. 20. 선고 96다39998 판결: 사실상 주주 2인으로 구성된 주식회사의 일방 주주측이 다른 주주의 회의장 입장을 부당하게 방해하였고, 그 의사진행방식 및 결의방식이 개최시각보다 지연 입장하게 된 다른 주주의 의결권 행사를 최대한 보장하는 방법으로 이루어지지 아니하여 신의칙에 반한다는 이유로, 주주총회 결의방법이 현저하게 불공정한 때에 해당한다.

제3절 법 령

(1) 회사에 관한 주요 법령으로는, **상법**[2] 외에도 **자본시장과 금융투자업에 관한 법률**, 독점규제 및 공정거래에 관한 법률, 금융지주회사법, 금융산업의 구조개선에 관한 법률, 채무자 회생 및 파산에 관한 법률, **주식·사채 등의 전자등록에 관한 법률**, 기업활력 제고를 위한 특별법, 중소기업기본법, 은행법 등 각종 금융법, 담보부사채신탁법, 주식회사 등의 외부감사에 관한 법률, 한국전력공사법 등 각종 공기업 관련법, **상업등기법**, **민법**, **민사소송법**, 민사집행법, 비송사건절차법, 공증인법, 법인세법, 형법, 특정경제범죄 가중처벌 등에 관한 법률 등이 있다. 이 중에서 **상법 제3편**(회사)**은 회사에 관한 일반법**(기본법)이다.

(2) 이들 법령의 적용순서는 다음 원칙에 의한다.

① **특별법**(조항)이 **일반법**(조항)에 우선한다. 예컨대, 자본시장법의 특례규정은 상법에 우선함이 원칙이다.

② 법률의 하부규정으로 시행령(예: 상법 시행령), 시행규칙 등을 두고, 다시 관련 기관에 위임하기도 하는데(예: 금융위원회의 각종 규정), 같은 법 내에서는 **상급법**이 **하급법**에 우선한다.

③ **신법**이 **구법**에 우선한다. 그러나 특별법인 구법은 일반법인 신법에 우선한다.

④ **강행규정**이 **임의규정**에 우선한다.

⑤ **성문법**이 **관습법**에 우선한다(상 1조, 민 1조).

(3) 일반조항 vs 특례조항

상법 제3편(회사법)에서는 상장회사와 비상장회사의 구분 없이 모두에 대하여 적용되는 일반조항을 두는 한편, 상장회사에 대해서는 상법 542조의2 이하에서 특례

---

2) 「상법」에는 총칙(제1편), 상행위(제2편), 회사(제3편), 보험(제4편), 해상(제5편), 항공운송(제6편) 등을 모두 단일 법전에 담고 있다. 상법은 경제개발이 본격화되기 시작한 1962년도에 제정되었고, 그동안 수차례 개정되어 오늘에 이르고 있는 회사에 관한 기본법이다. 법전상 '회사법'이라는 법 명칭은 없지만 '상법' 중 회사에 관한 법 규정(상법 제3편)을 총칭하여 편의상 회사법이라 부른다. 외국에서는 회사법만을 단일법전으로 하는 입법례가 많다.

조항을 두고 있다. **이들 특례조항은 일반조항에 우선하여 적용**된다(상 542조의2 2항). 특례규정의 '우선적용'의 의미에 대해서는 일반조항과의 관계에서 (i) **양자택일적 경합**, (ii) **배제적 경합**의 관계로 구분할 수 있다. '소수주주권'의 경우 일반조항과 상장회사 특례조항의 관계에 대해 해석상 논란이 있었는데, 2020년 개정 상법은 택일적 관계에 있음을 명시했다(상 542조의6 10항). 이러한 입법적 해결이 없는 부분에서는 여전히 해석상 논란의 여지가 있다. 자본금 10억원 미만의 소규모주식회사에 관한 상법의 특례조항은 일반조항에 우선하여 적용된다.

■ 강행규정 vs 임의규정

법 규정 중 임의규정에 해당하는 것에 대해서는 당사자의 계약이나 정관 등에 의하여 달리 정할 수 있고, 이러한 정함은 유효하다.[3] 임의규정은 당사자간에 약정이 없는 경우에 이를 보충하거나(보충적 기능) 당사자의 의사가 불명확한 경우에 이를 해석하는 기능을 담당한다(해석적 기능). 그러나 강행규정에 해당하는 것에 대해서는 계약이나 정관 등에 의하여 달리 정할 수 없고 달리 정하더라도 무효가 된다.[4] 주식회사에 관한 규정은 대부분 강행규정이다.

■ 법규정 위반의 효력

법 규정을 위반한 행위의 효력은 금지규정의 법적 성격에 따라 달라진다. (i) **단속규정**을 위반한 경우에는 유효하다(이러한 경우가 일반적이다).[5] (ii) **효력규정**을 위반한 경우에는 무효로 된다.[6]

■ 법규정 흠결 보완

1) 회사법 규정 중에는 동일 규정의 반복을 피하여 어느 한 곳에서 규정을 하고 다른 조항에서는 이를 준용한다는 준용규정을 두는 경우가 매우 많다. 준용규정을 다시 준용하는 재준용의 경우도 있다. 징검다리 건너듯이 잘 찾아가야 하는 수고가 필요하다. 그런데 이러한 준용규정조차 없는 법 흠결도 있다. 이에는 ⓐ 입법자가 의도적으로 규정하지 않은 경우도 있지만, ⓑ 당연하기 때문에 규정을 하지 않은 경우도 있으며, ⓒ 심지어 입법자가 미처 생각하지 못한 실수로 빚어진 경우도 있다. ⓒ의 경우에는 가장 유사한 취지의 규정을 찾아 유추적용이 가능한지를 따져 보아야 한다. 해석론에 의하여 현행 규정 내에서 합리적 해석

---

3) 사법적 법률관계에서는 사적 자치가 기본원칙이다.

4) 법 규정 중에서 어느 것이 강행규정이고 임의규정인가에 대해서는 법의 취지 등을 종합적으로 고려해서 판단해야 한다. 회사법에서 주주유한책임의 원칙, 주주평등의 원칙, 자본충실의 원칙 등은 주식회사의 기본질서에 해당하는 것이어서 강행규정 내지 강행법적 원칙에 해당한다.

5) 대법원 1987. 12. 8. 선고 86다카1230 판결.

6) 대법원 2004. 6. 11. 선고 2003다1601 판결.

방법을 모색해보고, 그것으로는 도저히 안 될 때에는 입법적 해결을 기다리는 수밖에 없다.

2) 각 회사가 정관에 의하여 자치적으로 규정할 수 있게 하기 위하여 일부러 법에서 규정하지 않은 경우도 있다.

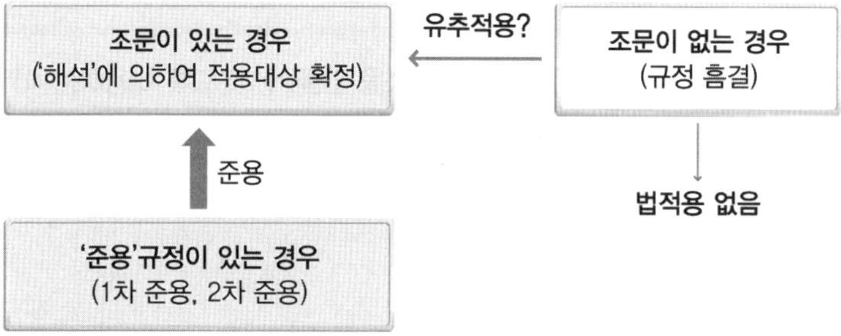

:: [그림 4.3-1] 회사법 조문의 구조

제4절 정 관

[4.4.1] 총 설

정관에 해당 회사와 무관해 보이는 이색사업이 '회사의 목적사업'으로 기재돼 있어 흥미를 끌고 있다.

삼성전자의 정관에는 '회사가 영위하는 목적사업'이 적혀 있다. 이중 대부분은 반도체와 휴대폰, 생활가전 등과 연관된 사업들이다. 하지만 그중에는 '경제성 식물의 재배 및 판매업'이라는 전자업종과는 전혀 관련성이 없는 사업이 포함되어 있어 궁금증을 낳고 있다.

LG전자 정관의 목적사업 중에는 '광업'이 눈길을 끈다. LG전자의 관계자는 "목적사업 항목이 포괄적인데다 과거부터 누적적으로 추가돼 오다보니 남아 있게 된 것으로 알고 있다"고 말했다. 그런데도 이 항목이 남아 있는 것은 목적사업의 변경을 위해서는 정관변경이라는 복잡한 절차를 거쳐야 하기 때문이다.

SK(주)의 정관에는 '보험대리점 및 보험중개인 등을 포함한 보험사업', '여행, 레저, 스포츠 및 생활관련 각종 서비스업' 등이 포함되어 있다. SK관계자는 "다각적으로 신규 사업을 모색하다보니 이러한 사업이 목적사업으로 정관에 규정되는 경우가 있다"고 한다. (출처: 내일신문 2006. 4. 4)

생각해보기

1. 회사로 하여금 정관에 의하여 자치규범을 만들 수 있도록 허용하는 이유?
2. 정관은 계약인가, 법규인가?
3. 정관은 법령과의 관계에서 어떤 우열관계에 있는가?

1. 정관자치

모든 회사를 법령에 의하여 획일적으로 규율하는 것보다는 회사가 개별적인 사정과 형편에 부합하는 규범을 스스로 만들어 운용하도록 하는 것이 바람직한 경우가 있다. 정관의 존재이유는 이 같은 맞춤형 **회사자치**의 필요에서 비롯된다. 이를 정관자치라고 한다. **정관자치가 허용되는 영역**은 (i) 법이 명시적으로 정관에 수권을 한 경우,[7] (ii) 법에 수권규정은 없지만 법의 강행규정과 회사의 본질에 반하지 않는 범위에서 정관에 의하여 회사가 법규정을 해석·보충하는 경우 등이다.

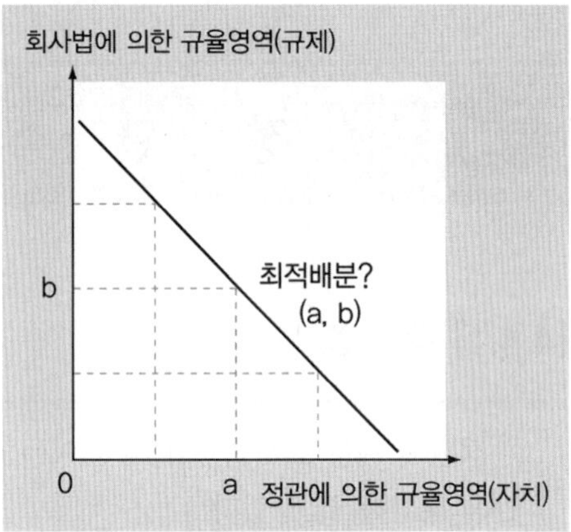

:: [그림 4.4.1-1] 회사법과 정관의 규율상의 배분

정관자치에 맡겨둘 부분과 회사법적 규율에 의할 부분은 [그림 4.4.1-1]에서 보는 것처럼 서로 반비례관계에 있다. 사실상 인적회사에 가까운 주식회사의 경우는 그렇지 않는 회사에 비하여 정관자치를 인정할 수 있는 범위가 넓어진다.

7) ⓐ 예컨대, 종류주식의 종류와 수와 같이 정관에 그 근거를 둠으로써 비로소 채택하여 시행할 수 있는 경우가 있는가 하면(상 344조 2항)(positive방식; 채택근거형), ⓑ 예컨대, 주권 불소지 신고(상 358조의2 1항), 집중투표(상 382조의2 1항)의 실시와 같이 정관에 그 근거를 둠으로써 비로소 배제할 수 있는 경우가 있다.

2. 자치성 · 최고성

정관은 개별 회사에서 최고의 자치규범이다. 회사는 정관 외에도 정관의 수권에 의한 하부규정들을 두고 있다(예컨대, 이사회규칙, 각종 위원회규칙 등).[8]

3. 법규성

(1) 정관은 이를 만든 자뿐만 아니라 이후의 주주 및 기관을 일반적으로 구속하는 힘을 갖는다. 정관이 **구속력**을 갖는 근거에 대해서는 법규(자치법)로서의 성질을 갖기 때문이라는 것이 일반적인 견해이다.[9]

甲: "우선주를 몇 주 샀었어. 다른 회사에 비해서 우선주와 보통주의 가격 차이가 매우 커서 싼 맛에 산거지. 근데 나중에 알아봤더니, 이 우선주라는 게, 주주총회에서 의결권을 행사할 수도 없고, 배당조건도 다른 회사에 비해 매우 불리하더구먼. 그렇게 중요한 내용이라면 투자자인 나에게 미리 알려주었어야 하는 거 아냐? 이걸 알려주지 않은 걸 이유로 거래를 취소할 수는 없을까?"

乙: "그런 걸 이유로 취소할 수는 없어. 네가 말한 내용은 이미 그 회사 정관에 모두 규정되어 있는 것이거든."

甲: "그 회사의 정관을 본 적도 없는데, 내가 어떻게 그 내용을 알 수 있겠어? 알지도 못하는 정관내용에 구속받는다는 건 불합리하지 않아?"

乙: "그럴까? 로마를 여행하다가 로마의 교통법규를 몰라서 위반했다고 쳐. 몰랐다는 게 현지 경찰관한테 변명이 될 수 있을까?"

甲: "교통법규는 법규인거고, 정관은 법규가 아니잖아?"

乙: "아냐, 회사의 정관도 법규로서의 성격을 가져."

---

8) 국가가 입법권에 기하여 만든 법에는 최고법으로 헌법이 있고 그 밑에 각종 법령들이 있듯이, 정관은 회사 스스로가 만든 규범 중에서 최고의 자치규범이다.

9) 대법원 2000. 11. 24. 선고 99다12437 판결; 대법원 2024. 7. 11. 선고 2020다258824 판결. 정관을 자치법규로 보는 국내 통설과는 달리 정관을 법률행위의 한 형태인 조직계약의 일종으로 파악하여야 한다는 소수견해가 있다(김정호, 회사법, 77면).

(2) 정관은 자치법규로서의 성질을 가지므로, 그 해석은 객관적인 기준에 따라 규범적 의미와 내용을 확정하는 법규 해석의 방법에 의한다.[10] 따라서 정관의 문언으로 알 수 없는 정관을 만든 자의 의도나 구두에 의한 약정은 정관을 해석함에 있어서 고려되어서는 아니 된다. 정관의 해석을 잘못한 때에는 법규의 해석을 잘못한 것과 동일하게 취급되어 상고이유가 된다(민소 423조).[11]

(3) 정관은 법령 중 강행규정, 공서양속(민 103조) 또는 회사의 본질에 우선하지는 못하나 법령 중 임의규정에는 우선한다. 따라서 ① 법령 중 강행규정 → ② 정관 → ③ 법령 중 임의규정 순으로 상하관계에 있다.

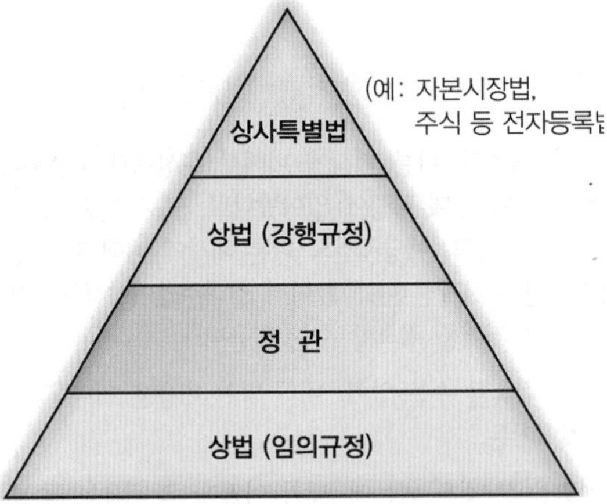

:: [그림 4.4.1-2] 회사규범의 위계

[4.4.2] 원시정관

1. 뜻

회사를 설립할 때에 처음 만든 정관을 이후에 개정된 정관과 구분하여 원시정관이라 한다. 회사를 설립하려면 먼저 원시정관을 만들고 이러한 규범적 토대에 입각하여 설립절차를 진행한다.[12]

10) 대법원 2000. 11. 24. 선고 99다12437 판결; 대법원 2024. 7. 11. 선고 2020다258824 판결 등.

11) 심급제를 취하고 있는 법원의 구조에서 대법원이 담당하는 상고심은 항소심 판결에 의하여 적법하게 확정된 '사실'에 기속되며 오직 법령적용의 적부 문제에 관해서만 심사한다(민소 432조).

2. 기재사항

원시정관에는 발기인이 법 소정의 사항을 기재하고 기명날인 또는 서명을 하여야 한다(상 289조 1항). 정관의 기재사항에는 절대적 기재사항과 상대적 기재사항 등이 있다.

(1) 절대적 기재사항

정관의 기재사항 중에서 흠결하거나 내용이 위법하면 정관 전체가 무효가 되고 그로 인하여 회사설립 자체가 무효로 되는 아래 8가지 사항을 절대적 기재사항이라 한다(상 289조 1항 1호~8호). 이들 사항은 회사의 정체성과 기본구조에 관한 것들이다.

1) 목 적

회사의 목적사업은 이해관계인이 예측할 수 있을 정도로 영위하고자 하는 영리사업의 내용을 구체적으로 기재하여야 한다. 사업내용을 구체적으로 기재하고 '기타 이에 부수되는 사업'이라고 규정하는 것은 주된 목적에 의하여 관련된 부수사업의 범위를 예측할 수 있기 때문에 무방하다.

■ **예시**

이 회사는 다음의 사업을 영위함을 목적으로 한다.

1. ....
2. ....
3. ....
4. 전 각 호에 부대되는 사업

2) 상 호

상호는 상인이 다른 상인과 구분하여 자신의 영업상의 동일성을 표시하는 명칭이다. 상호는 문자로 기재할 수 있어야 하고 구두로 발음할 수 있어야 한다. 영업주체를 오인할 수 있는 상호는 사용하지 못한다(상 23조). 타인이 이미 등기한 상호는 동일한 특별시·시·읍·면 내에서 동일 영업을 위하여 이중으로 등기하지 못한다(상 22조). 회사가 아니면 상호에 회사임을 표시하는 문자를 사용하지 못한다(상 20조 전

12) 원시정관은 회사설립의 규범적 초석(礎石)이 된다.

단). 회사는 여러개의 영업을 영위하는 때에도 1개의 상호만을 사용할 수 있다(회사상호 단일의 원칙). 상호에는 회사의 종류(합명회사, 합자회사, 유한책임회사, 주식회사, 유한회사)를 명시하여야 한다(상 19조). 회사는 상호를 본등기하기 전에 미리 가등기할 수 있다(상 22조의2).

■ **예시**

이 회사는 ○○○주식회사 (또는 주식회사○○○)라 한다. 영문으로는 ○○○(약호 ○○○)라 표기한다.

3) 발행할 주식의 총수

회사가 장차 발행할 수 있는 주식의 총수는 회사설립 후 정관을 변경하지 않고서도 발행할 수 있는 주식의 최대 한도이다(수권주식). 회사는 {발행'할' 주식의 총수 – 발행'한' 주식의 총수}의 범위 내에서 이사회 결의만으로 주식을 발행할 수 있다.[13)]

■ **예시**

이 회사가 발행할 주식의 총수는 ○○주로 한다.

4) 1주의 액면가 (액면주식인 경우)

액면가는 1주의 권면액이다. 액면가는 액면주식에만 존재한다. 무액면주식에는 액면가가 있을 수 없으므로 정관기재사항이 당연히 아니다.

■ **예시**

이 회사가 발행하는 주식 1주의 금액은 ○○원으로 한다.

5) 회사설립시 발행 주식의 총수

회사를 설립할 때에 발행되는 주식의 총수는 회사설립시의 자본금 확정을 위하여 그 전액을 인수·납입하여야 한다(상 295조 1항).[14)]

■ **예시**

이 회사가 설립시에 발행하는 주식의 총수는 ○○주로 한다.

---

13) 발행할 주식의 총수와 설립시에 발행하는 주식의 총수는 정관의 절대적 기재사항이지만, 현재의 자본금은 정관의 절대적 기재사항이 아니다.

14) 회사설립 이후 신주를 발행할 때에는 그렇지 않다.

6) 본점 소재지

회사는 자연인의 주소에 상응하는 영업소를 두어야 한다. 영업소에는 본점과 지점이 있다.[15] 본점은 영업의 결과가 최종적으로 집중되는 곳으로 회사의 법률문제에 있어서 장소에 관한 기준점이 된다. 본점 소재지는 확정적이고 단일해야 하며, 최소 행정구역(예: 서울특별시)에 의하여 특정해야 한다. 회사의 주소는 본점 소재지에 있는 것으로 한다(상 171조).

■ **예시**

① 이 회사의 본점은 ○○에 둔다.
② 이 회사는 필요에 따라 이사회의 결의로 지점을 둘 수 있다.

7) 공고방법

후술([12.2.3] 공고 참조)

8) 발기인의 인적 사항

원시정관에는 발기인의 성명, 주민등록번호, 주소 등을 기재하고 이에 기명날인 또는 서명을 하여야 한다. 그후 정관을 변경하는 때에도 이는 역사적 사실이기 때문에 변경대상이 아니다.

■ **기명날인과 서명**

문서작성자가 누구인지를 표시하는 방법으로 기명날인 또는 서명을 요한다. 양자는 선택적이며 효력에 있어서 동일하다. '기명날인'은 [기명+날인]이다. 기명부분은 반드시 자서(自書)할 필요가 없고 인쇄된 것을 이용하여도 무방하다. 날인할 때의 도장은 인감도장일 필요가 없고 '막도장'도 된다. '서명'은 서양식의 사인(signature)이 아니고 서명을 한 명의인이 누구인지를 판독할 수 있을 정도로 스스로 이름을 기재하는 것(自書)이다. 서명은 그것만으로 기명날인과 동일한 효력을 가지며, 이에 서양식의 사인이나 날인을 부가하거나 또는 부가하지 않아도 된다.

■ 기명날인 김 성 탁 

■ 서 명 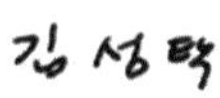

15) 회사의 지점 소재지는 정관의 절대적 기재사항이 아니다.

(2) 상대적 기재사항

정관의 상대적 기재사항은 이를 기재하지 않더라도 정관 자체가 무효가 되는 것은 아니지만, 그 사항에 관하여 효력이 발생되려면 정관에 기재해야 할 사항이다. 이에는 **변태설립사항**과 **그 밖의 사항**이 있다. (회사설립 부분에서 후술)

3. 효력발생

회사설립시의 정관이 효력을 발생하려면 **공증인의 인증**을 받아야 한다. 공증인의 인증을 받지 않은 원시정관은 무효이다(상 292조). 그러나 자본금이 10억원 미만인 소규모주식회사를 발기설립의 방법으로 설립하는 경우에는 공증인의 인증이 원시정관의 효력발생요건이 아니다(상 292조 단서; 공증 66조의2 1항 단서).

■ **정관의 인증**

정관의 인증은 촉탁인 또는 그 대리인으로 하여금 공증인의 면전에서 2통의 정관에 대하여 기명날인 또는 서명을 하게 한 후 공증인이 그 사실을 기재함으로써 정관을 인증하게 된다(공증 63조).

연습 및 응용

Q1 회사의 규정집을 들춰보면 정관 이외에도 회사가 만든 여러 규정들이 있다. LX인터내셔널(옛 LG상사)의 정관에는 다음과 같은 조항을 두고 있다.

> "본 회사는 필요에 따라 이사회의 결의로써 경영상 필요한 사규를 정할 수 있다." (정관 부칙 2조)

(1) 위 정관에 기술되어 있는 사규(社規)는 정관과 어떤 차이가 있는가?

(2) 이들 사규 등의 규정을 변경하는 경우에도 상법 소정의 정관변경절차를 밟아야 하는가?

회사가 그 내부의 업무처리를 위하여 법령이나 정관의 범위 내에서 각종 규정을 제정하는 것이 일반적이다. 이들 규정은 회사의 내부관계에서만 적용되고 정관과는 달리 그 제정이나 변경에 주주총회가 관여하지 않는다.

[4.4.3] 정관변경

기업은 주기적으로 정관을 점검하고 정비해야 한다. 정관에 규정이 미비함으로 인해 법적 분쟁의 씨앗이 되는 경우가 비일비재하기 때문이다. 정관 변경을 통해 기업의 상황과 문제를 면밀히 파악하고 이에 대비할 수 있는 규정과 정책을 반영해나가야 한다. (출처: 한국경제TV 2019. 12. 30.; 한국경제TV 2022. 7. 27. 참조)

생각해보기

1. 주주들은 정관변경에 어떤 이해관계를 갖고 있으며, 정관변경에 대한 자신의 의견을 어떤 방법으로 개진할 수 있는가?
2. 법 소정의 정관변경절차에 따르는 한 바꿀 수 있는 정관 내용에 제한이 없는가?

1. 뜻

정관변경은 두 가지 의미로 사용된다. (i) 첫째는 정관의 기재사항을 추가·삭제·수정함으로써 그 '내용'을 변경하는 것이고(**실질적 의미의 정관변경**), (ii) 둘째는 이를 기재한 '서면'을 변경하는 것이다(**형식적 의미의 정관변경**). 이 같은 구분은 변경된 정관의 효력이 발생하는 시점이 언제인가의 문제와 관련하여 실익이 있다. 법률적 의미에서의 정관변경은 실질적 의미의 정관변경이다.

2. 절 차

(1) 국가의 기본법인 헌법을 바꾸려면 주권자인 국민의 동의가 필요하듯이(헌 130조 2항), 회사의 기본적 자치규범인 정관을 변경하려면 회사의 지분적 소유자인 주주들의 가중된 동의(주주총회의 특별결의)를 얻어야 한다(상 433조 1항, 434조).[16] 정관변경을 위한 총회소집을 통지·공고할 때에는 변경하려고 하는 정관의 주요 내용을[17] 기재하여 주주들에게 미리 내용을 알려주어야 한다(상 433조 2항).

16) 국가의 주권(主權)이 국민에게 있다면, 회사의 소유권은 주주에게 지분적으로 주어져 있다고 하겠다. 합명회사의 정관변경은 총사원의 동의를 요한다(상 204조).

17) 이를 정관변경에 관한 '의안의 요령'이라 한다.

(2) 회사가 종류주식을 발행한 경우에 정관을 변경함으로써 어느 종류주식의 주주에게 손해를 미치게 될 때에는 일반적인 주주총회의 결의에 추가하여 그 종류의 주식을 가진 주주들만의 참여에 의한 종류주주총회의 결의가 있어야 한다(상 435조).

3. 대상과 한계

(1) 허용범위

정관변경절차에 따르는 한 자유롭게 정관내용을 변경할 수 있음이 원칙이다. 원시정관에 특정 조항만은 절대로 변경할 수 없다는 정관변경 금지조항을 둔 경우라 하더라도,[18] 이는 가변성을 갖는 회사의 속성에 배치되므로 구속력이 없다. 따라서 그에 상관없이 정관변경을 할 수 있다.

(2) 불가사항

정관변경의 자유는 **정관자치가 허용되는 영역에서만** 인정된다. 따라서 **강행규정을 위반하거나 주식회사의 본질이나 주주의 고유권을 침해하는 정관변경은 허용되지 않는다.**[19]

(3) 불요사항

내용에 대하여 주주들이 가부를 결정할 수 있는 성질의 것이 아닌 경우에는 정관변경의 절차를 거치지 않고서도 해당 정관조항을 수정할 수 있다. 선택의 여지없이 외부적으로 주어지는 환경변화, 예컨대, 행정구역의 명칭이 변경되어 본점 소재지의 명칭이 변경되는 경우나[20] 공고매체인 일간신문의 명칭이 변경되는 경우와 같이,[21] 법령이나 사실의 변경에 의한 경우에는 정관변경의 절차를 밟을 필요가 없다.

---

18) 예컨대, 창업주의 유지에 따라 '회사의 본점 소재지를 창업주의 고향인 강원도 춘천으로 하고 이는 절대 변경할 수 없다'는 내용을 정관에 규정하고 있는 경우이다.

19) 예컨대, 정관변경에 의하여 주주유한책임원칙의 적용을 배제하거나, 대주주의 주식인수에 대해 납입책임을 면제하거나, 1주에 대하여 복수의 의결권을 부여하는 것은 강행법적 원칙에 반하므로 허용될 수 없다.

20) 예컨대, 「경상남도 창원시 설치 및 지원특례에 관한 법률」(2010. 3. 12. 공포)에 의하여 창원, 마산, 진해시가 '창원시'로 행정구역이 통합된 경우, 종래 마산시에 본점을 두고 있는 것으로 정관에 기재되어 있는 회사는 정관변경절차를 거치지 않고서도 해당 정관조항의 본점 소재지를 창원시로 수정할 수 있다.

21) 예컨대, 회사의 공고매체가 '대한매일신보'로 정관에 규정되어 있었는데, 신문사의 제호가 '서울신문'으로 변경된 경우가 이에 해당한다.

4. 변경된 정관의 효력발생

(1) 변경된 정관은 정관변경을 위한 주주총회의 특별결의가 있으면 즉시 효력이 발생하는 것이 원칙이다. 변경된 내용을 문서화하거나 등기하는 후속처리는 정관변경의 효력발생과 무관하다. 원시정관과는 달리 정관변경의 효력발생요건으로 공증인의 인증을 요하지 않는다. 변경된 정관의 발효시기를 장래의 특정 시점으로 정관에 명시할 수 있다(예컨대, 20○○년 ○월 ○일부터 효력 발생). 그러한 경우에는 그 정한 시기부터 효력이 생긴다.[22]

(2) 변경된 정관의 소급효는 원칙적으로 금지된다. 소급효를 인정하면 종전의 정관을 신뢰한 자들의 법률관계를 불안정하게 만들기 때문이다.

연습 및 응용

Q1 정관을 변경하여 아래와 같은 조항을 두었다면 이들 정관조항은 유효한가?

(1) "신주의 발행권한은 주주총회에 있다."

(2) "이사의 임기를 5년으로 한다."

(3) "이사의 최대 인원은 10명으로 한다."

(4) "최대주주에 대해서는 1개 주식당 2개의 의결권을 부여한다."

(5) "회사 이익의 10%를 사회적 기부에 사용한다."

(6) "사외이사를 제외한 사내이사가 임기 중 적대적 인수 · 합병으로 인하여 해임될 경우 임원 퇴직금 지급 규정에 의한 퇴직금 이외에 퇴직보상액으로 50억원을 별도로 지급한다." (웰크론 2025. 3. 18. 정관 38조 3항)

정관자치는 강행규정에 반하지 않는 범위 내에서만 가능하다.

(1) 신주의 발행권한은 원칙적으로 이사회에 부여되어 있지만 정관에 의하여 주주총회의 권한으로 할 수 있다(상 416조).

22) 변경된 정관의 효력발생시기에 기한(시기, 종기)을 붙이는 것은 예측가능성이 있으므로 허용된다. 실제의 정관에서는 부칙에서 "이 정관은 ○○○년 ○월 ○일부터 시행한다"는 조항을 두는 경우가 많다. 그러나 장래의 불확실한 사실을 조건으로 하는 것은 법적 안정성을 해치므로 허용되지 않는다.

(2) 이사의 임기는 최장 3년을 넘지 못한다는 상법규정(상 383조 2항)을 위반한 것이므로 위법하다.

(3) 상법에는 이사의 최저인원에 대한 규정(상 383조 1항 1문)만을 두고 있을 뿐 상한선에 대한 제한규정은 없으므로 이는 적법하다. 이사의 최소인원에 대해서는 정관에 규정이 없는데, 이는 상법에 따라 원칙적으로 3인이 된다.

(4) 1주 1의결권이라는 강행법적 원칙(상 369조 1항)을 위반한 것이므로 당해 정관조항은 무효이다.

(5) 적법하다.

(6) 이는 정도의 문제이며, '적대적' 인수합병이라는 표현이 비중립적이다. 지나치면 주주의 권리를 침해하는 것으로 위법이라는 평가를 받을 소지가 있다.

제 5 장

회사의 이해당사자

제1절 총 설

(1) 주식회사에는 생산요소로 투입되는 것이 무엇인가에 따라 다양한 이해당사자가 존재한다. **자금을 투입하는 '주주'와 '채권자', 노동을 투입하는 '경영자'와 '근로자' 등이 주식회사의 대표적인 이해당사자들**이다. 이들의 투입물을 사용하여 회사의 이익을 늘리고, 각자의 투입물에 따라 이익을 분배한다. 이들은 상생관계에 있으면서 동시에 이익상충의 관계에 있다. 전통적인 회사법학은 자본을 중심으로 보기 때문에 주(主)는 주주이고, 나머지는 제3자(客)로 취급한다. 그러나 법인인 회사와 주주의 관계에서는 회사가 본인이고 주주가 제3자로 취급되는 경우도 있다(상 401조).

'주주'와 '채권자'의 이익상충이 특히 문제된다. 주주와 채권자 모두 회사에 자금을 제공한 자이지만, 자금의 성격이 다르기 때문에 회사에 대한 법적 지위도 다르다. 주주는 주식을 매개로 하여 자본금(자기자본)에 출자를 하며, 회사에 대하여

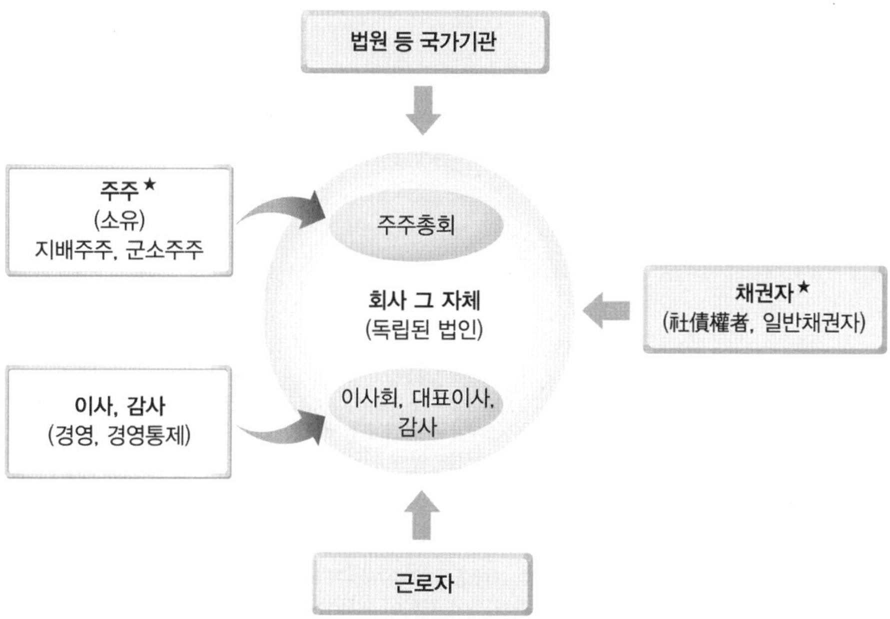

:: [그림 5.1-1] 주식회사를 둘러싼 이해당사자

사원의 지위에 있다(**사단관계성**). 회사채권자가 제공한 자금은 회사의 부채(타인자본)를 구성하며, 회사에 대하여 채권자의 지위에 있다(**채권계약관계성**).

경영자는 회사와의 위임계약의 관계에 있고, 회사에 대하여 선량한 관리자로서의 주의의무를 지며, 회사로부터 보수를 받을 수 있다. **노동자**는 회사와 고용계약관계에 있고, 회사로부터 임금을 받는다.

이들은 회사와의 관계에서 유기적이면서도 독자적인 지위에서 각자의 기능을 수행한다. 회사의 지분적 소유자라고 할 수 있는 주주도 마찬가지이다.

(2) 회사를 둘러싼 다양한 이해당사자 중에서 누구의 이익에 중점을 둘 것인가?[1] 이에 관해서는 회사경영에 최종적으로 위험을 부담하는 잔여재산분배청구권자의 지위에 있는 주주를 주식회사의 궁극적인 이해당사자로 보아 주주의 이익을 중심으로 하는 **주주 자본주의**(shareholder's capitalism)가 있는가 하면, 주주뿐만 아니라 채권자, 근로자, 경영자, 소비자, 지역주민, 환경, 회사 자체의 성장 및 지속가능성 등 다양한 공동체 구성원의 이익을 모두 고려하여야 한다는 **이해관계자**(사회적) **자본주의**(stakeholder's capitalism)가 대립된다. 그 동안 전자가 주류를 이루고 있었으나, 근자에는 후자도 점차 힘을 얻고 있다.[2]

1) 이는 생산요소를 무엇으로 볼 것인가의 문제와도 관련된다. 고전경제학에서는 토지(자연), 노동(인간), 자본을 생산의 3대 요소로 보았다. 현대경제학에서는 이에 기업가정신, 인적 자본을 추가하였고, 오늘날과 같은 지식기반·디지털 시대에서는 지식, 기술, 데이터, 알고리즘, 네트워크 등 무형의 생산요소가 부각되고 있다.

2) 우리 상법은 전통적으로 주주의 이익 극대화를 기업경영의 최우선 목표로 하는 주주자본주의 입장을 취하고 있다고 평가된다. 우리 상법의 기본 프레임이 주주자본주의에 가깝다고 평가되는 주된 이유는, 주주총회가 최고의 의사결정기관인 점, 이사의 임무에 관하여 회사(주주 포함)를 위하여 그 직무를 충실하게 수행하여야 한다고 규정하고 있는 점, 기업활동의 결과인 이익이 주로 배당의 형태로 주주에게 귀속되는 구조로 되어 있다는 점이다. 최근에는 기업 환경과 사회적 요구의 변화에 따라 이해관계자들의 이익을 고려하려는 방향으로 점진적인 법적, 사회적 논의와 변화를 겪고 있는 과도기적 상황이라고 볼 수 있다.

제2절 주 주

[5.2.1] 총 설

(1) 주주는 주식회사에 출자한 사원이다. 출자는 주식을 매개로 회사의 자본금 형성에 참여하는 것이다. **주식을 소유하지 않고는 절대로 주주가 될 수 없다.**[3)]

(2) 누가 주주인가는 (i) 실질적으로 출자를 누가 하였는가를 기준으로 판단하지만(실질적 기준), (ii) 회사에 대한 관계에서는 일응 주주명부제도에 의하여 주주명부상의 기재, 즉 명의개서된 바에 의하여 집단적·정형적으로 정해진다(형식적 기준).

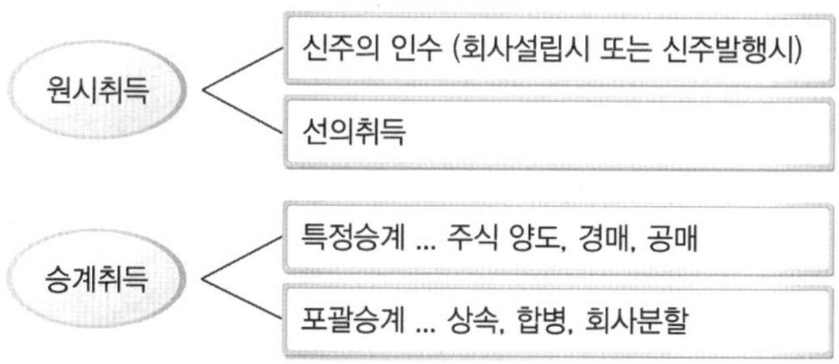

:: [그림 5.2.1-1] 주주 지위의 취득

(3) 주주는 유한책임을 진다. 주주는 회사에 대한 관계에서 출자에 비례하여 평등하다.

(4) 주주는 사원권을 갖는 지위에서 회사의 경영에 직접 또는 간접적으로 관여한다. 이를 위하여 주주는 회사에 대하여 이익배당청구권, 의결권, 잔여재산분배청구권 등 각종 주주권을 갖는다.

(5) 주주의 지위는 주식을 상실하는 **법정사유에 의해서만 소멸**된다.[4)]

---

3) 주주가 주식을 통하여 회사에 출자하는 방법은 주식을 '인수'하거나 '양수'하는 방법에 의한다. 회사가 신주를 발행하는 경우에는 이를 인수하여 납입하는 방법에 의하나, 신주발행 이후에는 이미 주식을 보유하고 있는 자로부터 주식을 양수하는 방법에 의한다. 이 중 어떤 방법에 의하건 주식의 취득에 의하여 자본금 형성에 참여하고 주주의 지위를 갖는다는 점에서 아무런 차이가 없다.

4) ① 단순히 당사자 사이의 특약이나 주주권 포기의 의사표시만으로 주식이 소멸하거나 주주의 지위가 상실되지 않는다. (대법원 2002. 12. 24. 선고 2002다54691 판결)

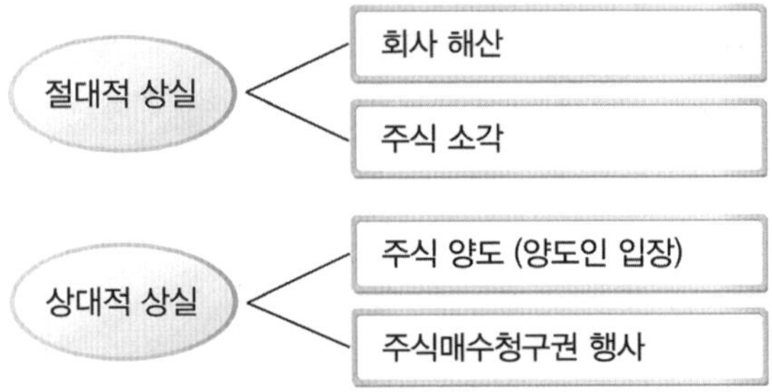

:: [그림 5.2.1-2] 주주 지위의 상실

[5.2.2] 유한책임의 원칙

S자동차(주)는 전격적으로 법정관리를 신청하고 ▲회장이 사재를 출연하여 부채문제를 해결하겠다고 밝힌 바 있다. ▲회장측은 "주식회사의 대주주가 유한책임의 원칙을 깨고 법적 책임을 넘어 '도의적 책임'을 다 한다"는 취지에서 사재출연을 하게 된 것이라고 그 이유를 설명했다. 출연하고자 하는 재산은 ▲회장이 보유하고 있는 비상장 S생명보험회사의 주식 350만 주를 1주당 70만원씩 계산한 것이었다. 그러나 이렇게 사재출연을 통하여 손실을 보전하려던 당초 계획안은 금융감독위원회(현, 금융위원회)가 생명보험회사에 대하여 상장유보 결정을 내리면서 차질을 빚게 되었다. 채권단은 "사재를 출연해서라도 합의서대로 이행하라"고 촉구하였다. (출처: 매일경제 2001. 6. 26; 한국경제신문 2006. 2. 12; 서울신문 2008. 2. 1)

---

② 정관에서 정한 일정한 사유가 발생하면 해당 주주의 주식양도에 관한 의사와 관계없이 주주의 지위를 상실시키고, 회사가 그 주주에게 출자금 등을 환급하도록 하는 내용의 정관 조항은, 사실상 주주의 퇴사에 관한 내용을 정한 것이어서 물적회사로서의 주식회사의 본질에 반하여 효력이 없다. 이는 회사의 주주 구성이 소수에 의하여 제한적으로 이루어져 있다거나 주주 상호간의 신뢰관계를 기초로 하고 있다는 등의 사정이 있더라도 마찬가지이다. (마을에 소유하고 있는 부동산 소유권을 상실하게 되면 별도의 절차 없이 주주 자격을 상실하고 해당 주식은 나머지 마을 주주에게 균분하여 양도한 것으로 본다는 정관의 유효성이 문제가 된 사안) (대법원 2024. 7. 11. 선고 2020다258824 판결)

③ 주주 제명에 관한 정관조항을 두는 경우, 이에 관한 법적 근거가 없고 자기주식을 적법하게 취득할 수 있는 경우에 해당하지 않기 때문에 당해 정관조항은 무효이다. (대법원 2007. 5. 10. 선고 2005다60147 판결) 사원 제명은 합명회사, 합자회사, 유한책임회사 등 인적 요소가 농후한 회사에 특유한 제도이다.

생각해보기

1. 주주는 경영실패에 대하여 법적 책임을 지는가? 이를 주주가 일반군소주주인 경우와 대주주인 경우, 주주가 이사의 직을 맡고 있는 경우와 그렇지 않은 경우, 주주가 이사의 직을 맡고 있지는 않지만 사실상 회사의 경영에 막대한 영향을 미치고 있는 경우로 나누어 생각해보라.
2. 이사는 경영실패에 대하여 법적 책임을 지는가?

1. 뜻

주주는 회사의 채무에 대하여 책임을 지는가? 그렇지 않다. 주식인수인이 회사에 대하여 지는 책임은 인수한 주식에 대하여 출자의무를 이행하는 것뿐이다(상 331조). 그나마 이는 주식인수인으로서의 의무이지, **일단 주주가 되면 이러한 의무**(추가출자의무 포함)**조차도 없다**. 이를 주주 유한책임(limited liability)의 원칙이라 한다. 이는 일반 군소주주이건 사실상 회사경영에 막대한 영향을 미치고 있는 대주주이건 기본적으로 동일하다.

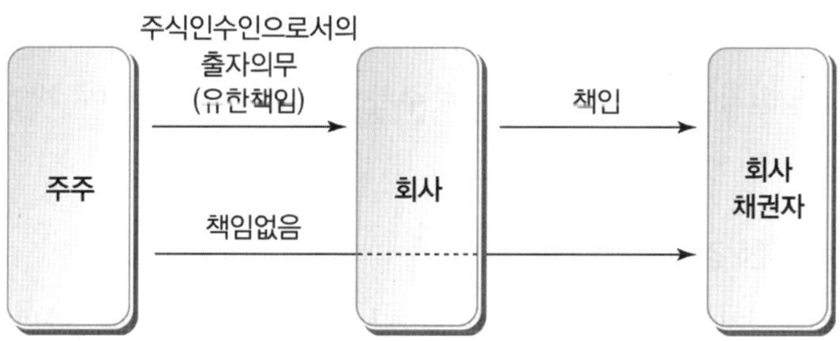

:: [그림 5.2.2-1] 회사채무에 대한 회사와 주주의 책임

■ 합자회사의 유한책임사원과 차이

주주의 유한책임은 합자회사의 유한책임사원이 부담하는 유한책임과 다르다. 합자회사의 유한책임사원은 회사채권자에 대하여 출자의무를 부담하는 금액 중에서 이미 이행한 부분을 공제한 나머지 '미출자 가액을 한도로 직접' 회사채무를 변제할 책임을 진다(상 279조 1항; 직접책임). 이에 비하여, 주주는 회사채권자에 대하여 직접적으로는 아무런 책임을 지지 않으며 회사에 인수한 가액을 한도로 출자의무를 부담할 뿐이고, 회사만이 회사재산으로써 그 책임을 지게 된다(간접책임).

2. 취 지

주식회사제도는 원래 투자자들에게 유한책임이라는 제도적 안전판을 제공함으로써 모험적인 사업에 과감하게 투자하도록 유인하기 위해 만들어진 제도이다. 주주유한책임이라는 유인에 의해 대중자금의 산업자금화가 용이하며, 다른 주주와 경영자에 대한 감시비용이 감소되는 효과가 있다. 이에 의해 주식회사제도는 근대 자본주의 경제발전의 견인차 역할을 하였다. 한편, 주주유한책임제도는 대주주의 사업실패 책임을 다른 사람 특히 회사채권자에게 전가시키는 수단(**위험의 외부화**)으로 악용될 소지가 있다. 그러나 폐해보다는 편익이 더욱 크기 때문에 주주유한책임제도는 주식회사제도의 중핵으로서 확고하게 자리매김을 하고 있다.

3. 강행규범성

주주유한책임의 원칙은 주식회사의 핵심을 이루는 제도이므로 **강행규범성**을 띤다. 따라서 주주유한책임원칙에 반하는 정관이나 주주총회의 결의는 무효이다.[5]

4. 예 외

주주유한책임원칙에 대한 예외로써 주주가 회사 채무에 대하여 책임을 지는 경우가 있다. 다음이 이에 해당한다.

(1) 법률에 의한 경우

주주유한책임원칙은 헌법상의 원칙이 아닌 법률상의 원칙이다. 따라서 입법자는 공익상의 이유로 법률에 의하여 예외를 인정할 수 있다.[6] 예를 들면, 국세기본법 39조 1항, 지방세법 22조 1항 등이 이에 해당한다.[7]

(2) 포 기

주주는 유한책임의 이익을 스스로 포기할 수 있다. 이에 의해 회사 채무를 부담

---

5) 예컨대, 회사경영상의 손실에 대해 대주주로 하여금 사재를 털어 갚도록 요구하는 것은 주주유한책임의 원칙에 배치된다. 대주주라 하더라도 경영을 담당하지 않는 한 경영에 대해 책임이 없다.

6) 헌법재판소 2002. 8. 29. 2000헌가26, 2000헌바34, 2002헌가3 · 9 · 12(병합).

7) 비상장회사의 재산이 회사가 납부할 국세를 징수하기에 부족한 경우 과점주주(寡占株主)는 그 부족액에 대하여 제2차 납세의무를 진다(국세기본법 39조 1항).

하거나 추가 출자의무를 부담하는 것은 유효하다.[8)]

(3) 법인격부인론 적용

회사채권자는 법인격부인론을 적용하여 지배주주에게 회사 채무에 대한 책임을 직접 물을 수 있다. (후술)

연습 및 응용

Q1 아래 글을 읽고 유한책임제도가 주식회사의 핵심적 제도로 자리를 잡게 된 역사적 배경에 관하여 생각해 보시오.

> 유한책임의 기원은 모험사업의 자금조달을 위한 것으로 위험한 해상교역에서부터 시작하였다. 1600년 12월 말 영국 엘리자베스 1세는 동인도회사에 교역 독점권을 주었다. 이 회사는 역사상 최초로 투자자들에게 유한책임을 허용한 회사 중 하나였다. (출처: 한국경제 2014. 7. 26; 매일신문 2015. 8. 5; 매일경제 2001. 5. 4) (읽을거리: 장하준(김희정·안세민 공역), 『그들이 말하지 않는 23가지』, 부키, 2010, 34~35면 참조)

Q2 국내 최대의 해운사인 한◎해운이 부실에 빠져 법정관리에 들어간 것을 두고 누가 책임을 질 것인가에 관하여 뜨거운 논쟁이 있었다. 아래 주장의 당부를 토론하시오.

> A: "대주주에 대한 사재출연 강요는 주식회사의 유한책임 법리를 넘어선 초법적 요구이다. 법정관리는 채권자와 채무자가 회사를 살리기 위해 채무를 조정하는 것인데, 이미 자기 손을 떠난 회사를 대주주라는 이유로 개인적으로 책임을 지라고 강요하는 것은 부당하다. 한◎해운의 회생이 불투명한 상황에서 한◎그룹의 출연을 요청하는 것은 한◎그룹 계열사 임원에게 배임을 강요하는 셈이 된다. 대주주에게 전적으로 책임을 돌리는 것은 반기업 정서를 이용한 마녀사냥에 지나지 않는다."

---

8) 예컨대, 주주가 회사채무에 스스로 연대보증을 하는 경우. 대법원 1989. 9. 12. 선고 89다카890 판결.

B: "대주주는 단순한 주주가 아니라 경영권을 행사한 지배주주이기 때문에 책임도 출자분에 한정된다고 할 수 없다. 대주주에게 책임을 묻지 않으면 모럴 헤저드(moral hazard)에 빠질 위험이 있다. 많은 것을 누려온 대주주들이 경제적 약자를 보호하기 위해 만든 유한책임제도의 가장 큰 수혜자가 되는 것은 수긍하기 어렵다."

C: "대주주의 주식을 소각하여 대주주에게 책임을 물어야 한다." (반론: "대주주주의 주식소각은 다른 주주들에게는 이익이 된다. 그러나 주식을 소각한다고 해도 회사에 들어오는 돈은 없다. 그 부족한 돈은 결국 채권자의 손실과 국민의 혈세로 충당하게 되는 문제점이 있다.") (출처: 한국일보 2016. 4. 25; 브릿지경제 2016. 5. 12; 이투데이 2016. 9. 9; 중앙일보 2016. 9. 10; 조선일보 2016. 9. 12; 한겨레 2016. 9. 20; 매일경제 2016. 10. 6)

Q3 아래 신문기사에서 인용하고 있는 전문가들의 코멘트 내용을 읽고 주주유한책임원칙과 관련하여 그 타당성을 검토해 보시오.

D그룹의 전 회장인 K는 23조원을 낼 수 있을까. 분식회계와 횡령, 재산 국외 밀반출, 사기대출 등 혐의로 기소된 그는 징역 15년, 추징금 23조 358억원이 구형된 상태다. 검찰은 구형을 하면서 기업인의 위법행위와 국가에 끼친 막대한 해에 대한 '일벌백계'의 의미를 뒀다고 밝힌 바 있다.

하지만 경제계에서는 K 회장의 공로도 감안해야 한다는 의견도 적지 않다. 특히 추징금 23조원은 지나치다는 의견도 있다. 현실적으로 23조원의 추징금이 징수될 가능성은 거의 없다. (출처: 동아일보 2006. 5. 25)

법 위반행위에 대한 제재에는 사법적 제재와 공법적 제재가 있다. 사법적 제재는 주로 손해배상책임을 묻는 것으로 배상금은 청구권자인 일반 사인(私人)이 갖게 된다. 공법적 제재에는 과태료, 벌금 등의 형사벌칙 등이 있고, 금전적 제재금은 피해자 개인이 아닌 국고에 귀속된다. 사법적 제재는 주로 사인간의 사적 이익의 조정을 목적으로 하지만, 공법적 제재는 주로 공익을 위한 것이다. 위 신문기사에서 언급되고 있는 추징금은 형사법상 몰수에 갈음하여 몰수할 물건의 가액의 납부를 강제하는 처분으로 공법적 제재에 해당한다. 대주주(이사가 아닐 경우)를 상대로 경영상의 실패를 이유로 손해배상책임을 묻는다면 이는 주주유한책임의 원칙에 반한다. 그러나 그와는 다른 차원에서 과태료, 벌금 등의 공법적 제재조차 할 수 없다는 뜻은 아니다.

[5.2.3] 주주평등의 원칙

[1] 회사직원인 원고들은 2000년 2월 회사측의 손실보장 약속을 믿고 우리사주를 샀다가 퇴직하면서 취득가보다 낮은 금액에 주식을 팔게 되자 회사에 그 차액을 보상하라고 요구했지만 회사측이 이를 거부하자 소송을 냈다. 1심 재판부는 "우리사주 손실보장 약정은 복리후생비의 성격을 갖는 등 주주평등 원칙에 위배되지 않는다"며 원고 일부승소판결을 내렸다. (출처: 서울경제 2004. 6. 22; 서울경제 2003. 11. 5; 서울지법 2003. 7. 31. 선고 2002나61476 판결)

[2] 그러나 대법원은 이를 주주평등의 원칙에 위반된다고 판시했다. "유상증자에 참여하여 주주의 지위를 갖게 될 회사의 직원들에게 퇴직시 그 출자 손실금을 전액 보전해 주는 것을 내용으로 하고 있어서 회사가 주주에 대하여 투하자본의 회수를 절대적으로 보장하는 셈이 되고 다른 주주들에게 인정되지 않는 우월한 권리를 부여하는 것으로서 주주평등의 원칙에 위반되어 무효이다. 비록 그 손실보전약정이 사용자와 근로자의 관계를 규율하는 단체협약 또는 취업규칙의 성격을 겸하고 있다고 하더라도 마찬가지이다. 그 체결 시점이 위 직원들의 주주자격 취득 이전이라 할지라도 그들이 신주를 인수함으로써 주주의 자격을 취득한 이후의 신주매각에 따른 손실을 전보하는 것을 내용으로 하는 것이므로 주주평등의 원칙에 위배되는 것으로 보아야 한다." (출처: 대법원 2007. 6. 28. 선고 2006다38161, 38178 판결) (따름 판례: 대법원 2020. 8. 13. 선고 2018다236241 판결)

생각해보기

1. 주식취득으로 인한 손실을 회사가 메워준다는 약정에 대하여 위 [1]에서는 적법하다고 한 반면, 위의 [2]에서는 위법하다고 판단하고 있다. 이유는 무엇인가?
2. K는 명문대학 졸업자로서 판단력이 뛰어나고 100억원의 자산을 가진 자이며 해마다 많은 세금을 납부하고 있다. L은 초등학교를 졸업한 자로서 일용직 근로자이며 세금납부를 면제받고 있는 자이다. K와 L은 공직자 선거의 투표권에 있어서 모두 1개의 투표권을 가지고 있다. 그 이유는 무엇인가?
3. 주식회사의 자본금 100억원 중에서 K는 70억원(70%), L은 30억원(30%)을 출자하고 있다. 이 회사의 주주총회에서 K와 L은 각각 어느 정도의 영향력을 행사하는 것이 정당할까? 이는 위 2.와 비교하여 어떤 점에서 같고 다른가?

1. 뜻

주주는 회사에 대한 법률관계에서 그가 가진 주식의 수에 따라 평등한 지위에 있는 것이 원칙이다. 이를 주주평등의 원칙이라 한다. 이에 의하여 주주는 **다른 주주에 비하여 차별적 대우를 받지 않는다**.

■ 법적 근거

주주평등의 원칙을 명시적으로 규정한 상법 규정은 없다. 그러나 이익배당청구권, 의결권, 신주인수권, 잔여재산분배 등에 있어서 주주는 보유하고 있는 주식수에 비례하여 그 권리를 가진다는 상법 규정(배당에 관한 464조, 의결권에 관한 369조 1항, 신주인수에 관한 418조, 잔여재산분배에 관한 538조), 이사의 전체 주주 공평대우 의무(382조의3 2항) 등은 주주평등원칙을 전제로 이를 구체화 한 규정들이다.

2. 특 징

(1) 자본적 평등

자본단체인 주식회사의 특성상 주주평등의 원칙은 자본금 형성에 기여한 정도에 상응하는 상대적 평등이다. 자본금은 주식으로 구성되므로 개개 '주식' 또는 '주식가치'가 평등하다는 원칙이다. 따라서 '주주'평등의 원칙이라고 부르기보다는 **'주식'평등**의 원칙이라고 부르는 것이 더욱 정확하다. 그러나 주식수와 상관없이 주주를 차별해서는 안 되는 경우도 있기에 '주주'평등적 요소도 담겨있다.

(2) 비례적 평등

주주는 위험자본의 성격을 갖는 **자본금 형성에 대한 기여도**(즉, 주식 수)**에 비례**하여 회사에 평등한 권리를 갖는다(n분의 1원칙). 이 때문에 자본금 형성에 기여도가 많은 주주가 적은 주주보다 회사에 대하여 더 큰 권리를 갖는 것은 정당하다.

그러나 주주의 회사에 대한 지위가 주식 수에 항상 비례하는 것만은 아니다. 보유주식 수에 관계없이 모든 주주가 동등하게 갖는 주주권도 있다(예: 재무제표 열람청구권 등).

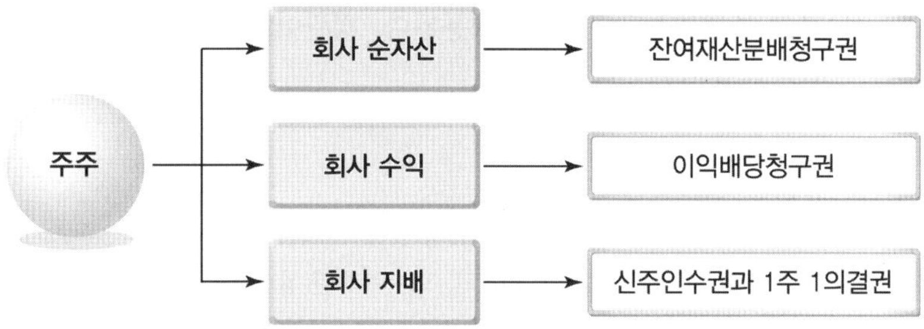

:: [그림 5.2.3-1] 비례적 평등의 주요 3 부문

(3) 종류적 평등

회사가 종류주식을 발행한 경우 다른 종류의 주식간에 차별을 두는 것은 주주평등원칙에 반하지 않는다. 종류주식은 원래 차별을 전제로 하여 법에 의해 특별히 인정된 주식이기 때문이다. 그러나 동일 종류의 주식간에는 평등하여야 한다.

(4) 기회적 평등

주주평등의 원칙은 일반적인 평등에서와 마찬가지로 균등한 기회가 주어지는 것에 그치는 것이지, 결과에 있어서까지 균등을 보장하는 것은 아니다.

3. 강행규범성

주주평등원칙은 **강행법적 원칙**이다. 주주평등의 원칙은 자본다수결의 남용으로부터 일반주주를 보호하고 재산권을 보호하는 기능을 가지며, 자본의 속성에 유래하는 것으로 자본단체의 기본질서를 유지하기 위한 것이기 때문이다. 따라서 이에 반하는 정관이나 주주총회·이사회의 결의는 그로 인하여 불이익을 받는 해당 주주 모두가 개별적으로 동의하지 않으면 특별한 사정이 없는 한 무효이다.[9]

4. 예 외

(1) 입법정책적으로 주주평등원칙의 예외를 인정할 필요가 있는 경우에는 '법률'에 의하여 예외를 인정할 수 있다(**예외의 법정주의**). 그러나 예외에 해당하는 주식

---

9) 대법원 2020. 8. 13. 선고 2018다236241 판결.

상호간에는 여전히 주주평등의 원칙이 적용된다. 정관이나 주주총회의 결의로 예외를 인정하는 것은 허용되지 않는다.

■ **예외를 규정한 법률조항**

법률에서 주주평등원칙에 대한 예외를 규정한 것으로는, 종류주식(상 344조 1항 · 3항), 감사선임시 대주주의 의결권 제한(상 409조), 소수주주권(상 366조 등), 단주의 처리에 특별한 규정이 있는 경우(상 443조, 530조 3항, 461조 2항, 466조, 467조, 520조 등) 등이 있다.

(2) 주주평등원칙에 의하여 이익을 누리는 주주가 자발적으로 **그 이익을 포기**하는 것은 가능하다.[10] 무릇 권리자는 스스로 그 이익을 처분할 수 있음이 일반원칙이기 때문이다.

(3) 주식회사의 본질에 반하지 않고, 법률이 허용하는 절차와 방식에 따르거나, 회사 및 주주 전체의 이익을 위해 필요한 경우와 같이 차등적 취급을 정당화할 수 있는 특별한 사정이 있는 경우에는 주주평등원칙의 예외를 인정한다.[11]

연습 및 응용

Q1 만일 회사의 정관에 다음과 같은 내용의 조항을 두고 있다면 이는 적법한가?

(1) "회사에 특별히 공로가 많은 자에 대해서는 신주의 발행가액에 있어서 일반 주식인수인에 비하여 우대를 할 수 있다."

---

10) 대법원 1980. 8. 26. 선고 80다1263 판결.

11) 대법원 2023. 7. 27. 선고 2022다290778 판결:

① 주주평등의 원칙은 주주가 회사와의 법률관계에서 가진 주식 수에 따라 평등하게 취급받아야 한다는 것을 의미하며, 이를 위반하여 회사가 일부 주주에게만 우월한 권리나 이익을 부여하는 약정(투자금 환급 보장약정)은 특별한 사정이 없는 한 무효이다. 다만, 법률이 허용하는 절차와 방식에 따르거나, 그 차등적 취급을 정당화할 수 있는 특별한 사정이 있는 경우에는 예외적으로 허용될 수 있다. 그 판단기준은, 차등적 취급이 회사 및 주주 전체의 이익을 위해 필요했는지 여부, 상법 등 관계 법령에 저촉되는지 여부 등을 종합적으로 고려해야 한다.

② 주주평등의 원칙은 주주와 회사의 법률관계에 적용되는 원칙이며, 주주가 다른 주주 내지 이사 개인과 체결한 계약의 효력에 직접 적용되지는 않는다. 이 사건에서 회사의 대표이사(대주주 겸 이해관계인)와 연구개발 담당자(주주 겸 이해관계인)가 회사의 투자금 반환의무에 대해 연대책임을 부담하기로 한 약정은 주주 또는 이사 개인이 투자자 개인과의 관계에서 부담하는 채무이므로, 주주평등의 원칙에 반하지 않아 유효하다.

(2) "이익배당에 있어서 K씨가 보유하고 있는 우선주에 대해서는 L씨가 보유하고 있는 보통주보다 우선순위를 인정한다."

(1)과 (2) 모두 주주평등의 원칙을 위반한 것인지의 여부가 문제된다. 주주평등의 원칙은 강행법적 원칙이기 때문에 정관이나 주주총회의 결의에 의하여 이와 달리 정할 수 없다. 주주배정에 의한 신주발행의 경우에는 주주평등의 원칙이 적용되기 때문에 각 주주 사이에 발행가액이 균등하여야 한다. (1)은 이를 위반한 것이므로 위법하다. 종류주식을 발행한 경우에는 이익배당에 있어서 우선주와 보통주의 배당순서에 차이를 둘 수 있고 이를 법에서 명문으로 허용하고 있으므로(상 344조), 종류주식간에 주식의 내용이 다름에 따라 일반적으로 적용되는 차별은 적법하다. 그러나 주식의 종류에 따른 일반적 차별이 아니고 누가 주주(위에서 K, L)인가에 따른 개인적 차별이라면 이는 위법하다.

Q2 주주평등의 원칙에 비추어 아래 사례의 적법성 여부를 평가해 보시오.

(1) 주주간 신주의 발행가에 차이를 둘 수 있는가?

H은행에 합병된 F은행은 2003년 론○타가 이 은행의 지분을 인수할 당시 기존 주식은 주당 5,400원(액면가 5,000원)을 쳐 주면서도 새로 발행하는 주식은 액면가보다 훨씬 낮은 4,000원에 발행케 하였다. 이 은행 노동조합은 "이와 같은 저가발행은 회사에 대한 배임행위이자 주주평등의 원칙에 어긋난다"고 주장하면서, "론○타를 상대로 공정한 발행가액과의 차액 3,762억원을 되돌려달라는 소송을 추진할 것"이라고 밝혔다. (출처: 한국일보 2006. 4. 6; 매일경제 2006. 4. 6)

(2) 황금주의 발행은 가능한가?

적대적 M&A의 방어책으로 경영상 주요 안건에 거부권을 행사할 수 있는 '황금주'(golden share)의[12] 도입을 허용해야 한다는 주장이 있다. 그러나 황금주가 도입되면 일반 주주의 권리는 황금주 보유자에 비해 크게 낮아져 주주평등의 원칙에 어긋난다라는 비판의 목소리가 높았다. 재계는 그간 적대적 M&A에 대응해 경영권을 방어하는 장치로 황금주, 포이즌필(poison pill, 독소조항)[13] 등은 투기자본으로부터 자국 산업을 보호하기 위한 것으로 선진국도 예외가 아니라고 주장한다. 그러나 한국개발연

---

12) 황금주(golden share)란 단지 1주만 소유하여도 이를 가지고 주주총회의 결의에 있어서 거부권을 행사할 수 있는 주식이다. 거부권부 주식이라고도 한다. 영국에서 국영기업을 민영화하면서 그에 의하여 초래될 수 있는 외국자본에 의한 국가 기간산업에 대한 경영권 장악을 막기 위해 발행된 바 있다.

13) 포이즌필(poison pill)이란 경영권 방어수단의 하나로 적대적 기업인수·합병이나 경영권침해의 시도가 있는 경우에 기존 주주들에게 시가보다 훨씬 싼 가격으로 지분을 매입할 수 있도록 미리 권리(call option)를 부여하는 제도이다.

구원(KDI)은 "기존 주주들과의 형평성, 재산권 침해 논란을 감안하면 현실적으로 어렵다"는 의견을 내놓고 있다. (출처: 매일경제 2005. 11. 3; 한국일보 2008. 1. 9)

(3) 자기주식을 특정인에게만 매도할 수 있는가?

경영권 방어를 우호세력인 '백기사'(white knight)에 자사주를 매각했다. (출처: 파이낸셜뉴스 2006. 3. 28)

(4) 특정 주주에게 특별 이익을 부여하기로 하는 약정을 할 수 있는가?

甲회사는 운영자금을 조달하기 위해 乙에게 임원추천권을 부여하는 조건으로 주식매매 약정을 체결했다. 그 후 '임원추천권 대신 甲회사가 乙 및 그의 처인 丙에게 매월 소정의 금전을 지급한다'는 합의를 하고 약정금을 지급했다. (대법원 2018. 9. 13. 선고 2018다9920, 9937 판결 사안)

(5) 주주간 차별적인 자본감소를 할 수 있는가?

나○스는 대주주 및 특수관계자만을 대상으로 5:1 비율로 주식을 병합하는 방식으로 차등감자를 했다. 이번 감자에서 소액주주는 제외된다. 그 결과 소액주주 지분율은 2.5%에서 11.2%로 증가하는 반면, 98%에 달하던 대주주 및 특수관계자의 지분은 80% 후반으로 감소한다. (출처: 아시아경제 2018. 9. 10; 헤럴드경제 2018. 10. 22)[14)]

(6) 지배주주가 갖는 주식에 대해서는 일반주주가 갖는 주식과는 달리 회사를 지배하는 경영권 프리미엄(control premium)이 인정된다고 하는데, 이는 정당한가?

헌법재판소 결정에 따르면 과반수의 주식을 소유한 주주는 의결권을 통한 이사회의 지배를 통해 회사에 대한 지배권을 가지며, 지배주주가 보유하는 주식은 그 가치에 더해 당해 회사의 경영권을 행사할 수 있는 특수한 가치, 이른바 경영권 프리미엄을 지니고 있다(2002헌바65).

---

14) 대법원 2020. 11. 26. 선고 2018다283315 판결: 주주의 주식수에 따라 다른 비율로 주식병합을 하여 차등감자가 이루어진다면 이는 주주평등의 원칙에 반하여 자본금감소 무효의 원인이 될 수 있다.

제3절 채권자

(1) 회사채권자는 회사에 대하여 널리 채권을 갖고 있는 자이다. 이에는 자금조달 측면에서 보자면 일빈 **금전소비대차**에 의한 경우(예: 은행이나 사금융업사로부터 사업자금을 차입한 경우)와 회사가 발행한 **사채**를 보유하고 있는 경우 등이 있다. 전자의 채권관계는 개인법적 문제이므로 민법에 의하고, 후자의 채권관계는 단체법적・정형적 규율의 필요에서 상법에 의한다.

(2) 회사채권자는 회사에 대하여 채권자와 채무자의 관계에 있을 뿐 주주와는 달리 회사의 구성원인 사원이 아니다. **회사채권자는 경영에 전혀 관여하지 않으므로, 경영성과와는 무관하게 확정적인 이자를 받으며, 만기에 상환을 받고, 회사가 해산할 때에는 주주보다 우선하여 변제를 받는다.** 채권자 상호간에는 담보물권을 갖는 채권자가 아닌 한 일반 채권자들은 채권자평등의 원칙에 따라 채권의 성립시기와 원인 등을 불문하고 모두 동일한 순위에 있다.

(3) 물적 회사, 특히 주식회사의 경우는 **주주가 유한책임을 지는 데 그치기 때문에 채권자 보호를 위하여 회사의 물적 기초**(자본금)**가 채권 담보를 위한 재산 구속적**(묶어두는) **기능**을 담당한다. 주식회사에서 자본금을 감소하는 경우나 합병・회사분할 등에 의하여 회사의 물적 기초에 실질적 감소가 생길 가능성이 있는 때에는 **채권자 보호를 위한 절차**(예: 채권자 이의절차, 연대책임의 부과)를 밟도록 하고 있다.

제4절 경영자

이사나 집행임원 등의 경영자는 **회사와의 위임관계**에 기하여 **선량한 관리자**로서의 주의를 기울여 업무를 수행하여야 하는 회사의 수임자이다(상 382조 2항). 이를 구현하기 위한 제도적 장치를 두고 있다. (후술)

제 5 절 근로자

근로자(사용인)와 회사의 관계는 (i) 대내적인 **고용**관계와 (ii) 대외적인 거래관계로 구분된다. 전자에 대해서는 근로자 보호라고 하는 사회정책적 배려 때문에 주로 근로기준법 등의 노동관계법에 의하여 규율되나, 상법에서도 사용인이 고용관계로 회사에 대해 갖는 채권에 대하여 근로자 보호를 위하여 일반 채권자에 우선하는 우선변제권을 인정하고 있다(상 468조 본문). 그러나 이는 질권·저당권과 같은 담보물권에는 우선하지 못한다(상 468조 단서). 상법은 회사의 대외적 거래관계의 대리에 대해서 지배인 등의 상업사용인인 경우에 적용되는 규정을 두고 있다(상 10~17조). 자본이 중심이 되는 주식회사에서는 근로자의 노동을 출자로 인정하지 않는다.

연습 및 응용

Q1 '주식회사제도는 누구의 이익을 위한 것인가'에 관한 아래 논쟁의 타당성을 검토해 보시오.

> **甲(주주 중심론자)**: "주식회사에서 주주는 회사경영에 대하여 최종적으로 위험부담을 안는 잔여재산분배청구권자의 지위에 있기 때문에 주주 이익의 극대화에 중점을 두어야 한다."
>
> **乙(근로자 중심론자)**: "상품의 가치는 상품을 생산한 노동에 의하여 형성되는 것이므로 회사법은 노동을 제공하는 근로자의 이익 보호를 소홀히 해서는 안 된다."
>
> **丙(회사채권자 중심론자)**: "회사채권자는 회사에 돈을 빌려줄 뿐 회사경영에는 전혀 관여할 길이 없어 원리금 회수에 대한 통제가 불가능하므로 회사채권자 보호를 가장 우선시 하여야 한다."
>
> **丁(기업가치 중심론자)**: "주주친화적 기업이라는 좋은 평판을 얻기 위해 자사주 매입과 배당에 너무 많은 회사 돈을 주주들에게 돌려주면 단기적으로는 주가가 오를지 모르지만 장기적으로는 기업가치를 훼손시킬 수 있다. 그러므로 경영자들이 투자자들의 눈치를 지나치게 살피는 것은 바람직하지 않다."

Q2 아래 신문기사를 읽고 회사채권자에 관한 다음 주제를 토론해 보시오.

> 한○중공업은 최대주주인 한○중공업홀딩스와 J회장이 보유한 주식을 전량 소각하고, 일반주주가 보유한 주식은 5 대 1 비율로 차등적으로 자본금 감소를 한다. 이로써 J회장은 한○중공업에 대한 경영권을 잃게 됐다.
>
> 이어 한○중공업은 제3자 배정 유상증자를 실시해서 국내외 채권단 금융기관들이 채권의 출자전환에 공동으로 참여한다. 이에 의해 채권단은 한○중공업 지분 80% 이상을 보유하고, 최대주주가 산업은행으로 바뀌게 됐다. (출처: 경향신문 2019. 3. 30; 조선일보 2019. 3. 30; 연합뉴스 2019. 3. 29)

(1) 회사채권자들이 회사에 대하여 갖는 이해관계의 성격은 주주와 비교하여 어떤 특성(차이)이 있는가?

(2) 위 사안에서 회사채권자들은 어떠한 연유로 한○중공업의 대주주가 되었으며 경영권을 갖는 입장에 있게 되었는가?

Q3 대한민국 제헌헌법에 규정된 바 있는 노동자의 이익균점권에 관한 아래 글을 읽고, 동 조항이 삭제된 현 시점에서 그 의미를 생각해 보시오.

> 대한민국 제헌헌법 18조 2항에서는 "영리를 목적으로 하는 사기업에 있어서는 근로자는 법률이 정하는 바에 의하여 이익의 분배에 균점(均霑)할 권리가 있다"고 하여 노동자의 이익균점권에 관한 조항을 두고 있었다. 기업의 이익을 자본가와 노동자가 나누라는 것인데, 다른 자본주의 국가에서는 찾아보기 어려운 사회주의 국가에 가까운 조항이다. 이 조항은 이승만 당시 제헌국회 의장의 타협안에 의한 것이었다. 이익균점조항은 1962년 헌법에서 삭제되었다.

제 6 장

회사의 재무·회계

제 1 절 총 설

주식회사는 자금을 자기자본과 타인자본의 형태로 조달할 수 있다.[1)]

자기자본은 주식 발행에 의한다. 이는 자본금의 형태로 고성되어 항구적인 회사자금으로 사용할 수 있다. 자본은 회사의 물적 기초가 된다. 자본에는 자본금과 준비금이 있다. 자본금에 출자한 자를 주주라 한다.

타인자본은 사채(私債)나 CP(기업어음), 사채(社債) 발행에 의한다. 이는 채무로서 만기에 상환하여야 한다. 타인자본을 제공한 자를 채권자라 한다.

자본과 부채에 의하여 조달된 자금을 이용하여 회사는 자산의 형태(예: 동산, 부동산, 채권, 무체재산권, 현금, 유가증권 등)로 보유한다. 자본과 부채는 금액상의 수치(○○원)이며, 자산은 실물의 가치를 평가하여 수치(○○원)로 표시한다.

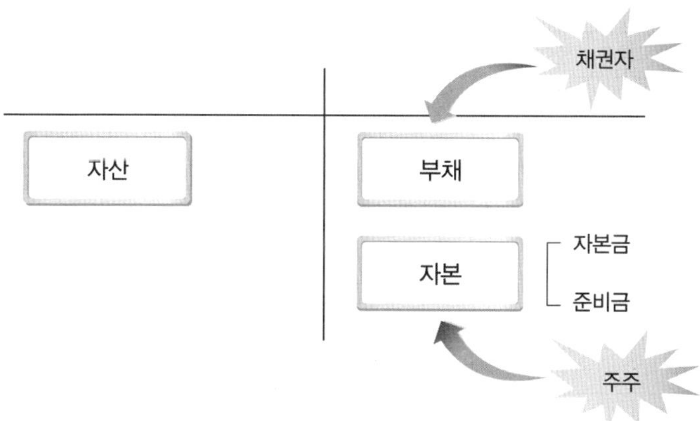

:: [그림 6.1.1-1] 회사의 재무구조

1) 대한상공회의소가 매출액 1,000대 제조기업을 대상으로 한 '기업의 자금조달 실태' 조사(2024년)에 의하면 자금조달 수단이 '내부 유보자금'(63.0%)에 집중되어 있고, 이어서 '금융권 차입'(33.7%), '회사채 · 주식 발행 등 직접금융시장'(2.3%) 등의 순으로 나타났다. 기업들은 설비투자보다는 인건비 등 생산 · 운영비용 지출에 조달자금을 많이 할애하고 있는 것으로 드러났다. (출처: 대한상공회의소, 기업의 자금조달 실태 조사, 2024. 2. 21)

회사의 자산(asset)은 자본(capital)과 부채(liability)로 구성되어, {**자산 = 부채 + 자본**(자본금+준비금)}의 등식이 성립한다. 이를 대차대조표에 나타내면 표와 같다.

>>> **사례** **삼성전자 대차대조표** (재무상태표)[2)]

(기준: 2024. 12. 31, 단위: 백만원)

자 산		부 채	
[유동자산]	82,320,322	[유동부채]	80,157,976
현금 및 현금성 자산	1,653,766	매입채무	10,287,967
단기금융상품	10,187,991	단기차입금	11,110,972
매출채권	33,840,357	미지급금	18,591,524
미수금	3,249,731	선수금	350,448
선급비용	1,381,781	예수금	516,454
재고자산	29,154,115	미지급비용	9,039,886
기타 유동자산	2,852,581	당기 법인세부채	1,380,469
		유동성장기부채	22,264,226
[비유동자산]	242,645,805	충당부채	6,257,389
기타 포괄손익-공정가치금융자산	2,176,346	기타 유동부채	358,641
당기손익-공정가치금융자산		[비유동부채]	8,411,494
종속기업, 관계기업 및 공동기업 투자	57,427,196	사채	14,530
유형자산	151,446,870	장기차입금	795,703
무형자산	10,496,956	장기미지급금	4,965,481
순확정급여자산	2,249,792	장기충당부채	2,602,575
이연법인세자산	14,333,432	기타 비유동부채	33,205
		부채 총계	88,569,470
		자 본	
		자본금(우선주, 보통주)	897,514
		자본잉여금(주식발행 초과금)	119,467
		이익잉여금	233,734,316
		기타 자본항목	−2,639,066
		자본 총계	236,396,657
자산 총계	324,966,127	**부채와 자본 총계**	324,966,127

(출처: 삼성전자 2024년 사업보고서)

2) 이 회사는 연결재무제표를 따로 작성한다.

제 2 절 회계항목

[6.2.1] 자 본

자본(equity)은 자기(주주, 회사적립 등)에 의해 조달된 것이며, 회사의 순가치를 가늠하는 척도가 된다. 내부로부터의 자금조달로 자기자본이라고 한다. 이에는 자본금과 준비금이 있다.[3)]

(1) 자본금

자본금(paid-in capital)은 회사설립 시 또는 증자 시 주주들이 출자한 금액이다. 주식발행을 통해 모은 자금으로, 법적으로 유지해야 할 최소한의 금액이다.

(2) 준비금

준비금(잉여금, reserves)은 미래 손실에 대비하고 재무건전성 확보를 목적으로 자본금과는 별도로 적립한 금액이다. 자본금을 보충하는 기능을 한다. 법적으로 적립이 의무인 법정준비금과 회사가 자율적으로 적립하는 임의준비금이 있다. 법정준비금에는 재원에 따라 이익준비금(재원: 영업이익)과 자본준비금(재원: 출자금 일부)이 있다.

[6.2.2] 부 채

부채(liabilities)는 회사가 외부로부터 빌린 자금으로 갚아야 할 빚(채무)을 총칭한다(예컨대, 차입금, 사채, 외상매입금, 미지급금 등). 외부로부터의 자금조달로 타인자본이라고 한다.

[6.2.3] 자 산

자산(assets)은 경제적 가치가 있는 모든 것을 총칭한다(예컨대, 현금, 건물, 공장,

3) 기업회계에서 자본은 납입자본과 이익잉여금, 기타 포괄손익누계액 등으로 구성된다.

장비, 재고, 외상매출금 등). 이는 금전으로 평가하여 수치(○원)로 나타낸다. 자산에서 부채를 뺀 것을 순자산이라 한다.

제3절 회계도구

상인은 영업상의 재산과 손익을 명확히 하기 위하여 이를 수치로 표시한 회계작업을 하여야 한다. 주식회사는 회계 도구로 상업장부와 재무제표를 작성하여야 한다.

[6.3.1] 상업장부

상인이면 소상인(상 9조)[4]이 아닌 한 누구나 상업장부를 작성하여야 한다. 이에는 **회계장부**와 **대차대조표**(재무상태표)가 있다(상 29조 1항). 회계장부는 재산에 영향이 있는 거래와 기타 영업상의 사항을 기재하는 장부이다. 분개장 · 원장 · 시산표 등이 있다.

[6.3.2] 재무제표

재무제표는 **주식회사**의 결산을 위하여 작성하고 주주총회(또는 특칙에 의하여 이사회)의 승인을 받아 확정된다. 이사는 결산기마다 ⓐ **대차대조표**(재무상태표), ⓑ **손익계산서**, ⓒ 그 밖에 **회사의 재무상태와 경영성과를 표시하는 것으로서 대통령령으로 정하는 서류**를 작성하여 이사회의 승인을 받아야 한다(상 447조 1항). 대표이사는 재무제표의 **부속명세서**도 작성하여야 한다(상 448조 1항). 「주식회사 등의 외부감사에 관한 법률」상 지배회사의 이사는 **연결재무제표**를 작성하여 이사회의 승인을 받아야 한다(상 447조 2항, 상령 16조 2항).[5]

---

4) 소상인은 자본금액이 1천만원에 미달하는 상인으로서 회사가 아닌 자를 말한다(상령 2조). 회사는 자본금 규모를 불문하고 소상인이 아니므로 그 모두가 상업장부를 작성하여야 한다.

5) 연결재무제표는 경제적으로 단일한 연결실체의 재무정보를 제공하기 위하여 지배회사가 작성하는 재

>>> **재무제표**

	일반 주식회사	외감법상 외부감사 대상 회사
대차대조표	공통 필수	
손익계산서		
자본변동표	택일	모두
이익잉여금 처분계산서 (또는 결손금 처리계산서)		
현금흐름표 및 주석	× (불요)	

[6.3.3] 영업보고서

영업보고서는 당해 영업연도에 있어서의 영업상태 등 회사의 현황을 설명하는 서면이다. 대표이사가 작성하고 이사회의 승인을 얻어(상 447조의2 1항) 주주총회에 보고(승인 불요)하기만 하면 된다(상 449조 2항).

[6.3.4] 감사보고서

감사는 매 결산기마다 결산자료를 감사하고 법정 기재사항을 기재한 감사보고서를 작성하여 주주총회에 보고하여야 한다(상 447조의4 2항 · 3항).

무제표이다. 여기서 '연결실체'는 지배회사와 종속회사로 이루어지는 경제적 실체를 뜻한다. 지배회사와 종속회사에 관해서는 「주식회사 등의 외부감사에 관한 법률」에서 규정하고 있다. 연결재무상태표, 연결손익계산서, 연결포괄손익계산서, 연결자본변동표, 연결현금흐름표 등이 있다.

제4절 결 산

결산이란 **매 결산기마다** 당해 영업연도 동안(예컨대, 2024년 1월 1일부터 2024년 12월 31일까지) 회사의 수입과 지출, 재산상태와 손익상태를 확인하고 이익 또는 손실의 처리(예컨대, 이익 배당, 결손금 처리 또는 이월)에 관한 의사결정을 말한다. 재무제표의 작성과 승인이 중심을 이룬다. 이를 위한 주주총회를 결산주주총회 또는 정기주주총회라 한다.

[6.4.1] 절 차

① 이사(대표이사)는 정기주주총회일의 6주 전에 재무제표와 영업보고서를 감사에게 제출하여야 한다(상 447조의3). → ② 감사는 이 서류를 받은 날부터 4주 내에 감사보고서를 이사에게 제출하여야 한다(상 447조의4). → ③ 이사(대표이사)는 정기주주총회일의 1주 전부터 재무제표 · 영업보고서 · 감사보고서를 본점에 5년간, 그 등본을 지점에 3년간 비치하여야 한다(상 448조 1항). 주주와 회사채권자는 영업시간 내에 언제든지 비치서류를 열람할 수 있으며 회사가 정한 비용을 지급하고 그 서류의 등본이나 초본의 교부를 청구할 수 있다(상 448조 2항). → ④ 이사(대표이사)는 재무제표를 **정기주주총회**에 제출하여 그 '승인'을 요구하여야 하고(상 449조 1항), 영업보고서와 감사보고서를 정기주주총회에 제출하여 그 내용을 '보고'하여야 한다(상 449조 2항).

■ **결산의 승인권자**

① 재무제표의 승인은 **주주총회**의 권한임이 원칙이다(상 449조 1항).

② 다만, 정관에 의하여 **이사회**의 권한으로 할 수 있다(상 449조의2 1항 본문). 그러기 위해서는 (i) 재무제표가 법령 및 정관에 따라 회사의 재무상태 및 경영성과를 적정하게 표시하고 있다는 외부감사인의 의견이 있을 것, 그리고 (ii) 감사(또는 감사위원) 전원의 동의가 있을 것을 요한다(상 449조의2 1항). 이에 따라 이사회가 승인한 경우 이사는 재무제표의 내용을 주주총회에 보고하여야 한다(상 449조의2 2항).

〈표 6.4.1-1〉 재무제표 및 이익배당 결의기관

	원칙	특칙
재무제표 승인	주주총회 결의	이사회 결의→주주총회 보고
이익배당 결의		

[6.4.2] 효 과

주주총회(또는 특칙에 의하여 이사회)가 재무제표를 승인하면 다음과 같은 효과가 생긴다.

(1) **당해 결산기의 계산이 확정**된다. 이에 기하여 그 처분으로 이익배당 등을 할 수 있게 된다.

(2) 정기주주총회에서 재무제표를 승인한 후 2년 내에 다른 결의가 없으면 회사는 **이사와 감사의 책임을 해제**한 것으로 의제한다(상 450조 본문). 그러나 이사 또는 감사의 부정행위가 있을 때에는 그러하지 아니하다(상 450조 단서).

[6.4.3] 후속공시

이사(대표이사)는 재무제표에 대한 주주총회의 승인을 얻으면 지체 없이 **대차대조표를 공고**하여야 한다(상 449조 3항).

제 5 절 회계규범

상법에서는 계산에 관한 기본적인 사항만을 규정하고, 그 나머지는 **일반적으로 공정·타당한 회계관행**에 맡기고 있다(상 29조 2항, 446조의2).[6)]

6) 외감법에 따른 외부감사 대상회사는 동법에 따른 회계처리기준, 공공기관은 공기업·준정부기관의 회계원칙, 그 외의 회사 등은 회사의 종류 및 규모 등을 고려하여 법무부장관이 중소벤처기업부장관 및 금융위원회와 협의하여 고시한 회계기준이 이에 해당한다(상령 15조).

제 7 장

주식 및 관련 제도

제1절 총 설

(1) '주식회사'라는 이름에서도 알 수 있듯이 '주식'은 주식회사에서 가장 중핵이 된다. 주식을 통하여 회사의 물적 기초인 '자본금'을 조달할 수 있고, 이에 출자한 자가 '주주'로 되기 때문이다. 이를 정형적 · 집단적으로 처리하고 관리하기 위한 보조장치로서 '주권'과 '주주명부' 제도를 두고 있다.

'주식'과 '주주'가 '자본금'에 관한 실질이라면, 이를 형식적으로 인식하여 관리하는 방법이 '주권'과 '주주명부'이다. **주권**은 주식(주주권)을 유가증권으로 만든 것이다. 주식의 효력이 발생한 이후에 주권을 발행할 수 있으며, 주식의 양도는 주권의 교부에 의한다. 주권은 실물 발행을 원칙으로 하나, 예외적으로 주권을 발행하지 않을 수 있다. **주주명부**는 주주와 주식에 관한 사항을 기재한 것으로, 주주의 다수성과 가변성을 고려하여 회사 입장에서 누가 주주인지를 형식적 · 기술적으로 인식하는 수단이다. 실질과 형식이 일치하지 않는 경우 무엇을 기준으로 할 것인지 문제된다.

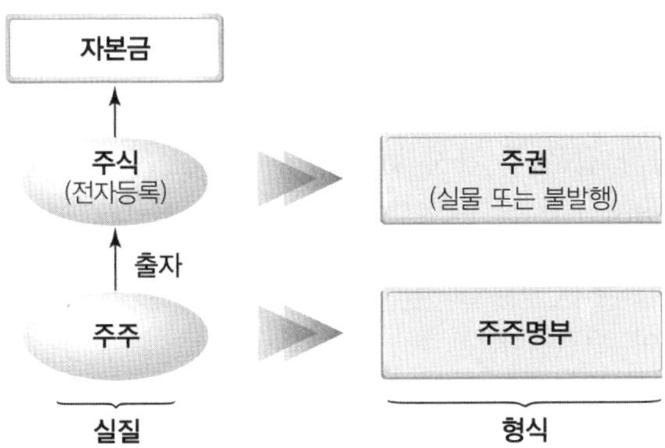

:: [그림 7.1-1] 자본금 · 주식 · 주주의 상관관계

(2) 자본시장은 발행시장과 유통시장으로 구분된다. 양자는 자본시장에 있어서 자동차의 양 바퀴와 같이 상호 연관되어 있다. 유통시장은 한국거래소시장에 상장되어 있는지의 여부에 따라 달라진다. 상장주식의 경우는 발행회사와 투자자 외에 한국거래소, 예탁결제원, 증권회사 등의 여러 기관이 역할을 분담한다.

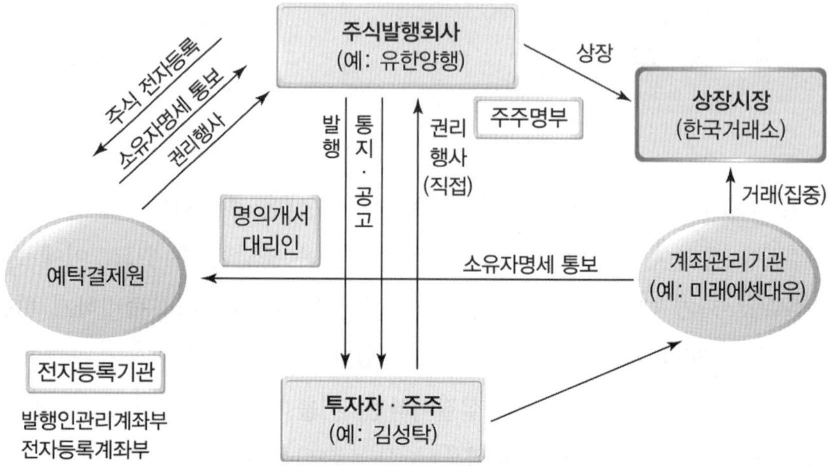

:: [그림 7.1-2] 상장주식의 발행 및 유통

제2절 주 식

[7.2.1] 뜻

(1) 주식은 다음과 같은 두 가지 뜻을 가진다. (i) 자본금과의 관계에서는 **자본금을 구성하는 단위**이고, (ii) 주주와의 관계에서는 회사에 대한 주주로서의 권리, 즉 **주주권**이다. 이처럼 주식은 무형적인 것이므로 이를 형상화하여 가시적인 유가증권으로 만든 것이 주권이다.

(2) 1개의 주식이 최소 단위이다. 따라서 주식이 표창하는 여러 주주의 권리를 분할하는 것은 허용되지 않는다(**주식 불가분의 원칙**).

[7.2.2] 구 분

1. 액면주식과 무액면주식

(1) 주식은 **액면가**(권면액)의 유무에 따라 액면주식과 무액면주식으로 구분된다.

액면주식은 주식의 액면가가 정관과 주권에 표시되어 있는 주식이다. 무액면주식은 액면가가 없고 주식을 발행할 때마다의 발행가만이 있을 뿐이다. 액면주식의 경우 동일한 회사가 발행한 주식의 **액면가는 100원 이상이면서 균일**하여야 한다(상 329조 2항 · 3항). 최저액면가(100원) 이상이면 상한에는 제한이 없다. 액면가는 균일하여야 하므로 종류주식을 발행하는 때에도 같은 회사가 발행한 주식의 액면가는 모두 동일한 금액이어야 한다.

(2) 정관에 정하는 바에 따라 액면주식과 무액면주식을 **택일**할 수 있다(상 329조 1항).[1] 액면주식을 무액면주식으로 전환하거나 무액면주식을 액면주식으로 재차 전환할 수 있다(상 329조 4항). 전환 전후에 자본금 액수는 동일하여야 한다(상 451조 3항).[2]

〈표 7.2.2-1〉 액면주식과 무액면주식 비교

	액면주식	무액면주식
액면가	○	×
발행가, 시가	○	○
자본금	액면가×발행주식총수	Σ(발행가의 1/2 이상으로 이사회가 정하는 금액×발행신주 수)
자본준비금	발행가 중 액면가를 초과하는 금액	발행가 중 이사회가 자본금으로 계상하는 금액을 초과하는 금액
발행가에 대한 제한	액면가 이상의 발행 (액면미달발행 원칙 금지)	(제한 없음)
자본금 증감과 주식 수의 구속관계	주식수 증감은 자본금 증감을 필연적으로 수반	일단 주식을 발행한 이후에는 주식수 증감이 자본금 증감과 무관해짐
주식분할	액면분할(정관변경), 주권교체 필요	액면분할 불요(정관변경 불요), 주권교체 불요
양자의 관계	발행시: 정관으로 택일	
	전환시: 정관으로 상호 전환 및 재전환 가능 (단, 자본금 변경 불가)	

1) 자본시장법에서는 금융투자회사의 경우 무액면주식만을 발행하도록 하고 있다(자본 196조 1항).

2) 이러한 경우 회사채권자에 아무런 영향이 없으므로 채권자보호절차를 요하지 않는다. 전환의 효력이 발생하는 시기는 주주에 대한 공고기간이 만료한 때이다(상 329조 5항, 441조 본문).

>>> **사 례**

[1] 국내기업 가운데 무액면주식을 발행하거나 기존 액면주식을 무액면주식으로 전환한 사례는 전무하다시피 하다. 국내에 상장한 중국계 기업은 무액면주식을 채택하고 있다. (출처: 파이낸셜뉴스 2016. 3. 20; 한국경제 2016. 3. 23; 매일경제 2016. 5. 20)

[2] 제일바이오는 무상감자에 이어 국내 최초로 정관변경을 통해 액면주식을 무액면주식으로 전환하기로 했다. 이사회 결의(2025. 7. 17) → 주주총회 결의(2025. 8. 1) → 전자등록 주식이므로 구주권 제출절차 생략 → 신주 효력발생 (=전환기준일, 2025. 9. 2) 절차로 진행한다. 이를 위한 임시주주총회에서 감자 안건과 무액면주식으로의 전환 안건이 통과되자, 소액주주연대는 가처분 신청과 주총결의 무효확인의 본안소송을 제기했다. (출처: 금융감독원 전자공시 2025. 7. 18; 2025. 8. 1; 2025. 9. 1; 2025. 10. 22)

2. 기명주식

기명주식은 주주의 이름이 주주명부에 기재되어 있는 주식이다. 그렇지 않은 것이 무기명주식이다. 2014년 상법개정에 의하여 그동안 이용실적이 전무하다시피 했던 **무기명주식 제도를 전면적으로 폐지**했다. 그에 의해 상법상의 주식은 모두 **기명주식으로 단일화**되었다.

[7.2.3] 종류주식

주식시세표

2025년 10월 17일 종가 기준 (단위: 원)

회사명	주식 종류	액면가	시가	특이사항	상장시장
삼성전자	보통주	100	97,900		코스피시장 (유가증권시장)
	우선주 (구형)		75,000		
SK하이닉스	보통주	5,000	465,500		
크라운제과	보통주	200	9,070		
	우선주 (구형)		9,850		
SK텔레콤	(구분 없음)	100	54,500		
NAVER	(구분 없음)	100	255,500		
카카오	(구분 없음)	100	58,000		
셀트리온	(구분 없음)	1,000	175,000		
한진칼	보통주	2,500	98,400	지주회사	
	우선주 (구형)		31,700		

LG화학	보통주	5,000	339,000		
	우선주 (구형)		167,400		
현대자동차	보통주	5,000	243,000		
	우선주1 (구형)		178,300		
	우선주2 (신형)		178,900		
	우선주3 (신형)		179,000		
KB금융	(구분 없음)	5,000	114,000	금융회사	
맥쿼리인프라	(구분 없음)	무액면	11.350	투자회사	
한글과컴퓨터	(구분 없음)	500	24,200		코스닥시장
네오이뮨텍	(구분 없음)	무액면	577	외국회사(미국)	
SK시그넷	(구분 없음)	500	9,980		KONEX시장

(출처: 한국거래소 2025. 10. 17)

생각해보기

1. 위의 주식시세표에 의하면 주식의 종류가 한 가지뿐인 회사와 여러 종류의 주식을 발행한 회사가 있다. 우선주와 보통주에는 어떠한 차이가 있는가? 보통주는 종류주식인가?
2. 회사의 재무담당자들이 회사가 발행할 수 있는 주식의 종류를 놓고 논쟁을 벌이고 있다. 누구의 주장이 옳을까?
   (재무담당 甲): "회사가 원한다면 필요에 따라서 법에 구애받지 않고 다양한 종류의 주식을 발행할 수 있다고 생각해. 법에서 시시콜콜하게 주식의 종류까지 한정한다는 것은 사적 자치의 법원칙과 자유주의 시장경제체제와도 맞지 않아."
   (재무담당 乙): "아냐, 만약 그렇게 한다면 주식의 내용이 저마다 제각각이어서 일반 투자자들이 무척 혼란스러워 할 거야."
   (재무담당 丙): "모두 일리가 있어. 법에서는 주식의 종류에 관해 꼭 규정할 것만을 규정하고, 나머지는 회사가 정관으로 규정하도록 하는 일종의 절충적인 방식을 취하고 있지. 그렇게 하면 혼란도 피하면서 회사의 자율적인 선택도 가능할 테니. 문제는 정관에 의하여 어느 정도까지 가능한가라는 것이지."

회사는 단일 종류의 주식을 발행하는 것도 가능하지만(위 사례에서 SK텔레콤 등), 여러 종류주식을 발행하는 것도 가능하다(위 사례에서 삼성전자 등).

1. 뜻과 유형

종류주식이란 ⓐ **이익배당**, ⓑ **잔여재산분배**, ⓒ **주주총회에서의 의결권 행사**, ⓓ **상환 및** ⓔ **전환 등에 관하여 '내용이 다른'** 주식이다(상 344조 1항). ⓐ, ⓑ, ⓒ, ⓓ, ⓔ를 기본형으로 하여 이들간의 다양한 조합도 가능하다.[3]

그 기준이 되는 주식이 **보통주식**이다. 보통주식은 종류주식이 아니라고 보는 것이 현재의 지배적인 견해이고 실무에서도 그렇게 하고 있다.

››› **사 례** **상장회사 표준정관** (한국상장회사협의회)

[유형 A] 기명식 보통주식만을 발행할 경우

이 회사가 발행할 주식은 기명식 보통주식으로 한다.

[유형 B] 보통주식 외에 종류주식을 발행할 경우

① 이 회사가 발행할 주식의 종류는 기명식 보통주식과 기명식 종류주식으로 한다.

② 회사가 발행하는 종류주식은 이익배당에 관한 우선주식, 의결권 배제 또는 제한에 관한 주식, 상환주식, 전환주식 및 이들의 전부 또는 일부를 혼합한 주식으로 한다.

2. 발행 근거

종류주식을 발행하려면 **정관**에 각종 주식의 내용과 수를 정하여야 한다(상 344조 2항). 정관에 종류주식을 발행할 수 있다는 근거규정이 있다고 해서 반드시 이를 발행해야 하는 것은 아니다.

3. 차별 취급

종류주식을 발행한 때에는 — 그 발행에 관하여 정관에 근거가 있으므로 — 주식의 종류에 따라 신주의 인수, 주식의 병합·소각, 회사의 합병·분할로 인한 주식의 배정에 관하여 정관에 다른 정함이 없는 경우에도 이사회 또는 주주총회의 결의만으로 특수한 정함을 할 수 있다(상 344조 3항). 다만, 이러한 특수한 정함으로 인하여 어느 종류의 주주에게 손해를 미치게 될 때에는 그 **종류주주총회**의 결의를 추가로 거쳐야 한다(상 344조 4항, 435조).

3) 예컨대, 상환가능한 의결권 없는 이익배당우선주의 발행도 가능하다.

4. 재산적 내용에 관한 종류주식

(1) 회사는 정관에 정하는 바에 따라 **이익배당**이나 **잔여재산분배**에 관하여 내용이 다른 종류주식을[4] 발행할 수 있다(상 344조의2 1항 · 2항). 실무에서 보통주와 우선주를 발행하고 우선주는 의결권 없는 이익배당우선주로 발행되는 것이 일반적이다. 그러나 의결권 있는 이익배당 우선주의 발행도 가능하다.

(2) 우선주는 정관에 규정하기에 따라 참가적 · 비참가적 우선주, 누적적 · 비누적적 우선주, 조건부 · 기한부 우선주 등 다양한 내용으로 할 수 있다.

甲: "이익배당우선주는 어떤 면에서 보통주보다 유리한 거야? 혹시… 이익배당우선주는 보통주보다 항상 많은 배당을 받는 거야?"

乙: "꼭 그렇지도 않아. 이익배당우선주가 보통주보다 많은 배당을 받는 것이 일반적이긴 하지만. 그렇다고 단정할 수는 없어. 비참가적 우선주의 경우라면 우선주에 대해서는 정관소정의 배당만을 받고, 그 나머지는 모두 보통주에게 배당할 수 있거든."

››› **사 례 롯네건실 정관** (2025. 3. 31)

제8조의2(우선주식의 수와 내용) ① 회사는 참가적 우선주식 또는 비참가적 우선주식, 누적적 우선주식 또는 비누적적 우선주식, 의결권 있는 우선주식 또는 의결권 없는 우선주식을 독립적으로 또는 여러 형태로 조합하여 발행할 수 있다. 위 우선주식은 배당 및 잔여재산 분배에 있어 보통주식보다 우선적인 권리를 가지며, 의결권 없는 우선주식의 수는 발행주식총수의 1/4 범위 내로 한다.

② 우선주식에 대하여는 액면금액을 기준으로 하여 연 1% 이상으로 발행시에 이사회가 우선배당률을 정한다.

③ 보통주식의 배당률이 우선주식의 배당률을 초과할 경우에는 그 초과분에 대하여 보통주식과 동일한 비율로 참가시켜 배당한다.

④ 우선주식에 대하여 어느 사업연도에 있어서 소정의 배당을 하지 못한 경우에는 누적된 미배당분을 다음 사업연도의 배당시에 우선하여 배당한다.

4) '내용이 다른 종류주식'에서 '내용'에는 배당의 종류뿐만 아니라 배당률, 배당에 있어서 우순순위 등을 모두 포함한다. 그 구체적 내용은 정관으로 정하기에 달려 있다.

⑤ 우선주식에 대하여 소정의 배당을 하지 아니한다는 결의가 있는 경우에는 그 결의가 있는 총회의 다음 총회부터 그 우선적 배당을 한다는 결의가 있는 총회의 종료시까지는 의결권이 있는 것으로 한다.

⑥ 이 회사가 유상증자 또는 무상증자를 실시하는 경우 우선주식에 대한 신주의 배정은 유상증자의 경우에는 보통주식으로 무상증자의 경우에는 그와 같은 종류의 주식으로 한다.

⑦ 회사는 우선주식의 발행시 이사회 결의로 존속기간을 정할 수 있으며, 동 기간 만료와 동시에 보통주식으로 전환된다. 그러나 위 기간중 소정의 배당을 하지 못한 경우에는 소정의 배당을 완료할 때까지 그 기간을 연장한다. (이하 생략)

5. 상환주식

(1) 뜻

상환주식은 **발행할 당시부터 배당가능한 이익을 재원으로 하여 상환**(소각)**이**[5] **예정**되어 있는 주식이다(상 345조). 주식은 일단 발행하면 회사가 해산할 때까지는 계속하여 존속하는 영구자본적 성격을 지니는 것이 일반적인데, 상환주식은 발행할 때부터 상환에 의한 소각이 예정되어 있다는 점에서 이례적인 주식이다.

(2) 유 형

정관으로 정하는 바에 따라 (i) '회사'가 소각할 권리를 갖는 주식(**회사 상환주식**; 상 345조 1항)뿐만 아니라 (ii) '주주'가 회사에 상환을 청구할 권리를 갖는 주식(**주주 상환청구주식**; 상 345조 3항)도 발행할 수 있다. 회사 상환주식은 정관에 따르는 한 이사회의 결의만으로 상환할 수 있음이 원칙이다. 주주 상환청구주식은 주주의 상환청구가 있어야 하고 회사는 이에 구속된다.[6]

(3) 발행대상

상환주식은 **종류주식**에 한하여 발행할 수 있다.[7] 상환주식 또는 전환주식에 대해서는 상환조건을 부가할 수 없다(상 345조 5항).[8] 보통주를 종류주식이 아니라고 본

---

5) 상환이란 말은 원래 빚을 갚아서 없앤다는 뜻으로 채무자가 채무를 상환하여 채무를 없애는 경우에 사용한다.

6) 주주의 상환청구권은 형성권이라 보는 것이 통설이나 청구권으로 보는 것이 타당하다. 아무리 형성권이라고 보더라도 배당가능한 이익이 있어야 상환의 이행이 가능하다.

7) 상환주식을 발행할 수 있는 대상은 널리 종류주식이기만 하면 된다. 종전과는 달리 이익배당우선주에 한정하지 않는다.

다면, 보통주를 상환주식으로 발행할 수 없다.[9)]

(4) 상 환

상환은 **배당가능한 이익**으로써만 할 수 있다. 상환의 대가로 현금(**금전상환**) 외에 유가증권(다른 종류주식은 제외)이나 그 밖의 자산(**현물상환**)을 교부할 수 있다(상 345조 4항 본문).

상환주식 소각의 재원은 자본이 아니라 이익이므로 상환에 의하여 주식을 소각하더라도 자본금이 감소하지 않는다. 따라서 자본금 감소절차를 밟을 필요가 없다. 액면주식의 경우 발행주식의 액면총액이 자본금이라는 등식의 예외현상이 생긴다.

주주가 상환청구권을 행사한 이후에도 특별히 정한 바가 없으면 주주는 회사로부터 상환금을 지급받을 때까지 주주의 지위를 유지한다.[10)]

>>> **사 례** **롯데건설 정관** (2025. 3. 31)

제8조의4(상환주식) ① 회사는 제8조의2(우선주식의 수와 내용) 또는 제8조의3(전환주식)의 규정에 의한 우선주식을 발행함에 있어 이사회 결의를 통하여 이를 주주의 상환청구에 따라 또는 회사의 선택에 따라 회사의 이익으로써 상환할 수 있는 상환주식으로 정할 수 있다.

② 상환주식의 상환가액은 발행가액과 배당률 등을 고려하여 이사회가 결정한다.

③ 상환주식의 상환기간은 발행일로부터 1일 이상 10년의 범위 내에서 이사회의 결의로 정한다. 단, 다음 각호의 1에 해당하는 사유가 발생하는 경우에는 그 사유가 해소될 때까지 상환기간은 연장된다.

가. 상환주식에 대하여 우선적 배당이 완료되지 아니한 경우

나. 회사의 이익이 부족하여 상환기간 내에 상환하지 못하는 경우

④ 상환주식을 회사의 선택으로 상환하는 경우에는 상환주식 전부 또는 일부를 상환할 수 있다. 이때 회사는 상환할 뜻, 상환대상 주식 및 1개월 이상의 기간을 정하여 주권을 회사에 제출할 것을 공고하고 주주명부에 기재된 주주와 질권자에게는 따로 통지를 하며

---

8) 이에 따라 이익배당·잔여재산분배에 관한 종류주식, 의결권 배제·제한에 관한 종류주식에 대해서만 상환조건을 부가할 수 있다. 학설은 상환주식을 전환주식으로 발행하는 상환전환우선주(redeemable convertible preferred share; RCPS)의 발행이 금지되는 것은 아니라고 해석하고(송옥렬, 781면; 임재연, 회사법1, 387면; 이철송, 295면), 실무에서도 그러하다.

9) 보통주도 종류주식의 하나로 보는 입장에서 보통주도 상환주로 발행할 수 있다는 소수견해가 있다(임재연, 회사법1, 386~387면).

10) 대법원 2020. 4. 9. 선고 2017다251564 판결.

위 기간이 만료된 때에 강제 상환한다. 단, 상환주식의 일부만을 상환하는 경우에는 회사가 추첨 또는 안분비례의 방법에 의하여 상환할 주식을 정할 수 있으며, 이때 발생하는 단주는 상환하지 아니한다.

⑤ 주주에게 상환청구권이 부여된 경우 주주는 자신의 선택으로써 상환주식 전부 또는 일부를 상환해 줄 것을 청구할 수 있다. 이때 당해 주주는 상환할 뜻 및 상환 대상주식을 회사에 통지하여야 한다. 단, 회사는 현존 이익으로 상환대상주식 전부를 일시에 상환하기 충분하지 않을 경우 이를 분할상환할 수 있고, 이때 발생하는 단주는 상환하지 아니한다.

⑥ 제8조의3에 의한 전환주식을 회사의 선택에 의하여 상환할 수 있는 상환주식으로 발행할 경우 이사회는 주주의 전환권 행사와 회사의 선택에 의한 상환권 행사 간에 상호 우선순위를 정할 수 있다.

››› 사 례 상환전환우선주

롯데건설이 상환전환우선주(RCPS)를 발행가 39,033원(액면가 5,000원)에 발행했다. 롯데건설은 2011년에 발행한 것을 시작으로 꾸준히 RCPS를 통해 자금을 조달하고 있다. 롯데건설은 정관에 전환주식과 상환주식에 관한 근거규정을 두고 있다.

롯데건설은 상환전환우선주 전부를 상환했다. 이번 상환으로 롯데건설에서 발행한 우선주는 0이 되었다. (출처: 금융감독원 2018. 12. 14. 전자공시)

<table>
<tr><td rowspan="4">상환에 관한 사항</td><td>상환조건</td><td>발행사 선택</td></tr>
<tr><td>상환방법</td><td>주권과 교환하여 상환</td></tr>
<tr><td>상환기간</td><td>2017. 12. 15. ~ 2025. 12. 15.</td></tr>
<tr><td>주당 상환가액</td><td>39,033원</td></tr>
<tr><td rowspan="4">전환에 관한 사항</td><td>전환조건 (전환비율 변동여부 포함)</td><td>1주당 보통주 1주 전환 (전환가격 39,033원)</td></tr>
<tr><td>전환청구기간</td><td>2018. 12. 15. ~ 2025. 12. 12.</td></tr>
<tr><td>전환으로 발행할 주식의 종류</td><td>롯데건설(주) 보통주</td></tr>
<tr><td>전환으로 발행할 주식수</td><td>1,280,967주</td></tr>
<tr><td colspan="2">의결권에 관한 사항</td><td>의결권 없음</td></tr>
<tr><td colspan="2">이익배당에 관한 사항</td><td>누적적 · 비참가적 우선주로 상환전환우선주식에 대하여 누적된 배당금이 모두 지급될 때까지 보통주에 대한 배당은 금지</td></tr>
</table>

(출처: 금융감독원 2015. 11. 27. 전자공시)

6. 전환주식

(1) 뜻 및 유형

전환주식은 다른 **종류주식**(신주)**으로의**[11] **전환**이 가능한 주식이다. 이에는 (i) '주주'의 청구에 의하여 전환되는 것(**주주 전환청구주식**)뿐만 아니라 (ii) '회사'가 전환을 결정할 수 있는 것(**회사 전환주식**)이 있다.

■ **주주 전환청구주식**

주주의 전환청구권 행사에 의하여 다른 종류의 주식으로 전환되는 주식이다(상 346조 1항). 전환을 청구하고자 하는 자는 전환청구기간 내에 청구서 2통에 주권을 첨부하여 제출하여야 한다(상 347조 4호, 349조). 주주의 전환청구권은 형성권이다. 따라서 그 행사가 있으면 곧바로 전환의 법적 효력(즉, 전환 전 주식의 소멸, 신주의 효력발생)이 생겨난다(상 350조 1항).

■ **회사 전환주식**

정관으로 정한 전환기간 내에 전환사유의 발생 → 회사의 전환결정[12] → 주주 및 권리자에 대한 통지(공고로 갈음 가능)의 순으로 전환이 이루어진다(상 346조 2항・3항, 347조).

(2) 전환조건

전환 전 주식의 총발행가액은 전환 후 주식의 총발행가액과 동액이어야 한다(상 348조).

(3) 전환의 효력발생

전환에 의하여 **전환 전 주식은 소멸**(무효)하고 그 대신 **신주가 발행**된다. 이에 대비하여 종류주식의 수 중에 새로이 발행할 주식의 수만큼은 전환청구기간 또는 전환기간 내에 발행을 유보하여야 한다(상 346조 4항). 그 효력이 발생하는 시기는, 주주 전환청구주식의 경우는 주주가 전환청구를 한 때이고, 회사 전환주식의 경우는 주주 및 권리자에게 2주 이상의 일정한 기간 내에 전환 전 주권을 회사에 제출하여야 할 뜻을 통지하여야 하는데 그 주권제출기간이 끝난 때이다(상 350조 1항). 주주명부폐쇄기간 중에 전환된 경우 그 기간 중의 주주총회의 결의에 관하여 전환신주

---

11) 여기의 종류주식에는 보통주까지를 포함하는 것으로 해석한다. 입법적 해결이 요구된다.

12) 이사회가 전환 여부를 결정한다고 해석한다(상 346조 3항 참조).

에 의한 의결권을 행사할 수 없다(상 350조 2항).

>>> **사례** **롯데건설 정관** (2025. 3. 31)

제8조의3(전환주식) ① 회사는 제8조의2에 의한 우선주식을 발행함에 있어 이사회의 결의를 통하여 이를 주주가 보통주식으로 전환을 청구할 수 있는 전환주식으로 정할 수 있다.

② 회사가 전환으로 인하여 발행하는 신주식의 총발행가액은 전환 전의 주식의 총발행가액으로 한다.

③ 주주의 전환청구가 있는 경우, 회사는 우선전환주식 1주당 액면가액이 오천원(5,000)인 보통주식 1주를 부여한다. 단, 회사는 조정 후 전환비율이 전환주식 발행 당시 전환비율의 50%를 하회하지 않는 법위내에서 회사의 경영성과에 따라 전환비율을 조정할 수 있는 내용으로 또는 전환주식 발행가액보다 낮은 가액으로 주식 또는 주식등가물을 발행할 경우 전환비율을 조정할 수 있는 내용으로 전환주식을 발행할 수 있다. 전환비율 조정사유, 전환비율을 조정하는 기준이 되는 날 및 조정 방법 등은 이사회가 정한다.

④ 전환주식의 주주가 전환을 청구할 수 있는 기간은 발행일로부터 1일 이상 10년 이내의 범위 내에서 발행시 이사회 결의로 정한다.

⑤ (생략)

7. 의결권 배제·제한 종류주식

(1) 뜻 및 유형

주주총회에서의 '의결권 행사'에 관하여 내용이 다른 종류의 주식으로, (i) 의결권을 전면적으로 배제하는 것(의결권 '전부' 배제주; **의결권이 없는 종류주식**)과,[13] (ii) 의결권을 부분적으로만 제한하는 것(의결권 '부분' 배제주; **의결권이 제한되는 종류주식**)을[14] 발행할 수 있다(상 344조 1항, 344조의3). 이는 의결권 행사의 대상에 관한 것이지 의결권 수에 관한 것이 아니다. 의결권의 수를 달리하는 종류주식의 발행은 1주 1의결권 원칙상 금지된다.[15]

---

13) 보통주에 대해서도 의결권에 관한 종류주식을 발행할 수 있다. 따라서 종래 적법성 여부에 대하여 논란이 있었던 보통주의 이익배당을 기준으로 이보다 1% 더 추가적으로 배당하면서 의결권을 전면적으로 배제하는 주식(구형우선주)의 발행도 개정법에서는 상법 344조 1항에서 규정하고 있는 '내용이 다른 주식'으로 적법한 종류주식으로 취급된다.

14) 이는 예컨대, 이사 선임의 안건에 대해서는 의결권을 행사하지 못하나 그 밖의 안건에 대해서는 의결권 행사를 할 수 있는 것과 같이 안건별로 의결권의 행사 가부가 달라지는 주식이다. 이 때 제한되는 의결권의 내용을 정관에 규정하여야 한다(상 344조의3 1항).

(2) 발행한도

의결권배제주식과 의결권제한주식은 합산하여 **발행주식총수의** 1/4을 초과하지 못한다(상 344조의3 2항 전문).[16] 적은 수의 의결권 있는 주식만으로 회사를 지배하는 폐단을 막기 위함이다. 이를 초과하여 발행한 경우 초과발행주식이 무효로 되는 것은 아니고, 회사는 지체 없이 초과상태 해소를 위해 필요한 조치를 취하여야 한다(상 344조의3 2항 후문).

(3) 의결권 인정

의결권 배제·제한 종류주식을 발행한 경우 '**정관으로**' 의결권 행사 또는 부활의 조건 등을 정할 수 있다(상 344조의3 1항).[17]

종류주주총회, 창립주주총회, 총주주의 동의를 요하는 경우, 의결권 없는 주식에 정관 소정의 의결권 부활사유가 발생한 경우, 회사분할시에는 의결권 없는 주식도 의결권을 행사할 수 있다.

연습 및 응용

Q1 상법상 발행할 수 있는 주식이 아닌 것을 모두 고르시오.

① 액면가가 10억원인 주식
② 무기명주식
③ 이익배당과 잔여재산분배 양자 모두에 있어서 보통주보다 우선인 주식
④ 액면가가 다른 주식
⑤ 회사가 전환권을 갖는 전환주식
⑥ 의결권 없는 보통주

---

15) 1주 1의결권 원칙(상 369조 1항)상 1주당 1개를 초과하는 의결권을 부여하는 주식(복수의결권주식)이나 이와는 반대로 예컨대 2주에 1개의 의결권을 부여하는 것(의결권축소주식), 거부권부 주식 등은 허용되지 않는다(통설).

16) 상장회사는 발행주식총수의 1/2까지로 확대된다(자금 165조의15 2항).

17) 의결권 없는 이익배당우선주에 대하여 우선배당을 하지 못하는 경우 의결권이 자동적으로 부활하는 것이 아니고, 정관으로 의결권 부활의 조건을 정할 수 있다(상 344조의3 1항).

⑦ 의결권 있는 이익배당우선주

⑧ 발행한 지 10년이 경과되면 자동적으로 보통주로 전환되는 우선주

②, ④:

① 액면주식의 경우 액면가의 하한선(100원)에 대한 제한만이 있을 뿐 그 상한선에 대한 법적 제한은 없다(상 329조 4항). ② 2014년 상법개정에 의하여 무기명주식을 폐지하였다. ③ 우선주는 이익배당 또는/과 잔여재산분배에 있어서 내용이 다른 주식이다(상 344조 1항). ④ 동일한 회사가 발행한 주식의 액면가는 모두 균일하여야 한다(상 329조 3항). ⑤ 상법상의 전환주식은 주주가 전환청구권을 갖는 주식뿐만 아니라 회사가 전환권을 갖는 것도 발행할 수 있다(상 346조 2항). ⑥ 2011년 개정상법에서는 보통주에 대해서도 의결권을 뺄 수 있다(상 344조의3). ⑦ 이익배당우선주는 실무상 의결권이 없는 주식으로 발행되는 것이 일반적이지만 그렇다고 해서 의결권 있는 이익배당우선주의 발행이 위법한 것은 아니다. ⑧ 종류주식을 발행하는 경우 정관에 의하여 일정 기간이 경과하면 다른 종류의 주식으로 자동 전환되는 주식을 발행하는 것도 가능하다(기한부 우선주).

Q2 무액면주식은 액면주식과 비교하여 어떤 차이점이 있는가? 무액면주식을 발행한 경우 회사의 자본금은 무엇을 기준으로 정해지나?

무액면주식은 주식수에 의하여 자본금에 대한 비례적 몫만을 나타낼 뿐 자본금과 주식수와의 관련성이 항상 존재하는 것은 아니다. 무액면주식을 발행하는 경우에는 발행 당시의 회사의 경영상태나 재무구조에 따라 신주의 발행가액이 정해지고, 총발행가액 중 일정 부분을 자본금과 자본준비금으로 나누어 적립하면 된다. 무액면주식은 액면주식에 비하여 액면가라는 제약이 없기 때문에 자본충실의 면에서는 취약하지만 탄력적인 자금조달면에서는 장점이 있다.

Q3 K씨는 "우선주에 투자했다가 배당을 받지 못하면 주주의 의결권이 되살아난다"고 생각하고 의결권 있는 보통주보다 주가가 매우 낮고 실적이 부진하여 배당을 기대하기 어려운 X회사의 우선주를 대량 매입하였다. K씨의 이러한 투자판단은 옳은가?

K씨의 위와 같은 투자판단이 옳을 수도 있지만 잘못된 것일 수도 있다. 상법개정에 의하여 기업들이 다양한 형태의 종류주식을 발행할 수 있게 되면서 우선주마다 주어지는 권리의 내용이 회사마다 다를 수 있기 때문이다. 종전에는 의결권 없는 이익배당우선주에 대하여 정관 소정의 배당 이상을 하지 못하면 의결권이 자동적으로 부활하였으나(법정부활), 개정상법에 의하여 이러한 경우 의결권의 부활의 여부 및 그 조건을 정관에 정하도록 하고 있다. 따라서 개별 회사의 정관을 살펴보아 의결권 부여 여부를 꼼꼼히 따져보아야 한다.

[7.2.4] 주식가격의 평가

[1] 제○모직과의 2015년 7월 합병에 반대하는 삼★물산의 소액주주 등이 자신들이 보유하고 있던 주식을 매수하라고 요구하자 삼★물산은 주식매수청구가격을 5만 7,234원으로 제시했다. 이에 대해 엘△엇과 삼★물산 주주들은 삼★물산 주가가 지나치게 저평가됐다며 합병에 반대하는 한편 법원에 주식매수청구권 가격조정 신청을 냈다. 삼★물산 소액주주들은 지배주주가 주식을 많이 보유하고 있는 제○모직 주가는 높게, 지배주주가 주식을 보유하고 있지 않은 삼★물산 주가는 낮게 평가된 시점에 합병이 결정됨으로써 저평가된 삼★물산의 소액주주들이 손해를 입게 됐다고 주장했다.

1심은 2016년 1월 삼★물산의 손을 들어줬다. 그러나 2심은 2016년 5월 1주당 주식매수가격 6만 6,602원이 적당하다고 결정했고, 대법원도 2022년 4월 2심에 수긍하는 판결을 했다. (출처: 경향신문 2024. 4. 12; 한겨레 2024. 4. 12; 이투데이 2014. 4. 12; 매경이코노미 2023. 12. 26)

[2] 천문학적 재산분할을 선고한 C회장의 이혼 소송 항소심 재판부가 상속시점인 1998년 5월 D 주식의 가치를 주당 100원에서 1,000원으로 오류를 정정했다. C회장측은 "주식이 재산분할 대상이 되는지, 얼마나 돼야 하는지에 대한 2심 재판부의 전제에 치명적인 오류가 있다"라고 하면서 1994년 취득한 주식의 가치를 산정하는 과정에서 재판부가 액면분할을 고려하지 않아 사실상 100배의 오류가 발생했다고 주장했다. (출처: 국민일보 2024. 6. 17; 연합뉴스, 2024. 6. 17; 국민일보 2024. 6. 17; 한겨레, 2024. 6. 19; 조선일보 2014. 6. 18)

대법원은 원심(2심)이 주식을 재산분할 대상으로 인정한 것에 대해서는 명확히 판단을 내리기보다, 재산형성 기여도 산정에 중대한 오류가 있음을 지적하고 불법원인급여(민법 746조)의 법리를 적용해서 파기 환송했다. (출처: 대법원 2025. 10. 16. 선고 2024므13669(본소), 2024므13676(반소) 판결)

생각해보기

1. 정상적인 상황에서 주식의 가격이나 가치에 영향을 미치는 요소는 무엇이며, 그 중에서도 가장 결정적인 것은 무엇일까?
2. 주식의 시장가격과 공정가치 사이에 격차가 있는 경우 어떻게 할 것인가?, 주주를 축출하는 경우 헐값이 아닌 공정한 내가를 산정하는 방법은 무엇인가?
3. 비상장주식은 어떤 방법으로 가격을 평가할 수 있는가?

1. 주식의 가격

주식의 가격에 관한 것으로는 액면주식의 경우 **액면가**, 신주를 발행할 때의 가격인 **발행가**, 시장에서 형성되는 가격인 **시가**(또는 주가) 등이 있다.

2. 상장주식의 경우

상장주식의 가격을 결정하는 방법은, (i) 1차적으로 **당사자간의 합의**에 의하고, (ii) 합의에 이르지 못한 경우에는 일정시점 증권시장에서의 **거래가격**(즉, 시가)을 기준으로 하고, (iii) 이에 대해서도 당사자가 반대하면 최종적으로 **법원이 공정한 가격을 산정**한다(자금 165조의5 3항, 자금령 176조의7).[18]

3. 비상장주식의 경우

비상장주식의 가격을 결정하는 방법도 일반 상품과 마찬가지로 1차적으로는 당사자간의 합의에 의한다. 이에 관한 합의에 이르지 못하면 결국 법원의 힘을 빌려 '공정한' 주식가격을 결정하여야 한다. ⓐ 객관적 교환가치가 적정하게 반영된 정상적인 거래의 실례가 있는 경우에는 그 거래가격을 시가로 보아 주식의 가액을 평가하여야 하나, ⓑ 그러한 거래사례가 없는 경우에는 보편적으로 인정되는 여러 가지 평가방법(예컨대, 순자산가치방식, 수익가치방식, 유사업종비교방식 등)을 고려하되 거래

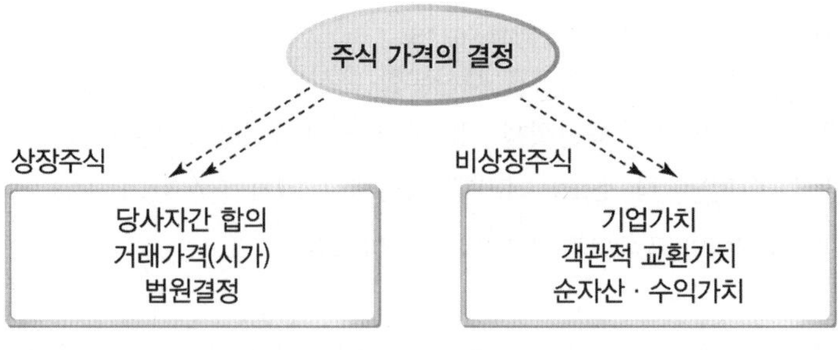

:: [그림 7.2.4-1] 주식가격을 결정하는 방법

18) 주식 가격은 당해 회사와 주식 가치의 공정한 산정에 의하여야 한다. 일차적으로는 객관적인 시장가격(시가)이 그 기준이 되고 이에 의하지 않을 때는 법원의 관여(허가)로 공정성을 확보한다. 상법은 단주의 처리방법에 관하여 상장주식의 경우는 거래소를 통한 매각가격을 기준으로 하고, 비상장주식의 경우는 원칙적으로 경매에 의하여야 하지만 경매 외의 방법에 의하려면 법원의 허가를 받아야 한다고 규정하고 있다(상 443조 1항).

당시 당해 비상장회사 및 거래당사자의 상황, 당해 업종의 특성 등을 종합적으로 고려하여 합리적으로 판단하여야 한다.[19]

甲: "주가에 가장 영향을 많이 미치는 요소는 무엇일까?"

乙: "신기술과 회사의 명성 아닐까? 미국의 애플사를 보면, 그동안 MS사에 밀렸다가 최근 아이팟, 아이폰, 아이패드 등과 같은 신제품 출시로 급반전하고 있지 않아?"

丙: "글쎄…, 경영자의 경영수완에 대한 시장의 평가가 아닐까? 경영귀재라고 하는 워런 버핏이 운영하는 회사의 주가를 보라고. 때로는 재벌총수의 스캔들이 주가에 영향을 미치기도 하고."

丁: "가장 중요한 건 기업의 현재와 미래에 대한 가치평가가 아닐까?"

戊: "주가는 회사 내외의 종합적 요소가 반영된 결과물이므로 한 가지로 단정하기 어려울 것 같은데…."

[7.2.5] 주식의 발행·병합·분할·소각

주식은 발행에 의하여 비로소 탄생하고, 소각에 의하여 소멸하며, 병합하거나 분할하기도 한다. 주식의 이러한 변모는 주권의 변화를 수반하는 것이 일반적이나, 주권의 발행·병합·분할·실효와는 다르다.

1. 주식 발행

주식의 발행은 자금조달을 목적으로 하는 것이 일반적이나, 이와는 무관하게 주식을 발행하는 경우도 있다. 이에 의해 새로이 발행되는 주식을 신주라 하고 기존의 주식을 구주라 부른다.

2. 주식 병합

(1) 주식의 병합이란 수개의 주식을 합쳐서 그보다 적은 수의 주식으로 만드는

19) 대법원 2008. 5. 15. 선고 2005도7911 판결.

것이다.

(2) **액면주식**의 경우, 액면을 그대로 두면 주식 병합에 의하여 주식 수가 감소하므로 자본금이 감소하게 되어 자본금 감소절차(주주 보호절차와 채권자 보호절차)를 거쳐야 하고, 액면을 단순히 합치면 자본금에 변화가 없다. 액면에 변화를 가져오는 경우에는 액면가가 정관 기재사항이므로 정관 변경절차(주주총회 특별결의)를 거쳐야 한다. **무액면주식**의 경우 주식 수가 자본금과 무관하기 때문에 주식 병합으로 인하여 자본금에 변화를 주지 못하므로 이사회 결의만으로 가능하다.

(3) 주식 병합 과정에서 1주 미만의 주식(**단주**)이 발생하는 경우가 있다. 단주는 경매 또는 거래소 매각에 의하거나, 기타 '법원의 허가'를[20] 얻어 이와 다른 방법으로 환가하여 그 대금을 주주에게 지급하게 된다(상 443조).[21]

(4) **주식 병합의 효력은 원칙적으로 공고한 주권 제출기간이 만료한 때에 생긴다**(상 441조 본문).[22] 다만 **채권자 보호절차를 거쳐야 하는 때에는 그 절차가 종료해야** 효력이 생긴다(상 441조 단서).

>>> **사례**

발광다이오드 제조업체인 세미콘라이트는 액면가가 주당 100원의 보통주를 주당 500원으로 높이는 주식 병합(5 : 1)을 결정했다. 주식 병합으로 액면가는 상향되고 발행(유통) 주식 수는 감소하나 자본금에는 아무런 변화가 없다. 주식 병합은 액면 병합에 의해 저주가 이미지를 탈피하는 수단으로 사용되는 경우가 있다. (출처: 프라임경제 2019. 12. 14; 매일경제 2019. 12. 14)

3. 주식 분할

(1) 주식의 분할이란 주식 병합과는 반대로 주식을 쪼개어 발행주식수를 증가시

20) 단주 처리에 법원의 허가를 받도록 한 것은 대주주가 소액주주를 몰아내는 이른바 'squeeze-out'으로 악용되는 것을 막기 위함이다. 회사가 주식을 병합한 뒤 법원의 허가를 받지 않고 소액주주가 보유한 단주를 취득하여 소각한 것은 위법하다는 하급심 판결이 나왔다(생○뱅코리아홀딩스 소액주주 15명이 회사를 상대로 낸 손해배상청구소송). (출처: 법률신문 2024. 6. 12; 중앙일보 2024. 5. 3)

21) 상법은 주식병합에 관해 단주 처리방법을 규정하고(상 443조), 이를 주식분할(상 329조의2), 주식교환(상 360조의11), 준비금의 자본금 전입(상 461조), 주식배당(상 462조의2), 합병으로 인한 주식병합·주식분할(상 530조), 분할 또는 분할합병(상 530조의11)에 준용한다. 그런데 유상증자에 의한 신주발행시의 단주에 관해서는 상법에 규정이 없다.

22) 전자등록된 주식의 병합은 회사가 정한 병합기준일에 효력이 생긴다(전등 65조 2항).

키되 **자산과 자본금에 변화를 주지 않는 것**이다.

(2) 주식의 분할에 의하여 주주의 지위에 아무런 변화를 주지 않아야 하므로[23] 액면주식의 경우 **액면분할**로 된다. 자본금감소의 법정절차가 불필요하다. 다만 액면가가 달라지므로 정관변경절차(주주총회 특별결의)를 밟아야 할 뿐이다. **무액면주식**의 경우에는 이러한 제한이 없으므로 자유롭게 주식분할을 할 수 있다.

(3) 신주권 교부, 단주 처리, 주식분할의 효력발생시기 등에 대해서는 주식 병합에 관한 규정을 준용한다(상 329조의2 3항).

››› **사 례**

초고가주였던 삼성전자는 2018년 3월 주주총회에서 액면가 5,000원 주식을 100원으로 50 : 1의 주식분할(액면분할)을 했다. 이에 따라 250만원 선에서 거래되던 주가는 5만원 선으로 낮아짐으로써 개인투자자의 접근성이 확대됐다. 액면분할 이후 삼성전자의 개인주주 수는 대폭 증가했다. (출처: 한국일보 2018. 3. 23; 헤럴드경제 2018. 12. 24; 한국경제 2019. 5. 13)

주식분할로 인한 주권제출공고

본 회사는 2017년 11월 27일 주주총회에서 1주의 금액 금 5,000원의 주식 1주를 1주의 금액 금 1,000원의 주식 5주로 분할하기로 결의하였으므로 구주권을 가진 사람은 공고일로부터 1개월이내에 구주권을 본 회사에 제출하시기 바랍니다.

2017년 11월 28일
주식회사 청담코디센
서울특별시 강남구 삼성로 743(청담동)
대표이사 고혜영, 유인복

:: [그림 7.2.5-1] 주식분할 공고 (출처: 한국경제신문 2017. 11. 28)

4. 주식 소각

(1) 주식의 소각은 회사의 존속 중에 특정 주식을 절대적으로 소멸시키는 회사의

23) 주식분할(상 329조의2), 무상증자(상 461조), 주식배당(상 462조의2)은 주주의 지위에 아무런 변화가 없다는 점에서 동질적이다.

행위이다. 주권만이 무효로 되는 제권판결과는 다르다.

(2) 주식의 소각에는 (i) **자본금 감소를 가져오는 것**, (ii) **배당가능한 이익을 재원으로 하기 때문에**[24] **자본금에 변화가 없는 것**이 있다. 전자는 자본금 감소의 법정절차를 밟아야 하고(상 343조 1항 본), 후자는 소각되는 주식수만큼 주식수는 감소하지만 자본금은 감소하지 않으므로 **자본금 감소절차를 불요하고 이사회 결의만으로 가능**하다(상 343조 1항 단). 후자에는 ⓐ **상환주식의 상환**(상 345조), ⓑ **자기주식의 소각**(상 343조 1항 단서)이 있다.[25]

(3) 소각의 효력이 발생하면 주식은 소멸한다. 주식 소각의 효력발생시기에 대해서는 주식 병합에 관한 규정을 준용한다(상 343조 2항, 441조).

〈표 7.2.5-1〉 **주식소각의 유형**

유 형		자본금 감소를 위한 주식소각	자본금 감소와 무관한 주식소각	
			상환주식의 상환	자기주식의 소각[26]
효과	주식수	주식 소멸 → 주식수 감소		
	자본금	감소	(변화 없음)	
재원		자본금	배당가능한 이익	
절차		자본금 감소절차 (주주 및 채권자 보호절차)	이사회 결의 (채권자 보호절차 불요)	

>>> **사 례** **Kakao 정관** (2025. 3. 18)

제11조의2 (주식의 소각)

1. 당 회사는 주주에게 배당할 이익의 범위(다만, 당해 사업연도 말 상법 제462조 제1항의 규정에 의한 이익배당을 할 수 있는 한도 안에서 관계 법령이 정하는 금액 이하이어야 한다) 내에서 관계 법령이 정하는 바에 따라 이사회의 결의로 당 회사의 주식을 소각할 수 있다.
2. 회사는 이사회의 결의에 의하여 회사가 보유하는 자기주식을 소각할 수 있다.

---

24) 배당가능한 이익은 ⓐ 그 본래의 용도인 이익배당 외에, ⓑ 상환주식의 상환, ⓒ 자기주식 취득의 재원으로 사용할 수 있다.

25) 자기주식의 매입과 소각은 유통 주식의 물량을 줄여 주가 상승으로 이어지게끔 하는 주주환원 방법으로 꼽힌다. (출처: 매일경제 2019. 12. 17)

26) 이사회 결의로 소각할 수 있는 자기주식의 범위에 관하여 무액면주식 한정설(이철송), 배당가능한 이익으로 취득한 자기주식 한정설(송옥렬), 모든 자기주식이 포함된다는 무제한설(권기범, 김건식) 등이 있다.

제3절 주 권

증권을 실물로 발행하지 않고 전자등록으로 발행과 유통, 권리행사가 모두 되는 전자등록제도가 2019. 9. 16.부터 시행되었다. 이에 따라 상장 주식과 채권 등은 별도 절차 없이 전자등록으로 일괄 전환되고 실물발행이 금지된다.

이러한 제도 시행으로 증권 대부분은 앞으로 전자등록이 가능하게 됐다. 상장회사의 증권은 의무적으로 전자등록으로 전환해야 한다. 예탁되지 않았던 실물주권 소지자는 명의개서대행회사에 실물 주권을 제출해야 하므로 의무전환대상이 아닌 증권은 발행인 신청에 의해 전자등록을 할 수 있다. (출처: 경향신문 2019. 9. 16; 디지털타임스 2019. 9. 16; 아시아경제 2019. 9. 16)

생각해보기

1. 주권과 주식의 차이점은? 유가증권이란 무엇인가?
2. 주권은 왜 필요한가?
3. 주권이 실물일 때 생기는 장애를 극복하거나 대체하는 방안은?

[7.3.1] 뜻·성질

(1) 주식과 주권은 엄연히 구별된다. 주식은 주주의 회사에 대한 권리(주주권)로서 무형적이고, 주권은 주식을 표창하는[27] 유가증권의 일종이다.

■ **유가증권**

유가증권은 재산권을 표창한 증권으로서 그 권리의 발생·행사·이전의 전부 또는 일부를 증권에 의해야 하는 것으로, 금권이나 증거증권과는 다르다. **금권**(金券)은 화폐, 우표, 수입인지 등과 같이 가치와 그 가치를 담은 형체가 불가분적으로 합체되어 있는 것이다. **증거증권**(證據證券)은 차용증서, 예금통장 등과 같이 일정한 권리의 존재를 증명하는 것에 그치

27) 표창이란 두 개가 서로 결합하여 일체(一體)가 된다는 뜻으로 화체(化體)된다는 말을 쓰기도 한다. 비유하자면 무형의 권리인 주식을 유형물로 형체화 하여 담은 그릇이 주권이다.

는 것으로 권리가 그 증권에 결합되어 있는 것은 아니다. 유가증권은 증거증권의 성격도 가지며 이에 유가증권성이 부가되어 있다.

(2) 주권은 **비설권유가증권**이다.[28] 주식으로서의 권리가 효력이 발생된 이후에 주권을 발행할 수 있기 때문이다.

■ **'주식'과 '주권'의 효력발생시기**

'주식'의 효력발생시기는 회사설립의 경우에는 회사성립시(즉, 설립등기시)이고 회사설립 이후 유상증자에 의하여 신주를 발행하는 경우에는 납입기일 다음 날이다(상 172조, 423조 1항). '주권'은 주식의 효력이 발생된 이후에만 발행할 수 있다. 주권의 효력발생시기는[29] 이에 관하여 별도의 규정이 없으면 회사가 주권을 발행하여 그 의사에 기해 주권을 정당한 주주에게 교부한 시점이라는 것이 통설·판례이다(교부시설). 거래의 안전보호(동적 안전)와 진정한 주주보호(정적 안정) 중 어느 것을 더 중시할 것인가에의 문제에 귀착한다. 판례는 설권증권이자 유통증권의 전형인 어음·수표에 비하여 주권의 경우 후자에 무게를 두어 교부시설을 취하고 있다.

(3) 주권은 법정사항을 기재하고 대표이사가 기명날인 또는 서명하여야 하는 **요식증권**이다(상 356조 1호~8호). 그러나 그 요식성은 어음·수표만큼 엄격하지 않다.[30] 대표이사의 기명날인 또는 서명과 같이 본질적인 것이 아닌 한 기재사항의 일부를 흠결하더라도 유효하다. 법정기재사항을 기재하지 아니하거나 부실하게 기재를 하면 과태료의 제재를 받는다(상 635조 1항 6호).

(4) 주권은 **요인증권**이다. 즉, 주권의 원인관계인 주식이 무효로 되면 주권도 무효로 된다.[31]

---

28) 증권의 작성에 의하여 비로소 권리가 발생하는 것을 설권유가증권이라 하고, 어음과 수표가 이에 해당한다. 비설권유가증권은 이미 발생한 권리를 사후적으로 유가증권을 작성하여 결합시키는 것이다. 어음과 수표를 제외한 대부분의 유가증권은 비설권유가증권이다.

29) 주권이 효력이 생기는 시기에 관해서는 학설상 (i) 작성시설(창조설), (ii) 발행시설, (iii) 교부시설이 있다. 작성시설은 회사가 주권을 작성한 때라는 견해이다. 발행시설은 주권 작성 후 회사의 의사에 기해 누구에게건 교부가 이루어진 때라는 견해이다. 교부시설은 회사가 주권을 '주주에게 교부'한 때라는 견해이다.

30) 어음과 수표의 요식성은 매우 엄격하여, 기재하여야 할 법정사항을 흠결하면 어음과 수표 자체가 무효로 됨이 원칙이다(어음법 2조, 76조; 수표법 2조).

31)어음·수표는 무인증권이다.

[7.3.2] 주권 발행

(1) 발행의무

회사는 원칙적으로 주권을 발행할 의무가 있으므로(상 355조 1항) 주권 발행 여부에 대한 선택권이 없다. 주주가 주식을 양도하려면 주권 교부가 필요하기 때문이다(상 336조 1항). 주권을 발행하지 않는 경우 과태료의 제재를 받는다(상 635조 1항 19호). 다만, 주식을 전자등록하는 때에는 주권을 발행할 수 없다.

(2) 발행시기

회사는 주권을 발행하여야 할 시기에(회사성립 후 또는 신주의 납입기일 후) 지체없이[32] 주권을 발행하여야 한다(상 355조 1항). '지체 없이'란, 주권을 발행할 수 있는 시기로부터 6개월이 경과하면 주권 없이도 주식을 양도할 수 있다는 상법규정(상 335조 3항 단서)에 비추어 최대한 6개월 이내를 뜻한다.

[7.3.3] 주권 불발행

주권은 실물로 발행하여야 함이 원칙이다. 다만, 주주의 주권 불소지 신고가 있는 경우나 주식을 전자등록하는 방법에 의하여 실물주권의 발행을 피할 수 있다.

甲: "증권회사에서 주식거래를 담당하는 직원들이라면 업무상 늘 주권을 보지 않을까? 은행창구에서 근무하는 직원이 늘 지폐를 보듯이…."

乙: "증권회사에 다니는 친구한테 물어보았더니, 자기도 주권을 본 적이 없대."

甲: "참, 이상하네. 그렇다면, 그 많은 주권은 다 어디 있는 거야? 다 쌓아두면 백두산보다 더 높다고 하던데…."

丙: "그만큼 실물주권 없는 주식거래가 일반화되어 있다는 것 아닐까?"

甲: "수업시간에 '회사는 주권을 발행해야 한다', 그리고 '주식을 양도하려면 주권을 상대방에게 교부하여야 한다', 이렇게 배우지 않았어? 그런데 회사는 주권을 발행하지 않는다니, 도대체 어떻게 된 거야?"

---

32) 이는 주권을 발행할 수 있는 시기인 동시에 주권을 발행하여야 할 시기이기도 하다.

〈표 7.3.3-1〉 주권 불발행의 방법

	주식의 전자등록	주권 불소지 신고
단계 및 대상	주식	주권
방법	전자등록 (전자등록부)	불소지 신고
결정권자	회사	주주
불발행 범위	전부 불발행 (주권 발행불가, 발행시 무효)	일부 불발행 (불신고된 부분은 실물발행, 병행방식)
근거	정관에 의한 '채택' 가능 (적극적)	정관에 의한 '배제' 가능 (소극적)
주식양도의 효력요건	전자등록	주권교부
주식양도의 대항요건	명의개서 (주주명부)	

1. 주주의 '주권' 불소지 신고

(1) 주권, 누구를 위한 제도인가?

① 주권은 주식을 양도하는 때에만 필요하고 회사에 대한 주주권 행사는 주주명부의 기재에 의하므로 주권이 불필요하다. 실물주권을 발행하면 보관·관리비용이 들고, 주권을 분실하거나 타인이 선의취득을 하면 권리를 상실할 위험도 있다.[33] 그래서 실물주권을 소지할 필요가 없는 주주를 위하여 주주의 주권 불소지 신고제도를 두고 있다.

② 주권 불소지 신고제도는 **'주주'가 주권을 소지하지 않겠다는 뜻을 회사에 '신고'하면 회사가 이에 응하여** 그 신고된 주권을 발행하지 않는 제도이다(상 358조의2). 이는 주주의 선택에 따라 주권을 소지하지 않을 수 있도록 하는 제도이다.[34] 주주로부터 주권 불소지 신고가 없으면 회사는 주권을 발행해야만 한다.

(2) 채택 금지에 관한 회사의 선택

주권 불소지 신고제도를 채택하면 회사에 도리어 사무의 번잡을 가져올 수도 있다. 따라서 회사는 이를 금지하는 정관조항을 둘 수 있다(상 358조의2 1항). 주권 불

33) 실물주권이 필요한 경우로는 주식을 양도하는 경우(그러나 상장주식을 양도하는 경우에는 실물주권이 반드시 필요한 것이 아님), 개인적으로 실물주권을 가지고 있어야 할 만한 특별한 사정이 있는 경우(예: 상법교수가 학생들에게 실물주권이 어떻게 생겼는지 보여주고자 하는 경우, 실물로 가지고 있어야 마음 뿌듯하게 생각하는 사람의 경우, 비밀스럽게 주식을 보유하고자 하는 경우 등) 등이 있을 수 있다.

34) 주권 발행 여부에 대한 선택권은 주주에게 주어져 있고, 이에 대하여 회사는 피동적 지위에 있을 뿐이다.

소지 신고 제도는 주식의 전자 등록이 의무로 되어 있지 않은 비상장회사에서 이용될 수 있다.

(3) 주주의 불소지 신고

① 회사가 주권을 발행하지 않으려면 주주로부터 주권 불소지 신고가 있어야 한다. 불소지 신고를 할 수 있는 자는 주주명부상의 주주만이다. 신고의 상대방은 회사 또는 명의개서대리인이다.

② 주권 발행의 전후를 불문하고 신고할 수 있다. 주주명부 폐쇄기간 중에도 신고할 수 있다. 보유하고 있는 주식 중 일부에 대해서만 불소지 신고를 하는 것도 가능하다. 주권 불소지 신고는 어디까지나 주주의 필요에 부응하기 위한 제도이기 때문이다.

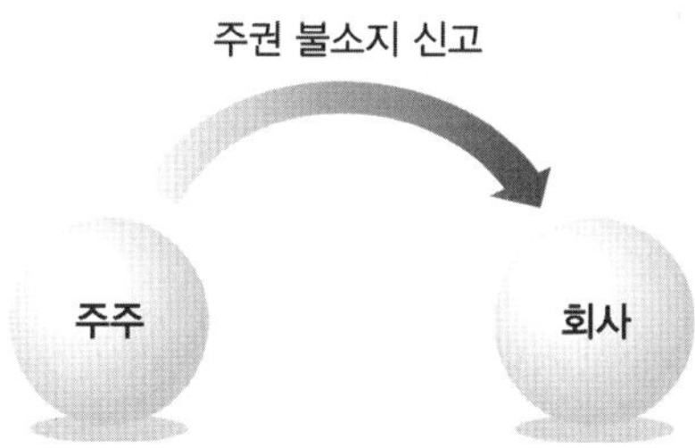

:: [그림 7.3.3-1] 주주의 주권 불소지 신고

(4) 회사의 조치

① 주권 발행 전에 불소지 신고가 있으면 회사는 지체없이 주권을 발행하지 않는다는 뜻을 주주명부와 그 복본에 기재하고, 그 사실을 주주에게 통지하여야 한다(상 358조의2 2항 전단). 불소지 신고된 주식에 대해 회사는 주권을 발행할 수 없다(상 358조의2 2항 후단).

② 주권 발행 후에 불소지 신고가 있으면, 회사는 (i) 그 **주권을 무효**로 하거나 또는 (ii) 명의개서대리인에게 **임치**하여야 한다(상 358조의2 3항).

(5) 주주의 재발행 청구

① 불소지 신고를 한 주주는 **언제든지** 회사에 대하여 주권의 재발행 또는 반환을 청구할 수 있다(상 358조의2 4항).

② 주권의 재발행을 청구하는 방법에는 제한이 없다. 주주명부폐쇄기간 중에도 청구할 수 있다. 정관으로도 위 청구를 배제하거나 제한할 수 없다.

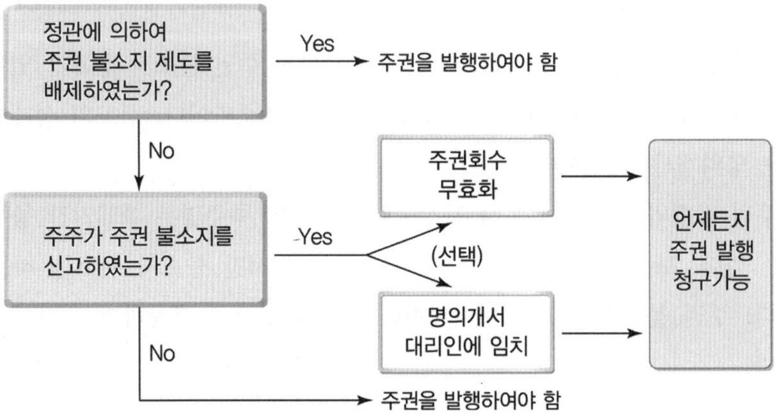

:: [그림 7.3.3-2] 주권 불소지 신고 제도

2. '주식'의 전자등록

(1) 원래 유가증권제도가 생겨나게 된 이유는 권리의 거래를 원활하게 하기 위한 것이었다. 그러나 실물 유가증권이 도리어 거래의 원활을 저해하는 걸림돌이 되기도 한다. 특히 대량으로 신속하게 거래하여야 할 필요가 있는 주식 거래에서는 더욱 그러하다. 이 때문에 실물 유가증권에서 탈피하려는 경향이 뚜렷해지고 있다. 오늘날의 'paperless society'(종이 없는 사회)로 나아가는 시대적 흐름의 한 단면이기도 하다.

(2) 유가증권의 무권화(無券化) 추세를 반영하기 위하여 **주식·사채·신주인수권**(증서)·**신주인수권**(증권) **등의 전자등록제도**를 도입하였다(상 356조의2, 478조 3항, 420조의4, 516조의7, 65조 2항). 이는 유가증권의 실물 발행에 갈음하여 해당 권리를 전자등록기관(한국예탁결제원)의 전자등록부에 등록하는 것이다(상 356조의2 1항). 비상장 회사의 경우 전자등록은 임의적이고, 이를 채택하기 위해서는 정관에 근거규정을 두어야 한다(상 356조의2 1항). 그러나 상장주식은 전자등록이 강제된다. (주식·사채 등의 전자등록에 관한 법률 25조)[35]

35) 전자등록된 주식 등에 대해서는 증권(또는 증서)를 발행해서는 안 된다. 이를 위반하여 발행된 증권

(3) 전자등록부에 등록된 권리의 양도나 입질의 효력은 **전자등록부에 등록**하여야 발생한다(상 356조의2 2항).[36] 전자등록부에 주식 등을 등록한 자는 그 등록된 주식에 대한 권리를 적법하게 보유한 것으로 추정한다. 이러한 전자등록부를 선의로 중대한 과실 없이 전자등록에 따라 권리를 취득한 자는 그 권리를 선의취득한다(상 356조의2 3항).

(4) 주식을 전자등록한 경우에는 주권을 발행할 수 없다. 그러나 이 경우에도 **주주명부**와 **명의개서**(상 337조)는 이와는 별도로 그 기능(대항력 등)을 수행하기 위하여 병존한다.[37]

〈표 7.3.3-1〉 주식의 존재형태

주권의 발행여부	주권 발행		주권 불발행
권리의 소재	**실물주권** (다만 주주의 주권 불소지 신고에 의해 부분적으로 주권 불발행 가능)	**전자주권**(전자화)	**전자등록**(무권화) 전자등록기관 전자등록부
채택의 근거	원칙	근거규정 없음 → 발행 불가	정관(상장회사는 의무적)
주식양도·입질의 효력요건	주권 교부		전자등록
주식양도의 대항요건	주주명부에 명의개서		

››› **사례** Kakao 정관 (2025. 3. 18)

제7조 (주식 및 신주인수권증서에 표시되어야 할 권리의 전자등록)

당 회사는 주권 및 신주인수권증서를 발행하는 대신 전자등록기관의 전자등록계좌부에 주식 및 신주인수권증서에 표시되어야 할 권리를 전자등록한다.

제15조의 2 (사채 및 신주인수권증권에 표시되어야 할 권리의 전자등록)

당 회사는 사채권 및 신주인수권증권을 발행하는 대신 전자등록기관의 전자등록계좌부에 사채 및 신주인수권증권에 표시되어야 할 권리를 전자등록한다.

(또는 증서)은 효력이 없다. 상장주식에 대해서는 유효한 주권이 발행되거나 존재할 수 없으므로 주권의 발행 및 인도를 청구할 수 없다(대법원 2024. 7. 25. 선고 2020다273403 판결).

36) 전자등록의 경우 권리변동의 효력발생시기는 전자등록을 완료한 때이다.

37) 전자등록의 경우 주주명부는 발행인이 등록기관으로부터 통지받은 소유자명세를 토대로 하여 작성한다. 이때의 주주명부가 전자주주명부이어야 하는 것은 아니다.

연습 및 응용

Q1 만일 회사의 설립등기 전 또는 신주의 납입기일 전에 주권을 발행하였다면 당해 주권은 유효한가?

회사는 회사성립 또는 신주의 납입기일 이전에는 주권을 발행할 수 없다(상 355조 2항). 회사성립 또는 신주의 납입기일 이전에는 아직 주식으로서의 효력이 발생하지 않은 상태(권리주)이기 때문이다. 이에 반하여 발행된 주권은 무효이며, 발행한 자에 대하여 손해배상을 청구할 수 있고(상 355조 3항), 과태료의 제재를 받게 된다(상 635조 1항 19호).

[7.3.4] 주권 분실시의 구제

1. 구제방법

주주가 주권을 분실한 경우 다른 유가증권과 마찬가지로 법원에 의한 공시최고 절차를 밟아 **제권판결**을[38] 받음으로써 분실된 주권을 무효로 선언하고(민소 492조 이하), 이에 기하여 주권을 재발행받을 수 있다(상 360조 2항). 이는 누가, 어떤 사유로 주권을 분실하였건 동일하게 요구된다.[39] 심지어 주권 발행회사가 주권을 분실한 경우에도 제권판결을 받지 않고는 주권을 재발행할 수 없다.[40]

2. 절 차

제권판결을 얻은 절차는 공시최고와[41] 제권판결로 구성된다. 그 구체적인 절차는 민사소송법에 규정되어 있다.

---

38) 제권판결(除權判決)에서 '제'(除)란 제거한다는 것이고, '권'(權)은 권리이다. 즉, 분실된 유가증권(껍질)으로부터 권리(내용물)를 제거함으로써 양자의 결합관계(표창관계)를 해체(분리)한다는 뜻이다. 이렇게 되면 유가증권은 내용물이 빠져버리게 되어 무효로 되고, 이에 기하여 알맹이인 권리를 담을 새로운 유가증권의 발행을 구할 수 있게 된다.

39) 주권의 실효 처리와 재발행을 요하는 사례로는, 주권을 분실한 주주가 회사에 명의개서를 청구하는 경우, 주권이 훼손·오손된 경우, 상속·증여 과정에서 실물 주권이 존재하지 않는 경우 등이 있을 수 있다.

40) 대법원 1981. 9. 8. 선고 81다141 판결.

41) 공시최고는 불특정다수인을 상대로 일정 기간을 정하여 그 사실을 공지시키고 그 증권에 대해 권리를 주장하는 자에게 신고할 것을 독려하는 절차이다.

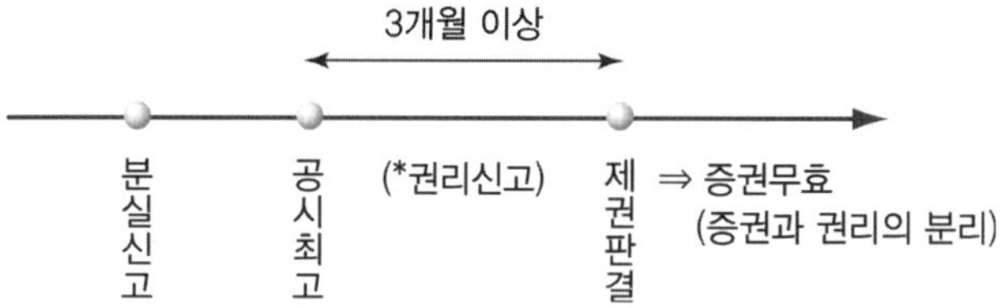

:: [그림 7.3.4-1] 유가증권 분실시 구제절차

1) **권리신고가 있는 경우** – 법원은 그 권리에 관한 재판이 확정될 때까지 공시최고 절차를 중지하거나 그 권리를 유보하고 제권판결을 한다(민소 485조).

2) **권리신고가 없는 경우** – 법원은 공시최고 신청인의 신청에 의하여 주권의 무효를 선언하는 제권판결을 한다. 제권판결이 있게 되면, (ⅰ) 당해 **주권은 무효**로 되고(민소 496조; 소극적 효력), (ⅱ) **신청인은 당해 '주권을 소지'한 것과 동일한 지위를 회복**한다(민소 497조; 적극적 효력). 제권판결을 얻은 자는 회사에 주권의 재발행을 청구할 수 있다(상 360조 2항). 제권판결을 받으면 공시최고의 신청인에게 '주권의 점유'를 대신함으로써 주주로서의 '형식적 자격'을 회복시켜 주는 데 그친다. 실질적 권리자로 확정하는 창설적 효력은 없다.

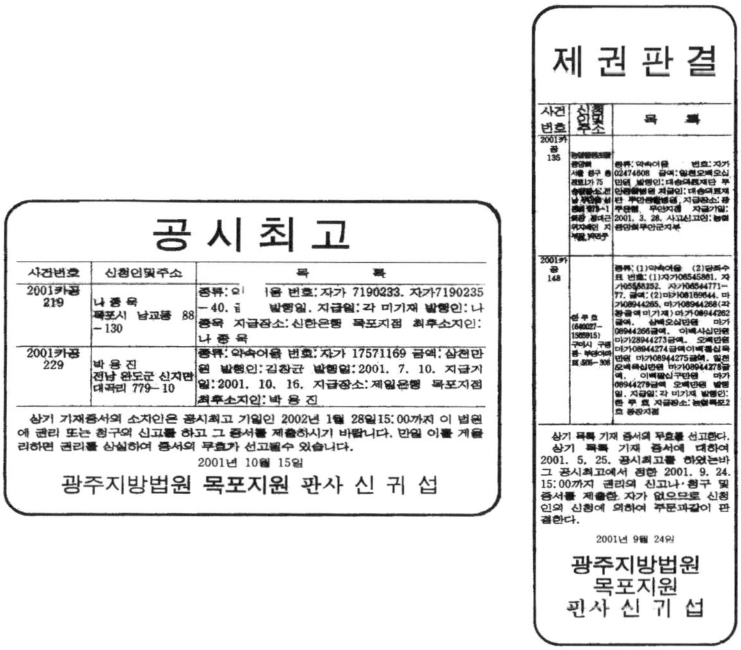

공 시 최 고

사건번호	신청인및주소	목 록
2001카공 219	나 종 욱 목포시 남교동 88-130	종류: 약[illegible]음 번호: 자가 7190233, 자가7190235-40, [illegible] 발행일, 지급일: 각 미기재 발행인: 나종욱 지급장소: 신한은행 목포지점 최후소지인: 나 종 욱
2001카공 229	박 용 진 전남 완도군 신지면 대곡리 779-10	종류: 약속어음 번호: 자가 17571169 금액: 삼천만원 발행인: 김창균 발행일: 2001. 7. 10. 지급기일: 2001. 10. 16. 지급장소: 제일은행 목포지점 최후소지인: 박 용 진

상기 기재증서의 소지인은 공시최고 기일인 2002년 1월 28일15:00까지 이 법원에 권리 또는 청구의 신고를 하고 그 증서를 제출하시기 바랍니다. 만일 이를 게을리하면 권리를 상실하여 증서의 무효가 선고될수 있습니다.

2001년 10월 15일

광주지방법원 목포지원 판사 신 귀 섭

제 권 판 결

사건번호	신청인및주소	목 록
2001카공 135	[illegible] 서울 중구 [illegible] 75 [illegible]	종류: 약속어음 번호: 자가02474608 금액: 일천오백오십만원 발행인: [illegible] 지급인: [illegible] 지급장소: 광주은행, 무안지점 지급기일: 2001. 3. 28. 사고신고인: [illegible]
2001카공 148	한 주 호 (640027-1565915) 구미시 [illegible] 505-308	종류: (1)약속어음 (2)당좌수표 번호: (1)자가06545861, 자가05588252, 자가06544771-77, 금액: (2)마가08169644, 마가08944265, 마가08944268(각 권금액 미기재) 마가08944262 금액, 삼백오십만원 마가08944266금액, 이백사십만원 마가28944273금액, 오백만원 마가08944274금액이백[illegible]만원 마가08944275금액, 일천오백육십만원 마가08944278금액, 이백팔십구만원 마가08944279금액 오백만원 발행일, 지급일: 각 미기재 발행인: 한 주 호 지급장소: [illegible]

상기 목록 기재 증서의 무효를 선고한다. 상기 목록 기재 증서에 대하여 2001. 5. 25. 공시최고를 하였는바 그 공시최고에서 정한 2001. 9. 24. 15:00까지 권리의 신고나·청구 및 증서를 제출한 자가 없으므로 신청인의 신청에 의하여 주문과같이 판결한다.

2001년 9월 24일

광주지방법원 목포지원 판사 신 귀 섭

:: [그림 7.3.4-2] 공시최고와 제권판결

3. 제권판결취득자와 선의취득자 중 누가 우선할까?

공시최고 절차를 거쳐 법원으로부터 제권판결을 받은 자(제권판결취득자)와 사고증권이라는 것을 알지 못하고 선의로 취득한 자(선의취득자)가 서로 자기의 권리가 우선이라고 다툴 때, 누가 우선하는가?

■ **주권의 선의취득**

① 무(無)에서 유(有)가 창조될 수 없듯이, 권리는 정당한 권리를 갖는 자로부터 취득할 수 있고 무권리자로부터는 권리를 취득할 수 없음이 원칙이다. 그러나 선의취득 제도는 무권리자로부터 이를 모르고 취득한 자(선의자)가 권리를 법에 기하여 취득(원시취득)할 수 있음을 인정하는 제도이다.

② 예컨대, A로부터 시계를 빌려서 현재 이를 점유하고 있는 B를 그 시계의 소유자인 줄 잘못 알고 있는 C가 B로부터 그 시계를 매수한 경우를 생각해 보자. 본래 그 시계는 A의 소유물이므로 C는 무권리자인 B로부터 소유권을 양수할 수 없음이 원칙이다. 그러나 이렇게 된다면 C는 B에게 정당한 권한이 있는지를 일일이 확인하는 수고와 번거로움을 감수해야 하므로 거래가 불안정해지고 지연된다. 선의취득 제도는 거래의 안정성과 신속성을 위해 C가 대상물을 점유하고 있는 B를 소유자인 줄 선의로 믿고 또한 그렇게 생각하는데 부주의(과실)가 없으면 C로 하여금 확정적으로 시계의 소유권을 취득하게 하는 제도이다. 따라서 A는 시계에 대한 소유권을 잃게 되고 결국 B를 상대로 그에 따른 손해배상청구 등에 의하여 피해구제를 받을 수밖에 없다.

③ 선의취득 제도는 거래의 안정성과 신속성을 보호하기 위한 것이기 때문에 거래가 빈번하게 일어나는 동산에서만 인정하고 부동산에서는 인정하지 않는다(민 249조). 한편, 동산보다 거래가 더욱 빈번하게 이루어지는 유가증권의 경우에는, (i) 취득자에게 경과실이 있는 경우에도 선의취득자로서 보호를 받으며,[42] (ii) 도품(훔친 물건)이나 유실물 특례(민 250조)를 배제함으로써 그 요건을 더욱 완화하고 있다(상 359조; 수표법 21조).

(1) 제권판결 전에 취득한 경우

1) 공시최고가 있더라도 제권판결 전에는 주권을 선의취득할 수 있고, 선의취득자가 공시최고 기간 중에 권리신고를 하면 선의취득자의 권리가 우선한다.

2) 선의취득자가 공시최고 기간 중에 법원에 권리신고를 하지 않은 때에는 제권판결취득자와 선의취득자 중 누가 우선할까? 이에 대해서는 견해가 대립한다.

---

42) 동산의 경우 선의취득자에게 경과실이 있으면 보호받지 못하나, 유가증권의 경우에는 선의취득자에게 중과실이 없는 한 경과실이 있더라도 선의취득자로서 보호를 받는다. 유통성을 생명으로 하는 유가증권의 경우는 경과실이 있는 자에 대한 문책보다는 거래의 안정성을 우위에 두기 때문이다.

(ⅰ) 제권판결취득자우선설 – 제권판결 제도가 엄연히 존재하는 한 아무리 선의취득자라 하더라도 권리신고를 하지 않으면 권리를 상실한다고 보는 견해로, 제권판결취득자가 우선한다고 한다. 판례가 이 입장을 취하고 있다.[43)]

(ⅱ) 선의취득자우선설 – 선의취득자의 권리는 제권판결 이후에도 그대로 존속한다는 견해로, 선의취득자가 우선한다고 한다. 그 이유로, 현재의 공시최고방법은 불완전할 뿐만 아니라, 제권판결은 신청인에게 형식적인 자격을 회복시켜줄 뿐 실질적인 권리를 확정하는 효력을 갖는 것은 아니라는 점을 들고 있다.

(ⅲ) 절충설(제한적 선의취득자우선설) – 제권판결 전에 명의개서 절차를 밟은 선의취득자의 권리는 제권판결 이후에도 그대로 존속하지만, 명의개서 절차를 밟지 않은 선의취득자는 제권판결에 의하여 그 권리를 잃게 된다는 견해이다. 선의취득만으로는 부족하고 명의개서 유무에 따라 우열관계가 달라진다고 한다.

甲: “주권을 가지고 있기에, 그 사람이 당연히 주주인 줄 알고 주식을 샀어. 그런데 다른 사람이 나타나서는, 그 주권에 대해 법원으로부터 제권판결을 받았다고 하는군. 그러면서 자기가 진짜 권리자니, 나보고 주권을 돌려달라는 거야. 나는 어떻게 되는 거야?”

乙: “아마, 법원이 제권판결하기 전에 권리신고하라고 공시최고를 했을 텐데. 어떻게 했어?”

甲: “공시최고? 그걸 알았다면 당연히 권리신고를 했겠지. 전혀 몰랐는데, 나중에 알아봤더니 일간신문 하단에 깨알같이 작은 글씨로 권리신고를 하라고 공시최고되어 있더군. 도대체 그걸 누가 본다는 거야?”

乙: “참 억울하겠구나! 근데 판사도 신이 아닌 이상 어쩔 수 없이 그런 절차를 취할 수밖에 없을 거야. 그래서 공시최고라는 공개적인 절차를 밟도록 한 거지.”

甲: “공시최고를 했다고는 하지만, 그런 깨알 같은 글자를 누가 일일이 관심있게 읽는다는 거야? 이 바쁜 세상에.”

乙: “일전에 영국 전통 결혼식 장면을 영화로 본 기억이 있는데, 아름다운 시골 성당에서 거행된 결혼식에서 주례자가 결혼을 축하하기 위해 모인 하객들을 향하여 결혼이 원만하게 성사되었음을 선포하기 전에 혹시 이 결혼에 대해 이의가 있는 분은 없으신가요? 라고 물어보는 거야.”

---

43) 대법원 1965. 7. 20. 선고 65다1002 판결; 대법원 1965. 11. 30. 선고 65다1926 판결. 이 판결은 수표에 관한 것이지만 주권에도 동일하게 적용될 수 있다.

甲: "그때 신부의 옛 애인이 갑자기 '짠'하고 결혼식장에 나타나서는 자기가 신부를 진짜 사랑한 사람이고 신부 역시 그러할 것이라고 하는 바로 그 장면?"

(2) 제권판결 후에 취득한 경우

제권판결이 있으면 당해 주권은 무효가 된다(민소 496조). 따라서 제권판결 이후에는 선의취득이 불가능하게 되어,[44] 제권판결취득자와 선의취득자가 충돌하는 문제가 생기지 않는다.

甲: "주식을 매수했는데, 이미 그 주권은 다른 사람에 의해 법원으로부터 제권판결을 받은 거래. 그럼, 나는 어떻게 되는 거지?"

乙: "그런 경우라면 네가 가지고 있는 주권은 외양상으로는 멀쩡하지만, 사실상 휴지조각에 불과한 거야. 제권판결이 있으면 유가증권과 그 안에 담겨진 권리가 분리되거든. 유가증권은 알맹이가 빠진 빈껍데기로 되고…. 말하자면 빈 깡통인 셈이지."

甲: "그럼 내가 갖고 있는 주식이 휴지조각이란 말이야?"

乙: "사실은 그래. 네가 취할 수 있는 방법은 그 주권을 속이고 팔아넘긴 못된 자를 찾아내는 거야. 그 사람한테 변상받는 방법밖에는 없어."

---

44) 유가증권의 선의취득이 인정되기 위해서는 그 대상물인 유가증권이 유효할 것을 요한다. 제권판결 이후에는 당해 유가증권이 무효가 되므로 선의취득할 수 있는 대상 자체가 존재하지 않게 된다.

연습 및 응용

Q1 만일 주권을 훔쳐서 가지고 있던 도둑이 이를 분실해서 제권판결을 얻었다고 가정하면 그 도둑은 제권판결에 의하여 진정한 주주가 될 수 있는가?

주주가 될 수 없다. 제권판결은 상실된 '주권의 소지'를 회복시켜주는 효력만을 가질 뿐 실체법상 실질적인 권리자라는 것을 확정시켜주는 효력까지를 갖는 것은 아니기 때문이다. 따라서 설령 도둑이 제권판결을 받았다고 해도 단지 타인의 주권을 훔쳐서 소지하는 도둑의 지위(즉, 무권리자인 불법점유자)를 회복하는 데 그칠 뿐이다. 제권판결이 무권리자를 권리자로 바꾸거나 '세탁'해주는 창설적 효력을 갖는 것은 결코 아니다.

Q2 유가증권을 분실하였을 때 그 구제방법으로 인정되는 제권판결제도의 문제점을 비판적으로 검토하고 그 대안을 제시해 보시오.

현행 제권판결제도의 문제점으로는, 공시최고가 공고방법으로써는 충분하지 못하다는 점, 제권판결을 받더라도 해당 주권의 소지를 회복하는 효력을 갖는데 그치고 제권판결취득자가 진정한 주주라는 것을 확정(창설)하는 효력은 없다는 점 등이 있다.

제4절 주 주

[7.4.1] 뜻

주주(shareholder)는 출자함으로써 **자본금 형성에 참여한 사원**이다. 주주는 오로지 주식을 매개로 해서만 그 지위를 취득 또는 상실한다. 주주는 보유하고 있는 주식 수에 상응하는 지분적 소유자들이다. 주주의 수는 최저 1인 이상이면 된다.

[7.4.2] 구 분

(1) 지배주주와 소수주주

지배주주(controlling shareholder)의 일반적 의미는 회사 지배력을 갖는 주주이다. 그런데 상법에서는 이와는 별개로 지배주주에 해당하는 자를 법으로 정하여 규율하는 경우가 있다.

주식의 강제 매도·매수청구에 있어서 회사의 의결권 없는 주식을 포함하여 발행주식총수의 95% 이상을 자기의 계산으로 보유하고 있는 주주를 지배주주라 한다. 그 상대방 주주를 소수주주라 한다(상 360조의24, 360조의25, 260조의26).

(2) 주요주주

주요주주란 누구의 명의로 하든지 자기의 계산으로 의결권 없는 주식을 제외한 발행주식총수의 10% 이상의 주식을 소유하거나 이사·감사의 선임과 해임 등 상장회사의 주요 경영사항에 대하여 사실상의 영향력을 행사하는 주주이다(상 542조의8 2항 6호).[45]

(3) 최대주주

최대주주란 상장회사의 주주로서 의결권 없는 주식을 제외한 발행주식총수를 기준으로 본인 및 그와 대통령령으로 정하는 특수한 관계에 있는 자("특수관계인")가 소유하는 주식의 수가 가장 많은 경우 그 본인이다(상 542조의8 2항 5호).[46]

---

45) 주요주주에 대해서는, 자기거래를 제한받는 자에 주요주주 등을 포함시키고 있고(상 398조), 상장회사의 독립이사 결격사유가 되고(상 542조의8 2항 6호), 상장회사의 주요주주 등 이해관계자와 회사와의 신용공여를 금지하고 있다(상 542조의9, 624조의2).

46) 최대주주에 대해서는, 사외이사(독립이사) 결격사유(상 382조 3항 2호, 3호, 상 542조의8 2항 5호), 주식매수선택권을 부여받을 수 없는 자(상 542조의3 1항), 상장회사에서 회사와 소정의 거래가 제한되는 자(상 542조의9 3항), 상장회사의 감사위원회 구성에 있어서 의결권행사에 제한을 받는 자(상 542조의12 3항) 등에서 규정하고 있다.

(4) 공유주주

수인이 공유의 형태로 주식을 보유할 수 있다(예: 상속, 수인이 공동으로 주식을 인수하는 경우). 수인이 공동으로 주식을 인수하면 그 수인의 인수인이 연대하여 주금액을 납입할 책임을 진다(상 333조). 수인이 주식을 공유하는 때에는 회사의 편의상 주주의 권리를 행사할 자 1인을 정하여야 한다(상 333조). 공유자가 권리행사자를 정하지 않았을 때에는 회사가 공유자에 대하여 하는 통지나 공고는 공유자 중에서 회사가 임의로 정한 1인에게 하면 된다(상 333조).

[7.4.3] 지 위

(1) 주주는 유한책임을 지고, 회사에 대하여 평등하며, 주주권을 가진다.

(2) 주주는 경영을 담당하지 않는 한 회사의 경영결과에 대하여 아무런 책임을 지지 않는다.

[7.4.4] 주주권

[1] 1997년 3월 제일은행의 주주총회에서부터 시작된 시민단체의 소액주주운동은 이후 국내 굴지의 대기업 주주총회에서 절정에 달했다. (출처: 한국일보 2007. 2. 27)

[2] 소액주주 연대운동 전문사이트의 자유게시판에는 하루에도 수십 건의 소액주주들의 의견이 봇물처럼 쏟아진다. 그동안 시민단체 주도로 주로 재벌그룹에만 집중돼 왔던 소액주주운동이 주주총회 시즌에만 반짝하던 일회성 이벤트에서 인터넷 공간을 통해 상시적이고 보편적인 양상으로 변하고 있다. (출처: 조선일보 2001. 7. 31)

[3] 일반주주들이 소극적인 양상을 보이는 가운데 최근에는 국민연금 등의 기관투자가와 행동주의 펀드의 적극적인 주주권 행사가 늘어나고 있다.

생각해보기

1. 소극적이고 무관심한 성향을 보이는 주주가 대다수를 차지하는 가운데 적극적으로 주주권을 행사하는 사례도 늘어나고 있다. 회사법적 관점에서 바람직한 것은?
2. 위 사례에서 보듯이 '개미투자자도 뭉치면 강해진다'라는 것을 알 수 있다. 이를 가능하게 하는 회사법상의 수단은?

1. '주주권'과 '주주의 권리'

(1) 주주가 회사에 대하여 가지는 포괄적 지위를 '**주주권**'(사원권)이라 한다. 이를 원천으로 하여 주주가 가지는 개개의 권리를 '**주주의 권리**'라고 한다.

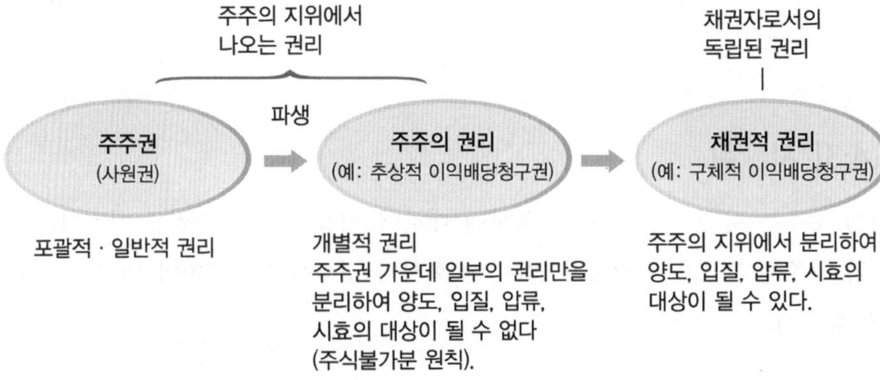

:: [그림 7.4.4-1] '주주권'과 '주주의 권리'

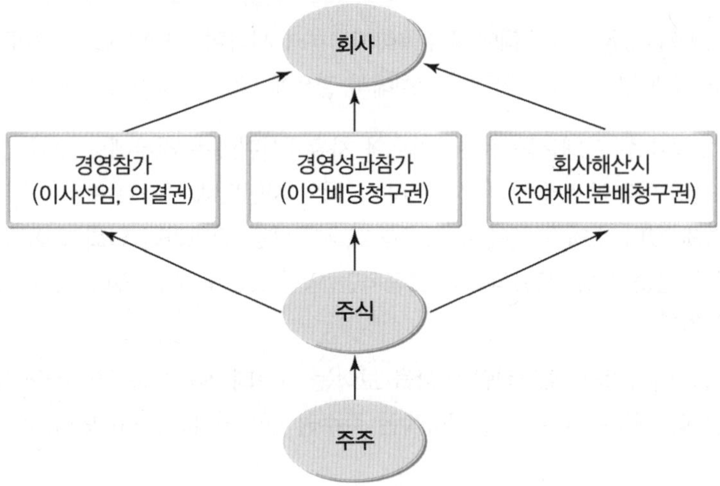

:: [그림 7.4.4-2] 주주의 3대 권리

(2) 주주의 권리는 법률에 의하여 주어진 것이다(**법정권리**). 따라서 주주의 개별적인 동의 없이는 정관이나 주주총회 또는 이사회 결의로 이를 제한하거나 박탈할 수 없다(**고유권**).

2. 단독주주권과 소수주주권

(1) 주주는 단 1주를 가져도 그만큼의 주주권을 행사할 수 있는 것이 원칙이다. 이를 단독주주권이라 한다. 그러나 1주만 가져서는 권리를 행사할 수 없고 발행주식총수 중에서 일정 비율 이상의 주식을 보유해야 비로소 행사할 수 있는 권리가 있다. 이를 소수주주권이라 한다.[47)]

(2) 소수주주권은 회사의 이익을 보호하고 다수파주주나 경영진의 전횡을 견제하기 위하여 주주들에게 인정되는 권리이다.[48)]

(3) 소수주주권의 행사요건으로 일정 비율 이상의 주식보유를 요하는 이유는 무엇일까? 영세한 지분을 가진 주주에게 설령 그러한 권리를 부여하더라도 권리를 부여한 목적을 달성하기 어려워 실효성이 없고, 또 권리남용의 우려가 있기 때문이다.

〈표 7.4.4-1〉 소수주주권

소수주주권	비상장주식회사	상장주식회사 특례(상 542조의6, 542조의7)	
주주총회소집청구권	3%(상 366조)	1.5%	6개월 이상 계속 보유
업무・재산상태 검사청구권	3%(상 467조)	1.5%	〃
회계장부열람청구권	3%(상 466조)	0.1%(0.05%)	〃
위법행위유지청구권	1%(상 402조)	0.05%(0.025%)	〃
대표소송제기권	1%(상 403조)	0.01%(다중대표소송: 0.5%)	〃
이사・감사・청산인 등 해임청구권	3%(상 385조)	0.5%(0.25%)	〃
주주제안권	3%(상 363조의2)	1%(0.5%)	〃
집중투표청구권	3%(상 382조의2)	1%(자산 2조원 이상 상장회사)	
해산판결청구권	10%(상 520조)	–	–

주1) ( ) 안의 지분율은 자본금 1천억원 이상의 상장회사에 대해서 적용된다.
주2) 상장회사는 정관으로 법에 규정된 것보다 단기의 주식보유기간을 정하거나 낮은 주식보유비율을 정할 수 있다(상 542조의6 7항).

47) 회계장부 열람청구권은 소수주주권이지만, 재무제표 열람청구권은 단독주주권이다(상 448조). 이사의 위법행위 유지청구권은 소수주주권이지만, 신주발행 유지청구권은 단독주주권이다(상 424조).

48) 소수주주권 행사가 활성화되는 추세이다. 공정거래위원회의 공시대상 기업집단 소속 회사에서 최근 5년간의 소수주주권 행사는 주주제안(78건), 주주명부 열람청구(49건), 대표소송 제기(16건), 이사회 의사록 열람청구(13건), 회계장부 열람청구(9건) 등의 순으로 총 188건이다. (출처: 공정거래위원회, 2025년 공시대상 기업집단 지배구조 현황분석, 2025. 11)

甲: “만일 1주를 가진 주주도 회계장부의 열람을 청구할 수 있다면 어떻게 될까?”

乙: “주주는 회사의 지분적 소유자인데, 주주라면 보유주식 수에 상관없이 당연히 회계장부를 열람할 수 있다고 보아야 하지 않겠어? 아빠가 엄마한테 가계부를 좀 보자고 할 수 있는 것처럼….”

丙: “글쎄…. 회계장부는 일반적인 장부와는 좀 달라. 일반적으로 공개하기에는 적합하지 않은 회사 기밀사항을 담고 있을 수 있거든. 1주만을 가진 주주에게도 회계장부 열람을 허용한다면 악용될 가능성이 있지 않겠어? 경쟁업체가 딸랑 주식 1주만을 가지고는 주주권 행사를 핑계로 회계장부 열람을 청구할 수도 있을테니.”

>>> **사 례**

소수주주권이 실제 어떻게 행사될 수 있는지를 보자. 예를 들어, 이사들의 회사경영이 지나치게 방만하고 회사 돈을 사적인 용도로 함부로 사용하는 것을 알게 된 주주(K)는 이런 상황을 그대로 방치했다가는 주가가 폭락하고 회사가 거덜날 것같아 걱정된다. 이러한 경우 주주(K)는 자기와 뜻을 같이 하는 다른 주주들(L 등)과 결집, 소수주주권 행사요건을 충족하여 아래와 같은 조치를 취할 수 있다.

① 우선 긴급수단으로 이사가 위법행위를 더 이상 계속하지 못하도록 유지를 청구하고(상 402조), 필요하다면 법원에 이사의 업무집행을 정지시키고 이사직무대행자의 선임을 구하는 가처분을 구할 수 있다(상 407조 1항).

② 회사의 재산상태와 회계상황을 파악하기 위하여 회계장부열람청구권을 행사하고(상 466조 1항), 필요하다면 법원에 업무와 재산상태의 검사를 위한 검사인 선임청구권을 행사할 수 있다(상 467조).

③ 정기주주총회가 열리기까지 시간이 많이 남아있다면 임시주주총회의 소집을 청구하고, 이 총회에서 다룰 안건을 주주제안(예컨대, 이사 해임청구를 주주총회의 안건으로 제안함)으로 제시할 수 있다(상 363조의2, 542조의6 2항). 그리고 다수파주주의 지지를 받는 이사진을 개편하기 위하여 이사 선임방식을 집중투표로 할 것을 청구할 수 있다(상 382조의2).

④ 주주총회에서 이사 해임건이 다루어졌으나 주주총회에서 다수파주주의 반대로 부결되면 법원에 이사해임을 청구할 수 있다(상 385조 2항).

⑤ 사태가 중대하고 심각하여 회사를 존속시키는 것이 무의미한 것으로 판단되면 법원에 회사의 해산을 청구할 수 있다. 이는 극단적인 조치인 만큼 요건이 가중되어 발행주식 총수의 10% 이상의 주식을 보유해야 한다(상 520조).

甲: "소수주주권을 행사하려면 발행주식총수 중에서 3% 내지 1% 이상의 주식을 보유하여야 하는데…. 이러한 수치만으로는 감이 잘 오지 않아. 회계장부의 열람을 청구하려면 어느 정도의 자금이 있어야 가능한 거야?"

乙: "글쎄… 만일 자본금이 100억원이고 그 회사 주식의 시가총액이 1,000억원인 비상장회사의 회계장부 열람을 청구하려면 발행주식총수의 3% 이상의 주식을 보유해야 하니까, 1천억원 × 3% 해서 30억원의 현금동원능력이 있어야 회계장부열람을 청구할 수 있다는 계산이 나오네. 그것도 상장회사라면 6개월 동안은 계속해서 투자금을 묶어두어야 할 것이고…."

甲: "뭐? 그렇게나 많은 돈이 필요한 거야? 말이 소수주주권이지. 실제로 개미투자자들에게는 '그림의 떡'이잖아. 소수주주권의 '소수'라는 말 때문에 아무나 행사할 수 있다고 생각했다가는 실망하겠는걸."

3. 소수주주권 행사요건의 충족방법

(1) 소수주주권을 행사하기 위하여 요구되는 주식 보유비율을 어느 정도로 하는 것이 적정할까? 이는 권리남용의 가능성, 권리행사의 실효성, 자본금 규모와 주식분산의 정도를 종합적으로 고려하여 입법정책적으로 결정할 문제이다. 비상장회사에서는 소수주주권 행사요건으로 주로 3%(경우에 따라서는 1%, 10%) 이상의 **지주비율**만을 요한다. 상장회사에서는 그보다 낮은 지주비율을 요하고[49] 그 대신 권리를 행사하기 6개월 전부터 계속하여 당해 지분율 이상의 주식을 보유할 것을 요한다.[50] **6개월 계속 보유요건**을 부가한 것은, 회사에 이해관계가 정착되지 않은 주주들에 의하여 권리가 남용되는 것을 억제하기 위함이다.

(2) 소수주주권으로 요구되는 주식보유비율은 다수의 주주가 **합산**하여 충족하는 것도 가능하다. 즉, 요구되는 지주비율은 ⓐ 주식 소유, ⓑ 주주권 행사에 관한 위임장 취득, ⓒ 2인 이상 주주의 공동에 의한 주주권 행사를 합산하여 충족하는 것

49) 상장회사의 경우는 비상장회사에 비하여 일반적으로 자본금 규모가 크고 주식이 분산되어 있는 사정을 고려한 때문이다

50) 그러나 집중투표청구권의 경우는 상장회사라 하더라도 6개월 이상 계속보유를 요하지 않는다(상 542조의7).

도 가능하다(상 542조의6 8항).

(3) 지주비율은 권리를 행사하는 동안 유지해야 한다. 대표소송의 경우는 소송을 제기하는 시점에 권리행사에 필요한 최소지주비율(발행주식총수의 1% 이상의 주식보유)을 갖추면 그 이후 지주비율이 1% 이하로 떨어지더라도(다만 최소 1주 이상의 주식은 보유하고 있어야 함) 소송을 그대로 유지할 수 있다(상 403조 5항).

(4) 상장회사의 주주는 특례규정에 따른 소수주주권 행사요건과 일반규정에 따른 소수주주권 행사요건 중에서 어느 것이건 선택할 수 있다(상 542조의6 10항).

4. 주주의 행동성향

(1) 주주는 주식회사의 지분적 소유자임에도 불구하고 군소주주(소위 '개미투자자')들은 회사경영에 무관심한 것이 일반적인 현상이다. 이러한 주주의 소극적인 태도는 회사법이 원래 의도한 회사법 규범의 이상이 현실적으로 제대로 작동하지 않게 하고 **주주들의 무관심** 속에 회사법 위반 현상을 가져오는 원인이 된다. 일반 주주들의 소극적 행태는 주식이 다수의 주주에게 분산되어 힘을 한 곳으로 집중하기가 어렵다는 점과 경제적 인센티브의 부족에 그 원인이 있다.

(2) 그런데 국내에서도 주주들의 권리의식이 높아지고, 적극적으로 자신들의 권리를 주장하는 **주주행동주의**(shareholders' activism)의 경향이 나타나고 있다. 특히 1997년의 외환위기로 인한 IMF 관리체제 이후 우리 사회에서 눈에 띄게 두드러진 소액주주운동은 주주들의 권리의식을 고양하고 분산되어 있는 주주들의 힘을 한 곳으로 모음으로써 회사경영에 대한 새로운 견제수단으로 등장하고 있다.[51)]

51) 집중투표제 일부 강제, 전자주주총회 도입 등 주주권을 강화하는 제도변경으로 이러한 경향이 더욱 확대될 것으로 예상된다.

연습 및 응용

Q1 우리나라에서도 최근 주주운동이 활발하게 전개된 바 있다. 그 배경과 전망은?

이러한 변화는 IMF 관리체제 이후 부실기업의 사회문제화, 주식시장의 저변확대, 외국인 투자의 확대, 인터넷 이용의 확산, 시민단체들의 주주운동, 주주의 권리행사를 쉽게 하는 회사법 개정 등이 종합적으로 작용한 결과이다. 최근에는 외국계 헷지펀드가 활발한 주주행동주의로 나가는 경우가 있다.

주주총회에서 소액주주의 권한 강화, 스튜어드십코드 도입, 국민연금 등 기관투자가의 적극적인 주주권 행사, 사모펀드의 개편 등의 변화로 인하여 우리나라에서도 주주행동주의가 성공할 가능성이 더욱 높은 환경으로 바뀌고 있다.

최근 '동학개미'라는 신조어까지 등장했다. 외국인 투자자의 매도에 맞서 개인투자자가 주가를 떠받친다는 의미로 만들어진 이름이다. 심지어 단 1주를 보유한 행동주의 SPC(특수목적법인)까지 나타나고 있다. (출처: 한국경제 2020. 3. 24)

››› **사 례**

행동주의 펀드의 국내 기업을 상대로 한 경영개입 사례로는, 타이거펀드의 SK텔레콤의 경영진 교체 시도(1999년), 소버린 자산운용의 SK 회장 퇴진압박(2003년), 헤르메스펀드의 삼성물산(구) 우선주 소각요구(2004년), 칼 아이칸 펀드의 KT&G의 사외이사 선임 및 자회사 매각요구(2006년), 엘리엇의 삼성물산(구)·제일모직(구) 합병반대(2015년), 엘리엇의 현대모비스·글로비스 합병반대(2018년), KCGI(강성부펀드)의 한진칼 및 한진그룹 경영관여(2019년), 메트리카파트너스의 SK케미칼에 대한 물적분할 기업의 주식매각에 의한 특별배당 및 자사주 매입·소각 요구(2021년) 등이 있다. (출처: 한국일보 2019. 1. 14; 글로벌이코노믹 2021. 12. 24)

제 5 절 주주명부

[7.5.1] 주주명부

주주명부

20○○년 ○○. ○○. 기준

순번	주주명	주소	전화번호	전자 우편주소	주식종류 (액면가 ○○원)	보유 주식 수(주)	주권 번호	주식취득 연월일	비고
1	김○○	경기도 ○○	010-○○		보통주	100주	○○	○.○.	
2	이○○	서울시 ○○	010-○○		우선주	500주	○○	○.○.	주권불소지 신고
3	박○○	강원도 ○○	010-○○		보통주	3,000주	○○	○.○.	
4	정○○	제주시 ○○	010-○○		박○○ 보유주식	3,000주	○○	○.○.	질권등록
5	한국예탁 결제원	부산시 ○○	010-○○		보통주	2,000주	○○	○.○.	명의주주
합계					보통주	5,100주			
					우선주	500주			

(근거: 상법 352조, 352조의2, 340조, 358조의2)

생각해보기

1. 형식과 실질이 일치하지 않는 경우 무엇을 기준으로 삼아야 하는가?
2. 다수의 이해당사자가 있고 수시로 변동하는 경우 무엇을 또는 어떤 표식을 기준으로 권리자를 확정할 것인가?
3. 권리의 주체(귀속점)와 권리의 행사자를 구분할 수 있는가? 양자가 일치하지 않을 때는 어떻게 처리하는 것이 좋을까?

1. 뜻·기능

주주명부는 주주 및 주식에 관한 사항을 나타내기 위해 상법에 의하여 회사가 작성하여 비치하여야 하는 장부이다(상 396조 1항). 상법이 주주명부 제도를 둔 이유는, 주식양도자유의 원칙에 따라 주주 구성이 계속 변화할 수 있는 특성상 회사가 다수의 주주와 관련된 집단적 법률관계를 기술적으로 쉽게 식별할 수 있는 형식적이고도 획일적인 기준에 의하여 처리할 수 있도록 함으로써 사무처리의 효율성과

법적 안정성을 도모하기 위함이다.[52)]

2. 작성 · 열람

■ 일반주주명부와 전자주주명부

전자주주명부란 전자문서에 의한 주주명부이다. 이를 작성하려면 정관에 그 근거가 있어야 한다(상 352조의2 1항). 전자주주명부에는 일반주주명부에 기재하여야 할 일반적 기재사항 외에 전자우편주소를 기재하여야 한다(상 352조의2 2항). 주주 및 회사채권자는 영업시간 내에는 언제든지 주주명부 또는 그 복본의 열람 또는 등사를 청구할 수 있다(상 396조 2항).[53)]

>>> **사 례** NAVER 정관 (2025. 3. 18)

제16조(주주명부 작성 · 비치) ① 이 회사는 전자등록기관으로부터 소유자명세를 통지받은 경우 통지받은 사항과 통지 연월일을 기재하여 주주명부를 작성 · 비치하여야 한다.
② 이 회사는 전자문서로 주주명부를 작성한다.

■ 주주명부 기재

1) 주식발행의 경우 – 회사가 주식인수인의 청약에 상응하는 주식 배정이 이루어졌는지, 인수인의 납입 또는 현물출자와 같은 법률상 의무를 이행했는지 등을 확인한 후 그 인수인을 주주로 기재한다(상 352조 1항). 이렇게 해서 주주명부에 기재되었다면 특별한 사정이 없는 한 그 기재는 적법한 것으로 보아야 한다.[54)]

2) 주식양도의 경우 – 주식을 취득한 자의 명의개서 청구에 따라 회사는 형식적 심사를 거쳐 주주명부에 주주로 기재한다.

■ 실질주주명부

자본시장법에 따라 한국예탁결제원에 예탁된 주식일 때에는 명의개서대리인이 작성 · 비치하는 실질주주명부의 기재가 주주명부의 기재와 동일한 효력을 갖는다(자본 316조 2항).[55)]

---

52) 대법원 2020. 6. 11. 선고 2017다278385, 278392 판결.

53) 대법원 2023. 5. 23. 자 2022마6500 결정: 주주는 회사를 상대로 상법 396조 2항에 따라 주주명부 열람 · 등사를 청구할 수 있다. 회사의 이행보조자 또는 수임인에 불과한 명의개서대리인에게 직접 주주명부 열람 · 등사를 청구할 수는 없다.

대법원 2017. 11. 9. 선고 2015다235841 판결: 실질주주명부에 대해서도 주주명부 열람 · 등사 청구에 관한 상법 396조 2항이 유추적용된다(4대강 사업 담합 혐의 건설회사 사건).

54) 대법원 2024. 6. 13. 선고 2018다261322 판결.

55) 이때는 실질주주명부상 주주가 주주권 행사의 주체가 된다(대법원 2017. 3. 23. 선고 2015다248342 전원합의체 판결; 대법원 2025. 2. 20. 선고 2022다282746 판결 등).

>>> **사 례**

한○과 한●칼의 2대 주주인 KCGI가 회사를 상대로 낸 주주명부 열람 및 복사 가처분 신청을 법원이 받아들였다. KCGI는 이들 두 회사의 정기주주총회를 앞두고 우호세력을 확보하기 위해 전자우편을 보낼 소액주주들의 신상정보와 보유주식 등을 알려달라고 요청한 바 있다. 법원은 주주명부 열람을 허용하지 않을 경우를 대비해 하루에 5,000만원씩 간접강제금의 지급을 명했다. (출처: 국민일보 2019. 1. 30; 헤럴드경제 2019. 2. 21; 한겨레 2019. 2. 21; 한국경제 2019. 2. 21)

3. 효 력

(1) 대항력

K가 L에게 주식을 양도하는 경우 당사자(K와 L) 사이에서는 주식양도에 관한 당사자의 합의와 주권교부가 있으면 주식양도의 효력이 발생한다(상 336조 1항). 그러나 적법한 원인과 방법에 의하여 주식을 양수하였더라도 **주식 양수인**(L)**이 주주명부에 자신을 주주로 기재하지 않으면 회사**(X)**에 주주권을 주장(대항)할 수 없다**(상 337조 1항). 이것이 주주명부의 가장 중심적 효력이다.

(2) 추정력

누가 주주인지 다투어지고 그 **입증**이 문제되는 경우, **주주명부에 주주로 기재되어 있는 자는 회사에 대하여 자신이 주주라는 것을 증명할 필요가 없다**. 주주명부에 주주로 기재되어 있으면 일응 적법한 주주로 추정되어 주주로서의 '형식적 자격'이 인정되기 때문이다(자격수여적 효력).[56] 그러나 이에 의하여 주주로서의 '실질적 권리'까지 창설되는 것은 아니다. 따라서 형식상 주주로 명의개서되어 있더라도 실질상 주주가 아니라는 반증에 의해 다툴 수 있다.[57]

(3) 면책력

회사는 주주명부에 주주로 기재된 자를 주주로 인정하여야 하고 또 그렇게 하면 설령 그 자가 진정한 주주가 아닌 경우에도 면책된다.[58]

---

56) 대법원 2018. 10. 12. 선고 2017다221501 판결.
57) 대법원 1989. 7. 11. 선고 89다카5345 판결.
58) 대법원 2018. 10. 12. 선고 2017다221501 판결.

이상을 종합하면, **누가 주주인가는 궁극적으로는 실질에 입각하여 판단**하여야 하며, **주주명부의 기재는 주주로서의 자격이 추정되는 증명에 관한 수단**일 뿐이다. 그러나 아무리 **실질적으로 주주라 하더라도 명의개서를 하지 않으면**(부당거절이 아닌 한) **회사에 대하여 주주임을 주장할 수 없다**(상 337조 1항).

[7.5.2] 명의개서

1. 뜻

명의개서란 주식의 양도로 주주가 교체되었을 경우에 주주명부에 기존의 주주(양도주주: K) 대신 새로운 주주(양수주주: L)로 그 명의를 고쳐서 기재하는 것을 말한다. 명의개서는 주식 양수의 사실을 회사에 주장하기 위하여 갖추어야 할 **대항요건**이다(상 337조 1항).

2. 방 법

주식 **양수인**(L)**은 단독으로** 회사에 명의개서를 청구할 수 있다. 양도인(K)과 함께 청구할 필요가 없다. 청구의 상대방은 회사이지 양도인(K)이 아니다.[59] 양수인이 명의개서를 청구하려면 회사에 **주권을 제시**하는 등의 방법으로 주식 취득의 사실을 증명하여야 한다.[60]

3. 효 력

(1) 명의개서가 적법하게 되면 '회사 – 주주' 사이에서는 그 기재를 중심으로 해

59) 대법원 1992. 10. 27. 선고 92다16386 판결: 주식을 취득한 사람은 특별한 사정이 없으면 회사를 상대로 자신이 주주임을 증명하여 주주명부상의 명의개서를 청구하여야 한다. 주식양도계약의 상대방에 대하여 명의개서 절차의 이행을 구하는 것은 소의 이익이 없다.

대법원 2024. 6. 13. 선고 2024다213713 판결: 주식양도계약이 해지된 경우 명의 회복을 위한 수단으로 주주명부상의 명의자를 상대로 '명의개서 절차 이행'을 구하는 소를 제기할 수 없다. 그러나 명의자를 상대로 '주주권 확인'을 구하는 소(또는 '주권 인도'를 구하는 소)는 가능하다.

60) 대법원 2024. 6. 13. 선고 2018다261322 판결: 주식을 양수한 자가 그 취득 사실을 증명하는 방법으로 – 주권 발행의 경우는 주권 점유, 주권이 발행되지 않은 경우는 주식취득 사실 증명 – 명의개서를 청구하고, 그 청구에 관하여 회사가 '형식적 심사의무'를 다하여 그에 따라 명의개서를 하였다면 특별한 사정이 없으면 그 명의개서에 따른 주주명부의 기재는 적법한 것으로 보아야 한다. (같은 취지: 대법원 2019. 8. 14. 선고 2017다231980 판결)

서 효력(대항력, 추정력, 면책력)이 생긴다.

(2) 그러나 다음과 같은 특수한 사정이 있는 경우는 그렇지 않다.

1) 회사가 부당하게 명의개서를 거절하는 경우 – 이러한 때에는 명의개서가 이루어지지 않은 상태에서도 신의칙상 주주권을 행사할 수 있다.[61)]

2) 명의개서가 적법하다고 볼 수 없는 경우 – 위법한 명의개서 직전에 작성된 주주명부가 존재하고, 그 주주명부의 기재가 적법하게 이루어진 것으로 볼 수 있다면 그 주주명부상 주주가 회사에 대한 관계에서 주주권을 행사할 수 있다.[62)]

4. 명의개서대리인

(1) 명의개서대리인은 회사를 위하여 명의개서업무를 대행하는 자이다(상 337조 2항, 479조 2항). 비상장회사는 명의개서대리인을 반드시 두어야 하는 것은 아니라 임의적이다. 명의개서대리인을 두려면 정관에 그 근거를 두어야 한다(상 337조 2항).[63)]

(2) 명의개서대리인이 주식 취득자의 성명과 주소를 주주명부의 복본에[64)] 기재를 한 때에는 회사의 주주명부에 기재한 것으로 본다(상 337조 2항 후단).

(3) 명의개서대리인은 회사의 이행보조자 지위에 있다. 따라서 명의대서대리인의 고의 또는 과실은 회사의 고의 또는 과실로 본다(민 391조).

61) 대법원 1993. 7. 13. 선고 92다40952 판결.

62) 대법원 2024. 6. 13. 선고 2018다261322 판결: A(원고)는 X회사(피고)의 주주명부상 주주로 기재되어 있었으나(A가 총발행주식 10,000주 중 7,000주 보유), A의 의사와 관계없이 B에 명의개서가 되었고, 이후 X회사가 A에게 소집통지 없이 5차례의 주주총회를 개최하자 A는 X회사를 상대로 그 주주총회 결의의 부존재 또는 무효확인을 구한 사안이다.

63) 상장법인은 명의개서대리인을 의무적으로 두어야 한다(한국거래소 유가증권시장상장규정 32조 1항 15호). 현재 한국예탁결제원, 국민은행, 하나은행이 명의개서대행업무를 수행하고 있다. 예컨대, LG전자(상장법인)의 정관에는 "당 회사는 주식의 명의개서대리인을 둔다"고 하여 명의개서대리인에 관한 근거규정을 두고 있다(동 정관 18조 1항). 다른 상장법인도 모두 이러한 정관규정을 두고 있다.

64) 복본(複本)이란 동일한 내용으로 작성된 여러 통으로 완전한 원본이다. 사본의 일종인 등본(謄本)과 다르다.

[7.5.3] 주주명부 폐쇄 · 기준일

> 주주여러분께
>
> **기준일 및 주주명부 폐쇄기간 설정공고**
>
> 상법 제354조 및 당사 정관 제11조에 의거하여 2019년 12월 31일 현재 주주명부에 기재되어 있는 주주에게 의결권을 부여하며, 권리 주주 확정을 위해 2020년 1월 1일부터 2020년 1월 31일까지 주식의 명의개서, 질권의 등록 및 그 변경과 말소, 신탁재산의 표시 및 말소 등 주주명부의 기재사항 변경을 정지함을 공고합니다.
>
> 2019년 12월 13일
> 서울특별시 중구 세종대로 39
>
> 대한제분
> 대표이사 박 현 용
>
> 명의개서대리인 한국예탁결제원 사장 이 병 래

주주명부 폐쇄와 기준일 공고 (출처: 한국경제 2019. 12. 13)

〉〉〉 대한제분 정관 제10조 (주주명부의 폐쇄 및 기준일)

① 당 회사는 매 결산기 익일부터 1월 31일까지 주주명부의 기재의 변경을 정지한다.

② 당 회사는 매년 12월 31일 최종의 주주명부에 기재되어 있는 주주를 그 결산기에 관한 정기주주총회에서 권리를 행사할 주주로 한다.

③ 당 회사는 임시주주총회의 소집 기타 필요한 경우 이사회의 결의로 3월을 경과하지 아니하는 일정한 기간을 정하여 권리에 관한 주주명부의 기재변경을 정지하거나 이사회의 결의로 정한 날에 주주명부에 기재되어 있는 주주에 대해 그 권리를 행사할 주주로 할 수 있으며, 이사회가 필요하다고 인정하는 경우에는 주주명부의 기재변경 정지와 기준일의 지정을 함께 할 수 있다. 회사는 이를 2주간 전에 공고하여야 한다.

생각해보기

1. 주식이 양도되어 주주가 수시로 바뀌는 경우 회사 입장에서 특정한 시점(예: 20○○년 7월 7일)에 주주권을 행사할 자를 확정하는 방법으로 다음의 방안들이 제시되고 있다면, 각 방안의 장단점을 비교해보시오.
   ① 먼저 권리를 행사하는 자를 주주로 인정하는 방안
   ② 주권을 회사에 제시하면서 자신이 실질적 주주라는 사실을 입증하는 자를 주주로 인정하는 방안
   ③ 회사가 임의로 정하는 방법에 의하여 주주를 인정하는 방안
   ④ 주주임을 공증 등에 의하여 공적으로 증명하도록 하는 방안
   ⑤ 법원의 판결에 의하여 주주로 확정된 자를 주주로 인정하는 방안
   ⑥ 명부(주주명부)에 주주로 기재되어 있는 자를 일률적으로 주주로 인정하는 방안

1. 뜻·기능

주주가 수시로 변경되는 경우 **특정 시점**(예컨대, 주주총회일인 2026. 3. 3)**의 주주권자를 정하는 방법**으로 주주명부 폐쇄와 기준일이 있다. 주주명부 폐쇄는 일정기간(예컨대, 2026년 1월 1일부터 주주총회가 종결되는 2026년 3월 3일) 주주명부의 명의개서를 정지하고 주주명부를 폐쇄하기 직전 일(예컨대, 폐쇄 직전일인 2025년 12월 31일)을 기준으로 그 날 주주명부에 주주로 기재되어 있는 자를 주주로 보는 방식이다(상 354조 1항). 기준일은 일정 날(예컨대, 20○○년 ○월 ○일)을 기준으로 그 날 주주명부에 주주로 기재되어 있는 자를 주주로 확정하는 제도이다(상 354조 1항).[65] 기준일은 명의개서를 금지하지 않고 주주를 확정한다는 점에서 주주명부 폐쇄와 차이가 있다. 회사는 주주명부 폐쇄와 기준일 중에서 택일할 수 있고 양자를 병용할 수도 있다.[66][67]

2. 절차·방법

(1) 주주명부 폐쇄기간(이에 의한 명의개서 금지기간)은 3개월을 초과할 수 없다(상 354조 2항). 기준일은 주주로서의 권리를 행사할 날에 앞선 3개월 이내의 날로 하여야 한다(상 354조 3항). 이 같은 제한을 둔 이유는, 그 기간을 지나치게 장기로 하면 사실상 주식유통에 지장을 초래할 수 있기 때문이다.

(2) 주주명부 폐쇄 또는 기준일의 2주 전에 공고를 하여야 한다. 주주로 하여금 미리 대비토록 하기 위해서이다. 다만, 주주명부 폐쇄기간과 기준일을 정관에 규정하고 있으면 굳이 공고할 필요가 없다(상 354조 4항).

65) 2020년 개정상법은 결산기 말을 배정기준일로 전제한 종전 상법 350조 3항을 삭제했다. 의결권기준일과 배당기준일이 분리되었으므로 이제는 배당기준일을 굳이 결산기 말로 하지 않아도 된다.

66) 명의개서업무의 전산화가 확산됨에 따라 주주명부 폐쇄는 점차 줄고 기준일에 의해 주주를 확정하는 추세이다.

67) 주식을 전자등록하는 경우는 전자등록일을 기준으로 그 직전 영업일에 주주명부에 기재된 자를 기준으로 한다.

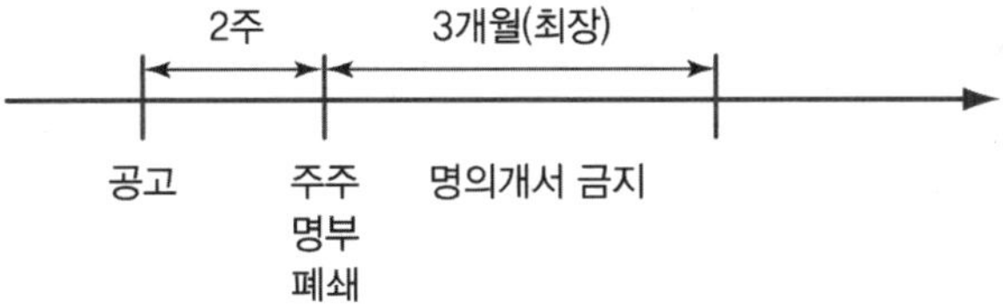

:: [그림 7.5.3-1] 주주명부 폐쇄 시행절차

>>> **사 례 SK하이닉스(주) 정관** 제13조 (기준일)[68]

① (삭제)

② 회사는 매년 12월 31일 최종의 주주명부에 기재되어 있는 주주를 그 결산기에 관한 정기주주총회에서 권리를 행사할 주주로 한다.

③ 회사는 임시주주총회의 소집 기타 필요한 경우 이사회의 결의로 정한 날에 주주명부에 기재되어 있는 주주를 그 권리를 행사할 주주로 할 수 있다. 회사는 이를 2주간 전에 공고하여야 한다.

[7.5.4] 명부 주주와 실제 주주의 불일치

L관광개발에서 1988년 퇴직한 전직 임원 △씨와 ㅁ씨는 "실제 보유하고 있지 않은데도 우리들 명의로 돼 있는 770억원대의 차명주식 때문에 국세청의 조사대상이 됐다"며 회사측을 상대로 주주 지위 부존재 확인소송을 냈다. 문제가 불거지자 L관광개발은 하루 만에 해당 주식을 모두 실명으로 전환하였다. (출처: 세계일보 2008. 7. 10; 한국일보 2008. 7. 10; 헤럴드경제 2008. 7. 24; 머니투데이 2008. 7. 10)

생각해보기

1. 주식거래는 반드시 실명으로 하여야 하는가?
2. 다른 사람의 이름으로 주식을 인수하였다면 누가 주금납입의무를 지는가? 이 때 이름이 무단으로 도용된 경우와 명의사용을 허락받은 경우에 어떤 차이가 있을까?
3. 주식거래를 함에 있어서 자기 이름을 숨기고 다른 사람의 이름으로 하는 경우, 누가 그 주식의 주주이며 주주로서의 권리를 행사할 수 있는가?

68) 이 회사 정관에는 주주명부 폐쇄에 관한 규정이 없다. 이 회사 정관에는 이익배당에 관해서 이사회 결의로 배당받을 주주를 확정하기 위한 기준일을 정할 수 있고 그 기준일 2주간 전에 공고하도록 하고 있다(정관 52조 2항).

1. 명의와 실질의 불일치 원인

주주명부에 주주로 기재되어 있는 자(L)와 실제 주주인 자(K)가 일치하지 않는 경우로는 다음의 것이 있다.

(ⅰ) 타인의 이름으로 주식을 보유하는 것과 같이 명의차용자와 명의대여자의 관계에 있는 경우(본래의 차명주식)

(ⅱ) 주식을 양수한 자가 명의개서를 게을리 하고 있는 경우(실기주)

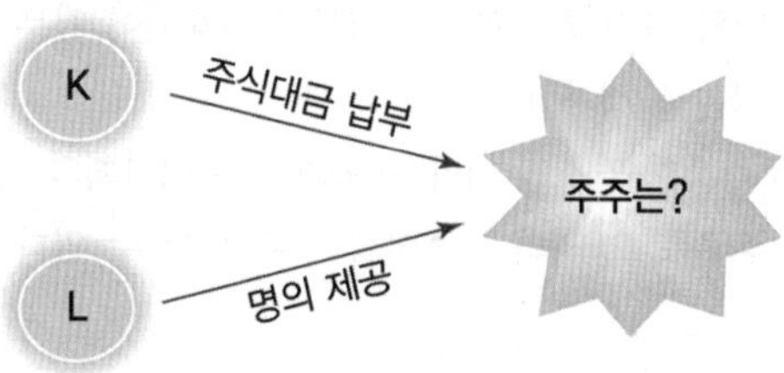

:: [그림 7.5.4-1] 차명주식의 경우 주주

2. 차명 주식인수의 경우 납입책임자

K(명의차용자)가 L(명의대여자)의 이름으로 주식을 인수한 경우, K와 L 중에서 **누가 납입책임**을 지는가?[69] L이 실재하는 사람인가, 차명에 대하여 L의 허락을 받았는가에 따라 납입책임을 지는 자가 달라진다.

甲: "X라는 회사로부터 나한테 주금을 납입하라는 통지서가 날아왔어. 그런데 나는 도대체 X회사가 어떤 회사인지도 모르고, X회사 주식을 인수한 적도 없거든. 세상에 어떻게 이런 일이 생길 수 있는 거야?"

乙: "혹시 누군가 너의 이름을 몰래 도용해서 주식을 인수해 놓고서는 주금을 납입하지 않고 있는 거 아닐까?"

甲: "X회사에 확인해 본 바로는 내 주민등록번호와 이름으로 내가 주식을 인수한 것이 확실하다는 거야."

69) 주식을 '인수'하면 인수계약에 의한 채무의 이행으로 이를 '납입'하여야 할 의무가 따른다.

乙: "네가 주식인수를 한 적이 없는 게 틀림없다면, X회사에 착오가 있거나, 누군가 너의 이름을 도용해서 주식을 인수한 것이고, X회사는 본인을 확인하지 않은 잘못이 있으니까, 너무 걱정할 필요는 없겠네. 어떤 경우이건 넌 납입책임이 없으니까."

(1) 가설인이거나 무단 도용의 경우

명의자인 L이 가공인물(가설인)이거나[70] K가 L의 명의를 허락 없이 무단으로 도용한 경우라면, K만이 주금 납입책임을 진다(상 332조 1항). 자신의 이름이 무단으로 도용되었다는 사실만으로도 억울한 L에게 납입책임을 지우는 것은 부당하기 때문이다.

(2) 명의사용을 허락받은 경우

K가 L로부터 명의사용에 대하여 허락을 받아 L의 이름으로 주식을 인수한 경우라면, L(명의대여자)은 K(명의차용자)와 함께 연대해서 주금납입책임을 진다(상 332조 2항). L은 허위의 외관이 만들어진 원인을 제공한 자로서 귀책사유가 있기 때문이다.

3. 명의와 실질 불일치의 경우 주주로 권리를 행사하는 자

甲: "자기 걸 자기 거라고 떳떳하게 말하지 못하는 사람들이 많은가 봐?"

乙: "무슨 소리야? 혹시 숨겨둔 비상금 이야기…?"

甲: "이 신문기사를 봐. 모기업 회장이 임원들 이름으로 주식을 대량 위장해 놓았다는군. 그러다가 만약 이름 빌려준 사람이 자기 주식이라고 우기면 어떻게 하려고?"

乙: "이름을 숨긴 데에는 피치 못할 개인적인 사정이 있을 수 있겠지만…, 이름을 숨긴다는 건 여차하면 권리를 잃을 수도 있다는 위험을 스스로 감수한 것 아니겠어? 자신의 이익에 따라 어떤 때는 숨고 어떤 때는 나타나서 자신의 것이라 주장하는 것은 너무 편의적이고 비겁한 것 아닌가?"

70) 가설인(假設人)이란 실제 존재하지 않는 사람이라는 뜻이다. 사망한 사람이거나 이 세상에 존재하지 않는 사람을 말한다.

주주로서 실제 출자한 자는 K이지만 L이 주주명부에 주주로 기재되어 있는 경우 누가 주주인가? 또한 누가 주주로 권리를 행사할 수 있는가? 이에 대해서는 법에 규정이 없고 학설이 나뉘고 있다.

(1) 실질설

실제로 출자한 인물(K)을 주주로 보아야 한다는 견해이다. 다시 견해가 나뉜다.

① **극단적 실질설** – 실질적인 주주(K)가 명의에 관계없이 항상 회사에 대하여 주주권을 행사할 수 있고, 회사도 이들(K)만을 주주로 취급하여야 한다는 견해이다.[71]

② **절충적 실질설** – 실제로 출자한 **주식의 실질적인 주인**(K)**이 '주주'**가 되지만 **주주명부상의 명의인**(L)**이 '주주권의 행사자'**로 되는 것은 주주명부와 명의개서 제도를 두고 있는 현행법상 불가피하다는 견해이다. 실질을 중시하되 형식도 일응 존중하는 입장이다.[72]

(2) 형식설

오로지 주주명부상의 명의인(L)만을 주주로 보아야 한다는 견해이다. 회사와의 관계에서는 주주명부상의 명의인이 주주이고, 명의인이 진정한 주주가 아니라는 사실에 대한 회사의 악의나 중과실 여부를 불문한다고 한다. 주주명부의 기재라는 형식을 중시하는 입장이다.[73]

>>> 주주권 '귀속'과 '행사' 주체

'누가 주주인가'의 문제와 '누가 주주권을 행사할 수 있는가'의 문제는 다르다.

[1] 주식인수계약의 당사자 확정: 대법원 2017. 12. 5. 선고 2016다265351 판결

타인의 명의로 주식을 인수한 경우에 누가 주주인지는 결국 신주인수계약의 당사자 확정 문제이므로, 원칙적으로 계약당사자를 확정하는 법리를 따르되, 주식인수계약의 특성을 고려하여야 한다.

타인 명의로 주식을 인수하는 경우에 주식인수계약의 당사자 확정 문제는 다음과 같이 두 경우로 나누어 살펴보아야 한다.

---

71) 현재 이를 취하는 견해는 없다.

72) 해석론상으로는 실질설을 취하면서도 입법론으로서는 형식설이 우수하다는 견해도 있다(권기범, 회사법, 358면).

73) 손주찬, 상법, 574면; 이철송, 회사법, 317면; 채이식, 상법, 593면.

① 가설인 명의로 또는 타인의 승낙 없이 그 명의로 주식을 인수하는 약정을 한 경우 – 가설인은 주식인수계약의 당사자가 될 수 없다. 한편 타인의 명의로 주식을 인수하면서 그 승낙을 받지 않은 경우 명의자와 실제로 출자를 한 자('실제 출자자') 중에서 누가 주식인수인인지 문제 되는데, 명의자는 원칙적으로 주식인수계약의 당사자가 될 수 없다. 자신의 명의로 주식을 인수하는 데 승낙하지 않은 자는 주식을 인수하려는 의사도 없고 이를 표시한 사실도 없기 때문이다. 따라서 실제 출자자가 가설인 명의나 타인의 승낙 없이 그 명의로 주식을 인수하기로 하는 약정을 하고 출자를 이행하였다면, 주식인수계약의 상대방의 의사에 명백히 반한다는 등의 특별한 사정이 없는 한, 주주의 지위를 취득한다고 보아야 한다.

② 타인의 승낙을 얻어 그 명의로 주식을 인수하기로 약정한 경우 – 이 경우에는 계약 내용에 따라 명의자 또는 실제 출자자가 주식인수인이 될 수 있으나, 원칙적으로는 명의자를 주식인수인으로 보아야 한다. 명의자와 실제 출자자가 실제 출자자를 주식인수인으로 하기로 약정한 경우에도 실제 출자자를 주식인수인이라고 할 수는 없다. 실제 출자자를 주식인수인으로 하기로 한 사실을 주식인수계약의 상대방인 회사 등이 알고 이를 승낙하는 등 특별한 사정이 없다면, 그 상대방은 명의자를 주식인수계약의 당사자로 이해하였다고 보는 것이 합리적이기 때문이다. (참조판례: 대법원 2017. 3. 23. 선고 2015다248342 전원합의체 판결 (다수의견))

[2] 회사에 대한 주주권 행사자: 대법원 2020. 6. 11. 선고 2017다278385, 278392 판결

주주명부 제도는 주식의 소유권 귀속에 관한 회사 이외의 주체들 사이의 권리관계와 주주의 회사에 대한 주주권 행사국면을 구분하여, 후자에 대하여는 주주명부상 기재 또는 명의개서에 특별한 효력을 인정하는 태도라고 할 것이다. 따라서 특별한 사정이 없는 한, 주주명부에 적법하게 주주로 기재되어 있는 자는 회사에 대한 관계에서 그 주식에 관한 의결권 등 주주권을 행사할 수 있고, 회사 역시 주주명부상 주주 외에 실제 주식을 인수하거나 양수하고자 하였던 자가 따로 존재한다는 사실을 알았든 몰랐든 간에 주주명부상 주주의 주주권 행사를 부인할 수 없으며, 주주명부에 기재를 마치지 아니한 자의 주주권 행사를 인정할 수도 없다.

그러나 상법은 주주명부의 기재를 회사에 대한 대항요건으로 정하고 있을 뿐 주식 이전의 효력발생요건으로 정하고 있지 않으므로 명의개서가 이루어졌다고 하여 무권리자가 주주가 되는 것은 아니고, 명의개서가 이루어지지 않았다고 해서 주주가 그 권리를 상실하는 것도 아니다.

회사와 주주 사이에 주주권에 대한 다툼이 있는 경우 주주명부의 기재가 갖는 효력은 제한적이다.[74]

---

74) ① 대법원 2025. 6. 5. 선고 2024다202652 판결: 회사가 주주명부상 주주에 대하여 '주주권의 귀속'

4. 실기주

A부터 B가 주식을 양수하였음에도 양수인 B가 주주명부에 **명의개서를 하지 않고 있는 상태**에 있을 때 이를 실기주(失期株)라 한다.[75] 실기주주의 법적 지위가 문제된다.

(1) 실기주주와 회사의 관계

① 아무리 적법한 원인과 방법으로 주식을 양수받았다고 해도 명의개서를 하지 않은 양수인(B)은 회사(X)에 대하여 주주권을 주장할 수 없다(상 337조 1항). 회사는 주주명부에 기재된 자(A)에게 이익배당이나 신주를 배정하면 된다.

② 반대로, 회사(X)가 명의개서를 하지 않은 실질상의 주주(B)를 주주로 인정하는 것이 가능한가? 이에 대해서는 긍정설과 부정설로 나뉜다. 판례는 부정설로 입장을 변경하였다.[76]

(ⅰ) 긍정설(편면적 구속설) – 명의개서를 하지 않은 주주는 회사를 상대로 주주권을 주장할 수 없을 뿐이고, 반대로 회사는 명의개서를 하지 않은 자를 주주로 인정할 수 있다는 입장이다. 다음을 그 논거로 들고 있다. (ⅰ) 상법 337조 1항은 회사의 사무처리의 편의를 위한 규정일 뿐이다. (ⅱ) 상법 337조 1항의 법문에서도 명의개서를 하지 않으면 '회사에 대항하지 못한다'고 하고 있을 뿐이므로, 법문에 따라 회사가 스스로 위험부담을 하면서 명의개서하지 않은 자를 주주로 인정하는 것까지를 금지할 필요는 없다.

(ⅱ) 부정설(쌍방적 구속설) – 회사도 명의개서하지 않은 자를 주주로 인정할 수 없다는 입장이다. 다음을 그 논거로 들고 있다. (ⅰ) 상법 337조 1항의 입법취지는 단순히 회사의 주식사무의 편의를 위한 것만이 아니라 다수인의 이해관계가 엇갈리는 회사법관계의 획일적 처리를 위한 규정이다. (ⅱ) 긍정설에 의하면 회사가 자의적으로 주주를 인정할 수 있게 되어 부당하고, 단체법적 법률관계의 획일적 확정을 해칠 뿐만 아니라, 주주평등

을 부인할 가능성이 없다고 단정할 수 없으므로, 주주명부상 주주라는 이유만을 들어 회사에 대하여 주주권 확인을 구할 이익이 없다고 할 수 없다. 따라서 회사가 주주명부상 주주 외에 다른 자에게 명의개서를 이행해 줄 것 같은 태세를 보이거나 주주명부상 주주의 주주권 행사를 정당한 이유 없이 거절하였는지 등의 사정을 종합하여 확인의 이익이 인정되는지를 판단해야 한다.

② 대법원 2024. 6. 13. 선고 2018다261322 판결: 주주명부에 기재되지 않은 자가 회사에 주주권을 행사할 수 있는 예외적인 경우로, 명의개서 청구가 부당하게 지연되거나 거절된 경우, 명의개서에 따른 주주명부의 기재가 적법하다고 볼 수 없는 경우 등이 있다.

75) 실기주(또는 失念株)와 실권주(失權株)는 다르다. 실권주는 신주를 발행할 때에 신주인수권을 갖는 자가 신주인수의 청약이나 납입을 하지 않음으로써 신주를 받을 권리를 상실하는 것이다.

76) 대법원 2017. 3. 23. 선고 2015다248342 판결.

의 원칙에도 반한다.

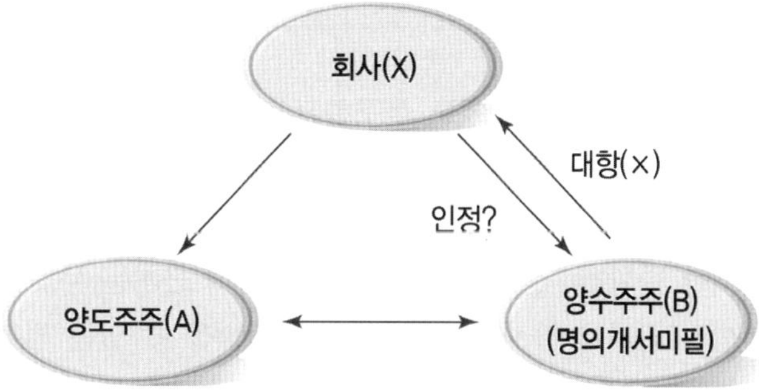

:: [그림 7.5.5-2] 실기주의 법률관계

>>> **사 례**

실기주에서 발생한 배당금, 배당주식 등을 실기주 과실이라 한다. 상장회사의 경우 실기주 과실은 한국예탁결제원이 일괄 수령해 보관한다. 예탁결제원은 보관 중인 10년이 경과한 잠자는 실기주 과실을 서민금융 재원으로 출연했다. 출연 후에도 주주 본인이 반환을 요청하면 돌려받을 수 있다. (출처: 조선일보 2019. 11. 1; 한국경제 2019. 12. 6; SBS Biz 2022. 12. 22)

(2) 양도인과 양수인의 관계

주식양도인(A)과 양수인(B) 사이의 법률관계는 회사법 문제가 아니라 당사자간의 민사법 문제로 처리된다.

① 당사자간에 권리귀속에 관한 합의가 있으면 그 합의에 의한다.

② 당사자간에 권리귀속에 관한 합의가 없으면 당사자간에 있어서는 실질적 법률관계에 따라 양수인(B)에게 주식이 이전되었다고 보아야 한다(통설).

연습 및 응용

Q1 K로부터 주식을 양수하였음에도 불구하고 명의개서를 하지 않은 실기주주 L은 주식양도인 K에게 회사로부터 받은 이익배당이나 신주를 자신에게 반환할 것을 청구할 수 있는가?

(1) 만일 이러한 반환청구를 할 수 있다면 그 법적 근거는 무엇인가?

(2) 각각의 법적 근거에 따라 L이 K로부터 반환받을 수 있는 범위에 어떤 차이가 있는가?

(1) 실기주주인 주식양수인은 양도인에게 회사로부터 받은 이익의 반환을 청구할 수 있다. 그 법리구성에 관해서는 부당이득(민 741조)으로 보는 견해, 사무관리(민 734조) 또는 준사무관리로 보는 견해가 있다.

(2) 부당이득으로 보는 경우, 수익자(K)가 선의인 경우에는 받은 목적물을 그대로 반환하면 되나 이를 반환할 수 없을 때에는 그 현존하는 가액을 반환하면 되고(민 748조 1항), 수익자(K)가 악의인 경우에는 받은 이익에 이자를 붙여서 반환하고 손해가 있으면 그 손해까지 배상하여야 한다(민 748조 2항). 사무관리로 보는 경우, 관리자는 사무처리로 인하여 받은 금전·물건·수취한 과실 그리고 자기의 명의로 취득한 권리를 본인에게 인도 및 이전하여야 하고(민 738조, 684조), 관리자는 본인에 대하여 필요비 또는 유익비의 상환을 청구할 수 있다(민 739조 1항·3항).

제 8 장

자본금에 관한 제도

제 1 절 자본금과 준비금

[8.1.1] 자본금

(1) 계상방법

자본금은 주주의 출자에 의하여 형성되는 회사의 기금이다. 액면주식을 발행한 경우에는 {자본금 = 액면가 × 발행주식총수}의 등식이 원칙적으로 성립한다(상 451조 1항).[1] 무액면주식을 발행한 경우에는 {자본금 = Σ(발행가액의 1/2 이상의 금액으로 이사회(또는 주주총회)가 자본금으로 계상하기로 한 금액 × 발행신주의 수)}의 등식이 성립하고(상 451조 2항 전문),[2] 출자에 의하여 일단 자본금이 형성된 이후에는 자본금과 주식 수의 구속(함수)관계가 사라진다. 최저 자본금에 대한 제한은 폐지되었다.

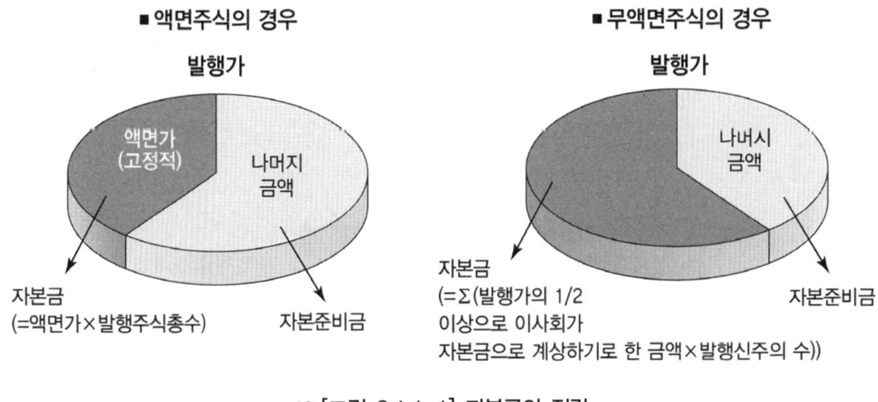

:: [그림 8.1.1-1] 자본금의 적립

(2) 기 능

자본금은 주식회사가 보유하여야 할 순자산(=총자산-부채)의 하한선이다. 예컨

---

1) 다만 '법에서 달리 규정한 경우'에는 이러한 등식이 성립하지 않을 수도 있다(상 451조 1항). 예컨대, 상환주식의 상환, 자기주식의 소각 등의 경우에는 주식 수는 감소하지만 소각의 재원이 자본금이 아니고 주주에게 배당할 이익을 재원으로 하기 때문에 자본금이 감소하지 않는다.

2) 액면주식과 무액면주식 양자 모두 발행가 중 자본금으로 계상되는 금액을 제외한 나머지는 모두 자본준비금으로 적립된다(상 451조 2항 후문).

대, 회계상 자본금이 50억원으로 기재되어 있다면, 이는 회사가 '실제로 보유하고 있어야 할 순자산'이 최소 50억원 이상의 평가가치를 가지고 있어야 한다는 구속의 의미이다. 그 내용을 이해관계인들에게 공시한다. **주주는 유한책임을 지는 데 그치고 주식양도가 자유롭기 때문에 회사의 이해당사자, 특히 회사채권자의 입장에서 자본금은 회사의 물적 기초**(순자산) **확보기능, 담보기능, 공시기능** 등의 **규율적 기능**을 담당한다.

(3) 자본금 확정 원칙

회사설립시에는 자본금 확정을 요한다.[3] 즉, 회사설립시 발행하는 주식의 총수는 정관의 절대적 기재사항이고 '그 전부'를 인수·납입하여야 한다(상 289조 1항 5호, 317조 2항 3호, 295조, 303조). 그러나 **회사설립 이후** 신주발행의 경우에는 자본확정을 요하지 않으므로 미인수·미납입된 부분은 포기하고 신주발행을 마감할 수 있다.

(4) 자본금 충실 원칙

자본금(또는 자본)의 충실은 **출자에 있어서** (i) **'유입'**(inflow)**의 '충실'**과 (ii) **유출**(outflow)**의 억제**의 양 부분 모두에 요구된다. 자본금충실의 원칙은 **강행법적 원칙**이다. 주식회사의 물적 기초를 건실하게 하고 채권자 등을 보호하기 위한 것이기 때문이다.

:: [그림 8.1.1-2] 자본금 충실의 원칙

(5) 자본금감소 제한 원칙

자본금을 감소하려면 주주와 채권자 보호를 위하여 **엄격한 법정절차**에 따라야 함이 원칙이다(상 438조, 439조). 그러나 신주발행에 의한 자본금 증가는 이사회에 수권되어 있다(상 416조).

---

3) 이는 특히 주식회사 설립시에 물적 기초인 자본금을 더욱 견실히 하기 위함이다.

[8.1.2] 준비금

(1) 기능과 종류

준비금은 자본금과 함께 회사재산의 유출을 억제하는 방어벽 역할을 담당한다(부가자본 · 보충자본적 기능). 준비금에는 법정준비금과 임의준비금이 있다.

법정준비금은 법에 의하여 적립이 강제되는 것으로 이익준비금과 자본준비금이 있다. **임의준비금**은 정관 또는 주주총회의 결의에 의하여 회사가 임의적으로 적립하는 준비금이다.

① **이익준비금**은 매 결산기의 배당가능한 이익을 재원으로 적립하는 준비금이다. 이익준비금은 매 결산기의 금전 또는 현물에 의한 이익배당액(주식배당액은 제외)의 10% 이상을 자본금의 2분의 1에 달할 때까지 적립하여야 한다(상 458조).

② **자본준비금**은 자본거래에서 발생한 잉여금을 재원으로 하는 적립금이다(상 459조 1항). 자본준비금은 이익준비금과는 달리 원래 주주에게 배당할 성격의 것이 아니므로 그 전부를 적립해야 하고 적립의 상한선이 없다.

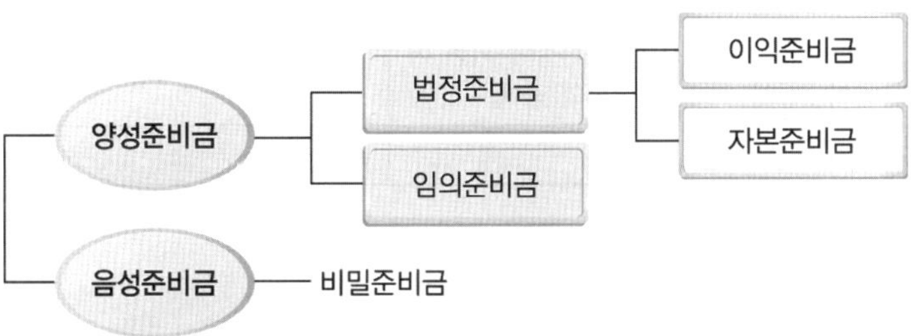

:: [그림 8.1.2-1] 준비금의 종류

(2) 용 도

법정준비금은 아래의 용도로만 사용할 수 있다. 1)과 2)는 자본금과 관련하여 법정준비금 본래의 용도로 쓰이는 것이고, 3)은 배당재원으로 용도를 전환하여 쓰이는 것이다. 이들 모두에 의하여 준비금이 감소한다(광의의 준비금감소).

1) 자본결손 보전 – 자본결손은 자산에서 부채를 뺀 순자산이 자본금과 법정준비금의 합보다 적은 상태를 뜻한다.[4] 법정준비금을 줄임으로써 자본결손의 보전에 충

4) ≪사례≫ 결손금이 누적되어 온 국내 1호 수제 맥주 상장회사인 J맥주가 무상감자에 이어 10억원 상당 유상증자한다. 자본 총계는 218억원으로 자본금(292억원)보다 적어 부분 자본잠식 상태에 빠져 있다.

당할 수 있다(상 460조).[5]

2) **자본금 전입** – 법정준비금의 액수를 줄이고 그 줄어든 액수만큼 자본금 액수를 증액할 수 있다(상 461조 1항). 이를 흔히 무상증자라 한다. (후술)

3) **협의의 준비금 감소** (배당재원으로 전용) – 법정준비금 총액이 자본금의 1.5배를 초과하는 경우 주주총회의 결의에 따라 초과금액의 범위에서 자본준비금과 이익준비금을 감액할 수 있다(상 461조의2).[6] 이에 의하여 배당가능이익을 산출할 때의 공제 액수를 감소시키는 계산적 조정을 통하여 배당가능이익이 증가되는 효과를 얻을 수 있다. 이는 법정준비금으로서의 본래의 용도를 포기하고 미처분 이익잉여금으로 전환하는 셈이 된다.

〈표 8.1.2-1〉 법정준비금

	이익준비금	자본준비금
재 원	영업거래로부터 발생하는 영업이익	자본거래에서 발생한 자본잉여금 (예: 주식발행초과금, 감자차익, 합병차익, 회사분할차익, 분할합병차익, 주식교환·이전차익, 기타 자본거래에서 발생한 잉여금)
건별 적립액	매 결산기 「금전 또는 현물에 의한 이익배당액」의 10% 이상의 금액	자본거래에서 발생한 이익 전부
누적 적립한도	자본금의 1/2	무제한

(출처: 뉴스웨이, 2024. 6. 24; 국제뉴스 2024. 6. 20)

5) 이익준비금과 자본준비금간 보전순서에 관한 제한은 없다.

6) 준비금 감소의 절차는 주주총회의 보통결의만을 요할 뿐 채권자보호절차를 요하지 않는다. 이는 주주총회의 특별결의와 채권자보호절차를 요하는 실질적 자본금 감소의 절차에 비하여 완화되어 있고, 명목적 자본금 감소와 동일하다.

제2절 출 자

(1) 자본금 형성(증가)에 참여하는 것을 출자(出資)라고 한다. 이에 의하여 자본금의 액수가 증가하고, 새로운 주식(신주)이 발행된다.[7]

(2) 신주의 발행은 통상 자금조달을 목적으로 한다. 그에 의하여 자본금과 순자산이 증가되는 것이 보통이다(**통상의 신주발행**). 그러나 신주발행이 자본금 증가와는 관련이 없는 경우와[8] 오히려 자본금이 감소되는 경우도[9] 있다.

통상의 신주발행 유상증자 ← 자금조달 목적

특수한 신주발행 ← 자금조달과 무관한 목적

① 법정준비금의 자본금전입 (무상증자)
② 주식배당
③ 전환주식의 전환
④ 전환사채(CB)의 전환
⑤ 신주인수권부사채(BW)의 신주인수권 행사
⑥ 주식의 병합 또는 분할
⑦ 회사의 합병 등 기업구조개편의 대가[10]
⑧ 액면주식의 무액면주식으로의 전환(또는 그 반대)
⑨ 주식매수선택권 행사(신주발행형의 경우)

:: [그림 8.2-1] 신주가 발행되는 경우

7) 이를 기존의 주식인 구주(舊株)와 구분하여 신주(新株)라고 부른다.
8) 자본금 변동 없는 신주발행: 전환주식의 전환으로 주식수에 변동이 없는 경우가 이에 해당한다.
9) 자본금 감소를 가져오는 신주발행: 자본금 감소를 위하여 주식병합을 하는 경우가 이에 해당한다.
10) 이때 반드시 신주를 발행하여야 하는 것은 아니다. 신주 대신 다른 것으로 대가를 지급하는 것도 가능하다.

[8.2.1] 출자방법

출자는 금전에 의하는 금전출자가 원칙이다. 현물출자도 가능하나 평가가액이 공정하여야 하고 이를 담보하기 위하여 검사절차를 원칙적으로 거쳐야 한다. 출자에 의하여 외부로부터 자금이 회사에 유입되는 것이 원칙이다(**외부 유입형**). 이와는 달리 외부로부터의 자금 유입 없이 회사의 채무, 준비금, 이익배당금 등을 자본금으로 전환하는 회계처리 방법도 가능하다(**내부 전입형**).

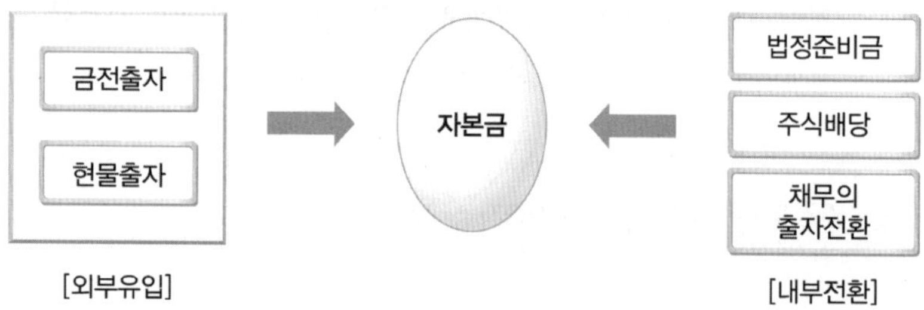

:: [그림 8.2.1-1] 출자방법

■ **출자 vs 거래**

출자와 거래는 다르다. '출자'는 자본금 형성(증가)에 참여하는 것이고, 따라서 그 대가로 회사로부터 신주를 발행받아 주주의 지위를 갖게 된다. 이에 비하여 '거래'(예: 매매 등)는 자본금 형성과는 무관하기 때문에 그 대가로 신주를 받지 않고 신주 이외의 다른 것(예: 금전, 현물, 자기주식 등)을 대가로 받는다.

[8.2.2] 금전출자

(1) 금전출자에 의하는 경우 주식인수인은 인수가액을 납입기일에 납입장소에서 일시에 현실적으로 납입하여야 한다(상 295조 1항, 303조, 305조 1항).[11] 출자의 이행기는 납입기일이다.[12]

(2) 납입금취급기관은 은행 또는 금융기관으로 한정된다. 이를 변경하려면 법원의 허가를 받아야 한다(상 306조). 납입을 확실하게 하는 한편, 납입처리를 원활하

11) 주금납입의 방법에 관해서는 일시에 전액을 납입하는 전액납입주의를 취하고 있다. 사채의 경우에는 분할납입이 허용된다(상 476조). 그러나 실제 분할납입을 하는 사례는 거의 없다.

12) 실무상으로는 주식인수의 청약을 할 때에 납입금을 청약증거금으로 예납받고 납입기일에 납입하여야 할 가액을 청약증거금에서 공제함으로써 납입에 충당하고 나머지는 되돌려주는 방식을 취하고 있다.

게 하도록 하기 위함이다. 납입금보관기관은 회사에 납입금보관증명서를 발급해주어야 하고, 등기를 할 때에 이를 첨부해야 한다(상 318조 1항, 비송 203조 11호).

(3) 주금을 납입하지 않으면 **실권**된다. 회사설립시(모집설립)에는 **실권절차**(상 307조)에 의하여 처리하나, 설립 이후 신주발행의 경우에는 실권절차 없이 이사회 결의에 의하여 처리할 수 있다.[13]

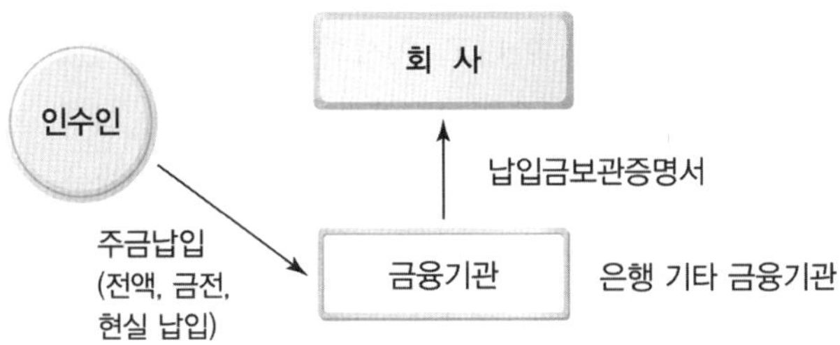

:: [그림 8.2.2-1] 주금의 납입 및 보관

[8.2.3] 현물출자

(1) 현물출자는 출자를 **금전 이외의 재산으로** 하는 것이다. 현물출자의 대상이 될 수 있는 것은 금전 이외의 재산으로 대차대조표의 자산항목에 기재할 수 있는 것이면 무엇이든 상관없다. 예컨대, 동산, 부동산, 채권, 유가증권, 특허권 등의 무체재산권, 다른 회사의 주식, 상호, 영업비결, 영업 그 자체 등도 현물출자의 대상으로 할 수 있다. 다만 노무나 신용은 이전하기 곤란하기 때문에 현물출자의 대상으로 삼을 수 없다.

(2) 현물출자를 하는 때에는 현물의 금전적 가치(○○원)를 **공정하게 평가**함으로써 과대평가되지 않도록 하여야 한다. 예컨대, 금전가치가 10억원에 불과한 것을 20억원으로 과대평가하여 신주를 배정하면, 출자에 의하여 회사에 실제 들어온 것은 10억원에 불과한데도 자본금은 20억원이 증가된 것으로 회계상 표시되고, 그에 상응하여 신주가 과다하게 발행되어 자본충실을 해치므로 허용되지 않는다.

(3) 납입기일에 지체없이 현물출자를 **이행**하여야 한다(상 295조 2항, 305조 3항). 출자의 목적인 재산의 종류별로 각각에 요구되는 고유한 권리이전방식을 갖추어 이

13) 출자의무를 불이행한 주식인수인은 회사에 대하여 인수계약상의 채무불이행책임을 진다.

전하여야 한다(예: 동산은 인도, 부동산은 등기, 유가증권은 배서・교부, 채권은 통지・승낙과 같은 대항요건 구비). 등기・등록 기타 권리의 설정 또는 이전을 요하는 경우에는 그 서류를 완비하여 교부하여야 한다(상 295조 2항).

(4) **회사설립시의 현물출자**는 변태설립사항으로 정관에 기재하여야 효력이 있으며(상 290조 2호), 원칙적으로 법원이 선임한 검사인의 조사를 받아야 하나, 공인된 감정인의 감정으로 갈음할 수 있다(상 298조 4항, 299조의2). 그러나 **회사설립 이후의 현물출자**는 정관 기재사항이 아니고 이사회에 수권되어 있으며(상 416조 4호), 설립시와 같은 검사를 받아야 함이 원칙이다(상 422조 1항). 다만, 소규모이거나 평가에 불공정할 우려가 적은 현물출자에 대해서는 검사를 면제한다(상 422조 2항).

〈표 8.2.3-1〉 현물출자

시점		회사설립시 현물출자	회사설립 이후 현물출자
근거		정관 (변태설립사항의 하나)	이사회 결의
검사	원칙	(i) 이사・감사에 의한 조사 외에 법원이 선임한 **검사인의 조사**를 받아야 함이 원칙이나, (ii) 공인된 감정인의 감정으로 이를 대체할 수 있다. (설립시-상 298조 4항, 299조의2; 설립이후-상 422조 1항)	
	면제	1. 재산총액이 자본금의 5분의 1을 초과하지 아니하고 대통령령으로 정한 금액(5천만원)을 초과하지 아니하는 경우 2. 거래소에서 시세가 있는 유가증권인 경우로서 정관에 적힌 가격이 대통령령으로 정한 방법(거래소 종가 평균 등)으로 산정된 시세를 초과하지 아니하는 경우 3. 그 밖에 제1호 및 제2호에 준하는 경우로서 대통령령으로 정하는 경우(규정 없음) (상 299조 2항)	1. (좌동) 2. (좌동) 3. 변제기가 돌아온 회사에 대한 금전채권을 출자의 목적으로 하는 경우로서 그 가액이 회사장부에 적혀 있는 가액을 초과하지 아니하는 경우 4. 그 밖에 제1호부터 제3호까지의 규정에 준하는 경우로서 대통령령으로 정하는 경우(규정 없음) (상 422조 2항)

››› **사례**

[1] GS리테일은 100% 자회사인 물류전문의 GS네트웍스에 물류센터 2개를 현물출자하기로 2018. 12. 20. 이사회에서 의결했다. 이 물류센터의 감정평가액은 토지 122억 6천만원, 건물 219억 1천만원, 내부설비 6억 4천만원으로 모두 348억 1천만원 규모이다. GS리테일은 현물출자를 통해 GS네트웍스가 발행하는 신주 696만 2,000주를 취득한다. 또한

GS리테일은 2019. 1. 8. GS네트웍스에 현금 146억원을 출자한다. GS네트웍스는 GS리테일로부터 확보한 자금을 물류센터를 임차하는 데 쓴다. (출처: 비즈니스포스트 2018. 12. 20; 조선비즈 2018. 12. 20)

[2] 경기도 시흥시는 시흥도시공사의 자본력을 견고히 하고 개발사업의 원활한 추진을 위해 1,564억원을 현물출자한다. 이번에 현물출자 되는 시유 재산은 월곶역세권 도시개발사업을 위해 취득한 토지 16만 132㎡(38필지)이며, 재산평가액은 1,564억원이다. (출처: 서울신문 2020. 7. 7; 경인매일 2020. 7. 7)

[3] 정부가 2025년 5월 약 5,600억원 규모의 국유재산을 주택도시보증공사(HUG)에 현물출자하기로 했다. 공공부문에서 현금 대신 자산(국유재산)을 출자해 기관의 자본구조를 강화하는 방식이다. (출처: 아주경제 2025. 5. 28; 이투데이 2025. 5. 28; 연합인포맥스 2025. 5. 28)

[8.2.4] 특수형태

아래 방법에 의한 주금납입은 유효한가? 이는 자본충실의 관점에서 판단하여야 한다.

(1) 어음 · 수표에 의한 납입 – 지급인에 의하여 지급되어야 비로소 유효한 납입이 된다.

(2) 인수인의 납입의무를 회사가 대신 이행하는 것 – 출자에 의한 자금의 외부유입이 없으므로 허용되지 않는다.[14)]

(3) 상계납입 (채무의 출자전환) – 주식의 인수인은 **회사의 동의**가 있으면 주금납입채무와 회사에 대한 채권을 상계할 수 있다(상 421조 2항). '상계계약'에 의한 주금납입이다. 상계납입은 채권의 현물출자로서의 성격도 아울러 가진다.

››› **사 례**

산업은행은 이사회를 열고 대○조선에 대하여 1조 8,000억원 규모의 채권을 출자로 전환하는 안건과 주식소각 안건을 결의했다. (출처: 이투데이 2016. 11. 10; 파이낸셜뉴스 2016. 11. 18) 대○조선은 임시 이사회를 개최하고 산업은행으로부터 출자전환을 받기 위해 제3자배정 유상증자를 하는 안건을 통과시켰다. 출자전환을 하고 나면 산업은행은 대○조선 전체 지분의 70% 이상을 보유한 최대주주가 된다. (출처: 서울파이낸스 2016. 12. 12; 매일경제 2016. 12. 12)

---

14) 대법원 1963. 10. 22. 선고 63다494 판결.

[8.2.5] 가장납입

검찰이 적발한 1조 3,000억원대의 자본금 허위납입사건은 사채업자와 작전꾼, 은행이 짜고 벌인 총체적인 사기극으로 그 전모가 밝혀졌다. 사이비 벤처사업가들이 사채업자의 돈을 빌려 회사계좌로 넣고, 회사설립등기를 마친 즉시 돈을 빼내는 수법을 사용하였다. 자기 돈 한 푼 들이지 않고 외견상으로는 문제가 없는 회사를 차릴 수 있었던 것이다.

이렇게 급조된 깡통회사(유령회사)들은 유망 벤처기업인 척하며 정부로부터 벤처자금을 지원받고 일반투자자로부터 투자자금을 끌어 모았다. 장부상 기재되어 있는 돈이 빠져나가 껍데기만 남았는데도 증자가 이루어졌다는 사실을 믿고 주식을 매입한 선의의 투자자들은 손해를 볼 수밖에 없었다. (출처: 문화일보 2002. 10. 31; 한국경제 2002. 11. 1; 한국일보 2002. 11. 1; 헤럴드경제 2002. 11. 1)

생각해보기

1. 위 사례에서 보는 바와 같이 회사의 출자를 거짓으로 하는 행위에 대하여 검찰이 형사벌칙으로 다스리고 있다. 이는 자본금이 담당하는 어떤 역할 때문인가?
2. 다른 사람으로부터 돈을 빌려서 주식인수대금을 납입하는 것은 법에 의하여 금지되는가?
3. 주식인수대금의 납입을 허위로 하였다면 해당 납입자는 주주로서의 법적 지위를 갖는가? 가장납입에 대해서는 어떤 법적 제재가 가해지는가? 가장납입에 관여한 대표이사에 대해서는 어떠한 책임을 물을 수 있는가?

1. 뜻과 유형

가장납입은 주식 인수대금을 실제로 납입하지 않으면서도 납입한 것처럼 위장하는 것이다. 가장납입에는 여러가지 유형이 있다. 가장 일반적인 것은 주식 인수인이 제3자로부터 금전을 일시 빌려서 납입금으로 내고 회사설립 후(신주를 발행하는 경우에는 자본금 변경등기 후) 납입금보관은행으로부터 즉시 납입금을 인출해서 차입금을 갚는 데 사용하는 방식이다. 이를 **견금**(見金)이라 한다.[15)]

15) 견금의 원래 뜻은 마치 자신에게 돈이 많이 있는 것처럼 상대방에 과시하기 위한 거짓 돈을 말한다. 이와는 달리 납입금보관은행과 공모하여 실제 주금납입이 없음에도 불구하고 은행으로부터 허위의 납입금 보관증명서를 발급받아 설립등기에 필요한 서류로 첨부하는 것을 '**예합**(預合)'에 의한 가장납입이라고 한

:: [그림 8.2.5-1] 가장납입(견금)의 구조

2. 판 단

주식 인수대금으로 납입받은 돈은 회사에 그냥 현금으로 쌓아두려는 것이 아니고 자본금 용도(회사의 영업자금)로 사용하기 위한 것이다. 이를 자본금 본래의 용도로 사용하지 않고 개인의 차입금 반환 등과 같은 사적 용도에 사용하면 가장납입이 된다. 가장납입에 해당하는가는, 인출자금의 사용처, 납입과 인출시까지의 기간 등을 종합적으로 고려하여 판단한다. 납입금의 자금 출처는 불문하므로 타인으로부터 차입한 것인가의 여부는 이러한 판단에 있어서 직접 관련이 없다.

甲: "검찰이 남의 돈을 빌려서 회사를 설립한 사람들을 구속하기로 했다는데요."

乙: "그래요? 그게 그렇게 나쁜 거였어요? 그럼, 남의 돈을 빌려서는 회사를 차릴 수 없다는 건가요?"

丙: "남의 돈을 빌려서 회사를 설립하는 것 자체가 법적으로 문제되는 건 아니에요. 자본금의 출처를 문제 삼지는 않거든요."

甲, 乙: (동시에) "그럼 뭐가 문젠데요?"

丙: "납입된 자본금을 자본금 용도로 사용하지 않는 걸 문제 삼는 거지요. 만일 회사에 납입된 자본금을 주주가 빌린 돈을 갚는데 사용한다면, 그건 자본금 용도로 쓰인 게 아니지요. 아무리 대주주라고 해도 회사 자본금은 회사 돈이니 개인 용도로 함부로 사용할 수는 없는거지요."

다. 납입금보관증명서를 발급한 금융기관은 증명서에 기재된 내용이 사실이 아니라는 항변을 할 수 없다(상 318조 2항). 이 때문에 그러한 위험부담을 회피하는 금융기관의 속성상 예합은 실제 잘 이용되지 않는다.

3. 효 력

K와 L이 X회사에 출자를 함에 있어서 K는 가장납입을 하고 L은 정상납입을 한 경우, 가장납입을 한 K는 X회사의 주주로서의 법적 지위를 인정받을 수 있을까?

(i) 다수설은 무효라고 한다(**무효설**). 형식상으로는 주금의 납입이 있지만 실질적인 자본구성이 없다는 것을 이유로 한다. 이에 의하면 가장납입에 의한 주식은 무효이므로 그에 의한 주주권 행사는 위법한 것이 된다.

(ii) 그러나 판례는 일관되게 유효하다는 입장을 취하고 있다(**유효설**).[16] 그 논거는, 납입의사의 진실 여부는 개인의 주관적인 문제에 불과하다는 것, 가장납입을 하는 때에도 출자자로부터 회사에 실제 자금 이동이 있었다는 점, 단체법적 질서의 안정을 위한다는 점 등이다. 이에 의하면 가장납입에 의하여 X회사로부터 K가 발행받은 주식도 유효한 것이 되므로 이를 기초로 하는 주주권 행사도 적법하게 된다. 인출되어 반환된 납입금은 주주가 회사로부터 일시 빌려 쓰는 것(체당)으로 취급한다.[17]

4. 형사벌칙

주금의 가장납입행위는 납입가장죄(상 628조 1항)와 공정증서원본 부실기재죄[18] 및 동 행사죄(형 228조, 229조)를 구성한다.[19]

››› **사 례**

면역항암치료제 개발 기업인 신○젠의 경영진 4명은 2014년 3월 페이퍼컴퍼니 A사를 통해 D△금융투자로부터 350억원을 빌려 그 대금으로 신○젠 BW(신주인수권부사채)를 인수했다. 이틀 뒤 신○젠은 BW 납입대금을 A사에 빌려주고 A사는 D△금융투자에 350

---

16) 대법원 1997. 5. 23. 선고 95다5790 판결; 대법원 2004. 3. 26. 선고 2002다29138 판결 등 다수.

17) 체당(替當)이란 나중에 돌려받기로 하고 다른 사람을 위하여 대신 빌려주는 것을 뜻한다. 체당한 자는 다시 이를 회사에 돌려주어야 할 채무를 지게 된다.

18) 공정증서원본 부실기재죄는 공무원에 대하여 허위신고를 하여 공정증서원본에 부실한 사실을 기재하게 함으로써 성립되는 범죄이다(형 228조).

19) 납입가장죄가 성립하는 한 회사 자본이 실질적으로 증가됨을 전제로 한 횡령죄는 성립하지 않는다는 것이 판례의 입장이다(대법원 2004. 6. 17. 선고 2003도7645 판결). 한편, 대표이사가 전환사채의 사채대금 납입을 가장한 경우에는 사채대금이 모두 납입돼 실질적으로 회사에 귀속되도록 조치할 업무상 임무에 위배해 전환사채 인수인에게 인수대금 상당의 이득을 얻게 하고 발행회사에 손해를 가한 것이므로 업무상 배임죄에 해당한다고 판시하였다(대법원 2015. 12. 10. 선고 2012도235 판결).

억원을 상환했다. 이로 인해 신○젠은 발행한 BW에 대해 인수대금을 받지 못해 350억원의 손해가 발생했다고 대법원은 판단했다. 이에 가담한 D△금융투자 전·현직 임원이 1심에서 징역형을 선고받았고 D△금융투자는 양벌규정에 따라 벌금형을 선고받았다. (출처: 조선비즈 2022. 8. 15; 서울파이낸스 2022. 8. 15; 서울신문 2022. 8. 15; 뉴스핌 2022. 11. 3; 조선비즈 2022. 12. 8)

연습 및 응용

Q1 주금의 가장납입에 해당하는지의 여부를 판단함에 있어서 고려하여야 할 사항으로 가장 비중이 높은 것은?

① 인출한 자금의 용도
② 주금을 납입한 시점과 인출한 시점까지의 기간
③ 법에 위반된다는 사실에 대한 인식
④ 인출한 자금을 나중에 회사에 반환하였는지의 여부
⑤ 납입자금의 출처가 타인으로부터 빌린 것인지 본인의 것인지의 여부

①: 만일 납입한 주금을 인출하여 자본금 본래의 용도인 회사의 영업자금으로 사용하였다면 등기 후 아무리 급하게 인출하였다 하더라도 가장납입이 아니다. 납입된 자본금은 그냥 회사에 쌓아두려고 하는 것이 아니라 회사의 사업용도(자본금 용도)에 쓰기 위한 것이기 때문이다.

Q2 처음부터 주금납입이 전혀 이루어진 바 없이 금융기관 발급의 주금납입보관증명서를 위조하여 설립등기 또는 유상증자의 등기를 하는 것을 흔히 '유령회사', '유령주식'이라 한다. 유령주식은 견금에 의한 가장납입과 어떻게 다른가? 유령주식은 주식으로서의 효력을 갖는가?

견금에 의한 가장납입의 경우에는 형식적이기는 하지만 일단 자본금으로 유입된 바가 있다. 그러나 유령주식의 경우에는 주금납입 자체가 실질적으로는 물론이고 형식적으로도 없기 때문에 주금납입으로서의 효력이 전혀 없다. 즉, 무효이다.

제3절 유상증자

자본금을 증가(증자)시키는 방법에는 유상증자와 무상증자가 있다. 유상증자(**통상의 신주발행**)는 신주발행에 의하여 외부로부터 추가적인 출자가 이루어지는 것이므로 인수와 납입의 절차를 요한다. 전환사채(CB)나 신주인수권부사채(BW) 등은 유상증자에 의한 신주발행과 동질적이므로 신주에 관한 규정이 준용된다.

[8.3.1] 기본원칙

유상증자를 할 때에는 아래 기본원칙을 지켜야 한다.

(1) **자본충실원칙** – 신주발행에 의하여 증가되는 수치상의 자본금액 이상의 순자산이 회사에 실제로 유입되어야 한다. 예컨대, 신주발행에 의하여 증가된 자본금이 100억원이라면 그에 의하여 최소한 100억원 이상의 자산이 회사에 실제로 유입되어야 한다. 신주발행에서의 자본충실은 신주 발행가액의 공정성과 인수・납입의 충실에 의해 구현된다.

(2) **수권자본원칙** – 회사설립 이후 신주를 발행하는 때에는 자금조달의 기동성과 신속성을 위해 신주발행에 관한 결정권한을 원칙적으로 이사회에 부여한다.[20]

(3) **주식의 비례적 가치 보호 원칙** – 신주발행으로 주식수가 늘어나는데 그로 인하여 종전 주식의 비례적 가치가 감소되지 않도록 하여야 한다. 즉, 신주발행으로 인하여 기존 주식의 가치가 희석되지 않도록 해야 한다. 이는 신주인수권의 주주귀속의 원칙에 의하여 구현된다.

---

20) 수권자본주의에 따라 이사회가 신주발행사항을 결정함이 원칙이다. 다만 정관으로 신주발행의 결정기관을 주주총회로 할 수 있다(상 416조). 이사회(또는 주주총회)가 신주발행을 결정할 때에는 (i) 신주의 종류의 수, 신주의 발행가액과 납입기일, 신주의 인수방법, 무액면주식의 경우 신주의 발행가액 중 자본금으로 계상하는 금액에 관해서는 반드시 이를 결정하여야 하고(이상 필수결정사항), (ii) 현물출자, 주주가 가지는 신주인수권의 양도에 관한 사항, 주주의 청구가 있는 때에만 신주인수권증서를 발행한다는 것과 그 발행기간에 관해서는 해당사항이 있으면 이를 결정하여야 한다(이상 임의결정사항)(상 416조).

[8.3.2] 신주인수권

현대그룹의 대북사업을 전담하고 있는 현대아산(비상장회사)이 운영자금 마련을 위해 주주 배정 방식으로 500억원의 유상증자를 실시했다.

<table>
<tr><td rowspan="2">1. 신주의 종류와 수</td><td colspan="2">보통주식 (주)</td><td colspan="4">10,000,000</td></tr>
<tr><td colspan="2">기타주식 (주)</td><td colspan="4">–</td></tr>
<tr><td colspan="3">2. 1주당 액면가 (원)</td><td colspan="4">5,000</td></tr>
<tr><td rowspan="2">3. 증자 전 발행주식 총수</td><td colspan="2">보통주식 (주)</td><td colspan="4">23,936,038</td></tr>
<tr><td colspan="2">기타주식 (주)</td><td colspan="4">–</td></tr>
<tr><td rowspan="3">4. 자금조달의 목적</td><td colspan="2">시설자금 (원)</td><td colspan="4">35,000,000,000</td></tr>
<tr><td colspan="2">운영자금 (원)</td><td colspan="4">15,000,000,000</td></tr>
<tr><td colspan="2">타법인 증권 취득자금 (원)</td><td colspan="4">–</td></tr>
<tr><td colspan="3">5. 증자방식</td><td colspan="4">주주 배정</td></tr>
<tr><td rowspan="4">6. 신주 발행가액</td><td rowspan="2">확정발행가</td><td>보통주식 (원)</td><td colspan="4">5,000</td></tr>
<tr><td>기타주식 (원)</td><td colspan="4">–</td></tr>
<tr><td rowspan="2">예정발행가</td><td>보통주식 (원)</td><td>–</td><td>확정예정일</td><td colspan="2">–</td></tr>
<tr><td>기타주식 (원)</td><td>–</td><td>확정예정일</td><td colspan="2">–</td></tr>
<tr><td colspan="3">7. 발행가 산정방법</td><td colspan="4">외부평가기관에 주당가치평가를 의뢰하고 ‘증권의 발행 및 공시 등에 관한 규정’에 의거 모집가액을 자율 결성함</td></tr>
<tr><td colspan="3">8. 신주배정기준일</td><td colspan="4">2019. 2. 1.</td></tr>
<tr><td colspan="3">9. 1주당 신주배정 주식수 (주)</td><td colspan="4">0.4277910887</td></tr>
<tr><td colspan="3">10. 우리사주조합원 우선배정비율 (%)</td><td colspan="4">–</td></tr>
<tr><td rowspan="4">11. 청약일</td><td rowspan="2">우리사주조합</td><td>시작일</td><td colspan="4">–</td></tr>
<tr><td>종료일</td><td colspan="4">–</td></tr>
<tr><td rowspan="2">구주주</td><td>시작일</td><td colspan="4">2019. 3. 5.</td></tr>
<tr><td>종료일</td><td colspan="4">2019. 3. 6.</td></tr>
<tr><td colspan="3">12. 납입일</td><td colspan="4">2019. 3. 8.</td></tr>
<tr><td colspan="3">13. 실권주(1,713,847), 단수주(3,204)</td><td colspan="4">미발행 처리</td></tr>
<tr><td colspan="3">14. 증자등기일</td><td colspan="4">2019.3.12</td></tr>
<tr><td colspan="3">15. 신주의 배당기산일</td><td colspan="4">–</td></tr>
<tr><td colspan="3">16. 신주권교부일</td><td colspan="4">2019. 3. 21.</td></tr>
<tr><td colspan="3">17. 신수의 상상예성일</td><td colspan="4">해당시항 없음(비상장주식)</td></tr>
</table>

18. 신주인수권 양도여부	아니오
– 신주인수권증서의 발행여부	아니오
19. 이사회결의일(결정일)	2018. 12. 28.
– 감사(감사위원) 참석여부	참석
20. 증권신고서 제출대상 여부	예

(출처: 금융감독원 전자공시 2019. 3. 13)

생각해보기

1. K는 발행주식총수가 100주인 X회사의 주식을 30주(30%) 보유하고 있고, 이 상태에서 X회사가 추가로 신주 50주를 발행하여 총 150주가 되었다고 가정하자. K가 신주발행에 참가할 수 있는 경우와 참가할 수 없는 경우에 따라 K의 지분비율과 주식가치는 어떻게 달라질까?
2. 회사가 자금조달의 목적이 아니라 경영권 승계를 목적으로 주주 아닌 제3자에게 신주를 배정하는 것은 적법한가?

1. 주주 귀속 원칙

신주를 발행할 때에 그 신주를 우선적으로 인수할 수 있는 권리를 신주인수권이라 한다. 누가 신주인수권을 가져야 할까? 신주인수권은 신주발행에 가장 이해관계가 많은 자에게 주어져야 마땅하다. 주주가 이에 해당한다. 만일 신주인수권이 기존의 주주에게 주어지지 않거나 기존 주식수에 비례하여 주어지지 않으면 기존 **지분의 희석**(물탄 주식; watered stock) 현상이 생기기 때문이다.[21] 그래서 **주주는 보유하고 있는 주식수에 비례하여 우선적으로 신주를 배정받을 권리를 가진다**고 규정하고 있다(상 418조 1항).[22]

---

21) 비유를 들면, 피자 한 판을 놓고 원래는 피자를 같이 만든 3명이 먹기로 하였는데, 그 중의 한명이 피자를 만드는데 전혀 기여한 바가 없는 친구 5명을 데리고 와서 같이 먹자고 하면, 1인에게 돌아가는 몫이 1/3에서 1/8로 줄어들게 된다.

22) 그러나 회사가 종류주식을 발행한 때에는 주식의 종류에 따라 신주의 인수에 관하여 특수한 정함을 할 수 있다(상 344조 3항). 이 경우에도 같은 종류주식 상호간에는 주주평등의 원칙이 적용된다.

물탄 주식 (Watered Stock)

:: [그림 8.3.2-1] 신주발행에 의한 지분 희석

甲: "대주주인 회장이 주주가 아닌 자기 아들에게 특별한 이유 없이 신주를 싼 가격으로 배정했다는군. 회장이면 그렇게 해도 되는 거야?"

乙: "아냐, 대주주라고 해서 함부로 주주 아닌 사람한테 신주를 배정할 수 있는 건 아니야."

甲: "그럼, 붕어빵 가게집 주인이 자기 아들한테 붕어빵을 공짜로 주면 위법한 거야?"

乙: "붕어빵 가게집과 주식회사의 주인은 각각 누구일까? 극단적으로 망했다고 가정했을 때 누가 책임을 지는 걸까? 붕어빵을 아들에게 공짜로 준다고 해서 그 때문에 누군가 피해를 보는 사람이 있어? 그런데 회사가 발행한 신주를 주주 아닌 자에게 배정하면 누가 피해를 입을까?"

2. 제3자 배정

[1] S△엔터테인먼트가 2023. 2. 7. 신주와 전환사채 발행을 통해 카△오와 전략적 파트너십을 체결한 가운데, S△ 창업자이자 최대주주인 이○만 측이 제3자에게 신주를 발행하는 건 위법이라며 법적 대응을 했다. 카△오는 신주와 전환사채의 전환을 통해 확보한 S△ 보통주를 인수하여 2대 주주(지분 9.05%)가 되었다. 그에 따라 이○만 측의 S△ 지분율은 이전의 18.45%에서 16.78%로 희석되었다. 이○만 측은 2023. 2. 8. 신주 및 전환사채 발행금지 가처분 신청을 했다. 사내 경영진이 제3자 신주배정을 하고, 최대주주가 문제를 제기한 상황이다. (출처: 한국일보 2023. 2. 7; 연합뉴스 2023. 2. 7; 중앙일보 2023. 2. 9)

서울동부지법은 2023. 3. 3. 이○만 측이 S△을 상대로 낸 신주 및 전환사채 발행금지 가처분 신청을 인용했다. 재판부는 S△이 긴급한 자금조달이나 사업확장을 위해 기존 주주의 신주인수권 등을 배제하고 카△오에 신주 및 전환사채를 발행할 필요가 있다고 단정하기 어렵고, 신주발행으로 인해 기존 주주들의 비례적 이익이 침해되거나 지배력이 약화할 우려가 있다고 보았다. 이 결정으로 카△오의 S△ 지분 확보 계획은 무산되었고 당시 이○만 측과 손을 잡은 하○브가 경영권 인수전에서 유리한 고지에 서게 되었다. 가처분 인용 이후, 하○브가 S△ 인수를 위한 공개매수를 진행했으나 자진 중단했다. 이후 카△오는 하○브가 남긴 지분과 공개매수를 통해 S△ 지분 약 40%가량을 확보하여 최대주주가 되면서 경영권 분쟁이 일단락되었다. (출처: 서울동부지법 2023. 3. 3. 자 2023카합10034 결정; 뉴스핌 2023. 2. 22; 연합뉴스 2023. 2. 10; 더 벨 2024. 11. 8; 네이버뉴스 2025. 5. 19)

[2] 산업은행이 한◎칼의 제3자 배정 유상증자를 통해 5천억원, 교환사채 인수를 통해 3천억원, 모두 8천억원을 제공하기로 했다. 대○항공은 아시아▲항공 인수를 위해 필요한 자금 마련을 위해 2조 5천억원의 유상증자를 하고, 이에 대○항공의 모회사인 한◎칼이 주주 배정방식에 의해 7천 300억원을 제공한다. 대○항공은 아시아▲항공의 제3자 배정 유상증자에 1조 5천억원 참여하고 3천억원의 영구채를 인수하기로 했다. 이로써 대○항공은 아시아▲항공의 지분 63.9%를 확보해 최대주주가 된다. 산업은행이 한◎칼의 지분 10% 정도를 가지게 됨에 따라 기존 주주의 지분이 희석되고 백기사로 경영권 방어가 될 수 있다는 논란이 있었다. (출처: 조선일보 2020. 12. 2; 한국경제 2020. 12. 2).

한◎칼의 제3자 배정 유상증자에 대해 K○○○는 경영권 분쟁 중인 기업에서 제3자 배정 유상증자를 실시할 경우 기존 주주의 보유 주식가치 하락이나 경영권 또는 지배권에 중대한 영향이 발생할 수 있다는 이유를 들어 법원에 신주 발행금지 가처분 신청을 제기했다.

서울중앙지법은 K○○○가 제기한 가처분 신청을 기각했다. 재판부는 한◎칼의 신주 발행은 상법과 한◎칼 정관에 따라, 한◎칼의 아시아▲항공 인수 · 통합항공사 경영이라는 경영상 목적을 달성하는 데 필요한 범위에서 이뤄졌다고 판단했다. (출처: 조선일보 2020. 11. 14; 한국경제 2020. 12. 1; 이코노믹리뷰 2020. 12. 22; 중앙일보 2020. 11. 17; 조선일보 2020. 11. 17; 한겨레 2020. 11. 17)

신주는 반드시 기존의 주주에게만 배정하여야 하나? 그렇지 않다. 신주를 발행하는 회사의 입장에서는 자금조달이나 그 밖의 경영정책상의 이유로 주주 아닌 제3자 중에서 출자자를 물색해야 할 필요가 있기 때문이다. 그러나 제3자에게 신주를 배정하면 신주인수권에 관한 주주의 이익을 해치게 된다.[23] 그래서 신주인수권의 **주주 배정의 당위성과 제3자 배정의 필요성을 절충하여 신주의 제3자 배정은 엄격한 요건을 갖춘 경우에 한하여 제한적으로 인정**된다.

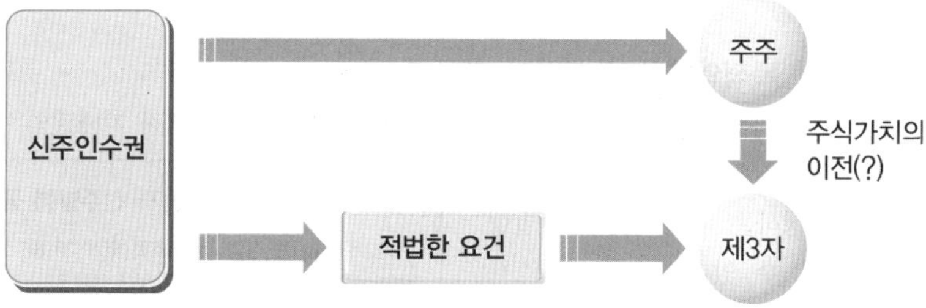

:: [그림 8.3.2-2] 신주인수권의 배정

(1) 형식적 요건 (근거)

제3자에게 신주를 배정하려면 **법률** 또는 **정관**에 제3자 배정의 근거조항이 있어야 한다.[24]

■ **법률에 제3자 배정의 근거조항이 있는 경우**

(i) 상장회사가 우리사주조합원에게 신주의 20% 범위 내에서 신주를 배정하는 경우(자금 165조의7 1항), (ii) 주주의 신주인수권을 완전히 배제하고 일반공모증자의 방식으로 신주를 발행하는 경우(자금 165조의6), (iii) 주식매수선택권을 부여하는 경우(상 340조의2, 542조의3) 등이 이에 해당한다.

(2) 실질적 요건

① 합리적 이유가 있을 것 – 신주를 제3자에게 배정하는 것이 **'회사의' 경영상의 목적달성을 위하여 필요**하고(필요성), 이러한 목적달성을 위한 수단으로 제3자에게

23) 대법원 2009. 5. 29. 선고 2007도4949 전원합의체 판결: 주주 배정방식과 제3자 배정방식을 구별하는 기준은 회사가 신주 등을 발행하는 때에 주주들에게 그들의 지분비율에 따라 신주 등을 우선하여 인수할 기회를 부여하였는지에 따라 객관적으로 결정해야 한다. 회사가 기존 주주들에게 지분비율대로 신주 등을 인수할 기회를 부여하였는데도 주주들이 그 인수를 포기함에 따라 발생한 실권주 등을 제3자에게 배정한 결과 회사 지분비율에 변화가 생기고, 이 경우 신주 등의 발행가액이 시가보다 현저하게 낮아 그 인수권을 행사하지 아니한 주주들이 보유한 주식의 가치가 희석되어 기존 주주들의 부(富)가 새로이 주주가 된 사람들에게 이전되는 효과가 발생하더라도, 그로 인한 불이익은 기존 주주들 자신의 선택에 의한 것일 뿐이다.

24) 정관에 제3자 배정의 근거규정이 없는 경우 주주총회의 특별결의에 의하여 제3자 배정을 할 수 있는지에 대해서는 긍정설과 부정설이 있다.

부여하는 신주인수권의 내용이 합리적이어야 한다(목적과 수단의 적합성 및 비례성). 상법 418조 2항에서는 이를 "신기술의 도입, 재무구조의 개선 등 회사의 경영상의 목적을 달성하기 위하여 필요한 경우에 한하여 정관이 정하는 바에 따라 주주 외의 자에게 신주를 배정할 수 있다"고 규정하고 있다.

■ **경영권방어 목적의 제3자 배정의 적법성**

회사의 경영권분쟁이 현재 계속 중이거나 임박해 있는 동안 등 오직 지배권의 변동을 초래하거나 이를 저지할 목적으로 신주를 제3자에게 배정하는 경우에는 신주발행 무효사유가 될 수 있다(대법원 2004. 6. 25. 선고 2000다37326 판결).

한편, 이사가 주식회사의 지배권을 기존 주주의 의사에 반하여 제3자에게 이전하는 것은 기존 주주의 이익을 침해하는 행위일 뿐 지배권의 객체인 주식회사의 이익을 침해하는 것으로 볼 수는 없으므로 회사 지분비율의 변화가 기존 주주 자신의 선택에 기인한 것이라면 지배권 이전과 관련하여 이사에게 임무위배가 있다고 할 수 없다는 것이 판례의 입장이다(대법원 2009. 5. 29. 선고 2007도4949 전원합의체판결).

> **3자배정 유상증자 신주발행 공고**
>
> 온상 주식회사는 상법 제416조에 의거 2018년 11월 19일 개최한 이사회에서 정관 제9조 ②항에 의한 3자 배정방식의 신주발행을 결의하였기에 상법 제418조 ④항에 따라 주주들에게 아래와 같은 내용을 공고합니다.
>
> 1. 신주의 종류와 수 : 기명식 전환상환우선주식 887주
> 1. 신주의 발행가액 : 1주당56,310원(액면금5,000원)
> 1. 신주의 발행가액 총액 : 금49,946,970(액면금4,435,000원)
> 1. 신주의 인수(배정)방법 : 정관 제9조②항에 의한 3자 배정
>   인수내역 : 주식회사 엑센트리벤처스(110111-6718005)에게 887주를 전부 배정한다.
> 1. 주금납입일 : 2018년 12월 05일
>
> 2018년 11월 20일
>
> **온상 주식회사** 대표이사 박 인 환
>
> 서울특별시 중구 퇴계로 213, 일흥빌딩 709호 710호(충무로4가)

:: [그림 8.3.2-3] 제3자 배정 공고
(출처: 한국경제 2018. 11. 20)

② **발행가액이 공정할 것** – 제3자에게 배정하는 신주의 발행가액이 불합리하게 헐값이어서는 아니 된다.[25)]

(3) 절차적 요건

주주 외의 제3자에게 신주를 배정하는 경우 제3자 발행에 관한 사항을 그 납입기일의 2주 전까지 **주주에게 통지하거나 공고**하여야 한다(상 418조 4항). 이는 주주의 이익을 보호하기 위한 강행법적 절차규정이다.[26)]

25) 제3자에게 배정하는 신주의 발행가액이 현저하게 저렴하면, 마치 주주 지갑 속의 돈을 빼서 제3자의 지갑에 넣어주는 것처럼 되어 주주의 이익을 해치기 때문이다.

26) 이러한 사전 공시로 주주는 위법하거나 부당한 신주의 제3자 발행을 신주발행유지청구권 등의 행사에 의해 사전에 저지할 기회를 가질 수 있다.

3. 신주인수권 양도

(1) 신주인수권을 갖는 자가 신주인수의 청약을 하지 않고 신주인수권을 팔아 신주인수권 프리미엄을 현금화할 수는 없을까? 이는 신주인수권을 양도함으로써 가능하다. 양도할 수 있는 신주인수권은 **주주의 구체적인 신주인수권**에 한정된다.[27] 제3자의 신주인수권은 특별한 목적을 위하여 주어진 것이기 때문에 양도할 수 없다(다수설).

甲: "회사로부터 신주인수권을 배정받았는데…, 주식인수의 청약을 하지 않을 생각이야. 인수할 돈도 없고…. 신주인수권 배정받은 게 아까운데, 이런 경우 다른 방법이 없을까?"

乙: "방법은 있지. 아파트 분양권을 프리미엄 받고 미리 전매하듯이, 신주인수권을 미리 팔아치우는 방법이 있어. 만일 이도 저도 여의치 않으면 주식인수의 청약을 하지 않으면 자동 실권되니까, 가만있어도 상관은 없어."

(2) 신주인수권의 양도가 가능하려면, 이사회(정관으로 주주총회의 결의사항으로 정한 경우에는 주주총회)의 결의로 신주인수권을 양도할 수 있다는 뜻을 정하여야 한다(상 416조 5호). 그러나 판례는 이사회(또는 주주총회)의 결의로 **신주인수권을 양도할 수 있음을 정하지 않은 때에도 지명채권을[28] 양도하는 방법과 효력으로 신주인수권을 양도할 수 있다**고 한다.[29]

---

27) 주주의 신주인수권은 **추상적 신주인수권**과 **구체적 신주인수권**으로 구분할 수 있다. 전자는 주주권의 한 내용으로 신주인수권을 갖는 것이므로 주식불가분의 원칙상 주식과 분리하여 양도할 수 없고 시효에 걸리지도 않는다. 후자는 추상적 신주인수권에 기하여 신주배정기준일에 생겨나고 회사에 대한 채권적 권리이므로 주주권으로부터 분리되어 양도할 수 있고(대법원 2016. 8. 29. 선고 2014다53745 판결) 시효에도 걸린다.

28) 지명채권(指名債權)이란 채권자가 특정되어 있는 채권이다. 예를 들면, K가 L로부터 500만원을 받을 채권이 이에 해당한다. 지명채권의 양도는 자유이며 채무자에 대한 통지 및 채무자의 승낙이 지명채권 양도의 대항요건으로 되어 있고, 제3자에 대항하려면 통지나 승낙을 확정일자 있는 증서에 의하여야 한다(민 450조).

29) 대법원 1995. 5. 23. 선고 94다36421 판결.

■ **신주인수권증서 vs 신주인수권증권**

신주인수권증서(新株引受權證書)는 유상증자할 때 신주인수권을 양도하기 위하여 발행되는 유가증권이다. 단기간(약 2주간 정도)의 유통을 위하여 발행된다.[30] 신주인수권증권(新株引受權證券)은 신주인수권부사채를 분리형으로 발행할 때에 신주인수권을 표창하기 위하여 발행되는 유가증권으로 비교적 장기간 유통된다. 양자 모두 신주인수권을 표창하는 유가증권이고, 전자등록함으로써 실물 발행을 하지 않을 수 있다(상 420조의4, 516조의7).

연습 및 응용

Q1 현대건설(주)은 정관(2025. 3. 12)에 신주를 주주 아닌 제3자에게 배정할 수 있는 근거규정을 아래와 같이 두고 있다. 이 중에서 9조 2항의 7호와 8호의 규정은 적법한가?

> 제9조(신주인수권)
>
> ② 이 회사는 제1항 본문의 규정에 불구하고 신기술의 도입, 재무구조개선 등 회사의 경영상 목적을 달성하기 위하여 다음 각 호의 경우에 이사회의 결의로 신주를 배정할 수 있다.
>
> 1. 「자본시장과 금융투자업에 관한 법률」 등 관계법규의 규정에 신주를 모집하거나 인수인에게 인수하게 하는 경우
> 2. 「자본시장과 금융투자업에 관한 법률」 제165조의7 규정에 의하여 우리사주조합원에게 신주를 우선 배정하는 경우
> 3. 주식예탁증서(DR) 발행에 따라 신주를 발행하는 경우
> 4. 「자본시장과 금융투자업에 관한 법률」 제165조의6 규정에 의하여 일반공모증자방식으로 신주를 발행하는 경우
> 5. 상법 제340조의2 및 제542조의3 규정에 의하여 주식매수선택권의 행사로 인하여 신주를 발행하는 경우
> 6. 외국금융기관, 기타 외국인투자촉진법에 따른 외국인 자본참여를 위하여 신주를 발행하는 경우
> 7. 현물출자에 대하여 신주를 발행하는 경우
> 8. 은행 등 금융기관의 출자전환에 의한 지분참여로 신주를 발행하는 경우

30) ≪사례≫ KDB대우증권은 장내에서 매매가 가능한 '대우증권 42R 신주인수권증서'를 상장했다고 밝혔다. 일반 투자자도 신주인수권증서의 매수를 통해 유상증자에 청약할 수 있다. (출처: 아시아투데이 2011. 10. 10)

9. 「근로자복지기본법」 규정에 의하여 우리사주매수선택권 행사로 인하여 신주를 발행하는 경우
10. 회사가 경영상 필요로 국내외 금융기관, 외국인, 사업상 제휴관계 필요자, 자본시장과 금융투자업에 관한 법률 시행령 제11조의 제1항 제2호 가목 내지 다목의 자에게 신주를 발행하는 경우

예외적으로 주주 아닌 제3자에게 신주를 배정하려면 정관이나 법률에 그 근거가 있어야 하고, 회사의 경영상의 목적을 달성하기 위하여 필요해야 한다(상 418조 2항). 회사설립시의 현물출자는 변태설립사항으로 정관에 규정하여야 하나(상 290조 2호), 설립 이후의 현물출자는 정관에 근거규정이 없더라도 이사회 결의만으로 할 수 있다는 것이 판례의 입장이다.[31] 채무의 출자전환은 그것이 일방적인 상계권 행사에 의한 경우라면 법에 의하여 금지되지만 회사의 동의가 있으면 유효하다(상 421조 2항).

[8.3.3] 발행가액

[1] 서울증권이 국내 증시사상 처음으로 법원의 허락을 받아 액면가보다 낮은 가격으로 신주를 발행했다. 서울증권은 1,280만주(액면가 합계 640억원)의 신주와 전환사채를 액면가(5,000원)보다 낮은 1,563원에 발행하게 해 달라며 주식 액면미달발행 인가신청을 서울지방법원에 냈다. 서울증권은 "현 주가가 액면가를 크게 밑돌고 있어 액면가로 주식을 발행하면 인수할 투자자가 없을 것"이라며 "회계법인의 실사를 받아 최저발행가격을 액면가보다 낮게 정했다"고 밝혔다. (출처: 매일경제 1998. 11. 3)

[2] 신한은행은 1,500억원어치의 신주를 액면가로 발행하여 주주들에게 인수시키는 대신 50년 만기의 신주인수권부사채(BW)를 함께 교부하는 방식으로 유상증자를 했다. 신한은행의 주가가 액면가보다 낮게 형성되어 있어서이다. 신주를 인수하는 주주들에 대해서만 BW를 10원에 인수시키고 BW를 인수한 주주는 3개월에서 5년 사이에 5,000원짜리 신주로 바꾸어 받을 수 있다. (출처: 매일경제 1998. 9. 17; 동아일보 1998. 9. 18; 한겨레 1998. 10. 13; 한국경제 1998. 10. 13)

31) 대법원 1989. 3. 14. 선고 88누889 판결. 이에 대하여 주주의 신주인수권에 변동을 가져오는 현물출자는 이사회 결의만으로는 안 되고 정관규정 또는 이에 갈음하는 주주총회의 특별결의를 거쳐야 한다고 해석하는 견해가 있다(이철송, 회사법, 717면).

생각해보기

1. 주식의 액면가(액면주식을 발행한 경우), 발행가, 시가는 각각 어떻게 다른가? 액면가보다 낮은 발행가액으로 신주를 발행하면 어떤 문제가 생기게 되나?
2. 위 사례 [1]에서 회사가 신주를 액면미달발행을 함에 있어서 법원의 통제를 받는 것으로 되어 있다. 그 이유는 무엇인가? 위 사례 [2]에서는 액면미달발행을 피하고 투자자를 끌어 모으기 위하여 액면가로 신주를 인수하는 자에게 매우 유리한 조건의 BW 발행을 제시하고 있다. 이러한 방식은 적절한가?
3. 액면가 이상이기만 하면 시가보다 지나치게 낮은 가격으로 신주의 발행가액을 정하더라도 문제가 없는가?

1. 발행가액 결정방법

(1) 신주의 발행가액은 신주를 발행할 때 신주를 인수한 사람이 회사에 납입해야 하는 1주의 금액이다. 신주의 발행가액은 원칙적으로 이사회(정관으로 주주총회가 결정할 수 있다)가 결정한다(상 416조 2호).

(2) 액면주식을 발행한 경우, **신주의 발행가액을 액면가에 미달하는 금액으로 하는 것은 원칙적으로 금지**된다. 주식을 액면미달로 발행하면 회사의 자본충실과 회사채권자를 해칠 우려가 있기 때문이다.

(3) 무액면주식을 발행한 경우, 신주 발행가액의 결정은 이사회에 맡겨져 있고(상 426조 2호, 2의2호), 액면가가 없으므로 액면미달 발행의 문제가 애당초 생길 수 없다.

:: [그림 8.3.3-1] 액면초과금의 회계처리

2. 액면미달 발행의 예외적 허용

(1) 취 지

주가가 액면가를 밑도는 상태에서 액면가 이상의 발행가액을 고집하면 투자자들의 외면으로 회사는 신주발행에 의한 자금조달을 할 수 없게 된다. 이 때문에 예외적으로 액면미달 발행을 허용하되, 사본충실의 견지에서 엄격한 요건을 갖춘 경우로 제한하고 있다(상 417조).

(2) 요 건

① **회사성립 후 2년이 경과**하여야 한다(상 417조 1항). 액면미달 금액을 발행 후 상각하기 위해서는 이를 감당할 만한 회사의 기반이 필요하고 그러기 위해서는 회사성립 후 어느 정도의 시간경과에 의한 안착을 요하기 때문이다.

② **주주총회의 특별결의**가 있어야 한다(상 417조 1항).[32] 액면미달 발행을 하면 기존 주주의 이익을 해칠 가능성이 있기 때문에 가중된 요건에 의한 주주들의 동의를 얻도록 한 것이다.

③ **법원의 인가**를 받아야 한다(상 417조 1항).[33] 법원의 심사를 통하여 회사채권자를 보호하고 액면미달 발행으로 인하여 야기될 수 있는 사회적 병폐를 후견자적 입장에서 예방하기 위함이다. 법원은 회사의 현황과 제반사정을 참작하여 최저 발행가액을 변경하여 인가할 수 있다(상 417조 3항 전단). 이 경우에 법원은 회사의 재산상태 기타 필요한 사항을 조사하게 하기 위하여 검사인을 선임할 수 있다(상 417조 3항 후단).

④ 위의 절차가 끝나면 이사회는 법원의 인가를 얻은 날로부터 **1개월 내에 신주를 발행**하여야 한다(상 417조 4항 전단). 법원의 인가를 얻어 그 기간을 연장할 수 있다(상 417조 4항 후단).

---

32) 이러한 경우에는 주주총회의 특별결의에 의하여 액면미달발행을 한다는 취지 외에 최저발행가액을 정하여야 한다(상 417조 2항). 액면미달발행을 하는 경우 이사회는 발행가액을 결정할 수 있는 권한을 갖지 못한다.

33) 상장법인에 대해서는 법원의 인가를 생략할 수 있는 특례가 인정된다(자본 165조의8 1항). 상장법인의 액면미달발행에 대해서는 굳이 법원이 통제하지 않더라도 증권시장에 의한 감시가 가능할 것이기 때문이다.

(3) 처 리

주식청약서와 신주인수권증서에 액면미달 발행의 조건과 미상각액을 기재하여야 한다(상 420조 4호, 420조의2 2항 2호). 신주발행으로 인한 변경등기를 할 때에는 액면미달 발행으로 인한 미상각액을 등기하여야 한다(상 426조).

■ **회계**

만일 액면가 5,000원인 주식의 발행가액을 3,000원으로 하여 100주를 발행한다면, 자본금은 {5,000원×100주}만큼 늘어나지만, 실제로는 {3,000원×100주}만큼만 유입되어 장부상의 자본금 수치보다도 적은 금액이 회사에 유입된다.

연습 및 응용

Q1 신주를 발행할 때 어느 주식 또는 주주에 대해서는 발행가액을 10,000원으로 하면서 다른 주식 또는 주주에 대해서는 발행가액을 5,000원으로 하는 것과 같이 동일한 기회에 발행하는 신주의 발행가액을 차별할 수 있는가? 다음 각각의 경우를 검토해 보시오.[34)]

(1) 종류주식을 발행한 경우 보통주와 우선주의 발행가

(2) 주주 배정방식에 의한 신주발행에 있어서 각 주주(예: K와 L) 사이의 발행가

(3) 제3자 배정방식에 의한 신주발행을 동시에 여러 건 병행하는 경우 각 건별 발행가

(4) 주주가 인수를 포기하여 실권한 부분을 제3자에게 배정하는 경우 주주에 대한 발행가와 제3자에 대한 발행가

(5) 사모 또는 연고모집에 의한 발행가와 공모에 의한 발행가

(1) 종류주식을 발행한 때에는 여러 종류주식간 발행가액을 차별화할 수 있다(상 344조 3항). 종류주식은 차별을 전제로 한 주식이고 이는 법률에 의한 것이기 때문에 주주평등의 원칙을 위반한 것이 아니다.

(2) 주주 배정방식으로 신주를 발행하는 경우에는 사단법적 지위에 의한 것이므로 동일한 내용의 주식이라면 주주평등의 원칙상 모든 주주에 대하여 발행가액이 동일하여야 한다.

---

34) 우리나라 상법은 일본 회사법과는 달리 발행시마다의 발행가액과 발행조건의 균등에 관한 규정을

(3) 제3자 배정은 계약에 의한 것이므로 주주의 이익을 해치지 않고 공정한 발행가액이라면 각 건별로 발행가액을 달리하여도 무방하다고 본다.

(4) 실권한 부분을 제3자에게 배정하는 경우에는 주주 배정에 의한 발행가액과 동일하거나 발행조건을 변경하여 그보다 높은 발행가액으로 배정할 수 있다. 이에 대해서는 삼성에버랜드의 실권주 처리에 대한 대법원의 다수의견과 반대의견 참조.

(5) 사모건 공모건 동일한 기회라면 발행가액은 동일하여야 한다.

Q2 상장회사인 X회사의 정관에는 신주의 발행가액에 관하여 아래와 같이 규정하고 있다. 이 회사 보통주의 2024년 12월 30일 거래종가는 1주당 2,195원이고 우선주는 2,877원이다(액면가 5,000원).

> 제00조 (신주인수권) 신주를 발행할 경우에는 발행할 주식의 종류와 수 및 발행가격 등은 이사회의 결의로 정한다.

(1) 만일 액면미달발행을 하려면 신주의 발행가액을 어떻게 책정하여야 하나?

(2) 이러한 경우 이사회가 신주의 발행가액을 결정할 수 있는 권한을 갖는가?

액면주식인 신주를 발행할 때에 발행가액은 액면가 이상의 시가로 하여야 하고 구체적인 발행가액은 이사회의 결의에 의하여야 함이 원칙이다(상 416조 2호). 그러나 위 회사의 경우는 시가가 액면가를 밑돌기 때문에 액면미달발행을 하려면 주주총회의 특별결의에 의하여 액면미달발행을 할 것인가의 여부(액면미달발행을 반드시 해야 하는 것은 아님)와 최저발행가액을 결정하여야 한다(상 417조). 액면미달발행을 함에 있어서 비상장회사의 경우에는 법원의 인가를 받아야 하나(상 417조 1항), 위 회사는 상장회사이므로 법원의 인가가 불필요하다(자본 165조의8 1항).

두고 있지 않아 해석에 맡기고 있다(권기범, 회사법, 911~912면).

[8.3.4] 절 차

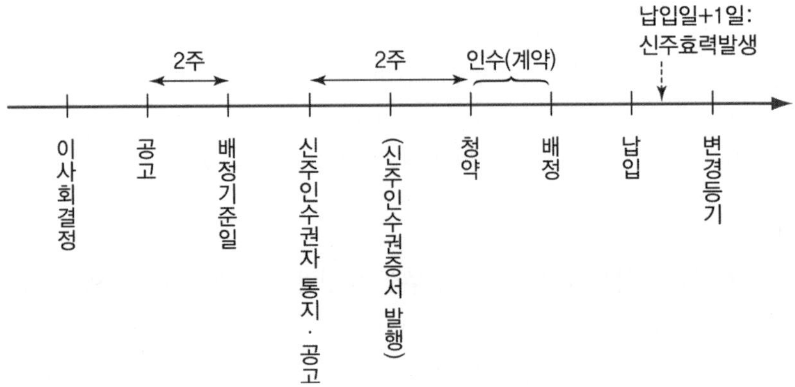

:: [그림 8.3.4-1] 신주발행 절차

1. 신주 인수

(1) 신주인수권자의 확정

① 주주 배정방식으로 신주를 발행하는 경우, 회사는 일정한 날(**신주배정기준일**, 예컨대 2024년 3월 3일)을 정하여 그 날에 주주명부에 기재된 주주가 신주인수권을 가진다는 것을 그 날의 2주간 전에 공고하여야 한다(상 418조 3항). 주주로서 신주를 배정받으려면 배정기준일 전에 미리 주식을 매수하고 명의개서를 해두어야 한다.

② 회사는 일정한 기일(청약일, 예컨대 2024년 3월 24일)을 정하고 그 기일의 2주간 전에 신주인수권자에게 그가 인수권을 가지는 주식의 종류와 수, 그 기일까지 청약을 하지 않으면 실권한다는 것을 통지하여야 한다. 신주인수권의 양도에 관한 사항과 신주인수권증서의 발행에 관한 사항이 있으면 이를 통지하여야 한다(상 419조 1항 · 3항).

(2) 신주인수의 청약과 배정

신주를 배정받기 위해서는 청약기일에 **주식청약서**(신주인수권증서를 발행한 경우에는 그 증서)에 의하여 회사에 신주인수의 청약을 하고,[35] 회사가 이에 대하여 승낙의

35) 이 때 민법 107조 1항 단서(상대방이 아는 비진의의사표시의 무효)의 적용이 배제되는 특례가 인정된다(상 425조, 302조 3항). 단체법적 법률관계의 안정을 기하기 위함이다. 그러나 통정허위표시를 무효로 하는 민법규정(민 108조)의 적용을 배제하는 특칙은 없다. 그러나 단체법적 안정이라는 측면에서 그 적용

의미로 배정을 하여야 한다. 이에 의하여 주식인수의 계약이 성립한다. 신주인수권자가 청약기일에 청약하지 않으면 회사설립시와는 달리 자동적으로 실권하게 된다.

2. 주금 납입

주식인수인은 납입기일에 인수가액을 일시에 현실적으로 납입하여야 한다(상 425조 1항, 303조, 421조).[36] 실무에서는 청약일에 청약증거금을 예납받고 이를 가지고 납입기일에 납입한 것으로 갈음하고 있다. 금전출자를 원칙으로 하나 현물출자도 가능하다.

3. 실권주 및 단주

(1) **실권주**(失權株)란 신주인수권의 대상이 되는 주식 중에서 주식인수의 청약을 하지 않거나 납입을 하지 않아 실권된 주식을 말한다.[37] 명의개서를 하지 않음으로 인해 생기는 실기주(失期株)와 다르다. 실권주 처리는 **이사회에 맡겨져 있다**. 실권주를 미발행 부분으로 남겨두어 차후에 발행할 수도 있고(소극적 처리), 재모집 · 제3자 배정 등의 방법으로 처리할 수도 있다(적극적 처리).

■ **실권주 발행조건 변경의무** (대법원 2009. 5. 29. 선고 2007도4949 전원합의체 판결(삼성에버랜드 사건))

[부정－다수의견] 단일한 기회에 발행되는 전환사채의 발행조건은 동일하여야 하므로, 주주 배정으로 전환사채를 발행하는 경우에 주주가 인수하지 아니하여 실권된 부분에 관하여 이를 주주가 인수한 부분과 별도로 취급하여 전환가액 등 발행조건을 변경하여 발행할 여지가 없다.

[긍정－반대의견] 상법에 특별한 규정은 없지만, 일반적으로 동일한 기회에 발행되는 전환사채의 발행조건은 균등하여야 한다고 해석된다. 그러나 주주에게 배정하여 인수된 전환사채와 실권되어 제3자에게 배정되는 전환사채를 '동일한 기회에 발행되는 전환사채'로 보아야 할 논리필연적인 이유나 근거는 없다. 실권된 부분의 제3자 배정에 관하여는 다시 이사회 결의를 거쳐야 하는 것이므로, 당초의 발행결의와는 동일한 기회가 아니라고 볼 수 있다.

을 배제하지 않을 이유가 없다. 입법적 해결을 요한다.

36) 납입장소, 납입금보관자의 증명과 책임, 현물출자의 이행방법은 주식회사 설립시와 동일하다(상 425조, 306조, 305조 2항 · 3항, 295조 2항).

37) 회사설립시(상 307조)와는 달리 실권절차를 밟을 필요없이 인수와 납입을 하지 않으면 당연히 실권된다. 주식을 인수하였음에도 납입을 하지 않아 실권한 주식인수인에 대해서는 손해배상을 청구할 수 있다(상 423조 3항).

(2) **단주**(端株)는 1주 미만의 주식이다. 신주인수권자에게 보유주식 수에 비례하여 신주를 배정하는 과정에서 생긴다. 이때의 단주 처리방법에 관해서는 상법에 규정이 없다.

■ **단주 처리**

만일 1주에 0.5주의 비율로 신주를 배정한다면, 10주를 가지고 있는 주주에 대해서는 5주(10주×0.5=5주)의 신주가 배정되어 단주가 발생하지 않는다. 그러나 7주를 가진 주주에 배정되는 3.5주(7주×0.5=3.5주) 중에서 3주는 완전한 주식으로 배정되고 0.5주의 단주가 발생하게 된다. 주식의 최소단위는 1주이므로 단주 부분에 대해서는 주식으로 줄 수 없기에 금전으로 환가하여 이를 단주의 주주에게 지급하여야 한다. 단주를 공평하게 처리하는 방법에 의하여야 한다.

4. 신주의 효력발생

신주의 인수인이 금전출자 또는 현물출자를 이행하면 **납입기일**(D일)**의 다음 날**(D+1일)로부터 신주의 효력이 발생한다(상 423조 1항). 유상증자 절차에서는 납입이 중심을 이루고 있기 때문에 획일적으로 납입기일을 기준으로 해서 그 다음 날을 신주의 효력발생의 기점으로 삼은 것이다. 신주권 발행(또는 주식의 전자등록)이나 변경등기 여부는 신주의 효력발생과 무관하다.

[8.3.5] 하자를 다투는 방법

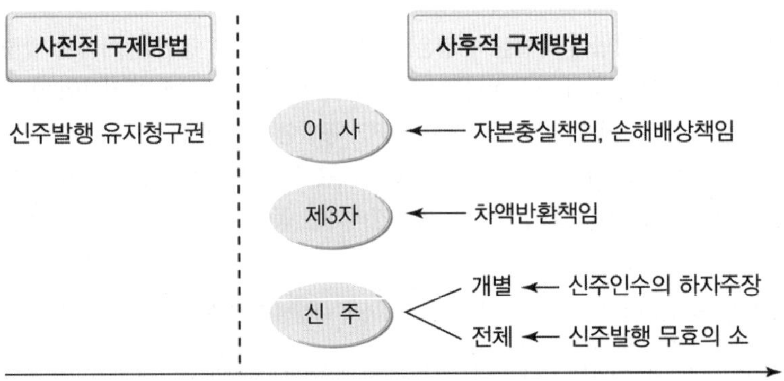

:: [그림 8.3.5-1] 하자있는 신주발행의 구제방법

1. 신주발행 유지청구권

(1) 신주발행 유지청구권은[38] 회사가 **법령 또는 정관에 위반하거나 현저하게 불공정**한 방법으로 신주를 발행함으로써 **주주가 불이익을 받을 염려**가 있는 경우에 그 주주(**단독주주권**)가 회사에 대하여 신주발행의 유지를 청구할 수 있는 권리이다(상 424조). 이는 기존 주식의 비례적 가치를 보호하기 위한 주주의 긴급수단이다(**자익권**). **사전적 구제수단**이므로 신주의 효력이 발생하기 이전에만 행사할 수 있다.

(2) 소송에 의하여 행사할 것을 요하지 않는다. 그러나 법원에 가처분 신청을 함으로써 실효성을 보강할 수 있다.

2. 이사의 책임

(1) 신주발행으로 인한 변경등기가 있은 후에 아직 미인수·미납입 주식이 있거나 주식인수의 청약이 취소되면 이사가 이를 공동으로 인수한 것으로 간주한다(상 428조 1항; **인수담보책임**).[39] 이는 자본충실을 위한 것으로 무과실책임이고 총주주의 동의로도 면제할 수 없다.

(2) 회사에 손해가 발생하면 인수담보책임과는 별도로 이사는 회사에 **손해배상책임**을 진다(상 428조 2항, 399조, 401조).

3. 차액 반환책임

이사와 통모하여 현저하게 불공정한 발행가액으로 신주를 인수한 자는 회사에 대해 공정한 발행가액과의 차액에 상당하는 금액을 지급할 의무가 있다(상 424조의2 1항). 이는 주주 이외의 **제3자에게** 신주를 지나치게 헐값으로 배정한 경우에 적용된다.[40]

---

38) '유지'(留止)는 중도에 그만두게 하는 것을 뜻한다. 유지청구권에는 일반적인 이사의 위법행위 유지청구권(상 402조)과 신주발행의 경우에 인정되는 신주발행 유지청구권(상 424조)이 있다. 일반적인 유지청구권제도가 있음에도 불구하고 이와는 별도로 신주발행 유지청구권을 인정하는 이유는, 신주발행으로 회사에는 손해가 없지만 주주에게 손해를 입히는 경우도 있을 수 있기 때문이다.

39) 인수담보책임을 지고 그 이행으로 납입의무를 진다.

40) 신주 전부를 주주에게 배정하는 경우에는 적용되지 않는다.

(1) 통 모

인수인이 이사와 '통모'(通謀)하였을 것을 요한다.[41] 현저히 불공정한 발행가액으로 신주를 인수하는 것만으로는 불충분하고 이에 대한 인수인의 적극적인 관여가 있어야 한다는 취지이다.

(2) 발행가액의 불공정

발행가액의 '현저한 불공정성' 여부는 주식의 시가, 회사의 자산상태와 수익력 등을 종합적으로 고려해서 판단한다.

(3) 반환책임

① 인수인은 그가 실제 인수한 발행가액과 공정한 발행가액과의 차액에 상당하는 금액을 회사에 지급할 의무를 진다. 인수인의 차액 반환책임은 자본충실을 위한 추가 출자의무로서의 성질을 띤다.[42]

② 차액 반환책임을 지는 자는 이사와 통모하여 현저하게 불공정한 가액으로 인수한 자(K)이다. 그로부터 그 주식을 양수한 자(L)는 차액 반환책임을 지지 않는다. 차액 반환책임은 불공정한 가액으로 신주가 발행되는 것에 적극적으로 관여한 자에 대한 제재이기 때문이다.

③ 인수인의 차액 반환책임은 회사에 대한 책임이므로 회사가 책임을 추궁하여야 함이 원칙이다. 만일 회사가 책임추궁을 게을리 하면, 주주가 대표소송으로 그 책임을 추궁할 수 있다(상 424조의2 2항, 403조~406조).

④ 회사가 인수인으로부터 차액을 반환받으면 이를 자본준비금(상 459조 1항 1호)으로 적립하여야 한다.

---

41) 통모(通謀)는 서로 짜고 하는 것을 말한다. 쌍방성과 적극성을 요하므로 단순히 현저하게 헐값이라는 사실을 알았다는 것만으로는 차액 반환책임이 없다.

42) 이는 주주유한책임원칙에 대한 법정 예외이다.

4. 신주의 무효

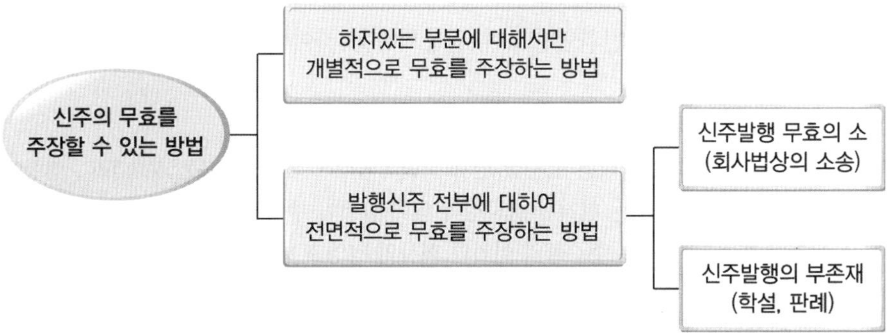

:: [그림 8.3.5-2] 신주의 무효를 주장하는 방법

(1) 개별적 무효

신주인수와 관련하여 인수인이나 회사의 의사표시에 하자가 있거나 무권대리 등의 사유가 있으면 무효가 되거나 취소할 수 있다. 그러나 신주를 인수한 자는 신주발행으로 인한 **변경등기일로부터 1년이 경과되거나 그 이전이라도 주주권을 행사한 때**에는 **주식청약서 또는 신주인수권증서의 요건 흠결**을 이유로 무효를 주장하거나 **착오, 사기 또는 강박**을 이유로 인수를 취소하지 못한다(상 427조). 자본형성에 관한 단체법적 효력의 안정을 기하기 위함이다. 그러나 그 밖의 사유(예: 세한능력, 무권대리 등)에 의한 무효나 취소의 주장에는 이러한 제한을 받지 않고 민법의 일반원칙에 따른다.

(2) 전반적 무효 (신주발행 무효의 소)

신주발행에 **중대한 하자**가 있는 경우 신주발행 무효의 소에 의하여 그 '회'(回)에 발행된 신주 전부를 무효로 할 수 있다(상 429조). 신주발행 무효의 판결이 있게 되면 유통시장에 주는 충격이 막대하다. 그러므로 신주발행 무효의 소는 신주발행에 중대한 하자가 있고(**중대성**) 다른 구제방법(예: 신주발행 유지청구, 이사의 손해배상책임 등)만으로는 충분히 구제받을 수 없는 경우에 한하여 **최후의 구제수단**으로 인정된다(**보충성**).[43] 신주발행 무효의 소는 **주주 · 이사 · 감사**에 한하여 신주를 발행한 날

43) 이를 목적과 수단에 있어서 비례의 원칙이라고도 한다. "참새를 잡기 위하여 대포를 사용해서는 안 된다."

로부터 **6개월 내**에 제기할 수 있으며(상 429조), 회사를 피고로 하여야 한다. 이에 의하여 무효판결이 확정되면 신주는 장래를 향하여 실효가 되므로(상 431조 1항) 회사는 납입받은 주금액을 반환함으로써 원상회복을 하여야 한다(상 432조 1항).

《참조판례》 신주발행 무효의 판단기준

신주발행이 무효로 되려면 단순한 절차 위반·형식적 흠결만으로는 부족하고, 법령이나 정관의 중대한 위반 또는 현저한 불공정이 있어 그것이 주식회사의 본질이나 회사법의 기본원칙에 반하거나 기존 주주들의 이익과 회사의 경영권 내지 지배권에 중대한 영향을 미치는 경우로서 신주와 관련된 거래의 안전, 주주 기타 이해관계인의 이익 등을 고려하더라도 도저히 묵과할 수 없는 정도라고 평가되는 경우에 한하여 신주의 발행을 무효로 할 수 있을 것이다. (대법원 2010. 4. 29. 선고 2008다65860 판결)

연습 및 응용

Q1 증권 발행시장에서의 정보 비대칭 문제를 해결하기 위하여 자본시장법에서 특별히 두고 있는 제도는?

증권을 발행하는 단계에서는 아직 증권가치에 대한 평가가 용이하지 않고 투자자로서는 발행인이 제공하는 일방적인 정보에 의존할 수밖에 없는 정보의 비대칭이 존재한다. 이 때문에 자본시장법에서는 발행시장의 공시서류로 신고서와 투자설명서에 관한 제도를 두고 있다(자본 119조, 123조, 124조).

제 4 절 무상증자

[8.4.1] 총 설: 외부유입 없는 증자

외부로부터의 추가적인 자금유입 없이도 자본금을 증가시키는 무상출자(무상증자)의 방법이 있다. 이에는 (ⅰ) 회사에 이미 적립되어 있는 **법정준비금**을 자본금으로 전입시키는 방법(좁은 의미의 무상증자), (ⅱ) 주주에게 **배당금**을 주는 대신 이를 자본금으로 전입하여 신주로 배당하는 방법(주식배당), (ⅲ) 회사채무를 자본금으로 전환하는 방법(채무의 출자전환), (ⅳ) **전환사채** 또는 **신주인수권부사채**의 전환청구권 또는 신주인수권 행사를 통하여 채무를 출자로 전환하는 방법 등이 있다.[44] 이들 모두 회계상의 계정조정에 의하는 방식이다.[45] 이에 의하여 주주의 지분율에 영향을 주거나 자본충실을 해칠 수 있으므로 **자본금으로의 전환**은 법에서 명시적으로 규정하고 있는 경우에 한하여 허용된다.

[8.4.2] 준비금의 자본금 전입

유한양행은 2023. 11. 24. 이사회에서 준비금(주식발행초과금)의 자본금 전입에 의한 무상증자를 다음과 같이 실시했다. 유한양행이 발행한 주식에는 보통주와 우선주가 있다. 주주는 누구나 무상 신주를 받을 수 있으나 자기주식은 제외된다. 무상증자는 사실상 주식배당을 하는 셈이 된다.

1. 1주당 액면가 (원)		1,000
2. 발행가액 (원)		1,000
3. 신주배정기준일		2024. 1. 1.(00 : 00시)
4. 1주당 신주배정 주식수	보통주 (주)	0.05
	우선주 (주)	0.05

44) 다만, 신주인수권부사채의 경우 신주인수권 행사에 의한 납입을 대용납입이 아닌 현실납입의 방법에 의하는 때에는 추가적인 출자가 있으므로 통상적인 유상증자의 실질과 같다.

45) 이상은 모두 '출자(자본금)로의 전환'이라고 할 수 있다(준비금 → 자본금, 이익배당금 → 자본금, 채무 → 자본금).

5 신주의 배당기산일	2024. 1. 1.
6. 신주권 교부예정일	전자등록제도 시행에 따라 해당사항 없음
7. 신주의 상장 예정일	2024. 1. 19.
8. 이사회 결의일(결정일)	2023. 11. 24.
– 감사(감사위원)참석 여부	참석

1) 우선주 주주도 보통주 주주와 동일하게 보통주로 배정함.
2) 단주는 상장초일 종가를 기준으로 하여 현금으로 지급함.
3) 당사가 소유하고 있는 자사주 소유주식에 따라 배정비율은 변동될 수 있음. (자기주식 총수: 보통주 6,378,855주, 우선주 32,600주)
(출처: 금융감독원 전자공시 2023. 11. 24)

생각해보기

1. 무상증자에 의한 신주발행의 재원은?
2. 무상신주는 과연 '공짜'(무상)일까? 무상증자에 의한 신주발행이 일반주주에게 반드시 이롭기만 할까?[46)]
3. 유상증자에 의한 신주발행과 무상증자에 의한 신주발행은 어떤 점에서 같고 다른가?

1. 뜻

좁은 의미의 무상증자란 '준비금' 계정의 금액을 빼내어 이를 '자본금' 계정으로 넘기는 회계처리를 하면 자본금 수치가 증가하게 되므로 그 증가하는 자본금액만큼 발행되는 신주를 기존 주주에게 무상으로 발행해 주는 것이다. 이를 준비금의 자본금 전입이라 한다.

■ **예시**

자본금이 10억원이고 법정준비금이 7억원인 회사에서 법정준비금을 2억원만 남기고 5억원을 자본금으로 넘기는 회계처리를 한다고 가정하자. 이렇게 되면 자본금은 5억원이 증가하여 15억원(10억원+5억원)으로 되고 법정준비금은 2억원으로 감소된다. 이때 주식의 액면가가 5,000원이라고 하면 증가되는 자본금 5억원 만큼 별도의 납입 없이 신주의 수가 증가

46) ≪사례≫ 유한양행은 2016년부터 2023년까지 매년 연말 이사회에서 무상증자를 결정했는데 이를 중단할 계획이다. 자기주식 소각 등에 의한 기업가치 제고 프로그램과 상충한다고 판단했다. 무상증자를 하면 발행주식총수가 늘어나 주주의 지분가치가 희석될 수 있기 때문이다. (출처: 아이뉴스24 2025. 1. 3; MoneyS 2025. 1. 2)

하게 되고(5억원÷5,000원=10만주), 이를 기존의 주주에게 보유주식수에 비례하여 무상으로 발행하게 된다.

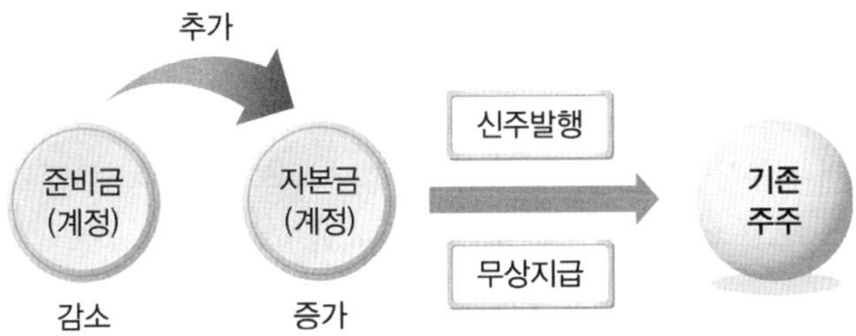

:: [그림 8.4.2-1] 무상신주 발행의 개념도

2. 재 원

(1) 자본금 전입의 대상이 될 수 있는 준비금은 **법정준비금**에 한한다(다수설). 자본금 전입용으로 이익준비금과 자본준비금 중에서 어느 것을 먼저 사용하건 상관없다.

(2) 임의준비금은 자본금 전입의 대상이 될 수 없다(통설). 임의준비금은 주주총회의 결의로 이익배당의 재원으로 삼을 수 있는 것인데, 이를 자본금으로 전입해서 자본금으로 고정하게 되면 주주의 배당이익을 해칠 수 있고, 임의준비금은 그 적립목적이 따로 정해져 있기 때문이다.

3. 수령권자

(1) **주주만**이 그가 가진 주식의 수에 비례하여 무상으로 신주를 받을 권리를 가진다(상 461조 2항 전단).

(2) 유상신주와는 달리 제3자는 어떤 경우도 무상신주를 받을 수 없다. 무상증자는 원래 주주에게 돌아갈 몫 또는 주주로부터 출연을 받아 적립해 둔 것을 재원으로 삼으므로 주주 아닌 제3자에 대해서는 어떤 이유로도 줄 수 있는 성격의 것이 아니기 때문이다.

甲: "회사가 무상증자를 할 때 정관에 의하여 기존 주주가 아닌 제3자에게도 무상신주를 배정할 수 있는 거야?"

乙: "유상증자의 경우에는 회사의 필요에 따라서 주주 아닌 제3자도 유상신주를 받을 수 있어. 그러나 무상신주는 제3자에게는 어떠한 이유로도 줄 수 없어."

甲: "다 같이 신주를 발행하는 건데, 왜 그런 차이가 있는 거야?"

乙: "신주발행 재원의 성격에 따른 차이라고 할 수 있겠지. 유상증자의 경우는 신주를 받는 자에게 그 대가를 납입하도록 하지. 하지만 무상증자는 그렇지 않거든. 너의 집 마당의 감나무에 열린 감을 다른 사람이 공짜로 따 먹는다면 가만히 있겠어?"

4. 결정권자

법정준비금의 자본금 전입은 유상증자와 마찬가지로 **이사회** 결의에 의함이 원칙이다. 정관에 의하여 주주총회에서 이를 결정하는 것으로 정할 수 있다(상 461조 1항).

5. 발행가액

액면주식의 경우 준비금의 자본금 전입에 의해 발행되는 신주의 발행가액은 **액면가**로만 해야 한다. 무액면주식의 경우 발행가를 자유롭게 정할 수 있고 준비금을 자본금으로 전입한다고해서 신주발행이 반드시 수반되는 것은 아니다.

6. 절 차

무상증자에는 유상증자와는 달리 신주의 **인수와 납입의 절차가 없다**. 이를 제외하고는 유상증자의 절차와 비슷하다. 즉, 이사회에서 자본금 전입의 결의를 하면, 회사는 일정한 날(신주배정기준일)을 정하여 그 날 주주명부에 주주로 기재되어 있는 자가 무상신주의 주주가 된다는 것을 기준일 2주간 전에 공고하여야 한다(상 461조 3항 본문).[47] 이는 주주로 하여금 무상신주를 받을 기회를 놓치지 않도록 주의

47) 주주총회가 자본금 전입의 결의를 하는 때에는 배정기준일을 별도로 정할 필요가 없다. 이러한 경우는 주주총회의 소집통지에 의하여 자본금 전입의 사실이 이미 예고되었기 때문이다.

를 환기시키고 예고하는 의미가 있다.

주주님께

신 주 발 행 공 고

상법 제 416 조에 의거 2014년 12월 5일 개최한 당사 이사회에서 준비금자본전입(무상증자)에 관하여 다음과 같이 결의하였기에 이를 공고합니다.

-다 음-

1) 신주의 종류와 수 : 기명식보통주(대한제당) 1,331,282주
기명식우선주(대한제당우) 108,046주
기명식우선주(대한제당3우B) 21,610주
2) 신주의 발행가액 : 1주당 2,500원
3) 신주의 배정기준일 : 2014년 12월 23일(화)
4) 신주의 배정방법 : 2014년 12월 23일 17시 현재 당사 주주명부에 등재된 주주에게 소유주식 1주당 0.20주(자사주 제외)의 비율로 배정함.
단, 1주 미만의 단수주는 신주의 상장 초일 종가를 기준으로 매각하여 현금으로 지급함.
5) 신주의 재원 : 주식발행초과금
6) 신주의 배당기산일 : 2014년 1월 1일

신주배정기준일 및 주식명의개서정지 공고

상법 제 354조 및 당사 정관 제 11조에 의거 신주배정을 위하여 다음과 같이 주식의 명의개서, 질권의 등록 및 변경, 말소등 주주명부의 기재사항 변경을 정지하오니 양지하시기 바랍니다.

-다 음-

1. 신주의 배정기준일 : 2014년 12월 23일
2. 명의개서 정지기간 : 2014년 12월 24일 ~ 2014년 12월 31일

2014년 12월 8일

대한제당 주식회사

대표이사 사장 고덕희

명의개서대리인 (주)하나은행 은행장 김종준 직무대행자 김병호

:: [그림 8.4.2-2] 무상신주 발행의 공고 (출처: 한국경제신문 2014. 12. 8)

7. 효 력

이사회가 자본금 전입의 결의를 하는 경우에는, 신주배정기준일에 자본금 전입의 효력이 생긴다(상 461조 3항 본문).[48]

■ 단주 처리

이때의 단주의 처리방법은 객관성과 공정성을 기하기 위하여 주식 병합시의 단주처리와 마찬가지로 법정되어 있다. 즉, (i) 거래소의 시세가 있는 주식의 경우는 거래소를 통하여 매각하여야 하고, (ii) 거래소의 시세가 없는 주식의 경우는 신주를 경매하여 그 매각대금을 단주의 주주에게 지급하여야 함이 원칙이다. 그러나 법원의 허가를 얻어 경매 아닌 방법으로 매각하여 그 매각대금을 지급할 수도 있다(상 461조 2항 2문, 443조 1항).

48) 주주총회가 자본금 전입의 결의를 하는 경우에는 주주총회의 자본금 전입 결의가 있는 때에 자본금 전입의 효력이 발생한다(상 461조 4항).

〈표 8.4.2-1〉 유상증자와 무상증자 비교

	유상증자	준비금의 자본금 전입
재 원	외부로부터 추가적인 출자금 유입 → 순자산 증가	회사 내부에 적립된 법정준비금 (외부로부터의 자금 유입이 없음)
인수권자	주주(원칙), 제3자(예외)	오직 주주만이 인수권자가 될 수 있다. (제3자 불가)
납입절차	인수와 납입의 절차가 필요하다. 실권주가 발생할 수 있다.	인수와 납입의 절차가 없다. (회사 내부적으로 준비금 계정의 금액을 자본금 계정으로 옮기는 회계작업만이 있다.) 실권주가 발생하지 않는다.
발행가액 (액면주식의 경우)	액면가 이상의 시가 발행이 원칙이나, 예외적으로 액면미달발행도 가능하다.	액면발행만이 가능하다.
신주의 효력발생시기	납입일 다음 날	이사회 결의시: 신주배정기준일 주총 결의시: 주총의 자본금 전입 결의시
단주 처리 방법	(규정 없음)	법정
다투는 방법	신주발행유지청구권, 신주발행무효의 소 등	(규정 없음)

연습 및 응용

Q1 종류주식을 발행한 회사에서 준비금의 자본금 전입에 의하여 무상신주를 발행함에 있어서 우선주에 대해서는 어떤 종류의 주식으로 발행하여야 하는가?

법정준비금의 자본금 전입에 의하여 발행되는 무상신주의 성질을 주식분할적인 것으로 보면, 무상신주의 배정은 주주가 기존에 갖고 있는 주식과 동일한 종류의 주식(즉, 보통주에 대해서는 보통주로, 우선주에 대해서는 우선주로)으로 하는 것이 원칙이다.

【참조】 삼성전자(주) 정관: 이 회사가 유상증자, 무상증자, 주식배당을 하는 경우, 보통주식에 대하여는 보통주식을, 우선주식에 대하여는 동일한 조건의 우선주식을 각 그 소유주식 비율에 따라 발행하는 것을 원칙으로 한다. 다만, 회사는 필요에 따라서 유상증자나 주식배당 때 한 가지 종류의 주식만을 발행할 수도 있으며 이 경우 모든 주주는 그 발행되는 주식에 대하여 배정 또는 배당받을 권리를 갖는다. (8조 6항)

제 5 절 자본금 감소

[1] 다◎는 2012. 3. 28. 정기주주총회에서 유상감자를 결의해 K씨 지분이 24.26%에서 23.60%로 줄고, 발행주식 2,600주를 소각했다. 자본금이 30억원 못 되는 회사에서 절반이 넘는 17억 4,478만 5,000원(주당 681,000원×2,600주)이 회사로부터 K씨에게로 빠져나간 셈이다. (출처: 금융감독원 2013. 4. 5. 전자공시; 이데일리 2018. 1. 7)

[2] 자본 잠식률 56.3%를 보인 아시아○항공은 2020. 12. 14. 서울 강서구 오쇠동 본사에서 열린 임시주주총회에서 자본금 감소(3:1 무상 균등감자)를 결의했다. 의결권 행사 주주 41.8%가 참여했으며 이 중 96.1%가 무상감자에 찬성했다. 아시아○항공은 액면가 5천원의 기명식 보통주식을 동일 액면의 보통주식으로 3:1 비율로 병합하는 무상감자를 시행한다. 자본금은 1조 1,162억원에서 3,721억원으로 줄어들며 발행주식총수는 2억 2,320만주에서 7,441만주로 감소한다.

최대주주인 금호△업에 이어 2대 주주인 금호석▲화학(지분율 11.02%)이 균등감자 안에 반발했으나, 이날 주총에 참석하지 않았다. 금호석▲화학은 대주주의 부실경영에 대한 징벌적 성격의 무상감자인 만큼 최대주주와 일반주주의 감자비율을 달리하는 차등감자를 해야 한다고 주장했다.

위 자본금 감소 절차는 2020. 11. 3. 자본금 감소 결정→2020. 11. 3. 명의개서 정지(주주명부 폐쇄)→2020. 11. 3. 주주총회 소집결의→2020. 11. 27. 주주총회 소집공고→2020. 12. 14. 주주총회 승인결의이다. 출자의 환급이 없는 무상감자이기 때문에 채권자 보호절차는 없다. (출처: 금융감독원 전자공시 2020. 12. 14; 서울경제 2020. 12. 15; 중앙일보 2020. 12. 15)

생각해보기

1. 자본금이 100억원인 회사가 자본금을 30억원으로 줄인다면, 이에 대하여 이해관계를 갖는 자는 누구인가?
2. 자본금을 감소하는 경우 감소되는 자본금만큼 주주는 출자한 것을 되돌려 받게 되는가?
3. 자본금을 줄이는 방법에는 어떤 것이 있을까? 자본금을 0원으로 하는 완전감자도 가능한가?

[8.5.1] 뜻과 유형

(1) 자본금을 줄이는 것이 자본금 감소(감자)이다. 자본금 감소에는 (i) 주주에게 출자를 환급함으로써 회사재산이 감소되는 경우(**실질적 자본금 감소**)와[49] (ii) 주주에 대한 출자의 환급이 없어 회사재산도 감소되지 않는 경우(**명목적 자본금 감소**)가[50] 있다.

(2) 실질적 자본금 감소는 과잉 자본금을 줄여서 주주에게 출자를 반환하기 위하여 이용된다. 명목적 자본금 감소는 자본결손을[51] 보존하기 위해 자본금 수치를 줄여 실제상의 순자산액에 근접시키기 위하여 이용된다.

(3) 대주주가 군소주주나 채권자의 희생 하에 자신의 출자를 우선적으로 회수하는 수단으로 자본금 감소를 악용할 위험이 있고, 자본금이 감소되면 회사채무를 담보하는 책임재산의 규범적 수치가 그만큼 하향된다. 따라서 자본금을 감소할 때는 주주와 채권자 보호가 원칙적으로 요구된다.

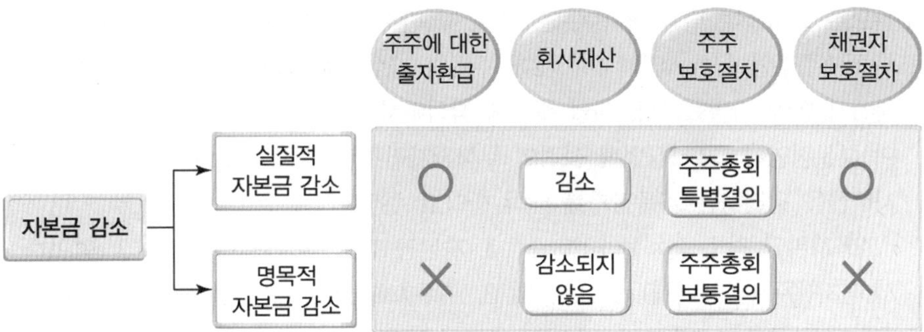

:: [그림 8.5.1-1] 실질적 감자와 명목적 감자

[8.5.2] 방 법

액면주식의 경우에는 {자본금=액면가×발행주식총수}의 관계에 있으므로, 자본금을 줄이는 방법에는 (i) 액면가를 줄이는 방법, (ii) 주식수를 줄이는 방법(주식병합, 주식소각), (iii) 액면가와 주식수 양자를 모두 줄이는 방법이 있다.

---

49) 실무에서는 흔히 유상감자라 한다.
50) 실무에서는 흔히 무상감자라 한다.
51) 자본결손이란 주식회사의 순자산액이 자본금과 법정준비금의 합계액보다 적은 상태를 말한다.

그러나 무액면주식의 경우에는 액면가를 줄이는 감자방법은 애당초 있을 수 없고 (i) 자본금 액수를 임의로 줄이는 방법, (ii) 발행주식총수를 줄이는 방법 등에 의하여 감자할 수 있다. 무액면주식의 경우 주식을 소각한다고 하여 자본금이 반드시 감소되는 것은 아니다.

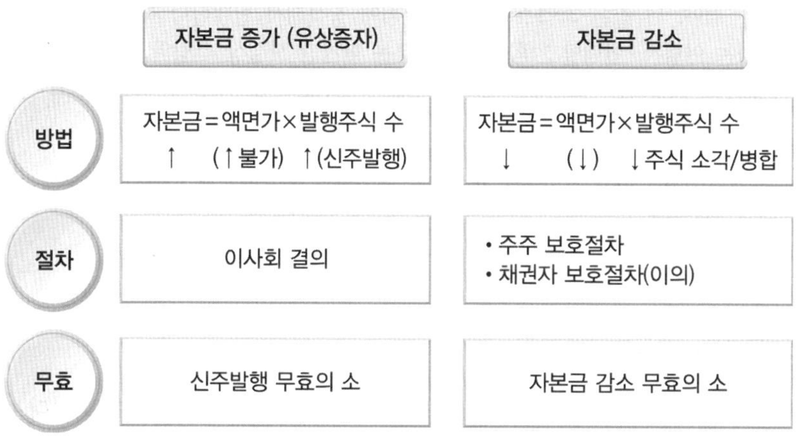

:: [그림 8.5.2-1] **자본금 증가와 실질적 감자** (액면주식의 경우)

[8.5.3] 절 차

자본금 감소는 **엄격한 법정절차**에 의하여야 한다(자본금 감소 제한의 원칙). 그 절차에 **주주** 및 **회사채권자** 등 이해관계자들이 참여할 수 있도록 하여 자신의 이익을 지킬 수 있는 기회를 주어야 한다.

(1) 주주 보호절차

자본금을 감소하려면 **주주총회의 특별결의**를 거쳐야 한다(상 438조 1항). 그러나 **결손 보전을 위한 자본금 감소**(명목적 감자)의 경우는 **주주총회의 보통결의**에 의한다(상 438조 3항).[52] 자본금 감소를 안건으로 하는 주주총회를 소집할 때에는 자본금 감소에 관한 의안의 주요 내용도 미리 통지·공고하여야 한다(상 438조 3항).

52) 실질적 감자의 경우에는 일부 청산에 준하여 주주총회의 특별결의를 요한다(상 518조 참조). 그러나 명목적 감자의 경우에는 회사자산의 사외유출 없이 수치조정에 그쳐 일부 청산적 성격이 없기 때문에 단순히 주주총회의 보통결의를 얻도록 한 것이다(이철송, 축조, 187면).

甲: "자본금 감소로 내가 가진 주식 10주가 졸지에 1주로 줄게 되었어. 회사로부터 아무런 보상이 없다고 하네. 이런 경우에는 어떻게 해야 하는 거야?"

乙: "자본금을 감소하려면 감자안을 주주총회에 상정해서 주주들로부터 동의를 받도록 하는 거야. 너 같은 소액주주가 주주총회에 참석해서 반대한다 하더라도 대세를 바꾸기는 어렵지. 반대할 기회를 갖는다고는 하지만 사실상 그림의 떡인 셈이지…."

甲: "회사를 합병하는 경우에는 반대주주에게 주식매수청구권을 인정한다던데, 자본금 감소에 반대하는 주주도 주식매수청구권을 행사할 수 있는 거야?"

乙: "그렇지 않아! 자본금 감소에 반대하는 주주에게 주식매수청구권을 인정하는 상법규정이 없거든."

(2) 채권자 보호절차

자본금 감소에 대한 **채권자 이의절차**를 두어 채권자 보호를 기하고 있다. 자본금 감소의 주주총회 결의를 한 날로부터 2주간 내에 회사채권자에 대해 이의가 있으면 1개월 이상의 일정한 기간 내에 이의를 제출할 것을 공고하고, 알고 있는 채권자에 대해서는 각별로 최고(독촉)하여야 한다(상 439조 2항, 232조 1항).

① **이의가 없는 경우** – 자본금 감소를 승인한 것으로 의제하고(상 439조 2항, 232조 2항), 자본금 감소절차를 속행한다.

② **이의가 있는 경우** – 이의를 제출한 채권자에 회사는 채무를 변제하거나, 상당한 담보를 제공하거나 또는 이를 목적으로 상당한 재산을 신탁회사에 신탁하여야 한다(상 439조 2항, 232조 3항).

그러나 **결손을 보전하기 위한 감자**(명목적 감자)의 경우에는 회사자산의 사외유출이 없으므로 **채권자 보호절차를 요하지 않는다**(상 439조 2항 단서).

> **자본감소에 따른 채권자 이의 및 주권제출 공고**
>
> 당회사는 2017년 12월 27일 임시주주총회에서 자본의 총액 200,000,000원을 금112,000,000으로 감소하고 그 방법으로 1주당 금470원(액면가 500원)에 주식 176,000주를 매수하여 유상소각하고 발행주식총수 400,000주에서 224,000주로 감소할 것을 결의하였음.
>
> 이 자본감소에 이의가 있는 채권자 및 구주권을 가진 사람은 이 공고 게재 익일부터 1개월 이내에 이의 및 구주권을 제출하여 줄 것을 공고함.
>
> 2017년 12월 28일
>
> **주식회사 비엔피네트워크**
>
> 서울특별시 구로구 디지털로34길 27, 910호(구로동, 대륭포스트타워3차)
>
> **대표이사 정 용 화**

:: **[그림 8.5.3-1] 실질적 자본금 감소를 위한 공고** (출처: 한국경제신문 2017. 12. 28)

(3) 실행방법과 절차

1) 자본금 감소의 방법으로 주식을 병합하는 경우 – 구주권을 회수하고 그 대신 신주권을 교부해주어야 한다. 이를 위하여 회사는 1개월 이상의 기간을 정하여 그 기간 내에 주권을 회사에 제출할 것을 공고하고, 주주명부에 기재된 주주에 대해서는 각별로 통지하여야 한다(상 440조).

구주권을 제출할 수 없는 자가 있으면, 그 자의 청구에 의하여 3개월 이상의 기간을 정하고 이해관계인에 대하여 그 주권에 이의가 있으면 그 기간 내에 이의를 제출할 것을 공고하고, 그 기간이 경과하도록 이의가 없으면 신주권을 청구자에게 교부할 수 있다(상 442조).[53]

2) 자본금 감소의 방법으로 주식을 소각하는 경우 – 그 절차와 방법에 대해서는 주식병합에 관한 규정을 준용한다(상 343조 2항, 440조, 441조).

3) 자본금 감소의 방법으로 액면가를 감액하는 경우 – 새로운 액면가가 기재되어 있는 신주권으로 교환해 주어야 한다. 그 절차와 효력발생은 주식병합의 경우와 동일하다(상 329조의 2, 440조, 441조, 442조).

---

53) 일반적인 경우와는 달리 법원에 의한 공시최고 및 제권판결 절차에 의하지 않고 회사의 공고에 의한 이의절차에 의하고 있다.

(4) 변경등기

자본금 감소의 효력이 발생한 때로부터 본점 소재지에서는 2주간 내에, 지점 소재지에서는 3주간 내에 변경등기를 하여야 한다(상 317조 2항, 183조). 등기 여부는 자본금 감소의 효력과 무관하다.

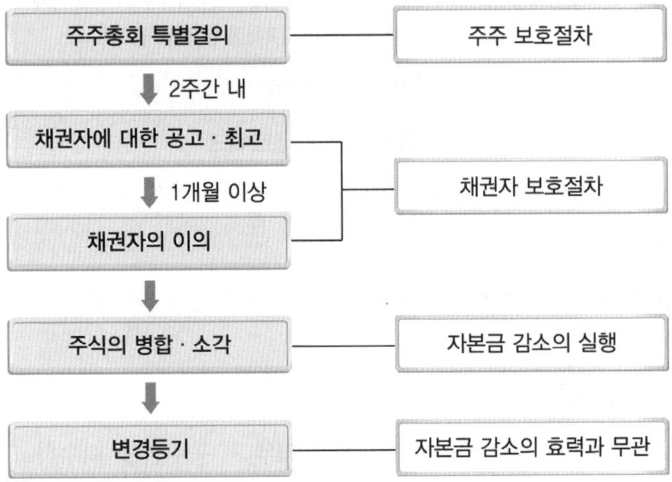

:: [그림 8.5.3-2] (실질적) 자본금 감소의 절차

[8.5.4] 효력발생

자본금 감소의 효력이 발생하는 시기는 **자본금 감소를 위한 절차가 모두 종료된 때**이다. 구주권의 제출이 필요한 경우에는 **주권 제출기간이 만료된 때**(전자등록 주식의 경우는 병합기준일, 전등 65조 1항)에 자본금 감소의 효력이 생기고(상 441조 1문), **채권자 이의절차**가 종료되지 아니한 경우에는 그 절차가 종료된 때에 자본금 감소의 효력이 생긴다(상 441조 2문). 그 이후의 후속절차(신주권 교부, 단주 처리, 변경등기 등)는 자본금 감소의 효력발생과 무관하다.

[8.5.5] 무효의 소

(1) 자본금 감소의 절차 또는 내용에 **중대한 하자**가 있는 경우에 한하여 **주주 · 이사 · 감사 · 청산인 · 파산관재인 · 자본금 감소를 승인하지 않은 채권자**는 회사를

피고로 하여 자본금 감소로 인한 변경등기일로부터 **6개월 이내**에 자본금 감소 무효의 소를 제기할 수 있다(상 445조).

(2) 원고 승소판결은 원고 · 피고뿐만 아니라 제3자에 대해서도 효력이 있고(상 446조, 190조 본문), 이례적으로 **소급효**가 인정된다(상 446조, 190조 본문).[54)]

연습 및 응용

Q1 **X회사의 대차대조표(재무상태표)상 자본금이 1,000억원으로 기재되어 있지만 총자산은 3,000억원, 부채는 2,500억원으로 순자산이 500억원에 불과하다.**

(1) X회사의 재무상황의 적절성 여부를 판단해보시오.

(2) 부적절하다면 이를 시정하는 방법은?

위 회사는 순자산액(500억원)이 자본금(1,000억원)과 법정준비금(0원)의 합계액(1,000억원)에 미달하여 자본결손의 상태에 있다. 만약 이 회사에 적립되어 있는 법정준비금이 있다면 이를 가지고 자본결손을 메워도 되고, 이를 이월결손금으로 처리하여도 무방하다(상 447조 3호, 449조). 이를 어떻게 처리할 것인가는 전적으로 회사의 재량이다. 그러나 다음 영업연도에도 손실이 계속되어 자본결손이 커지는 경우에는 이익배당이 불가능해지고 지급불능상태가 될 수도 있다. 이러한 경우 자본금 감소의 방법에 의하여 순자산에 근접하는 수치로 자본금을 감소할 수 있다.

Q2 **주식병합으로 자본금감소를 한 아래 사례의 적법성을 평가하시오.**

울○라건설은 임시주주총회를 개최하여 1주당 액면가를 5,000원에서 50,000,000원으로 인상하는 10,000:1의 주식병합을 했다. 모든 주주의 주식병합 비율은 동일했다. 10,000주에 미치지 못하는 주식을 보유한 주주에게 1주당 액면가 5,000원을 지급하기로 하는 내용의 '주식병합 및 자본금감소' 안건이 주주총회의 특별결의로 통과됐다. A 등을 포함하여 10,000주 미만의 주식을 보유한 주주들, 특히 우선주 보유자 등 일부 주주는 회사가 지급하는 단주 보상만을 받고 주주의 지위를 잃었다.

---

54) 상법 190조 본문은 대세적 효력에 관한 규정이고, 동조 단서는 소급효의 제한(즉, 장래효)에 관한 규정이다. 이 같은 다수설과는 달리 자본금 감소 무효의 판결에 소급효를 인정하면 매우 큰 혼란이 생길 것이라는 것을 이유로 소급효가 제한되는 것으로 해석하여야 한다는 반대설이 있다(이철송, 회사법, 910~911면). 이에 대해서는 입법론으로서는 타당하지만 해석론의 한계를 벗어난 것이라는 지적이 있다(임재연, 회사소송, 310면).

자본금감소는 회사의 자본구조를 조정하는 것이지만, 일반주주 희생, 지배주주의 경영권 강화 등으로 악용될 수도 있다. 특히 소수주주의 권리를 보호하기 위한 제도(예: 소수주식 강제매수 제도)를 우회하기 위한 수단으로 자본금감소가 이용되기도 한다. 이에 대한 적법성 판단은 자본금감소의 절차(주주총회 특별결의, 채권자 보호, 단주 보상 등)뿐만 아니라 실질(자본감소의 목적, 단주 처리방식과 보상 수준, 주주간 형평성 등)도 종합적으로 고려해야 한다.

대법원 2020. 11. 26. 선고 2018다283315 판결: 위 주식병합은 법에서 정한 절차에 따라 주주총회 특별결의와 채권자 보호절차를 거쳐 모든 주식에 대해 같은 비율로 주식병합이 이루어졌다. 단주 처리 과정에서 주식병합 비율에 미치지 못하는 주식 수를 가진 소수주주가 자신의 의사와 무관하게 주주의 지위를 상실했으나, 이러한 단주의 처리방식은 상법에서 명문으로 인정한 주주평등원칙의 예외이다. 그러므로 위 주식병합의 결과 주주의 비율적 지위에 변동이 발생하지 않았고, A 등이 그가 가진 주식의 수에 따라 평등한 취급을 받지 못한 사정이 없는 한 이를 주주평등원칙의 위반으로 볼 수 없다. 위 주식병합 및 자본금감소는 주주총회 참석 주주의 99.99% 찬성(발행주식총수의 97% 찬성)을 통해 이루어졌는데, 이러한 회사의 결정은 지배주주뿐만 아니라 소수주주 대다수가 찬성하여 이루어진 것으로 볼 수 있다. 이와 같은 회사의 단체법적 행위에 현저한 불공정이 있다고 보기 어렵다. 또한 해당 주주총회의 안건 설명에서 단주의 보상금액이 1주당 5,000원이라고 제시되었고, 이러한 사실을 알고도 대다수의 소수주주가 주식병합 및 자본금감소를 찬성하였으므로 단주의 보상금액도 회사가 일방적으로 지급한 불공정한 가격이라고 보기 어렵다.

제 9 장

주주퇴출 및 주주환원

제 1 절 총 설

(1) 회사가 주주에게 출자금을 되돌려 주는 **출자의 환급은 금지**되는 것이 원칙이다. 주식은 원래 영구자본에 투자된 것이고 자본충실의 원칙상 그리하다. 주주는 주식 발행회사 아닌 다른 자에게 주식을 양도함으로써 출자금을 회수하거나, 주식을 그대로 보유한 채 배당을 받음으로써 투자수익을 얻을 수 있다.

(2) 이에 대한 예외로, 주주가 회사로부터 투자금을 회수할 수 있도록 하는 경우가 있다. ⓐ **자기주식의 취득**(상 341조)과 **상환주식의 상환**(상 345조), ⓑ 주주에게 출자금을 환급하는 **실질적 자본금 감소**(상 343조 1항 본문), ⓒ **주식매수청구권 행사**(상 360조의5, 374조의2, 522조의3 등) 등에 의한 **출자환급**이나 **주주환원**이 허용된다. ⓐ는 배당가능이익을 재원으로 한다.

(3) 주주가 그 의사에 반하여 주주의 지위에서 **축출**(squeeze-out)되는 경우가 있다. 단주 처리, 회사가 상환권을 갖는 상환주식, 지배주주의 소수주주에 대한 강제주식매도청구권, 합병 등의 대가를 주식으로 주지 않고 금전으로 주는 경우 등이 그러하다. 이러한 때에는 축출되는 주주의 이익을 보호하기 위해 공정한 대가 지급과 정당한 절차에 의해야 한다.

제 2 절 주식양도

[9.2.1] 주식양도 자유 원칙

(1) 주주는 주식을 양도함으로써 자유롭게 투하자본을 회수할 수 있다(**주식양도자유의 원칙**; 상 335조 1항 본문). 주식을 양도하는 방법은 양도인과 양수인의 개별적인 접촉에 의하여 거래하는 방법과 거래소시장이라는 조직적인 유통시장을 통하여 거

래하는 방법이 있다. 후자는 상장주식에만 가능하다.

(2) 주식양도에 대한 제한은 예외적인 것이므로 **법률 또는 정관에 의한 제한만**이 가능하다. 이러한 제한을 위반하여 주식을 양도한 경우 (a) 아예 그 취득의 효력을 무효로 하거나, (b) 의결권을 행사하지 못하도록 하는 불이익을 주고 있다. 주식양도의 제한에 의하여 주주의 이익이 침해될 수 있으므로 투자를 회수할 수 있는 구제수단을 마련해 두고 있다.

[9.2.2] 법률에 의한 양도제한

1. 권리주

권리주란 아직 주식으로서의 효력이 발생되기 전의 주식인수인으로서의 지위를 말한다. 권리주의 양도는 **회사에 대하여 '효력이 없다'**(상 319조). 아직 주식이 아닌 권리주의 양도는 회사조차도 용인할 수 없도록 한 것이다(절대적 무효). 그러나 양도 당사자간에 채권적 효력은 있다.

2. 주권발행 전 주식

주권이 발행되기 전에는 주식양도의 수단이 없으므로 주식을 양도할 수 없다.[1] 주권발행 전에 한 주식의 양도는 당사자간에 채권법적 효력이 있으나, **회사에 대해서는 회사가 이를 승인하더라도 절대적으로 무효**이다(상 335조 3항).[2]

그러나 회사성립 후 또는 신주의 납입기일 후 **6개월이 경과한 때**에는 주권 없이도 주식을 양도할 수 있다(상 335조 3항). 주권 발행을 기다릴 만큼 기다린 주주로 하여금 주식양도를 할 수 있도록 주권 교부 없는 주식양도를 예외적으로 허용한 것이다. 주권이 없으므로 지명채권 양도의 방법(민 450조)으로 주식을 양도할 수 있다.[3][4]

---

1) 주식을 전자등록하는 경우에는 주권을 발행할 수 없으므로 이때의 주식양도는 전자등록의 방법에 의한다.

2) 주식을 전자등록하여 주권을 발행하지 않는 경우에는 이에 관한 문제가 없게 된다.

3) 주식을 '양도'하는 경우뿐만 아니라 '양도담보'로 제공하는 경우도 마찬가지이다. 이때 명의개서를 하였는지 여부는 상관없다(대법원 2018. 10. 12. 선고 2017다221501 판결).

4) 주권발행 전 주식 양도가 회사 성립 후 6개월이 경과한 후에 이루어진 경우, 주식 양수인이 단독으로 회사에 명의개서를 청구할 수 있다(대법원 2019. 4. 25. 선고 2017다21176 판결).

이럴 때 주권 없이 주식을 양도할 수 있다 보니, 이중 양도의 문제가 생긴다. 주권을 발행하지 않는 상태에서 A(양도인)가 B(제1 양수인)에 주식을 양도하고는 그 주식을 다시 C(제2 양수인)에게 양도하는 경우, B와 C 중 누가 우선하는가? 이 경우 명의개서가 아니라 지명채권 양도의 대항요건을 누가 갖추었는가에 의해 우열이 정해진다.[5)]

3. 자기주식

[1] 고○아연은 2024년 공개매수에 맞선 대항 공개매수를 자기주식을 공개매수하는 방식으로 추진했다. 이에 대해 경영권 경쟁을 하고 있던 영△ 측이 경영권 방어 목적의 자기주식 취득은 위법이라고 주장하면서 공개매수절차 중지 가처분 신청을 냈다. 서울중앙지방법원은 2024년 10월 가처분 신청을 기각했다.

영△ 측은 즉각 2차로 배당가능이익 한도를 위배했다는 취지로 공개매수 중지 가처분 신청을 했다. 영△ 측은 임의적립금을 헐어 배당가능이익에 포함하려면 임의적립의 목적을 변경해야 하고, 이는 주주총회의 결의를 거쳐야 하는데 고○아연이 이사회 결의만으로 한 것은 위법하다고 주장했다. 서울중앙지법 재판부는 가처분 신청을 기각했다. "자기주식 취득 한도를 계산할 때 임의준비금을 공제해야 한다는 법 규정은 존재하지 않는 만큼 위법하다고 볼 수 없다"라면서 "상법과 자본시장법에 자기주식 취득 목적에 관한 제한이 존재하지 않으며 회사가 법상 절차들을 준수한 이상 경영권방어 목적의 자기주식 공개매수도 위법으로 단정할 수 없다"라고 판단했다. 법원은 영△ 측이 주장한 이사의 위법행위 및 이로 인해 회사에 회복할 수 없는 손해가 생길 염려가 있다는 점에 대한 증명이 충분하지 않다고 판단했다. (출처: 서울중앙지법 2024. 10. 21. 자 2024카합21491 결정; 한겨레 2024. 10. 21; 데일리안 2024. 10. 3; 비즈 트리뷴 2024. 10. 4; 브릿지경제 2024. 10. 2; 아시아경제 2024. 10. 2; 법률방송 2024. 11. 26)

---

5) 대법원 2010. 4. 29. 선고 2009다88631 판결: ① 주권 발행 전의 주식양도의 제3자에 대한 대항요건은 '확정일자 있는 증서에 의한 양도 통지 또는 회사의 승낙'이다(민 450조). ② 주권 발행 전 주식의 이중양수인이 모두 확정일자 있는 증서에 의한 통지나 승낙의 요건을 갖추지 못한 경우, 제2 주식양수인이 제1 주식양수인 명의로 적법하게 마쳐진 명의개서를 말소하고 자신의 명의로 명의개서를 하여 줄 것을 청구할 수 없다. 회사가 그 청구를 받아들여 제2 주식양수인 명의로 명의개서를 해주었더라도 회사에 대한 관계에서 주주의 권리를 행사할 수 있는 자는 여전히 제1 주식양수인이다. ③ 확정일자 없는 증서에 의한 주식의 양도 통지나 승낙 후 그 증서에 확정일자를 얻은 자는 제3자에 대한 대항력을 취득한다. 이때 그 대항력의 효력이 주식 양도통지일로 소급하지 않는다.

[2] 자기주식의 소각을 의무화할 것인가의 문제를 놓고 정치권(입법 강화), 재계(경영권 보호), 정부(단계적 개선)의 삼각 구도로 논쟁이 있었다.

A(**찬성론자**): "주주가치 제고를 위해 자사주 강제소각이 필요하다. 자사주 매입은 소각까지 이루어져야 비로소 주식 수가 줄어들어 주당 가치가 올라가는 실질적인 주주환원이 된다. 소각하지 않고 보유만 하는 것은 언제든 시장에 다시 나올 수 있는 '잠재적 매물'일 뿐이다." "자사주를 경영권 방어에 사용하는 것 자체가 '회삿돈으로 대주주의 지위를 지키는 행위'이므로 부당하다."

B(**반대론자**): "자사주 소각을 법으로 강제하는 것은 기업의 재산권을 침해하고 재무전략의 유연성을 떨어뜨린다. 기업은 자사주를 M&A 자금, 임직원 성과보상, 전략적 제휴(주식 스와프) 등 다양한 경영 수단으로 활용할 필요가 있다." "자본시장법 시행령 개정 등 정부는 인적분할 시 자사주에 대한 신주배정을 금지하는 등 규제를 강화했다." "우리나라는 차등의결권이나 포이즌 필(poison pill) 같은 경영권 방어수단이 미비하다. 이런 상황에서 자사주 소각까지 의무화하면, M&A 위협 시 백기사에 자사주를 넘기는 최소한의 방어막마저 사라진다." "만약 자사주 소각이 의무화되면 기업들이 향후 주가부양을 위해 자발적으로 자사주를 매입하던 행위 자체를 꺼리는 부작용이 생길 수 있다."

C(**입법적 보완론자**): "자사주는 아무런 권리가 없는 주식으로 자산이 아닌 자본임을 상법에 명시적으로 규정하고, 자사주 소각의무를 부여하되, 보유한도, 소각기한, 예외사유(임직원 보상, 구조조정 등 정당한 사유가 있을 때 주주총회 승인을 거치면 보유 허용) 등을 법에 규정할 필요가 있다."

D(**해석 및 운용상 보완론자**): "소각 의무화보다는 자기주식 취득과 처분에 관한 공시 강화, 처분 과정의 공정성 확보(예: 제3자 배정 처분 시 주주평등원칙 적용 등)가 현실적인 대안이다." (출처: 국회 2025년 3차 상법개정안; 금융위원회 보도자료 2024. 12. 24; 동아일보 2024. 12. 25; 대한상공회의소 보도자료 2025. 11. 12; 연합뉴스 2025. 11. 12; 중앙일보 2025. 7. 22)

자기주식의 취득이란 회사가 자신이 발행한 주식을 회사의 계산으로 유상 취득하는 것을 말한다. 자기주식의 취득은 출자의 환급에 의한 채권자의 이익침해, 취득과정에서 주주의 이익침해 등의 폐해가 발생할 수 있다. 상법은 **자기주식 취득을 원칙적으로 금지하되 이를 크게 완화**하는 것으로 입장을 변경하고 그로 인하여 생길 수 있는 폐해를 막기 위한 장치를 두고 있다. 아래 (1), (2)의 경우 자기주식의

취득을 허용한다. 자기주식의 취득은 예외적이므로 엄격하게 제한적으로 해석하여야 한다.[6)]

(1) 배당가능 이익에 의한 취득

1) 재원 – 자기주식 취득가액의 총액은 **배당가능한 이익**(상 462조)을 초과하지 못한다(상 341조 1항 단서).[7)] 출자의 환급이 아니라 어차피 사외 유출하여도 무방한 배당가능한 이익을 재원으로 한정하여 자기주식의 취득을 허용하고 있다. 배당의 법리가 적용된다.

2) 절차 – 주주총회(이익배당을 이사회 결의에 의하는 경우는 이사회)의 결의를 요한다(상 341조 2항 본문, 462조 2항 단서).

3) 취득기간 – 주주총회(또는 이사회)는 자기주식의 취득기간을 정하되 결의 후 1년을 초과하지 않는 기간으로 정하여야 한다(상 341조 2항 3호).

4) 취득방법 – 주주에게 공평한 기회를 부여하여야 한다(주주평등원칙). 이를 위해 거래소에서의 취득, 기타 각 주주가 가진 주식의 수에 따라 균등한 조건으로 취득하는 방법에[8)] 의하여야 한다(상 341조 1항 1호 · 2호).

(2) 특정목적에 의한 취득

회사는 아래의 어느 하나에 해당하는 경우 위 (1)의 규제를 받지 않고 자기주식을 취득할 수 있다(상 341조의2).

(ⅰ) 회사의 합병 또는 다른 회사의 영업 전부의 양수로 인한 경우

(ⅱ) 회사의 권리를 실행함에 있어 그 목적을 달성하기 위하여 필요한 경우

(ⅲ) 단주(端株) 처리를 위하여 필요한 경우

(ⅳ) 주식매수청구권을 행사한 경우[9)]

---

6) 대법원 2021. 10. 28. 선고 2020다208058 판결.

7) 대법원 2021. 7. 29. 선고 2017두63337 판결: '배당가능이익'은 채권자의 책임재산과 회사의 존립을 위한 재산적 기초를 확보하기 위하여 직전 결산기상의 순자산액에서 자본금, 법정준비금 등을 공제한 나머지로서 회사가 당기에 배당할 수 있는 한도를 의미한다. 이는 회사가 보유하고 있는 특정한 현금을 의미하지 않는다. 상법 341조 1항 단서는 자기주식 취득가액의 총액이 배당가능이익을 초과하여서는 안 된다는 것을 의미할 뿐, 차입금으로 자기주식을 취득하는 것을 금지한다는 뜻은 아니다.

8) 회사가 모든 주주에게 자기주식 취득의 통지 또는 공고를 하는 방법, 자본시장법에 따른 공개매수의 방법을 말한다(상령 9조 1항).

9) 대법원 2021. 10. 28. 선고 2020다208058 판결: 회사가 특정 주주와 사이에 특정한 금액으로 주식을 매수하기로 약정함으로써 사실상 매수청구를 할 수 있는 권리를 부여하여 주주가 그 권리를 행사하는 경우

(3) 위법한 취득의 효력

상법 341조와 341조의2에 위반한 자기주식 취득의 효력에 관해서는 유효설, 무효설, 선의의 제3자에 대해서는 무효를 주장하지 못한다는 상대적 무효설로 견해가 나뉜다. 판례는 상대방(양도인)의 선의・악의를 불문하고 무효라는 무효설을 취하고 있다.[10]

(4) 자기주식의 법적 지위[11]

회사가 자기주식을 보유하는 경우 상법은 그 주식의 의결권이 정지된다고 규정하고 있다(상 369조 2항). 의결권에 그치지 않고 그 밖의 공익권도 모두 정지된다고 해석하는 것이 일반적이다. 자기주식 상태에서 자익권을 행사할 수 있는지에 대해 논란이 있으나, 이 역시 정지된다는 것이 다수설이다(**전면적 휴지설**).

(5) 자기주식의 보유 · 처분

1) 적법하게 취득한 자기주식을 **처분하여야 할 의무가 없다**.[12] 자기주식의 계속 보유, 처분(매각), 소각, 합병 또는 주식교환 등 구조변경의 대가로 사용 등에 관한 선택은 회사의 경영정책적 판단에 맡겨져 있다.

2) 자기주식의 '취득'과 '처분'에 대해 상법은 다른 잣대를 적용하고 있다. 자기주식을 취득할 때는 모든 주주에게 평등하게 기회를 부여하도록 하고 있음에 반하여, 자기주식 처분 시에는 정관에 규정이 없으면 이사회가 처분상대방 및 처분방법을 결정하고 처분가액까지 결정할 수 있도록 하고 있다(상 342조).[13]

는 상법 341조의2 4호가 적용되지 않으므로, 상법 341조에서 정한 요건하에서만 회사의 자기주식 취득이 허용된다.

10) 대법원 2021. 10. 28. 선고 2020다208058 판결.

11) 자기주식은 자산인가, 미발행주식인가? 법적인 관점에서 자기주식은 발행된 주식이긴 하지만, 회사가 보유하는 동안에는 '권리가 정지된' 주식이다. 회계적(회계기준) 관점에서는 자기주식 취득을 '주주에게 투자금을 돌려준 것'으로 보아 재무제표상 자산(asset)으로 기록하지 않고 전체 자본에서 빼는 자본 차감항목(equity deduction)으로 표시한다(자본에서 마이너스 처리).

12) 2011년 개정 상법은 자기주식의 처분 시기에 대한 제한을 없앴다. 한편, 모회사의 주식은 여전히 6개월 이내에 처분하도록 함으로써(상 342조의2 2항) 균형을 잃고 있다(이철송, 축조, 91~92면).

13) 자기주식 처분에 신주발행 법리가 유추적용되는가? 이를 긍정하는 하급심판결도 있으나(서울서부지법 2006. 3. 24. 선고 226카합393 판결), 대부분의 하급심판결은 부정하고 있다(서울중앙지법 2015. 7. 7. 선고 2015카합80597 판결[제일모직-삼성물산 합병사건]). 경영권분쟁상황에서 신주발행과 자기주식 처분이 이해관계자에 미치는 영향이 동일하다는 점을 들어 적어도 입법론으로는 자기주식의 처분에 대해서도 주주의 신주인수권을 인정하는 것이 타당하다는 견해가 유력하다. 이사는 자기주식 처분에 있어서 선관주의의무를 진다.

>>> **사 례**

[1] 자사주(자기주식) 매입은 다양한 동기에서 행해진다. 한번 늘리면 다음에 줄이기 어려운 현금배당을 택하기보다는 재무정책의 유연성을 확보하면서 현금배당의 보완수단으로 활용되기도 한다. 자사주 매입이 최대주주의 지배구조를 강화하는 수단으로 활용되는 때도 있다. (출처: 한국경제 2015. 11. 2; 동아일보 2014. 11. 27; 매일경제 2014. 11. 27; 연합뉴스 2014. 11. 26; 한겨레 2018. 12. 5)

[2] 자사주 매입은 배당과 함께 주주환원정책으로 꼽힌다. 자사주를 사들이면 시장에서 거래되는 주식이 그만큼 줄어들어 대주주가 보유하고 있는 주식의 의결권 가치가 높아지고 주가 상승효과를 볼 수 있다. (출처: 조선일보 2015. 10. 29; 한겨레 2015. 10. 29)

[3] 카○오와 SK텔△콤이 3,000억원 규모의 자기주식을 맞교환하고 전략적 파트너십을 체결한다. SK텔△콤이 카○오에 매각한 자기주식은 의결권을 행사하지 못하는 상태에서 풀려나게 된다. (출처: 한국경제 2019. 10. 29; 중앙일보 2019. 10. 29; 한겨레 2019. 10. 29)

4. 모회사 주식[14)]

고○아연은 2025년 1월 임시주주총회 직전, 해외 손자회사인 S○C(호주 회사법상 Pty Ltd)이 영△ 주식 10% 이상(약 10.3%)을 취득하게 해서, 영△ → 고○아연 → S○C → 영△으로 이어지는 순환출자 고리를 형성했다. 그로 인해 2025년 1월 23일 열린 고○아연 임시주주총회에서 영△이 보유한 고○아연 지분 약 25.42%에 대해 의결권 행사가 제한된 채 주주총회가 진행되었다. 영△ 측은 강하게 반발하며, "모회사 주식을 취득한 자회사가 외국법인이고, 상법의 상호주 제한 규정은 유한회사 또는 외국회사는 적용대상이 아니다"라는 주장과 함께 고려아연의 의결권 제한이 부당하다고 주장하며 법원에 '주주총회 결의 효력정지 가처분' 등을 신청했다.

법원은 가처분 신청을 일부 인용했다. "상법 369조 3항은 주주의 기본적 권리인 '주주의 의결권(재산권)'을 제한하는 규정이기 때문에 엄격하게 해석해야 한다"라는 이유에서이다. 재판부는 고○아연의 손자회사인 S○C가 호주 회사법상 사적 유한회사(Pty Ltd)로 한국 상법상의 주식회사에 해당한다고 보기 어렵다고 판단하여, 상호주 의결권 제한 규정의 적용이 위법하다고 보았다. (출처: 서울중앙지법 2025. 3. 7. 자 2025카합20002 결정; 이코노믹데일리 2025. 1. 23; 연합뉴스 2025. 1. 22; STAR NEWS 2025. 3. 10)

14) **상호주**는 2개 이상의 회사가 서로 상대방 회사의 주식을 취득하는 것을 말한다. 상호주는 직접상호주, 순환상호주, 행렬식(matrix) 상호주 등으로 구분할 수 있다. 상법은 **직접상호주**만을 규율하며, **모자회사**와 **비모자회사** 두 가지 유형이 있다.

(1) P회사가 S회사가 발행한 주식총수의 **50%를 초과**(50%+1주 이상)하는 주식을 가지고 있는 경우, P회사는 S회사의 **모회사**이고 S회사는 P회사의 **자회사**이다(상 342조의2). 자회사는 모회사 주식을 **취득할 수 없음**이 원칙이다(취득금지형). 모회사가 자회사를 통하여 우회적으로 자기주식을 취득하는 것을 제한하기 위함이다. 자기주식과 동일한 법리가 적용된다.

(2) X회사가 Y회사가 발행한 주식총수의 **10%를 초과**(10%+1주 이상) 하나 50% 이하의 주식을 가지고 있는 경우 Y회사는 X회사의 주식을 취득할 수는 있지만,[15] 그 주식을 가지고 **의결권을 행사할 수 없다**(상 369조 3항)(취득허용 · 의결권제한형).

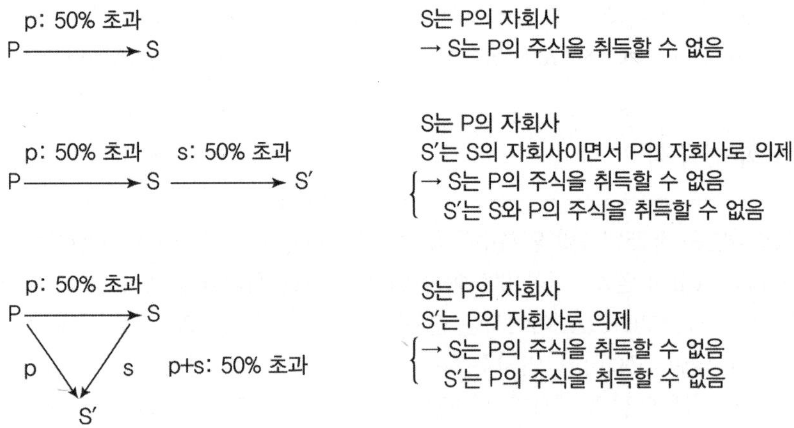

:: [그림 9.2.2-1] 모자회사의 3가지 유형

(3) 어느 회사가 다른 회사의 주식을 그 발행주식총수의 **10%를 초과하여 취득**한 때에는 지체없이 피취득 회사에 **통지**하여야 한다(상 342조의3). 이는 위 (1)과 (2)의 제도를 운용하는 데 필요하고, 회사지배권 경쟁의 공정성과 투명성을 위함이다. 이를 위반한 때에는 취득한 주식을 가지고 의결권을 행사하지 못한다.

15) 예외적으로 취득한 이 경우에는 6개월 내 처분의무가 있다(상 342조의2 2항).

[9.2.3] 정관에 의한 양도제한

비상장회사에서는 주주의 인적 폐쇄성을 유지할 필요가 있다. 그래서 **정관**에 의하여 주식의 양도를 제한할 수 있도록 하고 있다. 이 경우에도 주주의 투자회수 보장이라는 본질적 한계를 벗어나서는 안 된다. 그 제한 방법은 **이사회의 승인**을 얻도록 법정되어 있다(상 335조 1항 단서). 이사회 승인 없이 주식을 양도한 경우 그 양도는 회사에 대하여 '효력이 없다'(상 335조 2항). 주식양도가 거절된 경우 주식양도인(A) 또는 양수인(B)은 회사(X)에 **양도상대방**(C) **지정청구권** 또는 **주식매수청구권**을 행사할 수 있다(상 335조의2 4항, 335조의7 2항).

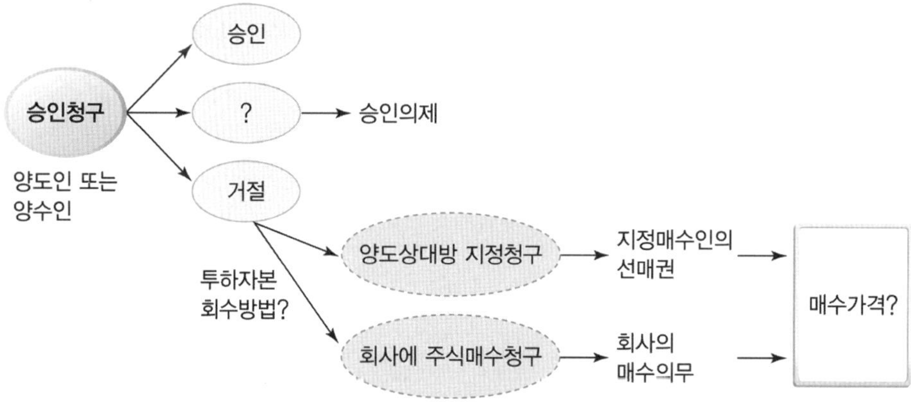

:: [그림 9.2.3-1] 정관에 의한 주식양도 제한과 구제방법

■ **계약에 의한 양도제한**

주식양도를 제한하는 약정은 (i) 당사자간에는 채권법적 효력이 있으나, (ii) 회사에 대해서는 주식양도자유의 원칙과 양도제한의 방법을 법정(상 335조 1항)하는 취지에 반하여 원칙적으로 **무효**이다.[16]

16) 대법원 2022. 3. 31. 선고 2019다274639 판결: ① 주주 사이에서 주식의 양도를 일부 제한하는 약정을 한 경우, 그 약정은 주주의 투하자본회수 가능성을 전면적으로 부정하는 것이 아니고, 선량한 풍속 그 밖의 사회질서에 반하지 않는다면 당사자 사이에서는 원칙적으로 유효하다. ② 주식양도를 위해 다른 주주 전원의 동의를 받도록 하는 주주간 협약의 효력에 대해, 주식의 양도를 전면적으로 금지하는 것이 아니라 일정한 요건과 절차를 거쳐 양도할 수 있도록 규정하고 있으므로 유효하다. 즉, 주주가 8명에 지나지 않아 다른 주주로부터 동의를 받는 것이 양도를 금지할 정도에 이른다고 보기 어렵다는 점, 존립기간이 설립등기일로부터 13년으로 정해져 있어 주주의 투하자본 회수가 불가능하다고 보기 어렵다는 점, 회사의 목적 사업은 주주의 구성이 중요하여 그 구성의 변동을 제한할 합리적 필요성이 있다는 점에 비추어 주식양도를 위해 출자자 전원의 동의를 받도록 한 위 협약 조항을 무효라고 할 수 없다.

[9.2.4] 주식양도의 효력요건 및 대항요건

(1) 주식양도의 효력이 발생하려면 양도에 관한 ⓐ **양도인과 양수인간의 합의**(계약) 외에 ⓑ **주권 교부**(즉, 점유의 이전, 주식 전자등록의 경우에는 전자등록)가 있어야 함이 원칙이다(상 336조 1항). 이 때 주권의 교부(또는 주식의 전자등록)는 특정승계에 의한 주식양도의 **성립요건**이다. 그러나 상속·합병 등과 같은 포괄승계의 경우에는 주권 교부를 요하지 않는다.

(2) 이와는 별도로 주식양수인은 **명의개서**를 하여야 비로소 회사에 **대항력**을 갖게 된다(상 337조 1항). 주권 점유자는 '적법한 소지인'으로 추정되므로(상 336조 2항), 회사에 대하여 실체적 권리를 증명할 필요없이 주권을 제시하는 것만으로 명의개서를 청구할 수 있다. 명의개서(주주명부에의 기재)를 한 자는 '주주의 자격'이 추정된다.

제 3 절 주식담보

채권의 담보로 주식을 제공하는 방법에는 유치권, 질권, 양도담보가 있다. 주식 입질(질권 설정)에 관해서 상법은 민법의 특례규정을 두고 있다.

(1) **질권** 설정방법으로는 (i) 질권설정의 합의와 주권 교부(또는 주식의 전자등록)에 의하는 **약식질**(상 338조 1항)과 (ii) 이에 추가하여 질권 내용을 주주명부에 등록하는 **등록질**이 있다(상 340조 1항). 질물로 제공된 주식의 주주권은 여전히 주주에게 귀속되고 질권자(채권자)는 담보물인 주식의 재산적 가치에 질권을 행사할 따름이다.[17] 일방이 상인이면 유질계약도 유효하다(상 59조).

(2) 주식을 **양도담보**로 제공한 경우 '대외적으로는' 양도담보권자가 주식의 소유자이다.[18]

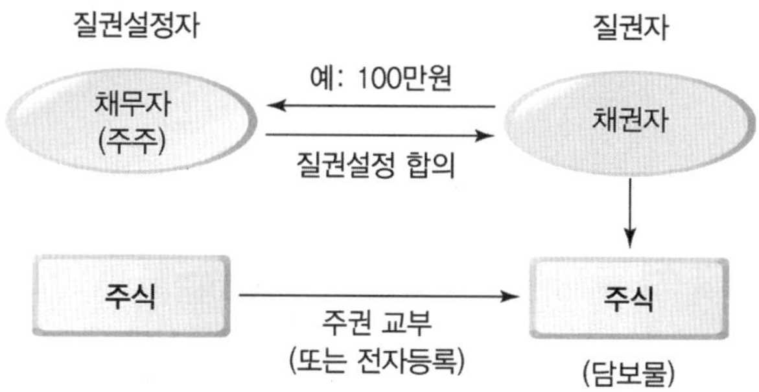

:: [그림 9.3-1] 주식을 담보로 한 질권

>>> **사 례**

주식담보대출은 목돈이 급한 대주주들이 회사에 대한 지배력을 유지한 채 손쉽게 자금을 빌리는 수단으로 이용되기도 한다. 그러나 주가가 설정가 밑으로 떨어지면 반대매매로 매물이 대량 쏟아져 주가가 추가로 급락하고 최대주주가 경영권을 잃을 가능성도 있다. (출처: 이투데이 2015. 6. 22; 한국경제 2015. 11. 13; 조선비즈 2017. 8. 3; 머니투데이 2017. 11. 21)

---

17) 대법원 2017. 8. 18. 선고 2015다5569 판결.

18) 대법원 2018. 10. 12. 선고 2017다221501 판결: 회사성립 후 또는 신주의 납입기간 후 6개월이 지나도록 주권이 발행되지 않아 주권 없이 채권담보를 목적으로 체결된 주식양도계약은 바로 주식 양도담보의 효력이 생기고, 양도담보권자가 대외적으로는 주식의 소유자가 된다.

제 4 절 주식매수청구권

[1] 삼성중공업과 삼성엔지니어링은 2014. 10. 27. 열린 두 회사의 임시주주총회에서 합병안이 통과되었으나 과다한 주식매수청구 물량 때문에 결국 합병이 무산되었다. 합병효과에 대한 시장의 부정적 전망과 이에 따른 주가 하락으로 시세와 매수청구가의 격차가 커졌다. 삼성중공업과 삼성엔지니어링은 당초 예상했던 한도를 초과한 규모의 주식매수청구권이 행사되자 2014. 11. 19. 각각 이사회를 열고 합병계약 해제를 결의했다. (출처: 동아일보 2014. 10. 27; 매일경제 2014. 10. 27; 한국일보 2014. 11. 19; 중앙일보 2014. 11. 20; 서울경제 2014. 12. 1; 이투데이 2014. 12. 17)

[2] LG화학의 배터리 사업부문 물적 분할에 반대하는 주주들이 LG화학 주식을 시장에 대량 매도했다. 전기차 배터리 사업을 보고 LG화학에 투자했으나 회사분할로 지분가치 희석을 우려한 때문이다. (출처: 조선일보 2020. 9. 23; 조세일보 2020. 10. 12)

생각해보기

1. 위 사례에서는 합병에 반대하는 주주에게 주식매수청구권을 부여하고 있다.
   (1) 주주에게 이러한 이례적인 권리를 인정하는 이유는?
   (2) 이 때 공정한 매수가격을 산정하려면 어떠한 방식에 의하여야 하는가?
2. 아래 두 가지의 경우에 K, L의 주장은 정당한가?

   《Case 1》 K가 주식투자하고 있는 X회사의 주가가 곤두박질치고 있다. 그런데 이 회사는 신주발행을 앞둔 사업설명회에서 사업전망이 매우 밝다고 설명을 한 바 있고, K는 이를 그대로 믿고 신주를 인수하였다. K는 회사의 사업설명이 과장된 것이라며 X회사에 자신의 주식을 되사고 자신의 투자금을 돌려달라고 주장한다.

   《Case 2》 L이 주식투자를 하고 있는 Y회사가 다른 회사를 합병하려고 한다. 그런데 합병되는 회사는 군사무기를 제조판매하는 회사로 평소 평화주의자인 L은 자신의 신념과 반하는 것이어서 고민을 하고 있다. 고민 끝에 L은 자신의 주식을 처분하기로 결단을 내리고 Y회사에 이를 사줄 것을 요구한다.

[9.4.1] 취지: 구조적 변경시 출자회수

주식매수청구권이란 예컨대, 합병 등과 같이 주주의 이해에 중대한 영향을 미치는 구조적 변경의 사안이 주주총회 또는 이사회에서 결의될 때에 그 결의에 반대하는 주주가 자신의 주식을 **'회사에'** 공정한 가격으로 매수해 줄 것을 청구할 수 있는 권리이다(상 374조의2).[19] 회사의 중대한 구조변경에 반대하지만 그 반대의사를 관철시킬 수 없는 군소주주들이 보유주식을 회사에 처분하여 투자금을 회수할 수 있는 **퇴로**를 열어주는 제도이다(exit right).

:: [그림 9.4.1-1] 주주의 투자금 회수방법

甲: "내가 주식투자를 하고 있는 회사가 합병을 한대. 이런 경우에는 어떻게 하는 게 좋을까?"

乙: "만일 합병 이후 그 회사의 주가가 더 올라갈 것으로 예상된다면 그대로 보유하고 있는 것이 좋겠지. 그렇지 않고 주가가 떨어질 것으로 예상된다면 두 가지 방법이 있어."

甲: "그 두 가지 방법이라는 게 뭔데?"

乙: "첫째 방법은, 주가가 더 떨어지기 전에 적당한 타이밍을 찾아 주식시장에서 주식을 팔아버리는 것이지. 둘째 방법은, 회사에 주식을 사달라고 청구하는 거야. 둘 중에서 어떤 것이 더 유리한 지를 따져봐서 선택해야겠지."

甲: "근데, 주주가 자신이 보유하고 있는 주식을 회사에 매도할 수 있다고 한다면, 글쎄… 악용될 우려가 있지 않을까? 부도로 회사가 문 닫기 직전에 대주주가 주식매수

19) 주식매수청구권은 주식매수선택권(상 340조의2)과는 완전히 다른 제도이다.

청구권을 행사하여 시가보다 높은 가격을 받고는 자신의 주식을 다른 누구보다도 앞서 회사에 처분할 수도 있을 것 같은데."

乙: "그렇긴 해, 하지만 회사의 중대한 변경을 목전에 둔 상황에서 이를 막을 수 없는 소액주주들이 할 수 있는 방법이라는 게 뭐가 있을까? 그나마 투자자금을 회수할 수 있도록 하기 위해서는 주식매수청구권이라도 인정할 필요가 있지 않겠어?"

甲: "투자자금을 회수하는 것이 목적이라면 상장주식은 증권시장에서 팔면 되잖아. 그런데도 대주주가 악용할 수도 있는 주식매수청구권제도를 굳이 둘 필요가 있는 거야?"

乙: "글쎄…?"

[9.4.2] 사유 및 행사권자

(1) 주식매수청구권은 매우 이례적인 주주의 투하자본 회수방법이므로 법이 명문으로 인정한 경우에 한하여 제한적으로 인정된다. **회사에 중대한 구조적 변경이 초래되는 경우에 한하여** 주식매수청구권을 인정하고 있다. (i) **합병**, (ii) **분할합병**, (iii) **영업의 전부 또는 중요한 일부의 양도**, 영업 전부의 임대 또는 경영위임, 타인과 손익 전부를 같이 하는 계약 기타 이에 준하는 계약의 체결·변경·해약, 회사의 영업에 중대한 영향을 미치는 다른 회사의 영업 전부 또는 일부의 양수(상 374조 1항 1호~3호), (iv) **주식의 포괄적 교환·이전**의 경우가 이에 해당한다(상 374조의2, 522조의3 1항, 530조의11 2항, 360조의5 1항, 360조의22).[20]

■ **주식양도를 승인하지 않는 경우의 주식매수청구권**

비상장회사에서는 정관에 의하여 주식을 양도하려면 이사회의 승인을 얻도록 할 수 있다(상 335조 1항). 이러한 회사에서 이사회가 주식양도를 승인하지 않는 때에는 주식의 양도인 또는 양수인에게 상대방지정청구권 또는 주식매수청구권이 인정된다(상 335조의6). 이때의 주식매수청구권도 회사에 주식의 매수를 청구할 수 있는 권리이지만, 위의 일반적인 주식매수청구권제도와는 그 취지가 다르다.

(2) 의결권이 없거나 제한되는 주식의 주주도 주식매수청구권을 행사할 수 있다(상 374조의2 1항, 522조의3 1항). 주식매수청구권은 의결권 유무와 관계없는 주주의

20) 정관변경, 자본금감소, 회사분할, 회사해산도 매우 중대한 구조적 변경이기는 하지만 상법에서는 이러한 경우 주식매수청구권을 인정하는 명문의 규정이 없다. 상장회사가 물적 분할에 의해 회사분할을 하는 경우 반대주주에 주식매수청구권을 부여할 수 있도록 자본시장법을 개정하였다.

권리이기 때문이다.

[9.4.3] 절 차

주식매수청구권을 행사하려면 다음의 절차를 밟아야 한다.

(1) 사전반대 통지 – 주식매수청구권을 행사하려는 주주는 주주총회일 전에 회사에 서면으로 그 결의에 반대한다는 의사를 통지하여야 한다(상 374조의2 1항, 522조의3 1항). 회사로 하여금 주식매수의 준비를 하도록 예고하는 의미가 있다. 주주총회에 출석하여 반대할 것을 요하지 않는다.

(2) 가 결 – 주식매수청구권은 당해 사항에 대하여 결의가 성립되는 것(가결)을 전제로 한다. 그 안이 부결될 때에는 주식매수청구권을 행사할 수 없다. 주식매수청구권 행사의 전제가 되는 반대할 대상이 사라졌기 때문이다.

(3) 매수청구 – 주주총회에서 당해 사항이 가결되면 그 결의일로부터 20일 이내에 서면으로 회사에 매수를 청구하여야 한다. 그 서면에는 매수청구를 하는 주식의 종류와 수를 기재하여야 한다(상 374조의2 1항). 매수청구권을 행사할 것인지의 여부, 소유하고 있는 주식의 일부 또는 전부에 대해 매수청구할 것인지는 주주의 자유로운 선택에 맡겨져 있다. 사전 반대자와 매수청구자는 동일해야 한다.

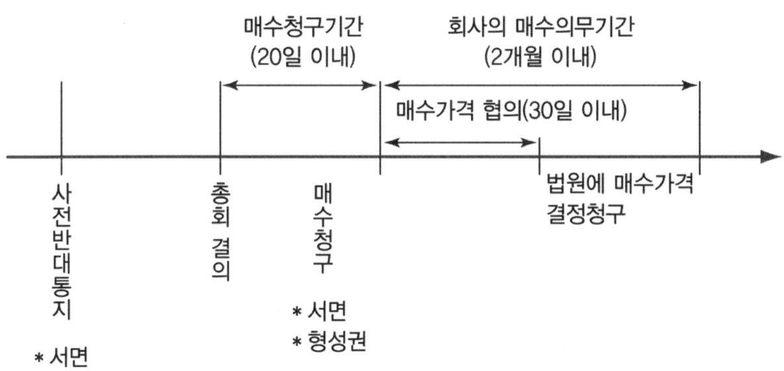

:: [그림 9.4.3-1] 주식매수청구권의 행사절차

[9.4.4] 효 과

주식매수청구권은 **형성권**이다.[21] 주식매수청구권을 행사하면 회사는 '주식매수청구기간이 종료한 날'을 기산점으로 하여 이 날로부터 일률적으로 2개월 이내에[22] 당해 주식을 매수하고 매수대금의 지급까지 완료하여야 한다(상 374조의2 2항). 이 기간 안에 주식매수대금이 지급되지 않으면 회사는 이행지체 책임을 진다.

[9.4.5] 매수가격

매수가격이 지나치게 낮으면 반대 주주를 부당하게 축출하는 결과를 초래할 수 있고, 매수가격이 지나치게 높으면 회사의 재산적 기초를 해치게 된다. 매수가격은 다음과 같은 방법과 단계를 거쳐 결정한다.[23]

1) **당사자 합의** – 1차적으로 주식매수청구권을 행사한 주주와 회사간의 **협의**에 의하여 매수가격을 결정한다(상 374조의2 3항). 이러한 방식은 당해 주주가 회사에 영향을 미칠 수 있는 자라면 악용될 소지가 있다.

2) **법원 결정** – 주식매수를 청구한 날로부터 30일 이내에 협의가 이루어지지 않은 경우 회사 또는 매수청구를 한 주주는 **법원**에 매수가격의 결정을 청구할 수 있다(상 374조의2 4항). 법원은 회사의 재산상태와 그 밖의 사정을 참작하여 **공정한 가격**으로 이를 산정하여야 한다(상 374조의2 4항).

››› **사 례**

삼★전자의 자회사로 비상장회사인 세메스, 세크론, 지이에스 3개 회사가 세메스를 존속회사로 해서 2013년 1월 합병했다. 합병에 반대하는 세크론의 소액주주 36명(1만 5,520주)이 주식매수청구가격 8만 5,000원이 낮게 산정되었다는 이유로 합병존속법인인 세메스를 상대로 소송을 제기했다. 협상을 시도했지만 결렬되자, 소액주주들은 법원에 매수가액

---

21) 형성권이란 권리자의 일방적 의사표시가 있으면 그것만으로 법적 효력이 생겨나는 권리로, 청구권과 대비된다. 회사법상 형성권에 해당하는 것으로는 전환주식의 전환청구권, 전환사채의 전환청구권, 신주인수권부사채에서 신주인수권의 행사, 주식매수청구권, 주식매수선택권에서 선택권 행사, 각종 해지권 등이 있다. 원래 형성권에 해당하는 권리는 권리자의 일방적 의사표시가 있으면 효력이 발생하는 것이므로 철회할 수 없음이 원칙인데, 이와는 달리 주주는 주식매수청구를 철회할 수 있다는 견해가 있다(이철송, 회사법, 578면).

22) 상장법인의 경우는 1개월 이내이다(자금 165조의5 2항).

23) 이 조항은 상법상 주식매수가격을 결정하여야 할 다른 경우에도 일반적으로 준용된다. 분할합병의 경우에는 준용규정이 없으나 유추적용하여야 한다.

결정을 청구했다.

법원은 세메스가 비상장회사인 세크론의 공정한 주식매수청구 가격을 장외시장 가격이 아닌 수익가치 등을 토대로 재산정하라고 결정했다. 그에 따라 세메스는 소송을 제기한 소액주주들에게 보유주식 매매대금과 소송이 진행된 7년 동안의 지연이자(연 6%)까지 물어줘야 한다. (출처: 이투데이 2012. 10. 19; 파이낸셜뉴스 2013. 1. 29; 한국경제 2013. 12. 15; 한겨레 2019. 1. 10)

제5절 주식의 강제 매도·매수청구권

[9.5.1] 지배주주의 매도청구권

(1) 지배주주는 다른 나머지 주주(소수주주)**에게** 보유주식의 매도를 청구할 수 있다(상 360조의24 1항). 여기서 지배주주는 의결권 없는 주식을 포함하여 발행주식 총수의 **95% 이상**의 주식을 자기 계산으로(명의 불문) 보유하고 있는 주주이다.[24][25] 이에 의하여 지배주주는 군소주주가 보유하고 있는 주식을 강제매수하여 축출(squeeze-out)할 수 있다.[26]

(2) 이러한 청구권이 인정되기 위해서는 **회사의 경영목적을 달성하기 위하여 필요한 경우**이어야 하고(상 360조의24 1항),[27] 미리 **주주총회의 승인**을 받아야 한다(상 360조의24 3항). 반드시 소수주주 보유 주식 '전부'에 대해 매도청구권을 행사해야 한다.[28] 지배주주는 매도청구일 1개월 전까지 매매가액의 수령과 동시에 주권을 자신에게 교부하여야 한다는 것과 교부하지 않으면 매매가액을 수령하거나 공탁한 날에 주권이 무효가 된다는 것을 **공고**하고 주주와 질권자에게 개별적으로 **통지**해야 한다(상 360조의24 5항).

(3) 지배주주가 매도청구를 하면 소수주주는 설령 매도를 원하지 않더라도 그로부터 2개월 내에 지배주주에게 그 주식을 매도하여야 한다(상 360조의24 6항).[29]

(4) 주식의 매매가액은 지배주주와 소수주주간의 협의에 의하고(상 360조의24 7항), 매도청구를 받은 날로부터 30일 내에 협의가 이루어지지 않는 때에는 소수주

---

24) 발행주식총수 중 95% 이상인지의 여부를 판단함에 있어서, 모회사(P)와 자회사(S)의 관계에 있는 경우는 모자회사가 보유한 주식을 합산하고(P+S), 회사가 아닌 주주(N; 母주주)가 어느 회사(C; 子회사)의 발행주식총수의 50%를 초과하는 주식을 보유하는 경우는 그 회사가 보유한 주식은 그 주주가 보유한 주식과 합산한다(N+C)(상 360조의24 2항).

25) 대법원 2017. 7. 14. 자 2016마230 결정: 지배주주 여부를 판단할 때 자회사의 자기주식을 발행주식총수(분모) 및 모회사의 보유주식(분자)에 각각 합산한다.

26) 이는 경영의 효율을 위한 것이나, 당사자 일방의 의사만으로 상대방의사를 묻지 않고 주식이전을 강제한다는 점에서 위헌 소지가 있다는 지적이 있다(이철송, 축조, 127면).

27) 이 점은 신주, 전환사채, 신주인수권부사채를 제3자에게 배정하는 경우와 동일하다(상 418조 2항 단서, 513조 3항 후단, 516조의2 4항 후단).

28) 대법원 2020. 6. 11. 선고 2018다224699 판결.

29) 매도청구권은 형성권이다.

주 또는 지배주주는 법원에 매매가액의 결정을 청구할 수 있다(상 360조의24 8항).

주식매도청구권 행사 공고

대한사료주식회사의 정기주주총회는 2018년 3월 23일 상법 제360조의24에 의한 지배주주인 당사가 소수주주에 대하여 주식매도청구권을 행사하는 것을 승인하였습니다. 당사는 이에 따라 2018년 4월 25일 소수주주에게 주식매도청구권을 행사할 예정인 바, 상법 제360조의24 제5항, 상법 제289조 제3항 및 회사 정관 제4조에 따라 대한사료주식회사의 주주를 위하여 다음 사실을 공고합니다.

– 다 음 –

1. 대한사료 주식회사의 소수주주는 당사로부터 매매가액을 수령함과 동시에 주권을 당사에게 교부해야 합니다. (상법 제360조의24 제5항 제1호)
2. 만약 소수주주가 주권을 교부하지 아니할 경우, 당사로부터 매매가액을 수령하거나 당사가 매매가액을 공탁한 날에 해당 주주가 보유하고 있는 주권은 무효가 됩니다.(상법 제360조의24 제5항 제2호)

2018년 3월 24일

서울특별시 중구 세종대로 39

대한제분

대표이사 박 현 용

:: [그림 9.5.1-1] 주식 강제매도청구 공고
(출처: 한국경제 2018. 3. 24)

[9.5.2] 소수주주의 매수청구권

(1) 위와는 역으로 **소수주주는 '지배주주'에게**[30] 그가 보유하고 있는 주식의 매수를 청구할 수 있다(상 360조의25 1항). 매수청구를 받은 지배주주는 매수청구일 기준으로 2개월 내에 그 주식을 매수하여야 한다(상 360조의25 2항).[31]

(2) 지배주주의 매도청구권과는 달리 경영상의 목적, 주주총회 승인, 사전공고 · 통지 등을 요하지 않고, 일부 소수주주나 보유주식 일부의 매수청구도 허용된다.

30) 매수청구의 상대방은 지배주주이지 그 회사가 아니다. 이는 다른 매수청구권의 경우와 다르다.

31) 이 역시 형성권이다. 그에 의한 매매가액의 결정방법은 지배주주가 매도청구를 한 경우와 동일하다(상 360조의25 3항 · 4항).

[9.5.3] 주식이전·주권실효

(1) 지배주주의 매도청구 또는 소수주주의 매수청구에 의해 지배주주가 매매가액을[32)] 소수주주에게 지급 또는 공탁한 때에 주권 교부 없이도 **주식 이전이 의제된다**(상 360조의26 1항·2항).

(2) 소수주주가 그에 응하여 주권을 지배주주에게 교부하지 않더라도 매매가액을 수령하거나 지배주주가 매매가액을 공탁한 날에 그 **주권은 무효**로 된다(상 360조의24 5항 2호).

>>> **사 례**

[1] 삼◎생명은 2014. 7. 삼△자산운용의 지분 96.27%를 보유한 지배주주가 되었다. 삼◎생명은 임시주주총회를 열고 일부 군소주주들의 반대에도 불구하고 주당 2만 2,369원에 군소주주들의 주식을 강제취득했다. 소액주주들은 주주총회결의 무효확인, 주식 매매가격 결정 등의 소송을 제기했지만 모두 패소했다. 이는 지배주주에 의한 소수주식 전부 취득 제도가 2012년 도입된 이후 첫 번째 적용된 사례이다. (출처: 내일신문 2017. 3. 2; 내일신문 2017. 6. 1)

[2] 씨◎네트웍스는 2005. 7. 코스닥시장에 상장했다가 2009. 9. 상장폐지됐다. J씨 등은 전체 발행주식에서 0.048% 지분을 보유한 군소주주이다. J씨 등은 2014. 1. 씨◎네트웍스의 모회사인 KD●I를 상대로 주식을 매수해달라고 요구했으나 협의가 이뤄지지 않자 법원에 신청을 냈다.

J씨 등은 KD●I가 씨◎네트웍스 지분 84.96%를 갖고 있고, 씨◎네트웍스가 자기주식 13.14%를 보유하고 있기 때문에 두 지분을 합쳐 KD●I가 지배주주에 해당하므로 주식을 매수해야 한다고 주장했다. (출처: 이투데이 2017. 6. 21)

대법원은 "자회사의 소수주주가 상법 360조의25 1항에 따라 모회사에 주식매수청구를 한 경우, 모회사가 지배주주에 해당하는지는 자회사가 보유한 자기주식을 발행주식총수 및 모회사의 보유주식에 각각 합산하여 한다."고 판시하였다. (출처: 대법원 2017. 7. 14. 자 2016마230 결정)

---

32) 이때의 매매가액은 지배주주가 일방적으로 산정하여 제시한 가액이 아니라 소수주주와 협의로 결정된 금액 또는 법원이 산정한 공정한 가액으로 보아야 한다(대법원 2020. 6. 11. 선고 2018다224699 판결).

연습 및 응용

Q1 회사의 중대한 구조적 변경에 반대하는 주주가 상장주식의 경우 증권시장을 통해서 당해 주식을 매각할 수 있는 방법이 있다. 그럼에도 주식매수청구권을 인정하는 제도의 취지는 무엇인가?

상장회사의 경우에도 시장에서 형성되는 가격 이상의 주식가치를 가지고 있는 주주에 대하여 시장시세만을 받도록 하는 것이 불합리하며 회사 경영진에 대한 견제수단으로서의 역할도 있기 때문에 주식매수청구권제도의 필요성이 인정된다.

Q2 주식매수청구권의 행사와 관련하여 다음 물음에 답하시오.

(1) 주주총회일 전에 반대의 통지를 한 자는 주주총회에 참석할 수 없는가?

(2) 주주총회일 전에 반대의 통지를 한 자가 주주총회에 출석하여 찬성으로 입장을 바꿀 수 있는가?

(1) 총회 전에 반대의 통지를 한 것만으로 충분하다. 따라서 총회에 다시 출석하여 반대할 필요는 없다. 그러나 반대의 통지를 하였다고 하여 의결권 행사를 종국적으로 포기한 것은 아니므로 주주총회에 출석할 수 있다.

(2) 사전에 반대의 통지를 한 후에 총회에 출석하여 찬성하는 쪽으로 번복하는 것은 가능하나, 이러한 경우 주식매수청구권은 당연히 행사할 수 없다.

제 6 절 이익배당

주식회사는 영리법인이므로 영업활동을 통하여 얻은 이익을 투자자인 주주에게 분배해야 한다(이익분배설). 주주가 회사에 출자하는 주된 이유도 이익배당금을 받기 위해서이다. 이익분배는 회사가 해산한 경우 청산하여 잔여재산분배의 방법으로 할 수도 있으나,[33] 계속기업(going concern)을 전제로 하는 통상적인 경우는 정기적으로 이익을 결산하여 주주에게 배당하는 방법에 의한다. 이익배당에는 배당하는 시기에 따라 결산배당과 중간배당이 있고, 배당으로 무엇을 주는가에 따라 금전배당, 현물배당, 주식배당이 있다.[34] 이익배당의 기본은 금전배당과 결산배당이다.

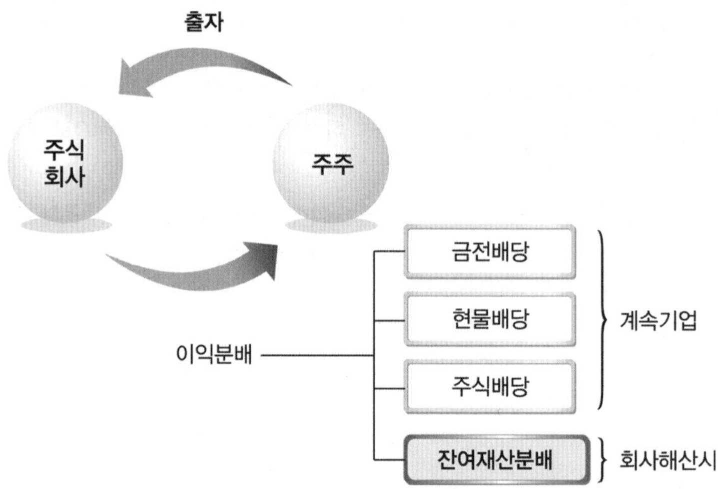

:: [그림 9.6-1] 이익배당

33) 잔여재산분배는 회사를 해산하고 청산철차를 밟아 최종적으로 이익을 분배하는 것으로 회사 존속 중에 이루어지는 통상적인 이익배당과 다르다.

34) 결산배당의 경우 금전·현물배당과 주식배당을 병행해서 실시하는 것도 각각의 요건을 갖추는 한 가능하다.

[9.6.1] 금전배당

[1] 회사에 막대한 이익이 발생하였음에도 불구하고 소액주주들에게는 '쥐꼬리 배당'을 하면서 계열사에 대해서 거액의 자금을 지원한 기업에 대해 외국인 주주가 배당을 요구하고 나섰다.

T산업 주식의 3%를 보유하고 있는 홍콩계 기관투자가인 △인베스트먼트는 1주당 3만원의 현금배당과 100%의 주식배당을 요구하는 주주제안서를 회사측에 제출하였다고 국내 법률대리인을 통하여 밝혔다. T산업은 그동안 1천억원이 넘는 당기순이익을 내면서 배당금은 10억원대에 그쳐 소액주주들의 불만이 있어 왔다. (출처: 한겨레 2001. 2. 13; 이데일리 2001. 2. 13; 이데일리 2001. 3. 16)

[2] K사의 노조는 주주총회를 앞두고 낸 성명서를 통해, 직원들에게 허리띠 졸라매기를 요구해 얻어 낸 성과를 배당잔치와 주식소각으로 날리지 말고 인력·설비에 투자를 해서 미래를 튼튼하게 대비해달라고 요구했다. K사의 직원들은 우리사주조합을 통해 회사 주식의 7%를 보유하고 있는 주주들이다. (출처: 한겨레 2007. 3. 16)

생각해보기

1. A, B, C가 각자 밀가루, 치즈, 오븐을 제공하여 피자를 만들었다면 이를 어떻게 분배하는 것이 공평할까? 주식회사의 이익은 누구에게, 얼마만큼을, 무엇으로, 언제 배분할 것인가?
2. 배당에 관한 결정은 순전히 회사가 경영정책적으로 판단할 사항인가?
3. 주주는 어떤 방법으로 회사에 배당을 요구할 수 있는가?

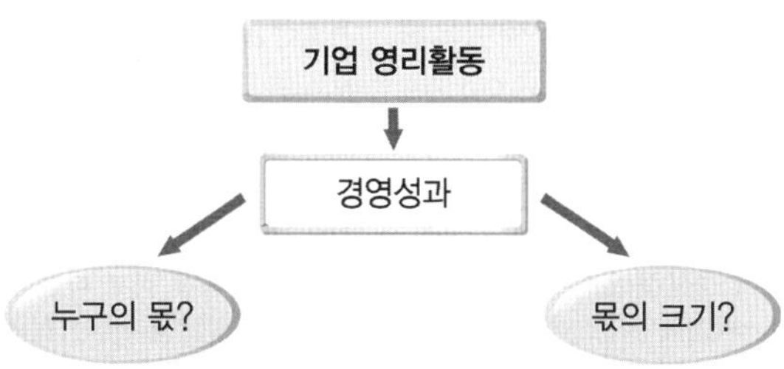

:: [그림 9.6.1-1] 경영성과의 배분

1. 요건 및 절차

(1) 배당가능이익

'**이익 없으면 배당도 없다**'는 것은 주식회사 이익배당의 철칙이다(상 462조 1항). 즉, 배당가능한 이익을 최대한으로 하여 그 범위 안에서만 배당을 할 수 있다.[35)]

■ **산정**

총자산 100억원, 부채 30억원, 자본금 40억원, 기 적립되어 있는 이익준비금 5억원, 기 적립되어 있는 자본준비금이 7억원이라고 하면, {총자산 100억원－부채 30억원－자본금 40억원－기 적립되어 있는 이익준비금 5억원－기 적립되어 있는 자본준비금 7억원}＝18억원 중에서 다시 당해 결산기의 금전과 현물에 의한 이익배당금의 10%(18억원×10%＝1억 8천만원)를 이익준비금으로 적립하여야 하므로(상 458조), {18억원－1억 8천만원}이 배당가능한 최대 금액이 된다. 2011년 개정상법은 미실현이익도[36)] 공제항목에 추가하였다.

››› **사 례**

조선산업 불황으로 인력감축 등 구조조정이 진행되는 상황에서 현○중공업지주가 임시주주총회를 열어 '준비금 감소의 건'을 의결했다. 적립된 자본준비금 및 이익준비금의 총액이 자본금의 1.5배를 초과하므로, 초과한 금액 범위 내에서 자본준비금인 주식발행초과금 중 2조원을 감액하여 이를 2018. 12. 28.자로 미처분이익잉여금으로 전환하는 내용이다. 당시 현○중공업지주의 자본준비금은 5조 9,000억원이고 자본금은 8,140억원이었다.

전환한 이익잉여금 중 2,900억원은 주주에게 배당하고 나머지는 신사업 투자와 주가안정 등에 사용할 예정이다. 자본준비금은 주주배당에 사용할 수 없으나 이익잉여금은 주주배당이 가능하다. (출처: 중앙일보 2018. 12. 28; 조선비즈 2018. 12. 30; 금융감독원 전자공시)

(2) 배당안 작성 및 승인

① 배당가능한 이익 중에서 구체적으로 얼마만큼을 배당할 것인가는 **이사회가 경영전략차원의 배당정책**에 따라 재량적으로 판단한다.[37)] 이사회는 배당가능한 이익의

35) 이익배당우선주라고 해서 이에 대한 예외가 될 수 없다. 배당가능한 이익이 없음에도 불구하고 회계상의 조작(분식회계)에 의하여 가공의 이익을 만들어 배당하는 것을 흔히 '문어발 배당'이라고 하고, 이와는 반대로 배당할 여력이 충분히 있음에도 불구하고 배당을 지나치게 적게 하는 것을 '쥐꼬리 배당'이라고 한다. 문어발 배당(또는 낙지배당)은 먹을 것이 없으면 자기 다리를 뜯어먹는 문어의 습성을 따서 비유적으로 표현한 것이다. 이익없으면 배당도 없다는 원칙의 예외로 인정되었던 건설이자 배당(종전 상법 463조)은 폐지되었다.

36) 미실현이익은 회계원칙에 따른 자산 및 부채에 대한 평가로 인하여 증가한 대차대조표상의 순자산액으로서, 미실현손실과 상계하지 아니한 금액을 말한다(상령 19조 1항).

전부를 각종 준비금으로 적립하거나 이월이익잉여금으로 처리할 수 있다. 그러나 배당 가능한 이익이 있음에도 불구하고 합리적인 이유없이 장기에 걸쳐 배당하지 않는다면 주주의 고유권인 이익배당청구권을 침해하는 것이 되어 위법의 소지가 있다.[38)]

② 주주는 주주제안권에 의하여 이익배당안을 총회의 의안으로 상정하게 하거나 주주총회장에서 상정된 배당안을 수정결의를 할 수 있다. 이익배당안은 정기주주총회의 보통결의에 의한 승인(원안승인 또는 수정결의)에 의하여 확정된다(상 462조 2항 본문). 재무제표와 이익배당의 승인은 서로 연계되어 있으므로 재무제표를 이사회에서 승인하는 때(상 449조의2 1항)에는 이익배당도 이사회가 결정할 수 있다(상 462조 2항 단서).[39)]

甲: "매년 수익을 많이 내고 있지만 회사는 배당금을 쥐꼬리만큼만 줬습니다. 지난 수년 동안 회사가 수천억원의 수익을 내는 동안 주주들은 철저하게 무시당했습니다. 이번에는 제대로 배당을 받고야 말 겁니다."

乙: "물론 회사가 수익을 좀 내긴 했습니다. 하지만 이익배당은 회사의 경영정책에 의해 결정되는 겁니다. 주주들이 나서서 요구할 수는 없는 거지요."

甲: "우리는 회사에 투자를 한 주주로서 그만한 배당을 요구할 권한이 당연히 있습니다."

乙: "주주들이야 배당금을 많이 받으면 지금 당장은 좋겠죠. 하지만 회사도 사정이라는 게 있습니다. 업계경쟁이 심해져서 투자도 많이 해야 하고요."

甲: "그 사정이라는 게 계열사에 수천억원을 부당지원하는 겁니까?"

---

37) 대법원 2022. 8. 19. 선고 2020다263574 판결: 원칙적으로 주주의 이익배당청구권은 주주총회에서 이익잉여금처분계산서가 승인되어 이익배당이 확정될 때까지는 구체적이고 확정적인 권리가 아니다. 그러나 예외적으로 정관에 이익배당에 관한 사항이 구체적으로 기재되어 있는 경우(회사에 배당의무 부과, 구체적 산정 가능, 경영진 재량배제 등), 주주가 주주총회의 결의 없이 곧바로 회사를 상대로 배당금의 지급을 구할 수 있다. (정기주주총회에서 당기순이익이 포함된 재무제표를 승인했음에도 불구하고, 이익배당에 관하여 아무런 결의를 하지 않은 사안)

38) 미국 Ford 자동차의 이사회는 기업이윤을 사회에 환원하고자 하는 경영철학에 따라 종업원 채용과 종업원복지에 사용하기 위하여 배당하지 않기로 결정하였다. 그러자 주주(Dodge)가 회사에 배당을 청구하는 소송을 제기하였다. 법원은 회사가 공익을 위하여 회사재산을 사용할 수 있음을 인정하면서도, 영리회사의 '1차적인(주된) 목적'은 주주의 이익을 실현하는 데 있고 공익추구가 이에 우선할 수 없다는 이유로 원고승소판결을 하였다(Dodge v. Ford Motor Co., Supreme Court of Michigan, 204 Mich. 459, 170 N.W. 668(1919)).

39) 다만, 주식배당은 주주총회의 결의를 요하므로(상 462조의2 1항), 재무제표를 이사회가 승인하는 때에도 주식배당을 하려면 다시 이에 대한 주주총회의 결의를 요한다.

乙: "그거야 회사가 망하지 않으려면 어쩔 수 없는 거 아닙니까? 주주들도 회사가 망해서 좋을 건 없잖아요. 안 그래요?"

甲: "??? 어쨌든 이번엔 제대로 배당을 받아야겠어요."

2. 이익배당의 기준

(1) 이익배당을 받을 수 있는 자

오로지 **주주**만이 이익배당을 받을 수 있다. 이익배당은 주주들에게 경영위험을 감수하고 투자한 대가로 경영성과인 이익을 배분해주는 것이기 때문이다. 회사채권자는 투자(대여)의 대가로 경영성과와는 무관하게 확정적인 이자를 받는다는 점에서 대조를 이룬다.

배당금을 받을 수 있는 권한이 있는 자는 **배당기준일**에 주주명부상 주주로 기재되어 있는 자이다.[40]

:: [그림 9.6.1-2] 경영성과에 대한 주주와 채권자의 차이

(2) 주주평등원칙과 차등배당

이익배당은 주주가 가진 주식수에 따라 평등하게 하여야 한다(상 464조). 다만, 이익배당에 관한 종류주식을 발행한 때에는 각 종류의 주식에 대한 배당률을 달리 할 수 있다(상 464조, 344조 1항). 그러나 주주간 또는 같은 종류의 주식간에 배당률

40) 종래 실무상으로는 결산기 말일을 배당기준일로 하는 것이 일반적이었다. 그러나 2020년 개정상법이 결산기 말을 배당기준일로 전제한 상법 350조 3항을 삭제했다. 이에 따라 결산기 말일이 12월 31일인 회사의 경우 다음 해 1. 20.을 의결권기준일로 정해서 3. 20. 정기주주총회를 개최하고 배당안을 승인받은 연후에 3. 30.을 배당기준일로 정해서 그날 주주명부에 기재된 주주에게 배당금을 지급할 수 있게 되었다.

을 달리하는 **차등배당**은[41] 주주평등의 원칙에 반한다. 따라서 불리하게 되는 주주 전원의 동의가 없는 한 다수결로 이를 강제할 수 없다.[42]

(3) 일할배당과 동등배당

영업연도 중에 발행된 **신주**에 대해 신주의 효력발생일로부터 결산일까지의 일수에 해당하는 배당만을 하는 것을 일할배당이라 한다. 배당기준일을 영업연도 말로 하는 것을 전제한 규정(종전 상 350조 3항)을 삭제했다(2020년 상법개정).[43] 이에 따라 일할배당은 금지되므로 동종의 주식에 대해서는 발행일에 관계없이 **동등배당**을 해야 한다.[44]

3. 이익배당청구권

(1) 추상적 이익배당청구권 – 이는 영리법인의 본질적 속성에서 나오는 주주의 고유권이다.

(2) 구체적 이익배당청구권 – 회사는 배당금을 주주총회(또는 이사회)의 재무제표에 대한 승인결의가 있은 날로부터 1개월 안에 지급해야 한다. 다만 승인결의시에 배당금 지급시기를 따로 정할 수 있다(상 464조의2 1항). 구체적 이익배당청구권은 채권적 권리로서, 승인결의시부터 이행기가 도래하고, 상사시효(상 64조)는 아니지만 별도의 규정에 의해 5년의 소멸시효에 의한다(상 464조의2 2항).

---

41) 예컨대, 군소주주에 대해서는 7%의 배당을 하면서 대주주에 대해서는 5%의 배당을 하거나 그 반대의 경우가 이에 해당한다.

42) ≪사례≫ 차등배당은 대주주가 본인의 배당금 전부 또는 일부를 포기하고 이를 다른 소액주주에게 더 배당받도록 하는 방식으로 행해진다. 교보증권, 교촌F&B, LK삼양(옛 삼양옵틱스) 등은 주주친화정책의 하나로 차등배당을 실시한 바 있다. (출처: the Bell 2024. 4. 22; 비즈니스포스트 2024. 3. 26)

43) 사업연도 말일과 다른 날짜를 배당기준일로 정할 수 있도록 하고 같은 종류의 주식이라면 발행시기와 상관없이 동등배당을 하겠다는 것이 법 개정의 취지이다.

44) ≪사례≫ 넥슨게임즈 정관 (2025. 3. 20): 12조 (신주의 동등배당) 이 회사가 정한 배당기준일 전에 유상증자, 무상증자 및 주식배당으로 발행한 주식에 대하여는 동등 배당한다.

[9.6.2] 주식배당

셀트리온은 2024. 12. 13. 이사회에서 현금배당(1주당 750원)과 함께 주식배당(1주당 0.05주의 신주, 발행가는 액면가인 1,000원)을 병행하기로 결의했다. 배당기준일은 2024. 12. 31.이다. 자기주식은 배당대상이 아니다. 1주 미만의 단수 주는 정기주주총회 전일 종가를 기준으로 환산하여 현금으로 지급한다. 배당금 및 배당주식은 모두 2025년 3월 정기주주총회에서 최종 승인을 거쳐 주주들에게 지급되며 주주총회의 결과에 따라 변경될 수 있다. (출처: 금융감독원 전자공시 2024. 12. 13; 2025. 2. 5)

1. 뜻

주식배당은 금전 대신 **신주**를 발행하여 배당하는 것이다.[45] 금전으로 배당하여 사외유출하는 대신 이를 자본금으로 전입하여 신주를 발행해 주는 것이다(배당가능 이익의 자본금 전입).[46]

2. 요건 및 절차

주식배당의 요건과 절차는 이익배당 일반에서 언급한 바(배당가능 이익의 존재 및 주주총회의 승인)와 기본적으로 같다. 주식배당에 고유한 내용은 다음과 같다.

(1) 한 도 – 주식배당은 '이익배당 총액'(배당가능 이익이 아님)의 1/2에 상당하는 금액을 초과하지 못한다(상 462조의2 1항 단서). 다만 상장회사로 주식의 시가가 액면가 이상인 때에는 이익배당 전액을 주식배당으로 할 수 있다(자본 165조의13 1항).[47]

(2) 주주총회 결의 – 주식배당에 관한 주주총회의 결의(보통결의)가 있어야 한다(상 462조의2 1항).

(3) 미발행 수권주식 – 주식배당에 의해 증가될 신주의 수만큼 미발행수권주식이

45) 자기주식(구주)으로 주식배당을 하는 것은 허용되지 않는다.

46) 주식배당에 의하여, 회사는 주주들에게 배당을 하면서도 현금유출이 일어나지 않아 투자재원으로 활용할 수 있고, 주주는 발행주식 수가 늘어나지만 지분희석이 일어나지 않고 주가 상승에 따른 시세차익도 얻을 수 있다.

47) 이런 경우 이익배당금액 전액을 주식배당으로 할 수 있도록 허용한 것은 배당받은 주식을 증권시장에 매도하여 쉽게 현금으로 바꿀 수 있고 시가가 액면가 이상이기 때문에 주주가 손해를 보지 않기 때문이다.

남아있어야 한다.

(4) 발행가액 – 액면주식의 경우 주식배당으로 인한 신주의 발행가액은 **액면가**(권면액)로 하여야 한다(상 462조의2 2항).[48] 시가 발행은 허용되지 않는다.

(5) 단주 처리 – 주식배당으로 단주가 생기면 주식 병합시의 단주와 마찬가지로 이를 경매하여 그 대금을 배당하여야 하고, 거래소의 시세가 있는 주식은 거래소를 통하여 매각하여 그 대금을 배당하여야 한다(상 462조의2 3항, 443조 1항).

(6) 통지 등 후속처리 – 주식배당에 관한 주주총회의 결의가 있으면 이사는 지체 없이 배당받을 주주(등록질권자 포함)에게 주주가 받을 주식의 종류와 수를 통지하여야 한다(상 462조의2 5항).

3. 효 과

(1) 주식배당을 하면 **신주가 발행**된다. 따라서 그 만큼 발행주식수와 자본금이 증가한다.

(2) 주식배당을 받은 주주는 '주식배당의 결의'가 있는 '주주총회가 종료'한 때부터 신주의 주주가 된다(상 462조의2 4항).

››› **사 례**

예컨대, 20○○년 3월 3일 10:00부터 열린 정기주주총회에서 1호 안건의 결의시점이 10:20, 2호 안건인 주식배당안에 대한 결의시점이 10:50, 제3호 안건의 결의시점이 11:30, 당해 정기주주총회가 모두 종료된 시점이 12:00라면, 주식배당에 의한 신주의 효력발생시점은 20○○년 3월 3일 12:00이다.

4. 성질론 관련

주식배당의 법적 성질에 관해서는 (i) 이익배당의 일종으로 보는 견해(다수설)와 (ii) 주식분할로 보는 견해(소수설)가 대립한다.

(1) 종류주식 – (i) **이익배당설**에 의하면 보통주와 종류주에 대하여 모두 동일하게 보통주로 배당하여야 하나, (ii) **주식분할설**에 의하면 주식배당의 대상이 되

48) 액면주식의 경우 무상증자와 주식배당에 있어서 신주의 발행가는 양자 모두 액면가로 하여야 한다.

는 주식과 같은 종류의 주식, 즉 종류주에 대해서는 같은 종류주로, 보통주에 대해서는 보통주로 배당하여야 한다. (iii) **상법**은 "종류주식을 발행한 때는 각각 그와 같은 종류의 주식으로 할 수 있다"고 규정하고 있다(상 462조의2 2항).[49] 이에 따라 (i)과 (ii) 어느 것에 의하더라도 적법하다.

(2) 자기주식 – (i) **이익배당설**에 의하면 자기주식의 상태에 있는 동안에는 이에 대하여 주식배당을 할 수 없으나(전면적 휴지설), (ii) **주식분할설**에 의하면 자기주식 상태에 있는 동안에도 주식배당을 해야 한다. (iii) **상법**에는 이에 관한 규정이 없다.

(3) 질권의 물상대위 – 주식의 **등록질**은 주식배당에 의하여 발행된 신주에도 미친다(상 462조의2 6항, 340조 1항·3항). 그러나 주식의 **약식질**의 경우에는 (i) **이익배당설**에 의하면 약식질의 효력이 이익배당청구권에 미치는지에 관한 학설 대립에 따라 긍정 또는 부정으로 결론이 달라지나, (ii) **주식분할설**에 의하면 약식질의 효력이 주식배당에 의한 신주에도 미친다고 한다(상 339조). (iii) **상법**에는 이에 관한 규정이 없다.

〈표 9.6.2-1〉 주식배당의 성질론 관련 쟁점

	이익배당설 (다수설)	주식분할설 (소수설)	상 법
종류주식을 발행한 경우 주식배당으로 발행할 주식의 종류	주식의 수량에 차이가 있을 뿐 보통주·종류주식 모두에 대하여 같은 종류의 주식(보통주)으로 배당하여야 한다. 1종 → 1종 2종 ↗	동일 종류의 주식으로 배당하여야 한다. 1종 → 1종 2종 → 2종	"회사가 종류주식을 발행한 때에는 각각 그와 같은 종류의 주식으로 「할 수 있다」"(§462의 ②후단)고 규정함으로써 회사에 자유로운 선택권을 부여하고 있다.
자기주식에 대한 주식배당	× (全面的休止說에 의하면 불가)	○ (다른 주식이 분할되면 자기주식도 분할되어야 한다.)	(규정 없음)
약식질권자의 물상대위권	× 또는 ○	○	(규정 없음)

○: 긍정, ×: 부정

49) 다양한 종류주식을 인정하고 있으므로, 주식배당을 함에 있어서 예컨대, 이익배당우선주에 대해서는 이익배당우선주로, 잔여재산분배우선주에 대해서는 잔여재산분배우선주로, 의결권배제주식에 대해서는 의결권배제주식으로, 의결권제한주식에 대해서는 의결권제한주식으로 배당할 수 있다.

[9.6.3] 현물배당

(1) 현물배당은 **금전과 주식**(신주)**배당 외에** 경제적 가치가 있는 재산으로 배당하는 것이다(상 462조의4).[50] 예컨대, 회사가 이미 보유하고 있는 자기주식,[51] 사채, 다른 회사의 주식·사채, 그 밖에 가분적인 종류물 등이 이에 해당한다. 금전배당·주식배당·현물배당을 혼합하는 방식은 각각의 요건을 갖추는 한 가능하다.

(2) 현물배당을 하려면, (i) **정관**에 근거규정이 있어야 하고(상 462조의4 1항), (ii) 특정의 배당을 현물로 한다는 **주주총회**(또는 이사회)**의 결의**가 있어야 한다(상 462조 2항 본문과 단서).

(3) 현물배당을 하는 경우 주주평등의 원칙이 준수되어야 하며 동일한 종류의 현물로 배당하여야 한다. 이에 대한 예외로 금전배당을 하여야 하는 경우로는, (i) 주주가 금전배당을 청구하는 경우(상 462조의4 2항 1호), (ii) 배당금이 현물의 최소단위에 미달하는 경우(상 462조의4 2항 2호) 등이 있다.

››› **사례**

[1] 인터넷강의업체인 디지털대성은 현금배당(1주당 300원)과 현물배당(1주당 0.02주)을 동시에 하기로 했다. 현물배당은 신주발행을 하지 않고, 디지털대성이 보유하고 있는 자기주식 중 일부를 처분해서 배당한다. 배당기준일은 2021. 12. 31.이다. (출처: 파이낸셜뉴스 2021. 11. 24; 핀포인트뉴스 2021. 11. 24)

[2] 자동차용 블랙박스 개발·판매를 주요 사업으로 하는 앤씨앤은 보통주 1주당 물적분할로 탄생한 자회사 넥스트칩 보통주 0.0122501971주를 현물배당하기로 했다. (출처: the Bell 2024. 3. 19)

---

50) 기업재무의 유연성을 기하기 위하여 대가 내지 지급수단의 다양화를 허용하고 이를 확대하는 추세에 있다. 현물배당뿐만 아니라, 상환주식의 상환, 합병대가 등에서도 금전이 아닌 현물 등으로 지급할 수 있도록 하고 있다(상 345조 4항, 523조 4호).

51) 신주로 배당을 하려면 주식배당에 의하여야 한다.

[9.6.4] 중간배당

[1] LG전자(주)는 12월 결산법인으로 창사 이래 처음으로 이사회를 열어 '여름 보너스'라 불리기도 하는 중간배당을 정관에 근거하여 실시하기로 결의했다. 이렇게 함으로써 LG전자는 연 2회 배당(기말배당과 중간배당)을 하게 된다. 12월 결산 상장회사 중에는 3월, 6월, 9월 분기배당을 하는 회사들도 있다.

1. 배당구분		중간배당
2. 배당종류		현금배당
3. 1주당 배당금(원)	보통주식	500
	종류주식	500
4. 배당기준일 (주주명부 폐쇄하지 않음)		2025. 8. 8.
5. 배당금지급 예정일자		2025. 8. 22.
6. 주주총회 개최 여부		미개최
7. 이사회 결의일(결정일)		2025. 7. 24.
– 상기 배당금지급 예정일자는 상법 제464조의2 제1항에 근거하여 이사회 결의일로부터 1개월 이내로 결정함		

(출처: 금융감독원 전자공시 2025. 7. 24)

[2] 고○아연이 2023년 개시한 중간배당을 2025년에는 건너뛰었다. 2024년 약 2조원 규모의 자사주 공개매수 여파로 중간배당 묶인 배당가능이익 한도가 (-)로 전환했기 때문이다. 고○아연 측은 중간배당을 하지 않지만, 자기주식 소각에 따른 주주환원 효과가 크다고 했다. (출처: 한국경제 2025. 8. 20; 포인트경제 2025. 8. 27)

1. 뜻

중간배당은 아직 **결산을 하지 않은 상태**에서 영업연도 도중에 하는 배당이다. 결산배당에 대비된다(상 462조의3). 결산에 의해 이익을 확정하기 전에 **이사회의 결의**만으로 회사재산을 사외유출하는 것이므로 자본충실을 해치지 않는 범위에서만 가능하다.[52]

52) 수원고등법원 2022. 2. 17. 선고 2021나17774 판결: 중간배당에 관한 상법 462조의3은 강행규정이다. 따라서 위 규정에서 정하는 요건을 갖추지 못한 중간배당은 무효이다.

2. 요건 및 절차

(1) 중간배당은 연 1회의 결산기를 정한 회사에서 영업연도 중에 1회에 한하여 할 수 있다.

(2) **정관**에 중간배당의 근거가 있어야 한다.

(3) **이사회의 결의**를 요한다.[53] 일정한 날을 기준일로 정하여야 한다.

(4) **배당의 재원**은 '직전 결산기'의 대차대조표를 기준으로 결산배당과 동일한 방식으로 배당가능이익을 산출한다(상 462조의3 2항).[54]

(5) 당해 결산기의 대차대조표상의 순자산액이 상법 462조 1항 각호의 금액의 합계액에 미달(즉, 결손)될 우려가 있는 때에는 중간배당을 할 수 없다(상 462조의3 3항).

(6) 중간배당에서는 금전 또는 현물배당만 가능하다. 주주총회를 거치지 않으므로 주식배당을 할 수 없다.

3. 이사의 책임

당해 결산기 대차대조표상의 순자산액이 상법 462조 1항 각호(배당가능 이익 산정시 공제항목)의 금액의 합계액에 미치지 못함에도 불구하고 중간배당을 한 경우 이사는 회사에 대하여 연대하여 그 차액을 배상할 책임을 진다(상 462조의3 4항 본문).

다만, 이사가 당해 결산기의 대차대조표상의 순자산액이 상법 462조 1항 각호의 금액의 합계액에 미치지 못할 우려가 없다고 판단함에 있어 주의를 게을리 하지 않았음을 증명한 때에는 책임이 없다(상 462조의3 4항 단서).[55]

---

53) 대법원 2022. 9. 7. 선고 2022다223778 판결: 중간배당에 관한 이사회의 결의가 성립하면 추상적으로 존재하던 중간배당청구권이 구체적인 중간배당금 지급청구권으로 확정되므로, 상법 462조의3이 정하는 중간배당에 관한 이사회 결의가 있으면 중간배당금이 지급되기 전이라도 당해 영업연도 중 1회로 제한된 중간배당은 이미 결정된 것이고, 같은 영업연도 중 다시 중간배당에 관한 이사회 결의를 하는 것은 허용되지 않는다. 이사회 결의로 주주의 중간배당금 지급청구권이 구체적으로 확정된 이상 그 청구권의 내용을 수정 내지 변경하는 내용의 이사회 결의도 허용될 수 없다.

54) 중간배당에서도 미실현이익을 공제항목에 추가하는 법개정이 필요하다(송옥렬, 1196면; 이철송, 축조, 209면). 정관으로 미실현이익을 공제항목에 명기하는 회사들이 있다(예: ㈜YG엔터테인먼트 정관 54조 등).

55) 이는 과실책임이다. 그 증명책임은 이사에게 있다.

[9.6.5] 위법배당

(1) 금전·현물배당의 경우

배당가능한 이익이 없음에도 배당한 경우, 이는 강행법적 원칙을 위반한 것이므로 무효이다. 이런 경우 부당이득 반환의 법리에 따라 **회사**는 배당받은 자의 선의·악의를 불문하고 반환을 청구할 수 있다. **회사채권자**도 직접 주주를 상대로 회사에 반환할 것을 청구할 수 있다(상 462조 3항).

(2) 주식배당의 경우

주식배당이 위법한 경우에는 신주발행유지청구권(상 424조), 신주발행 무효의 소(상 429조)에 의하여 처리하여야 한다. 그러나 주주가 주금을 납입한 바 없으므로 주금 환급(상 432조)은 없다. 이러한 경우 회사채권자에게 반환청구권이 인정되는가에 대해서는 금전의 사외유출이 없음을 이유로 부정하는 것이 다수설이다.

(3) 책임과 벌칙

위법한 배당안에 관여한 이사·집행임원·감사·외부감사인은 회사·주주·채권자 등에 대하여 연대하여 **손해배상책임**을 지며(상 399조, 401조, 414조, 415조의2 7항 210조, 462조의3 6항, 외감 17조), **형사벌칙**(회사재산을 위태롭게 한 죄; 상 625조 3호, 462조의3 5항)이 적용된다.

››› **사 례**

검찰은 효★그룹의 C회장을 회계분식으로 이익이 난 것처럼 꾸며 500억원의 배당이익을 챙긴 혐의(상법의 위법배당죄)로 기소했다. (출처: 서울경제 2014. 1. 9; 문화일보 2014. 1. 9; 한겨레 2014. 1. 10; 조선비즈 2018. 1. 17) 이에 대해 1심 법원은 위법배당을 유죄로 판단했지만 2심 법원은 무죄를 선고했다. 대법원은 이를 유죄의 취지로 파기 환송했다. (출처: 한국경제 2020. 12. 31)

연습 및 응용

Q1 이익배당에 관한 아래 주장은 타당한가?

(1) “당해 사업연도에 손실이 발생하면 언제나 이익배당을 할 수 없다.”

(2) “당해 사업연도에 이익이 발생하면 당연히 이익배당을 해야 한다.”

모두 타당하지 않다. 당기에 손실이 발생한 때에도 전 영업연도의 이월이익잉여금이나 그동안 적립해 둔 임의준비금을 풀어서 배당가능이익을 만들 수 있고, 반대로 당기에 이익이 발생하더라도 이월손실이 크거나 자본결손이 누적된 때에는 배당가능이익이 존재하지 않을 수도 있다. 이익배당 가부와 한도는 ‘당기’에 발생한 이익 또는 손실(flow)을 기준으로 하는 것이 아니라 '일정한 시점’ 에 회사에 존재하는 이익 또는 손실(stock)을 기준으로 한다.

››› **사 례**

영◎제지는 실적이 나빠지는 상황에서도 3년에 걸쳐 고배당 정책을 실시했다. 2012년 영업이익 규모는 165억원이었지만 2013년에는 36억원으로 줄었다. 2014년에는 9억원으로 감소했고 2015년에는 22억원의 영업손실을 냈다. (출처: 아시아경제 2013. 2. 27; 이투데이 2014. 3. 5; 머니투데이 2015. 12. 24; 한국경제 2016. 2. 25)

Q2 LX인터내셔널(옛 LG상사(주))은 정관(2025. 3. 20)에 이익배당에 관하여 아래와 같이 규정하고 있다.

> 제40조 (이익금 처분)
> 본회사의 매 영업연도의 처분 전 이익잉여금을 다음과 같이 처분한다.
> 1. 이익준비금: 상법상의 이익준비금
> 2. 기타의 법정적립금
> 3. 배당금
> 4. 임의적립금
> 5. 기타의 이익잉여금처분액
>
> 제41조 (배당)
> ① 이익의 배당은 금전, 주식 및 기타 재산으로 할 수 있다.
> ② 전항의 배당에 대하여 배당실시일로부터 5년 이내에 청구가 없을 때는 그 배당청구권을 포기한 것으로 간주하여 이를 본 회사의 소득으로 한다.

> ③ 본 회사는 이사회 결의로 제1항의 배당을 받을 주주를 확정하기 위한 기준일을 정할 수 있으며, 기준일을 정한 경우 그 기준일의 2주 전에 이를 공고하여야 한다.
> ④ 본 회사는 동조 제3항에 따른 배당 외에 영업연도 중 1회에 한하여 상법 소정의 규정에 따라 이사회의 결의로 중간배당을 할 수 있다. 이때 이사회 결의로 중간배당을 받을 주주를 확정하기 위한 기준일을 정할 수 있으며, 기준일을 정한 경우 그 기준일의 2주 전에 이를 공고하여야 한다.

(1) 위 정관 40조에 따라 배당가능한 이익을 산정함에 있어서 반드시 공제해야 할 항목은 무엇인가?

(2) 위 정관 41조 4항(중간배당의 근거규정)이 없으면 중간배당을 실시할 수 없는가? 위와 같은 정관규정이 있는 경우에는 반드시 중간배당을 실시해야 하는가?

(1) 배당가능한 이익을 산정할 때 총자산에서 필수적으로 공제해야 할 항목은 부채, 자본금, 기 적립된 법정준비금, 당해 결산기에 적립하여야 할 이익준비금, 미실현이익이다(상 462조 1항). 위 정관 40조 1호·2호는 필수공제항목이나, 4호·5호는 임의공제항목이다.

(2) 중간배당을 실시하려면 정관에 이에 관한 근거규정이 있어야 하며 이사회의 결의를 요한다(상 462조의3). 중간배당은 다른 요건이 충족되는 경우에도 그 실시 여부는 이사회의 재량에 맡겨져 있다. 중간배당을 실시한 경우 이에 대한 주주총회의 추인을 요하지 않는다.

Q3 다음 사례를 읽고 착오로 잘못 배당된 '유령주식 배당'의 문제를 생각해 보시오.

> 삼★증권이 2018년 4월 6일 우리사주를 보유한 직원들에게 이익배당을 하는 과정에서 담당 직원이 '원' 대신 '주'로 잘못 입력하면서 생긴 실수로 인해 이들에 지급해야 하는 배당금은 1주당 1,000원으로 총 28억 3,000만원 가량이어야 함에도 삼★증권 주식 28억 3,000만 주(전일 종가 3만 9,800원 기준으로 112조 7,000억원)를 착오로 입고했다. 갑자기 수십, 수백억원에 달하는 '주식 벼락'을 맞은 삼★증권 일부 직원들이 배당금 지급 직후 주식을 내다 팔자 주가가 급락했다. 삼★증권은 잘못 나눠준 주식을 발견 즉시 거둬들였다. (출처: 중앙일보 2018. 4. 9; 헤럴드경제 2018. 4. 10; 중앙일보 2018. 5. 9; 세계일보 2018. 6. 21; 한국경제 2018. 7. 9; 한국일보 2018. 8. 8)

문제는 잘못 입력하는 실수로 있지도 않은 가상 주식이 무한정 발행되고, 이 '유령주식'이 전산상으로는 진짜 주식으로 인식됨으로써 일부 물량이 장내에서 아무런 제한 없이 매매된 것이다. 이 사건 형사재판에서는 잘못 입고된 주식(실체 없는 숫자)을 매도한 전·현직 직원들은 자본시장법 위반 및 컴퓨터 등 사용 사기 혐의 등으로 기소되었는데, 2022년 3월 대법원에서 직원들 다수에 대해 유죄가 확정되었다. 민사재판에서는 2019년 10월 법원은 유령주식을 매도한 직원 13명이 삼★증권에 약 47억원을 배상해야 한다고 판결했다. 주가 급락으로 손해를 본 개인투자자들이 삼★증권을 상대로 제기한 손해배상청구 소송에서, 2021년 9월 1심 판결은 삼★증권의 배상책임을 인정했다. (출처: 서울중앙지법 2021. 9. 26. 선고 2020가단5171764 판결 등; 대법원 2022. 3. 31. 선고 2021도17201 판결; 법률신문 2021. 9. 27; 한국금융신문 2021. 9. 27 등)

Q4 주식배당, 주식분할, 준비금의 자본금 전입에 의한 신주발행을 비교하시오.

	주식분할	준비금의 자본금 전입	주식배당
재 원	기존 주식(구주)	법정준비금	배당이익
신주발행 형식	기존 주식 쪼개기	추가 발행	추가 발행
결정권자절차	액면분할시 정관변경절차	이사회 (정관: 주주총회)	주주총회
신주의 발행가	액면분할(액면주식)	액면가	액면가
신주의 효력발생시기	주권 제출기간 만료시	배정기준일 (주총결의에 의하였을 때: 주총결의시)	주총결의시
발행주식수	증가		
자본금	(변동 없음)	증가	증가
회사재산	(변동 없음)		

제 7 절 잔여재산분배

회사가 해산한 경우 주주는 청산된 후에 남는 마지막 재산에 대하여 분배를 청구할 수 있는 잔여재산분배청구권을 갖는다. 회사는 주주에게 출자액에 비례하여 잔여재산을 분배하여야 한다.

제 10 장

사 채

제 1 절 타인자본

주식회사가 타인자본에[1] 의하여 자금을 조달하는 방식으로는 차입, CP(기업어음) 발행, 사채 발행 등이 있다. 이들은 채무이기 때문에 만기가 되면 상환해야 한다. 이 중에서 상법에서는 사채에 관해서만 규정을 두고 있다.

제 2 절 사채와 주식

사채(社債)란 주식회사가 불특정 다수인으로부터 자금을 조달할 목적으로 집단적·정형적으로 부담하며 액면가에 따라 단위화된 채무이다.

(1) 사채를 주식과 비교해 보면, (i) 정형화된 방법으로 자금을 조달하며, (ii) 단체법리의 적용을 받고, (iii) 발행이 원칙적으로 이사회 결의사항이며, (iv) 주식회사만이 사채를 발행할 수 있다는 점은[2] 주식과 같다.

(2) 사채도 **집단적 처리**가 요구되는 점은 주식과 비슷하다. 따라서 이를 위한 제도적 장치로, 주권에 상응하는 **채권**(債券),[3] 주주명부에 상응하는 **사채원부**,[4] 주주총회에 상응하는 **사채권자집회** 등을 두고 있다.

(3) 사채는 **타인자본**(채무)이라는 점에서 자기자본인 주식과는 달리 **자본충실과 무관**하다. 따라서 (i) 분할납입(상 476조 1항), (ii) 상계납입(상 516조의2), (iii) 액면미달발행(상 474조 2항 6호), (iv) 자기사채의 취득이 허용된다.

(4) 사채는 (i) 실무상 무기명사채가 주류를 이룬다는 점, (ii) 무액면사채의 발행이 불가능하다는 점, (iii) 사채권자를 위하여 사채관리업무를 독립적으로 수행

1) 채무로 조달되었다는 의미에서 타인자본(borrowed capital)이라 칭한다.
2) 유한회사와 유한책임회사는 사채를 발행할 수 없다.
3) 사채의 전자등록도 가능하다.
4) 대부분이 무기명사채이기 때문에 사채원부는 그다지 의미가 없다.

하는 사채관리회사를 둘 수 있는 점(상 480조의2 이하), (ⅳ) 각 사채권자는 그가 가지는 해당 종류의 사채 금액의 합계액(상환받은 액 제외)에 따라 의결권을 가진다는 점(상 492조 1항), (ⅴ) 사채권자집회의 결의가 종류별로 행해진다는 점(상 498조 2항), (ⅵ) 사채권자집회의 결의는 사채권자 전원이 동의한 경우가 아닌 한 법원의 인가를 받아야 효력이 생긴다는 점(상 498조 1항), (ⅶ) 사채 발행은 이사회 결의로 하나(상 469조 1항), 정관에 의하여 이사회가 대표이사에게 사채의 금액 및 종류를 정하여 최대 1년을 한도로 사채 발행을 위임할 수 있다는 점(상 469조 4항) 등에서 주식과 차이가 있다.

(5) 사채에 대한 법적 규제를 종전에 비해 대폭 완화하였다.[6)]

〈표 10.2-1〉 주식과 사채 비교

	주식	사채
규율법리	단체법리, 집단적 · 정형적 처리	
본질	자기자본 – 자본충실 요구	타인자본 – 자본충실과 무관 (분할납입, 상계납입, 액면미달발행, 자기사채 취득 가능)
발행할 수 있는 회사	주식회사	주식회사 (유한회사, 유한책임회사는 불가)
유가증권	주권, 주식 전자등록 가능	채권, 사채 전자등록 가능
보유자 및 관리	주주 (경영참가 가능, 가변적 이익배당) 주주명부 주주총회	사채권자 (경영참가 불가, 확정적 이자수령) 사채원부 사채권자집회, 사채관리회사
종류	기명주식만 가능 (무기명 불가) 액면주식 또는 무액면주식 열거주의 (단, 내용에 관한 정관자치 허용)	기명 · 무기명 모두 가능 액면사채만 가능 (무액면 불가) 포괄주의
발행	이사회 결의	이사회 결의 (대표이사에 위임 가능)
인수의 청약	주식청약서	사채청약서
양도	증권교부, 대항요건(명의개서)	(기본적으로 좌동)
접근(혼성)	이익배당우선주, 상환주식, 의결권 없는 주식	전환사채, 신주인수권부사채, 이익참가부사채

제 3 절 사채의 종류

사채의 종류에는 ① 일반 사채 외에, ② 전환사채, 신주인수권부사채(상 469조 2항, 513조 이하, 516조의2 이하), 이익참가부사채, 교환사채, 상환사채, 파생결합사채, ③ 담보부사채신탁법에 근거한 담보부사채 등이 있다.

[10.3.1] 전환사채

[1] S에버랜드(주) 전환사채(CB) 관련 「특정경제범죄가중처벌 등에 관한 법률」 위반(배임) 사건

1995년 S그룹의 ◎회장은 외아들 ☆에게 60억 8,000만원을 증여하였다. ☆은 이를 S그룹 계열사주식을 매입하는데 사용했다.

1996년 10월 30일 S에버랜드의 이사회는 주당 약 8만 5천원대로 평가되는 S에버랜드 전환사채를 주당 7,700원에 125만 4천여 주(96억원) 발행할 것을 결의하였다. 1996년 12월 3일 ◎회장 등 개인 주주와 S전자, 제●모직, 중△일보, S물산 등 법인주주들이 주주 배정을 포기한 뒤 S에버랜드 이사회는 ◎회장의 자녀 4명에게 주주 배정과 동일한 조건으로 CB 1주당 7,700원씩에 배정하기로 결의하였다. ☆은 S에버랜드의 전환사채를 배정받은 뒤 주식으로 전환해 S에버랜드의 최대주주가 되었다. 1998년 S에버랜드는 S계열사의 지배권을 가지고 있는 비상장사인 S생명의 주식을 9천원(주당 시가 약 70만원 추정)에 구입하면서 S그룹의 지주회사격이 되었다.

2000년 6월 29일 법학교수 43명이 ◎회장 등 33명을 특정경제가중처벌법의 업무상 배임죄(형법 356조) 혐의로 검찰에 고발하였다. 2003년 12월 검찰은 S에버랜드의 CB 1주 당 거래가격은 8만 5,000원이라며 H, P 전·현직 S에버랜드 사장을 특별경제가중처벌법상 배임 혐의로 불구속 기소하였다. 2007년 10월 29일 S그룹의 전 법무실장 K의 비자금 의혹 폭로를 계기로 S특검이 출범되고 ◎회장 등도 동일한 혐의로 기소되었다.

---

5) 2011년 개정상법은 종전의 상법에서 규정하고 있던 사채총액(종전 470조), 사채모집시기(종전 471조), 각 사채의 액면가(종전 472조), 권면액 초과 할증상환(종전 473조) 등에 대한 제한을 폐지하였다.

2009년 5월 29일 대법원은 전원합의체에서 전환사채 발행과정에서 형식적으로 주주 배정방식을 취했기 때문에 회사에 끼친 손해가 없다는 다수의견에 따라 S에버랜드 전·현직 대표 H와 P 사건을 파기환송하고 ◎회장에 대해서는 6 대 5로 무죄를 확정하였다. 이는 2012년 8월 고등법원 판결에 대해 ◎회장이 상고를 포기하면서 확정되었다.

이와 별개로 ◎ 등 제●모직의 이사진을 상대로 소액주주들이 낸 소송은 2011년 2월 민사재판에서 배임을 인정하여 제●모직에 130억원을 배상하라는 판결이 나왔다. (출처: 대법원 2009. 5. 29. 선고 2007도4949 전원합의체 판결; 삼성에버랜드 2006년 사업보고서; 경향신문 2009. 5. 30; 세계일보 2009. 5. 30; 한국일보 2009. 5. 30; 서울신문 2009. 5. 30; 한겨레 2009. 5. 30; 문화일보 2009. 5. 30; 동아일보 2009. 5. 30)

※ 당시 S에버랜드의 관련 정관규정

제41조(전환사채의 발행)

① 본 회사는 사채의 액면총액이 500억원을 초과하지 않는 범위 내에서 주주외의 자에게 전환사채를 발행할 수 있다.

②~③ (생략)

④ 전환을 청구할 수 있는 기간은 당해 사채발행일 익일부터 그 상환기일의 직전일까지로 한다. 단, 위 기간내에서 관계법규에 따라 이사회의 결의로써 그 기간을 정할 수 있다.

⑤~⑥ (생략)

【그 이후의 변화】

■ S에버랜드는 2014년 7월 4일 임시주주총회에서 사명을 '제●모직 주식회사'로 변경하였다(주식의 액면가액을 5,000원에서 100원으로 주식분할함). 기존 테마파크 브랜드인 S에버랜드는 리조트 사업의 브랜드 명칭으로 계속 사용하기로 했다.

■ 제●모직(옛 S에버랜드)의 공모주 청약에 기업공개(IPO) 사상 가장 많은 30조 649억원이 몰렸다. 제●모직의 주식(액면가 100원)이 2014년 12월 18일 상장했다. 상장 후 제●모직의 지분은 ☆부회장이 전체 주식의 23.24%, ○사장 7.75%, ◇사장 7.75%를 보유하게 된다. (출처: 매일경제 2014. 12. 11; 서울경제 2014. 12. 11; 한국경제 2014. 12. 12; 서울신문 2014. 12. 19; 한국경제 2014. 12. 18; 세계일보 2014. 12. 18; 매일경제 2014. 12. 17; 금융감독원 전자공시의 최대주주 등의 주식보유변동)

■ 제●모직은 2015년 7월 17일 주주총회를 거쳐 S물산과 합병하고, 상호를 S물산으로 변경하여 S그룹의 사실상 지주회사로 탈바꿈했다.

[2] S SDS(주)의 신주인수권부사채(BW) 관련 「특정경제범죄가중처벌 등에 관한 법률」 위반(배임) 사건

S SDS(비상장회사)가 신주인수권부사채(BW)를 ☆ 등에게 저가로 인수하게 함으로써 이들에게 약 1,539억원 상당의 재산상 이익을 취득하게 하고 그로 인하여 S SDS에게 그 금액 상당의 손해를 가하였다는 이유로 1999년 참여연대는 S SDS 이사들을 배임 협의로 고발하였다.

1심과 항소심에서는 무죄가 선고되었다. 그러나 2009. 5. 29. 대법원은 S SDS(주)의 신주인수권부사채(BW) 저가발행 부분에 대하여 주주 배정방식에 의한 전환사채 발행과 제3자 배정방식에 의한 신주인수권부사채 발행 모두 배임죄가 성립되지 않는다고 본 원심에 대하여 제3자 배정방식에 의한 신주인수권부사채 발행은 배임죄가 성립된다는 이유로 유죄의 취지로 판단하여 서울고등법원에 환송하였다.

파기환송심에서 S SDS 신주인수권부사채의 저가발행으로 회사에 1,539억원의 손해를 입히고, 주식 차명거래로 세금 465억원을 포탈한 이유로 ◎회장 등에게 징역 3년에 집행유예 5년, 포탈세액의 2.5배인 벌금 1,100억원을 확정하였다.
(출처: 대법원 2009. 5. 29. 선고 2008도9436 판결; 서울고법 2008. 10. 10. 선고 2008노1841 판결; 서울중앙지법 2008. 7. 16. 선고 2008고합366 판결; 한겨레 2009. 9. 22)

생각해보기

1. 위 사례와 관련하여 다음 물음에 답하시오.
   (1) 신주를 발행하는 경우와 전환사채(CB) 또는 신주인수권부사채(BW)를 발행하는 경우 어떤 점에서 같고 다른가?
   (2) 위 사례는 형사책임(업무상 배임죄)의 문제로 다루어지고 있는데, '회사'와 '주주'에 대한 어떤 의무위반과 손해가 문제되는가?
2. 시가보다 현저하게 낮은 발행가액으로 주주 아닌 제3자에게 신주를 발행하였다면, 회사와 주주 중에서 누가, 어떤 손해를 보게 되나? 신주의 발행가액이 액면가 이상이기만 하면 회사에 아무런 손해가 없는 것인가?
3. 주주에게 신주를 배정하였으나 실권된 경우, 이를 어떻게 처리하여야 하나? 실권된 부분을 제3자에게 배정할 때에도 원래 주주에게 배정한 경우와 동일한 발행가액으로 할 수 있는가, 아니면 시가를 감안하여 발행가액을 상향조정하여야 하는가?

(1) 전환사채(CB; convertible bond)는 사채 발행회사의 **주식**(신주)**으로의 전환청구권**이 부여되어 있는 사채이다. 전환사채권자의 전환청구권 행사라는 일방적인 의사표시가 있으면 사채는 소멸하고 그 대신 사채 발행회사의 신주가 발행되는 효력이 생긴다(상 516조 2항, 350조 1항).

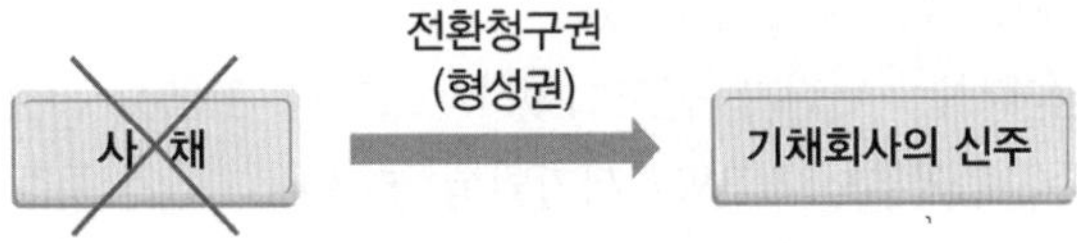

:: [그림 10.3.1-1] 전환사채의 구조

(2) 주주는 지주수에 비례하여 전환사채의 인수권과 배정받을 권리를 갖는 것이 원칙이다(상 513조의2 1항). 주주 외의 자(제3자)에게 전환사채를 발행하기 위해서는 정관에 규정이 없으면 주주총회의 특별결의로 이를 정하여야 하고 회사의 경영목적 달성에 필요해야 한다(상 513조 3항).[6)]

(3) 전환사채의 총발행가액과 전환으로 인해 발행할 주식의 총발행가액은 동액이어야 한다(상 516조 2항, 348조).[7)]

(4) 전환청구권을 행사하려면 청구서 2통에 채권(전자등록의 경우는 채권 증명자료)을 첨부해서 회사에 제출해야 한다(상 515조 1항).

(5) 등기를 요하지 않는 일반 사채와는 달리 전환사채 또는 신주인수권부사채를 발행한 때와 전환권 또는 신주인수권을 행사한 때에는 **등기**하여야 한다(상 514조의2, 516조 2항, 351조).

(6) 전환사채의 **하자를 다투는 방법**에 관해서는 **신주발행에서의 유지청구권**(상 424조), **불공정 가액으로 인수한 자의 차액반환책임**(상 424조의2)에 관한 규정이 준용된다(상 516조). **신주발행무효의 소**에 관한 규정(상 429조 등)은 준용규정에 빠져 있으나 유추적용된다는 것이 판례의 입장이다.[8)]

---

6) 이 점은 신주인수권부사채도 동일하다(상 516조의2 4항, 516조의11).

7) 이는 전환주식의 경우(상 348조)와 같다.

8) 대법원 2022. 11. 17. 선고 2021다205650 판결; 대법원 2004. 6. 25. 선고 2000다37326 판결; 대법원 2009. 1. 30. 선고 2008다50776 판결; 대법원 2019. 4. 3. 선고 2018다289542 판결 등 참조. 이는 신주인수권부사채에서도 동일하다(이 경우 신주발행무효의 소의 제소기간의 기산점은 신주 발행일이고, 설령 신주발행이 신주인수권부사채에 부여된 신주인수권의 행사 결과에 따른 것이라 할지라도 신주인수권부사채 발행일부터 기산되는 것은 아니다.)

>>> **사 례** **Kakao 정관** (2025. 3. 18)

제14조 (전환사채의 발행)

1. 당 회사는 사채의 액면 총액이 오천억원을 초과하지 않는 범위 내에서 다음 각 호의 경우 이사회의 결의로 주주 외의 자에게 전환사채를 발행할 수 있다.
   ① 일반공모의 방법으로 전환사채를 발행하는 경우
   ② 경영상 필요, 전략적 제휴를 목적으로 국내외 투자자, 우리사주조합 등에 전환사채를 발행하는 경우
   ③ 재무구조 개선 및 긴급한 자금의 조달을 위하여 국내외 금융기관 등에 전환사채를 발행하는 경우
   ④ 국내외 기업을 인수합병하기 위해 전환사채를 발행하는 경우

2~6. (생략)

[10.3.2] 신주인수권부사채

JYP엔터 최대주주이자 대표 프로듀서인 P는 '무기명 이권부 무보증 분리형 사모 신주인수권부사채(BW)'의 신주인수권을 행사함으로써 막대한 이익을 얻게 됐다. P는 신주인수권증권을 행사하고 자신의 주식을 담보로 대출받은 30억원으로 회사에 주금 납입을 완료했다. 신주인수권의 행사가액은 1주당 4,311원(1주의 액면가는 500원, 신주인수권 행사시 종가는 3,100원)이다. (출처: 진자공시 2018. 11. 2; 경향신문 2018. 11. 4; 매일경제 2018. 11. 5)

그에 의해 P의 JYP엔터에 대한 지배력은 더욱 공고해졌다. P가 JYP엔터의 지배력을 높일 수 있었던 열쇠는 분리형 신주인수권부사채(BW)에 있었다. P는 실질적인 JYP엔터의 최대주주이지만, 사내이사로 이사회에 참여하고 있을 뿐 회장이나 대표이사직은 맡고 있지 않다. (출처: the bell 2019. 4. 1)

(1) 신주인수권부사채(BW; bond with warrant)는 2개의 권리, 즉 **사채권**(社債權; bond)에 사채 발행회사의 **신주인수권**(新株引受權; warrant)이 부가되어 있는 사채이다. 신주인수권부사채의 종류로는 사채권과 신주인수권 양자 모두가 단일의 증권인 **사채권**(社債券)에 표창되어 있는 것(**결합형**)과 각각의 권리가 별도의 유가증권인 사채권(社債券)과 **신주인수권증권**(新株引受權證券)에 표창되어 있는 것(**분리형**)이 있다.

(2) 신주인수권을 행사하는 경우에는 유상증자의 경우와 마찬가지로 신주발행의

대가를 **납입**해야 신주의 효력이 생긴다(상 516조의9 1항). 납입한 때에 주주가 된다(상 516조의10). 납입의 방법으로는 (ⅰ) 유상증자와 마찬가지로 신주발행의 대가를 현실적으로 납입하는 방법(**현실납입**)과 (ⅱ) 사채 상환금액으로 납입에 갈음하는 방법(**대용납입**)이 있다(상 516조의2 2항 5호).[9] 현실납입에 의하면 사채권이 만기까지 존속하지만, 대용납입에 의하면 전환사채처럼 사채권이 소멸된다.

(3) 각 신주인수권부사채에 부여된 신주인수권의 행사로 발행할 신주의 총발행가액은 신주인수권부사채의 총금액을 초과할 수 없다(상 516조의2 3항).

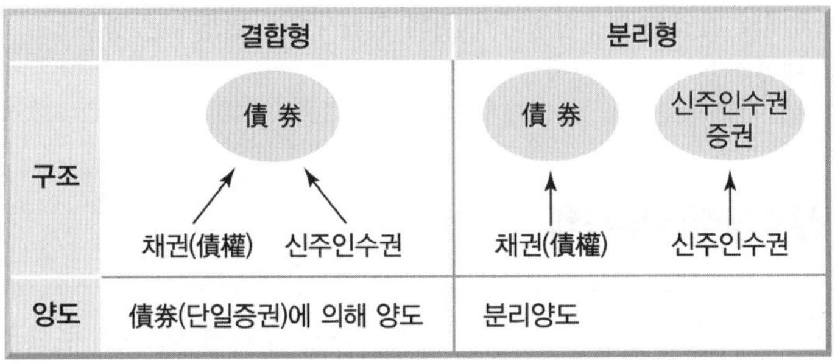

:: [그림 10.3.2-1] 신주인수권부사채의 유형

■ **잠재주식**

전환사채 또는 신주인수권부사채는 사채(社債)라는 점에서 주식과는 본질적으로 다르다. 그러나 양자 모두 사채권자의 일방적인 전환권 또는 신주인수권의 행사에 의하여[10] 신주가 발행되고 사채권자가 주주로 된다는 점에서 주식으로서의 성질이 잠재되어 있다(잠재주식성).[11] 이러한 이유에서 상법은 전환사채 또는 신주인수권부사채의 발행에 대하여 신주발행에 관한 규정을 준용 또는 유추적용하고 있다(상 516조, 516조의10).

>>> **사 례** Kakao 정관 (2025. 3. 18)

제15조 (신주인수권부사채의 발행)

1. 당 회사는 사채의 액면 총액이 오천억원을 초과하지 않는 범위 내에서 본 정관 제15조 제1항 각 호의 경우에 주주 외의 자에게 신주인수권부 사채를 발행할 수 있다.
2. 신주인수권 행사의 대상이 되는 주식의 총액은 신주인수권부 사채의 액면 총액을 초과하지 않는 범위 내에서 이사회가 정한다.

9) 대용납입은 상계에 의한 주금납입의 일종이다.
10) 전환청구권과 신주인수권 행사 모두 형성권이다.
11) 대법원 2009. 5. 29. 선고 2007도4949 전원합의체 판결.

3. 신주인수권의 행사로 발행하는 주식은 보통주식으로 하며, 발행가액은 당해 사채 발행 시 이사회가 정한다.
4. 제3항의 발행가액은 회사 주식의 액면 금액 또는 그 이상으로 한다.
5. (생략)

>>> **사 례**

현대상선이 분리형 BW를 발행했다. 안정적으로 이자를 받다가 주가가 오르면 워런트(신주인수권)를 행사해 시세차익도 얻을 수 있고, 워런트만 따로 분리하여 매각할 수도 있다. 표면금리 연 3.0%에 만기보장수익률 3개월 복리 연 7.0%의 이자를 지급한다. 워런트 행사가액은 5,000원, 행사비율 100%이다. BW 1만원 어치를 배정받은 투자자는 현대상선 액면가 5천원인 주식 2주로 바꿀 수 있다. (출처: 아시아경제 2015. 9. 9; 서울경제 2015. 9. 9)

[10.3.3] 그 밖의 특수사채

1. 이익참가부사채

이익참가부사채(PB)는 사채권자가 사채에 대한 **이자**를 받는 외에 주주와 함께 **이익배당**에도 참가할 수 있는 사채이다(자금 165조의11). 비상장회사도 발행할 수 있다(상 469조 2항 1호). 이익참가부사채는 정관에 규정이 없는 경우 이사회의 결의만으로 발행할 수 있다(자금령 176조의12 2항, 상령 21조 1항). 다만 주주 외의 제3자에게 발행하려면 정관 규정이나 주주총회의 특별결의를 요한다(자금령 176조의12 3항, 상령 21조 2항).

>>> **사 례**

라이프스타일 투자플랫폼인 와디즈는 '대만 K-POP 콘서트' 프로젝트를 오픈한 지 2시간 만에 7억원을 모집하는 데 성공했다. 이는 대만에서 열릴 K-POP 콘서트에 대한 투자형 크라우드펀딩으로, 6개월 만기의 이익참가부사채를 발행함으로써 이루어졌다. (출처: 서울경제 2018. 12. 27; 매일경제 2018. 12. 27)

2. 교환사채

교환사채(EB)는 **사채 발행회사가 이미 소유하고 있는 주식이나 그 밖의 다른 유가증권과의 교환을 청구할 수 있는 권리가 사채권자에게 부여**된 사채이다(자금 165

조의11). 비상장회사도 발행할 수 있다(상 469조 2항 2호). 사채 발행회사의 자기주식도 교환의 대상이 될 수 있다. 교환사채를 발행한 회사는 교환에 필요한 유가증권을 예탁결제원에 교환청구일 또는 상환일까지 예탁(또는 전자등록기관에 전자등록)하여야 한다(자금령 176조의13 3항, 상령 22조 2항). 교환사채는 다른 특수사채와 달리 **주주 배정과 제3자 배정을 구별하지 않으므로** 그 발행에 있어서 정관 규정이나 주주총회의 특별결의를 요하지 않고 이사회 결의만으로 발행할 수 있다(자금령 176조의13 3항). 기존 주주에게 미치는 영향이 다른 특수사채와는 다르기 때문이다. 교환의 효력은 회사에 교환을 청구한 때에 생긴다.

››› **사 례**

[1] 자동차 부품 생산업체인 엠에스오토텍은 200억원 규모의 무기명식 무보증 사모 교환사채의 발행을 결정했다. 운영자금과 채무상환자금을 마련하기 위해서이다. 교환대상은 명신산업의 보통주이고(교환가액은 28,550원), 교환청구기간은 2022. 6. 8.부터 2024. 12. 3.까지이다. 만기이자율은 1.0%이고, 사채 만기일은 2024. 12. 8.이다. 사채의 표면이율은 0.0%이며 별도의 이자 지급기일은 없다. 만기일까지 보유하고 있는 사채의 전자등록 금액(원금)에 대하여는 만기일에 전자등록 금액의 103.0301%에 해당하는 금액을 일시에 상환한다. 사채권자의 조기상환청구권(put option)은 없고, 발행회사는 조기상환권(call option)을 갖는다. (출처: 금융감독원 전자공시 2021. 12. 6)

[2] 호텔신라는 권면 총액 1,327억 9,700만원의 75회차 무기명식 무보증 사모 교환사채(EB)를 발행하기로 이사회에서 결의했다(전자등록). 만기일은 2029. 7. 5.까지이며 표면이자율은 0%·만기이자율은 0%이다. 교환대상은 호텔신라 기명식 보통주(자기주식)로, 1주당 교환가액은 2024. 7. 4. 호텔신라 종가보다 21%가량 높은 6만 2,200원이다. 청약일과 납입일은 2024. 7. 5.이다. 교환기간은 2024. 7. 12.부터 2029. 6. 28.까지이다. (출처: 금융감독원 전자공시 2024. 7. 3)

3. 상환사채

상환사채란 **사채 발행회사**가 자신이 소유하는 주식이나 그 밖의 유가증권으로 상환할 수 있는 사채이다(상 469조 2항 2호, 상령 23조 1항). 교환사채와는 역으로 사채 발행회사가 상환권을 갖는다.

4. 파생결합사채

파생결합사채란 유가증권이나 통화 또는 그 밖에 대통령령으로 정하는 자산이나 지표 등의 변동과 연계하여 미리 정하여진 방법에 따라 상환 또는 지급 금액이 정해지는 사채이다(상 469조; 상령 24조; 자금 4조 10항의 파생결합증권 참조).

5. 담보부사채

담보부사채는 사채에 **물적 담보권**이 붙어 있는 것이다. 사채에 대하여 담보권을 설정할 때에는 기채회사인 위탁회사와 수탁회사인 신탁회사가 신탁계약을 맺고, 그 계약에 따라 신탁회사가 총사채권자를 위하여 물적 담보를 취득함과 동시에 이것을 총사채권자를 위하여 보존하고 실행할 의무를 진다. 이에 의하여 총사채권자는 수익자로서 담보의 이익을 채권액에 따라 평등하게 갖는다(담보부사채신탁법 60조).

제 4절 사채권자 보호

사채권자를 보호하기 위한 제도로 사채권자집회와 사채관리회사 등에 관한 규정을 두고 있다.

[10.4.1] 사채권자집회

사채권자집회는 사채권자의 이익에 중대한 영향을 미치는 사항에 관하여 사채권자들이 자신들의 집단적 의사를 결정하기 위한 임시적 회의체이다.[12] 사채권자집회의 소집은 발행회사와 사채관리회사가 한다(상 491조 1항). 종류별 사채총액의 10% 이상을 보유한 사채권자도 발행회사 또는 사채관리회사에 소집을 청구할 수 있다(상 491조 2항). 주주총회와는 달리, 사채의 **종류별**로 따로 사채권자집회를 소집하고 결의하여야 한다(상 491조 2항, 492조 1항, 498조). 사채권자는 자신이 가지고 있는

12) 이는 주주총회에 상응하는 것인데, 회사의 기관은 아니다.

해당 종류의 미상환 **사채금액에 비례하여 의결권**을 가진다(상 492조 1항). **사채권자 전원이 동의하면 법원의 인가 없이도 결의의 효력**이 생긴다(상 498조 1항 단서).

>>> **사례**

[1] 화학사업부 물적 분할을 앞두고 SK●는 사채권자 이의 제출의 건을 다루기 위해 사채권자집회를 소집했다. 참석대상인 회사채는 2015년 발행한 5년물 135−2회차 등을 비롯한 11개로, 총 7,800억원 규모이다. SK●는 총 11개 채권을 6번으로 두 개씩 나눠 표결에 부쳤다. (출처: 전자공시 2019. 12. 19; 팍스넷뉴스 2019. 12. 18; 이투데이 2019. 12. 26)

[2] SK● 회사채 투자자들이 회사의 경영방침에 불만을 제기하며 채권 조기 상환을 요구하고 나섰다. 2020년 5월 발행된 5년 만기 회사채 투자자들로 미상환 잔액은 950억원이다. 이 회사는 2022. 10. 11. 필름사업 분할에 대한 회사채 투자자의 의견을 듣기 위해 사채권자집회를 열었다. 일부 사채권자가 위 집회에서 이의를 제기했다. 그러나 수원지방법원은 SK● 회사채의 사채권자집회 결의를 2022. 10. 14. 인가했다. (출처: 금융감독원 전자공시 2022. 10. 11)

[3] 태○건설은 만기가 도래하는 68회차 무보증사채의 만기 연장을 위해 2024. 6. 11. 사채권자집회를 소집했다. 출석 사채권자 3분의 2 이상 동의를 얻고 법원에 인가신청을 했다. (출처: 금융감독원 전자공시 2024. 6. 11)

〈표 10.4-1〉 주주총회와 사채권자집회 비교

	주주총회	사채권자집회
성격	필요적 상설기관	임시적 회의체 (기관 아님)
구성	주식종류 구분 없이 의결권 있는 주주 전원으로 구성 (소정의 경우 종류주주총회 추가)	종류별 개최
소집권자	원칙: 이사회 예외: 소수주주, 감사, 법원	발행회사, 사채관리회사, 종류별 사채총액의 10% 이상 보유 사채권자
의결권의 수	주식수에 비례	미상환 사채금액에 비례
의결권 행사방법	대리행사, 서면투표, 전자투표, 정족수 계산, 자기주식의 의결권 제한, 특별이해관계인의 의결권 제한	준용(좌동)
결의요건	보통결의, 특별결의, 특수결의	원칙: 출석 의결권의 2/3 이상과 전체 의결권의 1/3 이상 경미한 사항 : 출석 의결권의 과반수
결의의 효력요건	주주총회 결의	결의+법원 인가 또는 사채권자 전원 동의
하자를 다투는 방법	회사법상의 4종의 소	(규정 없음)

[10.4.2] 사채관리회사

사채관리회사는 사채권자를 위하여 사채의 상환청구, 변제수령, 채권보전, 사채권자집회 결의의 집행 등 사채의 관리에 필요한 업무를 집행하는 회사이다. **사채관리회사는 사채권자에 대하여 직접 선량한 관리자로서의 주의의무를 지며**(상 484조의2 2항), **사채권자에 대하여 손해배상책임**을 진다(상 484조의2 3항).

사채관리회사는 사채 발행회사에 의하여 선임되며, 그 **설치 여부는 사채 발행회사의 임의적 선택**에 맡겨져 있다. 사채관리회사는 은행, 신탁회사, 그 밖에 대통령령으로 정하는 자로서 사채 발행을 주선하는 수탁회사와 분리되어야 한다(상 480조의3 1항).

[10.4.3] 그 밖의 사채권자 보호제도

상법은 사채권자 보호를 위하여 **자본충실의 원칙**과 **법원의 후견적 개입**에 관한 규정을 두고 있다.

[10.4.4] 원리금 상환

(1) 이자부사채의 경우 **이자의 지급**은 선급·후급 모두 가능하다.

(2) **사채의 상환**은 상환일에 일시에 지급하는 것이 일반적이나, 수회로 나누어 분할상환하는 것으로 정할 수 있다.

(3) 사채발행회사는 기한의 이익을 포기할 수 있으므로 만기 전 조기 상환도 가능하다. 그로 인하여 상대방의 이익을 해하지 못하므로(민 153조 2항), 만기 전에 상환하려면 잔존 기간에 대한 이자를 지급하여야 한다. 자기사채를 매입하여 소각하는 방식으로 상환하는 것도 가능하다.

사채 조기상환 공고

제이비우리캐피탈오토제십차유동화전문유한회사
제1-31회, 제1-32회 선순위 사모 무보증사채

권면총액 : 180억원

1. **행사자**
   발행사(제이비우리캐피탈오토제십차유동화전문유한회사)
2. **행사권의 종류**
   콜옵션(Call Opton)
3. **행사내용**

구 분	행사금액	효력발생일
제1-31회 선순위 사모 무보증사채	80억원	2018.12.28
제1-31회 선순위 사모 무보증사채	30억원	2018.12.28
계	110억원	

4. **행사비율** : 제 1-31회 : 80%
   제 1-32회 : 30%
5. **지급장소**
   농협은행 태평로금융센터
6. **문의처**
   농협은행 투자금융부(담당 황보민 02-2080-8126)

:: [그림 10.4.4-1] 사채 조기상환
(출처: 한국경제 2018. 12. 13)

(4) 사채 원금의 **소멸시효**는 사채권자를 보호하기 위하여 일반 상사소멸시효(5년)와는 달리 10년으로 하고 있으나, **이자**에 대해서는 5년의 소멸시효가 적용된다(상 487조).

>>> **사 례**

대△조선해양이 발행한 회사채에 투자한 일부 투자자들이 기한의 이익상실을 요청했으나 무산됐다. 2015년 2/4분기 대△조선해양의 부채비율이 600%까지 치솟으면서 '부채비율 500% 이하로 유지한다' 는 기한의 이익 상실사유가 충족된 상태였다. 그러나 사채권자집회에서의 결의 수가 부족했다. (출처: 파이낸셜뉴스 2017. 3. 26)

연습 및 응용

Q1 전환사채와 신주인수권부사채의 같고 다른 점은?

(1) 같은 점 – 전환사채(CB)의 경우는 전환청구권의 행사에 의하여, 신주인수권부사채(BW)는 신주인수권의 행사에 의하여 신주가 발행되는 잠재주식으로의 성질을 지니고 있다. 따라서 양자 모두 기존 주주의 비례적 가치를 보호해줄 필요가 있으므로, CB와 BW의 제3자 배정에 대해서는 신주의 제3자 배정과 동일한 법리에 의한다.

(2) 다른 점 – 전환사채의 경우는 전환청구권의 행사가 있으면 그에 의하여 사채가 소멸하고 그 대신 별도의 납입절차 없이 곧바로 신주의 효력이 생긴다. 그러나 신주인수권부사채의 경우는 신주인수권을 행사할 때에 납입(현실납입 또는 대용납입)을 하여야 신주의 효력이 발생한다. 대용납입에 의하는 경우에는 사채가 소멸하나, 현실납입에 의하는 경우에는 전환사채와는 달리 사채가 그대로 존속한다.

Q2 아래와 같은 사채 발행은 적법한가?

(1) 영구사채

(2) 상법에 규정이 없는 사채

(1) 상환기일이 없는 영구사채는 회사청산시 원금상환의무가 있고 잔여재산분배를 할 때 주주보다 우선한다는 점에서 사채에 속한다.

(2) 주식의 종류는 상법에 규정되어 있는 것에 한정하고(법정주의), 이 범위에서 회사는 정관으로 종류주식을 발행할 수 있다. 그러나 사채의 종류에는 이러한 법적 제한이 없으므로 상법이 명시하고 있지 않은 새로운 유형의 사채도 발행할 수 있다(상 469조 2항).

제 11 장

회사의 지배구조

제 1 절 총 설

국가의 통치구조와 기업의 지배구조를 비교해 보면 유사한 점이 제법 많다. 그러나 각각의 존재이유가 다르다 보니 완전히 같을 수는 없다.

우선 국가의 통치구조는 우리 헌법에서 명시하고 있는 바와 같이 주권자인 국민으로부터 수임받은 국가기관이 주권자인 국민에게 봉사하고(민주주의) 국가의 존립과 공공의 복리에 이바지할 것을 지향한다(공동체주의). 국가기관을 크게 입법 · 행정 · 사법으로 나누어 권력분립을 한 것은 각자의 권한을 분담하여 기능적으로 수행하도록 함과 동시에 견제와 균형의 원리가 작동함으로써 주인인 국민의 이익에 배치되는 권력 독점을 막기 위함이다. 이러한 국가기관은 민주적 선거제도에 의해 만들어지고, 그에 의해 평가받는다. 언론이나 시민단체 등의 비정부기구는 국민으로부터 위임받는 국가권력이 대리인 문제에 빠지지 않고 정상적으로 작동될 수 있도록 감시하고 견제하는 역할을 담당한다. 또한 국가는 다른 국가와의 관계에서 연대와 세계평화를 지향한다.

기업의 지배구조(corporate governance)와 작동원리는 국가의 통치구조와 상당히 유사하다. 주식회사의 지분적 소유자인 주주들에게 회사의 궁극적인 결정권이 있고(주주민주주의), 소유와 경영의 분리원칙에 따라 회사와 주주들로부터 경영권을 위임받는 자가 선량한 관리자로서 적극적으로는 회사와 주주의 이익에 봉사할 수 있도록 하고 소극적으로는 경영진 자신들의 이익을 더 우선시하는 대리인 문제가 생기지 않도록 하는 건강한 지배구조의 구현을 이상적인 목표로 삼는다.

그러나 현실 세계에서는 국가나 기업 모두에 있어서 제도의 이상이 왜곡되는 사례가 자주 발생한다. (예컨대, 공무를 담당하는 자나 경영자가 국민 전체의 이익이나 회사 또는 주주 전체의 이익보다는 자신들의 사리사욕을 우선시하는 행태, 권력자나 오너라 일컫는 대주주와 경영진의 전횡적 행태 등) 이러한 폐단을 시정하여 현실이 이상에 수렴하도록 하는 것은 이에 속한 모두의 이익을 위해 필요하다.

〉〉〉 대리인 문제

주인이 일을 맡기기 위해 대리인을 고용한다. 대리인은 주인의 이익을 위해 일해야 하지만, 자신에게 유리한 방향으로 일하고 주인 몰래 자신의 사익을 취하기도 한다. 이러한 현상을 널리 대리인 문제(agency problem)라 칭한다.

생각해보기

1. 다음 중 주식회사에서 의사를 결정하는 힘의 원천(정당성)은 어디에 있으며, 그 이유는?
   ① 지배주주의 카리스마, 통찰력과 리더십 ② 주주 또는 주주총회 ③ 이사 등 경영진 ④ 여론 ⑤ 정부
2. 기업지배구조에 있어서 주주민주주의(shareholder democracy)와 헌법상의 민주주의의 원리와는 어떤 점에서 같고 다른가?
3. 소유·경영 분리의 원리에 따라 대주주는 경영에 관여할 수 없는가?
4. 대리인 문제(agency problem)가 발생하는 원인은? 그 해결방안은?

(1) 주식회사는 법인이므로 의사결정과 집행은 **기관**이 담당한다. 주식회사의 지배구조는 **주주민주주의, 소유와 경영의 분리**, 기관의 분화, **기관간 견제와 균형**을 기본원리로 하여, 주주총회 · 이사회 · 대표이사(또는 대표집행임원) · 감사(또는 감사위원회)로 구성되어 있다.

(2) 주식회사의 양대 의사결정기관은 주주총회와 이사회이다. **주주총회**는 주주 전원으로 구성되는 최고의 의사결정기관이지만(최고성), 법령과 정관에 규정된 사항에 한하여 권한을 행사한다(제한성; 상 361조). **이사회**는 주주를 대신하여 경영을 담당하도록 하기 위하여 주주총회에 의해 선임된 이사 전원으로 구성된다(소유 · 경영의 분리). 이사회는 주주총회의 권한을 제외한 나머지 사항에 대하여 회사의 업무집행을 결정할 수 있는 포괄적 권한을 가진다(포괄성; 이사회중심주의). 이사회는 **위원회**에 권한의 일부를 위임할 수 있다. 주주총회와 이사회 양자 모두 회의체이기 때문에 소집과 결의를 요한다. 주주총회는 주주 보호를 위하여 효율성을 중시하는 이사회보다 소집과 결의 절차가 엄격하다.

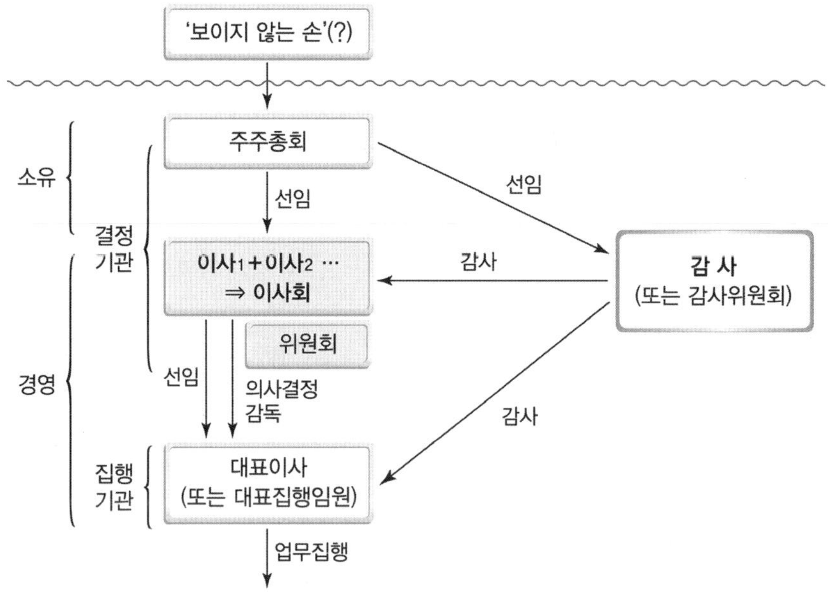

:: [그림 11.1-1] 주식회사의 기관구조

(3) **대표이사**는 주식회사의 업무집행기관이자 대표기관이다. 대표권의 행사는 곧 회사의 행위가 된다. **이사**는 자동적으로 이사회의 구성원이 되며, 이사회(또는 주주총회)에 의하여 대표이사로 선정될 수 있는 전제자격이 된다. 이사는 회사의 경영수임자로서 회사에 대하여 선관주의의무·충실의무를 진다(위임관계).

(4) 집행임원을 임의적으로 둘 수 있다. 집행임원을 둔 회사(**집행임원 설치회사**)에서는 업무감독기능과 업무집행기능을 각각 이사회와 집행임원에 분담시키고, 대표집행임원이 대표이사를 갈음한다. 집행임원에 대해서는 이사에 관한 규정을 준용한다.

(5) **감사**(監事)는 주식회사의 감사(監査)기관이다. 원칙적으로 상근 여부를 불문한다. 감사는 주주를 대신하여 이사의 직무집행을 감사하도록 하기 위하여 주주총회에 의해 선임되며, 중립성이 생명이다. 감사는 정관에 의하여 **감사위원회**로 대체할 수 있다. (주주총회와 이사회는 다른 것으로 대체할 수 없고, 이사회는 권한의 일부를 위원회에 위임할 수 있을 뿐이다.)

(6) 주식회사의 기관구조 및 운영에 대하여 아래와 같은 **특례**가 인정된다.

1) 법상 특칙 – ① 자본금 총액이 10억원 미만인 **소규모주식회사**의 경우는 이사

회를 두지 않아도 무방하며, 감사(또는 감사위원회)가 임의기관이다. 이들 회사에서는 사실상 소유와 경영이 일치하는 경향이 있다. ② **상장회사**는 **독립이사**에 의하여 이사회의 독립성을 보강하고 있다. 자산총액이 2조원 이상인 **대규모 상장회사**는 독립이사를 3명 이상 및 이사 총수의 과반수를 두어야 하며(상 542조의8 1항 단서), 감사 대신 감사위원회를 설치하여야 한다(상 542조의11 1항). ③ **그 밖의 상장회사**에 대해서는 독립이사를 강제하고(1/3 기준), 감사 또는 감사위원회에 관하여 특칙을 두고 있다.

2) 해석상 유연성 — **주주가 1인인 주식회사**의 경우에는 상법에 명시적 규정은 없으나 다수의 주주를 전제로 하는 주주총회의 운영에 관한 법규정을 유연하게 해석한다.

(7) 기업지배구조(corporate governance)에 관한 이상과는 달리 주주들의 무관심 속에 대주주가 주주총회와 이사회의 의사결정을 지배하는 것이 현실이다(**기관의 형해화**). 대주주(세칭 'owner')와 경영진의 전횡(대리인 문제)을 방지하고 군소주주가 제 몫에 상응하는 영향력을 행사할 수 있도록 **주주총회와 이사회의 기능을 정상화시키는 것이 과제**이다.

〈표 11.1.1-1〉 주식회사 규모별 지배구조

		일 반	자본금 10억원 미만(소규모)	상장회사		
				일반 상장회사	자산총액 1천억원 이상	자산총액 2조원 이상(대규모)
의사결정기관	주주총회		소집절차 간소화			
	이사회		× (1~2명 이사)			
사외이사 (독립이사)		임의		이사 총수의 1/3 이상		과반수 및 3인 이상
집행기관		대표이사 또는 대표집행임원				
감사기관		감사 또는 감사위원회	임의	감사 또는 감사위원회	상근감사 또는 감사위원회	감사위원회

주) ×: 없음, 별도의 표시가 없는 것: 일반과 동일

연습 및 응용

Q1 어느 회사의 주식 분포도는 아래 그림과 같다.

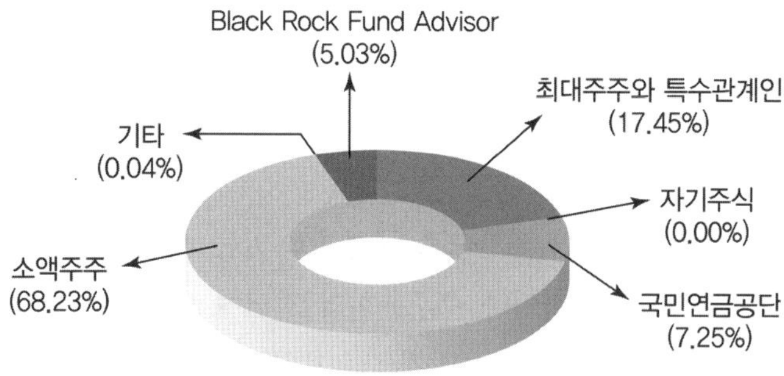

'최대주주와 특수관계인'의 총지분은 2025년 12월 4일 기준 17.45%인데, 그 내역은 A(회장) 1.45%, B(A의 모친) 1.31%, C(A의 형제), 0.62%, D(A의 형제) 0.68%, E(계열사; 최대주주) 7.55%, F(계열사) 4.44%, G(계열사) 1.31%, H(복지재단) 0.07%, I(문화재단) 0.03%로 구성되어 있다. 1% 미만의 주식을 보유하고 있는 소액주주의 수는 대략 500만 명 수준으로 모두 68.23%의 지분을 보유하고 있다. 우리사주조합은 없다. 보유하고 있던 자기주식은 친주주 정책의 하나로 모두 소각했다.

이를 참조로 해서 다음 문제를 도론해보시오.

(1) 국내 기업 대부분에서 대주주의 지분이 절대적으로 높은 수치가 아닌데도 사실상 경영에 막대한 영향력을 행사하고 있다. 이것이 가능한 이유는?

(2) 소액주주의 지분비율은 합하면 전혀 낮지 않음에도 불구하고 그에 상응한 영향력을 행사하지 못하는 경우가 많다. 그 이유는?

(3) 자기주식을 다량 보유하고 있는 경우, 그것이 회사지배구조에 미치는 영향은?

(4) 여러 기업이 서로 출자에 참여하여 그룹을 형성하는 때도 있다. 이러한 상호출자가 회사지배구조에 미치는 영향은?

(5) 대주주가 이사로서 경영에 정식적으로 참가하는 경우도 있지만 이사가 아니면서 막후에서 영향력을 행사하는 경우도 있다. 각각의 장단점은? 제도상의 지배구조와 비제도적인 사실상 지배구조의 괴리 문제를 생각해 보시오.

(6) 국민연금과 같은 기관투자가가 상당한 지분을 갖는 경우가 많다. 이들이 회사지배구조에서 할 수 있는 역할은?

제 2 절 의사결정기관[1] (주주총회)

[11.2.1] 권 한

주주총회는 '상법' 또는 '정관'으로 정하는 사항에 한하여 결의할 수 있다(상 361조).

(1) 상법에서 주주총회의 권한으로 규정하고 있는 사항은 주주총회의 전속적 사항이다(**전속성**). 따라서 정관이나 주주총회의 결의에 의하여 다른 기관에 위임하는 것은 허용되지 않는다. 주주가 지분적 소유자의 지위에서 마땅히 행사하여야 것을 그 권한사항으로 하고 있다(**최고성**). 이사회의 권한이 포괄적이라면(상 393조 1항), 주주총회의 권한은 제한적이다(**제한성**).

(2) 정관에 의하여 주주총회의 권한을 확장할 수 있는 조건과 범위가 문제된다. 이사회의 권한으로 하면서 정관에 의하여 주주총회의 권한으로 할 수 있다는 명시적인 상법 규정(**유보조항**)이 있으면[1] 정관에 의하여 이사회의 권한을 주주총회의 권한으로 변경할 수 있음은 당연하다. 상법에 이러한 명시적 유보조항이 없는 경우,[2] 이사회의 권한으로 규정되어 있는 것을 정관에 의하여 주주총회의 권한으로 변경할 수 있는가에 관해서는 확장가능설과 확장불가설로 나뉜다. 판례는 확장가능설의 입장에 서 있는 것으로 보인다.

(3) 자본금 10억원 미만의 **소규모주식회사**에서는 이사회가 없으므로 이사회 권한의 상당부분이 주주총회의 권한사항으로 환원된다(상 383조 4항).

(4) 주주총회의 결의를 **흠결한 때에는 그것이 대내적인 것이건 대외적인 것이건 모두 무효**가 된다.[3] 주주총회의 결의가 없다면 회사의 의사 자체가 부존재하는 것이고, 이사회 결의를 흠결한 경우에 비하여 하자가 중대하므로, 거래의 안전보다는 회사의 이익을 우선시할 필요가 있기 때문이다.

---

1) 대표이사의 선임(상 389조 1항), 신주의 발행(상 416조), 준비금의 자본금 전입(상 461조 1항), 전환사채의 발행(상 513조 2항), 신주인수권부사채의 발행(상 516조의2 2항) 등이 이에 해당한다.

2) 예컨대, 상법 469조의 사채 발행, 398조의 자기거래의 승인 등.

3) 대법원 2018. 4. 26. 선고 2017다288757 판결.

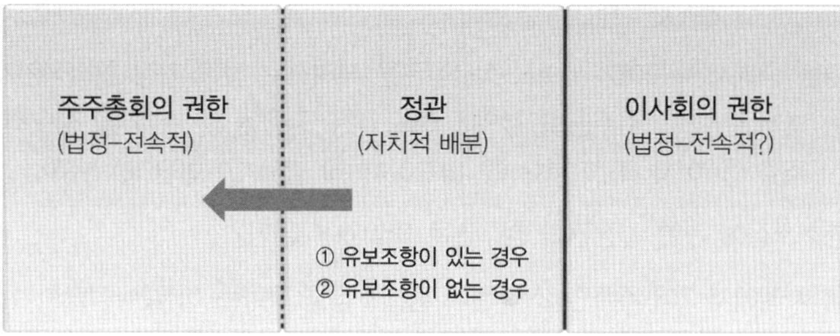

:: [그림 11.1–1] 주주총회와 이사회의 권한배분

[11.2.2] 소 집

SK㈜의 2대 주주인 외국계 자산운용사 소●린이 정관개정을 위하여 SK㈜측에 임시주주총회의 개최를 요구하였다. 소●린이 제시한 정관조항은 "금고 이상의 형을 받을 수 있는 형사범죄 혐의로 기소된 이사는 선고가 확정될 때까지 직무수행을 정지하고, 금고 이상의 형의 선고가 확정되면 이사직을 상실하도록 한다"는 내용이다. (출처: 동아일보 2004. 10. 26; 매일경제 2004. 10. 26; 한국일보 2004. 10. 26)

SK㈜는 이사회를 열어 소●린이 소집을 요구한 임시주주총회의 소집에 대하여 만장일치로 거부했다. (출처: 경향신문 2004. 11. 6; 문화일보 2004. 11. 6)

소●린은 임시주주총회의 소집요청을 거부한 이사회의 결정을 받아들일 수 없다며 서울중앙지방법원에 임시주주총회 소집허가 신청서를 제출하였다. (출처: 동아일보 2004. 11. 8; 세계일보 2004. 11. 8; 조선일보 2004. 11. 8; 조선일보 2004. 11. 10)

법원은 소●린이 SK㈜를 상대로 낸 임시주주총회 소집허가 항고사건을 기각했다. 이에 앞서 1심 법원도 소●린의 신청을 기각, 항고 후 5개월 만에 1·2심 모두 소●린의 신청을 받아들이지 않았다.

재판부는 "소수주주권의 하나인 임시주주총회 소집청구권의 본래 취지는 소수주주의 이익보호와 다수주주의 횡포를 견제하려는 것"이라며 "소●린이 주장하는 임시주주총회 소집청구권은 제도의 취지를 일탈한 권리남용에 해당한다"고 덧붙였다. (출처: 국민일보 2005. 5. 14; 서울경제 2005. 5. 13; 한국경제 2005. 5. 13)

생각해보기

1. 다음 중에서 누구에게 총회소집결정권을 부여하는 것이 가장 합리적인가?
   ① 개개 주주 ② 주주총회 결의에 어느 정도 영향을 줄 수 있을 정도의 지분을 가진 주주 ③ 이사 ④ 이사회 ⑤ 대표이사 ⑥ 감사 ⑦ 법원 ⑧ 누구나
2. 총회소집에 관한 결정권과 청구권은 어떻게 다른가?
3. 위 사례에서 2대 주주인 소●린이 총회소집을 구하는 이유는 정당한가? 소●린은 주주로서 이사회에 총회소집의 결정을 구하는 절차를 생략하고 직접 주주총회를 소집할 수 있는가?

1. 총회소집권의 기능

① 주주총회에는 매결산기마다 열리는 **정기주주총회**(결산주주총회)와 필요에 따라 수시로 개최되는 **임시주주총회**가 있다. 주주총회는 회의체이므로 누군가에 의하여 소집되어야 작동할 수 있다.

② 주식회사에서 주주총회는 최고의 의사결정기관으로 이사를 선임할 수 있는 경영구조 창출기관이다. 따라서 주주총회의 소집권을 누가 갖는가는 회사지배구조와 관련된다. 주주총회를 소집하더라도 총회에서 자신의 의사를 관철시킬 수 있다는 보장은 없지만, 주주총회를 열어 쟁점사항을 공론화할 수 있는 것만으로도 경영진이나 대주주에 커다란 압박수단이 될 수 있다.

2. 원칙적인 총회소집 결정권자

주주총회 소집의 결정권은 원칙적으로 **이사회**에 있다(상 362조).[4] 이사회가 총회의 개최 · 안건 · 일시 · 장소 등을 결정하고, 대표이사가 그에 따라 구체적인 소집절차를 취한다.

---

4) 대법원 2022. 11. 10. 선고 2021다271282 판결: 주주총회를 소집할 권한이 없는 자가 이사회의 주주총회소집 결정도 없이 소집한 주주총회에서 이루어진 결의는 특별한 사정이 없는 한 총회 및 결의라고 볼 만한 것이 사실상 존재한다고 하더라도 그 성립과정에 중대한 하자가 있어 법률상 존재하지 않는다고 보아야 한다.

3. 주주의 총회소집 청구권

(1) 취 지

주주의 총회소집 청구권(상 366조)은 이사회가 총회를 소집하지 않는 경우 주주가 주도적으로 총회를 소집할 수 있는 길을 열어줄 필요에서 비롯된 것이다.[5] 다만 주주가 직접 총회를 소집할 수 있는 것이 아니고 이사회에 총회소집을 청구할 수 있는 **소집청구권**만을 부여하고 있다(상 366조 1항).

(2) 소집청구권자

주주가 이사회에 총회의 소집을 청구하려면 발행주식총수의 **3% 이상**(상장회사의 경우는 1.5% 이상 6개월간 계속보유)의 주식을 가져야 한다(상 366조 1항, 542조의6 1항).

>>> **사 례**

수원지방법원은 H씨가 신○산업과 이 회사 대표인 S부회장을 상대로 낸 총회 소집허가 신청을 기각했다. 당초 법원은 H씨의 주장을 일부 받아들여 총회 소집을 승인했다. 이에 따라 H씨측은 경기 평택의 한 호텔에서 총회을 열겠다고 신문에 공고까지 냈다. 하지만 법원은 당초 결정을 바꿔 H씨의 총회소집 요구를 받아들이지 않기로 했다. H씨가 주총 소집을 요구할 만한 자격이 없다고 판단한 것이다. 재판부는 “지분 3% 이상을 보유한 주주가 총회소집을 요구할 수 있지만 H씨는 G씨로부터 75억 5,000만원을 송금받아 주식을 산 점 등에 비춰 명의만 대여한 형식상 주주에 불과하다”고 설명했다. 또 “H씨가 G씨로부터 주주권 행사를 위임받았다고 보기도 어렵다”고 덧붙였다. H씨는 이에 항고했다. (출처: 한국경제 2014. 9. 15; 한국경제 2014. 10. 20; 한국경제 2014. 11. 7; 한국경제 2014. 12. 1)

甲: “중대한 경영실책을 저지른 이사를 해임해야겠는데…, 회사가 주주총회를 아예 열지조차 않고 있어. 어떻게 하면 좋을까?”

乙: “문제를 일으킨 이사가 대주주가 총애하는 사람이라며? 회사가 제 손으로 이사를 해임하기 위해 주주총회를 열기를 기대한다?”

---

5) 주주의 임시총회소집청구권은 주주의 공익권 중 하나로서, 소수주주의 이익을 보호하고 특히 지배주주의 지지를 받는 이사가 주주총회의 소집을 미루고 있는 경우 이를 견제하기 위한 것이다(대법원 2022. 9. 7.자 2022마5372 결정).

甲: "그러면 어떻게 해야 하는 거야? 속수무책으로 회사가 주주총회를 열기만을 기다려야 한다는 거야?"

乙: "때마침 회사가 주주총회를 연다면 이사 해임안을 주주제안으로 제안하면 될 터이지만…. 이 역시 회사가 주주총회를 열어야 가능한 것이고…."

甲: "그러면 방법이 전혀 없는 거야?"

乙: "그렇진 않아. 소수주주라면 이사회에 총회소집을 청구할 수 있는 길이 있기는 해. 그렇게 해서라도 안 되면 법원에 총회소집을 구하는 방법이 남아있어. 그것도 받아들여지지 않으면 어쩔 수 없는 거지. 주식을 처분하고는 미련없이 떠나는 수밖에는…."

(3) 소집청구 절차

1) **이사회에 소집청구 (1단계)** – 소수주주는 회의의 목적사항과 소집이유를 기재한 서면 또는 전자문서를[6] 이사회에 제출하여 총회소집을 청구할 수 있다(상 366조 1항). 이사회는 소집청구에 정당한 이유가 있다고 인정하는 때에는 지체없이 총회소집의 절차를 밟아야 한다(상 366조 2항).

2) **법원에 허가청구 (2단계)** – 소수주주가 이사회에 총회소집을 청구하였음에도 이사회가 소집절차를 밟지 않을 때에는 소집을 청구한 소수주주는 법원의 허가를 얻어 직접 총회를 소집할 수 있다(상 366조 2항).[7] 총회의 소집과 개최에 소요되는 비용은 회사가 부담한다. 법원의 허가를 얻어 총회를 소집한 경우 법원은 정관규정에 구애받지 않고 이해관계인의 청구나 법원 직권으로 **의장**을 선임할 수 있다(상 366조 2항). 이렇게 해서 소집된 총회는 회사의 업무와 재산상태를 조사하기 위하여 **검사인**을 선임할 수 있다(상 366조 3항). 법원의 소집허가에 대해서는 민사소송법에 의한 특별항고만이 허용된다(민소 449조).[8][9]

---

6) 대법원 2022. 12. 16.자 2022그734 결정: 주주가 대표이사에게 카카오톡 메시지를 이용하여서 한 임시주주총회 소집청구는 적법하다. 상법 366조 1항에서 정한 '전자문서'란 정보처리시스템에 의하여 전자적 형태로 작성·변환·송신·수신·저장된 정보를 의미하고, 이는 작성·변환·송신·수신·저장된 때의 형태 또는 그와 같이 재현될 수 있는 형태로 보존되어 있을 것을 전제로 그 내용을 열람할 수 있는 것이어야 한다. 이와 같은 성질에 반하지 않는 한 전자우편은 물론 휴대전화 문자메시지·모바일 메시지 등까지 포함된다.

7) 소수주주가 법원의 허가를 받아 주주총회를 소집한 때에는 법원이 허가한 안건만을 다루어야 하며 추가와 변경은 허용되지 않는다. 소수주주가 총회소집에 관하여 법원의 허가를 얻은 때에는 이사회는 동일 의안에 관하여 소집권이 없다.

8) 대법원 2001. 12. 21. 자 2001그121 결정.

9) 총회소집허가 결정일로부터 상당한 기간이 경과하도록 총회가 소집되지 않은 경우, 소집허가 결정에

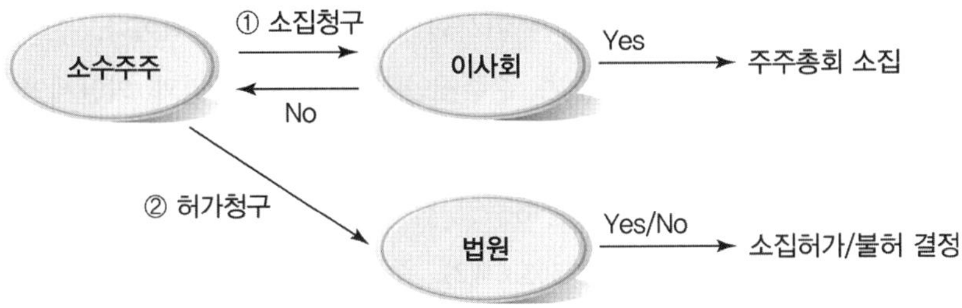

:: [그림 11.2.2-1] 주주가 총회소집에 관여하는 방법

4. 그 밖에 총회소집에 관여할 수 있는 자

(1) 감 사

감사(또는 감사위원회)도 위의 소수주주와 같은 방법으로 이사회에 총회소집을 청구할 수 있고, 이사회가 총회소집을 게을리 하면 법원의 허가를 얻어 직접 총회를 소집할 수 있다(상 412조의3, 415조의2 7항). 감사에게 이러한 권한을 인정하는 이유는, 감사는 이사의 직무집행을 감사할 수 있는 권한을 가지므로 감사결과에 따라 주주총회에 신속하게 보고하여 조치를 취하도록 할 필요가 있기 때문이다.

(2) 법 원

소수주주는 회사의 업무집행에 관하여 부정행위 또는 법령이나 정관에 위반한 중대한 사실을 의심할 사유가 있음을 이유로 회사의 업무집행과 재산상태를 조사하기 위하여 법원에 검사인의 선임을 청구할 수 있다(상 467조 1항). **검사인**은 그 조사의 결과를 법원에 보고해야 한다(상 467조 2항). **법원**은 검사인의 조사보고에 의해 필요하다고 인정한 때에는 '대표이사'에게 총회소집을 명할 수 있다(상 467조 3항).

5. 총회의 목적사항 · 일시 · 장소

(1) 목적사항

1) 결의사항 – 주주총회를 소집할 때에는 소집의 통지 또는 공고에 회의의 목적사항을 **특정**하여야 한다(상 363조 2항). 이는 당해 주주총회에서 **결의할 사항으로 제한**된다.[10]

따른 소집권한은 특별한 사정이 없는 한 소멸한다(대법원 2018. 3. 15. 선고 2016다275679 판결).

2) **주주제안권** – 회의의 목적사항은 이사회에서 결정함이 원칙이나, 주주도 주주제안권에 의해 이를 제안할 수 있다. 주주제안권은 **의제제안권**과 **의안제안권**[11] 양자를 모두 포함한다. 주주제안권을 행사하려면, 의결권 있는 발행주식총수의 3% 이상의 주식을 가진 주주가[12] 총회일 6주일 전까지[13] 이사에게 제안내용을 서면 또는 전자문서로 제출하여야 한다(상 363조의2). 주주제안이 있을 경우 이사는 이사회에 보고하고, 이사회는 제안내용이 법령·정관에 위반하는 등 주주제안의 **제한사유**에[14] 해당하지 않는 한 주주총회의 목적사항으로 상정하여야 한다. 제안주주의 요청이 있으면 주주총회에서 당해 의안을 설명할 기회를 주어야 한다(상 363조의2 3항).

››› **사 례**

[1] 적극적인 주주제안이 늘어나고 있다. 내용상으로는 이사·감사 선임, 배당금, 정관 변경 등과 관련된 주주제안이 많았다. 가결된 안건보다는 부결된 것이 더 많고, 가결되었지만 불이행된 것도 있고, 상정조차 되지 않는 것도 있다. 총회 소집공고에 주주제안 사항을 일부만 기재하거나 아예 공시하지 않은 기업도 있었다. (출처: 한국기업지배구조원, 주주제안과 기관투자자의 의결권행사 현황, 리포트 5권 13호, 2015. 11. 20; 한국일보 2015. 8. 16)

[2] 개인 주주들이 대폭 늘어나고 주주행동주의 양상에 따라 배당 확대와 같은 종래의 이슈뿐만 아니라 이사 선임, 사업구조개편 등에 관해서도 주주제안을 하는 경우가 있다. (출처: 한국경제 2021. 3. 19)

[3] 현○엘리베이터 지분을 약 2% 보유한 행동주의 펀드 KCGI자산운용은 분리 선출된 감사위원 임기가 끝나는 만큼 정기주주총회 때 주주 측 감사위원 후보를 제안할 예정이었다. 그러나 현○엘리베이터가 2023. 11. 17. 돌연 임시주주총회를 2023. 12. 29. 연다고 공고하면서 KCGI의 시도가 무산되었다. 전격적으로 임시주총이 준비되고 진행된 결과 주주

---

10) 목적사항 이외의 결의는 참석한 주주 전원의 동의가 있더라도 허용되지 않는다(대법원 1979. 3. 27. 선고 79다19 판결). 그러나 주주전원이 총회에 출석하여 그 모두가 동의한 경우라면 가능하다.

11) 의제제안권은 총회의 의제(議題)로 삼을 사항을 제안하는 것이고, 의안제안권은 의제에 관하여 구체적인 결의안으로 의안의 요령을 제안하는 것이다.

12) 상장회사의 경우 의결권 있는 발행주식총수의 1%(자본금이 1,000억원 이상인 회사의 경우는 0.5%) 이상의 주식을 6개월 이상 계속하여 보유하여야 한다(상 542조의6 2항).

13) 주주는 주주총회 6주 전에 의안을 청구하도록 하고 있으나, 회사는 주주총회 2주 전에만 의안을 통지하면 된다. 주주제안을 살펴본 현 경영진이 이에 대응해 자신에 유리하도록 의안을 상정할 시간을 4주나 갖는다.

14) 주주제안의 내용이 다음에 해당하는 경우 거부할 수 있다(상령 12조). (i) 주주총회에서 의결권의 10% 미만의 찬성밖에 얻지 못하여 부결된 내용과 동일한 의안을 부결된 날부터 3년 내에 다시 제안하는 경우, (ii) 주주 개인의 고충에 관한 사항, (iii) 주주가 권리를 행사하기 위해서 일정 비율을 초과하는 주식을 보유해야 하는 소수주주권에 관한 사항, (iv) 임기 중에 있는 임원의 해임에 관한 사항(상장회사만 해당), (v) 회사가 실현할 수 없는 사항 또는 제안이유가 명백히 거짓이거나 특정인의 명예를 훼손하는 사항.

제안 없이 현○엘리베이터가 올린 안건이 모두 통과됐다. KCGI운용은 "상법상 주주제안 안건은 주총 6주 전에 전달해야 하는데 현○엘리베이터가 정확히 6주 전인 11. 17. 주총 일정을 공시해 주주제안을 원천 봉쇄했다"라고 꼬집었다. 현○엘리베이터는 "법적으로 문제가 없고, 회사 내부 일정에 따라 진행된 것"이라고 해명했다. (출처: 연합뉴스 2023. 12. 15; 헤럴드경제 2023. 12. 15; 조선일보 2024. 1. 4)

(2) 일시와 장소

1) 주주총회의 일시와 장소는 **주주의 총회출석권을 실질적으로 보장**할 수 있어야 한다. 그 적법성 여부는 주주들의 참석상의 편의를 고려하여 건전한 상식에 따라 판단한다.

2) **소집지**는 정관에 다른 정함이 없으면 본점 소재지 또는 이에 인접한 지(地)에 소집하여야 한다(상 364조).[15]

>>> **사례**

[1] 경영권 분쟁 중인 한○약품 그룹의 지주사 한○사이언스가 2024. 3. 28. 오전 9시 경기도 화성시 정남면 세자로(본점 소재지)에 있는 라비돌호텔에서 정기주주총회를 개최하기로 하면서 주총 장소를 둘러싸고 갈등을 빚었다. 양측이 낸 신규 이사 선임안을 두고 치열한 경쟁을 보일 예정이다. 회사 측은 2003년부터 최근까지 서울시 송파구 방이동에 있는 한미타워에서 주총을 개최했다. 이번 주총이 그동안의 총회 개최지였던 서울이 아닌 경기도 화성에서 열리면서 참석하지 못하고 의결권 위임이 필요한 주주들이 많을 것으로 예상된다. 이에 대해 한○사이언스 측은 주총에서 표 대결이 예정된 만큼, 상법과 한○사이언스 정관에 부합하는 명확한 절차를 위해 주총 장소를 선정했다고 설명했다. 한○사이언스 정관에 '주주총회는 본점 소재지 또는 그 인접 지역에서 개최한다'라고 규정되어 있고 본점 소재지는 경기도 화성시 팔탄면 무하로 214이다. (출처: 파이낸셜투데이 2024. 4. 1; 브릿지경제 2024. 3. 15; 프라임경제 2024. 3. 13; 넥스트데일리 2024. 3. 14; 스트레이트뉴스 2024. 3. 15)

[2] 카카오는 본래 경기도 성남시에서 시작했지만, 제주도에 본사를 뒀던 다음커뮤니케이션과 2014년 합병한 후부터 본점 소재지가 제주도로 바뀌었다. 그에 따라 카카오는 현재 인력 대부분이 경기도 판교 사옥에서 일하고 있지만 주주총회를 제주에서 개최하고 있다. (출처: 경향신문 2023. 2. 23; 파이낸셜투데이 2024. 4. 1)

---

15) 소집장소는 소집지 내의 특정 장소이다(예: 서울역 내 컨벤션홀 ○층 ○호실).

6. 소집 절차

주주에 대하여 총회를 소집하려면 '의결권이 있는 주주'에게[16] 총회소집을 **통지**하여야 한다(상 363조 7항 본). 통지는 회일 2주일 전이어야 하고, 개별적으로 '서면 또는 전자문서'로(주주 동의 요함) 통지를 '발송'하여야 한다(상 363조 1항). 아래와 같은 **특례**가 인정된다.

① 자본금 총액이 10억원 미만인 **소규모주식회사**의 경우에는 그 요건을 완화하여, 총회일 10일 전에 통지를 발송하면 되고(상 363조 3항), 주주 전원의 동의가 있으면 소집절차를 생략하고 주주총회를 개최할 수 있다(상 363조 4항).

② **상장회사**의 경우에는 의결권 있는 발행주식총수의 1% 이하의 주식을 가진 주주(소액주주)에 대해서는 개별적으로 소집 통지를 하는 대신 총회일 2주일 전에 2개 이상의 일간신문에 각각 2회 이상 공고하거나 또는 금융감독원 또는 한국거래소가 운영하는 전자공시시스템에 공시함으로써 갈음할 수 있다(상 542조의4).

③ 주주에 대한 총회의 소집통지가 주주명부상의 주소에 **계속 3년간 도달하지 않은 경우** 회사는 당해 주주에게 총회소집의 통지를 생략할 수 있다(상 363조 1항 단서).[17]

››› **사 례** Kakao 정관 (2025. 3. 18)

제17조 (주주총회의 소집)

1. 모든 주주총회는 이사회의 결의에 의해 소집되며, 장소는 이사회의 다른 결의가 없을 경우 본점 소재지(제주특별자치도) 또는 그 인접지로 한다. 다만, 이사회의 결의가 있을 경우 국내 또는 국외의 다른 장소에서 소집할 수 있다.
2. 주주총회를 소집함에는 총회일 최소 14일 이전에 주주 및 그 외에 통지를 받아야 하는 자에게 대표이사가 서면으로 통지를 발송하거나 각 주주의 동의를 받아 전자문서로 통지를 발송하여야 한다. 다만, 총회일 이전에 모든 주주의 서면 동의(우편, 인편, 항공 특송, 팩스, 텔렉스, 전보 등에 의한)가 있을 시에는 기간을 단축할 수 있다. 소

---

16) 주식매수청구권을 행사할 수 있는 경우에는 의결권 없는 주주에게도 소집의 통지를 해야 한다(상 363조 7항 단). 의결권 없는 주주는 총회에서 의결권을 행사할 수 없지만 주식매수청구권 행사의 기회를 놓치지 않도록 해야 하기 때문이다.

17) 여기서 부도달은 단순한 총회불참을 뜻하는 것이 아니라 수신자의 당해 주소 부재로 인한 통지의 반송을 뜻한다. 따라서 통지의 반송 없이 단순히 당해 주주가 3년간 계속해서 총회에 불참하였다는 이유만으로 총회소집의 통지를 생략할 수 없다. 이런 경우는 당해 주주가 언제든지 마음을 바꾸어 총회에 출석할 가능성이 있기 때문이다.

집통지에는 일시, 장소 및 표결할 결의사항 등 총회에서 다룰 사항을 구체적으로 기재하여야 하며, 주주들(불참 주주 포함)의 전원 동의 없이는 사전에 통지되지 않은 사안을 결의할 수 없다.

3. 위 제2항의 규정에도 불구하고, 의결권 있는 발행주식총수의 100분의 1 이하의 주식을 소유한 주주에 대해서는 주주총회 소집과 회의 목적사항을 서울특별시에서 발행하는 일간지인 서울경제신문과 헤럴드경제신문에 각 2회 이상 총회일 2주 전에 공고하거나 금융감독원 또는 한국거래소가 운용하는 전자공시 시스템에 공고함으로써 소집통지에 갈음할 수 있다.
4. 당 회사가 주주총회의 소집통지 또는 공고를 하는 경우에는 상법 제542조의4 제3항이 규정하는 사항을 통지 또는 공고하여야 한다. 그러나 동 사항을 회사의 인터넷 홈페이지에 게재하고 회사의 본·지점, 명의개서대행회사, 금융위원회, 한국거래소에 비치하는 경우에는 이로써 소집통지 또는 공고를 갈음할 수 있다.

제18조 (의장)

대표이사가 주주총회의 의장이 된다. 단 대표이사 부재나 유고가 있을 때는 주주총회에서 따로 정한 자가 있으면 그자가 의장이 된다. 다만 주주총회에서 따로 정한 자가 없을 때는 이사회에서 정한 순서에 따라 그 직무를 대행한다.

주주총회 소집 공고
(제77기 정기)

주주 귀하

삼가 주주님의 건승하심과 댁내의 평안을 기원합니다.

상법 제365조 및 당사 정관 제17조의 규정에 의거, 제77기 정기주주총회를 아래와 같이 소집하오니 참석하여 주시기 바랍니다.

– 아 래 –

1. 일 시 : 2025년 3월 27일(수) 오전 10시
2. 장 소 : 경기도 이천시 부발읍 경충대로 2091
에스케이하이닉스 주식회사 본사 SUPEX Center 내 SUPEX Hall

3. 회의의 목적사항

가. 보고 사항

- 제77기 영업보고
- 감사위원회의 감사 보고
- 내부회계관리제도 운영실태 보고
- 최대주주 등과의 거래내역 보고

나. 부의 안건
- 제1호 의안: 제77기 (2024. 1. 1 ~ 2024. 12. 31) 재무제표 승인의 건
- 제2호 의안: 사내이사 선임의 건 (후보: 곽○정)
- 제3호 의안: 기타 비상무이사 선임의 건 (후보: 한○진)
- 제4호 의안: 이사보수 한도 승인의 건

4. 전자투표에 관한 사항

당사는 「상법」 제368조의4에 따른 전자투표제도를 활용하고 있으며, 해당 제도의 관리업무를 한국예탁결제원에 위탁하였습니다. 주주님들께서는 아래에서 정한 방법에 따라 주주총회에 참석하지 아니하고 전자투표방식으로 의결권을 행사하실 수 있습니다.

가. 전자투표 시스템

인터넷 주소 : 「https://evote.ksd.or.kr」

모바일 주소 : 「https://evote.ksd.or.kr/m」

나. 전자투표 행사기간 : 2025년 3월 17일 9시 ~ 2025년 3월 26일 17시
- 첫날은 오전 9시부터 전자투표시스템 접속이 가능하며, 그 이후 기간 중에는 24시간 시스템 접속이 가능합니다. (단, 마지막 날은 오후 5시까지만 가능합니다.)

다. 인증서를 이용하여 전자투표관리시스템에서 주주 본인확인 후 의결권 행사
- 주주 확인용 인증서의 종류: 공동인증서 및 민간인증서(K-VOTE에서 사용 가능한 인증서 한정)

라. 수정동의안 처리: 주주총회에서 상정된 의안에 관하여 수정동의가 제출되는 경우 기권으로 처리

5. 주주총회 온라인 중계 서비스 안내

당사는 주주님들의 편의를 고려하여 주주총회 온라인 중계 서비스를 제공할 예정입니다. 사전에 신청하신 주주님들에 한하여 총회 현장을 실시간으로 시청하실 수 있사오니, 주주총회에 직접 참석하지 못하시는 주주님들께서는 중계 서비스를 이용해주시기를 바랍니다.

가. 사전신청 기간: 2025년 3월 17일 9시 ~ 2025년 3월 26일 17시

나. 사전신청 안내: 사전신청 기간 전, 회사 홈페이지(https://www.skhynix.com)를 통해 안내 예정
- 온라인 중계 서비스를 신청하시는 경우, 현장에 참석하지 못하시는 주주님의 편의를 위하여 당사는 사전질문을 접수할 예정입니다. 주주총회의 원활한 진행을 위하여, 사전질문에 대한 답변 여부는 당사 안건 및 경영 현황과의 관련성 등을 고려하여 결정할 예정입니다.
- 현행 법규상 온라인 중계 서비스의 신청 및 시청은 당사 정기주주총회의 출석으로 인정되지 않으며, 의결권을 행사할 수 없습니다. 의결권을 행사하고자 하는 경우 전자투표시스템을 이용하시거나, 전자공시시스템을 참고하시어 의결권의 위임을 통한 대리 행사를 해주시기를 바랍니다.
- 동 서비스의 제공 여부는 회사의 사정에 따라 변경될 수 있습니다.

6. 주주총회 참석 시 준비물
- 직접행사: 본인 신분증
- 대리행사: 위임장(주주와 대리인의 인적사항 기재, 인감 날인 또는 서명), 대리인의 신분증

※ 위 사항을 충족하지 못할 경우에는 주주총회장 입장이 불가하오니 유의하시기 바랍니다.

에스케이하이닉스 주식회사

대표이사 곽○정 (직인 생략)

※ 주주주총회 시, 참석 주주님을 위한 기념품 지급이 없음을 양해하여 주시기 바랍니다.
※ 상법 제542조의4 및 동법 시행령 제31조, 당사 정관 제18조에 의거하여 본 공고로 의결권이 있는 발행주식 총수의 100분의 1 이하의 주식을 소유한 주주에 대한 소집통지를 갈음합니다.

:: **[그림 11.2.2-2] SK하이닉스 주주총회 소집공고** (출처: 금융감독원 전자공시 2025. 2. 27)

■ **1인회사 또는 전원출석총회의 경우** (완화)

주식회사에 있어서 총주식을 1인이 소유하는 경우 그 주주가 유일한 주주로서 주주총회에 출석하면 전원총회로서 성립하고 그 주주의 의사대로 결의가 될 것이 명백하다. 이럴 때 따로 총회소집 절차가 필요 없으며, 실제로 총회를 개최한 사실이 없었다 하더라도 그 1인 주주에 의하여 의결이 있었던 것으로 주주총회 의사록이 작성되었다면 특별한 사정이 없는 한 그 내용의 결의가 있었던 것으로 볼 수 있다. 이 점은 한 사람이 다른 사람의 명의를 빌려 주주로 등재하였으나 총주식을 실질적으로 그 한 사람이 '모두'(100%) 소유한 때도 마찬가지이다.

그러나 주식의 소유가 실질적으로 분산된 경우에는 상법상의 원칙으로 돌아가 실제의 소집절차와 결의절차를 거치지 아니한 채 주주총회의 결의가 있었던 것처럼 주주총회 의사록을 허위로 작성한 것이라면 설사 1인이 총주식 대다수를 가지고 있고 그 지배주주에 의하여 의결이 있었던 것으로 주주총회 의사록이 작성되어 있다 하더라도 결의가 존재한다고 볼 수 없을 정도로 중대한 하자가 있는 때에 해당하여 그 주주총회의 결의는 부존재한다고 보아야 한다.[18]

7. 소집 철회·변경

주주총회 소집의 철회(또는 변경, 이하 동일)는 총회소집의 절차와 동일할 것을 요하지 않으나 이에 준하는 방법으로 철회하여야 적법하다. 적법하게 철회된 이상 이를 무시한 주주총회의 결의는 취소 또는 부존재 사유가 된다.[19]

8. 총회 검사인

외부감시자에 의해 총회의 적법성과 공정성을 확보하고 이에 대한 다툼이 있는 경우 증거로 활용하기 위해 총회 검사인을 선임할 수 있다. 검사인은 필요한 사항

---

18) 대법원 2007. 2. 22. 선고 2005다73020 판결 (같은 취지: 대법원 2024. 12. 24. 선고 2024다271931 판결 등). 대법원 2023. 12. 28. 선고 2023다269818 판결: 1인 회사가 아닌 주식회사에서는 특별한 사정이 없는 한, 주주총회의 의결정족수를 충족하는 주식을 가진 주주들이 동의하거나 승인하였다는 사정만으로 주주총회에서 그러한 내용의 결의가 이루어질 것이 명백하다거나 또는 그러한 내용의 주주총회 결의가 있었던 것과 마찬가지라고 볼 수는 없다. (같은 취지: 대법원 2020. 6. 4. 선고 2016다241515, 241522 판결, 대법원 2022. 7. 14. 선고 2022다217513 판결 등)

19) 대법원 2011. 6. 24. 선고 2009다35033 판결.

을 검사할 수 있다(예: 출석주주, 위임장, 전자투표기록 등).

① 총회는 이사가 제출한 서류와 감사의 보고서를 조사하게 하기 위하여 검사인을 선임할 수 있다(상 367조 1항).

② 회사 또는 소수주주(발행주식총수의 1% 이상)는 총회의 소집절차나 결의방법의 적법성을 조사하기 위하여 총회 전에 법원에 검사인의 선임을 청구할 수 있다(상 367조 2항).

>>> **사 례**

[1] 경영권 분쟁을 겪고 있던 금○석유화학에서 사내이사 후보인 주주(10.3% 지분 보유)가 주주총회 소집절차 및 결의방법의 적법성 확인을 위해 검사인 선임을 법원에 요청했다. 법원은 이를 받아들여 검사인(변호사)을 지정했고, 2021년 정기주주총회(연기회와 속회 포함)에 대해 소집절차, 의결권 확인, 위임장 유효성, 표결절차, 개표 등 전반의 적법성 여부를 조사토록 했다. 검사인 제도는 과거 법률적으로는 있었지만 잘 활용되지 않던 장치였으나 최근에는 다시 주목받고 있다. (출처: 파이낸셜투데이 2021. 3. 16; The Fact 2021. 3. 18; 이코노믹데일리 2021. 3. 16)

[2] 코○이는 2025년 3월 주주총회를 앞두고 주주총회 집행절차 및 결의방법의 적법성 확인을 위해 법원에 검사인 선임을 신청했다. 회사 측은, 대리인으로 많은 수의 위임장을 제출한 주주가 있었고, 공정하고 투명한 총회운영을 위해 제3자에 의한 절차 검증이 필요하다고 했다. 이는 경영권 분쟁이 아닌 상황에서 주주제안, 위임장 대규모 제출, 일반주주 신뢰 확보라는 맥락에서 검사인 제도가 활용된 사례이다. (출처: 네이버뉴스 2025. 3. 6; 아주경제 2025. 3. 6)

연습 및 응용

Q1 SK텔레콤(주)은 정관(2025. 3. 17)에 주주총회의 소집에 관하여 아래와 같은 규정을 두고 있다.

> 제19조(소집) ① 주주총회의 소집은 법령에 다른 규정이 있는 경우를 제외하고는 이사회의 결의에 따라 대표이사가 소집한다.
> ② 대표이사의 유고시에는 제35조 제2항의 규정을 준용한다.

※ 정관 제35조 제2항: 이사는 대표이사를 보좌하고, 이사회에서 정하는 바에 따라 회사의 업무를 분장 집행하며, 대표이사 유고시에는 이사회규정이 정하는 순위에 따라 그 직무를 대행한다.

(1) 정관에 의하여 주주총회의 소집결정권을 대표이사 또는 특정 이사에게 위임하는 것은 허용되는가?

(2) 대표이사가 이사회의 소집 결의를 거치지 않고 주주총회를 소집하여 결의한 경우 그 결의는 적법한가? 이를 다투는 방법은?

(1) 허용되지 않는다. 이는 주식회사에서 기관간 권한분장의 기본구조와 관련된 것이기 때문이다. 다만 이사회가 주주총회 소집에 관한 중요사항(개최 여부, 목적사항)만을 정하고 일시와 장소와 같은 세부적인 사항을 대표이사에게 위임하여도 무방하다.

(2) 이사회의 소집결의를 거치지 않고 소집권자인 대표이사가 임의로 소집한 주주총회는 절차상의 하자가 있는 것이 되어 주주총회 결의 취소의 소(상 376조 1항)의 대상이 될 수 있다. 총회소집권이 전혀 없는 제3자에 의하여 주주총회가 소집된 때에는 주주총회 결의 부존재 확인의 소(상 380조)의 대상이 될 수 있다.

Q2 주주총회의 소집을 이사회에 청구하였으나 받아들여지지 않아 다시 법원에 소집허가를 구하였으나 그 역시 불허되자 주주 전원이 한자리에 모여 주주총회의 결의를 하였다면 이는 적법한가?

전원출석총회가 성립한 것으로 볼 수 있을 때에는 총회 소집절차에 관한 하자가 치유되어 당해 주주총회의 결의는 유효하다(대법원 2002. 7. 23. 선고 2002다15733 판결 참조).

Q3 (주)KT&G의 종전 정관에는 '주주협의회'라는 것을 두고 이에 관하여 아래와 같은 규정을 두고 있다. (아래 조항은 2022. 3. 29. 삭제함)

제24조(주주협의회) ① 회사는 주주총회의 효율적인 운영을 위하여 15인 이내의 주주대표를 위원으로 구성하는 주주협의회를 둘 수 있다.
② ~ ③ (생략)
④ 주주협의회는 다음 각 호의 기능을 수행한다.
1. 사외이사 후보의 추천
2. 이사회가 주주협의회의 검토가 필요하다고 인정하여 부의한 주주총회 안건에 대한 의견제출
3. 회사의 경영권 안정화를 위한 주주협의회 구성원간의 상호 협력의무

⑤ ~ ⑧ (생략)

(1) 위의 주주협의회는 상법상의 기관인가?

(2) 위의 주주협의회는 주주총회와 어떤 관계에 있는가?

(3) 위와 같은 정관조항은 적법한가?

(1) 위의 주주협의회는 상법상의 기관이 아니다. 다만 주주총회의 효율적 운영을 위하여 임의적으로 둔 회사 조직일 뿐이다.

(2) 위의 주주협의회에 의하여 주주총회를 대체할 수는 없다. 주주총회만이 주주의 총의를 결정하는 유일한 상법상의 기관이기 때문이다. 만일 주주협의회가 주주총회로서의 권한을 행사한다면 위법하다.

(3) 기관의 설치에 관한 상법규정은 강행규정이다. 그러나 그렇다고 해서 상법상의 기관 이외의 기구를 두는 것이 금지된다는 뜻은 아니다. 또한 주주로서의 의결권을 행사하는 것도 아니기 때문에 위 정관조항은 법률적으로 아무런 문제가 없다.

Q4 아래 사례는 통지된 주주총회의 장소와 시간을 변경하고 있다. 그 적법성 여부를 판단해 보시오.

[1] 현대중●업은 2019. 5. 31. 오전 10시 물적 회사분할 승인을 위한 임시주주총회를 열려던 울산 동구 전하동 한마음회관이 노조의 점거로 주주들의 진입조차 어렵게 되자 총회 시간과 장소를 오전 11시 10분 울산 남구 무거동 울산대 체육관으로 변경해 총회 개최를 강행했다. 현대중●업은 총회 개회선언이 끝나자마자 10분이 채 안 돼 분할계획서 승인 등 2개 안건을 가결 처리했다. 현대중●업은 "총 주식수의 72.2%가 참석해, 참석 주식수의 99.9%가 분할계획서에 찬성했다"라고 밝혔다.

회사 측은 노조의 저지로 한마음회관에서 끝내 총회 개최가 어렵다고 판단하고 10시 30분께 현장에서 주주들에게 총회 시간과 장소 변경을 안내했다. 회사 측은 회사 근처 현대호텔 앞에서 버스를 이용해 우호 주주들을 울산대 체육관으로 이동시켜 총회를 강행했다. 뒤늦게 총회장 변경을 알게 된 일부 조합원들이 오토바이를 타고 울산대로 이동했으나 총회를 막지 못했다. (출처: 동아일보 2019. 6. 1; 한겨레 2019. 6. 1; 파이낸셜뉴스 2019. 5. 31)

[2] CJ헬로○전은 노동조합의 저지로 주주들의 입장이 어렵게 되자 총회장소 변경을 구두로 발표한 뒤 30분 뒤 인근 호텔 회의실에서 총회를 열었다. 법원은 "구두로 장소변경을 선언하고 벽보를 붙이는 것만으로는 주주들에게 안내가 부족하고 이동수단 등을 제공하지 않았다는 이유"로 위법이라고 판단했다. (출처: 한국경제 2019. 5. 31; 뉴스핌 2019. 5. 31)

[11.2.3] 의결권 · 결의방법

1. 의결권

(1) 귀속 및 수

주주만이 주주총회에서 의결권을 가지며, **1주 1의결권 원칙**에 의한다. 이는 주주평등의 원칙에 따른 것으로 강행법적 원칙이다(상 369조 1항). 정관 또는 주주총회의 결의로도 주주의 의결권을 박탈하거나 제한할 수 없으며, 의결권의 수를 달리하는 차등의결권이나 복수의결권은 허용되지 않는다. 의결권을 행사하지 않을 수 있지만 의결권을 포기할 수는 없다.

››› **사례**

[1] 미국은 1994년 차등의결권을 도입했고, 그 덕분에 뉴욕증권거래소는 구글, 페이스북, 알리바바 등 많은 혁신기업을 유치할 수 있었다. (출처: 조선일보 2018. 12. 24; 한국경제 2018. 12. 25) 구글의 창업주와 페이스북의 창업주인 마크 저커버그는 주당 10배의 의결권을 행사할 수 있는 주식을 보유하고 있다. (출처: 동아일보 2017 9. 14; 중앙일보 2017. 11. 7; 문화일보 2017. 11. 20; 연합뉴스 2018. 1. 9)

[2] 벤처기업육성에 관한 특별법(벤처기업법) 개정으로 우리나라에서도 일부 스타트업 벤처기업에 한해 복수의결권의 주식 발행이 가능해졌다(동법 16조의11).

(2) 제 한

주주의 의결권이 제한되는 경우는 '법'에서 규정하고 있는 것에 한한다.

1) 의결권 배제·제한 종류주식 – 정관으로 의결권이 없거나 제한되는 종류주식을 발행할 수 있다(상 344조 1항 · 2항). (전술)

2) 자기주식 – 자기주식은 의결권이 없다(상 369조 2항). (전술)

3) 비모자회사 간 주식 – X회사가 Y회사의 주식을 발행주식총수의 10%를 초과하여 소유할 경우 Y회사가 가진 X회사의 주식은 의결권이 없다(상 369조 3항).

4) 특별이해관계 있는 주주 – 주주총회의 결의에 특별한 이해관계가 있는 자는 의결권을 행사하지 못한다(상 368조 3항).[20][21] 결의의 공정을 위한 사전적 통제이다.

20) **'특별한 이해관계'**란 특정 주주가 주주로서의 지위에 관계없이 개인적으로 이해관계를 가질 때를 뜻한다(개인법설; 통설; 대법원 2007. 9. 6. 선고 2007다40000 판결). 예컨대, 이사의 보수를 결정하는 주주총회 결의에서 당해 이사인 주주가 이에 해당한다. 그러나 예컨대, 이사 해임결의와 같이 회사지배와 관련되

5) 감사선임시 대주주 – 감사를 선임하는 결의에 있어서 의결권 없는 주식을 제외한 발행주식총수의 3%를 초과하는 수의 주식을 가진 주주는 그 초과하는 수의 주식으로 의결권을 행사할 수 없다(상 409조 2항). (후술)

6) 주주명부 폐쇄기간 중 효력이 발생한 신주 – 주주명부의 폐쇄기간 중에 전환주식이 전환되어 신주가 발행된 경우 전환(신주)의 효력은 전환청구시에 즉시 발생한다. 그러나 그 기간 중의 총회의 결의에서 전환 신주의 의결권을 행사하지 못한다(상 350조 2항). 전환사채, 신주인수권부사채, 주식매수선택권의 경우도 이와 같다(상 516조 2항, 516조의10, 340조의5, 350조 2항).

››› **사 례 계약에 의한 의결권 제한**

어○어 지분 80%를 보유한 하▲브는 어○어의 M 대표이사 해임을 위해 임시주주총회 소집 허가 신청을 냈으나 M은 이를 방어하기 위해 하▲브의 의결권 행사 금지 가처분 신청을 제기했다. 법원이 가처분 신청을 인용함에 따라 M 대표이사 해임안에 대해 하▲브는 의결권을 행사하지 못했다. 하▲브와 M 대표는 주주간 계약으로 "상법상 이사 해임사유에 해당하지 않는 한 어○어 설립일로부터 5년 동안 M이 대표이사 직위를 유지할 수 있도록 하여야 한다"라는 주주간 계약을 체결한 것으로 알려졌다. (출처: 경향신문 2024. 4. 29; 네이버뉴스 2024. 4. 29; 한국일보 2024. 4. 30; 매일경제 2024. 5. 31; 법률방송 2024. 5. 31; 이투데이 2024. 6. 11; 조선일보 2024. 6. 18)

(3) 행사방법

주주가 직접 총회에 출석하여 의결권을 행사하는 방법 외에 주주의 **용이한 의결권행사**를 위하여 아래와 같은 다양한 제도를 두고 있다.

1) 의결권의 대리행사

① 의결권의 대리행사는 주주(A)를 위하여 제3자(B)가 의결권을 대리행사하는 것이다. 대리인(B)은 **대리권을 증명하는 서면**(원본)을 회사(X)에 제출하여야 한다(상

는 결의의 경우 해당 주주는 의결권이 제한되지 않는다.

21) ≪사례≫ 남○유업의 2023년 정기주주총회에서 이사보수 한도를 50억원으로 정하는 의안에 대해 많은 소액주주의 반대에도 불구하고, 당시 남○유업 지분 과반을 보유한 최대주주이자 사내이사였던 H 전 회장이 의결권을 행사함에 따라 해당 안건은 가결되었다. H 전 회장은 2024년 3월 남양유업 사내이사 임기가 종료되어 회사를 떠났다. 그러나, 남○유업의 감사가 회사를 상대로 한 소송에서 대법원은 상법 368조 3항의 '특별한 이해관계' 규정에 위배되어 주주총회 결의 취소사유가 된다고 판단했다. (출처: 대법원 2025. 4. 24. 선고 2025다210138 판결; 법률신문 2025. 5. 15; 이데일리 2025. 5. 20)

368조 2항). 대리인이 주주에게 의결권대리행사를 권유하려면 피권유자인 주주에게 위임장용지 및 참고서류를 교부하여야 한다(자금 152조).

② **대리인의 자격**에 관해서는 상법상 특별한 제한이 없으나, 실무상 정관으로 대리인의 자격을 주주로 제한하는 경우가 있다. 이러한 정관조항의 효력에 대해, 판례는 합리적 이유가 있는 경우에는 유효하다는 입장을 취하고, 정관에 대리인의 자격을 제한하는 규정을 두더라도 주주인 국가, 지방자치단체, 회사 등이 주주가 아닌 그 소속원으로 하여금 의결권을 대리행사하도록 하는 것은 허용된다고 한다.22)

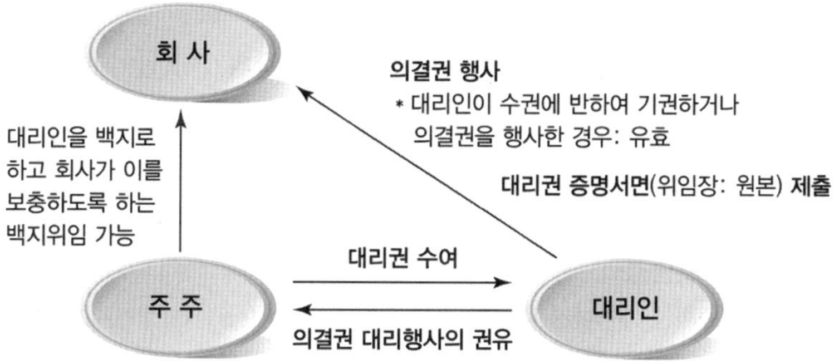

:: [그림 11.2.3-1] 의결권의 대리행사

››› **사 례**

[1] 장기간 병상에 있던 S그룹의 L회장이 계열사 주주총회에서 포괄적 위임형태로 의결권을 행사해 왔다. (출처: 중앙일보 2015. 3. 12; 헤럴드경제 2015. 7. 17; 조선일보 2015. 7. 13)

[2] 서울가정법원 가사부는 L그룹의 S총괄회장의 한정후견인인 사단법인 ◎이 주주권도 대리할 수 있게 해달라며 제기한 사건에서 "S총괄회장이 경영권 분쟁에 휘말리지 않도록 본인의 의사와 복리라는 기준으로 한정후견인이 주주권에 관한 동의와 대리권을 행사하게 해야 한다"고 결정했다. 아울러 재판부는 S총괄회장의 인감도장을 한정후견인이 맡으라고 결정했다. (출처: 연합뉴스 2017. 8. 29; 머니투데이 2017. 8. 29; 머니투데이 2017. 10. 30)

2) 의결권의 불통일행사

의결권의 불통일행사란 2개 이상의 주식을 가지고 있는 주주가 동일한 의안에 대하여 서로 모순되는 방향으로 의결권을 행사하는 것이다(상 368조의2). 예컨대,

22) 대법원 2009. 4. 23. 선고 2005다22701, 22718 판결. 학설상으로는 획일적으로 유효라는 견해와 무효라는 견해가 있다.

10주를 가지고 있는 주주가 동일 안건에 대하여 3주는 찬성, 7주는 반대로 그 내용이 상이하게 의결권을 행사하는 것이다. 의결권 불통일행사를 하려면, ① **타인을 위하여 주식을 가지고 있는 경우**이어야 하고(실질적 요건),[23] ② 회사에 미리 총회 3일 전까지 불통일행사의 뜻을 **통지**하여야 한다(절차적 요건). 이를 위반하면 회사는 거부할 수 있다.

3) 서면투표 · 전자투표 (사전투표)

주주가 주주총회에 출석하지 않고 의결권을 행사할 수 있는 방법으로 서면투표와 전자투표가 있다. **서면투표**를 실시하려면 **정관**에 근거를 두어야 하고(상 368조의3 1항),[24] **전자투표**를 실시하려면 이에 관한 **이사회 결의**가[25] 있어야 한다(상 368조의4 1항). 오로지 서면투표와 전자투표만에 의하는 것은 허용되지 않으므로 실제의 주주총회를 개최하면서 이를 병행하여야 한다(**병행방식**).[26]

■ 서면투표와 서면결의

서면결의는 총회를 개최하지 않고 서면에 의한 결의로 갈음하는 것이나, **서면투표**는 이와는 달리 실제로 총회를 개최한다. 유한회사는 총사원의 동의에 의하여 서면결의를 채택할 수 있다(상 577조 1항).

⟫ 사 례

금융감독원 전자공시에 의하면 전자투표에 의하는 상장회사가 2019년 318개 사 → 2020년 972개 사 → 2021년 1,259개 사로 대폭 늘어났다. (출처: 금융감독원 전자공시 2021. 3. 30; 한국경제 2021. 3. 30) 공정거래위원회의 공시대상기업집단 소속 상장회사의 경우 서면투표는 감소 추세지만, 전자투표는 증가 추세이다. (출처: 공정거래위원회, 2025년 공시대상기업집단 지배구조 현황분석, 2025. 11.)

---

23) 종전의 예탁결제원에 의한 그림자투표(shadow voting)가 이에 해당한다(자본시장법 종전 규정 314조 5항). 이는 2017년 12월 말에 폐지되었다.

24) ≪사례≫ POSCO홀딩스(주)의 종전 정관 25조는 서면투표 실시를 위한 근거규정을 두고 있었다. 그러나 현재는 이를 삭제했다.

25) 서면투표와 전자투표는 실질이 같음에도 실시의 근거를 달리하고 있는 것은 각각의 입법제안자가 달랐기 때문이다.

26) 서면투표나 전자투표를 실시하는 경우에도 실제 총회에 참석하여 의견을 개진하기를 희망하는 주주의 권리를 보장해 주어야 하기 때문이다. 전자투표는 전자주주총회와 다른 개념이다.

〈표 11.2.3-1〉 서면투표와 전자투표 비교

<table>
<tr><th colspan="2"></th><th>서면투표 (상 368조의3)</th><th>전자투표 (상 368조의4)</th></tr>
<tr><td rowspan="5">같은 점</td><td>총회출석 여부</td><td colspan="2">총회개최, 불출석 투표</td></tr>
<tr><td>현실적 주주총회와의 관계</td><td colspan="2">병행관계 (서면투표 또는 전자투표로 현실적 주주총회를 완전히 대체할 수 없음)</td></tr>
<tr><td>통지 또는 공고</td><td colspan="2">주주총회 소집통지서에 서면투표・전자투표에 관한 사항 기재</td></tr>
<tr><td>선택권의 소재</td><td colspan="2">주주가 선택권을 가짐</td></tr>
<tr><td>의결권행사의 효과</td><td colspan="2">출석하여 의결권을 행사한 것과 동일하게 취급</td></tr>
<tr><td rowspan="9">다른 점</td><td>근거</td><td>정관</td><td>이사회 결의</td></tr>
<tr><td>방법</td><td>소집통지서에 주주에게 의결권 행사에 필요한 서면과 참고자료를 첨부하여 송부</td><td>의결권행사에 필요한 양식과 참고자료를 전자적 방법으로 제공</td></tr>
<tr><td>주주확인방법</td><td>(불필요)</td><td>전자서명법에 의한 전자서명</td></tr>
<tr><td>의결권행사방법</td><td>서면으로 의결권 행사 (반송)</td><td>전자적 방법으로 의결권 행사</td></tr>
<tr><td>투표종료일</td><td>(규정 없으나 동일하게 해석)</td><td>주주총회 전날까지 도달</td></tr>
<tr><td>의결권행사의 철회·변경</td><td>(동일)</td><td>총회 출석하여 번복 가능</td></tr>
<tr><td>외부 위탁</td><td></td><td>전자투표관리기관을 지정하여 운영위탁 가능</td></tr>
<tr><td>비밀유지의무</td><td>(규정 없으나 동일하게 해석)</td><td>개표 전 전자투표결과 누설 또는 직무상 목적 외 이용금지</td></tr>
<tr><td>보존의무</td><td></td><td>의결권행사에 관한 전자적 기록을 총회종료일로부터 3개월간 본점에 비치하여 열람케 하고 5년간 보존</td></tr>
<tr><td colspan="2">양자의 관계</td><td colspan="2">동질적 제도, 주주는 동일한 주식에 관하여 전자투표와 서면투표 중 택일하여야 함</td></tr>
</table>

4) 전자주주총회

상장회사는 정관으로 달리 정하는 경우를 제외하고는 이사회 결의로 소집지에서 총회를 개최하는 방식(현장주주총회)과 함께 실시간으로 사이버 공간에서 총회를 개최하는 방식(전자주주총회)을 병행할 수 있다(상 542조의14 1항).[27] 상장회사가 전자주주총회를 개최하는 경우 주주는 소집지에 직접 출석하는 방법과 전자통신수단에 의해 출석하는 방법 중 어느 하나만을 선택하여 의결권을 행사할 수 있다(상 542조의14 3항).

27) 상장회사에서 전자주주총회를 개최할 것인가는 임의적이나, 자산규모를 고려하여 대통령령으로 정하는 상장회사는 현장주주총회와 함께 전자주주총회를 의무적으로 개최해야 한다(상 542조의14 2항).

5) 의결권행사 방법의 적절성

의결권행사는 권리행사의 일반법리에 따라 적절한 방법으로 행사되어야 적법하다.

>>> **사 례**

K은행은 J은행과 합병하기로 결정하고 2001. 9. 29. 10:00 합병승인을 위한 임시주주총회를 개최하였다. 이 때 K은행 노동조합은 합병반대를 위하여 노조원이 소유하고 있는 주식 13,214주에 대하여 1주씩 참석장 9,000장을 노조원에게 나누어 주고 이들이 총회장에 참석하여 승인결의의 통과를 저지하려 하였다. 이에 K은행은 총회개최 방해금지 가처분 결정을 얻고 경찰병력의 출동을 요청하여 노동조합 대표 1인을 제외한 1주씩의 참석장을 가진 노조원들의 총회장 입장을 막고자 하였다. 노조원뿐만 아니라 노조원보다 늦게 도착한 일반 소액주주들도 총회장에 입장하지 못했다. 미리 통보를 받아 알고 있는 반대표 외에 참석주주 중 누구도 의안에 대하여 이의를 제기하지 않았다. 이에 의장은 합병계약 승인의 의안을 상정하고 합병계약의 주요 내용을 설명한 뒤 참석한 주주들에게 동의를 구하였다. 참석주주 중 누구도 이의를 제기하지 않자 박수로써 합병계약 승인의 의안을 가결하였다. 총회의사록에는 발행주식총수의 83.19%를 소유한 주주들이 출석한 가운데 그 중 99.16%를 소유한 주주들의 찬성으로 합병안이 승인된 것으로 기록되어 있다. (출처: 대법원 2009. 4. 23. 선고 2005다22701 판결)

2. 주주총회 결의

주주총회의 결의는 (자본)다수결원칙을 적용하여 개개 안건에 대한 주주들의 집단적 의사를 가결 또는 부결로 결정하는 것이다.

(1) 결의요건

주주총회의 권한사항은 결의사항의 중요도에 따라 보통결의사항(상 368조 1항), 특별결의사항(상 434조), 특수결의사항(상 400조)으로 3분된다. 주주총회의 일반적인 결의사항은 보통결의에 의하고, 보다 신중한 의사결정을 요하는 중요사항에 대해서는 특별결의사항 또는 특수결의사항으로 하고 있다. 군소주주의 총회 무관심 내지 인센티브 부족 현상 속에서 결의요건 충족과 결의 대표성 확보라는 양립하기 어려운 두 가지 과제를 달성하는 것이 어려운 현실 문제가 되고 있다.

1) **보통결의** – 보통결의사항은 법 또는 정관에 다른 정함이 있는 경우를 제외하고는[28] **출석주주의 의결권의 과반수**(반수+1) '및'[29] **발행주식총수의 1/4 이상의 찬성**

이[30] 있어야 가결된다(상 368조 1항).[31] 이에는 이사 · 감사의 선임과 보수 결정, 재무제표의 승인(다만, 이사회 결의에 의할 수 있는 특례 인정), 명목적 자본금 감소 등이 있다.

2) 특별결의 – 특별결의사항은 **출석주주 의결권의 2/3 이상** '및' **발행주식총수의 1/3 이상의 찬성**이 있어야 가결된다(상 434조).[32] 이에는 정관 변경(상 434조), 이사 · 감사 해임(상 385조 1항, 425조), 신주의 액면미달발행(상 417조 1항), 실질적 자본금 감소(상 438조 1항), 합병 · 회사분할(상 522조 3항, 530조의3 2항), 주식의 포괄적 교환 · 이전(상 360조의3 2항, 360조의16 2항), 영업의 전부 또는 '중요한 일부'의 양도(상 374조 1항), 영업 전부의 임대 또는 경영위임(상 374조 1항), 타인과 영업의 손익 전부를 같이하는 계약 또는 기타 이에 준하는 계약(상 374조 1항), 회사의 영업에 중대한 영향을 미치는 다른 회사의 영업 전부 또는 일부의 양수(상 374조 3항),[33] 사후설립(상 375조), 회사해산(상 518조), 회사계속(상 519조)의 결의 등이 있다.

■ **영업 일부 양도**

영업 일부를 양도하는 때에도 그것이 '**중요한 일부**'의 양도인 경우에는 주주총회의 특별결의를 요한다(상 374조 1항 1호). 무엇이 영업의 '중요한 일부'로 되는가는, 양도재산이 회사의 전재산에 차지하는 비중과 같은 **양적 판단** 외에 회사의 사업수행에 미치는 영향과 같은 **질적 판단**을 종합적으로 고려하여 주주의 출자동기와 현격한 괴리가 발생된 것으로 인정되어야 한다.

---

28) 정관에 의하여 위 법정요건을 가중할 수 있다는 점에 대해 이견이 없다. 그러나 정관으로 완화할 수 있는가에 관해서는 '출석주주 과반수' 찬성의 요건은 단체적 의사결정의 조리상 더 이상 낮출 수 없는 마지노선이라고 보는데 이견이 없으나, '발행주식총수의 1/4 이상'의 요건을 완화할 수 있는가에 관해서는 긍정과 부정으로 견해가 나뉜다.

29) 선택인 'or'가 아니고 양자 모두 갖추어야 할 'and'이다.

30) 다만, 2020년 개정 상법은 전자투표를 실시하는 회사의 경우 **감사 및 감사위원 선임**에 관해서는 주주총회 결의요건을 출석주주 의결권의 과반수로 할 수 있다는 인센티브를 주고 있다(상 409조 3항, 542조의12 8). 감사 또는 감사위원 선임에서 3% 룰 적용에 따른 결의요건 충족의 곤란을 해소해주기 위함이다.

31) 주주총회의 보통결의사항인 경우 예컨대, 발행주식총수가 100주이고 출석한 주식의 수가 50주이면 그 과반수인 26주(25주+1주) 이상과 발행주식총수의 1/4인 25주 이상의 두 요건 모두를 충족하여야 하므로 그 중에서 큰 수인 26주 이상의 찬성이 있어야 가결된다.

32) 특별결의요건에 대해서는 보통결의와는 달리 정관에 의한 가중 또는 감경을 허용하는 규정이 없다. 가중이 허용된다는 점에 대해서는 대체로 견해가 일치하나, 감경은 허용되지 않는다는 것이 통설이다. 초다수결제(예컨대, 적대적 M&A의 경우 출석주주 90% 이상 및 발행주식총수의 70% 이상 찬성)가 허용되는가에 대해 하급심 판결이 엇갈린다.

33) 다른 회사의 영업 일부를 양수하는 경우는 물론이고 전부를 양수하는 경우에도 '양수회사의 영업에 중대한 영향'이 없으면 주주총회의 특별결의를 얻을 필요가 없다. 법문상 회사가 아닌 개인 영업을 양수하는 경우에는 중요성 여부를 불문하고 주주총회의 특별결의를 얻을 필요가 없다.

■ **영업재산 양도**

영업재산을 처분하는 경우에는 영업양도가 아니므로 **주주총회의 특별결의를 요하지 않음이 원칙**이다. 그러나 그 영업재산이 **회사 존속의 기초가 되는 것이어서 그 처분으로 말미암아 영업의 전부 또는 일부를 양도하거나 폐지하는 것과 동일한 결과를 가져오는 때**에는 영업양도와 등가적인 것으로 평가하여 예외적으로 주주총회의 특별결의가 필요하다는 것이 판례의 입장이다(상 374조 1항 1호 유추적용설).[34] 요컨대, 주주보호와 거래안전의 조화라는 관점에서 주주총회의 특별결의 여부를 판단한다.

■ **간이영업양수도**

간이요건에 해당하는 때에는 **주주총회 승인결의를 생략하고 이를 이사회 승인결의로 대체**할 수 있도록 하고, 반대주주에게 **주식매수청구권**을 부여한다(상 374조의3). 만일 X회사가 Y회사에 영업을 양도하는 경우라면 간이요건으로, X회사에서 **총주주의 동의**가 있거나 또는 Y회사가 X회사의 **발행주식총수 중 90% 이상을 소유**하고 있어야 한다. 합병, 분할합병, 주식의 포괄적 교환에서도 간이기업재편제도를 두고 있다.

3) **특수결의** – 특수결의사항은 **주주 전원의 동의**를 요한다. 이에는 이사・집행임원・감사・청산인의 회사에 대한 배상책임의 면제, 주식회사를 유한회사 또는 유한책임회사로 조직변경하는 결의 등이 있다(상 400조, 408조의9, 415조, 542조 2항, 604조 1항, 287조의43 1항). 다수결로 강제할 수 없는 사안에 대해서 인정된다.

	의사정족수 ('출석')	의결정족수 ('찬성')
보통결의사항	발행주식총수의 1/4	출석주주의 과반수
특별결의사항	발행주식총수의 1/3	출석주주의 2/3

■ **정족수 산정시 공제항목**

① 의결권 배제・제한 종류주식, 자기주식, 10% 초과 상호주 등과 같이 일반적으로 의결권이 배제・제한되는 주식의 경우는 발행주식총수에 불산입한다(상 371조 1항). 해당 주식이 발행되지 않은 것으로 본다는 뜻이므로 출석주식수에도 자동적으로 불산입된다.

② 특별이해관계인의 보유주식, 감사・감사위원 선임시 3% 초과 주식, 집중투표 배제와 관련된 정관변경시의 3% 초과 주식 등과 같이 의안에 따라 일시적으로 의결권이 제한되는 주식의 경우는 출석주식수에 불산입한다고 규정하고 있다(상 371조 2항). 그러나 이를 법문대로 해석하면 결의가 불가능한 경우가 생겨난다. 입법의 잘못으로 ②도 ①과 마찬가지로 발행주식총수에 불산입하는 것으로 해석한다(다수설; 판례).[35]

34) 대법원 2004. 7. 8. 선고 2004다1317 판결 등 다수(예: 관광호텔업을 위해 설립한 회사가 호텔신축부지를 처분할 경우, 광산업을 하는 회사가 광업권을 양도할 경우 등).

(2) 표결방법

① **찬반의 수를 확인할 수 있는 방법**으로 표결하여야 한다. 이러한 조건을 충족한다면 박수 · 거수 · 기립 등의 방법도 허용된다. 무기명투표는 이러한 확인이 불가능하므로 원칙적으로 허용될 수 없다. 반대하는 주주가 가진 주식 수만 세고 나머지는 모두 찬성한 것으로 처리하는 것은 위법하다. 가부동수인 때는 부결된 것으로 처리하여야 한다.

② 동일한 주주총회에 여러 개의 안건이 상정되어 있는 경우 각 안건은 독립적이므로 표결도 **각 안건 별로 구분**해서 따로 하여야 함이 원칙이다.

3. 종류주주총회

(1) 주주총회의 결의사항이 **어느 종류주식의 주주에게 '손해'**를 끼치게 되는 사항인 때에는 일반적인 주주총회의 결의 외에 종류주주총회의 결의를 부가적으로 요한다(상 435조).

(2) 다음의 경우 종류주주총회의 결의를 요한다.

① **정관을 변경**함으로써 어느 종류주식의 주주에게 손해를 끼치게 될 경우(상 435조)

② **신주인수, 주식 병합 · 분할 · 소각, 회사 합병 · 분할 · 분할합병으로 인한 주식배정**에 관하여 주식의 종류에 따라 특수하게 정하는 경우(상 344조 3항, 436조)

③ **회사 합병 · 분할 · 분할합병 · 주식교환 · 주식이전**으로 인하여 어느 종류주식의 주주에게 손해를 끼치게 될 경우(상 436조, 530조의3 5항)(영업양도의 경우는 종류주주총회를 원칙적으로 불요한다.)

(3) 종류주주총회의 결의가 필요함에도 불구하고 흠결하였다면 그 주주총회 결의의 효력은 어떻게 될까?

(i) 일반 주주총회 결의의 효력은 무효도 아니고 취소할 수 있는 것도 아닌 부동적인 상태에 있다가 후에 종류주주총회의 결의를 얻으면 확정적으로 유효가 되고 이를 얻지 못하면 확정적으로 무효가 된다는 견해(부동적(浮動的) 무효설; 불발효설;

---

35) 감사 선임에서 3% 초과 주식은 상법 371조의 규정에도 불구하고 상법 368조 1항에서 말하는 '발행주식총수'에 산입되지 않는다(대법원 2016. 8. 17. 선고 2016다222996 판결).

다수설)와 (ii) 종류주주총회 결의는 주주총회 결의의 효력발생에 필요한 요건이므로 주주총회 결의의 하자로 다투어야 한다는 견해(주주총회 결의 취소사유설; 소수설)가 있다. (iii) 판례는 이러한 경우 정관의 무효를 민사소송법상 확인의 소에 의하여 정면으로 다투면 된다고 한다.[36)]

>>> **사 례**

[1] ㈜ 삼성전자는 아래와 같이 정관변경을 함에 있어서 주주총회의 특별결의를 거쳤으나 종류주주총회는 열지 않아 다툼이 있었다.

(1) 1997. 2. 28. 주주총회 결의(제1 주주총회)에 기하여 정관에 "우선주식의 존속기간은 발행일로부터 10년으로 하고 이 기간 만료와 동시에 보통주식으로 전환된다"는 조항을 두었다(제1 정관변경).

(2) 2002. 2. 28. 주주총회 결의(제2 주주총회)에 기하여 위 정관조항을 삭제하였다(제2 정관변경).

[2] 쌍용양회는 상장폐지를 앞두고 2020. 10. 12. 임시주주총회와 우선주 종류주주총회를 잇따라 열고 우선주 전량을 강제 유상소각하는 안건을 가결했다. (출처: 매일경제 2020. 11. 2; 뉴스투데이 2020. 10. 30)

[3] 삼성물산 소액주주들 19명은 삼성물산 우선주 주주들만을 대상으로 한 종류주주총회에서 별도의 승인결의를 얻을 때까지 제일모직과 삼성물산 합병절차를 중단할 것을 요구하는 가처분 신청을 서울중앙지방법원에 제출했다. 제일모직에는 우선주가 없고 삼성물산의 우선주는 465만 주가량이다. 이에 대해 재판부는 "합병에 있어서 우선주에 적용한 합병비율은 합리적인 범위 내에 있어 불공정하다고 보이지 않는다"라며 "우선주주로 이뤄진 종류주주총회의 결의가 필요하다고 볼 수 없다"라고 판단했다. (출처: 경향신문 2015. 8. 13; 아시아경제 2015. 8. 13; 뉴스1 2015. 9. 2)

[4] 신영증권이 1988년부터 발행한 우선주를 전량 보통주로 전환해 발행주식을 단일화했다. 신영증권은 2023. 12. 7. 우선주 종류주주총회와 임시주주총회(보통주 종류주주총회를 겸함)를 잇따라 열고 우선주의 보통주 1:1 전환을 결의했다. (출처: 금융감독원 전자공시 2023. 12. 7)

---

36) 대법원 2006. 1. 27. 선고 2004다44575 판결: 정관 변경에 관하여 종류주주총회의 결의가 아직 이루어지지 않았다면 그러한 정관 변경의 효력이 아직 발생하지 않는 데에 그칠 뿐이고, 그러한 정관 변경을 결의한 주주총회 결의 자체의 효력에는 아무런 하자가 없다. 회사가 종류주주총회의 개최를 명시적으로 거부하고 있는 경우에 그 종류의 주주가 회사를 상대로 일반 민사소송법상의 확인의 소를 제기함에 있어서는, 정관 변경에 필요한 특별요건이 구비되지 않았음을 이유로 하여 정면으로 그 정관 변경이 무효라는 확인을 구하면 족하다. 이러한 경우 그 정관 변경을 내용으로 하는 주주총회 결의 자체가 아직 효력을 발생하지 않고 있는 상태(이른바 불발효 상태)라는 관념을 애써 만들어서 그 주주총회 결의가 그러한 '불발효 상태'에 있다는 것의 확인을 구할 필요는 없다.

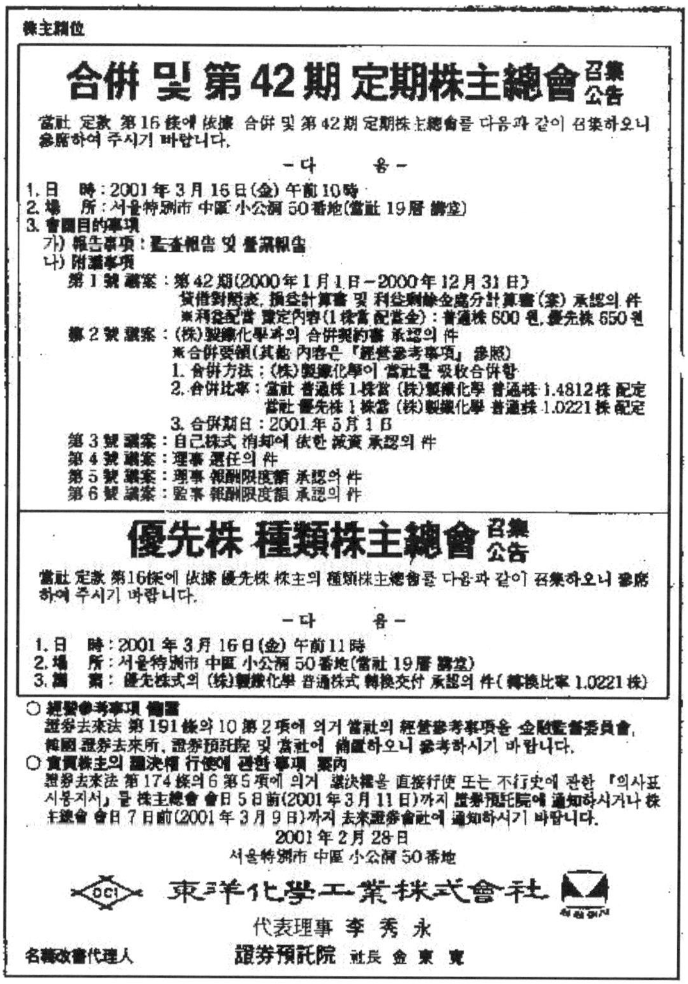

株主[illegible]位

合併 및 第42期 定期株主總會 召集公告

當社 定款 第16條에 依據 合併 및 第42期 定期株主總會를 다음과 같이 召集하오니 參席하여 주시기 바랍니다.

-다 음-

1. 日 時 : 2001年 3月 16日(金) 午前 10時
2. 場 所 : 서울特別市 中區 小公洞 50番地(當社 19層 講堂)
3. 會議目的事項
가) 報告事項 : 監査報告 및 營業報告
나) 附議事項
第1號 議案 : 第42期(2000年 1月 1日-2000年 12月 31日)
貸借對照表, 損益計算書 및 利益剩餘金處分計算書(案) 承認의 件
※利益配當 豫定內容(1株當 配當金) : 普通株 600원, 優先株 650원
第2號 議案 : (株)製鐵化學과의 合併契約書 承認의 件
※合併要領(其他 內容은 「經營參考事項」 參照)
1. 合併方法 : (株)製鐵化學이 當社를 吸收合併함
2. 合併比率 : 當社 普通株 1株當 (株)製鐵化學 普通株 1.4812株 配定
當社 優先株 1株當 (株)製鐵化學 普通株 1.0221株 配定
3. 合併期日 : 2001年 5月 1日
第3號 議案 : 自己株式 消却에 依한 減資 承認의 件
第4號 議案 : 理事 選任의 件
第5號 議案 : 理事 報酬限度額 承認의 件
第6號 議案 : 監事 報酬限度額 承認의 件

優先株 種類株主總會 召集公告

當社 定款 第16條에 依據 優先株 株主의 種類株主總會를 다음과 같이 召集하오니 參席하여 주시기 바랍니다.

-다 음-

1. 日 時 : 2001年 3月 16日(金) 午前 11時
2. 場 所 : 서울特別市 中區 小公洞 50番地(當社 19層 講堂)
3. 議 案 : 優先株式의 (株)製鐵化學 普通株式 轉換交付 承認의 件(轉換比率 1.0221株)

○ 經營參考事項 備置
證券去來法 第191條의 10 第2項에 의거 當社의 經營參考事項을 金融監督委員會, 韓國證券去來所, 證券預託院 및 當社에 備置하오니 參考하시기 바랍니다.
○ 實質株主의 議決權 行使에 관한 事項 案內
證券去來法 第174條의6 第5項에 의거 議決權을 直接行使 또는 不行史에 관한 『의사표시통지서』를 株主總會 會日 5日前(2001年 3月 11日)까지 證券預託院에 通知하시거나 株主總會 會日 7日前(2001年 3月 9日)까지 去來證券會社에 通知하시기 바랍니다.

2001年 2月 28日
서울特別市 中區 小公洞 50番地
東洋化學工業株式會社
代表理事 李 秀 永
名義改書代理人 證券預託院 社長 金 東 寬

:: [그림 11.2.3-2] 주주총회 및 종류주주총회 소집공고 (출처: 한국경제신문 2001. 2. 28)

4. 주주총회 의사록

이사는 주주총회 의사록을 작성하여 본점과 지점에 비치하여야 한다. **주주** 및 **회사채권자**는 영업시간에는 언제든지 열람 또는 등사를 청구할 수 있다(상 396조 1항 · 2항).

임시주주총회 의사록

일시 · 장소 :

20○○년 ○월 ○일 ○○시, ○○시 ○○구 ○○동 본 회사 본점 강당에서 임시주주총회를 개최하다.

총회성립 :

발행주식총수 ○○○주 의결권있는 주식총수 ○○○명

출석주식총수 ○○○주

의장인 대표이사 ○○○은 정관규정에 따라 위와 같이 주주총회 성립을 위한 정족수에 달하였으므로 본 총회가 적법하게 성립함을 확인하고 총회개최를 선언하다. 다음 의안을 부의하고 그 의결을 구하다.

안 건 :

제1호 의안 : 이사 선임에 관한 건

제2호 의안 : 감사 선임에 관한 건

경과 및 결과 :

의장은 본 회사의 이사 ○○○, 감사 ○○○ 등이 20○○년 ○월 ○일 사임하였으므로 출석한 주주에게 이를 보선하여 줄 것을 구하다. 이에 출석한 주주들이 아래의 사람들을 이사 및 감사로 선임의결하다. 감사의 선임방법은 상법 제409조 제2항의 규정에 의하다. (제1호, 제2호 의안을 별건 처리하였으나 결과는 동일함)

찬성주식수 ○○○주 반대주식수 ○○○주

이사 ○○○ (주민등록번호: ×××)

감사 ○○○ (주민등록번호: ×××)

위 피선임자들이 취임을 승낙하다.

폐회 선언 :

의장은 20○○년 ○월 ○일 ○○시, 의안 전부를 가결하였으므로 폐회를 선언하다.

기명날인(서명) :

위 결의의 내용을 명확히 하기 위하여 이 의사록을 작성하고 출석한 이사들이 아래와 같이 기명날인 또는 서명하다.

20○○년 ○월 ○일

○○○ 주식회사

의장, 대표이사 ○○○

이사 ○○○

이사 ○○○

:: [그림 11.2.3-3] **주주총회 의사록** (예시)

[11.2.4] 하자를 다투는 4종의 소

주주총회에 하자가 있는 경우에는 그 하자의 유형과 경중에 따라 아래와 같은 4종의 회사소송이 인정된다.

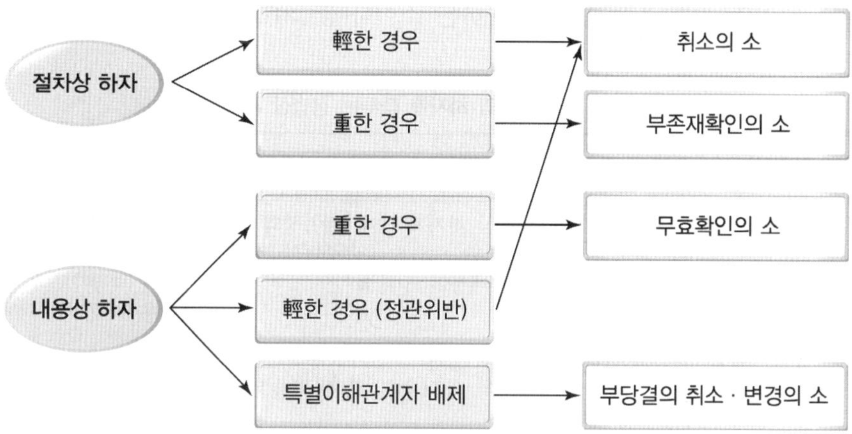

:: [그림 11.2.4-1] 주주총회 결의의 하자를 다투는 소

(1) 주주총회결의 취소의 소 – 절차상의 하자가 있거나 내용상의 하자가 경미한 경우에 인정된다.[37] 즉, 주주총회의 소집절차 또는 결의방법이 법령 또는 정관에 위반하거나 현저하게 불공정한 때 또는 결의내용이 '정관'에 위반한 때에는 주주,[38] 이사 또는 감사는 결의일로부터 2개월 내에 결의취소의 소를 제기할 수 있다(상 376조 1항).

(2) 주주총회결의 부존재확인의 소 – 절차상의 하자가 중대한 경우에 인정된다(상 380조).[39] 제소권자와 제소기간에 특별한 제한이 없다.[40]

---

37) 판례가 주주총회 결의 취소사유로 본 것에는, 이사회 결의 흠결, 41% 주주에 대한 총회소집 통지 흠결, 명의개서의 부당한 거절로 의결권을 행사하지 못한 경우, 총회소집 통지기간(2주) 미준수, 구두 소집통지, 목적사항 이외 사항 결의, 총회 일시·장소가 부적당한 경우, 정족수 미달, 결의요건 계산 잘못 등이 있다.

38) 명의개서한 주주이어야 한다(대법원 1991. 5. 28. 선고 90다6774 판결). 주주인 이상, 의결권 유무, 문제 사안이 있는 시점의 주주였는지 여부, 찬성이나 사후 추인 여부, 개인적으로 이해관계를 갖는지 등은 불문한다. 주주총회결의 취소소송의 계속 중 원고가 주주로서의 지위를 상실하면 원고는 상법 376조에 따라 그 취소를 구할 당사자적격을 상실한다. 이는 원고가 자신의 의사에 반하여 주주의 지위를 상실한 경우에도 마찬가지이다(대법원 2016. 7. 22. 선고 2015다66397 판결).

39) 주주총회 결의 부존재 확인의 소에서 확인의 이익은 주주총회 결의의 존재나 외관으로 인하여 회사를 둘러싼 현재의 권리 또는 법률관계에 장애가 생겨 그 부존재의 확인을 구함으로써 그 존재나 외관을 제거할 필요가 있는 경우 인정될 수 있다(대법원 2024. 6. 13. 선고 2018다261322 판결). 판례가 주주총회 결

(3) 주주총회결의 무효확인의 소 – 내용상의 하자가 중대한 경우에 인정된다(상 380조). 이 역시 제소권자와 제소기간에 특별한 제한이 없다.

(4) 부당결의 취소·변경의 소 – 주주총회의 결의에 관하여 특별이해관계가 있음으로 해서 의결권을 행사할 수 없었던 주주(상 368조 4항)가 그 결의가 부당하다는 이유로 결의의 취소 또는 변경을 구하는 소이다(상 381조 1항).

〈표 11.2.4-1〉 주주총회의 하자를 다투는 상법상 4종의 소 비교

	취소의 소	무효확인의 소	부존재확인의 소	부당 결의 취소·변경의 소
소의 원인	① 절차상의 하자가 경미한 경우 ② 결의내용의 하자가 경미한 경우(정관위반)	내용상 하자가 중대한 경우 (결의내용이 강행법위반)	절차상의 하자가 중대한 경우	내용상의 하자 (특별이해관계 있는 주주를 배제하고 한 결의 내용이 현저히 부당한 경우)
성격	형성의 소	확인의 소(다수설, 판례), 형성의 소(소수설)		형성의 소
제소권자 (원고)	주주, 이사, 감사	소의 이익이 있는 한 누구나		특별이해관계로 의결권을 행사하지 못한 주주
제소기간	결의일로부터 2개월 내 (제척기간)	소의 이익이 있는 한 언제든지		(취소의 소와 동일)
소의 절차	▪ 피고: 회사 ▪ 전속관할: 본점 소재지 지방법원 ▪ 소제기 공고 ▪ 병합심리 ▪ 제소주주의 담보제공의무 ▪ 당사자처분권 제한(청구인락, 화해, 조정 불가)			
법원의 재량기각	○(절차상 하자가 경미한 경우 법원 재량으로 청구기각)	×		
원고승소판결의 대세적 효력	○			
원고승소판결의 소급효	○			
원고패소판결의 대세적 효력	× (대인적 효력)			

의 부존재사유로 본 것에는, 주주 대부분에 대한 소집통지 흠결, 결의 참가자 대부분이 주주가 아닌 경우, 총회 종료 후 따로 모여 결의한 경우, 총회를 열지 않고 허위로 의사록을 작성한 경우 등이 있다.

40) 대법원 2021. 7. 22. 선고 2020다284977 전원합의체 판결: [다수의견] 주주총회결의의 부존재 또는 무효 확인을 구하는 소를 여러 사람이 공동으로 제기한 경우, 민사소송법 67조가 적용되는 '필수적' 공동소송에 해당한다. [소수의견] 상법상 회사관계 소송에 관하여 여러 사람이 공동으로 소를 제기한 경우, 이러한 소송은 공동소송의 원칙적 형태인 통상공동소송이라고 보아야 한다.

패소원고의 책임	패소원고에게 악의 또는 중과실이 있으면 회사에 연대하여 손해배상책임을 진다.
다른 소와의 관계	후속행위를 다투는 다른 소(예: 합병무효의 소 등)에 흡수된다.

○: 인정, ×: 불인정.

연습 및 응용

Q1 성○양회(주)의 2022년 사업보고서에 의하면, 당해 영업연도에 배당할 이익이 없어 의결권 없는 이익배당우선주에 대하여 정관 소정의 배당을 하지 못하였다. 이 회사의 정관 8조의2 6항에서는 "종류주식에 대하여 소정의 배당을 하지 아니한다는 결의가 있는 경우에는 그 결의가 있는 총회의 다음 총회부터 그 우선적 배당을 한다는 결의가 있는 총회의 종료시까지 의결권이 있는 것으로 한다"고 규정하고 있다. 기준일인 2022. 12. 31. 현재 이 회사의 발행주식총수와 의결권 현황은 아래 표와 같다. 의결권을 행사할 수 있는 주식과 그 수는?

구 분		주식 수	비 고
발행주식총수(A)	보통주	19,146,255	
	우선주	1,243,236	–
의결권 없는 주식 수(B)	보통주	400,891	상법 369조 ②항 자기주식
	우선주	1,243,236	상법 344조의3 우선주식 (자기주식 85주 포함)
기타 법률에 의하여 의결권 행사가 제한된 주식 수(C)	보통주	–	–
	우선주	–	–
의결권이 부활된 주식 수(D)	보통주	–	–
	우선주	1,243,151	제○○~○○기 주주총회 미배당 관련 우선주에 대한 의결권 부활 (자기주식 우선주 85주 제외)
의결권을 행사할 수 있는 주식 수(E = A − B − C + D)	보통주	18,745,364	–
	우선주	1,243,151	–

Q2 자본 다수결 원칙에 의하는 회사의 단체법적 의사결정방식에 있어서 소수파 주주를 보호하는 방법은?

주주총회에서의 의사결정은 자본다수결에 의한다. 다수결원칙에 의하여 각자의 지분이 반영되는 것은 총의를 수렴하는 과정뿐이고 결의를 지배할 수 있는 다수의 주식을 갖고 있는 자의 의사대로 결말이 난다. 이는 자본다수결이 갖는 속성상의 한계이지만 현존하는 최선의 의사결정방법이기 때문에 그 정당성이 인정된다. 자본다수결의 폐해를 시정함으로써 소수파주주를 보호하는 방안으로는, ⓐ 대주주의 의결권 제한(예: 감사 선임의 경우 3%까지만 의결권 행사 가능), ⓑ 소수주주권의 인정, ⓒ 회사와의 결별의 허용(예: 주식매수청구권), ⓓ 종류주주총회, ⓔ 주주총회 결의 취소의 소 등 총회 결의의 하자를 다투는 방법 등이 있다.

Q3 X회사에서는 총회소집에 관한 이사회 결의 없이 대표이사 R이 주주총회를 소집하여 A를 이사로 선임하는 결의를 하였다. 다음 물음에 답하시오.

(1) 위의 경우 이사선임의 효력이 발생하는 것을 저지하는 방법은?

(2) 원고가 주주총회결의 부존재확인의 소를 제기하였다가 제소 이후에 이를 주주총회결의 취소의 소로 변경할 수 있는가?

(3) 만일 원고가 결의의 무효를 주위적으로, 결의의 취소를 예비적으로 청구하였다면 적법한가?

(4) 위의 선임결의에 기하여 회사로부터 A가 받은 보수 등에 대하여 부당이득을 이유로 반환을 청구하려면 어떤 방법에 의해야 하는가?

(5) 위 소송에서 누가 X회사를 대표하는가?

(6) 위 주주총회 결의 당시 주주가 아니었던 주주도 원고적격을 갖는가?

(1) 판례는 정당한 소집권자인 대표이사에 의하여 소집된 이상 부존재사유가 아니라 주주총회결의 취소의 소(상 376조 1항)로 다투면 된다고 한다.[41] 이를 기초로 법원에 이사의 직무집행정지 가처분과 직무대행자의 선임을 구할 수 있다(상 407조).

(2) 원고가 청구한 소송물에 의하여 소송의 대상과 범위가 특정된다. 소송물의 동일성 여부에 대해서는 공격방법에 차이가 있을 뿐 소송목적 내지 이익이 같다면 동일한 소송물로 취급한다. 주주총회결의 무효확인의 소와 부존재확인의 소를 동일한 소송물로 본 판례가 있다.[42] 결의 취소의 소와 부존재확인의 소를 동일한 소송물로 보는 전제하에 결의 부존재확인의 소가 상법 376조의 제소기간 내에 제기되었다면 동일한 결의에 대하여 2개월의 제소기간 경과 후에 취소의 소로 변경·추가되어도 제소기간을 준수한 것으로 보아야 한다는 판례가 있다.[43]

41) 대법원 2009. 5. 28. 선고 2008다1969 판결.

(3) 이러한 경우 그 적법성을 문제 삼지 않고 본안판결을 한 판례가 있다(서울고법 1998. 8. 25. 선고 98나5267 판결).

(4) A가 이사로 선임되어 회사로부터 받은 보수 등을 부당이득(민 741조)으로 반환을 청구하려면 먼저 법률상 원인이 없다는 사실을 주장하여야 하고, 그 선결문제로 A를 이사로 선임한 주주총회의 결의에 하자가 있음을 인정받아야 한다. 이 때 주주총회 결의에 하자가 있음을 다투는 소송의 성격을 무엇으로 보는가에 따라 그 주장방법이 달라진다. 주주총회결의 취소의 소와 부당결의 취소·변경의 소의 경우는 형성의 소로 본다. 그러나 주주총회결의 무효확인의 소와 부존재확인의 소에 대해서는 형성소송설과 확인소송설(판례)로 견해가 나뉜다.[44]

형성의 소에 해당한다고 보는 경우	확인의 소에 해당한다고 보는 경우
1차: 선결문제로 이사를 선임한 주주총회의 결의에 하자가 있음을 다투어 승소판결을 얻음 (법원으로 판결을 얻기 전까지는 주주총회의 결의가 일응 하자 없는 것으로 취급되기 때문)	(불요)
2차: 위의 승소판결을 기초로 부당이득 반환청구	청구취지로 곧바로 부당이득반환청구 (청구원인이나 항변으로 주주총회 결의에 하자가 있음을 주장)

(5) 이사와 회사간의 소송에서 회사측을 대표하는 자는 감사이다(상 394조 1항).

(6) 주주총회 결의의 하자를 다투는 소에서 원고적격을 갖는 주주는 결의시에 주주임을 요하지 않고 제소시에 주주이면 족하다. 이는 주주 자신의 권리침해를 이유로 하는 것이 아니라 적법한 총회운영을 위한 것이기 때문이다.

Q4 주주총회 결의를 통하여 다음과 같은 내용의 정관 조항을 신설한 경우 이에 관한 주주총회의 결의는 적법한가? 하자가 있다면 어떤 방법으로 다툴 수 있는가?

"총회의 안건이 적대적 인수합병을 위한 안건임을 총회소집 전에 이사회가 결의로 확인한 경우, 이에 관한 총회의 결의요건을 출석주주 의결권의 100분의 90 이상과 발행주식총수의 100분의 70 이상으로 한다.", "위 가중조항을 개정하고자 할 때도 위와 같은 방법에 의한다."

42) 대법원 1983. 3. 22. 선고 82다카1810 판결.

43) 대법원 2003. 7. 11. 선고 2001다45584 판결. 그런데 합병무효의 소와 같이 합병등기 이후에만 제소할 수 있는 경우에는 합병등기 전에는 합병을 승인한 주주총회 결의의 효력을 다투는 소를 제기하였다가 소송의 계속 중 합병등기를 마치면 그 이후에는 합병무효의 소로 청구를 변경할 수 있다.

44) 확인의 소는 권리나 법률관계의 존재·부존재의 확인을 구하는 소이고, 형성의 소는 법률관계의 발생·변경·소멸(창설적 효력)을 구하는 소이다. 전자의 경우는 다른 소송에서 항변이나 선결문제로써도 다툴 수 있지만, 후자의 경우는 오직 소로써만 다툴 수 있다.

전주지방법원 2020. 10. 29. 선고 2017가합2297 판결: 위 가중조항과 같은 초다수결의제는 관련 상법 규정의 문언과 의미 및 입법취지 등에 비추어 특별결의요건을 규정하고 있는 상법 434조 위반으로 이에 관한 주주총회 결의는 무효이다. 그 이유는 다음과 같다. ① '적대적'이라는 용어가 가치중립적이지 않고 법률적으로도 불명확한 개념이어서 예측 가능성과 법적 안정성에 반한다. ② 위 가중조항에 의하면 적대적 인수합병인지는 이사회가 사전에 우선 판단하게 되고 그 판단결과에 따라 합병에 관한 특별결의요건이 달라진다. 그렇게 되면 이는 실질적으로 합병의 승인 여부를 주주들이 아닌 이사회 또는 경영진이 결정하는 것이 되어 합병에 관한 최종 승인권한을 주주총회에 귀속시킨 상법 522조에 정면으로 반한다. ③ 위 가중조항은 현재 보편적으로 이용되는 출석의결권 수의 가중비율은 물론, 발행주식총수의 가중비율을 모두 현저히 초과하고 있어 그 가중비율도 지나치게 과도하다.

Q5 하자 있는 주주총회의 결의에 대해 이후 이를 추인하는 주주총회의 결의나 재결의가 있는 경우 그 효력은?

X회사의 주주 A는 대표이사 B(주주이기도 함)에 대한 특별성과급 지급 및 급여 인상을 결의한 주주총회 결의(1차 결의)의 취소를 구했다. 위 결의 당시 대표이사 B는 특별이해관계인으로서 의결권이 없음에도 의결권을 행사했다. 1차 결의 후에 X회사는 주주총회를 소집하여 1차 결의와 동일한 내용으로 적법하게 주주총회 결의를 했다(2차 결의).

대법원 2024. 7. 11. 선고 2024다222861 판결: 새로운 주주총회의 결의(2차 결의)가 다른 절차상, 내용상의 하자로 인하여 부존재 또는 무효임이 인정되거나 그 결의가 취소되는 등의 특별한 사정이 없으면, 설령 종전의 결의(1차 결의)에 어떠한 하자가 있었다고 할지라도 종전의 하자 있는 결의에 대하여 부존재나 무효확인 또는 그 취소를 구할 소의 이익이 없다.

Q6 주주총회 운영에 전자기술이 도입되어 주주들의 총회 참여를 용이하게 하는 수단으로 이용되고 있다.

(1) 전자주주총회와 전자투표는 어떤 점이 다른가?
(2) 주주총회 진행현황을 YouTube 등으로 생중계하는 방식은 상법상의 전자주주총회인가?
(3) 현장주주총회를 생략하고 이를 완전히 전자주주총회로 대체할 수 있는가?
(4) 하나의 주주총회를 열면서 현장주주총회, 전자투표, 전자주주총회 이들 모두를 쓸 수 있는가?

	전자투표 (368조의4)	(현장)주주총회 (364조 2항)	전자주주총회 (542조의14) (2027. 1. 1. 시행)
채택 여부	이사회 결의(임의)	(필수: 생략 불가)	• 일반 상장회사 – 이사회 결의, 정관으로 배제 가능 • 대규모 상장회사 – 강제
장 소	부재자 투표(전자적 방법으로 의결권을 행사)	정관으로 정한 곳이 없으면 본점 소재지나 그 인접한 곳에 주주들이 출석하여 개최	원격지에서 전자적 방법으로 결의에 실시간 참여
시 기	사전(총회 전날까지)	당일	당일
쌍방향 소통(질의, 토론, 수정동의안 제출)	×	○	○
의결권 행사	○	○	○
특 기	– 감사 선임시 발행주식총수 1/4 요건 적용배제 – 기록 비치 및 열람, 5년간 보존		– 기록 비치 및 열람, 5년간 보존
3자의 관계		현장총회에 전자투표·전자총회 연계 가능	회사는 현장총회를 개최해야 하고(병행의무), 주주는 한 가지 방식에 의해서만 총회 출석할 수 있다(택일의무).

Q7 주주총회의 기능을 정상화하기 위하여 아래와 같은 방안이 제시되고 있다. 어떤 방안이 합리적인가?

(1) 주주들로 하여금 총회참여를 보다 용이하게 하는 제도적 개선방안 강구

(2) 주주총회의 허구화 경향을 현실로 받아들이고 주주총회를 대체할 수 있는 제3의 방안 모색

(3) 굳이 주주총회 출석의 필요성을 느끼지 않는 군소주주들에게 억지로 총회 출석을 독려하기보다는 총회의 결의요건을 대폭 완화하는 방안

주주총회가 실제로 아무리 허구화되고 있다고 하더라도 주주자본주의와 기업지배구조의 민주화를 위하여 회사의 지분적 소유자로 구성되는 주주총회를 완전 폐기할 수는 없다. 경영의 효율성을 위하여 주주총회의 권한을 축소하고 이사회중심주의로 나아가는 경향이 있다고 하여도 마찬가지이다. 따라서 기본적으로 (1)의 방안이 타당하다.

Q8 아래 기사를 읽고 미래의 바람직한 주주총회의 모습을 생각해 보시오.

'가치투자의 달인'이라 불리는 워런 버핏 회장이 이끄는 버크셔 해서웨이(Berkshire Hathaway) 주주총회가 매년 5월 첫번째 토요일 2박 3일 일정으로 세계의 뜨거운 관심 속에 열렸다. 투자와 경제에 대한 버핏 회장의 지혜와 통찰의 말을 듣기 위해 세계 곳곳에서 미국 네브래스카 주 오마하의 주주총회장으로 사람들이 몰려왔다.

버크셔는 1965년 인수 당시에는 작은 섬유회사에 불과했다. 그러나 지금은 80여개의 자회사를 거느린 세계 최대 투자지주회사로 변모했다. 주주들은 대부분 장기투자자들이다. 3대를 잇기도 한다. 버크셔 해서웨이 주식은 세계에서 가장 비싼 주식이다.

미국 네브래스카 주 오마하에서는 이런 특별한 주식을 소유한 주주 약 4만여 명이 모였다. 이곳에서 주주총회를 여는 것은 회사의 본사 소재지이자 버핏의 고향이기 때문이다. 그런데 버크셔 해서웨이 주주총회는 일반적인 주주총회 그 이상이다. 축제이자 투자를 배우는 학습의 현장이기도 하다.

주주총회의 하이라이트는 버핏 회장이 약 4~6시간 동안 함께 진행하는 질의응답 시간이다. 일문일답은 '투자토크쇼'를 방불케 하였다. 포털 야후를 통해 주총현장을 전 세계에 생중계했다.

주주총회는 오전 8시에 시작됐지만 극성 주주들은 새벽부터 기다리기도 한다. 일부 주주는 연례총회에 참석하기 위해 그나마 싼 편인 B주식 1주를 사기도 했다.

주주총회장에서는 질의응답 전에 다양한 볼거리가 선보였다. 버핏 회장이 미 프로 농구 선수와 농구대결을 하는 장면을 촬영해 주주들에게 즐거움을 안겨주었다. 쇼핑도 큰 즐거움의 하나이다. 버크셔 해서웨이 자회사들의 제품 홍보도 중요한 부분을 차지한다. (출처: 한국경제 2015. 5. 4; 동아일보 2017. 5. 7; 파이낸셜뉴스 2017. 12. 15; 중앙일보 2018. 5. 10; 이코노미스트 2018. 5. 28; www.berkshirehathaway.com)

버크셔 헤서웨이의 2020년 주주총회는 코로나 감염증 유행을 고려해 온라인 화상회의로 진행했다. (출처: 연합인포맥스 2020. 12. 8). 그러나 2022년 주주총회는 3년 만에 다시 대면 방식으로 진행했다. (출처: 한국경제 2022. 1. 26)

2024년 5월의 연례 주주총회에도 어김없이 많은 인파가 몰리며 축제 분위기를 자아냈다. 약 4만 명이 운집한 가운데 주주총회 하루 전인 3일부터 행사(바자회)가 시작되었다. Q&A 세션에서는 신재생 에너지 투자, 투자 포트폴리오, AI 잠재력, 테슬라 등 투자와 관련한 여러 질문과 워런 버핏의 답변이 있었다. 주주제안 시간인 주주 미팅에서는 소액주주들이 발언기회를 얻어 버크셔 해서웨이에 다양한 제안을 할 수 있었다. 주총이 끝난 후에도 단축 마라톤, 네트워킹 파티, 다양한 미팅 등의 행사는 계속되었다. (출처: 한국경제TV 2024. 5. 7; 아이투자 2024. 5. 8; 주간동아 2024. 5. 12; 조선일보 2024. 5. 8)

제 3 절 의사결정기관[2] (이사회)

[11.3.1] 이 사

>>> **사 례** **삼성전자(주) 임원** (2025. 6. 30. 기준)

■ 이사회 구성원인 이사 (등기임원)

	직명	성명	임기 (연임 여부/횟수)	선임배경, 경력	추천인	소속 위원회	최대주주 또는 주요주주와의 관계
1	사내이사 (대표이사)	전○현	'25.03~'28.03 (해당사항 없음)	메모리 개발 및 경영전문가	이사회	경영위원회(위원장)	특수 관계인
2	사내이사 (대표이사)	노○문	'22.03~'28.03 (연임 1회)	MX사업부의 핵심보직을 경험한 전문가 '갤럭시 신화' 주도		경영위원회	
3	사내이사	송○혁	'25.03~'28.03 (해당사항 없음)	DS 기술 책임자, VNAND 최초 개발 주도, 미래 성장동력 확보		경영위원회	
4	사외이사 (독립이사)	신○윤	'24.03~'27.03 (해당사항 없음)	금융위원회 위원장 역임 금융・재정 전문가	사외이사 (독립이사) 후보 추천 위원회	보상위원회(위원장) 지속가능경영위원회 감사위원회(위원장) 사외이사후보추천위원회(위원장)	해당사항 없음
5		김○성	'22.03~'28.03 (연임 1회)	국제경제 및 투자 전문가, 싱가포르 투자청 토탈리턴그룹 이사		내부거래위원회 보상위원회 지속가능경영위원회(위원장)	
6		허○녕	'22.11~'28.03 (연임 1회)	에너지・자원・환경 전문가, 서울대 공대 교수		내부거래위원회(위원장) 보상위원회 지속가능경영위원회 사외이사후보추천위원회	
7		유○희	'22.11~'28.03 (연임 1회)	통상교섭본부장 역임 국제 통상전문가		지속가능경영위원회 감사위원회 사외이사후보추천위원회	
8		조○경	'24.03~'27.03 (해당사항 없음)	로봇공학 전문가, 한성대 AI 응용학과 교수		지속가능경영위원회 감사위원회	
9		이○재	'25.03~'28.03 (해당사항 없음)	반도체 전문가, 서울대 전기정보공학 교수		내부거래위원회 지속가능경영위원회	

■ 미등기임원 (부분 발췌)

	성 명	직 위	업 무	상근여부
1	이○용	회장	회장	상근
2	정○호	부회장	사업지원 T/F장	상근
3	김○목	사장	법무실장	상근
4	강○우	부사장	재경팀 담당임원	상근
5	강○용	상무	생활가전 지원팀 담당임원	상근
…	…	…	…	…

(출처: 삼성전자 2025. 8. 14. 반기보고서, 2025. 11. 28. 공시)

1. 지 위

이사는 **'회사'와 위임의**[45] **관계**에 있는 경영수임자이다(상 382조 2항). 이사는 **이사회의 구성원**으로서 회사의 업무집행에 관한 의사결정에 참여하고, 이사회를 통하여 이사와 대표이사의 직무집행을 감독하는 권한을 가지며, 이사는 **대표이사가 되기 위한 전제자격**이 된다.

:: [그림 11.3.1-1] 이사와 회사의 위임관계

2. 종 류

(1) 주식회사에는 실제 다양한 명칭의 이사가 존재한다. 이 중에서 법률상의 이사라고 하기 위해서는 **주주총회에서 이사로 선임**되어야 한다(상 382조 1항, 317조 1항 · 2항 8호). 이러한 요건을 충족하는 한 상근 · 비상근, 보수 · 무보수, 업무담당 · 비업무담당, 사내 · 사외를 불문하고 상법상의 이사로 되고, 이러한 요건을 충족하지 않는 한 설령 이사라는 명칭을 사용하더라도 상법상의 이사가 아니다.

(2) 사외이사(outside director)는 회사의 상무(常務)에 종사하지 않는 이사를 말한다(상 382조 3항 본문). 사외이사는 **독립성**을 위한 제도이기 때문에 최대주주와 일정한 관계에 있는 자 등은 사외이사가 될 수 없다(상 382조 3항 단서). 비상장회사에서는 사외이사의 설치가 임의적이나, 상장회사에서는 사외이사(독립이사)를 반드시 두어야 한다(상 542조의8).[46] 이사로서의 권한과 책임에 있어서 사외이사(독립이사)와 사내이사 간에 차이가 없다.

---

45) 위임이란 당사자의 일방(위임인)이 상대방(수임인)에 사무의 처리를 위탁하고 상대방이 이를 승낙함으로써 성립하는 계약이다(민 680조).

46) 2025년 개정 상법은 상장회사에 대해 사외이사의 독립성을 더욱 강조하기 위해 '독립이사'로 명칭을 변경했다. 독립이사는 상법 382조 3항의 사외이사로서 사내이사, 집행임원 및 업무집행지시자로부터 독립적인 기능을 수행하는 이사이다(상 542조의8 1항).

〈표 11.3.1-1〉 이사 구분

<table>
<tr><th colspan="2"></th><th>사내
이사</th><th>사외이사</th><th colspan="2">독립이사</th><th>기타
비상무이사</th></tr>
<tr><td colspan="2">정 의</td><td>상무 종사
이사</td><td>결격사유 없는 비
상무 이사
(상 382조 3항)</td><td colspan="2">사외이사로서 강화된 독립요건을 갖춘 자
(상 542조의8 1항)</td><td>사외・독립이
사 아닌 비상
무이사</td></tr>
<tr><td colspan="2">같은 점</td><td colspan="5">이사라는 점 ⇒ 선임・해임기관 (주주총회), 회사와 관계 (위임), 임기 제한 (최대 3년),
등기, 이사회 구성원, 감사 겸직 금지, 권한・의무・책임</td></tr>
<tr><td rowspan="8">다
른
점</td><td>결격요건</td><td></td><td>결격사유
(상 382조 3항)[47]</td><td colspan="2">사외이사 결격사유+추가적 결격사유
(542조의8 2항)[48]</td><td></td></tr>
<tr><td>적용회사</td><td></td><td></td><td>일반 상장회사[49]</td><td>대규모 상장회사[50]</td><td></td></tr>
<tr><td>최소인원</td><td></td><td></td><td>이사총수 1/3 이상</td><td>과반수 & 3인 이상</td><td></td></tr>
<tr><td>후보추천</td><td>이사회,
주주</td><td></td><td></td><td>독립이사후보추천위
원회</td><td></td></tr>
<tr><td>결원시</td><td></td><td></td><td colspan="2">미달시 처음 소집 주주총회에서 충원의무</td><td></td></tr>
<tr><td>책임감면
제한[51]</td><td>연간보수
6배</td><td colspan="3">연간보수 3배</td><td></td></tr>
<tr><td>정보공시</td><td></td><td></td><td colspan="2">주주총회 소집통지・공고, 열람에 독립이사
활동・보수 등 포함</td><td></td></tr>
<tr><td>벌 칙</td><td></td><td></td><td colspan="2">과태료</td><td></td></tr>
</table>

47) **사외이사 결격사유**(상 382조 3항) : •회사와 신분관계 (회사상무에 종사하는 이사・집행임원 및 피용자, cooling−off 2년 이내, 모회사·자회사 포함), •대주주와 관계 (최대주주가 자연인인 경우 − 본인과 그 배우자 및 직계 존속・비속, 최대주주가 법인인 경우 − 그 법인의 이사・감사・집행임원 및 피용자), •경영진과 친족관계 (이사・감사・집행임원의 배우자 및 직계 존속・비속), •이해관계 법인과 관계 (중요한 이해관계에 있는 법인의 이사・감사・집행임원 및 피용자), •겸직관계 회사와 관계 (회사의 이사・집행임원 및 피용자가 이사・집행임원으로 있는 다른 회사의 이사・감사・집행임원 및 피용자)

48) **독립이사 결격사유**(상 542조의8 2항) : 사외이사 결격사유(상 382조 3항) 외에 다음 사유가 추가된다. •미성년자, 피성년후견인 또는 피한정후견인, •파산선고를 받고 복권되지 아니한 자, •금고 이상의 형을 선고받고 그 집행(또는 면제) 후 2년이 지나지 아니한 자, •대통령령으로 정하는 법률을 위반하여 해임 또는 면직된 후 2년 미경과자, •최대주주와 그 특수관계인, •주요주주와 그 배우자와 직계 존속・비속, •그 밖에 독립이사로서의 직무를 충실하게 수행하기 곤란하거나 상장회사의 경영에 영향을 미칠 수 있는 자 (→ 대통령령)

49) 자산규모 등을 고려하여 대통령령으로 정하는 상장회사는 제외한다(상 542조의8 1항 본문).

50) 자산규모 등을 고려하여 대통령령으로 정한다(상 542조의8 1항 단서).

51) 이사의 회사에 대한 배상책임을 정관에 의해 감면하는 경우 감면할 수 없는 법정한도이다(상 400조 2항).

>>> 사례

[1] 대주주의 전횡을 막기 위해 감시자로서 도입된 사외이사 제도가 본래의 취지와는 달리 '거수기', '로비스트'라는 이미지가 강하다. 이에 비해 '주인 없는' 금융회사나 공기업에서는 사외이사들의 목소리가 경영진을 압도하는 경우도 있다. (출처: 조선일보 2020. 12. 9; 헤럴드경제 2020. 12. 9)

[2] 이사회 내 사외이사 비율이 높을수록 그리고 총수 일가의 이사 등재가 적을수록 이사회 원안 가결률이 낮아지는 경향을 보인다는 점에서, 사외이사는 총수 일가 중심 경영에 대한 감시자의 역할을 일정 부분 수행하고 있음을 보여주고 있다. (출처: 공정거래위원회, 2025년 공시대상기업집단 지배구조 현황분석, 2025. 11. 19)

[3] ● 교수는 2023년 6월 30일 통신업체인 K○ 사외이사 및 감사위원으로 선임되었고, 또 2024년 3월 26일에는 현△제철 사외이사로도 선임되었다. 2024년 4월 최대주주였던 국민연금이 K○ 주식을 일부 매각함으로써 현△자동차그룹(현△제철은 그 계열사)이 K○의 최대주주로 변경되었다. 그에 따라 겸직 당시에는 문제가 없었으나, 결과적으로 최대주주의 특수관계인인 계열사 이사 겸직이라는 결격요건이 발생했다. (출처: 금융감독원 전자공시 2025. 12. 17; 한국경제 2025. 12. 17; 시사위크 2025. 12. 18)

(3) 이사는 원칙적으로 근로기준법상의 근로자가 아니다. 그러나 이사로서 회사로부터 위임받은 사무를 처리하는 외에 사장 등의 지휘감독하에 노무를 제공한 경우에는 근로기준법상의 근로자로서의 신분도 동시에 가진다.[52]

3. 수와 임기

(1) 주식회사에서 이사의 수는 최저 **3인 이상**이어야 한다(상 383조 1항 본문). 그러나 자본금이 10억원 미만인 **소규모주식회사**에서는 이사를 1인 또는 2인만을 둘 수 있다(상 383조 2항 단서).

(2) 이사의 임기는 **최장 3년**을 초과하지 못한다(상 383조 2항).[53] 그러나 **정관으로** 임기 중의 최종 결산기에 관한 정기결산주주총회가 종결될 때까지 그 임기를 연장할 수 있다(상 383조 3항).[54] 실무에서는 대부분 그렇게 하고 있다.

---

52) 대법원 2017. 11. 9. 선고 2012다10959 판결.

53) 임기는 선임권자의 피선임자에 대한 강력한 통제수단이 된다. 이사마다 임기를 달리하는 것도 가능하다(예: K, L, P 이사의 임기를 각각 3년, 2년, 1년으로 하는 것). 이사의 연임에 대한 제한은 없다.

54) '임기 중의 최종의 결산기에 관한 정기주주총회'라 함은 임기 중에 도래하는 최종의 결산기에 관한 정기주주총회를 말하고, 임기만료 후 최초로 도래하는 결산기에 관한 정기주주총회 또는 최초로 소집되는 정기주주총회를 의미하는 것은 아니다. 따라서 이 규정은 결국 이사의 임기가 최종 결산기의 말일과 당해

4. 이사 선임

2019. 3. 27. 오전 9:00 서울 강서구 대○항공 강당에서 열린 정기주주총회에서 3년 임기가 끝난 J회장의 이사 재선임 안건이 출석 주식의 66.66%의 찬성을 얻어야 통과될 수 있는데 64.1%의 찬성을 얻는 데 그쳐 부결됐다(반대 35.9%). 대○항공 정관에 규정된 '출석 주식 3분의 2 동의' 요건에 못 미쳤기 때문이다. 그로 인해 J회장이 주주총회에서 그룹 핵심 계열사인 대○항공의 대표이사직을 잃었다. 주주총회에서 대기업 사주의 이사직이 박탈된 첫 사례이다.

원래 이사 선임은 주주총회의 보통결의사항인데도 다른 상장사보다 엄격하게 이사 선임 요건을 높여둔 것이 원인이 됐다. 대○항공은 1999년 이사의 선임과 해임을 주주총회 출석 주주의 3분의 2 이상의 동의를 받도록 정관을 변경했다. 이는 외환위기 때 외국자본에 의한 적대적 기업인수를 막기위한 것이었다. (출처: 한겨레 2019. 3. 28; 중앙일보 2019. 3. 28; 조선일보 2019. 3. 28)

그 후 대○항공은 2020. 3. 27. 주주총회에서 이사 선임과 해임 방식을 종전의 특별결의사항에서 보통결의사항으로 바꾸는 정관 변경안을 통과시켰다. (출처: 한국경제 2020. 3. 27; 조선일보 2020. 3. 27)

(1) 선임기관 및 절차

1) 이사 선임은 **주주총회의 보통결의**에 의한다(상 382조 1항). 주주총회에서 이사로 선임하는 결의 외에 대표이사에 의한 임용계약의 청약을 요하는가? 이에 대해서는 긍정설(다수설)과 부정설(소수설)로 나뉜다. 판례는 주주총회의 선임결의와 이에 대한 피선임자의 승낙이 있으면 대표이사에 의한 임용계약의 청약이 없는 때에도 피선임자는 이사(감사도 동일)의 지위를 취득한다는 것으로 입장을 변경하였다.[55] 이러한 경우 대표이사의 역할은 주주총회의 선임결의를 단순히 전달하는 매개자에 불과하기 때문이다.

결산기에 관한 정기주주총회 사이에 만료되는 경우에 정관으로 그 임기를 정기주주총회 종결일까지 연장할 수 있도록 허용하는 취지의 규정이다(대법원 2010. 6. 24. 선고 2010다13541 판결).

55) 대법원 2017. 3. 23. 선고 2016다251215 판결.

甲: "회사에 '부장대우 이사'라는 직위를 가진 사람들이 있던데, 이들도 모두 상법상의 이사인가?"

乙: "그렇지는 않아. 상법상의 이사로 취급되려면 주주총회에서 이사로 선임되고 이사로 등기되어 있어야 하거든. 단순히 '이사'라는 직함이나 타이틀을 가진다고 해서 모두 상법상의 이사가 되는 것은 아니지. '줄무늬 이사'라고나 할까."

甲: "그러면, 그 사람이 진짜 이사인지, 줄무늬 이사인지는 어떻게 구분할 수 있는 거야? 일일이 물어보기도 그렇고…. 명함을 달라고 해서 확인하면 되나?"

乙: "명함만 가지고서는 알 수 없지. 그러나 방법은 있어. 모든 이사는 등기하도록 되어 있으니까, 등기부를 열람해보면 확실히 알 수 있어."

2) 주주들은 **회사가 추천한 이사후보자**(A, B) 중에서만 이사를 선임해야 하는 구속을 받는가? 그렇지 않다. 주주제안에 의하거나 총회장에서 주주들은 이들 외에 제3의 후보자(C)를 추천하여 선임할 수 있다. 그러나 상장회사의 경우에는 총회소집의 통지와 공고에 기재된 후보자 중에서만 선임할 수 있도록 하고(상 542조의5), 자산총액이 2조원 이상인 대규모상장회사의 독립이사는 **독립이사후보추천위원회**에서[56] 추천한 자 중에서만 선임할 수 있도록 하고 있다(상 542조의8 5항).[57]

3) 이사, 집행임원, 감사, 대표이사의 선임과 해임은 등기하여야 한다(상 317조 2항 8호 · 9호).[58]

››› **사 례**

재벌 총수 일가의 등기이사 등재율이 감소하고 있는 가운데, 총수 일가는 이사회 내 위원회 가운데 특히 사외이사후보추천위원회에 집중적으로 참여하고 있었다. 금융사 회장들이 자신들에게 우호적인 사외이사 구성을 통한 '셀프 연임'이 문제된 바 있다. (출처: 서울신문 2017. 12. 8; 공정거래위원회, 2023년 공시대상기업집단 지배구조현황분석, 2023. 12. 27)

---

56) 독립이사후보추천위원회는 독립이사가 총위원의 과반수가 되도록 구성해야 한다(상 542조의8 4항 후단).

57) 독립이사후보추천위원회가 독립이사 후보를 추천할 때 소수주주가 주주총회일(정기주주총회의 경우 직전 연도의 정기주주총회일에 해당하는 해당 연도의 해당일)의 6주 전에 추천한 독립이사 후보를 포함시켜야 한다(상 642조의8 5항 후단).

58) 이때 등기는 선임 · 해임의 효력발생요건이 아니고 대항요건일 뿐이다(상 37조).

(2) 선임방식 ①: 단순투표

이사를 선임하는 방식의 원형은 단순투표제(straight voting)이다. 이에 의하면 선임하는 이사의 수에 관계없이 1주에 1개의 의결권을 인정한다. 그 결과 주주총회에서 보통결의를 지배할 수 있을 정도의 지분을 가진 주주가 이사 전원(100%)을 선임할 수 있게 되어 결과적으로 이사 선임에 있어서 **대주주 독점현상**이 생긴다.

■ **예시**

예컨대, 51%의 주식을 가진 주주와 49%의 주식을 가진 주주가 이사 선임을 놓고 대립하는 경우, 단순투표제에 의하면 51%의 주식을 가진 주주가 이사 전원을 선임하여 '싹쓸이'하게 된다(의결권 효과 100%). 이에 반하여 49%의 주식을 가진 주주는 단 한명의 이사도 선임할 수 없게 된다(의결권 효과 0%).[59]

49%의 지분	51%의 지분
이사선임 ➡ 0% 영향력	이사선임 ➡ 100% 영향력

:: [그림 11.3.1-2] 단순투표에 의하는 경우의 결과

(3) 선임방식 ②: 집중투표

KT&G의 본사에서 열렸던 주주총회에서 기존 경영진과 적대관계에 있는 외국인 주주(아▲칸)가 지원하는 인물이 사외이사로 선출되었다. 이날 투표는 국내 처음으로 집중투표제에 의한 것이었다. 2명의 일반 사외이사의 선임을 놓고 5명의 후보 중 3명을 추천한 아▲칸은 ▲슈타인 대표에게 '몰표'를 행사해 39.57%로 1위를 차지했다. KT&G가 추천한 두 명 가운데 안○○ 사장은 34.88%로 2위를 차지해 이사진에 합류했다. 그러나 일반 사외이사가 아닌 감사위원인 사외이사에서는 KT&G가 추천한 4명이 모두 뽑혔다. 이로 인하여 KT&G의 이사진 12명(사내이사 3명, 사외이사 9명) 중 아▲칸이 1명의 사외이사 자리를 차지하게 되었다.

1명의 이사만으로는 의사결정에 결정적인 영향을 미치기는 어렵다. 그러나

59) ≪사례≫ 한○○의 2020. 3. 27. 주주총회에서 A 측 연합(45.22% 지분), B 측 연합(42.13% 지분)의 이사 선임을 두고 벌인 경쟁에서 A 측은 7인 전원의 이사 선임에 성공했지만, B 측은 7인 이사 전원이 부결되었다. (출처: 한국경제 2020. 3. 28).

'트로이의 목마'처럼 당장 경영권에 미치는 영향은 크지 않겠지만 장기적으로 공격을 위한 교두보가 마련된 셈이다. (출처: 동아일보 2006. 3. 18, 조선일보 2006. 3. 18, 매일경제 2006. 3. 18, 한국경제 2006. 3. 18)

사외이사 후보 득표수

(단위: 만 표)

KT&G측 후보	아▲칸측 후보
안○ ○ (7,473)	▲슈타인 (8,480)
김○ ○ (3,693)	▲스키 (1,757)
	▲버 (23)
총 52.1%	총 47.9%

생각해보기

1. 위 사례에서 KT&G가 이사를 선임하기 위하여 취한 조치는 통상적인 이사선임방식과 어떤 차이가 있는가?
2. 위의 방식을 제도적으로 수용함에 있어서는, ① 모든 회사에 전면적으로 강제하는 방안, ② 개별 회사가 취사 여부를 선택하게 하는 임의적 방안, ③ 상장회사와 비상장회사 등으로 구분하는 방안 등 다양한 선택지가 있을 수 있다. 이 중 어떤 방식이 우리의 기업현실에 적합한가?

1) 뜻과 취지

집중투표(cumulative voting)는 **2인 이상의 이사를 선임할 때에 이를 단일 안건으로 묶어 1주에 대해 선임하는 이사의 수에 상응하는 수만큼의 복수의 투표권**을 부여하여 그 총량(보유주식수×선임이사 수)을 선임하고자 하는 이사후보자에 집중 또는 분산하는 방식으로 의결권을 행사할 수 있도록 하는 방식이다.[60] 이는 단순투표 방식으로 이사를 선임할 때 초래되는 대주주 독점현상(승자독식)을 시정하고 지배구조의 민주화를 위하여 도입된 제도이다.[61]

60) 집중투표제는 찬반격론을 거쳐 1998년 개정상법에 의해 도입되었다. 이는 단지 투표권 행사 방식에 관한 것으로 1주 1의결권 원칙의 예외가 아니다.

61) 그러나 집중투표제에 의하면 경영의 안정성과 효율성을 기하기 어렵게 된다는 반론이 있다.

■ **예시**

예를 들어, 3명의 이사를 선임하는 주주총회에서 100주를 갖고 있는 주주는 모두 3명×100개=300개의 투표권을 갖고, 이를 자신이 선임하고자 하는 이사에 집중(예: 1명의 이사에 300개 모두) 또는 분산하여(예: A이사후보에 270개, B이사후보에게 30개) 투표권을 행사할 수 있다.

甲: "집중투표제에 의하면 소수파주주도 자신이 원하는 사람을 이사로 선임할 수 있는 가능성이 열리게 되지. 그렇게 함으로써 대주주가 이사 선임에 있어 독점하는 현상을 시정할 수 있어."

乙: "그렇다면, 집중투표제는 매우 바람직한 제도라고 할 수 있겠네?"

甲: "글쎄… 집중투표에 의하면 이사들 간 아군과 적군으로 극심한 분열과 반목이 생길 가능성이 있거든. 사사건건 충돌하게 되어 이사회 운영의 효율성을 기대하기 어려워질 수도 있고. 회사기밀사항이 빠져나갈 수도 있을 것이고…."

丙: "문제없는 제도란 이 하늘 아래에 존재하지 않아. 그러니까, 개별 회사마다 회사의 특수한 사정과 제도의 장점과 단점을 잘 저울질 해보아야겠지."

2) 요 건

① **배제조항이 없을 것** – 집중투표의 실시를 원하지 않는 회사는 정관에 배제조항을 둘 수 있다(상 382조의2 1항).[62] 즉, 채택 여부가 임의적이다. 이 때문에 현재 그 이용이 부진하다. 그러나 대규모상장회사는 집중투표가 의무적이다(상 542조의7 3항).

② **2인 이상의 이사 선임** – 집중투표는 2인 이상의[63] 이사를 선임하는 경우에만 의미가 있다(상 382조의2 1항). 이사를 해임하는 경우와 감사를 선임・해임하는 경우에는 적용되지 않는다.

③ **주주의 청구** – 의결권 있는 발행주식총수 중 3%(상장회사의 경우는 1%)[64] 이상

---

62) 집중투표제의 도입을 반대하는 기업계의 의견이 반영되어 정관에 의하여 선택 또는 배제를 할 수 있는 타협적인 형태로 법제화되었다.

63) 회사가 선임하는 이사의 수를 줄이거나 이사들의 임기를 서로 엇갈리게 하는 시차제(時差制)에 의하여 주주총회마다 선임하는 이사의 수를 1명으로 함으로써 집중투표의 실시를 의도적으로 회피하는 경우 그 적법성 여부가 문제된다.

64) 이 경우는 다른 소수주주권과는 달리 6개월 계속보유를 요하지 않는다(상 542조의 7).

의 주식을 가진 소수주주가 집중투표에 의할 것을 총회 7일 전까지 서면 또는 전자문서로 회사에 청구하여야 한다(상 382조의2 1항·2항, 542조의7 2항). 이는 주주제안으로도 할 수 있다.

④ **집중투표청구 공시** – 집중투표의 청구가 있으면 회사는 그 청구서면을 총회가 종결될 때까지 본점에 비치하고 주주로 하여금 열람할 수 있도록 하여야 한다(상 382조의2 6항). 총회에서 의장은 이사선임의 결의에 들어가기 전에 집중투표의 청구가 있었음을 주주들에게 알려주어야 한다(상 382조의2 5항).

3) 방 법

집중투표로 이사를 선임하는 경우 주주는 소유하는 주식의 수에 선임하는 이사의 수를 곱한 수만큼의 투표권을 가진다. 이를 가지고 특정 이사후보에게 그 모두를 집중하여 투표하거나 수인의 이사후보에게 분산하여 투표할 수 있다(상 382조의2 3항). 그 배분에는 경쟁자의 대응을 헤아리는 전략적인 판단이 요구된다. 그에 의하여 **최다표를 얻는 자의 순**으로 이사로 선임된다(상 382조의2 4항).[65]

■ 상장회사 특례

① 상장회사의 경우 집중투표의 청구는 주주총회일(정기주주총회의 경우에는 직전 연도의 정기주주총회일에 해당하는 그 해의 해당일) 6주일 전에 하여야 한다(상 542조의7 1항).

② 대규모상장회사(자산총액 2조원 이상)에서 집중투표를 청구하려면 발행주식총수의 1% 이상의 주식을 가진 소수주주이어야 한다(상 542조의7 2항).

③ 대규모상장회사는 정관으로 집중투표를 배제할 수 없다(상 542조의7 3항).

5. 이사의 종임

이사는 **위임계약의 일반적인 종료사유** 외에 정관에 규정된 종임사유에 의하여 종임한다.

---

65) 정관에서 이사 선임을 발행주식총수의 과반수에 해당하는 주식을 가진 주주의 출석과 출석주주의 의결권의 과반수에 의한다고 규정하는 경우, 집중투표에 관한 상법 382조의2가 정관에 규정된 의사정족수 규정을 배제한다고 볼 것은 아니다. 그러므로 이사 선임을 집중투표의 방법으로 하는 경우에도 정관에 규정한 의사정족수는 충족하여야 한다(대법원 2017. 1. 12. 선고 2016다217741 판결).

■ 위임계약 종료사유

위임계약이 종료되는 사유로 민법은 (i) 당사자에 의한 위임계약의 해지(사임, 해임),[66] (ii) 당사자의 사망,[67] (iii) 당사자의 파산, (iv) 수임인의 성년후견개시를 규정하고 있다(민 689조·690조). 그 밖에도 위임사무의 종료, 이행불능, 종기(終期)의 도래 등에 의하여 위임계약이 종료된다.

■ 사임

이사의 사임이나 회사의 해임은 당사자가 위임계약의 해지권을 행사하는 것으로 형성권에 해당한다. 따라서 사임의 의사표시가 대표이사에게 도달하면 효력이 발생한다(민 543조 1항). 이에 대한 회사의 승낙(사표수리)을 요하지 않는다. 사임의 의사표시를 하면 철회할 수 없다(민 543조 2항).[68] 회사가 곤경에 처한 상황에서 회사분위기를 일신하기 위하여 이사들이 일괄적으로 사직서를 제출하고 그 처리를 대표이사에 일임하는 경우가 있다. 이러한 경우 사임의 효과가 발생하는 시기는 언제인가? 이러한 경우 이사들은 사임에 관한 의사표시의 효력발생 여부를 대표이사의 판단에 일임한 것이므로 사표를 제출한 때가 아니라 대표이사가 사표를 수리한 때에 사임의 효과가 발생한다는 것이 판례의 입장이다.[69]

■ 결원 처리

① **퇴임이사** – 법률 또는 정관에 정한 이사의 인원수에 부족한 경우에는 임기 만료 또는 사임으로 인하여 퇴임한 이사는 새로 선임된 이사가 취임할 때까지 이사로서의 권리의무를 갖는다(상 386조 1항).[70]

② **일시이사** – 위의 경우에 필요하다고 인정할 때에는 법원은 이사, 감사 기타의 이해관계인의 청구에 의하여 일시이사의 직무를 행할 자를 선임할 수 있다(상 386조 2항). 이 경우에는 본점 소재지에서 그 등기를 하여야 한다(상 386조 2항).[71]

---

66) 위임계약은 위임인과 수임인 쌍방 모두 자유롭게 해지할 수 있다. 이를 위임계약 상호해지 자유의 원칙이라고 한다(민 689조 1항).

67) 대법원 2019. 2. 14. 선고 2015다255258 판결: 이사가 그 지위에 기하여 주주총회 결의 취소의 소를 제기하였다가 소송 계속 중에 사망하였거나 사실심 변론 종결 후에 사망하였다면, 그 소송은 이사의 사망으로 중단되지 않고 그대로 종료된다. 이사는 주식회사의 의사결정기관인 이사회의 구성원이고, 의사결정기관 구성원으로서의 지위는 일신전속적인 것이어서 상속의 대상이 되지 않기 때문이다.

68) 대법원 1991. 5. 10. 선고 90다10247 판결. 실제 회사가 사직서를 슬그머니 되돌려주고 사직서 제출을 없던 일로 처리하는 경우도 없지 않다. 그러나 회사가 사직서를 수리하면 이미 효력이 발생한 뒤이므로 법률적으로는 돌이킬 수 없는 다리를 이미 건너가 버린 것이 된다. 마치 엎질러진 물을 다시 담을 수 없는 것처럼 되고 만다.

69) 대법원 1998. 4. 28. 선고 98다8615 판결.

70) 대법원 2022. 11. 10. 선고 2021다271282 판결: 특정경제범죄 가중처벌 등에 관한 법률을 위반하여 취업이 제한되었으면 퇴임이사 및 퇴임대표이사의 지위도 상실한다.

71) ≪사례≫ BNK금융지주는 정○을 2022. 11. 14. 이사회를 통해 일시 대표이사 후보자로 정하고 부산지방법원 동부지원에 일시 대표이사 선임을 청구했는데 법원이 이를 승인했다. 정○ 일시대표이사의 임기는 2023년 3월 정기주주총회 시까지 유지된다. 중도사임 의사를 밝혔던 김△ 회장도 이날 정식으로 퇴임 처리됐다. (출처: 아주경제 2022. 12. 8; 국제신문 2022. 12. 8)

연습 및 응용

Q1 다음의 자를 사외이사 또는 감사로 선임하는 경우 적법성과 타당성을 판단하시오.

> (1) M사가 주주총회에 감사로 추천한 A씨는 이번에 선임되면 무려 9년간 감사직을 연임하게 된다. A씨는 지난 6년간 M사의 사외이사로 재임한 적이 있다. 합치면 총 15년간 M사의 사외이사와 감사로 근무하게 되는 셈이다.
>
> (2) P사가 사외이사로 추천한 B 후보는 과거 S사의 대표이사를 역임하면서 당시 최대주주의 지분율이 높은 계열사에 일감 몰아주기를 한 적이 있다.
>
> (3) 제약회사인 T사는 사외이사를 모두 제약업계와 밀접한 약대 교수 C 등으로 선임하려 한다. 특히 기존 사외이사 2명은 과거 늑장 공시로 주주가치를 훼손한 전력이 있다.
>
> (4) 디스플레이 제조회사인 L사가 사외이사로 선임하려는 공대 교수 D는 과거 5년간 L사와 디스플레이에 관한 기술자문과 지도계약을 체결한 바가 있다.

위 A, B, C, D에 현행법상 사외이사 또는 감사로 선임할 수 없는 법상의 결격요건은 발견되지 않는다. 그러나 A의 경우 과도한 겸임, 연임으로 인한 독립성 부족으로 사외이사 또는 감사로서의 업무수행을 적절하게 할 수 있을지에 대해서는 추가적인 판단이 필요하다. D의 경우, 통상적으로 IT 관련 기업이 전문가와 기술자문계약을 체결하는 것이 가능하지만 일회성이 아닌 장기간의 계약관계에 있던 후보자가 사외이사로 선임된다면 독립적 입장에 있어야 할 사외이사로서의 충실한 임무수행에 지장을 줄 가능성이 없지 않다. B와 C는 적법성 여부와는 별개로 과거의 전력에 비추어 사외이사 또는 감사로서의 실질적인 자격 적합성이라는 관점에서 의문이 있을 수 있다.

[11.3.2] 이사회

현대자동차(주)의 이사회는 2024년 12월 말 기준으로 사내이사 5명, 사외이사 7명으로 모두 12명의 이사로 구성되어 있다. 이사회 의장은 정○선 사내이사로 대표이사를 겸하고 있다. 이사회 내 위원회로는 감사위원회, 사외이사후보추천위원회, 지속가능경영위원회, 보수위원회를 두고 있다. 2024년 사업연도 중 이사회의 중요 의결사항 및 보고사항은 아래와 같다(부분 발췌).

구분	개최일자	의안 내용	가결여부	이사 성명 (이사회 출석률)												
				정○선 (100%)	장○훈 (100%)	이○석 (100%)	호세무○스 (100%)	서○현 (100%)	이○조 (100%)	윤○원 (100%)	유○오 (100%)	이○승 (100%)	심○훈 (100%)	이○윤 (100%)	장○화 (100%)	최○희 (100%)
1차 정기	2024. 1.25	- 제56기 재무제표 승인	가결	찬성	찬성	찬성	찬성	찬성		찬성	찬성	찬성	찬성	찬성	찬성	찬성
		- 제56기 영업보고서 승인	가결	찬성	찬성	찬성	찬성	찬성		찬성	찬성	찬성	찬성	찬성	찬성	찬성
		- 2024년 사업계획 승인	가결	찬성	찬성	찬성	찬성	찬성		찬성	찬성	찬성	찬성	찬성	찬성	찬성
		○보고사항 - 준법지원 활동 내역 및 계획	보고	-	-	-	-	-		-	-	-	-	-	-	-
임시	2024. 2.16	- 제56기 정기주주총회 소집 및 상정안건 승인	가결	찬성	찬성	찬성	찬성	찬성	2024. 3.21 신규 선임	찬성	찬성	찬성	찬성	찬성	찬성	찬성
		- 계열회사와의 영업양수도 거래 승인	가결	찬성	찬성	찬성	찬성	찬성		찬성	찬성	찬성	찬성	찬성	찬성	찬성
		- 이사 경업(競業)겸직 승인 · 윤○원 이사 : SK(주) · 장○화 이사: 제일기획	가결	찬성	찬성	찬성	찬성	찬성		찬성	찬성	찬성	찬성	찬성	찬성	찬성
		○보고사항 - 2023년 내부회계관리제도 평가결과	보고	-	-	-	-	-		-	-	-	-	-	-	-
임시	2024. 3.21	- 대표이사 선임	가결	찬성	찬성	찬성	찬성	2024. 3.21 임기 만료	찬성	찬성	찬성	찬성	찬성	찬성	찬성	찬성
		- 위원회 위원 선임	가결	찬성	찬성	찬성	찬성		찬성	찬성	찬성	찬성	찬성	찬성	찬성	찬성
		- 자기주식 소각 승인	가결	찬성	찬성	찬성	찬성		찬성	찬성	찬성	찬성	찬성	찬성	찬성	찬성
		- 임원 주식보상제도 도입 승인	가결	찬성	찬성	찬성	찬성		찬성	찬성	찬성	찬성	찬성	찬성	찬성	찬성
2차 정기	2024. 4.25	- 제57기 1분기 배당 승인	가결	찬성	찬성	찬성	찬성		찬성	찬성	찬성	찬성	찬성	찬성	찬성	찬성
		- 자기주식 처분 승인	가결	찬성	찬성	찬성	찬성		찬성	찬성	찬성	찬성	찬성	찬성	찬성	찬성
임시	2024. 6.4	- 해외법인 지급 보증 승인	가결	찬성	찬성	찬성	찬성		찬성	찬성	찬성	찬성	찬성	찬성	찬성	찬성
		- 플랫폼 중개사업 추진 승인	가결	찬성	찬성	찬성	찬성		찬성	찬성	찬성	찬성	찬성	찬성	찬성	찬성
3차 정기	2024. 7.25	- 제57기 2분기 배당 승인	가결	찬성	찬성	찬성	찬성		찬성	찬성	찬성	찬성	찬성	찬성	찬성	찬성
		- 해외법인 지분 거래 및 법인 증자 참여 승인	가결	찬성	찬성	찬성	찬성		찬성	찬성	찬성	찬성	찬성	찬성	찬성	찬성
		○보고사항 - 2024년 2분기 경영실적	보고	-	-	-	-		-	-	-	-	-	-	-	-
임시	2024. 8.22	- 밸류업 프로그램 추진 방향 승인	가결	찬성	찬성	찬성	찬성		찬성	찬성	찬성	찬성	찬성	찬성	찬성	찬성
임시	2024. 10.8	- 타법인 출자 지분 처분 승인	가결	찬성	찬성	찬성	찬성		찬성	찬성	찬성	찬성	찬성	찬성	찬성	찬성
4차	2024.	- 제57기 3분기 배당 승인	가결	찬성	찬성	찬성	찬성		찬성	찬성	찬성	찬성	찬성	찬성	찬성	찬성

정기	10.24	– 이사 경업(競業) 승인	가결	찬성	찬성	찬성	찬성	찬성	찬성	찬성	찬성	찬성	찬성	찬성	찬성
임시	2024. 11.27	– 자기거래 승인	가결	찬성	찬성	찬성	찬성	찬성	찬성	찬성	찬성	찬성	찬성	찬성	찬성
		– 이해관계자와의 거래 한도 승인	가결	찬성	찬성	찬성	찬성	찬성	찬성	찬성	찬성	찬성	찬성	찬성	찬성
		– 자기주식 취득 승인	가결	찬성	찬성	찬성	찬성	찬성	찬성	찬성	찬성	찬성	찬성	찬성	찬성
		– 해외법인 자금보충약정 승인	가결	찬성	찬성	찬성	찬성	찬성	찬성	찬성	찬성	찬성	찬성	찬성	찬성
		○보고사항 – 승용 수소차 충전 인프라 투자법인 추가 투자 참여	보고	–	–	–	–	–	–	–	–	–	–	–	–
임시	2024. 12.20	– 대표이사 선임	가결	찬성	찬성	찬성	찬성	찬성	찬성	찬성	찬성	찬성	찬성	찬성	찬성
		○보고사항 – 해외 합작법인 증자 참여	보고	–	–	–	–	–	–	–	–	–	–	–	–

(출처: 현대자동차(주) 사업보고서 2025. 3. 12)

생각해보기

1. 위 사례에서 이사회가 행사한 권한사항은 적절한가? 위 사례에서 이사들의 각 안건별 찬성·반대·불참은 어떤 의미를 가지고 있는가?
2. 소집 및 결의방법에 있어서 주주총회와 이사회는 어떤 차이가 있는가?
3. 이사회와 위원회는 어떤 관계에 있는가? 위원회의 결정을 이사회에서 번복할 수 있는가?

1. 이사회의 구성 및 권한

이사회는 회사의 업무집행에 관한 의사결정과 이사·집행임원의 직무집행에 대한 감독을 위해 이사 전원으로 구성되는 주식회사의 필요적 상설기관이다. 이사회는 다음의 권한을 갖는다.

(1) 의사결정권

주식회사의 업무집행에 관한 의사결정권 중 주주총회의 전속적 권한사항(상 361조)이 아닌 한 원칙적으로 이사회의 결의사항으로 한다(상 393조 1항; **권한의 포괄성**).

1) **법정 권한** – 중요한 자산의 처분·양도,[72] 대규모 재산의 차입, 지배인의 선

72) **'중요한' 자산의 처분**에 해당하는지 아닌지는 당해 재산의 가액, 총자산에서 차지하는 비율, 회사의 규모, 회사의 영업 또는 재산의 상황, 경영상태, 자산의 보유목적, 회사의 일상적 업무와 관련성, 당해 회사에서의 종래의 취급 등에 비추어 대표이사의 결정에 맡기는 것이 상당한지 여부에 따라 판단하여야 한다. 중요한 자산의 처분에 해당하는 경우에는 이사회가 그에 관하여 직접 결의하지 아니한 채 대표이사에게 그 처분에 관한 사항을 일임할 수 없으므로 이사회규정상 이사회 부의사항으로 정해져 있지 아니하더라도 반드시 이사회 결의를 거쳐야 한다(대법원 2016. 7. 14. 선고 2014다213684 판결).

임・해임과 지점의 설치・이전・폐지, 집행임원과 대표집행임원의 선임・해임(상 393조 1항, 408조의2 3항), 주식양도를 제한하는 경우 그 승인(상 335조 1항 단서), 주주총회 소집결정(상 362조), 이사의 경업・겸직 승인(상 397조), 이사의 회사기회 유용 승인(상 397조의2), 이사의 자기거래 승인(상 398조), 사채 발행(상 469조) 등.

2) 이사회의 권한이지만 정관으로 주주총회의 권한으로 할 수 있는 사항(유보조항이 있는 경우) – 대표이사 선정(상 389조 1항), 신주 발행(상 416조), 준비금의 자본금 전입(상 461조 1항), 전환사채 발행(상 513조 2항), 신주인수권부사채 발행(상 516조의2 2항) 등.

3) 주주총회의 권한이지만 특례조항에 의해 이사회의 권한으로 할 수 있는 사항 - 재무제표 승인(상 449조의2), 배당안 승인(상 462조 2항), 간이합병(상 527조의2) 등 간이기업재편 승인, 소규모합병(상 527조의3) 등 소규모기업재편 승인 등.

4) 정관에 의하여 이사회의 권한으로 하는 사항

5) 이사회의 권한이지만 대표이사에게 위임할 수 있는 사항[73]

>>> **사례**

[1] 포스○ 그룹은 사외이사들의 반대에도 불구하고 경영난을 겪고 있는 플랜트 부품제조 계열사인 포스△플랜텍에 유상증자를 통해 2,900억원을 지원하기로 결정했다. 이사회에서 보류된 안건이었지만 속개를 거듭하면서 여덟 시간에 걸친 마라톤 회의 끝에 결국 지원으로 결론을 내렸다. (출처: 헤럴드경제 2014. 12. 23; 이투데이 2014. 12. 24; 한국경제 2014. 12. 17)

[2] L△전자는 2021. 4. 5. 이사회를 열어 부진을 겪어 온 휴대폰 등의 모바일커뮤니케이션 사업을 종료하기로 만장일치로 의결했다. (출처: 한국경제 2021. 4. 5; 시사저널e 2021. 12. 24)

(2) 감독권

이사회는 이사와 집행임원의 직무집행을 감독한다(상 393조 2항, 408조의2 3항 2호). 적법성 여부뿐만 아니라 합목적성 등의 경영정책적 사항에 대한 감독도 포함한다.

---

73) 이사회가 일반적・구체적으로 대표이사에게 위임하지 않은 업무로서 일상업무에 속하지 않은 중요한 업무의 집행은 반드시 이사회의 결의가 있어야 한다(대법원 2021. 8. 26.자 2020마5520 결정). 주식회사 이사회의 역할과 주식회사에 대한 회생절차 개시결정의 효과 등에 비추어 주식회사가 회생절차 개시신청을 하는 것은 대표이사의 업무권한인 일상업무에 속하지 않는 중요한 업무에 해당하여 이사회 결의가 필요하다. 회생절차 개시신청에 관한 이러한 법리는 파산신청의 경우에도 유사하게 적용할 수 있다(대법원 2021. 8. 26.자 2020마5520 결정). 그러나 자본금 총액이 10억원 미만으로 이사가 1명 또는 2명인 소규모주식회사에서는 대표이사가 특별한 사정이 없는 한 이사회 결의를 거칠 필요 없이 파산신청을 할 수 있다(대법원 2021. 8. 26.자 2020마5520 결정).

■ **정보접근권**

이사는 대표이사로 하여금 다른 이사 또는 피용자의 업무에 관해 이사회에 보고할 것을 요구할 수 있다(상 393조 3항). 이사와 집행임원은 3개월에 1회 이상 업무의 집행상황을 이사회에 보고하여야 한다(상 393조 4항, 408조의6 1항).

■ **이사회 부재시**

자본금이 10억원에 미달하는 회사(소규모주식회사)가 이사 1인 또는 2인만 두는 때에는 이사회가 부재하게 된다. 이러한 경우 이사회의 권한사항은 주주총회 또는 대표이사의 권한으로 다시 재분배된다.

〈표 11.3.2-1〉 소규모주식회사: 이사회 권한 재분배

주주총회의 권한으로 되는 것 (상 383조 4항)	주식양도 승인(302조 2항 5호의2, 317조 2항 3호의2, 335조 1항 단서 · 2항, 335조의2 1항 · 3항, 335조의3 1항 · 2항, 335조의7 1항, 356조 6호의2), 주식매수선택권 부여의 취소(340조의3 1항 5호), 경업 · 겸직 승인(397조 1항 · 2항), 회사기회유용 승인(397조의2 1항), 자기거래 승인(398조), 신주 발행사항 결정(416조 본문), 무액면주식 발행시 자본금 계상금액 결정(451조 2항), 준비금의 자본금 전입 결정(461조 1항 본문 · 3항), 이익배당금 지급시기 결정(464조의2 1항), 사채발행 결정(469조), 전환사채 발행 결정(513조 2항 본문, 516조의2 2항 본문)(준용되는 경우를 포함)
대표이사의 권한으로 되는 것 (상 383조 6항)	자기주식 소각 결정(343조 1항 단서), 회사전환주식의 경우 전환 결정(346조 3항), 주주총회 소집 결정(362조), 주주제안사항 처리(363조의2 3항), 소수주주의 임시총회 소집청구의 상대방(366조 1항), 전자적 방법에 의한 주주총회 의결권 행사의 결정(368조의4 1항), 중요한 자산의 처분 · 양도, 대규모 재산의 차입, 지배인 선임 · 해임과 지점 설치 · 이전 · 폐지 등 회사의 업무집행의 결정(393조 1항), 감사의 임시총회 소집청구의 상대방(412조의3 1항), 중간배당 결정(462조의3 1항)
적용배제되는 것 (상 383조 5항)	이사회에 고유한 규정이거나 주주총회 · 대표이사에 의한 대체적 권한행사가 불필요하거나 무의미한 경우(341조 2항 단서, 390조, 391조, 391조의2, 391조의3, 392조, 393조 2항~4항, 399조 2항, 408조의2 3항 · 4항, 408조의3 2항, 408조의4 2호, 408조의5 1항, 408조의6, 408조의7, 412조의4, 449조의2, 462조 2항 단서, 526조 3항, 527조 4항, 527조의2, 527조의3 1항, 527조의5 2항)

2. 이사회 소집

(1) 소집권자

이사회 소집은 **각 이사**가 한다(상 390조 1항 본문). 이사회 결의로 소집할 이사를 정한 때에는 그 이사가 소집한다(상 390조 1항 단서). 다른 이사도 언제든지 소집권자인 이사에게 이사회 소집을 요구할 수 있으며, 소집권자인 이사가 정당한 이유 없이 거절할 때에는 다른 이사도 이사회를 소집할 수 있다(상 390조 2항).

■ **소집청구권자**

① **각 이사, 집행임원, 감사**는 소집권자인 이사에게 이사회의 소집을 청구할 수 있다. 집행임원과 감사의 이사회 소집청구는 회의의 목적사항과 소집이유를 적은 서면을 소집권자인 이사에게 제출하여야 한다(상 408조의7 1항).

② 위의 소집청구가 있음에도 불구하고 이사가 지체없이 이사회 소집절차를 밟지 않으면, (i) 소집을 청구한 **집행임원**은 '법원의 허가'를 받아 이사회를 소집할 수 있고(상 408조의7 2항 전문),[74] (ii) 소집을 청구한 **감사**는 법원의 허가 없이 직접 이사회를 소집할 수 있다(상 412조의4 2항).

(2) 소집절차

이사회의 소집절차는 주주총회에 비해 엄격성보다는 **기동성과 유연성**을 특징으로 한다. 이사회 소집은 회일 1주일 전에 각 이사 및 감사에 **통지**를 발송하여야 한다(상 390조 3항 본문).[75] 통지기간은 정관으로 단축할 수 있다(상 390조 3항 단서). '이사 및 감사 전원의 동의'가 있으면 소집절차 없이 개최할 수 있다(상 390조 4항). 이사회는 소집통지에 포함하지 않은 사항에 대해서도 결의할 수 있다.

3. 이사회 결의

(1) 결의방법

① 이사회는 의안에 대하여 **이사 개개인의 상호 의견교환이 가능하고 찬성과 반대를 누가 했는지를 알 수 있는 상태**에서 결의해야 한다. 이러한 취지에 부합하기 위해서는 '구체적인 회합'을 요한다. 이사의 의결권 행사는 일신전속적이므로 서면결의와 의결권의 대리행사는 허용되지 않는다. 이사는 각자 찬반의사를 표명하여야 하고 이에 대해 책임을 지므로 무기명투표는 허용되지 않는다.

② 이사회는 이사의 전부 또는 일부가 직접 회의에 출석하지 아니하고 모든 이사가 음성을 동시에 송수신하는 원격통신수단에 의하여 결의에 참가하는 방식(**원격**

---

74) 이 경우 이사회 의장은 법원이 이해관계자의 청구에 의하여 또는 직권으로 선임할 수 있다(상 408조의7 2항 후문).

75) 구두통지도 무방하다.

이사회)에 의할 수 있다.[76] 그러나 정관으로 달리 정할 수 있다(상 391조 2항).

>>> **사 례** **이사회 의장**

대표이사와 이사회 의장을 분리하는 추세가 늘어나고 있는 가운데 대표이사가 이사회 의장을 겸직하는 회사가 여전히 많다. 대표이사와 이사회 의장의 분리와 사외이사를 이사회 의장으로 하는 것은 이사회 독립성의 핵심지표 중 하나이다.

(2) 결의요건

이사회에서 의결권은 **1인 1의결권**이다(두수주의). 이사회의 결의는 이사 **과반수의 출석과 출석이사의 과반수**로써 하는 것이 원칙이다(상 391조 1항 본문). 특칙으로 결의요건을 **가중**하는 경우가 있다.[77] 정관으로 결의요건을 가중하는 것은 허용되나(상 391조 1항 단서), 완화하는 것은 허용되지 않는다.[78] 주주총회와 마찬가지로 이사회 결의에 관하여 **특별한 이해관계**가[79] 있는 이사는 의결권을 행사할 수 없다(상 391조 3항, 368조 3항).[80]

4. 이사회 의사록

주주(단독주주 무방)는 영업시간에 이사회 의사록의 **열람 또는 등사를 청구**할 수 있다(상 391조의3 3항). 이에 대하여 회사는 **이유를 붙여 거절**할 수 있다(상 391조의3 4항 전단). 회사가 이사회 의사록의 열람을 거절할 경우 주주는 법원의 허가를 얻어 의사록을 열람 또는 등사할 수 있다(상 391조의3 4항 후단).[81]

---

76) 동영상회의(video conference)에 의할 것으로 요하지 않으므로 모든 이사가 음성을 동시에 송수신할 수 있는 한 전화회의(conference call)는 적법하다. zoom 방식에 의한 이사회도 적법하다.

77) 회사기회유용, 자기거래의 승인, 감사위원 해임의 경우는 특별이해관계인을 제외한 재적이사 2/3 이상의 찬성으로 결의요건을 가중하고 있다(상 397조의2 1항, 398조, 415조의2 3항).

78) 대법원 1995. 4. 11. 선고 94다33903 판결.

79) 특별이해관계가 있는지에 대한 판단은 주주총회 결의에서와 마찬가지로 개인법설에 의한다. 따라서, 예컨대 대표이사를 선출하는 이사회 결의에서 이사는 의결권을 행사할 수 있다.

80) 대법원 1991. 5. 28. 선고 90다20084 판결: 특별이해관계 있는 이사는 의사정족수 산정의 기초가 되는 이사의 수에는 포함되고, 결의성립에 필요한 출석이사에는 산입되지 않는다.

81) ≪사례≫ 하▲브와 카○오 간의 지분권 경쟁에서 카○오의 품에 안긴 SM엔터에 대해 이 회사 지분 3.65%를 보유 중인 L 전 총괄은 2023년 9월께 이사회 의사록 열람과 등사를 요구했다. 이를 SM이 거부하자 법원에 열람·등사를 신청했고, 서울동부지법은 2024. 1. 30. 열람·등사 신청을 받아들였다. 열람 대상은 2023. 2. 20.부터 8. 10.까지 카○오와 하▲브 간 SM 인수전 당시의 이사회 의사록과 그 첨부자료이다. (출처: 녹색경제신문 2024. 2. 1; 한국경제 2024. 1. 31)

2○○○년 제○차 이사회 의사록

1. 시간 : 2○○○년 ○월 ○일 ○○:○○~○○:○○
2. 장소 : 회사 본점 회의실
3. 출석이사 : 이사 ○○○, 이사 ○○○, 이사 ○○○ (감사 ●●●: 출석)
4. 결석이사 : 이사 ○○○
5. 참여자 : 총무부장, 준법지원인
6. 의사의 경과 : 별첨
7. 의결결과 : 안건 제○호 안건 – 이사의 자기거래 승인 건(구체적 내용은 별첨)
   의결결과 원안 통과
   찬성이사 이사 ○○○, 이사 ○○○
   반대이사 이사 ○○○
   반대이유 거래조건이 현저하게 불공정하여 회사에 손해발생 가능성이 있음 (이사 ○○○)

위 의결을 명확히 하기 위하여 기명날인 또는 서명함.

2○○○년 ○월 ○일

이사 ○○○ 印
이사 ○○○ 印
이사 ○○○ 印
감사 ●●● 印

:: [그림 11.3.2-1] 이사회 의사록 (예시)

〈표 11.3.2-2〉 의사록

		주주총회 의사록	이사회 의사록
법적 성격		결의내용에 대한 증거자료 (결의의 효력과는 무관), 기밀성에 차이	
기명날인 또는 서명		의장, 출석이사 (감사 불요)	출석이사, 감사
비치		본점과 지점에 비치	×
열람	청구권자	주주(단독주주), 회사채권자	주주(단독주주) (회사채권자 ×)
	회사의 거절	×	회사는 정당한 이유가 있으면 이유를 붙여 거절할 수 있다. 거절당한 주주는 법원의 허가를 얻어 열람·등사를 청구할 수 있다.
이의의 기재		(불요)	이의를 기재하지 않으면 찬성 추정
벌칙		과태료	

5. 이사회 결의의 하자

(1) 이사회 결의의 효력

하자 있는 이사회 결의의 효력에 관해서는 주주총회와는 달리 상법에 규정이 없다. 따라서 **일반적인 무효의 법리**에 의하므로, 주장방법에 제한이 없으며, 판결의 효력도 민사소송법에 의한다.

(2) 후속행위의 효력

1) **후속행위를 다투는 소가 있는 경우** – 이사회 결의의 하자는 후속행위를 다투는 소에 **흡수**시켜 다투면 된다. 예컨대, 하자 있는 이사회 결의에 기하여 신주를 발행한 경우 신주발행 무효의 소(상 429조)로 다투어야 한다.

2) **후속행위를 다투는 소가 없는 경우** – 그 후속행위가 (i) 순수하게 **내부적인 것**이면 무효이고,[82] (ii) **대외적 거래**이면[83] 전단적 대표의 문제가 된다(후술).

82) 예컨대, 지배인·집행임원·감사위원의 선임 등이 이에 해당한다.
83) 예컨대, 중요재산의 처분 등이 이에 해당한다.

[11.3.3] 위원회

>>> **사 례** **현대자동차(주) 정관** (2025. 3. 12)

제31조 (이사회 내 위원회)

① 이사회 내 위원회로 사외이사(독립이사)후보추천위원회, 감사위원회, 보수위원회 및 지속가능경영위원회를 설치하며, 추가로 회사 경영전략 기타 이사회에서 위임한 사항을 심의 결정하는 위원회를 설치할 수 있다.

②~③ (생략)

④ 위원회는 결의된 사항을 각 이사에게 통지하여야 한다. 이 경우 이를 통지받은 각 이사는 이사회의 소집을 요구할 수 있으며, 이사회는 위원회가 결의한 사항에 대하여 다시 결의할 수 있다.

제31조의2 (사외이사(독립이사)후보추천위원회) (생략)

제31조의3 (감사위원회) (생략)

제31조의4 (이사회 외 위원회)

회사는 이사, 경영진 또는 회사 외부 인사 등을 구성원으로 하는 별도 위원회를 설치할 수 있다.

위 위원회가 2024년 사업연도 중 승인 결의한 주요 사항은 다음과 같다. (부분 발췌)

- 지속가능경영위원회 - 계열금융회사와 약관에 의한 금융거래, 이해관계자와의 거래 한도, 특수관계인에 대한 기부금 증여, ESG 추진 방향, 대규모 내부거래(포티투닷 증자 참여), 계열회사와의 거래(계동사옥 임대), 계열회사와의 거래(완성차 해상운송), 계열회사와의 거래(기아와 자산매각), 계열회사 유상증자 참여 등
- 보수위원회 - 이사보수 한도 등
- 사외이사(독립이사)후보추천위원회 - 사외이사(독립이사) 후보 추천 등

1. 근거 및 종류

이사회는 **정관**이 정하는 바에 따라 필요한 위원회를 둘 수 있다(상 393조의2 1항).[84] 위원회는 2인 이상의 이사로 구성된다(상 393조의2 3항).[85] 위원회 위원의

---

84) 사산총액 2조원 이상의 대규모 상장회사에서는 독립이사후보추천위원회와 감사위원회의 설치가 의무이다.

85) 다만 감사위원회는 3인 이상의 이사로 구성된다(상 415조의2 2항).

선임과 해임은 이사회가 결정한다. 감사위원회도 위원회의 일종이나 특칙을 두고 있다.

2. 권 한

이사회는 위원회에 권한을 위임함으로써 의사결정의 신속성과 전문성을 기할 수 있다. 다만 다음 사항은 위임할 수 없다.

① **법정 불허사항** – 주주총회 승인을 요하는 사항의 제안, 대표이사 선임·해임, 위원회 설치와 위원의 선임·해임(상 393조의2 2항)

② **정관상 불허사항**(상 393조의2 2항)

③ **해석상 불허사항** – 주주총회 소집권, 이사 감독권

3. 결의의 효력 및 변경

위원회 결의는 이사회가 번복 또는 변경하는 결의를 하지 않는 한 **이사회 결의와 동일한 효력**이 있다(상 393조의2 4항). 감사위원회 결의는 이사회가 번복·변경할 수 없다.

연습 및 응용

Q1 X주식회사는 특허권을 이용한 공사의 수주를 주된 사업으로 하고 그 특허권이 회사 자산의 대부분을 차지하고 있다. X회사의 대표이사가 그 특허권을 타인에게 양도하려면 어떤 절차를 거쳐야 하는가?

자산의 처분이나 자금의 차입은 그것이 회사의 일상적인 업무집행에 속하는 것이라면 대표이사의 권한에 속함이 원칙이다. 그러나 '중요한 자산'을 처분하거나 대규모 자금을 차입하는 경우에는 일상적인 업무를 벗어난 것이므로 대표이사가 단독으로 처리할 수 없고 이사회 결의를 거쳐야 한다(상 393조 1항).

나아가 그것이 회사 존속의 기초가 되는 중요재산의 양도로서 그로 인하여 영업의 폐지나 중단을 초래하는 경우에는 영업양도의 실질을 지니게 되므로 영업양도에 준하여 주주총회의 특별결의를 요한다(상 374조 1항 1호; 대법원 2004. 7. 8. 선고 2004가13717 판결).

	대표이사가 결정할 수 있는 사항	이사회 승인을 요하는 사항 (상 393조)	주주총회의 특별결의를 요하는 사항 (상 374조 1항)
해당 사항	그 밖에 이사회 또는 주주총회의 결의를 요하지 않는 일상적인 재산의 처분·매입	① 중요자산 처분·양도 ② 대규모 재산 차입 * 중요자산 처분: 회사존속의 기초가 되는 영업용 재산으로 사실상 영업 폐지·중단을 초래하는 경우: 이사회 승인 + 상법 374조 1항 1호(영업 전부 또는 중요한 일부의 양도)를 유추적용하여 주총 특별결의	① 영업 전부 또는 중요한 일부의 양도 ② 영업 전부의 임대 또는 경영위임, 타인과 영업의 손익 전부를 같이 하는 계약, 그 밖에 이에 준하는 계약의 체결·변경 또는 해약 ③ 회사의 영업에 중대한 영향을 미치는 다른 회사의 영업 전부·일부의 양수
주식매수청구권 (상 374조의2)	×	×(○)	○

Q2 주주총회와 이사회는 주식회사의 양대 의사결정기관이다. 이들은 모두 회의체이므로 유사점이 있으나 차이점도 있다. 이를 비교해 보시오.

		주주총회	이사회
구성		주주 전원 (의결권 있는 주주만 결의 참여)	이사 전원
권한	범위	법률과 정관으로 정한 사항에 관한 의사결정권(최고성, 제한성)	그 나머지 사항에 관한 의사결정권(포괄성)과 이사 감독권
	위임	권한 위임 불가	위원회에 권한 위임 가능
	이양	불가(전속성)	정관에 의하여 이사회 권한을 주주총회의 권한으로 이양 가능
소집	소집권자	이사회 (특칙: 소수주주, 감사, 법원)	각 이사 (특칙: 집행임원, 감사)
	소집지	정관에 규정을 하거나 본점 또는 그에 인접한 지	(제한 없음)
	절차	• 취지: 주주의 총회출석기회 보장, 엄격규제 • 원칙: 2주 전에 문서 또는 전자문서로 개별 통지 • 특칙: 소규모주식회사, 상장회사(공고), 1인 회사(유연해석)	• 취지: 기동성과 효율성 • 원칙: 1주 전에 통지(구두통지 가능) • 특칙: 이사와 감사 전원 동의시
목적사항	결정권자	이사회, 주주제안권	(제한 없음)
	구속여부	소집통지 또는 공고에 의하여 사전 공고된 사항에 한하여 결의대상으로 할 수 있다.	(제한 없음)
의결권	수	1주 1의결권	1인 1의결권
	제한	법정사유(상호주, 특별이해관계인 등)	특별이해관계인
	방법	다양(대리, 불통일, 서면, 전자 등)	본인이 직접 의결권을 행사하여야 하고 상호 의견교환이 가능하여야 함(대리 불가), 서면투표 · 전자투표 불가
	원격회의	불출석투표(서면투표 · 전자투표)	원격이사회
결의요건		보통결의, 특별결의, 특수결의	일반결의, 가중결의(자기거래, 회사기회 유용의 승인, 감사위원 해임)
소수자 보호		종류주주총회 반대주주의 주식매수청구권	(없음) (좌동)
검사인		총회검사인	(규정 없음)
흠결 또는 하자가 있는 경우 후속행위의 효력		대내 · 대외 – 무효	대내–무효, 대외–전단적 대표(선의 보호)
다투는 방법	회사법상의 소	4종의 소(취소, 무효, 부존재, 부당결의 취소 · 변경)	(규정 없음)
	후속행위를 다투는 소	흡수	

제 4 절 집행기관 (대표이사 또는 대표집행임원)

[11.4.1] 대표이사

[1] 전자상거래업을 하는 쿠○(주)는 미국 델라웨어에 본사를 둔 쿠○ Inc.(뉴욕증권거래소 상장)의 자회사이다. 쿠○ Inc.는 쿠○ Global LLC를 전액 소유하고 있으며, 쿠○ Global LLC는 다시 쿠○(주)의 지분 100%를 보유하고 있다. 쿠○ Inc.는 클래스 A(일반 투자자용)와 클래스 B(창업자용) 주식을 발행하고 있다. K 의장은 1주당 29표의 의결권을 행사할 수 있는 클래스 B 주식 덕분에 실질적인 지배력을 유지하고 있다. K 의장은 2020년 말 한국 쿠○(주)의 공동대표이사직을 내려놓고, 2021년 6월 이사회 의장직과 등기이사직에서도 사임했다. 2025년 5월 쿠○(주)는 P를 단독 대표이사로 선임했으나, 개인정보 유출 이후 대표이사를 교체한 것으로 알려졌다. (출처: Korea Times 2025. 12. 1; 조선일보(영문판), 2025. 5. 27; MK빌리어드뉴스(영문판) 2025. 5. 27; the bell, 2024. 6. 3; 아시아투데이 2025. 12. 2; 투데이코리아 2025. 5. 26; 물류신문 2025. 12. 10; 이투데이 2025. 12. 10)

[2] A는 X주식회사의 대표이사 C의 소개로 B에 30억원을 대여했고, C로부터 "X회사가 B의 채무를 보증한다"라는 확인서를 받았다. 그러나 X회사의 정관과 이사회 규정에는 "보증행위는 이사회 결의를 거쳐야 한다고 규정되어 있었다. 실제로는 이사회 결의 없이 대표이사 C가 단독으로 보증 확인서를 작성해 주었다. A는 이후 B가 채무를 갚지 못하자, 이를 보증한 X회사를 상대로 보증채무 이행을 구하는 소송을 제기했고, X회사는 "이사회 결의가 없었으므로 대표이사의 보증행위는 무효"라고 주장했다.

대법원은 "대표이사는 회사의 기관이고, 그의 행위는 곧 회사의 행위이다. 정관 또는 이사회 규정에 따라 대표권이 제한된 경우라도, 거래상대방이 이사회 결의가 있었을 것이라고 믿는 것은 보통의 거래관행에 부합하고, 이런 신뢰는 보호되어야 한다. 이사회 결의를 거치지 않았다는 사정만으로 그 거래행위를 무효라고 할 수는 없다. A가 '선의이고 중대한 과실이 아니라면', 그 거래행위는 유효하다"라고 판단했다. (출처: 대법원 2021. 2. 18. 선고 2015다45451 전원합의체 판결)

생각해보기

1. 법적 주체가 되는 모든 단체에는 반드시 대표를 두어야 한다. 왜 그런가?
2. 주주총회나 이사회가 결정할 사항에 대해 이러한 결정이 없었음에도 대표기관이 자신의 판단으로 집행하였을 때 그 행위의 효력은? 이 경우 회사의 이익과 상대방의 이익을 조정하는 방법은?
3. 대표이사가 자신의 이익을 위하여 회사의 이익을 해치면서 대표권을 행사하였을 때 이는 회사의 행위로서 유효한가? 이때 그 상대방 보호는?

1. 선정과 종임

(1) 대표이사는 대외·대내적으로 회사를 대표하고 업무집행권한을 가진 이사이다. 주식회사는 1인 이상의 대표이사를 반드시 두어야 한다(필요적 상설기관). 다만 대표집행임원을 둔 때에는 대표이사를 둘 수 없다(택일적 관계).

(2) 대표이사는 **이사 자격을 전제**로 하므로 이사 중에서 선정한다(상 389조 1항 본문). 대표이사 **선정권은 이사회**에 있으나, 정관으로 주주총회로 하여금 선정하게 할 수 있다(상 389조 1항). 대표이사를 선정하면 **등기**하여야 한다(상 317조 2항 9호).

(3) 대표이사는 임기만료, 사임 또는 해임에 의하여 퇴임한다. 대표이사를 해임할 때에는 '이사'직을 유지한 채 '대표권'만을 박탈할 수 있고, 이사직까지를 모두 포함하여 해임할 수도 있다. 후자의 경우에는 이사 해임의 절차를 밟아야 한다(상 385조 1항). 이사직을 상실하면 대표이사직도 자동 상실하게 된다.

2. 권 한

(1) 업무집행권

대표이사는 주주총회 또는 이사회에서 결의한 사항을 집행하고 회사의 일상적인 업무를 독자적으로 결정하여 집행할 권한을 갖는다.

(2) 대표권

1) 범 위

대표이사는 대외적으로 회사의 대표권을 갖는다. 대표이사는 회사의 행위를 대신하는 것이 아니라 '회사의 행위' 그 자체를 하는 회사의 기관이다. 회사는 주주총회나 이사회 등 의사결정기관을 통해 결정한 의사를 대표이사를 통해 실현한다. 대표권의 범위는 회사의 **영업에 관한 재판상·재판외의 모든 행위**를 할 수 있는 권한을 포함한다(포괄성; 상 389조 3항, 209조 1항). 즉, 대표권은 회사의 권리능력의 범위와 일치한다.[86]

2) 제한과 전단적 대표

대표이사가 **대표권에 대한 제한을 위반**하여 – 주로 주주총회 또는 이사회의 결의를 거쳐야 할 것임에도 이를 거치지 않고 – 대표권을 행사하는 것을 전단적(專斷的) 대표행위라 한다. 그 효력을 어떻게 볼 것인가? 거래안전과 회사이익의 **이익형량**의 관점에서 판단하여야 한다.

(가) **대내적 사항인 경우 언제나 무효가 된다.**

(나) **대외적 거래인 경우 "대표권에 대한 제한은 선의의 제3자에게 대항하지 못한다."**(상 389조 3항, 209조 2항)

① 주주총회 결의를 흠결한 경우

상법에서 주주총회의 결의를 요하는 사항(예: 영업양도, 이에 준하는 영업재산 양도)인데도 이를 흠결한 대표이사의 거래행위는 상대방의 선의·무과실을 불문하고 무효이다(무효설: 통설, 판례).[87] 주주총회 결의는 중요한 사항에 요구되는 만큼, 주주총회 결의의 흠결을 모른 거래상대방을 보호하면서까지 회사의 이익을 해할 수 없기 때문이다(이익의 중대성과 형량).

② 이사회 결의를 흠결한 경우

(i) 개별적 행위

(a) 선의·무중과실 기준 – 이사회 결의를 거쳐야 하는 대표이사의 거래행위의 경우 – (i) 정관이나 이사회 규정 등에서 이사회 결의를 거치도록 한 경우(내부적 제한)나 (ii) 상법에서 이사회 결의를 거치도록 규정한 경우(법률적 제한) 모두에서 – 대법원은 종전의 선의·무과실 기준을 선의·무중과실(無重過失) 기준으로 변경했다.[88] 즉, 이사회 결의는 회사의 내부적 의사결정절차에 불과하고, 특별한 사정이 없으면 거래

86) 대표는 대리와는 달리 사실행위나 불법행위까지도 포함한다.

87) 대법원 2012. 4. 12. 선고 2011다106143 판결.

88) 대법원 2021. 2. 18. 선고 2015다45451 전원합의체 판결(다수의견). 반대의견: 구체적 타당성과 쌍방의 이해관계 조정에 있어 종전의 선의·무과실 기준이 우월하므로 판례를 변경할 필요가 없다.

상대방으로서는 회사의 대표자가 거래에 필요한 회사의 내부절차를 마쳤을 것으로 신뢰하였을 것이라고 보는 것이 경험칙에 부합한다는 이유이다.

변경된 기준에 의하면, 대표이사와 거래한 상대방이 상법 209조 2항에 따라 보호받기 위하여 선의 이외에 무과실까지 필요하지 않으나, 중대한 과실이 있는 때에는 제3자의 신뢰를 보호할 만한 가치가 없어 거래가 무효라고 한다. 중과실이란 제3자가 조금만 주의를 기울였더라면 이사회 결의가 없음을 알 수 있었는데도 만연히 이사회 결의가 있었을 것으로 믿음으로써 거래통념상 요구되는 주의의무를 현저히 위반하는 것으로, 거의 고의에 가까운 정도로 주의를 게을리해서 공평의 관점에서 제3자를 구태여 보호할 필요가 없는 상태를 말한다.[89] 그러나 제3자가 회사의 대표이사와 거래하면서 이사회 결의가 없었다고 의심할 만한 특별한 사정이 없다면, 일반적으로 이사회 결의가 있었는지를 확인할 의무까지 있다고 볼 수는 없다고 한다.

(b) **증명책임** – 악의와 중과실에 대한 증명책임은 거래가 무효라고 주장하는 회사 측에 있다.[90]

(ii) 집단적 행위

신주 또는 사채 발행과 같은 집단적 행위는 언제나 유효하다고 보는 것이 판례와[91] 통설이다. 이러한 경우는 선의 또는 악의에 의해 개별적으로 효력이 달라져서는 안 될 사안이기 때문이다.

3) 대표권 남용

대표권의 남용이란 객관적으로 볼 때는 회사의 이익을 위한 대표이사 권한 내의 적법한 행위이지만, 주관적으로는 자기 또는 제3자를 위한 행위로 회사에 손해를 끼치는 대표행위이다.[92] 대표권 남용행위는 대리권 남용의 법리와 마찬가지로 이를 모른 선의의 상대방에 대해서 원칙적으로 유효하나, 악의의 상대방에 대해서는 무

89) 제3자에게 중과실이 있는지는 이사회 결의가 없다는 점에 대한 제3자의 인식 가능성, 회사와 거래한 제3자의 경험과 지위, 회사와 제3자의 종래 거래관계, 대표이사가 한 거래가 경험칙상 이례에 속하는 것인지 등의 여러 사정을 종합적으로 고려해야 한다.

90) 대법원 1997. 8. 26. 선고 96다36753 판결(지배인 사례).

91) 대법원 2007. 2. 22. 선고 2005다77060, 77077 판결.

92) 전단적 대표와 대표권 남용은 별개의 제도로 양립할 수 있다. 대법원 2021. 4. 15. 선고 2017다253829 판결: 대표이사가 대표권 제한을 위반하여서 한 거래행위가 상법 209조 2항에 의해 유효한 경우에 해당하더라도 그 거래행위가 대표권을 남용한 행위로서 상대방이 대표이사의 진의를 알았거나 알 수 있었다면 회사에 대하여 무효가 된다.

효이다.

선의인데 과실이 있는 경우는 어떠한가? 견해가 나뉜다. (i) 대표권 남용이라는 것을 알면서 주장하는 것은 신의칙 위반이나 권리남용이라는 입장(권리남용설)에서는, 경과실로 모른 때는 보호받아야 하지만, 중과실로 몰랐음에도 거래가 유효하다고 주장하는 것은 권리남용으로 무효가 된다고 한다. (ii) 비진의의사표시에 관한 민법 107조 1항 단서를[93] 유추적용하여 대표권 남용에 관한 대표이사의 진의를 상대방이 '알았거나' '알 수 있었을 때'에는 무효라는 입장(비진의의사표시설)에서는, 선의이더라도 '알 수 있었을 때'(경과실)라면 보호받을 수 없다고 한다. 판례는 (ii)를 취한다.[94][95]

3. 공동대표이사

(1) 대표이사가 수인인 경우 각자 회사를 대표하는 것이 원칙이다(각자대표의 원칙). 이와는 달리 공동대표이사란 2인 이상의 대표이사가 공동으로만 회사를 대표할 수 있도록 하는 것이다. 공동대표이사로 하려면 대표이사를 선정하는 기관이 공동대표이사로 한다는 결의를 하고(상 389조 2항) 이를 등기하여야 한다(상 317조 2항 10호).

(2) 공동대표이사가 다른 공동대표이사에게 대표권을 전면적 · 포괄적으로 위임하는 것은 공동대표이사의 취지에 비추어 무효이다.[96]

(3) (i) 회사가 제3자에게 하는 의사표시(**능동대표**)의 경우에는 공동대표이사들이 공동으로만 회사를 대표할 수 있다(상 389조 2항). 이를 어긴 단독의 대표행위는 내부적 제한과는 달리 **무효**가 된다.[97] (ii) 그러나 상대방이 회사에 대하여 하는 의사표시(**수동대표**)의 경우에는 공동대표이사 중 1인에게만 하여도 효력이 있다(상 389조 3항, 208조 2항).

---

93) 민법 107조(진의 아닌 의사표시) ① 의사표시는 표의자가 진의 아님을 알고 한 것이라도 그 효력이 있다. 그러나 상대방이 표의자의 진의 아님을 '알았거나 이를 알 수 있었을 경우'에는 무효로 한다.

② 전항의 의사표시의 무효는 선의의 제3자에게 대항하지 못한다.

94) 대법원 1988. 8. 9. 선고 86다카1858 판결; 대법원 2004. 3. 26. 선고 2003다34045 판결. 그 이전에는 권리남용설을 취했다(대법원 1987. 10. 13. 선고 86다카1522 판결).

95) 이 경우 표현대표이사 규정에 따른 보호는 별개의 문제이다.

96) 대법원 1989. 5. 23. 선고 89다카3677 판결.

97) 이러한 경우 나머지 공동대표이사가 추인할 수 있으며, 추인이 없는 경우 상대방 보호는 불법행위책임(민 750조; 상 389조 3항, 210조, 401조) 또는 표현대표이사제도(상 395조)에 의한다.

4. 표현대표이사

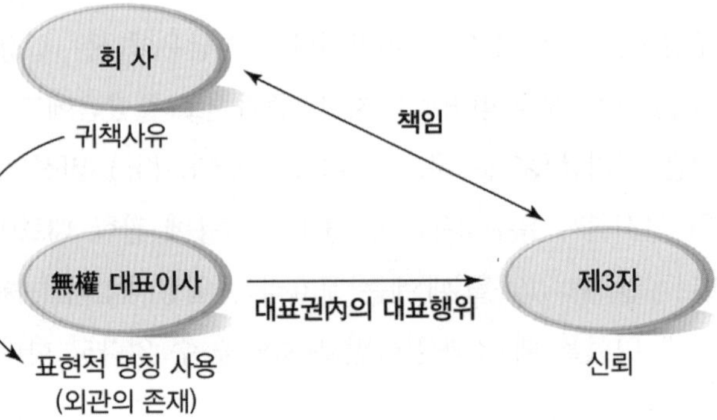

:: [그림 11.4.1-1] 표현대표이사의 3면 구조

(1) 대표권 없는 자인데도 회사의 적극적 승인이나 소극적 묵인 아래 대표이사로 오인할만한 명칭을 사용하여 대표행위를 한 경우 이를 믿고 거래한 선의의 상대방은 보호 받을 수 있는가? 이러한 경우 등기부를 조회하지 않은 것을 탓하지 못하고 그러한 외관 작출에 귀책사유가 있는 회사는 선의의 제3자에 대하여 책임을 진다(상 395조). 표현대표이사제도는 대륙법의 **외관법리**와 영미법의 **금반언 법리**(estoppel doctrine)에 뿌리를 두고 있으며 거래안전을 위한 제도이다.[98)]

(2) 표현대표이사에 관한 상법 395조가 적용되려면, (ⅰ) 대표이사 아닌 자의 대표이사로서의 표현적 명칭 사용과 대표행위가 있을 것(**외관 작출**),[99)] (ⅱ) 이에 대하여 제3자가 선의일 것(**신뢰에 보호받을 가치가 있을 것**),[100)] (ⅲ) 회사의 허락 등 회사에 책임을 돌릴만한 사유가 존재할 것(**회사 귀책사유**)이[101)] 모두 인정되어야 한다. 이러한 3가지 요건을 갖추면 **제3자는 회사에 표현책임을 물을 수 있다**.

---

98) 표현대표이사와 동일한 취지의 제도로 표현대리(민 125조, 126조, 129조), 표현지배인(상 14조) 등이 있다. 그러나 표현이사(상 401조의 1항 3호)는 이와 완전히 다른 이질적인 것이다. 표현대표이사에 관한 상법 395조와 부실등기에 관한 상법 39조는 모두 외관법리에 뿌리를 두고 있다(예: 취소사유가 있는 주주총회 결의에 기해 이사로 선임된 자가 대표이사로 등기된 경우). 표현대표이사 제도는 거래의 안전을 위한 것이므로 불법행위나 소송행위에는 적용되지 않는다.

99) 전단적 대표, 대표권 남용, 무권대행의 법리는 표현대표이사에도 적용된다.

100) 제3자의 무과실을 요하지 않으나, 중대한 과실이 있으면 악의로 취급된다(대법원 1999. 11. 12. 선고 99다19797 판결). 표현대표이사에 관한 상법 395조가 적용되는 사안인 때에는 등기를 하면 이에 관해 상대방의 악의를 의제하는 상법 37조의 적용이 배제된다(통설, 판례).

101) 대표권이 없는데도 대표권 있는 명칭 사용을 명시적으로 허용한 경우는 물론이고 알면서 방치하는 묵시적 허용의 경우에도 회사의 귀책사유가 인정된다(대법원 2005. 9. 9. 선고 2004다17702 판결).

[11.4.2] 집행임원

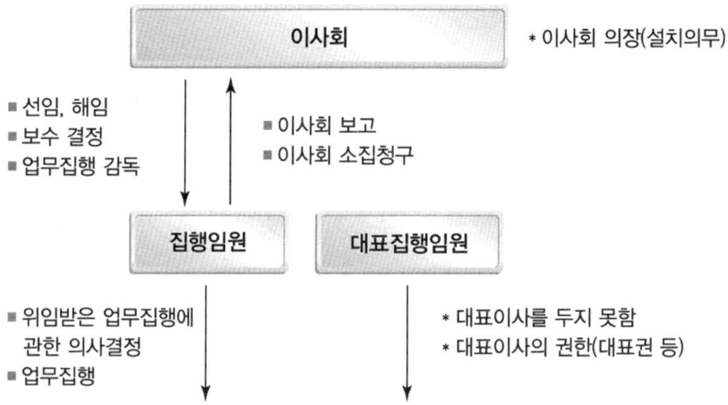

:: [그림 11.4.2-1] 집행임원설치회사의 분립구조

1. 집행임원 설치회사

집행임원은 회사의 집행기능을 담당하도록 선임된 상법상의 **등기** 임원이다. 집행임원의 채택 여부는 **임의적**이다(상 408조의 2 1항).[102] 집행임원 설치회사의 경우 이사회는 업무감독기능을, 집행임원은 업무집행기능을 분담하고,[103] 대표집행임원이 **대표이사를 갈음**하므로 대표이사를 둘 수 없다(상 408조의2 1항).

2. 집행임원

(1) 선임 · 해임

이사회가 집행임원과 대표집행임원을 선임 · 해임한다.[104] 이사회는 정관에 규정이 없거나 주주총회의 승인이 없는 경우 집행임원의 보수를 결정하고, 집행임원간 직무분담 등을 결정하고, 업무집행을 감독한다(상 408조의2 3항). 집행임원과 회사의

---

102) 집행임원을 두면 업무집행구조가 달라지므로 이를 두려면 이사회 결의만으로 부족하다. 법에 명시적 규정은 없으나 정관에 그 근거규정이 있어야 한다고 해석한다(김건식 외 2인, 회사법, 419면; 최준선, 회사법, 513면).

103) 집행임원 설치 회사는 이사회 의장을 두어야 한다. 이사회 의장은 정관에 규정이 없으면 이사회 결의로 선임한다(상 408조의2 4항).

104) 이사를 집행임원으로 선임할 수 있다. 주주총회는 정관에 달리 정함이 없는 한 집행임원을 선임 · 해임할 수 없다.

관계에는 민법의 위임 규정을 준용한다(상 408조의2 2항). 집행임원과 대표집행임원의 선임·해임은 **등기**하여야 한다(상 317조 2항).[105)]

(2) 수와 임기

집행임원의 **최저인원**에 관해서는 법적 제한이 없다. 집행임원의 **임기**는 정관에 다른 규정이 없으면 2년을 초과하지 못하나(상 408조의3 1항),[106)] 정관에 의하여 그 임기 중의 '최종 결산기에 관한 정기주주총회'가 종결한 후 가장 먼저 소집하는 '이사회'의 종결시까지로 임기를 정할 수 있다(상 408조의3 2항).

(3) 권 한

집행임원의 권한은 (i) 정관이나 이사회 결의로 위임받은 업무집행에 관한 의사결정, (ii) 업무집행 등이다(상 408조의4).[107)]

(4) 감 독

집행임원은 3개월에 1회 이상 업무의 집행상황을 **이사회에 보고**하여야 한다(정기보고의무; 상 408조의6 1항). 집행임원은 이사회의 요구가 있으면 언제든지 이사회에 출석하여 보고하여야 한다(수시보고의무; 상 408조의6 2항). 이사는 대표집행임원으로 하여금 다른 집행임원·피용자의 업무에 관하여 이사회에 보고할 것을 요구할 수 있다(상 408조의5 3항). 집행임원은 필요하면 이사에게 이사회 소집을 청구할 수 있다(상 408조의7).

(5) 의 무

이사에 관하여 규정하고 있는 선관주의의무와 충실의무(상 382조의3), 비밀유지의무(상 382조의4), 정관 등 비치·공시의무(상 396조), 경업·겸직 금지(상 397조), 회사기회유용 금지(상 397조의2), 자기거래 제한(상 398조), 회사에 대한 책임의 전부·일부 면제(상 400조), 업무집행지시자 등의 책임(상 401조의2), 유지청구권(상

---

105) 이에 따라 실무상 흔히 '임원'이라 불리는 자는 상법상의 이사, 집행임원(이상 등기)과 상법에 근거 규정이 없는 비등기임원으로 구분된다.

106) 집행임원의 경우 정관으로 2년을 초과하는 임기를 정하는 것도 합리적인 범위 내에서는 가능하다. 정관으로도 3년을 초과하는 임기를 정할 수 없는 이사의 임기와 대비된다.

107) 이사회 권한으로 상법이 명시한 것은 집행임원에 위임할 수 없다(예: 416조에 의한 신주발행, 335조 1항에 의하여 주식양도가 제한되는 경우 양도의 승인 등).

402조), 대표소송(상 403조~406조), 직무집행정지와 직무대행자 선임(상 408조), 감사의 직무와 보고요구 · 조사권(상 412조), 감사에 대한 보고의무(상 412조의2) 등에 관한 규정을 집행임원에 **준용**한다(상 408조의9).

(6) 책 임

집행임원의 회사 또는 제3자에 대한 배상책임은 **이사와 동일**하다(상 408조의8 1항 · 2항). 집행임원이 회사 또는 제3자에게 손해배상책임이 있는 경우 다른 책임있는 집행임원 · 이사 · 감사와 연대하여 배상책임을 진다(상 408조의8 3항).

3. 대표집행임원

2명 이상의 집행임원이 선임된 경우 이사회 결의로 회사를 대표할 대표집행임원을 선임하여야 한다(상 408조의5 1항 본문). 집행임원이 1명인 때에는 그 집행임원이 자동적으로 대표집행임원이 된다(상 408조의5 1항 단서). 대표집행임원에 관해서는 상법에 다른 규정이 없으면 대표이사에 관한 규정을 **준용**한다(상 408조의5 3항).

››› **사 례**

[1] 쌍용양회공업은 이사진과 경영진을 분리하기 위하여 집행임원제를 도입하고, 기존의 ■, ◎ 공동대표이사 제세에서 ◎ 대표집행임원 체제로 변경했다. (출처: 2016. 뉴스웨이 2016. 10. 27; 이투데이 2016. 10. 27)

[2] 바이오 의약품제조 기업인 휴젤(주)은 이사회 결의로 손○을 공동대표집행임원으로 선임했다. 피선임자는 기존의 심◇ 대표집행임원과 함께 공동대표직을 수행한다. (출처: 금융감독원 2017. 12. 20. 전자공시; 아시아경제 2018. 1. 11)

[3] 남양유업은 2024. 3. 29. 정기주주총회에서 그간 유지해 왔던 대표이사제를 폐지하고 집행임원제도를 도입하는 취지의 정관 변경을 결의하여 효력이 발생함에 따라 이사회 결의로 대표집행임원을 신규로 선임했다. (출처: 금융감독원 전자공시 2024. 3. 29)

연습 및 응용

Q1 POSCO 홀딩스(주) 집행기관에 관하여 정관(2025. 3. 12.)에 아래와 같은 조항을 두고 있다. 비등기 임원에 관한 정관 46조는 적법한가?

제28조 (이사 및 대표이사의 선임)
① 이사는 주주총회에서 선임한다.
② 이사회의 결의에 의하여 사내이사 중 약간 명의 대표이사를 선임할 수 있으며, 대표이사 회장의 추천에 의해 이사회 결의로써 사내이사에게 사장, 부사장, 전무이사 또는 상무이사의 직위를 부여할 수 있다.
③ 집중투표의 방법으로 이사를 선임하는 경우 사내이사와 사외이사를 별개의 조로 구분하여 각 조별로 집중투표를 실시한다.

제46조 (비등기임원)
① 회사는 이사회의 결정사항 및 경영상 중요사항의 집행을 위하여 비등기임원을 둔다.
② 비등기임원은 대표이사 회장이 임명한다. 다만, 이사회가 정하는 주요 직책에 비등기임원을 임명할 경우에는 이사회의 승인을 받아야 한다.
③ 비등기임원은 사장, 부사장, 전무, 상무로 구분하며, 그 보수와 성과금은 이사회 또는 이사회의 위임에 따라 대표이사 회장이 정하고, 퇴직금은 주주총회에서 승인된 이사퇴직금규정의 사장, 부사장, 전무이사, 상무이사의 퇴직금 기준에 준한다.
④ 비등기임원의 업무분담에 관하여는 대표이사 회장이 정한다.
⑤ 비등기임원의 임기는 2년 이내로 한다. (단서 생략)

POSCO 홀딩스(주)는 집행기관으로 대표이사를 두고 있기 때문에 이것과 택일적인 집행임원을 등기할 수 없고, 필요하다면 비등기 임원을 둘 수밖에 없다. 이때의 비등기 임원은 상법상의 이사도 아니고 상법상의 집행임원도 아닌 임의적인 경영기구일 따름이다. 정관에 규정하지 않은 채 비등기 임원을 두어 운영하는 경우가 많다.

제 5 절 감사기관 (감사 또는 감사위원회)

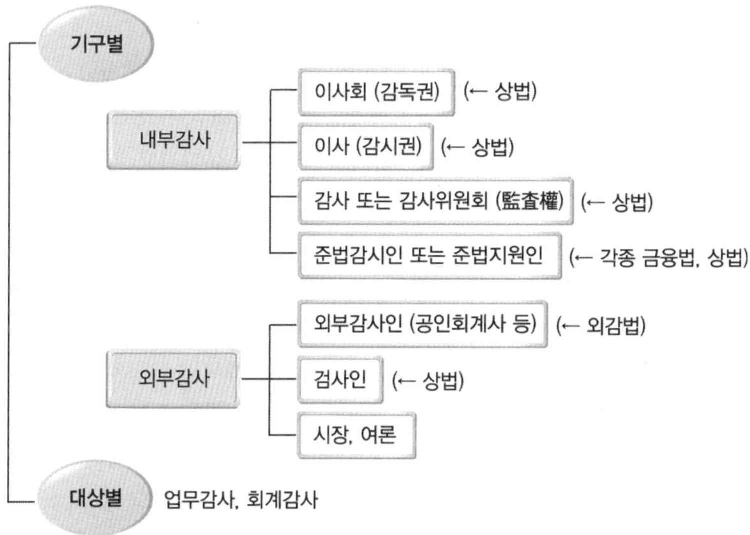

:: [그림 11.5-1] 감사제도 (총괄)

[11.5.1] 감 사

1. 지 위

감사는 **이사의 업무감사**(회계감사 포함)를 주된 직무로 하는 주식회사의 필요적 상설기관이며 감사위원회와는 택일적 관계에 있다.[108] 감사의 선임·해임권과 보수결정권은 주주총회에 있다(상 409조 1항, 415조, 382조 2항, 388조). 회사가 해산하여도 이사와는 달리 그 자격을 잃지 않는다(상 531조, 534조).

2. 중립성

감사는 직무의 성격상 중립성이 생명이다. 이를 확보하기 위한 제도적 장치를 두고 있다.

---

108) 자본금 10억원 미만인 소규모주식회사의 경우는 감사 설치가 임의적이다(상 409조 4항).

(1) 대주주의 영향력을 제한하기 위해 감사 선임에 있어서 의결권 없는 주식을 제외한 발행주식총수의 3%(정관으로 더 낮은 비율로 정할 수 있음)를 초과하는 주식을 가진 주주에 대해서는 3%까지만 의결권을 행사할 수 있다(상 409조 2항).[109][110]

>>> **3%룰**

예컨대, X회사의 발행주식총수는 100주이며 모두 의결권 있는 주식이고, A가 1대주주로서 20주, A의 특수관계인(A')이 5주, B가 2대주주로서 10주, B의 특수관계인(B')이 4주, C가 3대주주로서 7주, C의 특수관계인(C')이 3주의 주식을 가지고 있고, 그 나머지 51주는 다수의 일반 군소주주에 분산되어 있다고 가정하자. 감사의 선임과 해임에 있어서 A, A', B, B', C, C'가 각각 주주총회에서 행사할 수 있는 의결권의 수 또는 비율은?

(1) 비상장회사 – 의결권 없는 주식을 제외한 발행주식총수의 3%를 초과하는 수의 주식을 가진 주주는 그 초과주식에 관하여 감사의 '선임'에 있어서 의결권을 행사하지 못한다(상 409조 2항; **모두 단독 3%룰**). 감사를 해임하는 때에는 그렇지 않다.

(2) 상장회사 – 감사 또는 감사위원회위원의 '선임'과 '해임'에 관하여 3% 초과 주식으로는 의결권을 행사하지 못한다. '**최대주주**'는 특수관계인의 지분을 합하여(의결권행사를 위임받은 주식 포함(상령 38조 1항)) **합산 3%룰**의 적용을 받는다(상 542조의12 4항, 7항). 그러나 그 외의 주주에 대해서는 특수관계인의 지분을 합산하지 않아 단독 3%룰이 적용된다.[111]

〈표 11.5.1-1〉 주주총회의 감사(또는 감사위원) 선임과 3%룰

		비상장회사 (상 409조 2항)	상장회사 (상 542조의12 4항, 7항, 542조의10)
적용대상	선 임	○	○
	해 임	×	○
단독/합산	최대주주	단독	**합산** (최대주주 + 특수관계인)
	그 외 주주	단독	단독

○: 적용, ×: 비적용

109) 3%룰은 1주 1의결권의 원칙에 대한 예외이고 비교법적으로 매우 드문 예에 속한다.

110) 감사 선임을 위한 주주총회 결의요건에 관해서는 전자투표 실시를 조건으로 발행주식총수의 1/4 이상의 찬성을 요하지 않고 단순히 출석의결권의 과반수 찬성이 있으면 된다고 하여 결의요건을 완화했다(상 409조 3항).

111) 최대주주가 아닌 주주에 대해서 합산 3%룰을 적용하는 정관이나 주주총회 결의는 무효라는 것이 판례의 입장이다(대법원 2009. 11. 26. 선고 2009다51820 판결).

>>> **사 례**

K○H와 2대 주주인 사모펀드 키●톤프라이빗에쿼티(PE) 간 갈등에서 키●톤은 감사 선임에서 유리한 고지를 차지하기 위해 특수목적법인(SPC) 6개를 설립했다. 키●톤은 1개 법인이 10.06% 지분을, 나머지 5개 법인이 3%씩 지분을 쪼개 보유하도록 했다.

키●톤PE가 세운 SPC는 개별 기업으로 인정된다. 각각 의결권 3%씩 총 18%로 의결권을 극대화했다. 반면 최대주주와 특수관계인은 34.26% 지분을 보유했지만 3%까지밖에 의결권을 인정받지 못한다. (출처: 한국경제 2020. 10. 14; 아시아경제 2020. 12. 28; 서울경제 2020. 12. 28)

(2) 감사의 **임기**는 취임 후 3년 내의 최종 결산기에 관한 정기주주총회의 종결시까지 자동 연장되는 것으로 법정되어 있다(상 410조).[112)]

(3) 감사는 피감사자(당해 회사 및 자회사의 이사, 지배인 또는 그 밖의 사용인)와의 **겸직이 금지**된다(상 411조).[113)]

(4) 감사는 1인 이상이면 된다. 수인인 경우에도 각자 독립적으로 권한을 행사한다.[114)]

(5) 감사의 **보수**는 이사의 보수와 구분하여 정하여야 한다(상 542조의12 5항).[115)]

(6) 감사는 **해임**에 관하여 주주총회에서 의견을 진술할 수 있다(상 409조의2).

3. 권 한

(1) 감사 대상은 법에서 명문으로 타당성 감사를 인정하고 있는 경우(상 413조, 447조의4 2항 5호 · 8호)를 제외하고는 이사의 업무집행의 **적법성** 여부만을 대상으로 함이 원칙이다(적법성 감사설).

(2) 모회사의 감사는 직무를 수행하기 위하여 필요한 때에는 **자회사**에 대하여 영업의 보고를 요구할 수 있다(상 412조의5 1항). 자회사가 이에 지체없이 응하지 아니할 경우 또는 보고의 내용을 확인할 필요가 있는 경우에는 모회사의 감사는 자회사의 업무와 재산상태를 조사할 수 있다(상 412조의5 2항). 자회사는 정당한 이유가 없

112) 이사의 임기와는 달리 감사의 임기는 3년으로 법정되어 있고(감사의 임기를 1년, 2년으로 하는 것은 불가), 정관에 의하여 임기를 연장할 필요가 없이 법에 의하여 자동적으로 연장된다.

113) 모회사의 감사가 자회사의 감사를 겸임하는 것은 가능하다.

114) 대법원 2003 3. 14. 선고 2003다4112 판결.

115) 이는 상장회사에 관한 규정이나 비상장회사에 대해서도 동일하게 해석된다.

는 한 이러한 보고요구 및 조사를 거부할 수 없다(상 412조의5 3항).[116]

(3) 감사는 이사회 출석권은 있으나 의결권은 없고 의견진술권만을 갖는다(상 391조의2 1항).[117] 이사회에 출석한 감사는 이사회 의사록에 기명날인 또는 서명하여야 한다(상 391조의3 2항).

(4) 이사는 회사에 현저한 손해를 미칠 염려가 있는 사실을 발견한 때에는 즉시 감사에게 이를 보고하여야 한다(상 412조의2).

(5) 회사의 대표권은 원래 대표이사에 있으므로 소송에서도 회사를 대표할 자는 대표이사임이 일반원칙이다(상 209조 1항). 그러나 대표이사로 하여금 소송상 회사를 대표하도록 하는 것이 '공정한 소송수행'에 장애가 될 가능성이 있는 때에는 그 예외를 둔다. 그래서 **이사 v. 회사 소송에서는 감사가 회사를 대표**한다(상 394조 1항).[118]

그러나 이사 v. 회사 소송일지라도 이익충돌의 가능성이 없는 경우라면 대표이사가 회사를 대표한다는 원칙으로 돌아간다. 예컨대, 과거 이사였던 자의 재임 때의 회사에 대한 책임을 묻는 소송에서는 대표이사가 회사를 대표하고,[119] 회사가 이사를 상대로 이사 지위 부존재 확인을 구한 사건에서 법원이 선임한 일시대표이사가 있는 경우 그 일시대표가 회사를 대표할 수 있다.[120]

회사 v. 감사 소송에서는 대표이사가 회사를 대표한다. 회사 v. 감사위원 소송의 경우에는 감사위원회 또는 이사가 법원에 회사를 대표할 자의 선임을 신청하여야 한다(상 394조 2항).[121] 자본금 10억원 미만의 소규모주식회사와 같이 감사를 두지 않는 경우도 이와 같다(상 409조 5항).[122]

---

116) ≪사례≫ H사는 A사 대표이사와 갈등을 벌인 가운데 A사에 대해 전격적으로 감사에 들어간 것으로 알려졌다. H사 A사의 지분을 약 80% 보유하고 있다. (출처: 조선일보 2024. 6. 18; 일요신문 2024. 7. 1; 뉴스1 2024. 6. 27)

117) 이사회에서 '의견을 진술'한다는 것이지 의결권을 행사할 수 있다는 뜻은 아니다.

118) 대법원 1990. 5. 11. 선고 89다카15199 판결: 이는 강행규정이므로 이를 위반하여 대표이사가 회사를 대표하여 행한 소송행위는 무효로 된다.

119) 대법원 2002. 3. 15. 선고 2000다9086 판결.

120) 대법원 2018. 3. 15. 선고 2016다275679 판결: 甲주식회사의 일시대표이사인 乙이 회사를 대표하여 소수주주가 소집한 주주총회에서 이사로 선임된 丙을 상대로 이사선임결의의 부존재를 주장하며 이사 지위의 부존재 확인을 구하자, 丙이 회사와 이사 사이의 소는 상법 394조 1항에 따라 감사가 회사를 대표하여야 한다고 주장한 사안에서, 이러한 경우에는 상법 394조 1항이 적용되지 않는다.

121) 이러한 경우 감사위원 역시 이사이므로 대표이사가 회사를 대표하도록 하는 것은 적절하지 않은데 이를 대신할 감사도 없기 때문이다.

122) 대법원 2023. 6. 29. 선고 2023다210953 판결; 서울고법 2024. 12. 27.자 2024라20574 결정.

(6) 감사는 스스로 회사소송의 **제소권자**(원고)가 될 수 있다.[123)]

(7) 감사는 회사의 비용으로 전문가의 도움을 받을 수 있다(상 412조 3항).

4. 의 무

(1) 감사와 회사의 관계에는 위임에 관한 규정이 준용되므로(상 415조→382조 2항), 감사는 회사에 대해 **선관주의의무**를 진다. 감사에게는 이사의 비밀유지의무 조항이 준용된다(상 415조→382조의4). 그러나 충실의무 조항(상 382조의3)은 준용되지 않는다.

(2) 감사는 이사가 법령 또는 정관에 위반한 행위를 하거나 그 행위를 할 염려가 있다고 인정하는 때에는 **이사회에 이를 보고**하여야 한다(상 391조의2 2항).

(3) 감사는 이사가 주주총회에서 제출할 의안 및 서류를 조사하여 법령 또는 정관에 위반하거나 현저하게 부당한 사항이 있는지의 여부에 관하여 **주주총회에 의견을 진술**하여야 한다(상 413조).

(4) 감사는 **감사록**을 작성하여야 한다(상 413조의2 1항).

(5) 감사는 결산감사를 할 때에 **감사보고서**를 작성하여 이사에게 제출하고(상 447조의4 1항), 주주총회에 이를 보고하여야 한다.

5. 책 임

감사의 회사 또는 제3자에 대한 책임은 근거조문이 다를 뿐 그 내용은 대체로 이사와 같다(상 414조 1항·2항, 415조의2 7항).

(1) **회사에 대한 책임** – 감사가 임무를 해태한 때에는 회사에 대하여 연대하여 손해배상책임을 진다(상 414조 1항).

(2) **제3자에 대한 책임** – 감사가 악의 또는 중대한 과실로 임무를 해태한 때에는 제3자에 대하여도 손해배상책임을 진다(상 414조 2항).

(3) **연대책임** – 감사가 회사 또는 제3자에 대하여 손해배상책임을 지고 이사도 책임이 있는 때에는 감사와 이사가 연대책임을 진다(상 414조 3항).

---

123) 예컨대, 회사설립 무효의 소(상 328조), 주주총회결의 취소의 소(상 376조 1항), 신주발행 무효의 소(상 429조), 감자 무효의 소(상 445조), 합병 무효의 소(상 529조), 주식교환·주식이전 무효의 소(상 360조의14, 360조의23), 위법행위 유지청구의 소(상 402조)에 있어서 감사는 소 제기권을 가진다.

[11.5.2] 감사위원회

LG전자(주)는 2024. 12. 31. 기준으로 자본 총계 약 2조 5,211억원, 부채총계 약 4조 4,179억원으로, 자산 총계가 6조원이 넘는 대규모 상장회사이다. 이 회사의 이사회는 2명의 사내이사(상근), 1명의 기타 비상무이사(비상근), 4명의 사외이사(비상근) 등 총 7명의 이사로 구성되어 있다. 이사회 내에는 5개의 위원회(감사위원회, ESG위원회, 내부거래위원회, 사외이사후보추천위원회, 경영위원회)를 두고 있다. 이사회 의장은 대표이사와 분리되어 있다.

감사위원회는 4명 전원이 사외이사로 구성되어 있다. 감사위원회의 독립성 유지를 위해 법이 요구하고 있는 요건, 즉 (i) 3명 이상의 이사로 구성할 것(상 415조의2 2항; 4명), (ii) 사외이사가 위원의 2/3 이상일 것(상 415조의2 2항; 전원 사외이사), (iii) 위원 중 1명 이상은 회계 또는 재무전문가일 것(상 542조의11 2항; 류○렬 사외이사), (iv) 감사위원회의 대표는 사외이사일 것(상 542조의11 2항; 류○렬 사외이사), (v) 위원 중 1명을 다른 이사와 분리하여 감사위원이 되는 이사로 선임할 것(상 542조의12 2항; 강○진 사외이사), (vi) 최대주주와의 특수관계자 등 결격요건에 해당하지 않을 것(상 542조의11 3항, 해당사항 없음)을 모두 충족했다. 이와는 별도로 변호사 자격을 가진 자 1인을 준법지원인으로 두고 있다. 감사위원 내역은 아래와 같다.

성 명	추천인	선임 배경, 경력	최대주주와의 관계	연임 여부	임 기
류○렬 (위원장)	사외이사후보 추천위원회	KAIST 경영공학부 교수, 재무전문가	해당사항 없음	1회	'25.3~'28.3
강○진	사외이사후보 추천위원회	고려대 로스쿨 교수, 법률전문가	해당사항 없음	1회	'24.3~'27.3
서○우	사외이사후보 추천위원회	서울대 전자공학부 교수	해당사항 없음	–	'23.3~'26.3
강○춘	사외이사후보 추천위원회	서울대 경영대 교수	해당사항 없음	–	'25.3~'28.3

(출처: LG전자(주) 반기보고서, 2025. 8. 14)

(1) 주식회사에서는 감사를 두는 것을 원칙으로 하나, 정관에 규정을 두어 감사위원회를 둘 수 있다(**임의적**). 감사위원회를 두는 때에는 감사를 둘 수 없다(상 415조의2 1항; **택일적**). 그러나 자산총액이 2조원 이상인 대규모 상장회사의 경우에는 감사를 두지 않고 감사위원회 설치가 강제된다(상 542조의11).

감사위원의 **권한 · 의무 · 책임**은 감사의 규정을 준용한다(상 415조의2 7항).

(2) 감사위원회는 **이사회 내의 위원회**(상 393조의2)이나, 다른 위원회와는 달리 3인 이상의 이사로 구성되며, 사외이사가 2/3 이상이어야 한다(상 415조의2 2항).

(3) 감사위원의 **선임과 해임권**은 이사회 또는 주주총회에 있다.

(i) **비상장회사와 자산 1천억원 미만의 상장회사의 경우 – 이사회**가 감사위원의 선임권과 해임권을 갖는다(상 415조의2 2항). 감사위원의 해임은 이사 총수의 2/3 이상의 결의를 요한다(상 415조의2 3항).

(ii) **자산 1천억원 이상의 상장회사의 경우 – 주주총회**가 감사위원의 선임과 해임권을 갖는다(상 542조의12 1항).

››› 사 례 감사위원 선임방식

(1) 주주총회에서 감사위원회 위원을 선임하는 방식에는 (i) 일단 '모든 이사'를 구분 없이 일괄적으로 선임하고(3%룰 ×) → 이 중에서 새로운 결의(3%룰 ○)로 '감사위원'을 선임하는 **일괄선출방식**, (ii) 처음부터 '감사위원이 될 이사'(3%룰 ○)와 '그 밖의 이사'의 트랙을 달리해서 따로 선임하는 **분리선출방식**이 있다. 분리선출방식에 의하면 감사위원 선임에 있어 대주주의 의결권이 첫 단계에서부터 3%룰의 적용으로 제한되므로 일괄선출방식에 비해 영향력이 약화된다.

(2) 감사위원회를 의무적으로 두어야 하는 회사(상근감사로 갈음하는 경우도 마찬가지)의 경우에는 최소 2인(정관으로 늘릴 수 있음)의 감사위원(사내이사 · 사외이사 불문)에 대해 처음부터 3%룰이 적용되는 분리선출이 강제된다(상 542조의12 2항 단).

(3) 감사위원의 선임과 해임을 주주총회 결의에 의하는 상장회사의 경우, 의결권 없는 주식을 제외한 발행주식총수의 3%(정관으로 더 낮출 수 있다)를 초과하는 주식을 가진 '최대주주'에 대해서는 감사위원을 선임 또는 해임하는 경우 특수관계인 보유주식을 포함하는 합산 3%룰이 적용된다(상 542조의12 4항).

〈표 11.5.2-1〉 감사와 감사위원회

	비상장회사	상장회사		
		자산 1천억원 미만	자산 1천억원~2조원 미만	자산 2조원 이상 (대규모상장회사)
감사위원회 설치의 강제성	감사가 원칙, 정관에 의하여 감사위원회(**415조의2**)를 둘 수 있음 (**선택적**)			**감사위원회**(의무적) (**542조의11**)
감사의 상근여부	비상근 무방	비상근 무방	상근감사(542조의10 1항) 또는 감사위원회(**542조의11**)	감사를 둘 수 없음

<table>
<tr><td rowspan="3">감사
위원회</td><td>구성</td><td colspan="2">3인 이상 이사, 사외이사(독립이사)가 2/3 이상, 대표자: 감사위원회 결의로 선정</td></tr>
<tr><td>선임
권자</td><td>이사회</td><td rowspan="2">주주총회 (선임: 보통결의, 해임: 특별결의)
– <u>선임 · 해임</u>: 3%룰(단독기준, 최대주주는 합산 기준)(542조의12 4항, 542조의10 1항 단서)
– 최소 2명 이상 분리선출, 나머지 일괄선출</td></tr>
<tr><td>해임
권자</td><td>이사회(이사 총수 2/3 이상 결의)</td></tr>
</table>

>>> **사 례**

한국타이어○테크놀로지의 지주회사인 한국○컴퍼니의 2021. 3. 30. 정기주주총회에서 1대 주주 아닌 자가 주주제안으로 상정한 사외이사 겸 감사위원 선임 건을 두고 표 대결을 했다. 한국○컴퍼니 지분은 J1 사장(42.90%), J2 부회장(19.32%), J3(10.82%), 국민연금(5.21%) 등이 보유하고 있었다. 지분율만 따지면 J1 사장이 유리했지만, 보유지분에 상관없이 의결권이 3%로 제한되는 3%룰의 적용과 함께 국민연금과 의결권 자문사 등이 J2 부회장을 지지하면서 승리는 J2 부회장에게 돌아갔다. 대형회사 중 처음으로 감사위원 분리선출이 작동될 수 있음을 보여준 사례이다. (출처: 파이낸셜투데이 2021. 3. 30; 글로벌이코노믹 2021. 3. 30; 증권경제신문 2021. 3. 19; 매일경제 2021. 3. 25; 금융감독원 전자공시 2021. 3. 16, 2021. 3. 31)

[11.5.3] 외부감사

(1) 「**주식회사 등의 외부감사에 관한 법률**」에 기하여 주권상장법인, 자산 · 부채 · 종업원수 · 매출액이 일정 규모 이상인 외부감사대상인 회사(주식회사와 유한회사)는 내부감사와는 별도로 독립된 외부감사인의 회계감사를 받아야 한다(외감 4조, 외감령 5조). 외부감사인이 될 수 있는 자는 회계법인, 한국공인회계사회에 등록된 감사반에 한한다(외감 2조 7호).

(2) (i) 외부감사인의 **회사에 대한 손해배상책임**은 이사와 감사에 준한다(외감 31조 1항). (ii) 외부감사인이 중요한 사항에 관하여 감사보고서를 기재하지 않거나 거짓으로 기재함으로써 제3자에게 손해를 발생하게 한 때에는 **제3자에 대해 손해배상책임**을 진다(외감 31조 2항 본문). (iii) 책임이 있는 외부감사인 · 이사 · 감사는 연대책임을 진다(외감 31조 4항).

>>> **사 례**

해◎에스티는 2007년부터 2009년 3분기까지 재무제표에 대여금채권의 대손충당금을 계상하지 않고 회수가능한 것처럼 허위기재한 사업보고서를 공시했다. 이 과정에서 회계

감사를 담당했던 안△회계법인과 회계사 K씨는 분식회계의 내용을 알 수 있었는데도 재무제표에 대한 감사보고서에 '적정의견' 이라고 기재했다. 해◎에스티는 분식회계 사실이 적발돼 2010년 코스닥에서 퇴출됐다.

해◎에스티의 주주들은 분식회계와 부실감사로 손해를 입었다며 회사 등을 상대로 손해배상 청구소송을 제기했다. 법원은 18억여원을 피해자들에게 지급하라고 판결했고, 해◎에스티 측은 피해자들과 합의해 17억여원을 지급했다. 이후 해◎에스티는 회계법인이 외부감사인으로 주의의무를 다하지 않아 분식회계에 대한 공동책임이 있다며 책임비율을 5대 5로 정해 17억여원의 절반인 8억 7,000여만원을 지급하라는 구상금청구소송을 제기했다. 1심은 해◎에스티와 회계법인의 책임비율을 75:25로, 2심은 85:15로 판단했다. (출처: 이투데이 2017. 5. 15; 중앙일보 2017. 5. 15; 조세일보 2017. 5. 16)

연습 및 응용

Q1 주주의 감사 선임 시도와 관련하여 회사측이 취한 아래 대응조치를 토론하시오.

행동주의 사모펀드인 K△△△(자본금액 3억 8,400만원)가 한○그룹의 지주회사인 한○칼의 지분을 대량 취득하여 2대 주주로 등극했다.

이에 한○칼은 1,600억원의 단기차입금을 조달하기로 했다. 한○칼의 자산은 2018년 9월말 기준 1조 9,134억원인데, 1,600억원의 차입금이 들어오게 되면 자산이 2조 734억원으로 늘어난다. 자산 2조원을 넘기면 '상근감사'가 아닌 '감사위원회'를 설치해야 한다.

K△△△ 측은 "단기차입으로 자산을 늘려 감사 대신 감사위원회를 설치하고자 한다면 편법"이라 비판했다. 이에 대해 한○칼 측은 단기차입금 조달이 "만기가 도래한 차입금 상환과 운영자금 확보의 목적"이라고 밝혔다. (출처: 매일경제 2018. 12. 12; 한국경제 2018. 12. 17; 한국경제 2019. 1. 4; 파이낸셜뉴스 2019. 1. 7; 중앙일보 2019. 1. 11; 중앙일보 2019. 1. 22; 금융감독원 전자공시)

Q2 다음 사례를 읽고 감사와 감사위원회 위원의 권한과 그 한계를 토론하시오.

K은행 상근 감사위원으로 선임된 전직 관료출신인 ○감사위원은 은행장에게 올라가는 결재서류를 직접 점검하겠다고 나서며 지금까지의 들러리 감사 역할과는 분명한 선을 그었다. 이에 대해서는 "경영진을 제대로 견제할 뚝심 있는 감사가 나왔다"는 긍정적인 평가가 있는가 하면, "은행장을 무시하는 과도한 경영간섭이자 또 다른 형태의 관치금융"이라는 지적도 있다. (출처: 경향신문 2014. 5. 21; 서울경제 2014. 5. 20; 동아일보 2014. 3. 7)

제 12 장

회사의 대외관계

제 1 절 회사의 능력

회사가 대외적으로 활동을 하고 그 결과에 대하여 권리와 의무(책임 포함)의 주체가 될 수 있으려면 회사 자체가 구성원과는 **독립**하여 스스로 법적 주체가 될 수 있는 자격을 부여받아야 한다. 이를 위하여 회사에 대해서는 자연인과 마찬가지로 **법인격**을 부여받은 법인으로 하고 있다. 회사의 능력은[1] 기관이나 대리인 또는 사용자와 같은 인적 보조자를 통해서 하여야 한다는 것을 제외하면 자연인과 크게 다르지 않다.

[12.1.1] 권리능력

(1) 회사는 그 자체가 법인격을 갖는 권리능력자이므로 회사 자신의 명의로 대외적 거래를 할 수 있으며 그 거래로 인한 권리와 의무의 주체가 된다. 이를 위하여 회사는 영업상의 단일한 명칭인 상호를 영업주체의 동일성을 식별하는 수단으로 삼는다(상 23조 1항).

(2) 회사의 권리능력은 자연인의 권리능력과 동일한 것이 원칙이다. 그러나 다음과 같은 제한이 따른다(민 34조 참조).

① **성질상 제한**으로, 회사는 자연인에 특유한 권리(예: 생명권, 상속권 등)의 주체가 될 수 없다. 회사는 육체적 노무를 제공할 수 없으므로 상업사용인이 될 수 없다.[2]

② **법률상 제한**으로, 회사는 다른 회사의 무한책임사원이 될 수 없고(상 173조), 청산회사의 권리능력은 청산의 목적범위 내로 한정된다(상 245조, 269조, 542조 1항, 613조 1항).

③ **정관상 제한**으로, 정관 소정의 목적에[3] 의하여 회사의 권리능력이 제한되는가? 이에 대해 통설은 부정하나, 판례는 긍정한다. 그러나 판례는 목적 범위를 정관

---

1) 법률세계에서 '능력'은 자격의 의미로 사용되는 경우가 많다. 권리능력, 행위능력, 불법행위능력이 그러하다.

2) 법인이 회사의 이사가 될 수 있는가에 대해서는 긍정설과 부정설이 있다.

3) 회사의 목적은 정관의 절대적 기재사항이다(상 289조 1항 1호).

에 명시된 목적에 국한하지 않고 그 목적을 수행하는 데 직접 또는 간접으로 필요한 행위를 모두 포함하고, 목적 수행에 필요한지도 행위의 객관적 성질에 따라 추상적으로 판단할 것이지 행위자의 주관적, 구체적 의사에 따라 판단할 것은 아니라고 한다. 그 결과 출발점만 다를 뿐 사실상 부정설(통설)에 접근한다.[4] 내부적으로는 정관 위반을 손해배상책임 추궁 또는 해임의 사유로 삼을 수 있다.

[12.1.2] 행위능력

회사의 행위능력은 자연인과는 달리 제한능력에[5] 관한 문제가 없다. 회사의 대외적 행위는 대표와 대리 등을 수단으로 하여 실행된다.

1. 대 표

주식회사의 대표권은 **대표이사**(집행임원을 두는 경우에는 대표집행임원, 이하 동일)에게 있다. 대표이사는 회사의 영업에 관하여 재판상·재판외의 모든 행위를 할 수 있는 권한을 가지며(포괄성), 이에 대한 제한은 선의의 제3자에게 대항하지 못한다(정형성, 상 389조 3항, 209조 1항·2항). 대표이사가 대표권 범위 내에서 한 행위는 곧 회사의 행위로서 효력이 생긴다. 대표에 관해서는 대리 규정을 준용한다(민 59조 2항).

2. 대 리

회사의 대리에[6] 대해서는 민법과 상법의 대리 규정(민 114조 이하; 상 48조, 49조)이 적용된다. 회사는 상인이기 때문에 상사대리의 특칙이 적용된다. 상행위의 대리인이 회사를 위한 것임을 현명하지 않아도 본인인 회사에 그 효력이 직접 발생한다(비현명주의; 상 48조 본문). 상대방이 대리행위임을 알지 못한 경우에도 그러하며, 상대방은 본인인 회사뿐만 아니라 대리인에 대하여도 이행을 청구할 수 있다(상 48조 단서).

---

4) 대법원 2024. 6. 17. 선고 2020다291531 판결.

5) 스스로 법률행위를 유효하게 할 수 있는 능력을 행위능력이라 한다. 그렇지 못한 경우를 제한능력이라 한다. 자연인에 있어 미성년자, 피한정후견인, 피성년후견인은 제한능력자이다.

6) 대리권이 부여되어 있는 한 회사 내에서의 직급의 고하를 불문한다. 말단 신입직원도, 사장도 회사로부터 이러한 수권을 받은 자이면 모두 회사를 대리할 수 있다. 실무상 회사 내에 '대리'라는 명칭의 직급을 두는 경우가 있는데, 이는 법상의 대리와는 전혀 상관이 없다.

[12.1.3] 불법행위능력

○○약품은 2016년 9월 29일 시장거래 마감 후 1조원 규모의 기술수출계약 호재를 공시했다. 그러나 다음 날 오전 9시 29분, 다른 계약이 파기되었다는 8,500억원 규모의 악재를 공시했다. 악재 공시가 나오기 전까지 약 30분간 주가는 호재를 반영해 급등했고, 이 기간 주식을 매수한 투자자들은 공시 직후 주가가 급락하며 큰 손실을 보았다. 투자자들은 "회사가 개장 전에 충분히 악재를 공시할 수 있었음에도 의도적으로 늦게 공시했다"라며 소송을 제기했다. 대법원은 자본시장법상 사기적 부정거래나 허위 공시는 아니더라도, 일반적인 민사상 불법행위(주의의무 위반)에 해당한다고 보아 배상책임을 인정했다. 다음 날 개장 전인 오전 7~8시경까지 충분히 공시를 준비할 수 있었음에도 이를 미룬 것은 투자자 보호 의무를 저버린 것으로 판단했다. 다만 투자자 자기책임 원칙 등에 따라 산정된 손해액의 70%를 배상하라고 판결했다. (출처: 대법원 2022. 1. 27. 선고 2021다266395 판결; 의학신문 2022. 1. 28)

1. 대표기관의 불법행위

회사는 불법행위능력을[7] 가진다. 회사(X)의 **대표이사**(R)**가 업무집행으로 인하여**[8][9] **타인**(V)**에게 손해를 가하면 회사**(X)**는 불법행위책임**을 진다(민 750조). 이 때 **대표이사**(R)는 회사(X)와 **연대**하여 피해자에게 손해배상책임을 진다(민 35조 1항; 상 389조 3항, 210조)(공동불법행위책임).[10] 피해자를 보다 두텁게 보호하기 위하여 원래

---

7) 불법행위(tort)는 고의 또는 과실에 의한 위법행위로 인하여 타인에게 손해를 끼치는 행위를 말한다(민 750조). 불법행위는 계약(contract) 위반 또는 채무불이행으로 인한 손해배상책임(민 390조)과 더불어 손해배상책임의 2대 원인이 된다. 불법행위능력은 불법행위로 인한 손해배상책임을 질 수 있는 능력이다.

8) 여기서 '업무집행으로 인하여' 라는 것은 대표이사의 업무에는 속하지 않으나 행위의 외형상 마치 대표이사의 업무 범위 안에 속하는 것으로 보이는 경우도 포함한다(대법원 2017. 9. 26. 선고 2014다27425 판결).

9) 대법원 2020. 6. 25. 선고 2020다215469 판결: 법인의 대표자가 제3자에 대하여 자연인으로서 민법 750조에 기한 불법행위책임을 진다고 보기 위해서는 대표자의 행위가 법인 내부의 행위를 벗어나 제3자에 대한 관계에서 사회상규에 반하는 위법한 행위라고 인정될 수 있는 정도에 이르러야 한다(대법원 2009. 1. 30. 선고 2006다37465 판결 등 참조).

10) 대법원 2007. 5. 31. 선고 2005다55473 판결: 주식회사 대표이사의 불법행위로 인한 타인의 손해에 대하여 공동면책을 얻게 한 다른 공동불법행위자가 공동대표이사 중 한 사람을 상대로 구상권을 행사하는 경우, 그 공동대표이사가 응해야 하는 구상의 범위는 주식회사의 부담부분 전체이다. 이때 주식회사와 공동대표이사들 사이 또는 각 공동대표이사 사이의 내부적인 부담비율을 내세워 구상권자에게 대항할 수 없다.

의 책임주체인 회사 외에 실제 불법행위를 한 대표이사를 책임자에 추가한 것이다.

2. 그 밖의 자의 불법행위

회사(X)의 대표기관이 아닌 사용인(E)이 업무집행과 관련하여 불법행위(민 750조)를 한 때에는 회사(X)의 불법행위로 되지 않는다. 이러한 경우 실제 불법행위를 한 **사용인(E)이 불법행위책임**을 지고(민 750조), **회사(X)는 사용자책임**을 질 따름이다(민 756조).

>>> **사 례**

[1] 고위험 통화옵션 금융상품인 '키코'(KIKO)에 가입했다가 2008년 금융위기로 환율이 급등해 피해를 본 중소기업들이 이를 판매한 시중은행을 상대로 낸 소송에 대해 대법원 전원합의체는 "키코 상품은 환헷지에 부합한 상품이다. 은행이 이를 판매한 것은 불공정행위에 해당하지 않는다"고 전원일치로 판결했다.

그러나 "은행이 기업경영상황에 과대한 위험을 초래하는 통화옵션 계약을 적극 권유하는 것은 적합성 의무를 위반해서 불법행위를 구성한다"며 일부 키코계약에 대해서는 은행의 배상책임을 인정하기도 했다. (출처: 한국경제, 2013. 12. 10; 서울신문, 2013. 9. 27; 한겨레, 2013. 9. 27; 한국경제, 2013. 9. 27)

[2] 검찰은 가습기 살균제 참사 책임으로 전 옥◎레킷벤키저 대표에게 각각 징역 20년과 10년을 구형했다. 옥◎는 해당 제품 광고를 하면서 '인체에 안전한 성분을 사용해 안심하고 사용할 수 있습니다', '살균 99.9% – 아이에게도 안심'이라는 허위 문구를 사용한 것으로 조사됐다. (출처: 한국일보 2016. 11. 29; 브릿지경제 2016. 11. 29)

[3] 2014년 1월 초유의 개인신용정보 유출 사건이 터졌다. 당시 3곳의 카드사에서 유출된 개인정보는 무려 1억 400만 건에 달했다. 법원은 불법행위를 이유로 소비자 1인당 최대 10만원을 배상하라고 판결했다. (출처: 오마이뉴스 2019. 1. 10; 국민일보 2025. 12. 4)

제 2 절 회사의 공시

[12.2.1] 총 설

(1) 주식회사의 원형은 공개기업이다. 그러나 정보의 성격에 따라 이에 접근할 수 있는 자격을 차별하고 있다. **공시의 필요성과 회사의 기밀이익 등을 종합적으로 고려**하여야 한다.

(2) 회사공시는 관리주체에 따라, (i) 공적 기관이 관리하는 공적 공시(예: 상업등기)와 (ii) 개별 기업이 관리하는 사적 공시로 구분할 수 있다.

(3) 회사공시는 근거법과 임의성 여부에 따라 법정공시와 자율공시로 구분할 수 있다. 법정공시의 대부분은 의무공시이다.

(4) 회사공시는 시기에 따라 다음과 같이 구분된다.

① **상시공시** – 상시공시는 장부나 서류 등으로 작성하여 공시기간 동안 일정한 장소에 상시적으로 비치하여 열람·등사의 청구에 응하는 방법으로 공시하는 것이다(예: 정관, 주주명부, 사채원부, 주주총회 의사록, 이사회 의사록 등)[11].

② **정기공시** – 정기공시는 일정한 시기마다 정기적으로 공시하는 것이다(예: 결산기마다 재무제표·그 부속명세서·영업보고서·감사보고서를 비치하고, 결산 종료 후 대차대조표 공고). 상장법인 등은 사업보고서·반기보고서·분기보고서 및 주요사항보고서를 정기적으로 공시하여야 한다(자금 159조, 160조, 161조).

(5) 회사공시는 회사의 능동성 여부에 따라 다음과 같이 구분된다.

① **능동적 공시** – 공시사유가 발생한 경우 회사가 자발적으로 공시하는 것을 능동적 공시라 한다. 능동적 공시사항은 주로 통지·공고의 방법에 의한다.

② **수동적 공시** – 상대방의 요구에 응하여 회사가 기업정보에의 접근을 허용하는 것을 수동적 공시라 한다. 수동적 공시사항은 ⓐ 일반적으로 공시되는 사항(예: 정관 등의 비치)과 ⓑ 정보에 접근할 수 있는 자격을 제한하는 사항으로 구분된다(예: 회계장부열람 등).

---

11) 다만 이사회 의사록은 회사에 비치할 의무가 없고, 주주의 열람·등사청구권만을 인정하고 있다(상 391조의3 3항). 회사채권자에게는 인정하지 않는다.

[12.2.2] 상업등기

다음은 삼성전자의 상업등기부 중에서 일부를 발췌한 것이다.

등기번호	000905
등록번호	130111－0006246

<table>
<tr><td rowspan="2">상호</td><td colspan="2" rowspan="2">삼성전자 주식회사</td><td>. . 변경</td></tr>
<tr><td>. . 등기</td></tr>
<tr><td rowspan="2">본점</td><td colspan="2" rowspan="2">수원시 영통구 매탄동 416</td><td>. . 변경</td></tr>
<tr><td>. . 등기</td></tr>
<tr><td rowspan="2">공고방법</td><td colspan="2" rowspan="2">서울시내에서 발행하는 일간 중앙일보에 게재한다.</td><td>. . 변경</td></tr>
<tr><td>. . 등기</td></tr>
<tr><td rowspan="2">1주의 금액</td><td colspan="2" rowspan="2">금 5,000원</td><td>. . 변경</td></tr>
<tr><td>. . 등기</td></tr>
<tr><td rowspan="2">발행할 주식의 총수</td><td colspan="2" rowspan="2">500,000,000주</td><td>변경연월일</td></tr>
<tr><td>등기연원일</td></tr>
<tr><td colspan="2">발행주식의 총수와 그 종류 및 각각의 수</td><td>자본(금)의 총액</td><td>2004. 05. 04 변경</td></tr>
<tr><td>발행주식의 총수
보통주식
우선주식</td><td>170,132,764주
147,299,337주
22,833,427주</td><td>금 897,513,820,000원</td><td>2004. 05, 06 등기</td></tr>
<tr><td colspan="4">목적
1. 전자전기기계기구 및 관련기기와 그 부품의 제작, 판매, 수급대행 및 임대, 시비스업
<1997.08.28. 변경 1997.03.08. 등기>
2. ~29. (생략)</td></tr>
<tr><td colspan="4">임원에 관한 사항
이사 이○우 4○○○－*****
2006년 3월 16일 중임 2006년 3월 16일 등기
사내이사 이○우 4○○○－*****
2009년 3월 16일 중임 2009년 3월 3월 23일 등기
사외이사 이○웅 4○○○－*****
2009년 3월 13일 중임 2009년 3월 23일 등기
감사위원 이○웅 4○○○－*****
2009년 3월 13일 중임 2009년 3월 23일 등기
대표이사 최○성 5○○○－***** 서을특별시 강남구 도곡동 ○○○번지
2010년 6월 17일 주소변경 2010년 6월 25일 등기</td></tr>
<tr><td colspan="4">기타사항
1. 명의개서대리인 － 한국예탁결제원 <2009년 2월 4일 변경 2009년 2월 16일 등기>
2. 주식의 소각 － 본 회사는 배당이익의 범위 내에서 이사회의 결의로 주식을 소각할 수 있다.
<2002년 2월 28일 변경 2002년 3월 14일 등기>
3. 흡수합병 － 광주광역시 오선동 271 삼성광주전자 주식회사를 합병 <2011년 1월 4일 등기></td></tr>
</table>

<table>
<tr><td colspan="2">전환사채
第166회 무보증 해외 전환사채 2002년 7월 31일 전부 주식 전환 <2002년 8월 2일 등기>
第167회 무보증 해외 전환사채 2003년 7월 4일 전부 상환 <2003년 7월 15일 등기></td></tr>
<tr><td colspan="2">주식매수선택권
1. 본 회사는 임직원에게 주식매수선택권을 주주총회의 특별결의로 부여할 수 있다.
2. ~7. (생략)</td></tr>
<tr><td>회사성립연월일</td><td>1969년 1월 13일</td></tr>
<tr><td>등기기록의 개설사유 및 연월일</td><td>상업등기처리규칙 부칙 제2조 1항을 규정에 의하여 구등기로부터 이기
2001년 8월 21일 등기</td></tr>
</table>

(출처: 수원지방법원 동수원등기소, 법원행정처 등기정보중앙관리소, 2012. 1. 24)

생각해보기

1. 회사정보를 국가(법원)가 관리하는 등기로 일반인에게 널리 공시하게 하는 이유는? 어떤 방법으로 위 등기서류를 열람할 수 있는가?
2. 만일 등기부에 대표이사로 등기되어 있지 않거나 등기말소된 자가 삼성전자의 대표이사로 행세하고 있다고 가정하면, 진정한 대표이사라고 믿고 거래한 상대방은 삼성전자 측에 대표이사의 행위로서 유효하다고 주장할 수 있는가?
3. 등기부 기재가 회사의 잘못으로 사실과 다르게 되어 있는 경우 회사는 등기된 사항에 대해 어떤 부담을 지게 되는가?
4. 등기부를 조회하지 않으면 언제나 보호받을 수 없는가?

1. 상업등기부

(1) 상업등기란 상법규정에 의하여 소정의 사항을 **법원이 관리하는 상업등기부**에 기재하여 널리 일반적으로 공시하는 것이다(상 34조).

(2) **등기관할**은 신청인의 영업소 소재지의 지방법원, 그 지원 또는 등기소이다(상등 4조).

(3) 일반인은 **누구든지** 수수료를 납부하고 상업등기부를 열람할 수 있고,[12] 이를 증명하는 서면의 교부를 청구할 수 있다. **이해관계 있는 자**는 이해관계 있는 부분

12) 위 등기서류는 필자가 전자등기소(http://www.iros.go.kr)를 통하여 2012년 1월 24일 수수료 500원을 지불하고 열람한 것이다. 필자가 삼성전자의 주주나 채권자가 아님에도 불구하고 이러한 열람이 가능한 것은 등기로 공시되는 회사정보는 누구나 열람할 수 있도록 법에서 규정하고 있기 때문이다.

에 한하여 등기부의 '부속서류'도 열람할 수 있다(상등 15조).

(4) 회사등기에는 개인 상인의 등기와는 달리 각 회사의 종류별로 **합명회사등기부**, **합자회사등기부**, **유한책임회사등기부**, **유한회사등기부**, **주식회사등기부**, **외국회사등기부**가 있다(상등 11조 1항).

2. 일반: 대항력

(1) 등기할 사항을 **등기하지 않으면 선의의 제3자에게 대항**하지 못한다(상 37조 1항). 악의의 상대방에 대해서는 미등기 상태에서도 주장할 수 있음이 창설적 등기사항과 차이가 있다. '등기할 사항'에는 새로 생긴 사항은 물론이고 변경·소멸되는 사항도 포함된다. '선의'란 등기대상인 사실(예: 이사가 해임된 사실)의 존재를 알지 못함을 뜻한다. 등기 여부(예: 이사의 해임등기)를 알지 못함을 뜻하는 것은 아니다. '대항하지 못하다'란 미등기상태에서는 등기대상인 사실을 선의의 제3자에게 대항하지 못한다는 뜻이다. 그러나 역으로 제3자는 미등기된 사실관계를 주장할 수 있다(최선선택이론).

(2) 등기할 사항을 등기하면 선의의 제3자에게도 대항할 수 있다(상 37조 1항). 그러나 등기 후라도 제3자가 정당한 이유로 이를 알지 못한 때에는 악의를 의제할 수 없고, 따라서 그에게 대항하지 못한다(상 37조 2항).

3. 부실등기의 효력

사실과 등기가 불일치하는 경우 등기를 믿는 자는 보호를 받지 못함이 원칙이다. 그러나 **고의·과실에 의하여**[13] **사실과 다른 등기**를 한 자는 등기와 다른 사실을 가지고 **선의의 제3자에게 대항하지 못한다**(상 39조).[14] 그러나 역으로 제3자는 등기와 다른 사실관계를 주장할 수 있다.

---

13) 등기신청인이 법인이면 고의·과실의 유무는 대표자를 기준으로 판단한다(대법원 2011. 7. 28. 선고 2010다70018 판결).

14) 외관 작출에 따른 외관책임이다.

4. 특칙: 창설력

(1) 상업등기의 일반적 효력인 대항력(상 37조)과는 달리 등기에 의하여 비로소 새로운 법률관계가 창설되어 효력이 발생하는 경우가 있다. 이는 다수의 이해관계인이 관련되어 있어 법률관계의 효력발생시기를 획일적으로 확정지을 필요가 있는 경우에 인정된다. 창설적 등기사항은 **등기에 의하여 비로소 효력**이 생기게 되므로, 이를 등기하기 전에는 악의의 제3자에 대해서도 그 효력을 주장하지 못한다.

(2) **회사설립등기**(상 172조), **합병등기**(상 233조, 234조, 269조, 528조 1항, 602조), 상호양도의 등기(상 25조 2항) 등이 이에 해당한다.

(3) 이는 특칙이므로 창설적 효력이 인정되는 등기사항에는 등기의 일반적 효력인 대항력에 관한 상법 37조가 적용되지 않는다.

5. 지점의 등기

본점 소재지에서 등기해야 할 사항은 다른 규정이 없는 한 원칙적으로 지점 소재지에서도 등기하여야 한다(상 35조).

연습 및 응용

Q1 X회사는 20○○년 3월 3일 오전 10시에 주주총회의 결의에 의하여 D를 이사로 선임하고, 그 다음 날인 3월 4일 오후 5시에 D가 이사 취임에 동의하고, 3월 10일에 이사 선임에 관한 등기를 마쳤다. 이러한 경우 D가 이사의 지위를 갖는 시기는?

D는 20○○년 3월 4일 이사의 지위를 갖게 된다. 이사 선임에 관한 사항은 '등기할 사항'으로 등기하지 않으면 이를 모르는 선의의 제3자에게 대항하지 못한다(상 37조 1항). 그러나 이사선임의 효력은 등기와는 무관하게 발생한다.

Q2 X회사의 지점장(지배인) A는 부정행위에 연루되어 회사로부터 해임되었다. X회사가 해임 등기를 미루고 있는 동안 A는 그 지점의 지배인 명의로 B와 거래하고 그 대금을 횡령한 후 연락두절 상태에 있다. B는 X회사에 대하여 거래상의 이행책임을 물을 수 있는가?

지점의 지배인은 그 지점의 영업 전반에 걸쳐 영업주(X회사)를 갈음하여 포괄적 대리권을 가진 상업사용인이다(상 11조 1항). 지배인의 선임과 해임은 등기사항이다(상 13조). 위 사안의 경우 등기할 시점에는 사실과 등기가 일치하였으나 그 이후의 사정으로 양자간에 불일치가 발생하였다. 이러한 경우 (i) 상법 37조가 적용된다는 견해, (ii) 상법 37조와 상법 39조가 모두 적용된다는 견해가 있다. 그러나 어느 것에 의하건 B가 A를 지배인으로 오인하였다면 X회사는 선의의 B에게 해임된 사실을 주장하지 못하므로 이행책임을 진다.

Q3 X회사의 대표이사로 등기되어 있지 않은 A가 대표이사로서 그 권한을 행사하였고 거래의 상대방인 B는 그 사실을 알지 못하였다. 이러한 경우 X회사는 B에게 상법 37조에 근거하여 A가 대표이사 아님을 주장할 수 있는가?

상법 37조에 의하면 정당한 사유가 있는 경우가 아닌 한 회사는 선의의 제3자에 대해서도 대항할 수 있다. 하지만 상법 395조의 표현대표이사의 요건을 충족하면 상법 37조의 적용이 배제됨으로써 선의의 상대방인 B는 보호를 받게 된다. 상법 395조는 37조와는 다른 차원의 거래안전을 보호하기 위한 제도이다.

[12.2.3] 공 고

회사가 관계당사자들에게 일정한 사항을 알려주는 방법에는 '통지'와 '공고'가 있다. 공고는 공시매체를 통하여 널리 알린다는 점에서 통지와 다르다. 공고방법으로 사용할 수 있는 매체는 **관보** 또는 **시사에 관한 사항을 취급하는 일간신문**이어야 한다(상 289조 3항 본문). 공고매체는 특정해서 정관에 기재하여야 한다(예: 중앙일보). 택일적 기재(예: 관보 또는 한국경제신문, 조선일보 또는 한겨레)는 위법하다.[15] 주간신문(예: 일요신문)이나 업계신문은 적법한 공고매체가 될 수 없다. 공고매체가 미치는 범위가 전국적일 필요는 없고 지역신문도 무방하다(예: 제주도를 배포지역으로 하는 제주신문). 서면공고 외에 전자공고도 가능하다.[16]

---

15) 만일 공고매체에 관하여 택일적 기재가 허용된다면 공고를 받는 자의 입장에서는 어느 공고매체를 보아야 할지 혼란스럽고 그 모두를 보아야 하는 부담이 있다.

■ **서면공고**

이 회사의 공고는 ○○시에서 발행하는 ○○일보(신문)에 게재한다.

■ **전자공고**

전자공고란 회사의 인터넷 홈페이지에 게재하는 것을 말한다. 전자적 방법으로 공고하려면 정관에 근거규정을 두어야 한다(상 289조 3항 단서, 상령 6조 1항). 전자공고를 할 경우에는 인터넷 홈페이지의 주소를 등기하여야 한다(상령 6조 2항). 전자공고를 하는 경우에는 의사전달이 확실하게 이루어질 수 있도록 공고기간 중 계속공고, 열람 등 보완적 조치를 취하여야 하고 회사는 이에 대해 증명책임을 진다(상 289조 4항 · 5항, 상령 6조 3항).

【참조】 (주)한화의 공고방법

"회사의 공고는 회사의 인터넷 홈페이지(http://www.hanwhacorp.co.kr)에 게재한다. 다만, 전산장애 또는 그 밖의 부득이한 사유로 회사의 인터넷 홈페이지에 공고를 할 수 없을 때에는 서울특별시에서 발행되는 일간 경향신문에 게재한다."((주)한화 정관 4조)

[12.2.4] 정보접근자격

OB맥주의 주식을 대량 매집해온 금복주, 무학주조, 대선주조 등 지방소주 3사가 OB맥주의 회계장부 열람을 청구하는 가처분신청을 제기하였다. 이들은 "OB맥주 주식을 15% 이상 보유하고 있는 주주들"이라고 밝히고 "지난 94년부터 회계장부 열람 등의 청구를 공식적으로 요청했으나 경영진이 이를 묵살해 부득이 법원에 권리의 실현을 호소하게 됐다"고 밝혔다. 서울지법 남부지원은 가처분신청을 받아들였다. 법원이 소수주주들의 권리를 인정, 해당 기업의 회계장부열람을 허용한 것은 처음이다.

3개 소주회사는 법원의 결정 직후 변호사와 공인회계사를 통해 OB맥주의 장부를 열람, 경영부실의 원인을 진단한 뒤 주주총회에서 책임을 물을 계획이라고 밝혔다. 그러나 OB맥주는 "자도주(自道酒) 위헌결정 등으로 궁지에 몰린 지방소주회사들이 소수주주보호를 목적으로 제정된 소수주주의 회계장부 열람권 등을 악용한 것"이라며 "법원에 가처분신청 결정에 대한 이의신청 및 강제집행 정지신청을 제기하겠다"고 밝혔다. (출처: 경향신문 1996. 11. 19; 한겨레 1996. 11. 19; 문화일보 1997. 12. 23; 동아일보 1997. 1. 25)

16) 상장회사는 주주총회 소집공고(상 542조의4 1항)를 금융감독원 및 한국거래소의 전자공시시스템을 통해 공시할 수 있다.

생각해보기

1. 위 사례에서 주주들이 주주의 자격으로 회사에 대하여 회계장부의 열람을 청구하고 있고, 이에 대하여 회사는 열람청구의 목적이 부당함을 이유로 들어 불응하고 있다. 이들 청구와 항변은 정당한가?
2. 회계장부와 재무제표는 영업비밀성과 공개의 필요성이라는 측면에서 볼 때 어떤 차이가 있는가?
3. 영업비밀에 대한 회사의 이익과 회사정보에 대한 주주의 접근이익(알 권리)이 상호 충돌하는 경우 어떤 기준에 의하여 이를 조정할 수 있는가?

회사정보에 접근할 수 있는 자격에 대해서는 정보에 대한 회사의 이익과 이에 대한 이해관계자의 접근이익 등을 고려하여 차별화하고 있다.

(1) 자격제한이 없는 것

상업등기사항, 공고사항(예: 대차대조표; 상 449조 3항) 등은 불특정다수인을 염두에 둔 것이므로 접근자격에 아무런 제한이 없음은 당연하다.

(2) 주주 및 회사채권자에게 인정하는 것

정관·주주총회 의사록·주주명부·사채원부 열람 또는 등사청구권(상 396조 1항·2항), 재무제표 및 그 부속명세서·영업보고서·감사보고서의 열람 또는 등본·초본 교부청구권(상 448조 2항) 등은 주주뿐만 아니라 회사채권자에게도 접근권한을 부여하고 있다.

>>> **사 례**

[1] 사○산업의 소액주주연대가 임시주주총회를 앞두고 주주들에게 연락하며 우호세력을 끌어모으기 위해 법원에 주주명부 열람 및 등사 가처분 신청을 했다. 이에 대해 서울서부지방법원은 공휴일을 제외한 30일 동안 영업시간 내에만 별지 목록 기재 장부의 열람 및 등사를 허용해야 한다는 결정을 내렸다. (출처: 한국경제 2021. 6. 14; 문화일보 2021. 8. 17; 뉴스웨이 2021. 9. 14)

[2] 프○바이오의 주주 K는 2024. 2. 6. 소액주주의 의결권 확보를 통한 주주제안을 위해 주주명부 열람을 회사 측에 요청했다. 프○바이오 측은 주주명부상의 주주 성명, 주소(동까지), 주식의 종류·수량을 제공할 수 있다고 답했다. K의 법률 대리인은 "주주명부 중 전체 주소가 아닌 '동까지'만 열람이 가능하다고 회신한 상태"라며 "이대로라면

채권자가 소액주주들과 연락할 아무런 방도가 없어, 실질적으로 주주명부 열람 또는 등사를 거부하는 것"이라고 말했다. 회사 측은 온전한 명부를 제공하면 개인정보 피해의 우려가 있기 때문이라 항변했다. (출처: 아주경제 2024. 3. 28; 아이뉴스24 2024. 3. 15; 뉴스락 2024. 5. 20)

(3) 주주에게만 인정하는 것

이는 다시 단독주주권과 소수주주권으로 구분된다.

① **단독주주권** – 위 **(2)**의 사항과 이사회 의사록의 열람 또는 등사청구권(상 391조의3 3항)이 이에 해당한다. 주주가 **이사회 의사록의 열람 · 등사**를 청구할 때에 이유 개시를 요하지 않으나, 회사는 이유를 붙여 거절할 수 있다(상 391조의3 4항 전단). 회사가 거절하면 주주는 법원의 허가를 얻어 이사회 의사록을 열람 · 등사할 수 있다(상 391조의3 4항 후단).

② **소수주주권** – **회계장부 열람청구권**(3% 이상; 상 466조 1항, 542조의6 4항), 검사인 선임에 의한 회사의 업무 · 재산상태 조사권(3% 이상; 상 467조, 542조의6 1항) 등이 이에 해당한다.

■ 회계장부 열람청구권

1) 발행주식총수의 3% 이상의 주식을 가진 주주(상장회사의 경우는 6개월 계속하여 0.1% 또는 0.05%)는[17] 이유를[18] 붙인 서면으로 회계의 장부와 서류의 열람 또는 등사를 청구할 수 있다(상 466조 1항, 542조의6 4항). 소수주주권으로 청구자격을 제한한 이유는 재무제표 등과 같이 일반적으로 공시되는 것에 비하여 기밀의 이익이 높기 때문이다.

2) 열람청구의 대상은 피청구회사가 보관하고 있고 회사의 회계상황을 파악하기 위하여 근거자료로 필요하다면 다른 회사가 작성한 서류도 포함한다.[19]

3) 회사는 주주의 열람청구가 **부당**함을 증명하지 아니하면 거부하지 못한다(상 466조 2항).[20] 열람청구의 정당성 유무는 기업비밀에 대한 회사의 이익과 경영정보에 대한 주주의

---

17) 열람과 등사에 시간이 소요되는 경우에는 열람 · 등사를 청구한 주주가 전 기간을 통해 발행주식총수의 3% 이상의 주식을 보유하여야 하고, 회계장부의 열람 · 등사를 재판상 청구하는 경우에는 소송이 계속되는 동안 위 주식 보유요건을 구비하여야 한다(대법원 2017. 11. 9. 선고 2015다252037 판결).

18) 대법원 2022. 5. 13. 선고 2019다270163 판결: 주주가 제출하는 회계장부 열람 · 등사청구서에 붙인 '이유'는 회사가 열람 · 등사에 응할 의무의 존부를 판단하거나 열람 · 등사에 제공할 회계장부와 서류의 범위 등을 확인할 수 있을 정도로 열람 · 등사청구권 행사에 이르게 된 경위와 행사의 목적 등이 '구체적으로' 기재되면 충분하고, 더 나아가 그 이유가 사실일지도 모른다는 합리적 의심이 생기게 할 정도로 기재하거나 그 이유를 뒷받침하는 자료를 첨부할 필요는 없다.

19) 대법원 2004. 12. 24. 자 2003마1575 결정.

20) 대법원 2022. 5. 13. 선고 2019다270163 판결: 회계장부 열람 · 등사청구의 부당성, 이를테면 열람 ·

접근이익(알 권리)을 비교형량하여 판단한다.[21]

››› **사 례**

한○칼의 2대 주주인 그레이▲홀딩스(KCGI의 투자목적 자회사)는 한○칼의 '이사회 의사록 및 회계장부 등 열람 허용 가처분 신청'을 서울중앙지법에 신청했다. 2018. 12. 5. 이사회에서 결의한 3개 금융기관으로부터 조달한 600억원의 차입금, 7개 금융기관으로부터 조달한 1,000억원의 차입금의 사용내역을 살펴보기 위함이라고 신청목적을 밝혔다. (출처: 서울경제 2019. 6. 5; 조선일보 2019. 6. 5; 한국경제 2019. 6. 6)

연습 및 응용

Q1 X회사(상장회사)에 대하여 주주 S가 회계장부의 열람을 청구하고 있다. 다음 중 X회사가 이를 거부하는 사유로 정당한 것은?

① 열람청구의 이유를 제시하지 않았다.
② 열람청구가 정당함을 S가 증명하지 않았다.
③ "회사 경영상태가 궁금해서"라고 청구이유를 제시하였다.
④ 구두로 열람을 청구하였다.
⑤ S가 청구시점에 발행주식총수의 3% 이상을 주식을 보유하고 있으나 계속보유기간이 6개월이 채 되지 않는다.
⑥ 총회진행 중에 필요하다고 하면서 청구절차 없이 열람을 청구하였다.
⑦ 회사의 경리상황을 나타내는 일체의 장부와 서류를 모두 열람할 것을 청구하였다.
⑧ X회사의 자회사인 Y회사의 회계장부에 대하여 열람을 청구하는데, X회사는 그 회계서류를 보관하고 있지 않다.

①, ③, ④, ⑥, ⑦, ⑧:

① 회계장부의 열람청구는 이유를 붙인 서면으로 하여야 한다(상 466조 1항). ② 청구자는

등사청구가 허위사실에 근거한 것이라든가 부당한 목적을 위한 것이라든가 하는 사정을 주장·증명할 책임은 회사에 있다. 이른바 모색적 증거수집을 위한 열람·등사청구는 허용될 수 없다. 그러나 열람·등사청구권이 기본적으로 회사의 업무 등에 관한 정보가 부족한 주주에게 필요한 정보획득과 자료수집을 위한 기회를 부여하는 것이라는 사정을 고려할 때 모색적 증거수집에 해당하는지는 신중하고 엄격하게 판단해야 한다.

21) 대법원 1999. 12. 21. 선고 99다137 판결; 대법원 2004. 12. 24. 자 2003마1575 결정; 대법원 2020. 10. 20.자 2020마6195 결정.

청구이유를 구체적으로 제시하면 족하고 그 청구가 정당하다는 것을 증명할 책임을 지지 않는다. 청구의 부당성에 대한 증명책임은 상대방인 회사에 있다(상 466조 2항). ③ 청구이유 기재의 정도는 회사의 경영상태를 파악하여 감독 · 시정할 필요가 있다고 볼만한 구체성을 띠어야 한다. ④ 열람청구는 서면으로 하여야 한다(상 466조 1항). ⑤ 상장회사의 경우에도 비상장회사의 소수주주권 행사요건을 갖추면 청구적격을 갖는다(양자 택일적 적용설). ⑥ 회계장부의 열람을 청구하려면 법 소정(상 466조 1항)의 청구방법에 의하여야 한다. ⑦ 상법 466조에 기한 회계장부 열람청구의 대상은 '회계의 장부와 서류'에 한정한다(한정설). 그 밖의 사항은 상법 467조(업무 · 재산상태 조사권)에 의하여야 한다. ⑧ 모회사 주주의 회계장부 열람청구권이 자회사에 대해 '일반적으로' 미치지는 않는다. 모회사와 자회사는 별개의 회사이고, 모회사 감사의 조사권이 자회사에 미친다는 규정(상 412조의4)에 상당하는 규정이 회계장부 열람청구권의 경우에는 없기 때문이다. 판례는 모회사의 회계상황을 파악하기 위한 근거자료로서 실질적으로 필요하고 또 모회사가 보관하고 있으면 청구 대상이 될 수 있다고 한다.[22)]

22) 대법원 2001. 10. 26. 선고 99다58051 판결.

제 13 장

회사의 생애

제 1 절 총 설

회사는 법인격을 부여받는 시점(설립 등기시)에 법적 인격체로서 탄생하고 그 법인격이 소멸되는 시점(해산과 청산 등기시)에 소멸된다. 자연인이 출생에 의하여 법인격을 취득하고 사망에 의하여 그 법인격을 상실하는 것과 유사하다. 그러나 회사는 자연인과 달리 원래 영속적인 존재이며, 해산한다고 하여 곧바로 소멸하는 것이 아니라 스스로 청산절차를 거쳐 뒷마무리를 해서 매듭지어야 하는 점에서 차이가 있다. 회사는 존속 중에 확대·축소·변모하기도 한다.

제 2 절 회사의 설립

주식회사를 설립하는 방법으로는, (i) 주주들이 새로이 출자하여 주식회사를 신설하는 방법, (ii) 기존의 영업을 회사에 출자함으로써 개인 사업을 주식회사(법인)로 전환하는 방법, (iii) 기존 회사의 합병·분할·주식의 포괄적 이전 등에 의해 신설하는 방법 등이 있다.

제주도가 중문단지 부근에 국제회의장과 카지노장을 건설하기 위해 (주)제주국제컨벤션센터를 설립하기로 하였다. 이는 직접공모의 모집설립 방식으로 자본금 528억원 규모의 주식회사로 설립하고, 이에 제주도와 제주시, 서귀포시 등이 발기인으로 참여한다. (주)제주국제컨벤션센터의 설립자본금 528억원 중 278억 4천만원(지분 52.7%)은 제주도를 포함한 지방자치단체 등 총 383명의 발기인단에 의하여 인수됐다. 나머지 249억 6천만원이 공모될 예정이다. 공모할 액수 중에는 한국관광공사가 현물로 출자할 토지 1만 6천여 평(추정액 133억 1천만원)이 포함돼 실제 공모액은 약 116억원 정도이다. 신주의 발행가격은 주당 5천원이며, 청약자격은 과거나 현재의 주소가 제주도인 개인 또는 법인 등에 한정된다. (출처: 한국경제신문 1997. 6. 11)

■ **보충해설**

위 신문기사에 의하면 '(주)제주국제컨벤션센터'는 모집설립의 방식을 취하고 있다. 대규모의 자본이 필요하고 주주를 개방적으로 모으기 위한 것으로 보인다. 주주모집의 방법으로는 공개모집은 물론이고 위 신문기사에서처럼 제주도민으로 한정하는 것과 같은 연고모집도 가능하다. 위 신문기사에서 한국관광공사는 토지를 현물로 출자하고 그 평가금액에 상당하는 신주를 배정받아 주주로 참여하고 있다.

생각해보기

1. 위 사례에서는 어떤 방식으로 주식회사를 설립하고 있는가? 출자자의 자격을 과거나 현재의 주소가 제주도인 개인 또는 법인에 한정한 것은 적법한가?
2. 설립방식에 있어서 주식회사는 합명회사·합자회사·유한회사·유한책임회사와 어떤 차이점이 있는가? 주식회사를 설립하는 방법으로 발기설립과 모집설립의 방법이 있는데, 차이점과 장단점은?
3. 발기인이란 무엇이며, 발기인제도를 두는 이유는? 위의 사례에서 자연인이 아닌 제주시, 서귀포시 등도 발기인이 될 수 있는가?

주식회사의 설립에 대한 법적 규율은 다른 종류의 회사에 비하여 엄격하며, 발기인 제도를 두고, 모집설립이 허용되며, 실체형성을 위한 절차가 필요하다는 특징을 갖는다.

[13.2.1] 발기인

(1) 발기인은 주식회사를 설립함에 있어서 **정관을 작성하고 정관에 발기인으로 기명날인 또는 서명을 한 자**이다(상 288조, 289조 1항 8호).[1] 발기인은 적어도 1주 이상의 주식을 인수하고 납입하여야 한다.[2] 발기인의 수는 1인 이상이면 된다.

(2) 발기인은 설립중 회사의 기관으로서 설립사무를 담당하고 회사설립과 관련하여 책임을 진다(상 321조 1항·2항, 322조 1항·2항, 326조 1항).

(3) 발기인이 2인 이상인 경우 이들 사이에 회사설립을 목적으로 하는 합의가 존

1) 상법상의 발기인은 실질적 역할을 기준으로 하지 않고 정관의 기재를 기준으로 하여 형식적으로 정해진다.

2) 이는 모든 발기인이 예외없이 설립시의 출자에 참여하여 사원(주주)이 된다는 뜻이기도 하다.

재하게 된다. 이를 **발기인조합**이라 한다.[3)]

[13.2.2] 설립중의 회사

(1) 설립중의 회사는 설립등기 이전에 장차 성립될 회사의 전신(前身)이다. 이는 법인격은 없지만[4)] 회사설립이라는 제한된 범위 내에서 권리능력을 가지며 성립 후의 회사와 동일한 실체이다.

(2) 설립중의 회사가 성립하는 시기는 ⓐ 정관을 작성하고 ⓑ 발기인이 1주 이상의 주식을 인수한 시점이라고 보는 것이 다수설과 판례의 입장이다.[5)] 회사로서 최소한의 실체를 구비하여야 하기 때문이다. 설립중의 회사는 이 시점부터 설립등기시까지 존재하다가 설립등기를 하면 자동적으로 성립 후의 회사가 된다(동일체).

(3) 발기인이 설립중 회사의 기관으로서 그 권한범위 내에서 설립중 회사의 명의로 행한 행위는 설립중 회사의 행위로서 유효하다. 발기인이 설립중 회사의 기관으로서 회사설립을 위한 행위로 발생한 권리・의무는 설립중 회사에 귀속(총유)하였다가 **회사가 성립하면 특별한 이전행위를 요하지 않고 성립 후의 회사에 자동적으로 귀속**한다. **발기인이 설립중 회사의 기관으로서 할 수 있는 행위**는 ⓐ 회사설립을 위해 법률상・경제적으로 필요한 행위뿐만 아니라, ⓑ 회사설립 후의 개업을 위한

〈표 13.2.2-1〉 발기인조합과 설립중의 회사 비교

	발기인조합	설립중의 회사
본 질	개인법적 존재 (발기인 상호간의 내부적인 계약관계)	단체법적 존재 (권리능력 없는 사단)
성립 후 회사와의 관계	그 자체로서는 설립중 회사 및 성립된 회사와 직접적인 법적 관계를 갖지 못한다.	성립된 회사와 직접 관련 (동일체)
인적 범위	설립중 회사의 기관인 발기인과 발기인조합의 조합원의 인적 범위는 동일하다.	
양자의 관계	발기인조합에 뒤이어 설립중 회사가 성립한다. 보통은 회사의 성립시(설립등기시)까지 양자가 병존한다.	

3) 이는 민법상의 조합이며 조합에 관한 민법규정의 적용을 받는다.
4) 설립등기 이전에는 마치 어머니 뱃속에 있는 태아와도 같이 완전한 법인격을 갖지 못한다.
5) 대법원 1994. 1. 28. 선고 93다50215 판결.

준비행위도 포함한다는 것이 판례의 입장이다.[6)]

[13.2.3] 설립방법

주식회사를 설립하는 방법에는 발기설립 외에 모집설립이 있다.

(1) 발기설립

설립할 때 발행하는 주식 전부를 발기인이 인수·납입함으로써 발기인만이 주주가 되어 설립하는 방식이다.

(2) 모집설립

설립할 때에 발행하는 주식의 일부를 발기인이 인수하고, 그 나머지 주식에 대해서는 주주를 모집하여 모집에 응한 주주로 하여금 주식을 인수·납입하게 하여 설립하는 방식이다.

››› **사례**

울릉도 관문인 도동항 주민들이 겨울철 대형여객선 휴항에 대처하기 위해 자본금 1억원의 새로운 해운회사를 설립하기로 하고 주주를 모집했다. 울릉주민을 비롯해 울릉향우회원들은 누구나 주주로 참여할 수 있다. 주식은 액면가 5천원의 기명식으로 하고, 주권은 1주권, 10주권, 100주권, 500주권 4종으로 했다. (출처: 대구신문 2018. 12. 3; 경북신문 2018. 12. 4)

[13.2.4] 설립절차

(1) 단계 및 특징

1) 주식회사의 설립절차는 크게보면 (i) **정관작성**, (ii) **실체형성**, (iii) **설립등기**로 구성된다. (ii)의 실체형성절차는 ⓐ 주주 확정절차 – ⓑ 자본금 확정절차 – ⓒ 기관 구성절차로 구성된다. 주주 확정절차에 의하여 주식회사의 사원(원시주주)

---

6) 대법원 1970. 8. 31. 선고 70다1357 판결(최광의설). 학설로는 회사설립 자체를 직접 목적으로 하는 행위에 국한한다는 설(협의설; 소수설)과 회사설립을 위해 법률상·경제상 필요한 행위를 모두 포함한다는 설(광의설; 다수설)이 있다. 최광의설을 취하는 판례에 의하더라도 영업행위는 포함하지 않는다. 설립 중 회사의 영업행위는 과태료 부과 대상이 되고(상 636조 1항), 이는 신설회사에 귀속하지 않으므로 발기인(또는 발기인조합)에 귀속한다.

을 확정하고, 자본금 확정절차(주식의 인수·납입절차)에 의하여 회사의 물적 기초인 자본금을 확정하고, 기관 구성절차에 의하여 이사·감사를 선임한다.

2) 주식회사의 설립절차에 관한 상법규정은 강행규정이다. 회사라는 단체를 형성하기 위하여 다수인이 참여하므로 법률관계를 객관적으로 명확하게 규율할 필요가 있기 때문이다. 법에 의하여 인허가 등을 요하는 경우를 제외하고는 법규정을 준수하는 한 자유롭게 회사를 설립할 수 있다(순칙주의).

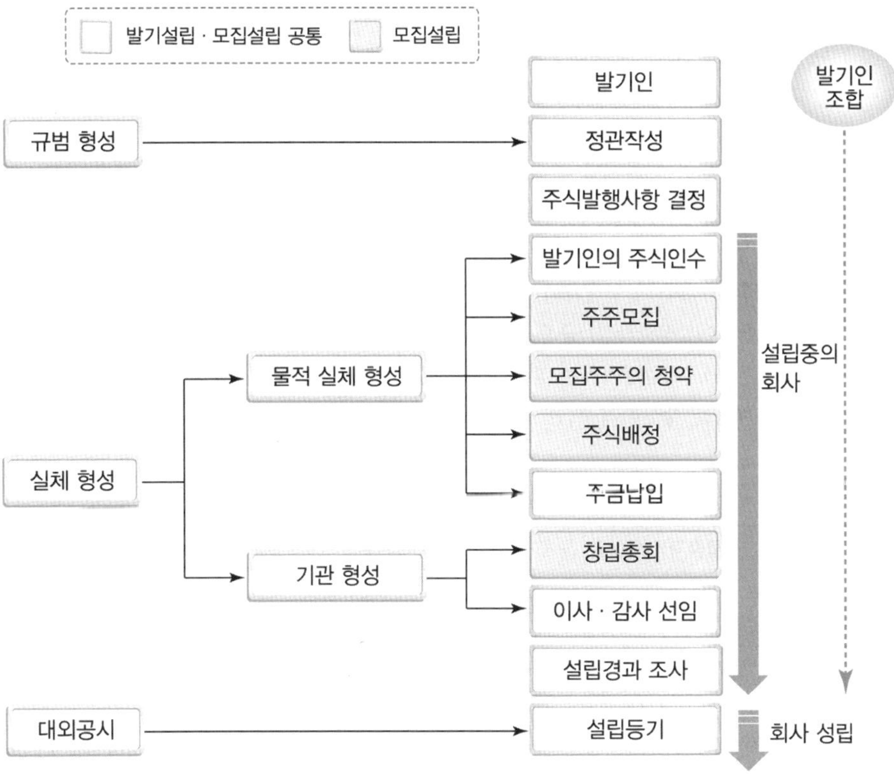

:: [그림 13.2.4-1] 발기설립과 모집설립 비교

(2) 정관 작성

회사를 설립할 때에는 우선 회사의 기본적 자치규범인 정관(**원시정관**)을 작성하여야 한다.[7] 발기인은 원시정관을 작성하고 기명날인 또는 서명하여야 한다(상 289

7) 국가를 세울 때에 먼저 국가의 기본 통치이념, 통치구조와 기본법질서를 담은 헌법(제헌헌법)을 제정

조 1항). 정관 기재사항에는 절대적 기재사항(상 289조 1항)과 상대적 기재사항이 있다. 상대적 기재사항에는 변태설립사항과 그 밖의 사항이 있다.

■ **변태설립사항**

변태설립사항은 회사를 설립할 때에 자본충실을 해칠 우려가 있는 위험한 사항이다(위험설립사항). 이에 대해서는 객관적인 조사를 위하여 별도의 검사절차를 거쳐야 함이 원칙이다(상 299조 1항, 299조의2, 310조). 변태설립사항에는 다음의 것들이 있다(상 290조).[8)]

① **발기인의 특별이익** – 발기인에게 회사설립에 기여한 공로로 특별히 주어지는 프리미엄이다(예: 회사와의 납품거래를 할 수 있는 기회의 부여 등).

② **발기인의 보수** – 발기인이 회사설립을 위하여 제공한 노동에 대한 대가이다(예: 설립사무에 투입한 1개월의 노임을 계산하여 500만원 지급).

③ **현물출자** – 회사를 설립할 때 금전이 아닌 재산으로 출자하는 경우에 그 재산의 종류와 가액, 이에 대하여 부여할 주식의 종류와 수를 변태설립사항으로 기재하여야 한다.

④ **재산인수** – 회사성립 후 특정인으로부터 일정한 재산을 회사가 양수하기로 하는 발기인과 특정인의 약정이다.

⑤ **설립비용** – 회사설립절차의 실행에 소요되는 비용을 정관에 기재한 경우에는 회사가 이를 부담한다(예: 정관작성, 공증, 감정평가, 설립사무실 임차, 법률자문, 등기 등 회사설립에 필요한 비용). 개업준비비는 회사설립 이후의 사업을 위하여 필요한 비용으로(예: 회사설립 이후 제품을 생산하기 위한 공장 · 원료구입비 등), 설립비용과는 별개의 것이다.

〈표 13.2.4-1〉 현물출자(설립시) · 재산인수 · 사후설립 비교

<table>
<tr><th></th><th>현물출자 (설립시)</th><th>재산인수</th><th>사후설립</th></tr>
<tr><td>성질
(대가)</td><td>출자
(신주)</td><td colspan="2">거래
(금전 등 거래의 일반적 대가)</td></tr>
<tr><td>시기</td><td colspan="2">회사성립 전</td><td>회사성립 후 (2년 이내)</td></tr>
<tr><td>대상</td><td colspan="2">(제한 없음)</td><td>회사성립 전부터 존재하던 고정재산을 자본의 5% 이상의 대가로 취득하는 계약</td></tr>
<tr><td>규율</td><td colspan="2">변태설립사항: 정관 기재, 검사</td><td>주주총회 특별결의</td></tr>
</table>

해야 하는 것과 같은 이치이다.

8) 변태설립사항이 있는 경우 발기설립할 때는 법원에 보고하고(상 299조 1항), 모집설립할 때는 창립총회에 보고해야 한다(상 313조 1항).

(3) 주식발행사항 결정

발기인은 회사설립시의 주식발행에 관한 사항을 정관에 다른 정함이 없으면 발기인 전원의 동의로 정해야 한다(상 291조).

(4) 주주 확정 (주식인수)

주주를 확정하기 위해서 주식인수의 절차를 밟아야 한다. 주식인수도 일종의 계약(contract)이기 때문에 주주가 되고자 하는 자의 **청약**과 이에 대한 회사의 승낙에 해당하는 **배정**에 의한다. 주식인수의 청약은 단체법적 법률관계를 명확하게 하기 위하여 서면(주식청약서)에 의하도록 하고 있다(상 293조, 302조 1항).[9]

(5) 자본금 확정 (주금 납입)

1) 주식을 인수한 자는 주식인수계약상의 의무에 따라 인수금액(주금)을 **납입**하여야 한다. 주식인수대금을 납입하는 방법으로는 금전출자뿐만 아니라 현물출자도 가능하다. 모집설립의 경우 모집주주가 회사설립시의 주식인수대금을 납입하지 않을 때에는 주식인수인의 지위를 박탈하고 새로이 인수인을 구하는 절차를 밟아야 한다(상 307조). 이를 **실권절차**라고 한다.[10]

2) 회사가 직접 납입금을 받을 수 없고 제3의 기관인 **은행 기타 금융기관에 납입**하도록 하여야 한다(상 295조 1항 단서, 302조 2항 9호). 이는 가장납입을 막기 위함이며 또한 금융기관이 이런 업무를 처리하기에 적합하기 때문이다. 납입금보관자인 금융기관은 **납입금보관증명서**를 발급하여 주고, 회사는 이를 설립등기서류에 증빙자료로 첨부해야 한다. 납입금증명서에 기재된 금액에 대하여 이를 발급한 금융기관은 증명책임을 진다(상 318조 2항). 자본금이 10억원 미만인 소규모주식회사를 '발기설립'하는 때에는 납입금보관증명서를 은행이나 금융기관의 '잔고증명서'로 대체할 수 있다(상 318조 3항).

---

9) 계약자유의 원칙상 계약은 구두에 의하더라도 유효하다는 일반원칙과는 대비된다.

10) 발기설립에 의하는 때와 회사설립 이후 신주를 발행할 때에는 이러한 실권절차를 요하지 않는다.

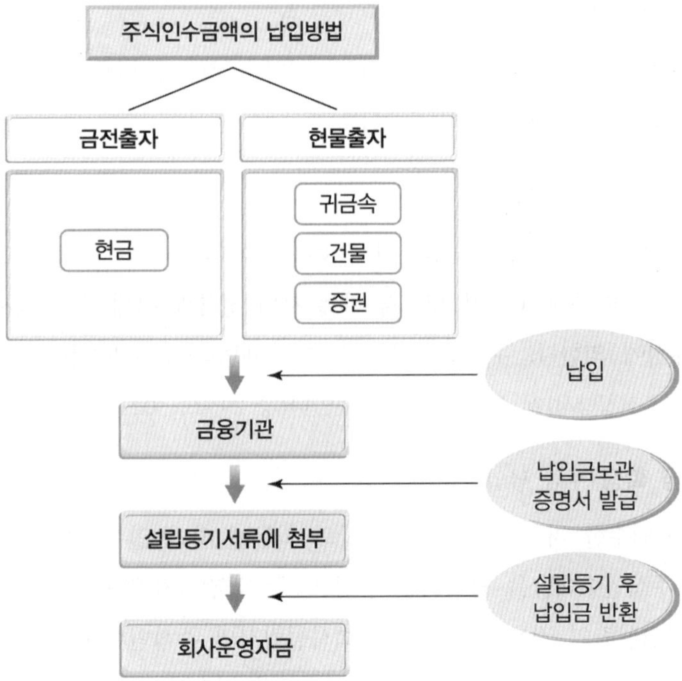

:: [그림 13.2.4-2] 주식인수금액의 납입 및 사용

(6) 기관 구성 (이사 · 감사 선임)

출자이행절차가 완료되면 지체없이 이사와 감사를 선임하여야 한다. (i) **발기설립의 경우**에는 **'발기인'**이 의결권의 과반수로 이사와 감사를 선임하고(상 296조 1항, 민 706조 2항 참조), (ii) **모집설립의 경우**에는 **'창립총회'**에서 가중된 결의요건(상 309조)으로 이사와 감사를 선임한다(상 312조). 이사 · 감사의 임기는 설립시부터 기산된다.[11)]

(7) 설립경과 조사

1) 일반적 사항 : 내부조사 – 회사설립등기를 하기 전에 마지막으로 회사설립에 문제가 없는지 설립경과를 조사하는 절차를 밟는다(상 298조 1항). 설립경과의 조사는 **이사 · 감사**가 하는 것이 원칙이다.

2) 변태설립사항 : 외부조사 – 변태설립사항이 있는 경우에는 **법원이 선임한 검사**

11) 이사와 감사가 선임된 후에도 설립 중 회사의 집행기관은 여전히 발기인이다.

인의 조사를 받거나(상 298조 4항), 이를 보다 간편한 방법인 **공증인의 조사**(발기인의 특별이익, 보수, 설립비용) 또는 **공인된 감정인의 감정**(현물출자, 재산인수)으로 갈음할 수 있다(상 298조 4항 단서, 299조의2). 다만 소액이거나 불공정 우려가 없으면 외부조사가 면제된다(상 299조 2항).

(8) 설립등기

1) 설립절차가 모두 종료되면 회사의 본점 소재지에서 2주간 내에 설립등기를 하여야 한다(상 317조 1항). 설립등기에 의하여 회사는 비로소 완전한 법인격을 취득함으로써 **성립**된다(창설적 효력; 상 172조).[12)]

2) 설립중 회사의 기관으로서 발기인이 회사설립을 위하여 취득한 권리・의무는 설립등기에 의하여 성립된 회사에 별도의 이전절차 없이 자동적으로 이전된다.

[13.2.5] 설립에 관한 책임

1. 발기인의 책임

(1) 회사 불성립시

회사 설립절차에 착수하였으나 설립등기를 마치지 못한 회사 불성립의 경우, 발기인은 설립에 관한 행위에 관하여 연대책임을 지고 설립비용을 부담한다(상 326조 1항・2항). 이는 법정의 무과실책임이다.

(2) 회사 성립시[13)]

1) 회사에 대한 책임 — (i) 회사설립시에 발행한 주식으로 회사성립 후에 아직 인수되지 않은 주식이 있거나 주식인수의 청약이 취소된 때에는 발기인이 공동으로 인수한 것으로 의제하고(**인수담보책임**; 상 321조 1항), 회사성립 후 납입이 완료되지 않은 주식이 있는 때에는 발기인이 연대하여 납입하여야 한다(**납입담보책임**; 상 321조 2항). 이는 법정의 무과실책임이다. (ii) 발기인이 회사설립에 관하여 그 임무를 해태한 때에는 그 발기인은 회사에 대하여 연대하여 **손해배상책임**을 진다(상 322조

12) 이 밖에도 실무상으로는 관할세무서에 사업자등록을 하는데, 이는 회사성립의 효력발생과는 무관하다.

13) 그 내용은 이사의 회사 및 제3자에 대한 책임과 기본적으로 같다. 다만 신주발행의 경우 이사는 자본충실책임으로 인수담보책임만을 진다(상 428조 1항).

1항). 이는 과실책임이다.

2) **제3자에 대한 책임** – 발기인이 회사설립에 관하여 **악의** 또는 **중대한 과실**로 그 임무를 해태한 때에는 그 발기인은 제3자에 대하여도 연대하여 **손해배상책임**을 진다(상 322조 2항).

■ **유사발기인의 책임**

유사발기인이란 정관에 발기인으로 기재된 자는 아니나, 주식청약서 기타 주식모집에 관한 서면(예: 주주모집광고, 설립안내문 등)에 성명을 기재하고 회사설립에 찬조한다는 뜻(예: 설립위원, 고문, 자문위원 등 명칭 사용)을 기재할 것을 승낙(묵시적 승낙 포함)한 자를 말한다(상 327조). 이러한 외관을 작출한 유사발기인은 **발기인과 동일한 책임**을 지는 것이 원칙이다. 그러나 발기인으로서 직무를 수행하지 않기 때문에 설립에 관한 임무해태를 전제로 하는 손해배상책임은 지지 않는다.

2. 기타 설립관여자의 책임

(1) 이사 및 감사가 설립절차에 관한 조사·보고의무를 게을리 한 경우 회사 또는 제3자에 대하여 손해배상책임을 진다. 발기인도 책임을 질 때에는 이사 및 감사와 연대하여 손해배상책임을 진다(상 323조).

(2) 법원이 선임한 **검사인**이 변태설립사항을 조사·보고함에 있어서 '악의 또는 중대한 과실'이 있는 때에는 회사 또는 제3자에 대하여 손해배상책임을 진다(상 325조).[14)]

[13.2.6] 무효의 소

주식회사의 설립절차가 강행규정을 위반하거나 주식회사의 본질에 반하는 하자(**객관적 하자**)가 있는 때에는[15)] **주주·이사·감사**가 회사성립일로부터 **2년 내**에 회사설립 무효의 소를 제기할 수 있다(상 328조).[16)]

---

14) 공증인과 감정인의 책임에 대해서는 명문의 규정이 없는데, 검사인의 손해배상책임에 관한 규정(상 325조)과 이사와 감사의 책임에 관한 규정(상 323조)을 유추적용하여야 한다.

15) 대법원 2020. 5. 14. 선고 2019다299614 판결: 주식회사의 설립과 관련된 주주 개인의 의사무능력이나 의사표시의 하자는 회사설립의 무효사유가 되지 못한다. 주식회사의 설립 자체가 강행규정에 반하거나 선량한 풍속 기타 사회질서에 반하는 경우 또는 주식회사의 본질에 반하는 경우 등에 한하여 회사설립의 무효사유가 된다.

16) 주식회사의 경우 다른 종류의 회사와는 달리 설립취소의 소와 주관적 무효사유를 인정하지 않는다.

연습 및 응용

Q1 삼성전자(주)는 1968년 12월 30일에 회사를 설립하고 원시정관을 작성하면서 정관 말미에 당시의 발기인 7인을 아래와 같이 기재하고 있다.

서울특별시 중구 충무로 1가 52번지의 5 동방생명보험주식회사	
대표이사 사장	조 우 동
서울특별시 중구 태평로 2가 70의 5 안국화재해상보험주식회사	
대표이사 사장	손 영 기
서울특별시 중구 장충동 1가 110번지	이 병 철
서울특별시 중구 필동 3가 39번지의 6	정 상 희
서울특별시 중구 필동 2가 100번지의 1	이 맹 희
서울특별시 중구 장충동 1가 82번지	김 재 명
서울특별시 성북구 남선동 4가 319번지의 17	정 수 창

(1) 위는 회사설립에 발기인으로 참여한 자들에 대한 역사적 사실을 정관에 기재한 것이기도 한데, 이는 어떤 의미가 있는가?

(2) 위 회사를 설립함에 있어서 실제 주된 역할을 하였지만 정관에 발기인으로 기명날인 또는 서명되어 있지 않은 자를 발기인으로 취급할 수 있는가?

(3) 법인도 발기인이 될 수 있는가?

발기인인지 아닌지는 형식적 기준으로 판단한다. 즉, 발기인은 원시정관을 작성하고 이에 발기인으로 기명날인 또는 서명한 자를 말한다(상 289조 1항 8호). 설립사무를 담당하지 않더라도 정관에 발기인으로 기명날인 또는 서명하였으면 발기인이고, 반대로 아무리 회사설립에 주도적 역할을 하였더라도 정관에 발기인으로 기명날인 또는 서명하지 않았으면 발기인이 아니다. 후자는 유사발기인이 될 수 있을 뿐이다(상 327조). 발기인의 자격에는 원칙적으로 제한이 없다. 자연인뿐만 아니라 법인도 발기인이 될 수 있다. 위에서 동방생명보험(주)과 안국화재해상보험(주)은 법인인 발기인이다.

Q2 X주식회사를 설립하는 단계에서 발기인(A)이 회사의 사업용 재산으로 사용할 건물을 취득하였다. 이러한 경우 당해 건물에 대한 등기명의를 누구로 할 것인가?

'설립중의 회사'의 명의로 등기한다. 설립중의 회사는 민사소송의 당사자능력이 있고(민소 52조), 부동산등기 또는 상호 가등기능력이 있으며(부동산등기법 30조 1항, 상 22조의2 1항), 회사설립에 필요한 범위 내에서 직접 권리와 의무의 주체가 된다(총유 또는 준총유). 그러나 설립중의 회사(X′)가 부동산을 현물출자로 받는 경우 출자자로부터 단지 등기이전에 필요한 서류를 교부받을 뿐이고(상 295조 2항), 회사가 성립된 다음 성립된 회사(X)의 명의로 등기를 하는 것이 일반적이다.

Q3 주식회사를 설립하면서 정관 인쇄비, 사무실 임차료, 아르바이트 수당과 식비 지급 등으로 경비가 지출되었으나 이를 설립비용으로 정관에 기재하지 않았다.

(1) 당해 비용을 지출한 자는 회사에 구상권을 행사할 수 있는가?

(2) 만일 구상권을 행사할 수 없다면 그 비용은 누가 부담하여야 하나?

회사설립시의 설립비용은 변태설립사항으로 정관의 상대적 기재사항이다(상 290조 4호). 이는 기재하지 않아도 정관 자체의 효력에는 지장이 없으나 정관에 기재하지 않으면 당해 사항은 그 효력이 발생하지 못한다. 이러한 경우 (i) 외부관계에 있어서는 발기인 전액부담설, 회사 전액부담설, 회사·발기인 중첩부담설, 회사·발기인 분담설 등이 있는데, 회사 전액 부담설이 다수설이고, (ii) 내부관계에 있어서는 발기인이 이를 부담하고 회사에 부당이득이나 사무관리에 의한 청구를 할 수 없다.

만일 설립비용을 정관에 기재하였다면 발기인이 일단 비용을 지급한 후에 정관에 기재된 범위 내에서 성립한 회사에 구상권을 행사할 수 있다.

Q4 동업약정에 따라 주식회사를 설립한 후 탈퇴하는 경우 동업자 사이에 정산하는 방법은? (민법의 조합 법리에 의할 것인지, 상법의 주식회사 청산 법리에 의할 것인지)

A와 B는 천안시 소재의 토지를 매수, 개발하는 내용의 약정을 체결했다. 동업약정에 따르면 A와 B는 X주식회사를 설립하고 A회사가 토지를 매수하여 함께 개발하게 되어 있었다. 이에 따라 B는 대표이사이자 유일한 주주로서 X주식회사를 설립하였고, X회사는 Y회사로부터 토지를 매수하였다. 이후 A는 동업관계에서 탈퇴하면서 정산금 지급을 구했다.

대법원 2024. 6. 27. 선고 2022다302022 판결: 동업약정에 따라 주식회사가 설립되어 그 실체가 갖추어진 이상, 주식회사의 청산에 관한 상법의 규정에 따라 청산절차가 이루어지지 않는 한 일방 당사자가 잔여재산을 분배받을 수 없다. 이러한 법리는 동업약정에 따라 주식회사가 설립된 후 당사자 일방이 동업관계에서 탈퇴하였다고 주장하며 정산을 구할 때도 마찬가지이다. (같은 취지: 대법원 2002. 10. 11. 선고 2001다84381 판결; 대법원 2022. 10. 27. 선고 2018다273530 판결 등)

Q5 주식 발행에 대한 법적 규율에 있어서 주식회사의 설립시인가 설립 이후인가에 따라 같은 점과 다른 점이 있다. 이를 비교해보시오.

<table>
<tr><th colspan="2">구 분</th><th>설립시 주식발행</th><th>설립 후 신주발행</th></tr>
<tr><td colspan="2">중점과 특징</td><td>주식회사의 설립단계에서 물적 실체 확보와 회사 남설을 방지하기 위해 엄격 규제</td><td>자금조달의 편의와 기동성을 위하고 기업유지의 관점에서 규제 완화</td></tr>
<tr><td colspan="2">이해가 상충되는 자</td><td>없음</td><td>기존 주주 vs 새로운 주주</td></tr>
<tr><td colspan="2">신주인수권</td><td>(이런 개념 없음)</td><td>기존 주주가 우선적으로 신주인수권을 갖는 것이 원칙, 예외적으로 제3자 배정</td></tr>
<tr><td colspan="2">정관 기재 요부</td><td>요함 (설립시 발행주식총수와 현물출자는 정관 기재사항)</td><td>불요 (이사회 수권: 수권자본주의)</td></tr>
<tr><td colspan="2">발행주식 총수에 대한 인수와 납입을 요하는지?</td><td>요함 (사본확정 원칙)</td><td>불요</td></tr>
<tr><td colspan="2" rowspan="2">현물출자에 대한 규제</td><td>정관 기재, 창립총회 승인사항</td><td>이사회 결의만으로 가능</td></tr>
<tr><td colspan="2">검사인의 조사를 원칙적으로 요함 (특칙: 공인감정 대체, 감사의무 면제)</td></tr>
<tr><td colspan="2">액면미달발행</td><td>절대 금지</td><td>원칙 금지, 예외 허용</td></tr>
<tr><td colspan="2">납입 불이행시 실권절차</td><td>○ (모집설립시)</td><td>×</td></tr>
<tr><td rowspan="2">미인수 · 미납입부분</td><td>등기이전</td><td>100% 인수와 납입(자본확정 원칙)</td><td>실권주 처리(마감발행)</td></tr>
<tr><td>등기이후</td><td>발기인의 인수담보책임 · 납입담보책임</td><td>이사의 인수담보책임 (등기에 대한 신뢰 보호)</td></tr>
<tr><td colspan="2">주식의 효력발생시기</td><td>회사설립등기시</td><td>납입기일 다음 날</td></tr>
</table>

제 3 절 회사의 구조변경

(1) 회사구조를 재편(restructuring)하는 방법에는 (i) 기존의 조직을 유지하면서 그 외연을 확대 또는 축소하는 방법(예: 영업조직의 확대 또는 축소 등), (ii) 합병, 회사분할, 포괄적 주식교환, 포괄적 주식이전, 영업양수도, 지배주식 취득[17] 등에 의하는 방법 등이 있다. 회사분할, 포괄적 주식교환·이전 등에 의해 지주회사로 재편할 수 있고, 주식의 강제 매도·매수청구권에 의해 소수주주를 방출하거나 소수주주가 스스로 퇴출함으로써 지배구조를 독점체제로 변경할 수 있다. 기업구조재편의 방식은 **포괄승계적·조직법적** 방식과 **특정승계적·거래법적** 방식으로 대별할 수 있는데, 합병 등은 전자에 속하고 영업양수도는 후자에 속한다.[18]

(2) 기업구조재편은 당사 회사로는 막중한 거사이고 중대한 구조변경을 가져오므로 방식의 공정성·효율성과 함께 이해당사자를 보호하는 것이 중요한 과제가 된다. 이를 위해 절차와 방식을 법으로 정하고 **주주 보호절차**(공시, 주주총회 특별결의, 종류주주총회, 주식매수청구권)와 **채권자 보호절차**(채권자 이의절차 또는 연대책임) 등을 원칙적으로 거치도록 하고 있다.

[13.3.1] 합 병

J모직과 S물산의 합병에 의하여 S그룹의 사실상 지주회사에 해당하는 통합 S물산이 2015. 9. 4. 출범하였다. 그 모체가 된 것은 S그룹의 L2 부회장 등이 대주주인 (구)S에버랜드이다. 이후 S에버랜드는 J모직과의 합병에 의해 J모직으로 상호가 변경되는 단계를 거쳐, 다시 J모직과 S물산의 합병을 거쳐 통합 S물산으로 변경되는 과정을 거쳐 왔다. S물산의 지분을 7.12% 보유하고 있는 미국계 헤

17) 우리나라에서 실제 가장 많이 이용되는 기업인수의 방법은 회사 지배력을 확보할 만큼의 지배주식(controlling share)을 대상회사의 지배주주(controlling shareholder)와 개별적으로 교섭하여 계약에 의해 인수하는 지배주식 매수 방식이다. 이에 관해서는 상법에 규정이 없다.

18) '포괄승계'란 권리자의 모든 권리와 의무를 일괄하여 승계하는 것을 말한다. 상속·회사합병 등의 경우가 이에 해당한다. 이에 반하여 권리의 개별적 취득원인에 따라 개개의 권리를 취득하는 것을 '특정승계'라 한다.

지펀드인 엘◆과 일부 주주들이 이 합병에 반대했다. 이 싸움은 결국 법원으로부터 유리한 결정을 받은 S물산측이 다수 주주들의 지원을 받아 합병주주총회에서 승리하는 것으로 결말이 났다.

[1] 합병공고 (출처: 금융감독원 전자공시 2015. 5. 26)

[합병방법]

J모직㈜이 S물산㈜을 흡수합병함.

- 존속회사(합병회사): J모직 (※ 합병 후 존속회사의 상호: S물산으로 변경함)
- 소멸회사(피합병회사): S물산

	J모직 (존속회사)	S물산 (소멸회사)
자산	9조 5,114억원	29조 5,058억원
부채	4조 2,261억원	15조 8,333억원
자본	5조 2,853억원	13조 6,724억원
자본금	135억원	7,810억원
매출	5조 1,296억원	28조 4,455억원
순이익	4,551억원	2,855억원
주식 액면가	100원	5,000원
주가(2015. 5. 22)	163,500원	55,300원
기준주가(합병가액)(원)	159,294(우선주는 없으나 99,432)	55,767(우선주 34,810)
주식매수청구권 행사가(원)	156,493(보통주) (우선주 없음)	57,234(보통주), 34,886(우선주)
수요 주주의 지분율(%) (보통주 기준)	L2 23(최대주주), L1 3.44, L3 7.74, L4 7.74, 이○정 0.44, 조○해 0.07, S전기 3.7, S SDI 3.70, S물산 1.37	S SDI 7.39(최대주주), S화재 4.79, L1 1.41, S생명 0.22, S복지재단 0.15, S문화재단 0.08, 김○ S물산대표 0.02, 국민연금 9.98, 엘◆ 7.12
대주주 지분율(%) (보통주 기준)	52.24	14.06
합병비율	1	0.3500885

[합병일정]

		J모직 (존속회사)	S물산 (소멸회사)
이사회 결의일		2015. 5. 26.	2015. 5. 26.
합병계약일		2015. 5. 26.	2015. 5. 26.
주주확정 기준일 지정 및 주주명부 폐쇄 공고		2015. 5. 27.	2015. 5. 27.
주주확정 기준일		2015. 6. 11.	2015. 6. 11.
주주명부 폐쇄기간	시작일~종료일	2015. 6. 12. ~ 6. 16.	2015. 6. 12. ~ 6. 16.
주주총회소집 통지 및 공고일		2015. 7. 2.	2015. 7. 2.

합병반대의사 통지 접수기간	시작일~종료일	2015. 7. 2. ~ 7. 16.	2015. 7. 2. ~ 7. 16.
합병계약 승인을 위한 주주총회일		2015. 7. 17.	2015. 7. 17.
주식매수청구권 행사기간	시작일~종료일	2015. 7. 17. ~ 8. 6.	2015. 7. 17. ~ 8. 6.
	주식매수대금 지급일	2015. 9. 5.	2015. 8. 27.
구주권 제출기간	시작일 ~ 종료일	–	2015. 7. 18. ~ 8. 28.
채권자 이의제출기간	시작일 ~ 종료일	2015. 7. 18. ~ 8. 18.	2015. 7. 18. ~ 8. 18.
합병기일		2015. 9. 1.	2015. 9. 1.
합병종료 보고주주총회 갈음 이사회 결의일		2015. 9. 1.	–
합병종료보고 공고일		2015. 9. 2.	–
합병등기 (해산등기일)		2015. 9. 4.	2015. 9. 4.
신주권 교부일		2015. 9. 14.	–
신주 상장일		2015. 9. 15.	–

[합병비율]

J모직 보통주 : S물산 보통주 = 1 : 0.3500885 (J모직에는 우선주가 없고, S물산의 우선주에 대해 보통주와 동일한 합병비율로 함)

※ 합병기일(2015. 9. 1) 기준 소멸회사인 S물산의 주주명부에 등재되어 있는 주주에 대하여, S물산의 1주당 존속회사인 J모직의 주식 0.3500885주를 보통주에 대해서는 보통주로, 우선주에 대해서는 우선주로 교부함

※ 산출근거: 주권상장법인으로서, 자본시장법 시행령 176조의5 1항 1호에 따라 합병가액을 산정한 후, 이를 기초로 합병비율을 산출함. J모직 보통주의 합병가액은 159,294원, S물산 보통주의 합병가액은 55,767원으로, J모직 우선주의 합병가액은 99,432원. S물산 우선주의 합병가액은 34,810원으로 산출함.

[2] 합병 주주총회를 하루 앞둔 2015. 7. 16. 서울고등법원은 S물산 지분 7.12%를 확보하고 있는 엘◆이 S물산 등을 상대로 항고한 '주주총회결의 금지' 및 'K◎C 의결권행사 금지' 가처분을 원심처럼 모두 기각했다. 엘◆은 L2 등의 S전자 지배권승계를 위해 부당한 합병을 추진한다며 주주총회 소집통지 및 결의 금지 가처분신청을 냈으나 1심에서 패소했다. 또 엘◆은 S물산이 S물산의 지분 0.2%를 보유한 우호세력 K◎C에게 자사주 899만주(5.76%)를 매각하기로 한 것에 대해 의결권행사 금지 가처분신청을 추가로 냈었다.

항고심 재판부는 1심과 마찬가지로 "S물산과 J모직의 합병비율은 현행법에 따라 산정됐고, 합병을 결정한 경영판단이 불합리하다고 볼 수 없다"고 판단하였다. 재판부는 주권상장법인 끼리의 합병에서 기준주가에 따라 합병가액을 산정하도록 정한 것은 시장주가가 해당 기업의 객관적 가치를 가장 충실하게 반영한다고 볼 수 있기 때문에 관련 법령이 위헌이라고 보기 어렵다고 하였다. 재판부는

주주총회에서 합병이 승인되더라도 엘◆은 주식매수청구권 행사를 통해 자신이 보유하는 주식의 객관적 교환가치에 해당하는 금액을 회수할 수 있다고 보았다. 재판부는 K◎C를 상대로 한 주식처분 금지의 결정이 인용되면 주주총회에서 의결권을 행사할 수 없게 되고, 이의신청이나 본안소송을 통해 가처분 결정의 타당성을 다퉈 볼 기회조차 사실상 박탈당한다고 그 이유를 밝혔다. (출처: 매일경제 2015. 7. 8; 한국경제 2015. 7. 8; 매일경제 2015. 7. 16; 세계일보 2015. 7. 16; 헤럴드경제 2015. 7. 16; 서울경제 2015. 7. 16; 문화일보 2015. 7. 16)

[3] S물산과 J모직 양사는 2015. 7. 17. 합병계약 승인 여부를 놓고 각각 임시주주총회를 열었다. 세계 최대의 의결권 자문기관인 ISS가 합병반대를 권고했고, 국내 의결권 자문사들도 합병반대를 권고한 상황이다. S물산은 특수관계인 지분 13.82%, 백기사로 나선 K◎C 지분 5.96%와 찬성입장을 정한 국○연금 지분 11.21%까지 합쳐 30.99%를 확보했다. 또 교△원공제회, 사△연금, 공△원연금 등이 찬성의사를 표명했다. 국내 소액주주(지분율 24.33%)와 외국계 투자자(24%)의 선택이 합병을 판가름할 캐스팅보트 역할을 할 것으로 예상되었다. 소액주주 중에도 상당수가 S측에 위임장을 제출한 것으로 전해졌다. 반면 S물산 지분 7.12%로 3대 주주인 엘◆은 비슷한 성향의 일부 외국투자자들의 지지를 얻고 있다. (출처: 세계일보 2015. 7. 16; 한국일보 2015. 7. 16)

S물산의 주주총회 예정시각은 2015. 7. 17. 오전 9시였지만 2시간 전부터 전국 각지에서 소액주주들이 모여들었다. 일부는 1층에서 피켓 시위를 하며 합병반대를 외치기도 했다. 외신기자들도 대거 몰려와 주주총회에 쏠린 전 세계의 시선을 반영했다. 유례없이 많은 참석자가 몰리면서 주주명부와 위임장 확인시간이 길어졌다. 이 때문에 당초 주주총회 시작시간인 오전 9시를 훌쩍 넘겼다. 일부는 입장을 못하는 일도 벌어졌다. 해당 주주는 주주총회일을 기준으로 S물산 주식을 보유하고 있었지만, 주주확정 기준일 이후에 주식을 매입한 탓에 주주명부에는 이름이 없었다. S물산은 총회질서유지를 위하여 많은 안전요원을 투입했다.

오전 9시 30분쯤 의장인 S물산의 건설부문 사장이 핵심안건인 J모직과의 합병계약서 승인 건을 상정하자 발언권을 얻으려는 주주들의 요청이 쏟아졌다. 발언시간과 자격을 두고 고성이 오가기도 했다. 한 주주는 합병에는 찬성하지만 합병비율을 현재 1대 0.35에서 1대 0.5 수준으로 올리자는 수정제안을 하기도 했다. 이에 대해 S물산의 법률대리인은 "의안과 동일성이 일치되는 경우 수정동의가 가능할 수 있지만, 합병안은 제3자와의 계약에 의한 것이기 때문에 어떤 수정도 부적법하다"고 답변했다.

엘◆측 법률대리인은 합병 반대이유에 대해 "이번 합병은 일반 주주의 이익을 침해하면서 특수 이해관계 주주에게 우선적 혜택을 준다"면서 "합병이 되면 7조 8,000억원 이상의 순자산가치가 J모직 주주에 아무 대가 없이 넘어가게 된다"며 주주들이 불공정한 합병에 반대표를 행사해달라고 주장했다.

주주 발언에 이어진 합병안 투표는 최종 결과가 나오기까지 2시간 가까이 걸렸다. 1시간여 격론 끝에 표결이 시작됐고, 엘◆ 쪽 대리인이 참관인으로 참여하고, 중복위임장 확인과 기표오류 등을 하나하나 점검하느라 많은 시간이 걸렸다.

약 2시간 후 69%가 넘는 찬성률로 합병안이 가결되었음이 확인되었다. 의결권 있는 전체 주식(1억 5,621만 7,764주) 가운데 84.73%인 1억 3,235만 5,800주가 투표에 참여해 9,202만 3,660주가 찬성했다. 총 주식의 58.91%, 투표주식의 69.53%가 합병안을 지지한 것이다. 반대는 총 주식의 25.82%, 투표주식의 30.47%였다. 이날 합병안을 통과시키기 위한 주주총회 특별결의의 요건은 발행주식총수의 56.48%인 8,823만 7,200주였다. 결의통과요건을 기준으로 보면, 2.43%포인트 차로 S물산측이 아슬아슬하게 승리한 셈이다.

S물산의 승리는 소액주주의 마음을 사기위해 내놓은 주주 친화정책 등이 결정적 영향을 미친 것으로 분석되었다. S물산은 단 1주라도 위임해 달라고 호소했고, S측이 국내외 기관투자자 뿐 아니라 소액주주 설득작업에 주력한 것이 주효했다는 평가이다. (출처: 경향신문 2015. 7. 18; 한국일보 2015. 7. 18; 국민일보 2015. 7. 18; 한겨레 2015. 7. 18; 서울신문 2015. 7. 17)

[4] 합병 상대방으로 대주주의 지분율이 높은 J모직에서의 주주총회는 S물산과는 정반대 상황이었다. 오전 9시 서울 중구 S생명빌딩에서 열린 주주총회는 참석 주주 85.5%의 만장일치로 끝났다. 총회 의장을 맡은 J모직 패션부문 사장은 "이의 없으십니까?"라고 재차 물었지만 이의를 제기하는 주주는 없었다. 20분 만에 정식 표결까지 갈 것 없이 박수로 동의 여부를 확인했다. (출처: 한국경제 2015. 7. 17; 헤럴드경제 2015. 7. 17; 매일경제 2015. 7. 17)

[5] 합병으로 통합 S물산이 S그룹의 실질적인 지주회사로 거듭나게 됨에 따라, 통합 S물산이 S생명과 S전자를 각각 지배하는 단순 구조로 바뀐다. 이 과정에서 총수 일가의 그룹 지배력은 더욱 커졌다. 통합 S물산은 L2의 보유지분을 16.54%라고 공시했다. L3과 L4는 통합 S물산 지분을 5.51%씩 보유하고 있다.

L1 회장의 지분율은 2.86%이다. S SDI(4.77%) 등 계열사 지분까지 포함한 최대주주와 특수관계인 지분은 40.26%에 달한다. 합병에 반대한 엘◆의 통합 S물산 지분율은 2.05%(약 389만 주)로 공시됐다. 엘◆은 주식매수청구권 행사로 해당 지분을 팔고 나면 통합 S물산의 지분을 약 0.6% 보유하게 된다. (출처: 한국경제 2015. 9. 9; 동아일보 2015. 9. 1; 한겨레 2015. 8. 10)

[6] S물산의 합병에 반대해 주식매수청구권을 행사한 물량이 보통주 1,171만 687주(지분율 7.49%), 우선주 43주 등 모두 1,171만 730주로 집계됐다. 금액으로는 6,702억 5,096만원에 달한다. 이는 합병계약서상 계약취소 요건인 1조 5,000억원의 절반에도 미치지 않는 규모이다. 엘◆은 보유하고 있는 7.12%의 지분 중 주식매수청구권이 있는 지분 4.95%에 대해 S물산에 매수청구를 하면서 가격(주당 57,234원)에는 반대의사를 표시했다. 출구전략을 고민하고 있는 엘◆은 주식매수청구가격에 대해 법원에 조정신청을 내는 방안을 검토 중이지만 법원에서 받아들일 가능성이 적어 고민하고 있는 것으로 알려졌다. 한편 합병에 반대했던 일★신약은 "보유 중인 S물산 주식 2.05%에 대해 주식매수청구권을 행사했다. 매수청구권 행사가격에 반대한 만큼 S물산과의 협의에 따라 변동될 수 있다"고 공시하였다. (출처: 한겨레 2015. 8. 10; 경향신문 2015. 8. 8)

합병안이 통과된 이후 양사의 주가가 크게 떨어지면서 국○연금은 합병 이전인 2015. 8. 10. 주가와 주식매수청구가격 대비 약 6,000억원에 상당하는 평가손실을 본 것으로 추정됐다. 국○연금은 합병안에 찬성표를 던졌기 때문에 주가가 하락해도 주식매수청구권 행사를 통해서 투자금을 보전할 수 없다. 시민단체는 국○연금을 상대로 'J모직과 S물산의 합병에 찬성한 근거와 회의록' 등의 정보공개를 청구한 바 있다. (출처: 국민일보 2015. 10. 7; 한겨레 2015. 9. 14; 한국일보 2015. 8. 10)

[7] S물산의 소액주주연대 회원 19명은 "S물산이 우선주 주주를 위한 별도의 종류주주총회를 열지 않은 것은 절차상 위법이 있다"고 하면서 합병무효 가처분신청을 하였다. 소액주주측은 J모직에는 우선주가 없기 때문에 우선주 합병비율은 비상장회사에 준해 자산가치를 반영해야 하는데 주가를 기준으로 한 보통주 비율이 임의 적용되는 바람에 S물산의 우선주 주주들이 손해를 봤다고 주장하고 있다. 이에 대하여 S물산측은 S물산의 우선주주들로 구성된 종류주주총회를 열 필요가 없다는 입장이다. 주주들의 배당금 규모가 전체적으로 감소한 것은 합병비율이 1:1 미만이기 때문에 발생한 것으로, 이 합병비율은 엘◆의 가처분신청에

대한 법원의 판단에 의해 정당성을 부여받았다고 주장했다. (출처: 헤럴드경제 2015. 9. 2; 이투데이 2015. 8. 29; 경향신문 2015. 8. 5; 한국경제 2015. 6. 13; 경향신문 2015. 6. 21; 매일경제 2015. 6. 13)

[그 이후의 상황]

■ S물산의 주주인 일★신약(S물산의 지분 2.11%를 보유)은 합병 자체를 백지화시켜달라는 합병무효소송, 주식매수가격을 올려달라는 주식매수가액 결정소송, 합병에 찬성한 국○연금공단을 상대로 손해배상청구소송 등을 제기하였다. 일★신약 측은 S그룹 오너 일가의 경영권 승계를 위해 J모직에 유리하게 합병비율이 정해졌다고 주장하고 있다. 이들은 그 근거로 합병이 최근 5년 동안 S물산 주가가 가장 낮을 때 이뤄졌다는 점 등을 제시했다.

일★신약은 합병이 가결되자 보유한 S물산 주식 전량인 330만 7,070주에 대해 주식매수청구권을 행사했다. 그러나 S물산 측이 제시한 가격에 합의하는 데 실패했다. (출처: 서울경제 2016. 3. 24; 매일경제 2016. 11. 22; 경향신문 2016. 11. 29; 이투데이 2016. 12. 8)

■ 서울중앙지방법원 민사합의부는 2017. 10. 19. S물산의 주주였던 일★신약이 S물산을 상대로 제기한 합병무효 소송에서 원고 패소판결을 하였다. 재판부는 "합병이 경영권 승계작업의 일환이었다고 하더라도 경영상의 합목적성이 있었기 때문에 경영권 승계가 합병의 유일한 목적이 아니다"라고 판단했다. 합병비율에 관해서도 재판부는 "합병비율은 자본시장법을 근거로 산정된 것이고, 그 산정기준이 된 주가가 시세조종행위나 부정거래행위로 형성된 것이라는 등 합병을 무효로 해야 할 특별한 사정이 인정되지 않는다"고 했다. 국○연금공단의 의결권행사 관련 논란에 대해 재판부는 S물산 합병과정의 위법성과는 무관한 것으로 판단하였다. (출처: 한국경제 2017. 10. 19; 이투데이 2017. 10. 19; 한국일보 2017. 10. 20; 파이낸셜뉴스 2017. 10. 20)

■ 삼★바이오(일명 '삼바') 회계파문이 옛 S물산과 J모직 간 합병비율의 공정성 시비로까지 번졌다. 일각에서는 옛 S물산과 J모직 간 합병 당시 J모직 최대주주였지만 옛 S물산 지분은 없었던 L2가 통합 S물산 최대주주가 될 수 있도록 삼바의 최대주주였던 J모직의 기업가치를 높이려는 분식회계였다는 의혹을 제기했다. 그러나 삼바측은 회계기준에 의한 정당한 처리였다고 반박했다. (출처: 중앙일보 2018. 11. 15; 중앙일보 2018. 11. 16; 한겨레 2018. 11. 26)

▪검찰은 2020년 9월 L2 등 14명을 자본시장법상 부정거래행위, 시세조종, 업무상 배임 등 19개 혐의로 기소했으나, 1심, 2심 모두 무죄판결이 선고되었고 2025년 7월 17일 대법원은 최종적으로 무죄를 확정했다. (출처: 연합뉴스 2025. 7. 17 등)

생각해보기

1. 합병은 '출자'인가 '거래'인가? 합병은 상속과 어떤 유사성이 있는가?
2. 위 사례에서 J모직과 S물산의 합병은 신설합병과 흡수합병 중 어떤 방식을 취하였는가? 이때 소멸회사인 S물산은 청산절차를 밟는가?
3. 위 사례에서 J모직과 S물산의 주주와 채권자는 합병으로 인해 어떤 지위에 있게 되나? 이러한 합병에서 어떤 방법으로 자신의 이익을 지킬 수 있는가?
4. 위 사례에서 합병의 목적, 절차, 합병비율은 적정한가? 합병에 반대하는 여러 당사자가 있는데, 이들 주장의 타당성은?
5. 위 사례에서 합병 이후 존속회사인 J모직이 소멸회사인 S물산의 상호를 사용하고 있다. 그 방법은?

1. 뜻과 유형

합병은 2개 이상의 회사가 상법 소정의 절차에 따라 **소멸회사**(청산절차 불요)**의 권리 · 의무를 존속회사**(또는 신설회사)**에 포괄적으로 승계**하면서 그 대가를 소멸회사의 주주에게 주는 단체법적인 기업구조조정 방식이다(상 174조, 175조, 230조~240조, 522조~530조, 598조 이하).[19]

합병은 주로 규모의 경제(economies of scale)와 시너지효과의 달성을 목적으로 한다. 합병은 포괄승계의 방식을 취한다. 그 실질은 출자(현물출자) 또는 거래에 상당한다.

---

19) **합병의 본질**이 무엇인가에 관해서는 종래 인격합일설, 현물출자설 등이 있다. 합병에 관한 문제를 해결함에 있어서 합병본질론을 따실 실익이 없다고 하면서, 회사법의 기본원리인 자본금충실의 원칙, 급부와 반대급부간 공정성(등가성)의 원칙, 주주평등의 원칙, 주주권 이론, 합병규정의 합리적 해석, 합병회계이론 등에 의해 해결하는 것이 바람직하다는 견해가 있다(권기범, 회사법, 87~88면).

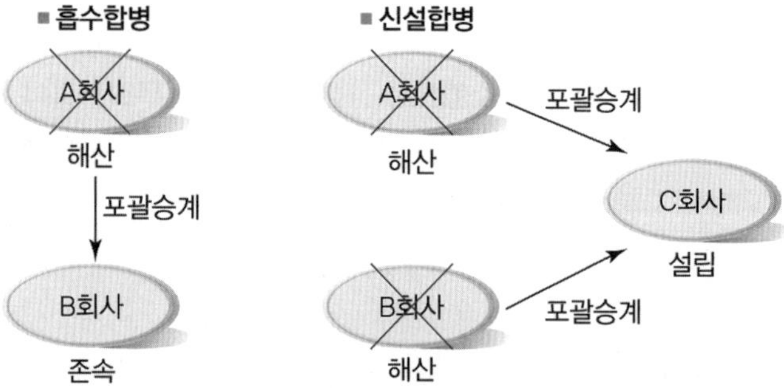

:: [그림 13.3.1-1] 흡수합병과 신설합병

2. 절 차

(1) 합병당사회사의 대표이사들은 합병계약서에 의하여 합병계약을 체결하여야 한다(상 523조, 524조, 525조, 603조).[20] **합병계약서**에는 합병비율 등의 법정사항을 기재하여야 한다. 합병은 합병당사회사간의 계약을 기초로 진행된다.

■ **합병 대가**

1) 공정성 – 합병으로 소멸회사의 주주는 보유주식을 상실하게 되므로 이를 보상하기 위해 존속회사(또는 신설회사)는 합병 대가를 공정하게 산정해서 지급해야 한다. 합병 대가는 자산가치 외에 시장가치, 수익가치, 상대가치 등 다양한 요소를 종합적으로 고려해야 한다.[21]

2) 유연화 – 합병 대가로 (ⅰ) 존속회사(또는 신설회사)의 신주를 발행하여 주는 방법뿐만 아니라(신주형), (ⅱ) 존속회사의 자기주식을 주는 방법(자기주식형), (ⅲ) 금전 또는 그 밖의 재산(사채, 모회사 주식 등 포함)을 주는 방법(금전 기타 재산형) 등이 있다(합병 대가의 유연화). 합병비율(상 523조 3호)은 위 (ⅰ)이나 (ⅱ)의 방법에 의하는 경우 소멸회사 주식의 1주에 대한 존속회사(또는 신설회사) 주식의 비율이다. 합병비율이 1 미만인 소수점 부분에 해당하는 존속회사(또는 신설회사)의 주식(단주)은 금전으로 환산하여 지급한다.[22]

---

20) 합병계약은 계약해제의 일반적인 법리에 따라 해제할 수 있다.

《사례》 현대모비스와 현대글로비스는 2018. 5. 21. 각각 이사회를 열고 기존 분할합병계약을 해제한 후 분할합병안을 보완해서 다시 추진하기로 했다. 이에 따라 2018. 5. 29. 예정됐던 두 회사의 주주총회도 취소됐다. 현대모비스에서 떨어져 나오는 부분의 가치가 과소평가됨으로써 주주가치를 훼손하고 있다는 반대가 있었기 때문이다. (출처: 문화일보 2018. 5. 21; 한국경제 2018. 5. 22)

21) 대법원 2009. 4. 23. 선고 2005다22701, 22718 판결. 상장법인의 합병비율 산정기준에 대해서는 자본시장법에서 규정하고 있다(자본령 176조의5, 176조의6).

22) 합병 대가의 전부 또는 일부를 위 (ⅲ)에 의할 수 있으므로, 이에 의해 소멸회사의 주주가 존속회사(또는 신설회사)의 주주가 되는 것을 원천 봉쇄할 수도 있다(squeeze out merger, cash out merger).

(2) 주식회사는 합병대차대조표 등 소정의 서류를 작성하여 합병주주총회 2주 전부터 합병 후 6개월이 경과할 때까지 **공시**하여야 한다(상 522조의2, 603조).

(3) **주주 보호절차**로, **주주총회의 특별결의**에 의한 합병결의를 요하는 것이 원칙이나, 간이합병 · 소규모합병의 특례가 인정된다(상 522조 3항). 합병으로 인하여 어느 종류주식의 주주에게 손해가 생기게 될 때에는 이와는 별도로 **종류주주총회**를 요한다(상 436조). 반대주주에게 **주식매수청구권**이 인정된다.

(4) **채권자 보호절차**로, 주주총회의 합병결의가 있은 후 2주 내에 회사채권자에 대하여 합병에 **이의**가 있으면 1개월 이상의 일정한 기간 내에 이의를 제출할 것을 공고하고, 알고 있는 채권자에 대하여 각별로 통지하여야 한다(상 527조의5 1항).

① 채권자가 위 기간 내에 이의를 제출하지 아니 한 때에는 합병을 승인한 것으로 본다(상 232조 2항, 269조, 527조의5 3항, 603조).

② 이의를 제출한 채권자가 있는 때에는 회사는 그 채권자에 대하여 변제하거나, 상당한 담보를 제공하거나, 이를 목적으로 하는 상당한 재산을 신탁회사에 신탁하여야 한다(상 232조 2항, 269조, 527조의5 3항, 603조). 사채권자가 이의를 제출함에는 사채권자집회의 결의가 있어야 하고, 이 경우 법원은 이해관계인의 청구에 의해 이의기간을 연장할 수 있다(상 530조 2항, 439조 3항).

(5) 위의 절차가 종료되면 흡수합병의 경우에는 **보고총회**를, 신설합병의 경우에는 **창립총회**를 소집하여 합병에 관한 사항을 보고하여야 한다(상 526조 1항, 527조 1항). 보고총회는 **이사회의 공고**로써 갈음할 수 있다(상 526조 3항, 527조 4항).

(6) 위의 합병절차가 끝난 때에는 **합병등기**를 하여야 한다. 합병은 존속회사 또는 신설회사의 본점 소재지에서 변경등기 또는 설립등기를 한 때에 효력이 발생한다(창설적 효력: 상 234조, 269조, 530조 2항, 603조).

(7) 신설합병의 경우에는 합병결의와 동일한 방법으로 합병당사회사에서 설립위원을 선임하여야 한다(상 175조 2항). 설립위원은 정관 작성 기타 설립에 관한 행위를 공동으로 하여야 한다(상 175조 1항).

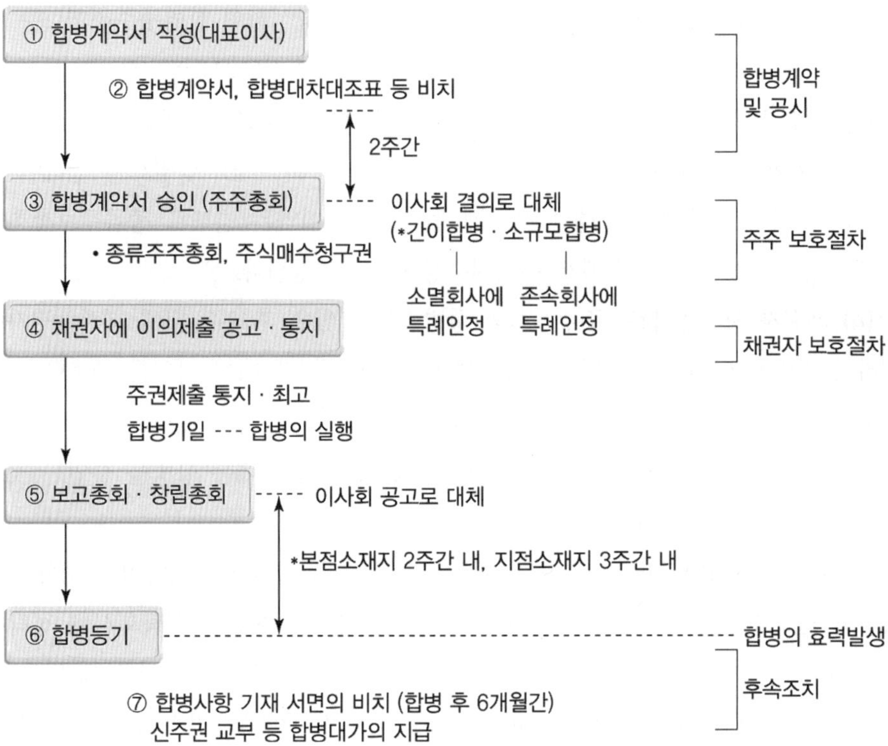

:: [그림 13.3.1-2] 합병절차[23]

3. 특수절차

합병할 때 주주 보호절차로 합병당사회사에서 주주총회의 특별결의를 요한다. 이를 **이사회 승인**으로 갈음할 수 있는 특례가 인정되는 것으로 간이합병과 소규모합병이 있다. 이러한 특례는 흡수합병에만 가능하고, 채권자 보호절차(이의절차) 등 그 밖의 절차는 여전히 필요하다.

(1) 간이합병

간이합병은 X회사(존속회사)가 Y회사(소멸회사)를 흡수합병할 때에, ① 소멸회사의 총주주의 동의가 있는 경우 또는 ② 존속회사가 소멸회사의 발행주식총수의 90% 이상을 이미 소유하고 있는 경우에 가능하다(상 527조의2 1항).[24]

---

23) 서헌제, 회사법, 638면 참조.

24) 《사례》 한화건설이 ㈜한화에 흡수합병된다. ㈜한화가 한화건설 지분 100%를 지닌 구조이므로 소멸

간이합병의 경우 **'소멸회사'에서 합병승인을 위한 주주총회 결의를 생략**하고 이를 이사회 결의로 갈음할 수 있으나, 위 ②의 경우에는 소멸회사에서 반대주주의 주식매수청구절차를 밟아야 한다(상 522조의3 2항).[25] **존속회사**에서는 정식의 절차에 의한다.

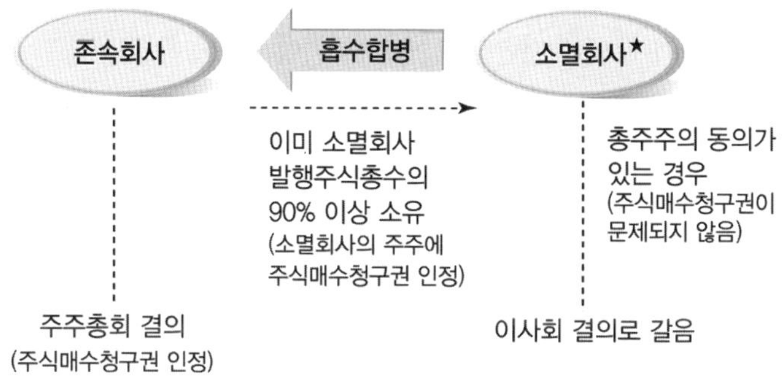

:: [그림 13.3.1-3] 간이합병의 구조

(2) 소규모합병

1) X회사(존속회사)가 소규모의 Y회사(소멸회사)를 흡수합병하는 경우, 소멸회사로서는 회사의 소멸에 관한 사항으로 중차대하므로 통상적인 합병절차에 의하여야 한다. 그러나 존속회사에서는 사안이 경미하다면 특례를 인정하여, **'존속회사'에서 주주총회의 승인결의를 생략하고 이사회의 결의로 갈음**할 수 있고(상 527조의3), **반**

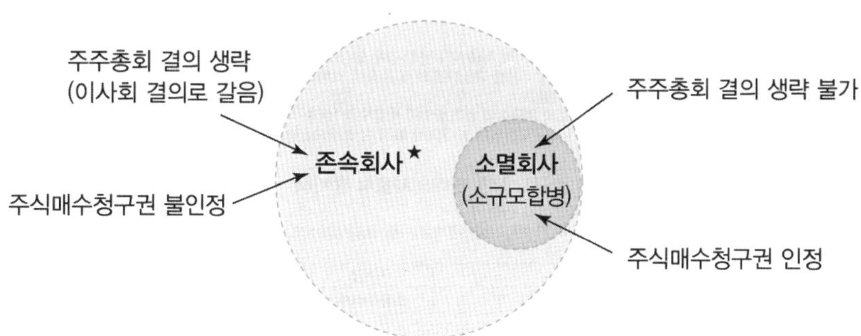

:: [그림 13.3.1-4] 소규모합병의 구조

회사인 한화건설에서는 주주총회를 열지 않고 이사회 승인으로 갈음되는 간이합병 형태를 띤다. (출처: 금융감독원 전자공시 2022. 10. 7)

25) 이러한 경우 주주총회는 개최할 실익이 없어 생략하지만, 주식매수청구권에 의한 소멸회사 주주 보호의 필요성까지 없는 것은 아니기 때문이다.

대주주의 주식매수청구권도 인정하지 않는다(상 527조의3 5항). 소규모합병으로 인정되려면 존속회사가 소멸회사의 주주에게 주는 주식(신주 외에 자기주식 포함)이 존속회사의 발행주식총수의 10%를 초과하지 않아야 한다(상 527조의3 1항 본문). 소멸회사는 정식절차에 의한다.

2) 그러나 다음 중 어느 하나에 해당하면 다시 **원칙으로 돌아가서** 통상의 정식절차(주주총회의 특별결의에 의한 승인절차)에 의하여야 한다.

① 소멸회사의 주주에게 지급하는 금전이나 그 밖의 재산가액이 존속회사의 최종 대차대조표상 순자산액의 5%를 초과하는 경우(상 527조의3 1항 단서)

소규모 합병 공고

현대건설(주)는 현대건설인재개발원(주)와 2014년 9월 1일 합병계약을 체결하고 상법 제527조의3 제3항에 의하여 그 내용을 아래와 같이 공고합니다.

-아 래-

1. 합병방법 : 현대건설(주)가 현대건설인재개발원(주)를 흡수합병
2. 합병비율 : 현대건설(주) : 현대건설인재개발원(주) = 1 : 0
3. 소멸회사의 현황
   가. 상호 : 현대건설인재개발원(주)
   나. 본사 : 서울특별시 영등포구 도림천로19길 12-2(대림동)
4. 합병기일 : 2014년 11월 1일
5. 현대건설(주)는 상법 제527조의3 규정에 의하여 주주총회의 승인을 얻지 아니하고 이사회 결의로서 합병함.
6. 반대의사표시 행사에 관한 안내
   가. 행사절차 : 2014년 9월 11일 현재 당사 주주명부에 등재된 주주를 대상으로 하여 합병에 대한 이사회 결의에 반대하는 주주는 반대의사 표시 통지서를 기재하여 제출.
   나. 기　　간 : 2014년 9월 12일(금) ~ 9월 26일(금)
   다. 행사방법 및 장소
   - 명부주주 : 2014년 9월 26일까지 반대의사 표시 통지서를 현대건설(주) IR팀에 제출
     (주소 : 서울 종로구 율곡로 75(계동 140-2) 현대빌딩·현대건설 IR팀, ☎ 02-746-2810)
   - 실질주주 : 2014년 9월 23일까지 거래 증권회사에 제출(명부주주보다 3영업일전)
     ※ 기한 내 증권회사에 제출하지 못한 경우 당사로 제출 요망
   라. 주식매수청구권 : 상법 제527조의 3 규정에 의하여 주식매수청구권은 인정되지 아니함.
   마. 상법 제527조의 3 규정에 의거 발행주식 총수의 100분의 20 이상에 해당하는 주주가 소규모합병에 반대의사 통지 시 소규모합병 방식으로 진행할 수 없음.

소규모합병 반대의사표시 통지서

현대건설(주) 대표이사 귀하

본인은 현대건설(주)가 현대건설인재개발원(주)를 이사회 승인으로써 합병함에 반대함을 통지합니다

주주번호		주주명	
소유주식의 종류		소유주식수	

2014년 월 일

성명 : (서명 또는 날인) 생년월일 :
주소 : 연 락 처 :

2014년 9월 12일
서울 종로구 율곡로 75(계동 140-2) 현대빌딩

현대건설 주식회사

대표이사 정 수 현

:: [그림 13.3.1-5] 소규모합병 공고(존속회사) (출처: 한국경제신문 2014. 9. 12)

② 존속회사의 발행주식총수의 20% 이상에 해당하는 주식을 소유한 주주가 주주에 대한 통지나 공고일로부터 2주간 내에 회사에 대하여 서면으로 합병반대의사를 통지한 경우(상 527조의3 4항)

3) 간이합병과 소규모합병이 결합하는 **소규모 · 간이합병**의 경우에는 양자의 특례가 중첩적으로 적용된다.

〈표 13.3.1-1〉 간이합병과 소규모합병

	간이합병	소규모합병
존속회사	일반원칙 (주주총회 승인, 주식매수청구권 ○)	특칙 (이사회 승인, 주식매수청구권 ×)
소멸회사	특칙 (이사회 승인, 주식매수청구권 ○ 또는 ×)	일반원칙 (주주총회 승인, 주식매수청구권 ○)

>>> **사례**

[1] 동○제철은 이사회 결의에 따라 자회사인 동△인천스틸을 소규모합병의 방식으로 흡수합병하기로 결의했다. 그러나 합병과정에서 존속회사 발행주식의 25.6%를 소유한 주주가 반대의사를 통지함에 따라 합병계약을 해지했다. (출처: 이데일리 2019. 10. 23; 조선일보 2019. 10. 23) 이후 동○제철은 반대의사를 통지했던 주주들과의 협의를 통해 100%의 지분을 보유하고 있는 동△인천스틸(소멸회사)을 무증자 방식, 합병비율 1대 0으로 흡수합병했다(합병기일은 2020. 3. 1). (출처: 금융감독원 전자공시 2020. 3. 2)

[2] 이마트(존속회사)는 이사회를 열고 지분 99.3% 자회사 이마트에브리데이(소멸회사)를 소규모 흡수합병방식으로 합병하기로 결의했다. 무증자합병으로 신주발행이 없어 주식수 및 자본금 변동은 없다. 피합병회사의 주주들에게 합병교부금을 지급할 예정이다. (출처: 금융감독원 전자공시 2024. 7. 1; 세계비즈 2024. 7. 1; SR타임스 2024. 7. 2)

4. 효 과

(1) 존속회사(흡수합병의 경우) 또는 신설회사(신설합병의 경우)는 **소멸회사의 권리와 의무를 포괄적 · 자동적으로 승계**한다(상 235조, 269조, 530조 2항, 603조).[26] 그에 의하여 소멸회사는 해산되나 청산절차를 요하지 않는다.

---

26) 대법원 2022. 5. 12. 선고 2022두31433 판결: 회사합병의 경우 피합병회사의 권리 · 의무는 사법상의 관계 혹은 공법상의 관계를 불문하고 그 성질상 이전이 허용되지 않는 것을 제외하고는 모두 합병으로 인하여 존속한 회사에 승계되는 것으로 보아야 한다.

(2) 합병에 의해 소멸회사의 사원(주주)은 존속회사 또는 신설회사의 사원(주주)이 되는 것이 원칙이다. 그러나 100% 교부금합병에 의하는 경우에는 그렇지 않다.

■ **이사 · 감사 선임 및 임기**

① 흡수합병의 경우 – 존속회사의 이사나 감사로서 합병 전에 취임한 자는 합병계약에 다른 정함이 있는 경우를 제외하고는 합병 후 최초로 도래하는 결산기의 정기주주총회가 종료한 때에 퇴임한다(상 527조의4).

② 신설합병의 경우 – 창립총회에서 임원을 선임하여야 하나(상 527조 3항, 311조, 312조), 이사회의 공고로 창립총회를 갈음하는 때에는 합병계약에서 이사 · 감사를 선임해 두어야 한다(상 524조 6호).

5. 무효의 소

합병에 **중대한 하자**가 있는 경우[27] **주주 · 이사 · 감사 · 청산인 · 파산관재인 또는 합병을 승인하지 않은 채권자**는 합병등기 후 **6개월 내**에 합병무효의 소를 제기할 수 있다(상 529조).

《참조판례》 대법원 2008. 1. 10. 선고 2007다64136 판결

[1] 합병비율은 합병계약의 가장 중요한 내용이고, 합병비율은 합병할 각 회사의 재산 상태와 그에 따른 주식의 실제적 가치에 비추어 공정하게 정함이 원칙이다. 그 비율이 합병할 각 회사의 일방에게 불리하게 정해진 경우에는 그 회사의 주주가 합병 전 회사의 재산에 대하여 가지고 있던 지분비율을 합병 후에 유지할 수 없게 됨으로써 실질적으로 주식의 일부를 상실케 되는 결과를 초래하므로, 현저하게 불공정한 합병비율을 정한 합병계약은 사법관계를 지배하는 신의성실의 원칙이나 공평의 원칙 등에 비추어 무효이다.

[2] 흡수합병시 존속회사가 발행하는 합병신주를 소멸회사의 주주에게 배정 · 교부함에 있어서 적용할 합병비율은 자산가치 이외에 시장가치, 수익가치, 상대가치 등의 다양한 요소를 고려하여 결정되어야 하는 만큼 엄밀한 객관적 정확성에 기하여 유일한 수치로 확정할 수 없다. 그 제반 요소의 고려가 합리적인 범위 내에서 이루어졌다면 결정된 합병비율이 현저하게 부당하다고 할 수 없다. 그러므로 합병가액 산정이 허위자료에 의한 것이라거나 터무니없는 예상 수치에 근거한 것이라는 등의 특별한 사정이 없는 한, 그 합병비율이 현저하게 불공정하여 합병계약이 무효로 된다고 볼 수 없다.

27) 예컨대, 합병비율이 현저하게 불공정하면 합병무효사유가 된다.

■ **합병 무효판결 후속 처리**

① 합병 무효판결이 확정되면 **합병 이전의 상태로 환원**된다.

② 합병 후 합병 무효판결이 있기까지 존속회사 또는 신설회사가 부담한 채무는 합병 당사회사가 **연대책임**을 진다(상 530조 2항, 239조 1항).

③ 합병 무효판결이 있기까지 존속회사 또는 신설회사가 취득한 재산은 합병 당사회사의 **공유**로 된다(상 530조 2항, 239조 2항).

위 ②와 ③에서 각 회사가 협의로 각자의 부담부분과 지분을 정하지 못한 때에는 법원은 청구에 의하여 합병 당시의 각 회사의 재산상태 기타의 사정을 참작하여 이를 정한다(상 239조, 190조, 269조, 530조, 603조).

연습 및 응용

Q1 X주식회사(상장회사)는 계열사인 Y주식회사(채무초과인 비상장회사)를 연쇄도산을 막기 위하여 흡수합병하였다. 합병대가로 Y회사의 주주에게 1주당 0.5주의 비율로 X회사의 신주를 교부하였다.

(1) 채무초과인 회사를 흡수합병할 수 있는가?

(2) 위 합병비율은 공정한가?

(1) 채무초과인 회사를 흡수합병하는 것이 허용되는가에 대해서는 견해가 나뉜다. 합병으로 인하여 존속하는 회사의 합병신주 발행으로 인한 자본금 증가액의 상한은 소멸회사로부터 승계하는 순자산액으로 제한되기 때문이다(상 523조 2호 참조). 이에 대해서는 부정설도 있으나, 판례는 긍정설을 취하고 있다.[28] 이를 허용하더라도 존속회사의 반대주주는 주식매수청구권의 행사에 의하여, 채권자는 채권자보호절차에 의해 보호되고, 합병으로 인한 부수적인 효과(예: 시너지효과 등)를 기대할 수 있기 때문이라는 것이 그 이유이다.

(2) 합병비율은 합병 전후에 걸쳐 주식가치가 동일하게 유지될 수 있도록 하여야 함이 원칙이다(등가성의 원칙). 그러나 합병비율은 기업 자체나 주식가치가 대차대조표상의 자산상태나 영업실적에 의하여 산술적으로 엄밀하게 측정할 수 있는 성질의 것이 못되고 합병에 따른 유형·무형의 부수효과까지를 종합적으로 고려하여야 한다.[29]

28) 대법원 2008. 1. 10. 선고 2007다64136 판결.
29) 위 판례.

[13.3.2] 영업양도

SK매직은 사업구조 재편을 통한 기업가치 제고를 위해 가스레인지, 전기레인지, 전기오븐 등 모두 3개 품목을 경동나비엔에 영업을 양도하기로 2024. 5. 8. 양도계약을 체결했다(이사회 결정일 2024. 5. 8). 인허가, 거래처 계약은 이전 대상에 포함되지 않는다. 양도가액은 370억원이며, 양도일자는 2024. 9. 30.이다. 영업양도로 확보된 자금은 인공지능(AI) 기술 접목을 통한 정수기와 공기청정기 등 주력 제품 수익성 개선과 펫·헬스케어를 비롯한 신사업에 투자된다. 경동나비엔은 이번 영업권 인수로 사업 간 시너지를 극대화할 수 있을 것으로 기대하고 있다. 영업양도계약에 대해 SK매직은 주주총회 특별결의에 의한 승인을 2024. 5. 9. 받았다. 주식매수청구권 행사에 관한 사항은 SK매직이 비상장 단일 주주(SK네트웍스(주)가 100% 지분 보유)이며 주총결의를 득할 예정이어서 해당사항이 없다. (출처: 금융감독원 전자공시 2024. 5. 8; 비즈니스포스트 2024. 5. 9; 오늘경제 2024. 5. 9; 연합뉴스 2024. 5. 9)

생각해보기

1. 영업의 양도 또는 양수에 있어서 '영업'이란 무엇인가? 영업양수와 합병은 어떤 차이가 있는가? 영업을 양수할 때에 종전 영업의 상호, 채권, 채무 등을 빼고 그 나머지만을 양수할 수 있는가?
2. 영업을 양도하는 측과 양수하는 측의 주주와 채권자는 그로 인하여 어떤 이해관계를 갖게 되나? (영업 전부 또는 일부의 양도·양수, 중요재산 또는 영업용 재산의 처분 등으로 구분하여 생각해 보시오.)

1. 뜻

영업양도는 영업, 즉 '**일정한 영업목적을 위하여 조직화된 유기적 일체로서의 기능적 재산**'인 **영업을 그 동일성을 유지하면서 일체로서 이전**하는 것이다.[30] 이는 **채권법적·특정승계적** 방식이다(상 41조~45조). 영업의 일부를 양수하는 경우에도 그 일부의 영업이 그 자체만으로 독립적인 영업활동이 가능하다면 영업양도에 관한 상법 규정이 적용된다.

30) 대법원 2008. 4. 11. 선고 2007다89722 판결 등 다수.

2. 방법과 절차

(1) 영업양도는 **불요식 계약**으로 당사자간의 합의만으로 성립한다.[31)]

(2) 영업을 양도·양수하는 경우에는 합병과 마찬가지로 원칙적으로 **주주총회의 특별결의**를 요한다(상 374조 1항). 반대주주에게 주식매수청구권이 인정된다(상 374의 2). 그러나 종류주주총회는 원칙적으로 불요한다.

(3) 간이합병에 준하여 **간이영업양수도**제도를 두고 있다(상 374조의3 1항).

3. 효 과

(1) 영업양도 이전과 이후에 영업의 동일성이 유지될 수 있도록 영업재산을 이전하여야 한다. 영업양도는 **특정승계**이므로 각 재산의 종류별로 필요한 이전행위를 하여야 한다.

(2) **영업상의 채무**는 영업양도에 의하여 당연히 이전되는 것이 아니다. 이를 이전하려면 별도로 채무인수 절차(민 453조, 454조)를 밟아야 한다.

(3) **영업상의 채권** 역시 영업양도에 의하여 당연히 이전되는 것은 아니다. 이를 이전하려면 별도로 채권양도의 효력과 대항요건을 구비하여야 한다(민 450조).

(4) **고용관계**는 영업의 인적 시설을 구성한다고 봄으로써 반대의 특약이 없는 한 양수인에게 승계된다.[32)]

(5) **상호**는 영업양도에 당연히 수반되는 것은 아니다.[33)]

(6) 영업양도인은 다른 특약이 없는 한 10년간 동일한 서울특별시·광역시·시·군과 인접한 서울특별시·광역시·시·군에서 동종영업을 하지 못한다(영업양도인의 **경업금지의무**; 상 41조 1항).

(7) 영업양수인(Y)은 영업양도인(X)의 채무를 인수하지 않으면 **영업양도인의 영업상 채권자**(Cx)에 대하여 변제책임이 없다. 그러나 ⓐ 양수인이 양도인의 상호를 계속하여 사용한 경우[34)] 또는 ⓑ 상호를 속용하지 않더라도 양수인이 양도인의 영

---

31) 그러나 실무상으로는 양도계약서에 의한 것이 통례이다.

32) 대법원 2005. 2. 25. 선고 2004다34790 판결 등.

33) 반대로 상호를 양도하려면 영업과 함께 일체로서 양도하여야 함이 원칙이다(상 25조 1항). 영업을 폐지하는 때에는 상호만을 양도할 수 있다(상 25조 1항).

34) 상호가 아닌 옥호 또는 영업표지 등인 경우에도 그것이 영업주체를 나타내는 것으로 사용되는 경우에는 상호속용과 다를 것이 없다는 점에서 상법 42조 1항을 유추적용한다(대법원 2010. 9. 30. 선고 2010

업으로 인한 채무를 인수할 것을 광고한 경우에는 양수인도 양도인과 함께 채권자(Cx)에 대하여 변제책임을 진다(상 42조 1항, 44조). 이 때 채권자는 선의이어야 한다는 것이 판례·다수설이다. 양수인이 이러한 변제책임을 지는 경우 양도인의 책임은 시효소멸하지 않는 한 영업양도일 또는 채무인수의 광고일로부터 2년이 경과하면 소멸하고 양수인만이 변제책임자로 잔류하게 된다(상 45조).

(8) 영업양도인(X)의 **영업상 채무자**(Dx)는 원래의 채권자인 양도인에게 변제하여야 한다. 그러나 양도인의 영업상 채무자가 상호를 속용하는 양수인(Y)에게 선의이며 중대한 과실 없이 변제했다면 변제의 효력이 있다(상 43조).

[13.3.3] 지주회사

지주회사(holding company)는 다른 회사의 **주식을 소유함으로써 지배하는 것을 주된 사업으로 하는 회사**이다.[35] 지주회사를 만드는 방법으로는 회사분할, 주식의 포괄적 교환 또는 이전, 현물출자 등이 있다.

>>> **사 례**

지주회사의 수는 2012년에는 일반지주회사 103개, 금융지주회사 12개, 총 115개이고, 2021년에는 일반지주회사 154개, 금융지주회사 10개, 총 164개이고, 2024년 말 기준으로는 일반지주회사 167개, 금융지주회사 10개, 총 177개이다.[36]

다35138 판결). 상호속용의 영업양수인은 영업양수 후 지체없이 면책의 등기를 한 때 또는 채권자에 대하여 채무 없음을 통지한 때에는 영업양도인의 채권자에 대해 책임을 지지 않는다(상 42조 2항 후단).

35) 「독점규제 및 공정거래에 관한 법률」 2조2에서 '주식의 소유를 통하여 국내 회사의 사업 내용을 지배하는 것을 주된 사업으로 하는 회사'를 (순수)지주회사로 정의하고 있다.

36) 2024년 12월 말 기준 공정거래위원회 공시대상기업집단(50개) 중 지주회사로 전환한 기업집단은 에스케이, 엘지, 포스코, 롯데, HD현대, 지에스, 농협, 씨제이, 한진, 엘에스, 두산, DL, 셀트리온, 중흥건설, 현대백화점, 부영, 하림, 에이치디씨, 효성, 코오롱, 오씨아이, 태영, 세아, 엘엑스, 에코프로, 한국앤컴퍼니그룹, 동원, KG, HL, 아모레퍼시픽, 애경, 삼양, 동국제강, 아이에스지주, 영원, DN, 고려에이치씨, BGF, 하이트진로, 농심, 한솔, 반도홀딩스, 원익, 파라다이스, 엘아이지, 빗썸 등 46개이다. 1곳당 평균 14개의 소속회사를 지배하고 있다. (출처: 공정거래위원회, 2025년 공정거래법상 지주회사 및 기업형 벤처캐피탈 현황분석·공개, 2025. 6. 27)

[13.3.4] 회사분할

[1] 인적 분할

SK텔레콤은 SK텔레콤(존속회사)과 SK스퀘어(신설회사)로 분리한다.

구분	회사명	사업부문	분할 이후	비고
분할 존속회사	SK텔레콤 (주)	유무선 통신사업 부문	자회사 SK브로드밴드, SK텔링크, SK스토아와 함께 유무선 통신사업에 집중	상장 법인
분할 신설회사	SK스퀘어 (주)	반도체 및 New ICT 등 관련 피투자회사 지분의 관리 및 신규투자 등을 목적으로 하는 사업부문 (분할대상사업 부문)	SK하이닉스, SK쉴더스, 11번가, 티맵모빌리티, 원스토어 등 16개 자회사를 거느리고 중간지주회사 구실	상장 법인

(1) 분할 방법

(a) 분할회사(SK텔레콤)의 주주가 분할신주 배정기준일 현재의 지분율에 비례하여 분할신설회사(SK스퀘어)의 주식을 배정받는 인적분할 방식에 의한다.

(b) 주주총회의 특별결의로 분할하며, 분할존속회사와 분할신설회사는 분할 전의 분할회사 채무에 관하여 연대하여 변제할 책임이 있다. 따라서 채권자 보호절차는 해당사항이 없다.

(c) 분할로 인하여 이전하는 재산은 분할계획서에 따른다.

(d) 분할회사의 모든 적극 · 소극재산과 공법상의 권리 · 의무를 포함한 기타의 권리 · 의무 및 재산적 가치 있는 사실관계(인허가, 근로관계, 계약관계, 소송 등을 모두 포함)는 분할대상사업 부문에 관한 것이면 분할신설회사에게, 분할대상사업 이외의 부문에 관한 것이면 분할존속회사에게 각각 귀속되는 것을 원칙으로 한다.

(2) 분할 일정

구 분	일 자
분할계획서 승인을 위한 이사회 결의일	2021. 6. 10
주요사항보고서 제출일	2021. 6. 10.
분할주주총회를 위한 주주확정일	2021. 7. 16.
증권신고서 제출일	2021. 7. 16.

주주총회 소집공고 및 통지일	2021. 9. 14.
분할계획서 승인을 위한 주주총회일	2021. 10. 12.
주식병합 공고 및 통지일	2021. 10. 12.
신주배정 기준일	2021. 10. 29.
분할기일	2021. 11. 1.
분할보고총회 및 창립총회 갈음 이사회 결의 및 공고일	2021. 11. 1.
분할등기 신청일	2021. 11. 2.
변경상장 및 재상장일	2021. 11. 29.

(3) 배정비율

분할회사 보통주식 1주(분할계획서 승인을 위한 주주총회 결의에 의한 주식 액면분할의 효력이 발생한 이후의 주식 1주를 의미함)당 0.3926375주의 비율로 배정한다. (예: 인적분할에 따라 당초 SK텔레콤 주식 20주를 가지고 있다면 액면분할(500원→100원)로 인해 5배 늘어난 100주를 갖게 되며, 약 6 대 4 분할비율에 따라 SK텔레콤 주식 61주와 SK스퀘어 주식 39주를 각각 받게 된다.)

(4) 신주 배정방법

신주배정 기준일 현재의 분할회사의 주주(예탁기관 포함)가 가진 주식수에 비례하여 배정비율에 따라 동종의 분할신설회사의 주식을 배정한다. 신주배정 기준일 현재 분할회사가 보유하고 있는 자기주식에 대하여도 분할 신주를 배정한다.

(5) 단주 처리

1주 미만의 단주에 대해서는 분할신설회사 신주의 재상장 초일의 종가로 환산하여 현금으로 지급하며, 단주는 분할신설회사가 자기주식으로 취득한다. (출처: 금융감독원 전자공시 2021. 4. 14; 2021. 6. 10; 2021. 8. 17)

[2] 물적 분할

LG화학은 성장성이 큰 배터리 사업을 물적 분할 방식으로 떼어내어 신설법인 ㈜LG에너지솔루션을 출범시켰다. 서울 여의도 LG트윈타워 동관 대강당에서 열린 임시주주총회에서 배터리 사업부 분할계획 승인 안건이 가결되었다. 주주총회에는 의결권 있는 주식 77.5%가 참석했고, 그중 63.7%가 분할계획에 찬성했다. 물적 분할 방식으로 진행되는 만큼 LG에너지솔루션은 LG화학의 100% 자회사가 된다.

국민연금과 LG화학 소액주주들은 물적 분할을 반대했다. LG화학 주식의 가치 하락을 걱정해서이다. 배터리 사업 성장 가능성을 보고 투자한 개인투자자들의 비판이 계속됐다. 상법에 의하면 회사분할의 경우에는 합병과는 달리 반대주주에게 주식매수청구권이 인정되지 않는다. (출처: 중앙일보 2020. 9. 17; 이데일리 2020. 9. 17; 한국경제 2020. 9. 18; 더프블릭 2020. 11. 12; 오피니언타임스 2020. 12. 30)

LG화학의 주주 구성은 ㈜LG 33.34%, 국민연금 9.96%, 소액주주 54.33%, 기타 2.37%이다(2020. 6. 30 기준). LG화학의 분할방식에 따라 지배구조 변화는 다음과 같이 달라진다. (출처: 한국경제 2020. 9. 19)

(가) 물적 분할에 의하는 경우 - ㈜LG가 LG화학 33.34% 보유, LG화학이 분사되는 LG에너지솔루션 100% 보유

(나) 인적 분할에 의하는 경우 - ㈜LG가 LG화학 33.34% 보유 및 LG화학으로부터 분사되는 LG에너지솔루션 33.34% 보유

상장회사가 핵심 사업부를 자회사로 쪼갠 뒤 재상장하는 물적분할이 개인투자자들의 반발을 부르고 있다. 물적분할로 자회사를 설립한 초기에는 모회사가 신설회사의 지분 100%를 소유하지만, 이후 자회사를 상장시키면 모회사의 지분율이 낮아지고, 이 때문에 물적분할을 결정한 기업의 주가가 급락하기도 한다. (출처: 한국일보 2021. 12. 22; 한국경제 2021. 12. 22; 중앙일보 2021. 12. 27)

(1) 회사분할은 회사의 영업을 2개 이상으로 뷰리하고 분리된 영업재산을 출자하여 회사를 신설하거나(**단순분할**) 다른 회사에 합병시키고(**분할합병**) 그 대가로 분할신주(교부금, 모회사 주식도 가능)를 받는 조직법적 행위이다(상 530조의2). 단순분할에는 분할회사(X)의 영업을 출자하여 2개 이상의 회사(Y1, Y2)를 신설하고 분할회사(X)가 해산하는 방법(소멸분할)과 분할회사(X)가 영업의 일부만을 출자하고 나머지 영업을 가지고 계속하여 존속하는 방법(존속분할)이 있다.

(2) 회사분할에는 인적 분할과 물적 분할이 있다. (i) **인적 분할**은 X회사를 분할회사, Y회사를 신설회사 또는 승계회사라 할 경우, 신설회사 또는 승계회사(Y)의 분할신주를 '분할회사(X)의 주주(Sx)'에게만 배정하는 분할방식이다. A회사가 B와 C의 회사로 인적 분할을 하면 예컨대, A회사에 n%의 지분을 가진 주주는 B회사와 C회사의 지분도 각각 n%씩 갖게 되어 기존 지분비율이 그대로 유지된다. (ii) **물적 분할**은 분할회사(X)가 그 재산의 일부를 포괄승계의 방법으로 신설회사 또는 승계회사(Y)에 양도하고 그 대가로 신설회사 또는 승계회사(Y)의 주식을 '분할회사

(X)' 자신이 받음으로써 신설회사 또는 승계회사의 100% 모회사가 되고 기존 주주는 존속회사의 주식만을 갖는 방식이다. 상법은 회사(Y)를 신설하는 경우에만 물적 분할을 허용하고 있다(상 530조2 4항, 530조12).

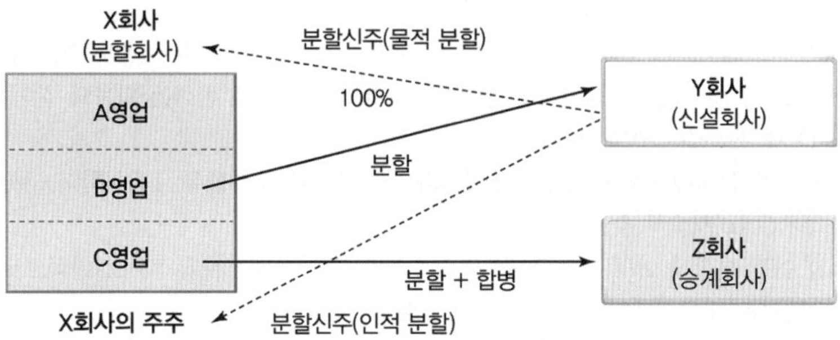

:: [그림 13.3.4-1] 회사분할과 분할합병

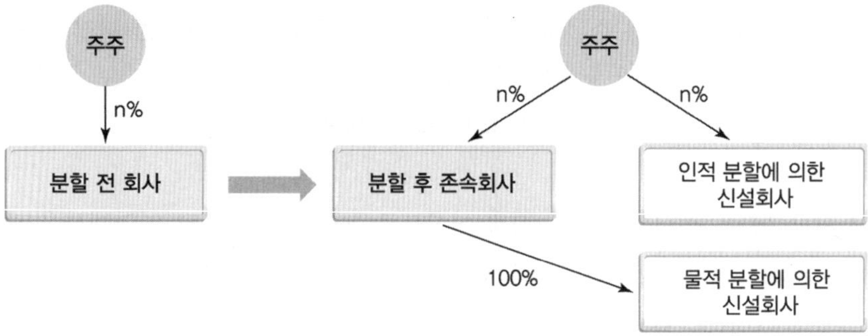

:: [그림 13.3.4-2] 회사분할에 의한 지분변화

(3) 회사분할의 절차는 합병과 유사하다. 단순분할의 경우에는 **분할계획서**를, 분할합병의 경우에는 **분할합병계약서**를 작성하여야 한다(상 530조의5, 530조의6). 분할회사는 주주총회일 2주 전부터 분할등기일 또는 분할합병을 한 날 이후 6개월간 회사분할을 **공시**하여야 한다(상 530조의7).

(4) 회사분할은 합병과 마찬가지로 **주주총회의 특별결의**에 의한 승인을 요한다. 그러나 특이하게도 합병과는 달리 의결권 없는 주주도 의결권을 행사할 수 있으며(상 530조의3), 반대주주에 주식매수청구권이 인정되지 않는다.[37][38] 분할합병의 경우

37) 분할합병의 경우에는 합병과 마찬가지로 주식매수청구권이 인정된다. 단순분할의 경우에는 원칙적으

에는 합병과 마찬가지로 반대주주의 주식매수청구권이 인정되고(상 530조의11, 522조의3), 간이분할합병과 소규모분할합병의 특례가 인정된다(상 530조의11, 527조의2, 527조의3).

(5) 분할 또는 분할합병으로 인하여 신설 또는 승계되는 회사(Y1, Y2)와 존속회사(X)는 분할 또는 분할합병 전에 발생한 채무에 관하여 **연대책임**을 진다(상 530조의9 1항).[39] 분할회사의 채권자를 보호하기 위함이다. 다만 신설회사 또는 승계회사가 분할계획서(또는 분할합병계약서)에서 승계하기로 정한 채무에 대한 책임만을 부담할 수 있도록 정할 수 있다(상 530조의9 2항 · 3항 전문). 이 경우 분할회사는 신설회사 또는 승계회사가 부담하지 아니하는 채무에 대한 책임만을 부담한다(분할책임: 상 530조의9 2항 · 3항 후문). 이에 의하여 **연대책임 배제**에 관한 당사회사들의 의사를 반영하고 연대책임이 배제되는 채무의 범위를 명확히 할 수 있도록 하고 있다. 이처럼 분할당사회사들이 연대책임을 배제하고 책임을 제한하기 위해서는 분할회사에서 **채권자 보호절차**(채권자 이의절차)를 밟아야 한다(상 530조의9 4항, 527조의5).

회사 분할에 따른 채권자 이의 제출 공고

주식회사 휘닉스소재는 2014년 12월 29일 임시주주총회에서 부품사업부문을 단순 물적분할하여 (가칭) 주식회사 휘닉스테크를 설립하기로 결의하였으며, 분할 후 존속하는 회사는 분할로 인하여 설립되는 회사와 분할 전의 채무에 대하여 연대책임이 없는 것으로 결의하였으므로 이 분할에 이의가 있는 채권자는 2014년 12월 30일부터 2015년 1월 30일까지 이의를 제출하시기 바랍니다.

2014년 12월 30일

주식회사 **휘닉스소재**
경북 구미시 산호대로 422
대표이사 **최인호**

:: [그림 13.3.4-3] 연대책임 배제와 채권자 이의절차
(출처: 중앙일보 2014. 12. 30)

(6) 회사분할을 한 때는 **등기**하여야 한다(상 530조의11, 528조).

(7) 회사분할에 관해서는 합병무효의 소에 관한 규정이 준용된다(상 530조의11, 529조).

로 주식매수청구권이 인정되지 않으나, 상장회사에서는 자본시장법에 따라 물적분할시 주식매수청구권을 인정한다(자본 165조의5, 동 시행령 176조의7 1항).

38) 또한 특이하게도 분할이나 분할합병으로 주주의 부담이 가중되는 때에는 주주 전원의 동의를 요한다(상 530조의3).

39) 이는 회사분할로 채무자의 책임재산에 변동이 생겨 채권회수에 불리한 영향을 받는 채권자를 보호하기 위하여 부과된 법정책임으로 부진정연대책임이나. 부진정연대채무에서는 채무자 1인에 대한 이행청구 또는 채무자 1인이 행한 채무승인 등 소멸시효의 중단사유나 시효이익 포기가 다른 채무자에게 효력을 미치지 않는다. (대법원 2017. 5. 30. 선고 2016다34687 판결)

[13.3.5] 주식의 포괄적 교환 · 이전

[1] 네이버의 금융 자회사인 네이버파이낸셜은 2025년 11월, 국내 최대 가상자산거래소 업비트 운영사인 두나무를 포괄적 주식교환 방식으로 인수하여 100% 완전자회사(→ 네이버의 손자회사)로 편입하기로 했다. 교환비율은 두나무 1주당 네이버파이낸셜 신주 2.5422618주이다. 네이버파이낸셜은 신주발행만으로 두나무를 인수함으로써 대규모 현금유출 없이 거래를 성사하기로 했다. (출처: 금융감독원 전자공시 2025. 11. 26; NAVER TV 2025. 11. 27; 머니투데이 2025. 12. 3; 한국경제신문 2025. 11. 26)

[2] SK텔레콤은 포괄적 주식교환을 통해 SK인포섹(정보 보안 업체)을 완전자회사로 편입했다. 교환되는 주식은 SK텔레콤 자기주식 1.6%와 SK인포섹 지분 전부(100%)이다.

[교환비율 및 교환방법]

(1) SK텔레콤(주)은 SK인포섹(주)의 주식을 보유하고 있지 않으며, 주식교환의 교환비율은 1(SK텔레콤): 0.0997678(SK인포섹)이다. 교환대가로 신주발행에 갈음하여 SK텔레콤(주)의 자기주식을 교부하며, 주식교환 이후 SK인포섹(주)은 SK텔레콤의 100% 완전 자회사로 존속한다.

(2) SK텔레콤(주)은 소규모주식교환 방식으로 진행되므로 주주총회에 갈음하여 이사회 승인으로 주식교환을 진행한다.

[주식 교환 전 · 후의 대주주의 지분변동]

(1) SK텔레콤(주)

(단위: 주, %)

성명	발행회사와의 관계	주식의 종류	소유주식수 및 지분율			
			교환 전		교환 후	
			주식수	지분율	주식수	지분율
SK(주)	최대주주	보통주	20,363,452	25.22	21,624,120	26.78
최○원	특수관계인	보통주	100	0.00	100	0.00
장○현	특수관계인	보통주	251	0.00	251	0.00
박○호	특수관계인	보통주	1,000	0.00	1,000	0.00

(2) SK인포섹(주)

(단위 : 주, %)

성명	발행회사와의 관계	주식의 종류	소유주식수 및 지분율			
			교환 전		교환 후	
			주식수	지분율	주식수	지분율
SK텔레콤(주)	최대주주	보통주	–	–	12,636,024	100.00
SK(주)	최대주주	보통주	12,636,024	100.00	–	–

[주식매수청구권 행사]

(1) SK텔레콤(주) 보통주

SK텔레콤(주)은 소규모주식교환에 의하므로 주식교환 반대주주의 주식매수청구권은 부여되지 않는다.

(2) SK인포섹(주) 보통주

SK인포섹(주)은 간이주식교환에 의한다. 주식교환계약일 현재 SK인포섹(주) 전체 주주의 동의를 받았으므로 주식교환 반대주주의 주식매수청구권이 발생하지 않는다.

[채권자보호에 관한 사항]

해당사항 없음.

구 분		SK텔레콤(주)	SK인포섹(주)
이사회 결의일		2018. 10. 25.	2018. 10. 25.
주주명부 기준일 및 폐쇄 공고		2018. 10. 25.	–
주식교환 계약일		2018. 10. 31.	2018. 10. 31.
주주 확정일		2018. 11. 9.	–
주식교환 반대의사 통지접수기간	시작일	2018. 11. 9.	–
	종료일	2018. 11. 23.	–
주식교환 승인을 위한 이사회결의일 또는 주주총회일		2018. 11. 26.	2018. 11. 26.
주식매수청구권 행사기간	시작일	–	–
	종료일	–	–
완전자회사가 되는 회사의 주권실효 통지 · 공고일		–	2018. 11. 26.
주식매수청구대금 지급일		–	–
구주권 제출기간 종료일		–	2018. 12. 26.

주식교환일	2018. 12. 27.	2018. 12. 27.
주식교환에 따른 자기주식 교부 예정일	2018. 12. 27.	–

(출처: 금융감독원 전자공시)

주식의 포괄적 교환·이전에 의하여 완전지주회사의 관계를 형성할 수 있다.

(1) **주식의 포괄적 교환**은 **기존**의 두 회사(X회사, Y회사)의 계약에 의하여 X회사의 주주(Sx)가 소유하는 X회사의 **주식 전부**(100%)**를 Y회사에 이전**하고 그 대가로 완전모회사가 된 Y회사가 X회사의 주주(Sx)에게 신주 또는 자기주식(100% 교부금 가능)을 주는 방식이다(상 360조의2 이하).

(2) **주식의 포괄적 이전**은 완전모회사가 될 X회사를 **신설**하여 위의 주식의 포괄적 이전 방식으로 완전모회사(신설)와 완전자회사(기존)의 관계를 형성하는 방식이다(상 360조의15 이하).

(3) 주식의 포괄적 교환·이전의 절차로 인수회사와 대상회사에서 **주주총회의 특별결의**를 요하고 반대주주에게 주식매수청구권을 부여함이 원칙이나, **채권자 보호절차는 불필요**하다. 완전자회사의 주주 구성이 바뀔 뿐 완전자회사가 소멸되지 않고 회사재산에 영향을 미치지 않기 때문이다.

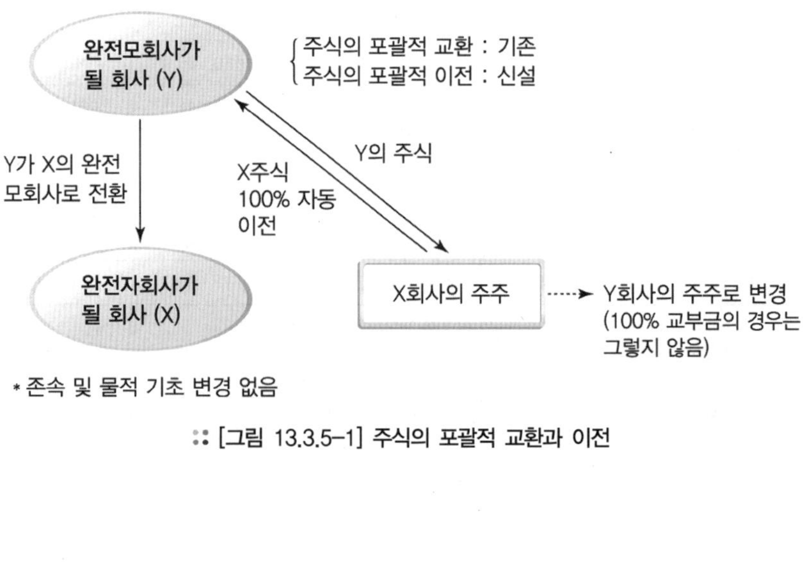

:: [그림 13.3.5-1] 주식의 포괄적 교환과 이전

〈표 13.3.5-1〉 주식의 포괄적 교환과 이전 비교

	주식교환	주식이전
완전모회사	기존 회사를 이용	신설
인적조직의 이전	자회사의 주식 100%가 모회사로 이전됨 자회사의 주주는 모회사의 주식을 받아 모회사의 주주가 됨	
완전 자회사의 주주에게 지급하는 대가	모회사의 신주, 자기주식, 교부금	모회사의 신주 (자기주식은 있을 수 없음)
재산 이동	(없음)	
주주총회의 승인대상	주식교환계약서	주식이전계획서
주주 보호절차	• 주주총회의 특별결의, 종류주주총회 • 반대주주의 주식매수청구권	
특수유형	간이주식교환 · 소규모주식교환의 경우 주주총회의 승인결의를 이사회 결의로 갈음 가능	(논리상 있을 수 없음)
채권자 보호절차	(없음)	
효력발생시기	주식교환의 날	완전모회사의 설립등기일
회사법상 무효의 소	인정 (주식교환 무효의 소 · 주식이전 무효의 소)	

[13.3.6] 삼각 기업재편

삼각합병은 **합병대가**로 **모회사의 주식을** 주는 것으로, 자회사(특수목적법인; SPC)를 활용하는 방식이다. 이를 위해 자회사는 모회사의 주식을 사전에 취득해 두어야 한다. 삼각합병에는 정삼각 합병(forward triangular merger)과 역삼각 합병(reverse triangular merger)이 있다.

	정삼각 합병[40]	역삼각 합병[41]
개념(단계)	모회사(A)가 완전자회사(S)를 합병당사회사로 만든 다음, 그 완전자회사(S)로 하여금 다른 회사(T)를 흡수합병하여 소멸시키는 방식	**[1단계] 주식교환**: A회사가 자회사로 S회사를 만든 다음, S회사가 A회사의 주식을 가지고 T회사의 주주와 주식교환→S는 T와의 주식의 포괄적 교환을 통해 T의 완전모회사가 되고, S는 모회사인 A 주식을 취득하여 T의 기존 주주들에게 교부 **[2단계] 역합병**: T회사가 S회사를 흡수합병 → A회사가 T회사의 주식을 100% 보유하여 T를 A의 완전자회사로 만듦

구조	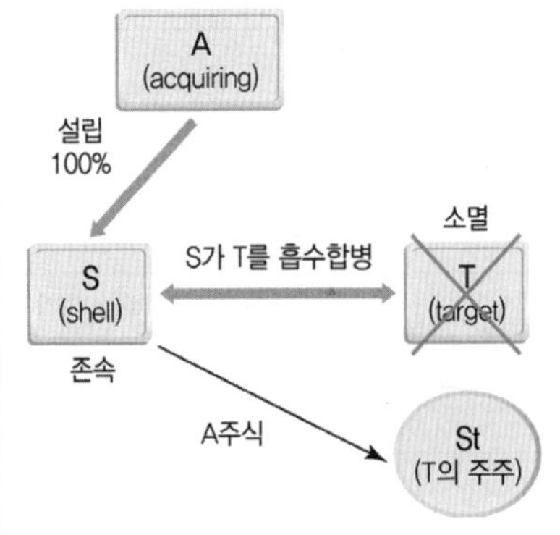	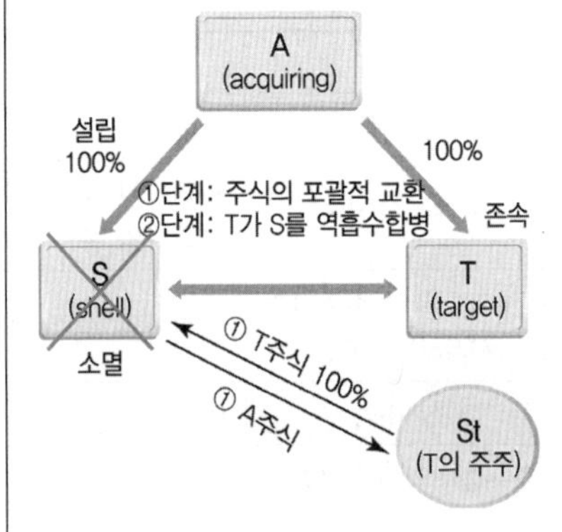
소멸회사	T	S
공통	■ 실질적 인수주체인 회사(A)는 인수대상 회사(T)를 인수하기 위하여 완전자회사로 명목상의 회사(S)를 설립한다. ■ 인수회사(A)에 주주총회의 특별결의가 요구되지 않고 주식매수청구권도 발생하지 않는다.	

>>> 사 례

[1] 삼◎전자가 음향기기 최고의 브랜드로 인정받고 있는 미국 하만을 자회사로 인수하기 위해 역삼각합병 방식을 이용했다. 미국 델라웨어주의 역삼각합병에 따라 미국 삼◎전자 미국법인(SEA)이 지분 100%를 보유하고 있는 Silk를 하만이 흡수합병한 후, Silk의 주식이 하만 주식으로 전환되고 하만은 SEA의 자회사가 되는 방식이다. (출처: 중앙일보 2016. 11. 15; 한국경제 2016. 11. 16)

[2] ㈜하○브가 미국 종합 연예기획사인 이타카홀딩스(Ithaca Holdings LLC)의 인수를 발표했다. 이타카홀딩스는 종합 미디어 지주회사이다. 하○브가 100% 출자한 해외 종속회사인 Big Hit America Inc.가 2021. 3. 22. 100% 자회사로 설립한 미국 회사 BH Odyssey Merger Sub LL(소멸회사)가 Ithaca Holdings LLC(존속회사)를 역합병하여 Ithaca Holdings LLC가 Big Hit America Inc.의 자회사(실질지분율 100%)가 되고, 합병대가로 Big Hit America Inc.가 Ithaca Holdings LLC의 기존 주주와 채권자에게 현금을 지급하는 방식이다. 역삼각합병과 사실상 유사한 구조이다. (출처: 금융감독원 전자공시 2021. 4. 2; 조선일보 2021. 4. 8)

40) 2015년 개정상법은 삼각합병 외에 삼각주식교환(상 360조의3 3항 4호), 삼각분할합병(상 530조의6 1항 4호, 4항) 등 삼각기업재편제도를 도입하였다.

41) 역삼각합병은 인수대상 회사(존속회사)의 독보적인 브랜드 가치나 인허가권을 계속하여 사용할 필요가 있거나 고객관계를 그대로 활용할 필요가 있는 경우에 유용하다.

[13.3.7] 조직변경

조직변경이란 회사가 법인격의 동일성을 그대로 유지하면서 다른 종류의 회사로 전환되는 것이다.[42] 상법은 **인적회사 상호간, 물적회사 상호간**에만 조직변경을 허용한다(상 242조, 286조, 287조의43, 604조 1항, 607조 1항). 인적회사와 물적회사는 그 성질이 워낙 달라(변경을 허용하면 복잡한 법률문제가 따르기 때문에) 상호간의 조직변경을 금지한 것이다. 따라서 ⓐ 합명회사→합자회사, ⓑ 합자회사→합명회사, ⓒ 주식회사→유한회사, ⓓ 유한회사→주식회사, ⓔ 주식회사→유한책임회사, ⓕ 유한책임회사→주식회사의 조직변경이 가능하다. 유한회사와 유한책임회사간의 직접적인 조직변경은 허용되지 않는다.[43][44]

조직변경 및 채권자 이의제출 공고

한국아이티더블유 주식회사(이하 '당사')는 2018년 10월 22일 개최한 당사의 임시주주총회에서 상법 제287조의43 제1항에 의거하여 총주주의 일치에 의한 결으로 유한책임회사로 조직을 변경(변경된 상호: [한국아이티더블유 유한 책임회사])하기로 결정하였기에, 아래와 같이 공고합니다.

\- 아 래 -

1. 이 조직변경 결의에 이의가 있는 당사이 채권자는 본 공고게재일 익일로부터 1개월 내에 당사 본사(인천광역시 남동구 앵고개로556번길 52(고잔동), 전화번호: 032-820-9562, 제출처: 당사 재경팀)에 서면으로 이의를 제출하여 주시기 바랍니다.

2018년 10월 24일

인천광역시 남동구 앵고개로556번길 52(고잔동)

한국아이티더블유 주식회사

대표이사 **이 문 성**

:: **[그림 13.3.7-1] 조직변경 공고** (출처: 한국경제신문 2018. 11. 28)

---

42) 대법원 2012. 2. 9. 선고 2010두6731 판결: A회사가 B회사로 조직변경하는 경우 A회사는 법인격의 동일성을 유지한다. 이때 A회사는 해산등기를, B회사는 설립등기를 한다. 이는 B회사의 등기기록을 새로 개설하는 방편일 뿐이고, A회사가 해산하고 B회사가 설립되기 때문이 아니다.

43) 유한회사에서 유한책임회사로 조직변경하는 것은 직접은 안되고 우회적으로만 가능하다. 즉, 유한책임회사를 세운 뒤 유한회사의 사업을 이에 양도하고 청산하는 방법, 유한회사를 주식회사로 조직변경한 다음 다시 이를 유한책임회사로 조직변경하는 방법 등이 있다.

44) ≪사례≫ 유한회사를 외부감사 대상에 포함하는 외부감사법 개정 이후 회계정보 비공개와 외부회계

연습 및 응용

Q1 다양한 기업구조조정(restructuring)의 수단을 비교하여 각각의 특징과 장단점을 토론해 보시오.

<table>
<tr><th colspan="2" rowspan="2"></th><th rowspan="2">합병</th><th colspan="2">회사분할</th><th rowspan="2">포괄적
주식교환</th><th rowspan="2">포괄적
주식이전</th><th rowspan="2">영업양도</th></tr>
<tr><th>분할합병</th><th>단순분할</th></tr>
<tr><td colspan="2">본질</td><td colspan="5">조직법적 행위</td><td>거래법적 행위</td></tr>
<tr><td colspan="2">당사회사</td><td>A: 존속
T: 소멸(청산 불요)</td><td colspan="2">X: 분할회사
Y: 승계회사 (Z: 신설회사)</td><td>A: 완전모회사 (100%)
T: 완전자회사</td><td>좌동
(다만,
A 신설)</td><td>A: 존속
T: 존속 또는 소멸(청산)</td></tr>
<tr><td colspan="2">거래대상</td><td>T 그 자체</td><td colspan="2">X의 일부인 영업</td><td colspan="2">T 주식 100%</td><td>영업</td></tr>
<tr><td colspan="2">대상회사의 주주</td><td>A의 주주로 되거나 축출</td><td colspan="2">분할신주를 누구에게?
－인적분할: X의 주주
－물적분할: X</td><td colspan="2">A의 주주</td><td>T의 주주 유지
(변경 없음)</td></tr>
<tr><td colspan="2">계약</td><td>합병계약서</td><td>분할합병계약서</td><td>분할계획서</td><td>교환계약서</td><td>이전계획서</td><td>영업양도계약
(서면불요)</td></tr>
<tr><td colspan="2">대가
(다양화)</td><td colspan="4">신주, 자기주식, 금전(교부금합병),
그 밖의 재산(모회사주식 등) → 소액주주 축출</td><td>좌동 (단, 자기주식(×))</td><td>매매대금</td></tr>
<tr><td colspan="2">교환비율</td><td colspan="5">사적자치, 공정성 원칙,
위반시: 이사의 회사에 대한 손해배상책임과 배임죄 (현물출자의 과대평가, 액면미달발행, 신주의 저가발행과 유사 법리), 무효의 소</td><td></td></tr>
<tr><td colspan="2">삼각방식</td><td>○
(자회사 존속)</td><td>○</td><td></td><td>○</td><td>×</td><td rowspan="2">(해당사항
없음)</td></tr>
<tr><td colspan="2">역삼각방식</td><td>○
(자회사 소멸)
→ 주식교환과 결과 동일</td><td></td><td></td><td></td><td></td></tr>
<tr><td rowspan="3">주주보호절차</td><td>주주총회</td><td colspan="6">특별결의</td></tr>
<tr><td>주식매수청구권</td><td>○</td><td>○</td><td>×(?)</td><td>○</td><td>○</td><td>○</td></tr>
<tr><td>종류주주총회</td><td>○</td><td colspan="2">○</td><td>○</td><td>○</td><td>(해당사항
없음)</td></tr>
</table>

감사 회피 목적으로 유한책임회사로 조직을 변경하는 경우가 늘고 있다. 유한책임회사가 도입된 2012년에는 32개 회사가 설립등기를 신청하는 데 그쳤으나, 외감법이 개정·공포된 후인 2020년에는 유한책임회사의 설립등기가 504개로 증가했다. 이베이코리아는 주식회사 → 유한책임회사, 구찌코리아는 주식회사 → 유한회사 → 주식회사 → 유한책임회사, 애플이엔씨는 유한회사 → 주식회사 → 유한책임회사로 조직변경했다. (출처: 조선일보 2021. 9. 9; 내일신문 2023. 1. 5; 한국세정신문 2023. 2. 8; 조세일보 2023. 2. 8)

<table>
<tr><th rowspan="2"></th><th rowspan="2">합병</th><th colspan="2">회사분할</th><th rowspan="2">포괄적 주식교환</th><th rowspan="2">포괄적 주식이전</th><th rowspan="2">영업양도</th></tr>
<tr><th>분할합병</th><th>단순분할</th></tr>
<tr><td rowspan="2">채권자보호 절차</td><td rowspan="2">채권자이의 절차</td><td colspan="2">연대책임</td><td rowspan="2">불요</td><td rowspan="2">불요</td><td rowspan="2">채무인수(민법) 상호속용 양수인과 양도인의 연대책임(§42)</td></tr>
<tr><td>연대책임과 상관없이 항상 채권자이의 절차(필수)</td><td>책임범위 제한(책임범위는 자유): X에서 주주총회 특별결의와 채권자이의절차</td></tr>
<tr><td rowspan="2">간이방식</td><td>소멸회사: 이사회승인, 주식매수청구권(○)</td><td>○</td><td rowspan="2">×</td><td>○</td><td rowspan="2">×</td><td>○</td></tr>
<tr><td>채권자보호 절차(○)</td><td>○</td><td>○</td><td>§42</td></tr>
<tr><td rowspan="2">소규모방식</td><td>존속회사: 이사회승인, 주식매수청구권(×)</td><td>○</td><td rowspan="2">×</td><td>○</td><td rowspan="2">×</td><td rowspan="2">?(중대성)</td></tr>
<tr><td>채권자보호 절차(○)</td><td>○</td><td>○</td></tr>
<tr><td>효력 발생시기</td><td>합병등기</td><td>분할등기</td><td>좌동</td><td>주식교환 할 날</td><td>설립등기</td><td>거래법 일반</td></tr>
<tr><td>효과</td><td>포괄승계(인적, 적극·소극재산) → 이전절차 불요, 청산 불요</td><td>부분적 포괄승계</td><td>좌동</td><td colspan="2">T주식이 T주주의 의사에 상관없이 A에게 강제이전(물적 요소는 이전 없음)</td><td>특성승계</td></tr>
<tr><td>자산의 이전</td><td>포괄승계(이전절차 없이 승계)</td><td>좌동</td><td>좌동</td><td>×</td><td>×</td><td>개별적 이전을 요함</td></tr>
<tr><td>채무의 승계</td><td>포괄승계</td><td>포괄승계 (승계되는 채무 범위?)</td><td>좌동</td><td>×</td><td>×</td><td>인수를 요함 (채무인수가 없는 경우 §42)</td></tr>
<tr><td>경업금지 의무</td><td></td><td colspan="2">○ (§41 유추적용)</td><td></td><td></td><td>○ (§41)</td></tr>
<tr><td>무효</td><td colspan="5">회사법상 무효의 소</td><td>×</td></tr>
</table>

○: 있음, ×: 없음

Q2 주주를 강제로 축출(squeeze-out, cash out)하는 효과를 가져오는 상법상 제도는? (이들간 규제차익, 주주 보호장치의 실효성을 비교해 보시오.)

	지배주주의 주식매도청구권 (360조의24)	주식병합 (443조)	교부금 합병 (523조)	교부금 주식교환 (360조의2)
요건	지배주주 요건 (95% 이상 지분)	주식병합으로 단주를 만들고 현금으로 청산 (주로 자본금감소)	합병계약 소멸회사의 주주 축출	주식교환계약 완전자회사의 주주 축출
절차	경영상 목적 주주총회 보통결의 공고 · 통지절차	주주총회 특별결의 채권자보호절차 (실질적 감자시) 주식병합절차-주권제출 공고 · 통지, 신주권 교부	주주총회 특별결의 (생략특례) 채권자보호절차	주주총회 특별결의 (생략특례) (채권자보호절차 ×)
대가 지급 주체	지배주주	해당 회사		
대가 산정방식	협의 → 법원 결정	(주식매수청구권 X)	합병비율 공성성 주식매수청구절차	교환비율 공정성 주식매수청구절차
단주 처리	(단주 발생 없음)	거래소 시세 없는 주식은 경매, 그 외 방법으로 매각 시 법원 인가 필요(443조)	(443조 준용)	(443조 준용)
주권 실효	매매가액 지급(공탁) 시 주식이전 의제	구주권 제출절차		공고 · 통지(360조의8)
효력발생 시기	매매가액 지급(또는 공탁)	주권제출기간 만료(채권자보호절차 종료)	합병등기	주식교환일

제 4 절 회사의 소멸

[13.4.1] 회사의 해산

법원이 정관에 규정된 회사의 존속기간이 경과했다는 것을 이유로 회사해산결정을 내렸다. 서울지방법원은 크라운제과를 상대로 대주주인 △△씨 등이 낸 회사해산 청구소송에서 크라운제과는 1998년 9월 18일로 존립기간이 만료되었다고 판결했다. 이 판결이 확정되면 크라운제과는 청산절차를 밟아야 한다.

정관 소정의 존속기간 문제를 해결하기 위해서는 주주총회를 열어 해당 정관 조항을 변경하고 새로 변경등기를 하여야 한다. 1960년대에 설립된 회사들은 당시 모델로 쓰이던 정관에 따라 심각한 고민없이 존속기간을 명시한 경우가 많았었는데 지금은 오히려 존속기간을 정관에 밝히지 않는 것이 보통이다.

재판부는 판결문에서 "크라운제과는 1968년 창립 당시 존속기간을 만 30년으로 정관에 명문으로 규정하였고, 1998년 이후 존속기간의 폐지에 관한 변경등기가 이루어지지 않았다"며 "크라운제과의 주주인 원고들이 청산절차를 거쳐 잔여재산을 분배받기 위하여 해산확인을 구하는 만큼 이에 따라 판결한다"고 밝혔다. 이에 대해 크라운제과측은 "1985년 주주총회를 통해 존속기간을 폐지하기로 결의했으나 변경등기만이 되지 않았을 뿐"이라며 법원의 판단이 실재하는 회사의 해산을 결정하는 등 현실에 부합하지 않는 만큼 즉시 항소하겠다고 밝혔다.

이 소송을 제기한 △△씨 등은 크라운제과의 주식을 30% 정도 소유하고 있는 2대 주주로 "1대 주주인 대표이사의 경영부실로 회사가 3년 연속 적자를 내고 화의상태에서 벗어나지 못하고 있다"며 "투명경영을 요구하는 차원에서 소송을 제기하였다"고 소송이유를 밝혔다. 이후 이 사건의 항소심인 서울고등법원에서는 법인등기부 등본상 존립기간의 만료를 이유로 해산판결을 명한 원심판결을 취소하였다. 이에 대한 상고가 없어 서울고등법원 판결이 확정되었다. (출처: 국민일보 2001. 4. 5; 한겨레 2001. 4. 6; 조선일보 2001. 4. 7; 한국경제 2001. 4. 6; 한국경제 2001. 4. 11; 머니투데이 2002. 5. 13)

생각해보기

1. 법인격(권리능력)의 상실이라는 점에 있어서 법인과 자연인은 어떤 차이가 있는가? 만일 어떤 자연인이 "자신이 이 세상에 존재하는 시기는 2030년 12월 25일 크리스마스까지로 한다"는 내용의 유언장을 남겼다면, 그 이후 그 개인은 사망한 것으로 처리되는가? 어떤 회사가 정관에 "본 회사의 존립시기는 2030년 12월 25일까지"로 한다는 내용을 정관으로 규정하였다면 그 정관의 효력은?
2. 자연인은 사망하면 그 순간 법인격(권리능력)을 완전히 상실한다. 회사도 해산하면 그 순간 곧바로 모든 권리능력을 상실하는가, 아니면 어떤 절차가 필요한가?
3. 회사가 해산하는 경우 회사를 둘러싼 채권자, 주주 등 이해관계자들의 권리를 구제하는 방법과 순서는?

회사는 해산에 의해서 소멸한다. **회사의 해산사유**는 존립기간 만료 기타 정관 소정의 해산사유의 발생, 합병, 분할합병, 회사분할, 파산, 법원의 해산명령 또는 해산판결, 주주총회의 해산결의 등이다(상 517조, 227조). 회사가 해산한 때에는 합병과 파산의 경우를 제외하고는 해산사유가 있는 날로부터 본점 소재지에서는 2주 내에, 지점 소재지에서는 3주 내에 **해산등기**를 하여야 한다(상 521조의2, 228조).

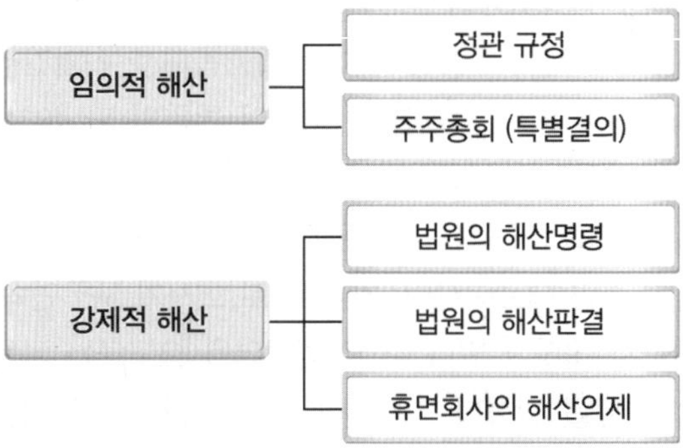

:: [그림 13.4.1-1] 회사의 해산사유

■ **해산명령과 해산판결**

해산명령은 **공익적 관점**에서 회사의 존속을 허용할 수 없을 때,[45] 법원이 이해관계인이나 검사의 청구에 의해 또는 직권으로, 회사의 해산을 명령하는 제도이다(상 176조 1항). **해산**

45) 해산명령의 사유는 (i) 회사의 설립목적이 불법일 때, (ii) 회사가 정당한 사유 없이 설립 후 1년 이내에 영업을 개시하지 아니하거나 1년 이상 영업을 휴지하는 때, (iii) 이사 또는 회사의 업무를 집행하는 사원이 법령 또는 정관에 위반하여 회사의 존속을 허용할 수 없는 행위를 한 때이다(상 176조 1항).

판결은 **사원 간 이익조정의 관점**에서[46] 법원이 주주(10% 이상 소수주주)의 청구에 의하여 소송사건으로 회사의 해산을 판결하는 제도이다(상 520조, 613조 1항, 241조 1항, 269조).

■ 휴면회사의 해산의제

실제 영업활동을 하지 않음에도 불구하고 해산과 청산절차를 밟지 아니하여 상업등기부 상으로만 남아 있는 휴면회사에 대하여 법원이 일정한 절차를 밟아 해산과 청산을 의제할 수 있다. 법원행정처장이 **최후의 등기 후 5년이 경과**한 회사는 본점 소재지를 관할하는 법원에 영업을 폐지하지 않았다는 뜻의 신고를 할 것을 관보로 공고한다(상 520조의2 1항).[47] 공고일로부터 2월 이내에 신고하지 않거나 등기하지 아니한 회사는 **신고기간이 만료된 때에 해산한 것으로 의제**한다(상 520조의2 1항). 해산이 의제된 회사가 3년 이내에 회사를 계속하지 않으면 3년이 경과한 때에 청산이 종결된 것으로 의제한다(상 520조의2 4항).

››› 사 례

[1] 특허청은 대전지방검찰청과 함께 한국제품인 것처럼 상표를 표기한 한류 편승 기업의 대표 사례인 A 주식회사(외국 A사의 한국 법인)와 B 주식회사(외국 B사의 한국 법인)에 대한 법원의 해산명령을 끌어냈다. 이들은 홈페이지나 매장 간판에 태극기, 'KOREA'를 표시하고, 판매제품에는 한국어로 된 표지를 붙여놓았다. 대전지검은 A 주식회사 소재지 법원인 서울중앙지방법원과 B 주식회사 소재지 법원인 서울남부지방법원에 각각 해산명령을 청구했다. (출처: 파이낸셜뉴스 2019. 9. 26; 전자신문 2019. 9. 26; YTN 2019. 9. 26; YTN 1019. 10. 23)

[2] 투자 사기를 벌인 IDS홀○스(주)에 대해 법원이 해산명령을 내렸다. 이 회사 대표는 월 1~10%의 배당금을 주겠다고 속여 2011년부터 1만 2,000여 명으로부터 1조원이 넘는 돈을 받아 가로챈 혐의로 징역 15년이 확정됐다. (출처: 내일신문 2016. 7. 21; 연합뉴스TV 2019. 8. 20; 한국경제 2020. 1. 28(해산명령 및 파산선고 신청 공고))

[3] 인위적인 주식 시세조종 등 금융범죄를 위한 목적으로 동원된 유령법인 5곳에 대해 법원이 해산명령을 내렸다. (출처: 법률신문 2023. 9. 16) 전화금융사기(보이스피싱)에 이용된 38개 유령회사에 대해 서울동부지검이 해산명령을 청구한 사건에서 법원이 해산명령을 내렸다. (출처: 뉴시스 2024. 1. 17; 연합뉴스 2024. 1. 17)

---

46) 해산판결의 사유는 (ⅰ) 회사의 업무가 현저한 정돈(停頓) 상태를 계속하여 회복할 수 없는 손해가 생긴 때 또는 생길 염려가 있는 때, (ⅱ) 회사재산의 관리 또는 처분의 현저한 실당(失當)으로 인하여 회사의 존립을 위태롭게 한 때이다(상 520조 1항). 주주총회의 특별결의에 의한 해산을 하지 못하는 때에도 해산판결에 의해 해산할 수 있다.

47) 정상적으로 영업활동을 하는 회사라면 적어도 5년에 한 번쯤은 (변경)등기를 하는 것이 통례이기 때문이다.

[13.4.2] 회사의 청산

(1) 회사를 해산하는 때에는 해산등기와 함께 채권자 보호를 위해 **청산절차**를 밟아야 한다(상 531조 1항).[48] 청산회사의 권리능력은 청산의 목적 범위로 축소된다(상 542조 1항, 245조). 청산이 개시되면 이사·이사회·대표이사는 그 지위를 잃고 **청산인**이 청산 중 회사의 청산사무를 집행하고 회사 대표기관이 된다.[49] 청산인은 현존사무의 종결, 채권추심과 채무변제,[50] 재산의 환가처분, 주주에 대한 잔여재산 분배[51] 등의 청산사무를 수행한다(상 542조 1항, 254조 1항). 청산이 종결되면 청산종결의 등기를 해야 한다(상 542조 1항, 264조).[52]

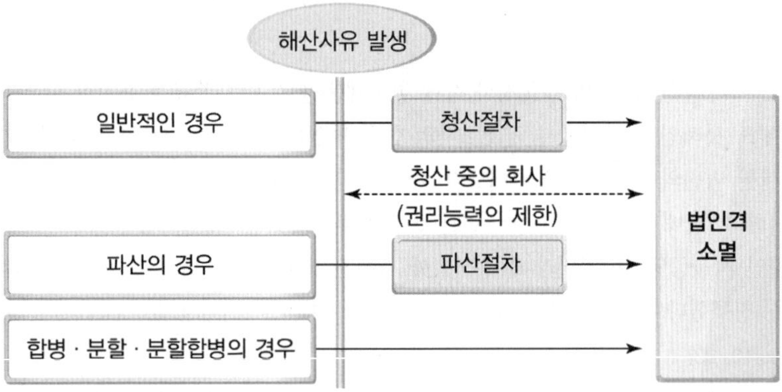

:: [그림 13.4.2-1] 해산과 청산

48) 청산방법에는 **임의청산**과 **법정청산**이 있다. 임의청산에 의할 때는 재산처분방법을 정관 또는 총사원의 동의로 정할 수 있다(상 247조 1항). 임의청산을 할 수 없는 때에는 법정청산절차에 의하여야 한다(상 250조). 인적회사에서는 임의청산과 법정청산 모두가 인정되나, 주식회사·유한회사·유한책임회사에서는 채권자보호를 위해 법정청산만을 인정한다.

49) 합병·분할·분할합병 또는 파산의 경우 외에는 이사가 청산인이 된다. 다만, 정관에 다른 정함이 있거나 주주총회에서 타인을 선임한 때에는 그러하지 아니하다(상 531조 1항). 그러한 청산인이 없는 때에는 이해관계인의 청구에 의해 법원이 청산인을 선임한다(상 531조 2항). 청산인은 법원이 선임한 때 외에는 언제든지 주주총회의 결의로 해임할 수 있다(상 539조 1항). 청산인의 선임과 해임은 등기해야 한다(상 542조 1항, 2항→253조 1항). 주주총회와 감사는 청산이 개시되어도 그대로 존속한다.

50) 채권의 신고기간 내에는 변제가 금지되고, 변제 지연으로 인한 손해배상책임을 진다(상 536조 1항). 예외적으로 소액채권, 담보부채권, 기타 변제로 인하여 다른 채권자를 해할 염려가 없는 채권은 법원의 허가를 받아 변제할 수 있다(상 536조 2항).

51) 주주에 대한 잔여재산 분배는 채무를 완전히 변제한 후에만 할 수 있다(상 542조 1항→260조). 잔여재산분배는 잔여재산분배 우선주를 제외하고는 각 주주가 가지는 주식 수에 비례하여 분배한다.

52) 대법원 2019. 10. 23. 선고 2012다46170 전원합의체 판결: 주식회사가 해산되고 청산이 종결된 것으로 보게 된 회사라도 어떤 권리관계가 남아 있어 현실적으로 정리할 필요가 있으면 그 범위에서는 아직 완전히 소멸하지 않는다.

(2) 합병 · 분할 · 분할합병과 파산으로 해산하는 때에는 청산절차를 요하지 않는다(상 531조 1항 본문).

해산 및 채권신고공고(1차)

주식회사 게임로프트(이하 "회사")는 2017년 10월 24일 임시 주주총회에서 해산 결의 되었으므로, 본 회사에 대하여 채권을 가진 자는 본 공고 게재의 익일부터 2개월 이내에 채권액을 신고하여 주시기 바랍니다. 만일 위 기간 내에 채권 신고가 없으면 청산에서 제외됩니다.

2017년 10월 31일

주식회사 게임로프트

경기도 성남시 분당구 판교역로 230, 비동 6층 609호, 610호(삼평동)

청산인 최 춘 식

:: **[그림 13.4.2-2] 해산 및 청산 공고** (출처: 한국경제신문 2017. 10. 31)

제 5 절 회사의 계속

회사의 계속은 해산한 회사가 청산을 종결하기 전에 다시 해산 전의 상태로 회귀하는 것이다. 회사를 계속하려면 (i) 청산절차가 종결되기 전이어야 하며, (ii) 주주총회의 특별결의에 의하여 회사계속을 결의를 하고, (iii) 등기하여야 한다(상 519조, 194조 3항, 229조 3항, 285조 3항, 530조 1항).

제 14 장

준법통제

제 1 절 총 설

기업경영에 있어서 영리성과 효율성의 추구는 적법성을 유지하는 테두리 내에서 행해져야 한다. 준법지원과 **준법통제 시스템**(Compliance)을 구축하는 것은 기업종사자들의 위법행위가 있는 이후의 대증요법으로서뿐만 아니라, 건강한 경영활동을 위한 사전예방적인 안전망과 경보장치를 제공해 준다. 상법은 기업경영의 적법성을 확보하기 위한 제도적 장치를 두고 있다. 이를 크게 보면, (i) 조직적 측면에서 준법통제기구의 설치, (ii) 행위적 측면에서 준법통제규준으로서 의무규범의 설정, (iii) 의무위반에 대한 책임추궁제도로 구성되어 있다. 이들은 상호 연관되어 있다.

제 2 절 준법통제기구

[14.2.1] 주주 · 주주총회 · 이사회 · 이사 · 감사 등

(1) 주주권, 특히 소수주주권은 주주의 경영 통제수단이 된다.

(2) 주주총회는 이사 선임 · 해임권(경영구조 창출권), 이사 보수결정권(경영 평가권), 중요사항에 대한 직접적인 의사결정권 등을 통하여 경영을 통제할 수 있다.

(3) 이사회는 이사와 집행임원에 대한 '감독'권을 행사함으로써, 이사는 다른 이사에 대한 '감시'권을 행사함으로써 경영을 통제할 수 있다. 사외이사제도는 이사회의 감독기능이 실질적으로 이루어지도록 하는 견제적 보완장치이다.

(4) 감사 또는 감사위원회는 이사와 집행임원에 대한 '감사'권을 행사함으로써 경영을 통제한다.

[14.2.2] 준법통제기준 및 준법지원인

1. 대상 및 강제성

대통령령으로 정하는 상장회사는[1] 법령을 준수하고 회사경영을 적정하게 하기 위하여 임직원이 직무를 수행할 때 따라야 할 준법통제에 관한 기준 및 절차(**준법통제기준**)를 마련하여야 한다(상 542조의13 1항). 상장회사는 준법통제기준의 준수에 관한 업무를 담당하는 **준법지원인**을 1명 이상 두어야 한다(상 542조의13 2항). 이를 위반하면 이사의 임무해태가 된다.[2]

2. 선임·해임·임기

준법지원인은 **이사회** 결의로 선임하고(상 542조의13 4항), 회사와 위임관계에 있다(상 542조의13 7항). 준법지원인은 법정 자격을 갖춘 자이어야 하고(상 542조의13 5항), 임기는 3년으로 법정되어 있으며, 상근으로 하여야 한다(상 542조의13 6항).

3. 직 무

준법지원인은 준법통제기준의 준수 여부를 점검하여 그 결과를 **이사회에 보고**하여야 한다(상 542조의13 3항).

4. 독임제

상장회사는 준법지원인이 직무를 독립적으로 수행할 수 있도록 하여야 하고, 상장회사의 임직원은 준법지원인이 직무수행과 관련하여 자료나 정보의 제출을 요구하는 경우 이에 성실하게 응하여야 한다(상 542조의13 9항). 준법지원인은 자신의 업무수행에 영향을 줄 수 있는 영업관련 업무의 겸직이 금지된다(상령 42조).[3]

---

1) 최근 사업연도 말을 기준으로 자산총액이 5천억원 이상인 상장회사를 말한다. 다만, 다른 법률에 따라 내부통제기준 및 준법감시인을 두어야 하는 경우는 제외한다(상령 39조).

2) 벌칙규정은 없다. 이에 해당하는 상당수의 비금융회사가 준법지원인을 두지 않은 것으로 조사되었다. (출처: 삼일회계법인, 감사위원회 트렌드 리포트 2022)

3) 준법지원인이 이사를 겸하는 것은 허용되나 감사를 겸할 수 없다.

[14.2.3] 법 원

법원은 회사법 분쟁에 대한 재판기능 외에 공익과[4] 회사채권자를 보호하기 위한 후견적 역할과[5] 사전적으로 적법성을 확보하기 위한 역할을 담당한다. 법원에 **검사인**의 선임을 청구하고 이를 통해 조사하는 방식이 이용되기도 한다.[6]

■ **검사인**

검사인(檢査人)은 법원이 선임하여 회사의 업무나 재산상태, 기타 특정 사항 등을 조사・검사하도록 하기 위해 직무 종료 시까지 임시로 활동하는 자이다.

① 업무・재산상태 조사 – 회사의 업무집행에 부정행위 또는 법령・정관 위반의 중대한 사유가 있는 경우, 회사의 업무와 재산상태 조사를 위해 주주(3% 이상) 또는 이사・감사가 법원에 선임을 신청하며, 회사의 업무・재산상태 전반을 조사한다(상 467조).

② 변태설립사항 조사 – 회사설립시 변태설립사항을 조사하기 위해 발기인 또는 이사는 법원에 검사인의 선임을 청구할 수 있다(상 298조 4항, 310조).

③ 주주총회 조사 – 주주총회에 이사가 제출한 서류나 감사의 보고서를 조사하기 위해 총회가 선임하거나, 주주총회 소집절차나 결의방법의 적법성을 조사하기 위해 회사 또는 주주(1% 이상)가 총회 전에 법원에 청구할 수 있다(상 367조).

[14.2.4] 감독기관・시장 등

(1) 금융감독원은 금융기관에 대한 검사・감독업무를 통하여 자본시장의 건전한 운영과 투자자보호의 역할을 담당한다.

(2) 이 밖에도 각종 업종단체들에 의한 자율규제가 있고, 여론과 시장의 기업에 대한 비판과 압력[7]이 준법경영을 촉진시키는 감시자 역할을 하기도 한다.

---

4) 예컨대, 회사의 해산명령(상 176조) 등이 이에 해당한다.

5) 법원의 허가 또는 인가를 받도록 하는 경우가 있다.

6) 《사례》 화○기계의 주주인 ㈜보아△에셋은 영업거래와 섬식 등을 조사하여 검사인 보고에 의한 주주총회 소집을 위해 2022. 11. 24. 서울중앙지방법원에 검사인의 선임을 청구했다. (출처: 전자공시 2022. 12. 15)

7) 대주주와 그 주변사람들이 사회적 물의를 빚어 비판적 여론을 불러일으킨 사례 참조.

제3절 준법통제규준 (의무)

이사・집행임원 등(이하 '이사')이 업무집행과 관련하여 준수하여야 할 각종 적극적・소극적 의무 또는 작위・부작위 의무는 준법통제규준(Standard of Conduct)이 된다.

[14.3.1] 기본적 의무 (선관주의의무, 충실의무)

1. 위임관계

이사는 회사와의 위임관계에 기하여 회사로부터 경영권을 수임받은 자이다. 이사와 이러한 위임관계를 맺고 있는 상대방은 '회사'이지 그 지배주주나 회장이 아니다.

甲: "일전에 어느 회사의 그룹 총수가 국회 청문회석상에서 자기 회사 사장에게 돈 배달 심부름을 시키면서 사장을 '머슴'이라고 불러서 구설수에 오른 적이 있지?"

乙: "사장을 그룹총수 개인의 머슴으로 보는 인식이 매우 안타까웠어. 지금은 봉건시대도 아닌데 말이야."

甲: "그렇지? 근데, '이사는 회사의 머슴'이라면 전혀 틀린 건 아니잖아? 심지어 대통령이나 국회의원들도 스스로 자신을 국민의 공복이라든지, 국민의 종이라든지 하는 표현을 곧잘 쓰곤 하니까."

乙: "주인과 머슴의 관계라…, 좋지. 그런데 진정 누구의 머슴, 누구의 종이냐는 게 중요하지 않겠어?"

甲: "머슴이나 종이라는 표현은 자칫 오해를 살 수도 있어. 무조건적인 상명하복관계에 있는 것으로 생각하기 쉽잖아? 이사와 회사는 그런 무조건적인 명령과 복종의 관계에 있는 것은 아니거든. 이사는 무엇이 회사에 이익이 되는가를 독자적으로 판단해야 하는 청지기(steward)이어야 하니까."

2. 선관주의의무

이사는 회사와 위임 계약의 관계에 있으므로 회사에 대하여 위임의 본지(本旨)에 따라 선량한 관리자로서의 주의의무를 진다(민 681조, 상 382조 2항). 이를 위반하면 이사는 회사에 대하여 위임계약 위반에 따른 채무불이행책임을 진다.

(1) 경영자로서의 주의의무

선관주의의무 위반 여부는 당해 직종과 직업군에 추상적·평균적으로 요구되는 주의의무의 수준을 기준으로 판단한다. 이사는 경영전문가로서 회사에 선관주의의무를 진다.[8] 선관주의의무를 다한 이사의 경영판단은 존중되어 책임을 묻지 않는다(경영판단법칙).

(2) 적법성 및 효율성 추구

이사는 직무를 수행함에 있어서 단순히 법령과 정관을 준수하여야 할 소극적 의무에 그치지 않고, 전문경영인으로서 회사에 최선의 이익을 추구하여 할 적극적 의무를 진다.

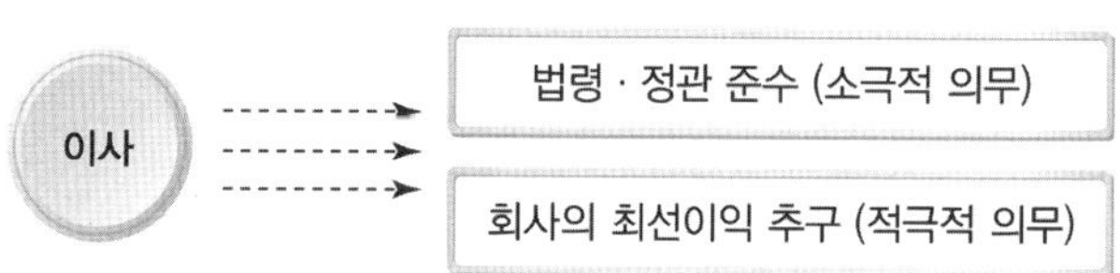

:: [그림 14.3.1-1] 이사의 회사에 대한 기본 의무

(3) 독자성

이사회 또는 주주총회의 결의가 객관적으로 위법하거나 불공정한 때에는 이사는 이에 구속되지 않고 자신의 판단에 기해 회사에 이익이 되는 방향으로 업무수행을 하여야 한다. 이사가 막연히 이사회 또는 주주총회의 결의에 따랐다는 것만으로는

---

8) 대법원 2021. 5. 7. 선고 2018다275888 판결: 금융기관의 임원은 소속 금융기관에 대하여 선량한 관리자의 주의의무를 진다. 금융기관의 임원이 위와 같은 선량한 관리자의 주의의무를 위반하여 자신의 임무를 게을리하였는지는 대출 결정에 통상의 대출 담당 임원으로서 간과해서는 안 될 잘못이 있는지를 관련 규정의 준수 여부, 대출의 조건, 내용과 규모, 변제계획, 담보 유무와 내용, 채무자의 재산과 경영상황, 성장 가능성 등 여러 가지 사항에 비추어 종합적으로 판정해야 한다. (참조판례: 대법원 2002. 6. 14. 선고 2001다52407 판결)

면책사유가 되지 않는다.[9]

(4) 포괄성

선관주의의무는 이사가 회사에 대하여 부담하는 모든 의무의 원천이 된다(일반성 · 포괄성). 선관주의의무를 뿌리로 하여 이사의 회사에 대한 다른 구체적인 의무가 파생된다.

3. 충실의무

(1) 회사에 대한 충실의무

1) 이사는 회사에 대하여 선량한 관리자로서의 주의의무를 진다는 상법 382조 2항과는 별도로 충실의무조항을 두고 있다(상 382조의3).[10] 이는 영미법상 이사의 충실의무를 따온 것이다.

■ 영미법의 신인의무

미국 판례법상 이사와 회사는 신탁관계(trust)에 있고, 이사는 회사의 수탁자로서 회사에 신인의무(信認義務, fiduciary duty)를 진다.[11] 신인의무는 크게 주의의무(duty of care)와 충실의무(duty of loyalty)를 포함한다. 주의의무는 회사의 이익을 위해 적극적으로 노력할 의무(적극적 의무)를 뜻한다. 충실의무란 이사, 경영자 및 지배주주와 회사 간 이익상충(conflict of interest) 상황에서 자신의 이익을 위하여 회사의 이익을 해치는 행위를 해서는 안 될 의무(소극적 의무)를 뜻한다.

2) **이사의 충실의무조항**(상 382조의3)**은 선관주의의무조항**(상 382조 2항)**과 어떤 관계에 있는가?** 이에 대해서는 (i) 충실의무는 선관주의의무를 구체적으로 부연하여 설명한 것에 지나지 않고 새로운 내용을 담고 있는 것은 아니라는 견해가 있는가 하면(동질설), (ii) 선관주의의무와는 다른 영미법상의 포괄적인 충실의무를 도입한 것이라는 견해가 있다(이질설). 한편, (iii) 기본적으로는 동질설의 입장에 서면

---

9) 대법원 1989. 1. 13. 선고 89도1012 판결.

10) 상법 382조의3(이사의 충실의무 등) (2025년 개정)

① 이사는 법령과 정관의 규정에 따라 '회사 및 주주'를 위하여 그 직무를 충실하게 수행하여야 한다.

② 이사는 그 직무를 수행함에 있어 '총주주'의 이익을 보호하여야 하고, 전체 주주의 이익을 '공평하게 대우'하여야 한다.

11) 미국 판례법상 신인의무의 주체에는 이사나 임원뿐만 아니라 지배주주를 포함하고, 신인의무를 지는 상대방에는 회사뿐만 아니라 주주를 포함한다.

서, 충실의무조항은 선관주의의무의 규범을 운영함에 있어서 영미법상의 신인의무를 원용하는 해석의 근거로 삼을 수 있는 가능성을 열어두고 있다는 견해가 있다. (ⅳ) 판례는 선관주의의무와 충실의무를 구분하지 않고 혼용해서 사용하기도 하고,[12] 양자를 구분하기도 한다.[13]

3) 충실의무는 본래 이사와 회사의 **이익상충 금지**에 중점이 있다. 자기거래 금지, 경업·겸직 금지, 회사기회 유용 금지 등은 이를 구체화한 것이다.

(2) 주주에 대한 충실의무

1) 2025년 개정 상법은 이사(집행임원 포함)의 주주를 위한(주주에 대한) 충실의무를 명시했다(상 382조의3, 408조의9). 이사는 회사뿐만 아니라 '주주 전체'(집단으로서 주주, shareholders as whole)에 대해 충실의무를 진다는 일반원리를 선언하고(상 382조의3 1항, 2항 전단), 전체 주주의 이익을 공평하게 대우하여야 할 의무를 명시하고 있다(상 382조의3 2항 후단).

2) 회사의 이익과 주주의 이익이 일치하는 경우가 대부분이다. 따라서 이 조항은 회사의 이익과는 무관한데 주주, 특히 대주주와 일반주주 사이에 이익상충이 있거나(예: 합병비율을 대주주에게 유리하게 산정하는 경우), 이사와 주주 사이에 이익이 충돌하는 특수한 사정이 있는 때에만 적용되는 것으로 보아야 한다. 회사의 이익과 주주의 이익이 충돌하는 때에는, 이사가 위임관계를 맺고 있는 회사에 대한 충실의무가 일차적이고, 다만 이러할 때 주주의 이익침해가 가급적 최소화해야 할 부차적 의무가 이사에게 주어진다고 하겠다.

3) 이 조항을 두고 (ⅰ) 기존에도 해석상 인정되던 의무를 확인한 것에 지나지 않는다고 볼 것인지(확인적 입법설), (ⅱ) 이사의 새로운 의무를 창설한 것으로 볼 것인지(창설적 입법설) 논란이 있다. 이 조항이 신설되었다 하여도 회사가 독립된 법인격을 갖고 이사는 법인의 기관 지위에 있으며 주주는 주식의 소유자로서 회사에 대해 사원권 관계에 있을 뿐 이사에 대해서는 직접 아무런 법률관계가 없다는 회사법의 기본체계는 여전히 존중되어야 한다.

---

12) 대법원 2006. 7. 6. 선고 2004다8272 판결.
13) 대법원 2016. 8. 24. 선고 2016다222453 판결; 대법원 2016. 1. 28. 선고 2014다11888 판결 등.

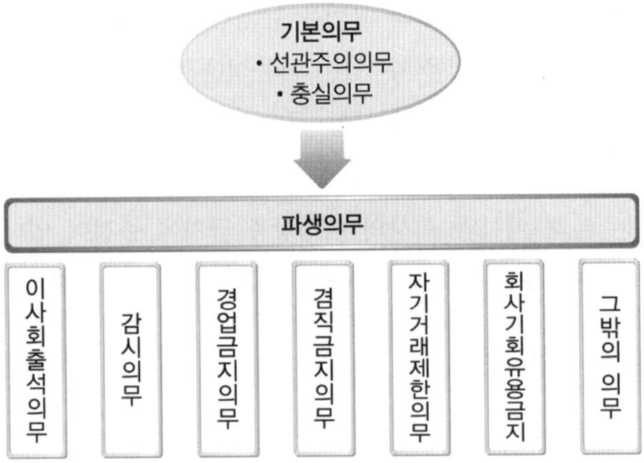

:: [그림 14.3.1-2] 이사의 기본의무와 파생의무

[14.3.2] 자기거래 금지

서울남부지법 민사부는 D생명보험(주)이 C 전 회장의 부인이 이사장으로 있던 S학원을 상대로 "이사회의 결의 없이 낸 기부금을 돌려 달라"며 낸 부당이득금 반환청구소송에서 "피고는 원고에게 231억 9,000만원을 지급하라"고 판결했다.

재판부는 판결문에서 "S학원에 대한 기부행위는 D생명보험의 대표이사와 S학원의 대표권 있는 이사를 겸하던 C 전 회장에 의해 행해진 상법상의 '이사의 자기거래'에 해당하며, 이사회 결의 없이 C 전 회장의 독자적인 결정과 지시로 이뤄졌기 때문에 무효"라고 밝혔다.

재판부는 "수년에 걸쳐 매년 30억원 정도의 정기적인 기부행위가 있었다면 이는 회사의 중요자산의 처분에 해당하므로 이사회의 결의가 필요하다"고 설명했다. 재판부는 "기부행위로 회사가 유·무형의 이익을 얻었다고 하지만 기부금 규모에 비하면 이익이 미미하고 회사자금을 임의로 사용해 지원한 점 등이 고려됐다"고 덧붙였다.

D생명보험의 대표이사로 재직했던 C 전 회장은 자신의 부인이 이사장으로 있던 S학원에 1993년 6월부터 1998년 7월까지 74회에 걸쳐 총 213억 9,000만원을 기부했고, 소속그룹이 해체된 뒤에 D생명보험은 이 기부행위가 부당하게 이뤄졌다며 S학원을 상대로 기부금을 반환하라는 소송을 소멸시효(10년)를 불과 한 달 앞두고 냈다. (출처: 머니투데이 2005. 4. 27; 매일경제 2004. 2. 8; 새전북신문 2004. 2. 8; 경향신문 2004. 2. 9)

생각해보기

1. 위 사례에서는 회사의 회장이자 대표이사인 자가 자신이 관여하고 있는 학교법인에 회사 돈으로 장기간 거액을 기부한 행위의 법적 책임이 다루어지고 있다. 이러한 행위가 법적으로 문제되는 이유는?
2. 만일 이사가 자신이 몸담고 있는 회사의 부동산을 매입한다면 어떤 문제가 생길 수 있을까? 반대의 경우는?
3. 이사가 금융기관으로부터 자금을 차입을 하려는 과정에서 이사가 속해 있는 회사가 이를 보증하면 어떤 문제가 생길 수 있을까?

1. 금지의 원칙

자기거래란 '회사'와 이사 등(경영관여자나 그와 관련된 자 포함)과의 사이에서 회사의 이익을 해칠 가능성이 있는 거래이다. 자기거래를 허용하면 그 거래과정에서 이사 등이 회사의 희생으로 자신 또는 제3자의 이익을 도모할 위험성이 있고,[14] 회사재산을 빼돌리는 불공정거래의 수단으로 악용될 우려가 있다. 이 때문에 상법에서는 자기거래를 원칙적으로 금지하고 있다(상 398조).

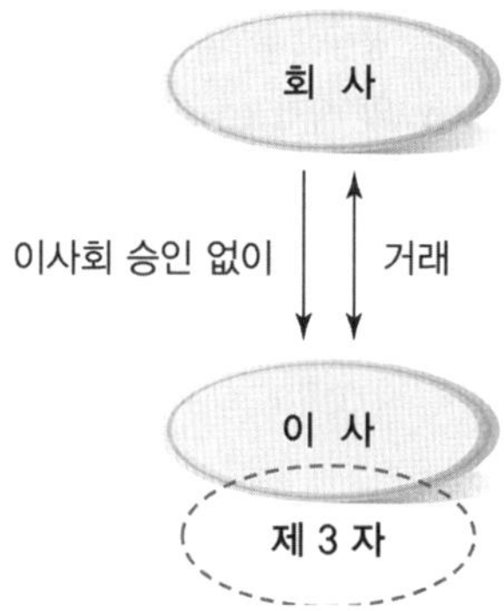

:: [그림 14.3.2-1] 금지되는 자기거래

(1) 이익충돌 염려 있는 거래

이익충돌(conflict of interest)의 염려가 있는 거래에 한하여 금지된다. 이익충돌의

14) 인간이 누구나 이타적(利他的)이라면 이러한 문제를 걱정할 필요가 없다. 법에서 자기거래를 금지하는 근본적인 이유는 자기중심적 내지 이기적인 존재로 될 위험성을 지니고 있는 인간의 속성 때문이기도 하다.

염려가 있는가는 행위의 일반적 · 추상적 · 법률적 성질만이 아니라 실질적 · 구체적 · 경제적 측면도 고려해야 한다.[15] 자본거래도 이익충돌의 염려가 있는 한 자기거래 제한의 대상이 될 수 있다(예컨대, 신주의 제3자 배정, 합병 등).

(2) 자기 또는 제3자의 계산

이익충돌의 염려가 있으면 거래의 명의와 계산의 주체를 불문하고 금지된다. 이사 등이 자기의 계산으로 하는 경우뿐만 아니라 제3자의 계산으로 회사와 거래하는 경우도 금지된다.[16]

(3) 직접 · 간접 거래

금지되는 자기거래에는 이사 등이 직접 회사의 상대방이 되어 거래하는 경우뿐만 아니라(**직접거래**), 형식적으로는 이사(D) 이외의 자(Y)와 회사(X) 사이의 거래이지만 그에 의한 이득이 이사(D)에게 귀속하는 경우를 포함한다(**간접거래**).[17]

■ 자기거래가 금지되는 자

자기거래가 제한되는 자에는 거래 당시를 기준으로 (i) 이사뿐만 아니라,[18] (ii) 주요주주, (iii) (i)과 (ii)의 배우자[19] 및 직계존비속, (iv) (i)과 (ii)의 배우자의 직계존비속, (v) (i)~(iv)의 자가 단독 또는 공동으로 의결권 있는 발행주식총수의 50% 이상을 가진 회사 및 그 자회사, (vi) (i)~(iv)의 자가 (v)의 회사와 합하여 의결권 있는 발행주식총수의 50% 이상을 가진 회사, (vii) 집행임원을 포함한다(상 398조 각 호, 408조의9).

---

15) 이익충돌염려가 있는 거래의 예: 회사로부터 이사가 금전을 차입하는 경우, 회사재산을 이사가 매수하거나 그 반대의 경우, 이사가 회사에 대하여 부담하는 채무를 회사가 면제해 주는 경우 등이 이에 해당한다. 어음행위를 포함한다.

16) 예컨대, 이사 등(A)이 회사(Y)를 설립하여 그 회사(Y)를 통해서 이사 소속 회사(X)와 거래하는 것은 제3자(Y)의 계산으로 하는 자기거래가 된다.

17) 이사가 거래의 상대방이 되는 경우뿐만 아니라 상대방의 대리인이나 대표자로서 회사와 거래를 하는 경우와 같이 특별한 사정이 없는 한 회사와 이사 사이에 이해충돌의 염려 내지 회사에 불이익을 생기게 할 염려가 있는 거래도 해당된다(대법원 2017. 9. 12. 선고 2015다70044 판결). 예를 들어, 이사의 채무에 대하여 회사가 이사의 채권자와 채무보증 또는 담보설정의 계약을 체결하거나 그 채무를 인수하는 것은 간접거래에 해당한다(대법원 1992. 3. 31. 선고 91다16310 판결).

18) 여기의 이사란 거래 당시의 이사와 이에 준하는 자(이사직무대행자, 청산인 등)에 한정한다. 거래 당시 이사의 직위를 떠난 사람은 여기에 포함되지 않는다(대법원 1988. 9. 13. 선고 88다카9098 판결).

19) 배우자에 내연관계에 있는 자도 포함되는가?

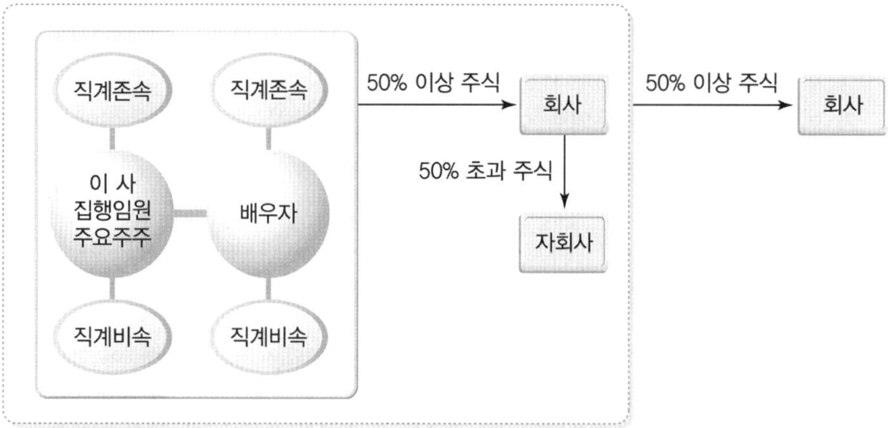

:: **[그림 14.3.2-2] 자기거래가 금지되는 커넥션**(친족 및 출자관계)

2. 허 용

(1) 이익충돌 염려가 없는 경우

이사 등이 회사와 거래하더라도 거래의 성질이나 내용상 회사의 이익을 해칠 우려가 없다면 굳이 금지할 이유가 없다.[20]

(2) 이사회의 승인 (절차 요건)[21]

1) 자기거래는 이사회 승인사항이다.[22] 이사 등이 회사와 거래하려면 **미리**[23] **이사회에 해당 거래에 관한 중요 사실을 밝히고**(개시의무)[24] **이사회의 승인**을 얻어야

---

20) 이익충돌의 염려가 없는 거래의 예: 이사의 회사에 대한 무이자·무담보 대여, 약관에 의하여 정형적으로 이루어지는 거래, 약관에 의하지 않더라도 일상용품의 구입과 같이 통상적인 거래조건에 따라 이루어지는 거래 등이 이에 해당한다.

21) 자기거래에 대해 이사회의 승인을 요하는 이유는, 이사와 회사 사이의 이익상반거래가 비밀리에 행해지는 것을 방지하고 그 거래의 공정성을 확보함과 아울러 이사회에 의한 감독권 행사를 위함이다(대법원 2017. 9. 12. 선고 2015다70044 판결).

22) 정관으로 승인기관을 주주총회로 변경할 수 있다(대법원 2007. 5. 10. 선고 2005다4284 판결). 자본금 10억원 미만의 소규모주식회사의 경우에는 이사회가 존재하지 않으므로 주주총회 결의에 의한 승인을 받아야 한다(상 383조 4항; 대법원 2020. 7. 9. 선고 2019다205398 판결).

23) 대법원 2023. 6. 29. 선고 2021다291712 판결: 사후 추인으로 유효한 것으로 할 수 없다. (주주 A가 회사의 대표이사인 B를 상대로 B가 이사회의 승인이 없는 상태에서 B의 딸 C에게 회사 소유 부동산을 매도하여 회사가 그 부동산을 사용·수익하지 못하는 손해를 입었다며 주주대표소송을 제기한 사건)

24) 대법원 2023. 6. 29. 선고 2021다291712 판결: 이사회에 해당 거래에 관한 중요 사실을 밝히지 아니한 채 그 거래가 이익상반거래로서 공정한 것인지에 관한 심의가 이루어진 것이 아니라 통상의 거래로서 이를 허용하는 이사회의 결의가 이루어진 것에 불과한 때에는 상법 398조가 정하는 이사회 승인이 있다고 할 수 없다.

한다(상 398조). 이사회의 승인은 사전적·개별적이어야 한다. 자기거래에 대한 이사회 승인은 가중요건(**재적이사의**[25] **2/3 이상**)에 의한 찬성을 요한다(상 398조).

2) 이때 **주주 전원의 동의로** 이사회의 승인을 갈음할 수 있는가? 이에 대해서는 찬반양론이 있다. 판례는 이를 긍정하고 있다.[26]

甲: "이사가 회사로부터 시가 10억원 상당의 건물을 5억원을 주고 샀는데, 이 회사의 주식 100%를 보유하고 있는 주주가 이에 동의하고 있거든. 그렇다면 굳이 이사회의 승인은 없어도 되지 않겠어? 100% 주주는 곧 회사의 주인이니까, 굳이 이사회가 동의하니 마니 하는 것은 무의미하잖아."

乙: "그럴까? 상법에서 이사의 자기거래에 이사회의 승인을 받도록 한 이유가 단지 주주의 이익을 보호하기 위한 것만은 아니거든. 회사재산에 대해서는 주주뿐만 아니라 회사채권자도 이해관계를 갖고 있잖아. 설령 주주 전원이 동의한다고 하더라도 이사회의 승인절차를 생략할 수 없다고 보는 것이 옳지 않겠어? 주주들끼리 작당해서 회사재산을 빼돌리는 경우도 얼마든지 있을 수 있잖아. 그렇게 되면 결국 회사채권자가 피해를 볼 터이고."

丙: "글쎄…. 여하튼, 판례는 주주 전원이 동의하면 이사회의 승인이 필요 없다는 입장을 취하고 있는데…"

(3) 공정성

자기거래에 대하여 절차적으로 이사회의 승인을 받는 외에, 실질적으로 **거래의 내용과 절차가 공정**하여야 비로소 적법하게 된다(상 398조).

甲: "대주주인 이사가 회사 돈으로 명화를 구입해서는 자기 집 거실에 걸어두고 있다는군. 감정평가액이 10억원 정도 하는데 이사는 그림 값으로 1억원을 회사에 지불했다는데. 그 명화는 워낙 소장가치가 높아서 누구나 탐내는 거래."

乙: "이사회로부터 사전승인은 받았대?"

25) 이때 특별이해관계가 있는 이사는 뺀다.
26) 대법원 2017. 8. 18. 선고 2015다5569 판결.

> 甲: "승인은 받았다는데, 이사회 승인이라는 게 무슨 의미가 있겠어. 이사들 모두 그 지배주주한테 내놓고 반대할 수 없는 형편인데."
>
> 乙: "이사회로부터 승인도 받았다면 법적으로는 아무런 문제가 없는 거야?"
>
> 丙: "글쎄…??? 시가 10억원짜리 명화를 1억원이라는 헐값을 주고 샀다면 이를 매입할 수 있다는 것만으로도 엄청난 특혜잖아. 아무리 이사회로부터 승인받았다고 한들 불공정한 거래 아닌가?"

3. 제 재

(1) 대내적 책임

위법한 자기거래를 한 이사는 회사에 대하여 손해배상책임을 지고(상 399조), 해임사유가 된다. 자기거래를 한 이사뿐만 아니라 이사회의 승인 결의에 찬성한 이사도 연대책임을 진다(상 399조 2항 · 3항).

(2) 대외적 효력

이사회의 승인 없이 이루어진 자기거래의 효력에 대해서는 다수설과 판례에 의하면, (ⅰ) **이사 등과 회사간에는 무효**이지만, (ⅱ) **선의의 제3자**(예컨대, 전득자)**에 대해서는 그 무효를 주장하지 못한다(상대적 무효설)**. 이사회의 승인이 없었음에 대한 악의를 회사가 입증하지 못하면 유효하다.[27] 거래 상대방 또는 제3자는 무효를 주장할 수 없다(통설 · 판례).

4. 상장회사 특례

(1) 신용공여[28] 금지 – 상장회사는 '주요주주' 및 그의 특수관계인,[29] 이사(업무집행관여자 포함) 및 집행임원, 감사에게 **신용공여**를 해서는 안 된다(상 542조의9 1항, 상령 14조 1항). 이는 강행규정으로 위반행위는 무효이다. 다만 선의의 제3자에 대해

---

27) 대법원 2013. 7. 11. 선고 2013다5091 판결.

28) 신용공여란 금전 등 경제적 가치가 있는 재산의 대여, 채무이행의 보증, 자금지원 성격의 증권 매입, 그 밖에 거래상의 신용위험이 따르는 직접적 · 간접적 거래로서 대통령령으로 정하는 거래를 말한다(상 542조의9 1항).

29) '특수관계인'에 포함되는 자에 대해서는 본인이 개인인 경우와 법인 또는 단체인 경우를 구분하여 규정하고 있다(상령 34조 4항).

서는 무효를 주장할 수 없다(상대적 무효설).[30] 자기거래와는 달리, 이사회 승인 여부를 불문하고, 회사 이외에도 누구나 무효를 주장할 수 있다.

(2) 대규모 거래 제한 – 자산규모 2조원 이상인 상장법인이 '최대주주' 또는 특수관계인과 **소정 규모 이상의 거래**를 하거나 이들을 위해 거래하고자 할 경우에는 이사회의 승인을 받아야 하며, 이후 최초로 소집되는 정기주주총회에 거래목적 · 상대방 · 거래내용 등을 보고하여야 한다(상 542조의9 3항; 상령 14조 6항). 그러나 상장회사가 경영하는 업종에 따른 일상적인 거래로서 약관에 따라 정형화되거나 이사회에서 승인한 거래총액의 범위 안에서 이행하는 거래는 이사회 승인과 주주총회 보고를 요하지 않는다(상 542조의9 5항).

>>> **사 례**

경제개△연대와 한◎의 소액주주 2명이 2010년 "한◎그룹의 K1 회장이 경영권승계를 위해 장남 K2에게 헐값으로 계열사 주식을 매각해 회사에 손해를 입혔다"며 K1 회장과 전 · 현직 이사 7명을 상대로 낸 손해배상청구소송에서 대법원은 원고 패소판결한 원심을 확정했다.

한◎는 2005. 6. 이사회를 열고 보유하고 있던 자회사인 한○S&C 주식 40만주(지분율 66.7%)를 K2에게 전량 매각했다. 그 결과 K2는 한○S&C의 최대주주가 되었다.

재판부는 "이 사건의 주식매매는 K1 회장이 주도한 것으로 자기거래에 해당한다"고 하고, 다만 "K2가 아들로서 특수관계인이라는 사실과 매매가격과 같은 주요한 거래조건이 명시적으로 공개된 점, 매매가격은 삼△회계법인의 설명을 들은 후 이사회 결의가 이뤄진 점 등을 고려하면 정당한 절차를 거쳐 이사회 승인이 이루어진 거래"라고 밝혔다.

대법원은 이사회가 K2에게 이득을 몰아주는 결정을 했더라도 충분한 정보를 수집 · 분석하고 정당한 절차를 거쳐 주식매매를 승인했다면 이사들은 충실의무를 지킨 것으로 봐야 한다고 판단했다. (출처: 대법원 2017. 9. 12. 선고 2015다70044 판결; 조선비즈 2017. 9. 12; 이데일리 2017. 9. 12; 한국경제 2017. 9. 12)

---

30) 대법원 2021. 4. 29. 선고 2017다261943 판결:

(1) 상법 542조의9 1항의 입법 목적과 내용, 위반행위에 대해 형사처벌이 이루어지는 점 등을 살펴보면, 위 조항은 강행규정이다. 따라서 위 조항에 위반하여 이루어진 신용공여는 허용될 수 없는 것으로서 사법상 무효이고, 누구나 그 무효를 주장할 수 있다.

(2) 다만 상법 542조의9는 1항에서 신용공여를 원칙적으로 금지하면서도 2항에서는 일부 신용공여를 허용하고 있는데, 회사의 외부에 있는 제3자로서는 구체적 사안에서 어떠한 신용공여가 금지 대상인지를 알거나 판단하기 어려운 경우가 생길 수 있다. 따라서 상법 542조의9 1항을 위반한 신용공여라고 하더라도 제3자가 그에 대해 알지 못하였고 알지 못한 데에 중대한 과실이 없는 때에는 그 제3자에 대해 무효를 주장할 수 없다.

[14.3.3] 경업 금지

(1) 이사는 이사회의 승인 없이는 회사 이외의 자와 자기 또는 제3자의 계산으로 회사의 영업부류에 속하는 거래(경업)를 하지 못한다(상 397조).[31] 그로 인하여 회사에 손해가 발생할 것을 요하지 않는다.

(2) (ⅰ) 경업금지를 위반한 이사에 대해서는 해임(상 385조), 손해배상책임 추궁(상 399조)이 가능하다. (ⅱ) 경업금지를 위반한 거래도 **유효**하고 이에 대하여 회사의 **개입권**(경제적 효과 탈취권)이 인정된다.[32] 개입권 행사에 의하여 회사는 ⓐ 경업거래를 이사의 계산으로 한 때에는 이를 회사의 계산으로 한 것으로 볼 수 있고, ⓑ 제3자의 계산으로 한 때에는 그 이사에 대하여 그로 인한 이득의 양도를 청구할 수 있다(상 397조 2항). 개입권은 거래가 있은 날로부터 1년이 경과하면 소멸한다(상 397조 3항).[33]

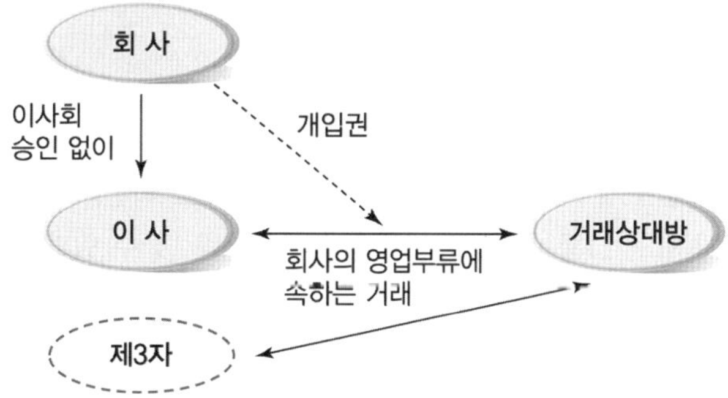

:: [그림 14.3.3-1] 이사의 경업금지

31) **경업금지**는 타인의 일을 계속적으로 처리하는 지위에 있는 사람이 그 타인과 경쟁이 될 수 있는 행위를 하지 않아야 할 부작위의무이다. 상법은 상업사용인, 영업양도인, 대리상, 합명회사의 사원, 합자회사의 무한책임사원, 주식회사와 유한회사의 이사, 유한책임회사의 업무집행자 등이 신뢰관계를 남용하여 본인의 이익을 해치는 것을 방지하기 위하여 경업금지의무를 규정하고 있다. 이들 의무는 본인의 이익을 위한 것이므로 본인의 허락이 있으면 문제되지 않는다. 이 밖에도 당사자가 경업금지의 계약을 하는 것은 그 계약이 선량한 풍속 기타 사회질서에 반하지 않는 한 유효하다(민 103조).

32) 자기거래와 경업거래에서 회사의 이익을 보호하는 방식이 다르다. 자기거래의 경우에는 회사와 거래하는 상대방이 이사이므로 이들 관계에서 무효로 한다(무효방식). 이에 비하여 경업거래의 경우에는 이사와 거래한 상대방이 반드시 존재하므로 거래안전을 위하여 유효한 것으로 하되, 회사가 그에 의하여 이사가 얻은 경제적 이익을 탈취할 수 있도록 하는 절충적 방식을 취하고 있다(유효·이익탈취방식).

33) 개입권을 행사하려면 이사회 결의를 거쳐야 한다(상 397조 2항). 개입권과 손해배상청구는 양립할 수 있다.

[14.3.4] 겸직 금지

이사는 이사회의 승인 없이는 **동종영업을**[34] **목적으로 하는 다른 회사**[35]**의 무한책임사원이나 이사**를 겸하지 못한다(상 397조).[36] 다른 상인의 상업사용인이나 감사를 겸하는 경우는 이사회의 승인을 요하지 않는다.

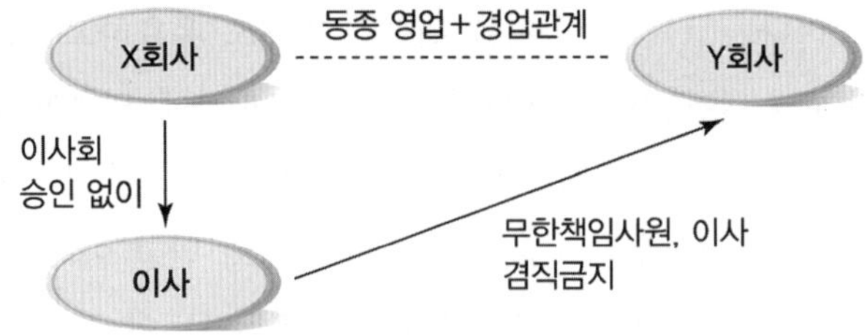

:: [그림 14.3.5-1] 이사의 겸직 금지

[14.3.5] 회사기회 유용 금지

SK실트론은 반도체 기초재료인 실리콘 웨이퍼(규소 박판) 제조를 주된 사업으로 하는 회사이다. 그룹 내 계열사와 시너지 효과를 낼 수 있다는 강점도 띠고 있었다. SK는 반도체 소재산업의 포트폴리오를 강화하기 위해 2017년 당시 LG 실트론의 지분 70.6%를 인수하고 나머지 29.4%에 대해서는 추후 결정하기로 했다. 그러나 C 회장이 남은 29.4%를 취득하려는 의사를 밝히면서 SK는 이를 포기했다. 공정거래위원회는 C 회장이 가져간 지분 29.4%는 SK에 상당한 이익이 될 수 있는 사업기회였다고 판단했다. 공정위가 총수의 계열사 사업기회 유용을 제재한 첫 사례이다. (출처: 세계일보 2021. 12. 22; 이데일리 2021. 12. 22; 중앙일보 2021. 12. 22; 한겨레 2021. 12. 25)

SK(주)와 C 회장 측은 공정거래위원회의 조치에 불복하여 행정소송을 제기했

34) 법문언대로 동종의 영업에만 한하는 것으로 볼 것이 아니라 그 취지상 경업에서의 '회사의 영업부류'와 같은 뜻으로 해석하여야 한다.

35) 영업준비작업을 추진하고 있는 회사를 포함한다. X주식회사의 이사가 그 회사와 동종영업을 목적으로 하는 Y회사의 이사 겸 대표이사가 되었다가 그 회사의 영업활동 개시 전에 이사 겸 대표이사직을 사임한 경우 상법 397조 1항의 경업금지의무 위반이 된다(대법원 1990. 11. 2. 자 90마745 결정).

36) 이사는 경업대상 회사의 '지배주주'가 되어 그 회사의 의사결정과 업무집행에 관여할 수 있게 되는 경우도 자신이 속한 회사 이사회의 승인을 얻어야 한다(대법원 2018. 10. 25. 선고 2016다16191 판결).

다. 대법원은 SK(주)가 실트론 지분을 인수하지 않은 것이 '사업기회 제공'에 해당하지 않는다고 하여 원고(C 회장 · SK) 승소판결을 내린 원심을 확정했다. 그 이유로, "단순히 계열사가 지분을 취득할 수 있는 상태였다는 것만으로는 부족하며, 해당 기회가 회사의 기존 권리나 이익과 밀접해 회사가 이를 보유하고 있다고 평가될 수 있어야 한다." "SK(주)가 실트론 지분 70.6%를 확보해 이미 경영권을 충분히 가졌으므로, 나머지 29.4%를 추가로 매입하지 않은 것은 전략적 판단(자금운용 등)에 따른 정당한 경영판단으로 인정된다." 등을 들었다. (출처: 대법원 2025. 6. 26. 선고 2024두34382 판결; 공정거래법상 사업기회 제공 금지 사건)

(1) 이사가 현재 또는 장래에 회사의 이익이 될 수 있는 회사의 사업기회를 자기 또는 제3자의 이익을 위하여 유용하는 것은 금지된다(상 397조의2 1항). '회사의 사업기회'(corporate opportunity)에는 (ⅰ) **직무수행과정에서 알게** 되거나 회사정보를 이용한 사업기회(지득사유),[37] (ⅱ) 회사가 **현재 수행하고 있거나 장차 수행할 사업과 밀접**한 관계가 있는 사업기회(사업관계사유)가 있다(상 397조의2 1항 각 호).[38]

(2) 재적 이사 2/3 이상의 찬성에 의한 이사회의 승인이 있으면 회사기회의 이용이 가능하다(상 397조의2 1항 전단).

(3) 이에 위반하여 회사에 손해를 발생시킨 이사 및 이사회 결의에서 찬성한 이사는 연대하여 손해배상책임을 진다. 손해액에 대한 입증부담을 덜어주기 위하여 이로 인하여 이사 또는 제3자가 얻은 **이익은 회사의 손해로 추정**한다는 특례를 두고 있다(상 397조의2 2항).[39]

---

37) 이는 사업기회에 관한 정보를 취득하게 된 경위('회사의 비용으로'; at the expense of corporation)를 기준으로 하고 있다. 회사의 '직무를 수행하는 과정에서 얻게 된 것'이면 회사의 영업부류에 속하느냐의 여부는 불문한다.

38) 이는 '회사의 영업부류'('영업영역'; in the line of business)에 속하느냐의 여부를 기준으로 하고 있나. 회사의 현재 또는 장래의 사업과 밀접한 관련이 있는 한 정보의 취득경위를 불문한다.

39) 이에 위반한 회사기회 유용행위의 효과는 경업거래와 마찬가지로 유효하다고 해석한다. 그러나 경업금지와는 달리 개입권을 인정하는 규정이 없다.

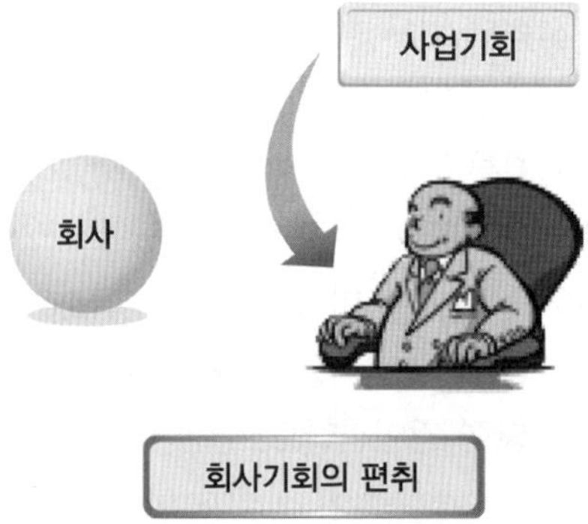

:: [그림 14.3.4-1] 회사기회 유용 금지

>>> 사례 1

광주신●계는 1997년 말 IMF위기가 닥치면서 금융비용이 급증하고 금융권을 통한 자금조달이 어려워지자 25억원을 유상증자하기로 했다. 하지만 최대주주였던 신○계는 유상증자에 참여하지 않았고, 그 실권주를 신○계의 J부회장에게 배정하였다. J는 부친인 명예회장으로부터 25억원을 증여받아 실권주를 모두 인수했고, 이로 인해 J는 광주신●계 주식의 83.3%를 보유한 최대주주가 됐지만 신○계는 지분율이 16.7%로 떨어지게 됐다.

이에 경제개△연대는 이사가 회사와 같은 종류의 영업에 종사할 수 없다는 상법의 경업금지조항을 위반하고 신○계의 이익을 가져다 줄 사업영역을 J에게 헐값에 넘긴 회사기회의 유용으로 회사에 손해를 끼친 행위라고 주장하면서 J 등을 상대로 손해배상을 청구했다.

이에 대해 대법원은 광주신●계가 신○계 본사에 경영지도 등에 대해 수수료를 지급하고 있고 사실상의 자회사 혹은 지점과 같은 위치로 인식되고 있다며 경쟁영업에 뛰어들었다고 보기도 어렵다고 밝혔다. 특히 당시 IMF외환위기 직후이어서 대주주의 추가출자가 필요한 상황이었고 J가 인수한 주식대금 대부분이 광주신●계의 부채를 변제하는데 사용된 점을 들어 불가피한 경영상 판단이었다고 판단했다. (출처: 대법원 2013. 9. 12. 선고 2011다57869 판결; 세계일보 2013. 9. 13; 파이낸셜뉴스 2013. 9. 12)

>>> 사례 2

A는 X주식회사의 이사로 재직하던 중 경업대상인 Y주식회사를 설립하여 이사 또는 지배주주로서 Y회사의 의사결정과 업무집행에 관여할 수 있는 지위에 있었다. X회사와 Z외국법인이 체결한 Z법인 제품에 관한 독점판매계약의 기간이 종료하기 전부터 Y회사는 Z

법인 제품을 수입·판매하는 사업을 하다가 위 계약기간 종료 후 Z법인과 독점판매계약을 체결하여 Z법인의 한국 공식총판으로서 위 제품의 수입·판매업을 영위하였고, 그 후 이를 제3자에게 양도하여 영업권 상당의 이득을 얻었다. X회사는 위 사업기회를 상실한 후 운영에 어려움을 겪다가 해산하자, X회사의 주주 B가 A를 상대로 경업금지의무 및 기회유용 금지의무 위반에 따른 손해배상을 구하였다.

이에 대해 법원은, A가 경업금지의무를 위반하고 사업기회를 유용하여 X회사의 이사로서 부담하는 선량한 관리자의 주의의무 및 충실의무를 위반하였으므로 X회사의 손해를 배상할 책임이 있다고 판단하였다. 이 때 X회사가 A의 경업행위와 사업기회 유용행위로 입은 손해는 X회사의 매출액 감소에 따른 영업수익 상실액 상당이고, X회사의 매출액 감소분은 Y회사가 판매한 Z법인 제품의 매출액 상당이라고 판단하였다. (출처: 대법원 2018. 10. 25. 선고 2016다16191 판결)

[14.3.6] 감시의무

이사는 선량한 관리자의 주의로써 대표이사 및 다른 이사들의 업무집행을 전반적으로 감시하여야 하고, 또한 이사회의 구성원으로서 이사의 직무집행을 감독할 권한과 의무가 있다.

《참조판례》 대법원 2022. 5. 12. 선고 2021다279347 판결

[1] 주식회사의 이사는 담당업무는 물론 대표이사나 업무담당이사의 업무집행을 감시할 의무가 있으므로 스스로 법령을 준수해야 할 뿐 아니라 대표이사나 다른 업무담당이사도 법령을 준수하여 업무를 수행하도록 감시·감독하여야 할 의무를 부담한다. 이러한 감시·감독 의무는 사외이사 등 회사의 상무에 종사하지 않는 이사라고 하여 달리 볼 것이 아니다. 따라서 주식회사의 이사가 대표이사나 업무담당이사의 업무집행이 위법하다고 의심할 만한 사유가 있음에도 고의 또는 과실로 인하여 감시의무를 위반하여 이를 방치한 때에는 이로 말미암아 회사가 입은 손해에 대하여 상법 399조 1항에 따른 배상책임을 진다.[40)]

[2] 이사의 감시의무의 구체적인 내용은 회사의 규모나 조직, 업종, 법령의 규제, 영업상황 및 재무상태에 따라 크게 다를 수 있다. 특히 고도로 분업화되고 전문화된 대규모 회사에서 대표이사나 일부 이사들만이 내부적인 사무분장에 따라 각자의 전문분야를 전담하여 처리하는 것이 불가피한 경우에도, 모든 이사는 적어도 회사의 목적이나 규모, 영업의 성격 및 법령의 규제 등에 비추어 높은 법적 위험이 예상되는 업무와 관련해서는 제

40) 고의 또는 중대한 과실로 감시의무를 위반하여 방치한 이사는 그로 말미암아 제3자가 입은 손해에 대해 상법 401조에 따른 배상책임을 진다(대법원 2008. 9. 11. 선고 2006다68636 판결).

반 법규를 체계적으로 파악하여 그 준수 여부를 관리하고 위반사실을 발견한 경우 즉시 신고 또는 보고하여 시정조치를 강구할 수 있는 형태의 내부통제시스템을 구축하여 작동되도록 하는 방식으로 감시의무를 이행하여야 한다. 회사의 업무집행을 담당하지 않는 사외이사 등은 내부통제시스템이 전혀 구축되어 있지 않은데도 내부통제시스템 구축을 촉구하는 등의 노력을 하지 않거나 내부통제시스템이 구축되어 있더라도 제대로 운영되고 있지 않다고 의심할 만한 사유가 있는데도 이를 외면하고 방치하는 등의 경우에 감시의무 위반으로 인정될 수 있다.

[14.3.7] 이사회 출석의무

이사는 이사회에 출석할 의무를 진다. 단순히 불출석했다고 해서 임무해태가 되는 것은 아니고, 불출석으로 인하여 위법 · 부당한 이사회 결의를 방치한 때에는 감시의무 위반이 된다.

[14.3.8] 기업비밀 준수의무

이사는 재임 중뿐만 아니라 **퇴임 후에도** 직무상 알게 된 회사의 영업상 비밀을 누설하여서는 아니 된다(상 382조의4).

연습 및 응용

Q1 상법 398조는 이사와 회사와의 거래를 원칙적으로 금지하고 있다. 아래의 경우가 이에 해당하는지를 판단하시오.

(1) 주주총회에서 정식으로 이사로 선임되지는 않았지만 전무이사라는 직함을 사용하고 있는 자의 회사와의 거래
(2) 이사로 선임되기 전에 한 거래
(3) 이사직을 그만 둔 후에 한 거래
(4) X회사와 Y회사의 대표이사를 겸임하고 있는 R이 X회사를 대표하여 Y회사에 연대보증을 하는 행위
(5) X회사 이사의 배우자가 제3자 배정으로 신주를 발행받는 경우
(6) 이사의 직함을 사용하고 있으나 실은 집행임원인 자와의 거래

이사회의 승인을 받아야 하는 이사의 자기거래는 이사가 재임시에 한 것에 한한다. 이사로 선임되기 전 또는 이사직을 종임한 후에 한 거래는 상법 398조의 적용대상이 아니다. 비상장회사의 경우 주주총회에서 정식으로 이사로 선임되지 않은 자는 상법 398조의 적용대상이 아니다. 그러나 정식의 이사 외에 이에 준하는 자(임시이사, 이사직무대행자 등)는 적용대상이 된다. 두 회사의 대표이사를 겸임하고 있는 자가 어느 한 쪽 회사를 대표하여 다른 쪽 회사에 연대보증을 하는 행위도 적용대상이 된다. 이사의 배우자가 제3자 배정방식으로 신주를 발행받는 것과 같은 자본거래도 일반적인 자기거래와 동일한 위험이 있으므로 자기거래 금지의 적용대상이 된다(상 398조 2호). 집행임원에 대해서도 이사의 의무에 관한 규정을 준용하고 있다(상 408조의9).

Q2 겸직 금지의무에 있어서 이사와 상업사용인에는 어떤 차이가 있는가? 감사에게도 경업 금지의무가 있는가?

영업주(상업사용인의 경우) 또는 이사회(이사의 경우)의 승인이 있으면 겸직이 허용된다는 점에서는 동일하나, 상업사용인의 경우 영업주의 허락 없이는 동종영업인가의 여부를 불문하고 다른 회사의 무한책임사원·이사뿐만 아니라 다른 상인의 상업사용인을 겸하는 것도 금지된다(상 17조 1항). 감사에게는 경업 금지의무가 없다는 것이 다수설이다.

Q3 이사 등의 회사와의 이익상충 금지의무에 관한 상법상의 제도를 비교하여 어떤 점에서 같고 다른지, 각자의 적용영역은 무엇인지를 토론하시오.

	자기거래 금지	경업 금지	회사기회 유용 금지
취지	회사와 이사의 이해충돌 금지 (No conflict rule) (자기 또는 제3자 계산, 명의불문, 계속, 영업성 여부 불문)		
특징	회사와의 거래 (내부활동, 회사가 거래당사자일 것을 요함)	회사와의 경쟁(외부활동)	회사자산(회사기회) 횡령 이익획득금지(No profit rule)
금지주체	확대(이사, 주요주주, 배우자, 출자관계)	이사	이사
	집행임원, 업무집행지시자, 감사(부정설: 다수설)		
금지대상	자기거래 (직접, 간접) 이익충돌우려 있는 거래 (자본거래 포함; 다수설)	경업(회사의 영업부류에 속하는 거래)	회사기회 유용 – 현재 또는 장래 회사에 이익이 될 수 있는 회사의 사업기회 (지득사유기준, 사업관계기준) * 경업과 중복
이사회 승인 (승인요건)	○ (가중: 재적이사 2/3)	○ (일반결의)	○ (가중: 재적이사 2/3)
중요사실 사전 개시의무	사전에 거래에 관한 이해관계 및 중요사실 개시의무	긍정설	
공정성 요건	○ (내용과 절차가 공정하여야 함)	×	
위반 거래의 효과	상대적 무효설	유효 (상대방이 경업·유용사실을 알았더라도 유효)	
개입권	×	○ (경제적 탈취권) 손해배상청구권과 관계: 양립	×
해임사유 회사에 대한 손해배상책임	○		
손해액 추정	×	×	○ (유용으로 얻은 이익을 손해로 추정)
정관으로 회사에 대한 배상액 감면	면제 불가		
상장회사 특칙	신용공여 금지(주요주주, 감사 포함), 최대주주와의 대규모거래 금지	×	

○: 있음, ×: 없음

[14.3.9] 부정한 이익 제공 금지

주식회사제도가 정상적으로 운영되도록 하기 위해 회사운영과 관련된 금품 수수나 부정과 비리를 막는 제도적 장치를 두고 있다.

甲: "총회꾼의 존재를 어떻게 생각해?"

乙: "나는 총회꾼을 '필요악'이라고 생각해. '악어와 악어새' 같다고나 할까…. 어느 사회나 빛과 그림자가 공존하는 법이니까."

丙: "글쎄…, 너무 회색적인 발언 아닌가? 부정적인 측면이 더욱 강하다고 보아야겠지. 비리가 있는 회사라면 이를 감추기 위해서 총회꾼과 야합할 필요성을 느낄지도 모르겠지만…. 총회꾼이라는 건, 결국 관객 없는 극장의 야바위꾼 같은 암적 존재거든."

1. 주주권행사 관련 이익공여 금지

회사는 누구에게든지 주주의 권리행사와 관련하여 재산상의 이익을 공여하지 못한다(상 467조의2 1항). 이는 원래 총회꾼을 염두에 둔 것이지만, 이에 한정하는 것은 아니다.

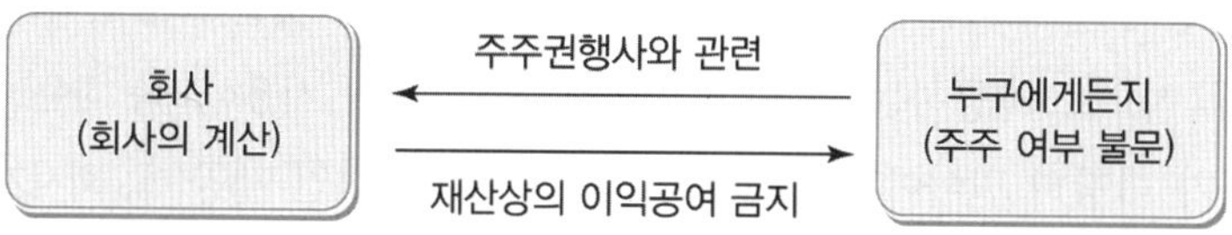

:: [그림 14.3.9-1] 주주권 행사와 관련된 부정한 이익제공의 금지

(1) 주주권 행사와의 관련성

① 회사가 공여하는 모든 금품 수수가 상법 467조의2의 적용대상이 되는 것은 아니고, '주주의 권리행사와 관련된' 회사의 금품 수수만이 금지된다.

② 넓은 의미에서 주주의 권리행사에 관련된 것이면 족하다. 주주총회에서의 주주권 행사일 것을 요하지 않는다.[41] 주주권의 행사·불행사 및 행사방법 등에 관한 사항이 모두 포함된다.[42]

■ **관련성 증명책임과 추정**

주주의 권리행사와의 '관련성'이 있음을 증명하는 것이 용이하지 않으므로 그 증명부담을 경감시켜주기 위하여 추정규정을 두고 있다. (i) 이익공여의 상대방이 주주이고, (ii) 무상으로 재산상의 이익을 공여하거나 또는 유상이더라도 회사가 얻은 이익이 공여한 이익에 비하여 현저하게 적을 때에는, 주주의 권리행사와 관련하여 공여한 것으로 추정한다(상 467조의2 2항). 이런 경우에는 일반적으로 주주의 권리행사와 관련하여 금품이 수수되었을 개연성이 높기 때문이다.

››› **사 례**

A주식회사가 운영자금을 조달하기 위해 B와 체결한 주식매매약정에서 B가 A회사의 주식을 매수하는 한편 A회사에 별도로 돈을 대여하기로 하면서 B가 'A 회사의 임원 1명을 추천할 권리' 를 가진다고 정하였다. 주식매매약정 직후 B가 임원 추천권을 행사하지 아니하는 대신 A 회사가 B에게 매월 돈을 지급하기로 하는 내용의 지급약정을 체결하였다.

판례에 의하면, B가 가지는 임원 추천권은 주식매매약정에 정한 계약상의 특수한 권리이고 이를 주주의 자격에서 가지는 공익권이나 자익권이라고 볼 수는 없으므로 상법 467조의2 1항에서 정한 '주주의 권리' 에 해당하지 아니한다. 또한 지급약정은 B가 A회사에 운영자금을 조달하여 준 것에 대한 대가를 지급하기로 한 것일 뿐 주주의 권리행사에 영향을 미치기 위하여 돈을 공여하기로 한 것이라고 할 수 없다. 따라서 이러한 지급약정이 상법 467조의2 1항에 위배된다고 볼 수 없다.[43]

(2) 재산상 이익 공여

① '재산상의 이익'이란 경제적 이익이 따르는 일체의 것을 포함한다.[44] 재산상의 이익을 적극적으로 제공하는 경우(예: 회사의 법인카드를 사용하도록 하는 것)뿐만 아니라, 회사가 마땅히 받아야 할 권리를 포기하는 소극적인 제공(예: 회사가 받아야 할 채무를 면제하는 것)도 포함된다. 대가가 수반되더라도 지극히 저렴하여 명목적인 것에 그치거나 거래 자체가 특혜가 될 수 있는 경우도 이에 해당한다.

② 그러나 사회통념상 허용되는 의례의 것이거나 모든 주주에게 공평하게 기회가 주어지는 것까지 금지하는 것은 아니다.[45]

---

41) 예컨대, 회사를 상대로 소를 제기하지 않는 조건으로 금품을 요구하는 경우도 이에 포함된다. 그러나 예컨대, 제품에 이물질이 들어 있다는 것을 공표하지 않을 것을 조건으로 회사에 금품을 요구하는 것은 주주의 권리행사와 관련성이 없다.

42) 주주권 행사가 위법한 경우는 물론이고 적법한 경우도 포함된다.

43) 대법원 2017. 1. 12. 선고 2015다68355, 68362 판결.

44) 금전은 물론이고 예컨대, 향응이나 일자리 제공 등도 이에 해당한다.

(3) 공여 주체

회사의 계산으로 이익을 공여하는 것만이 상법 467조의2의 적용대상이 된다. 따라서 이사 등이 개인부담으로 이익을 제공하는 경우는 본조의 적용대상이 아니다. 이사 등이 일단 자기 돈으로 이익을 공여하고 나중에 회사로부터 구상받는다면 회사의 계산으로 이익을 공여한 것이 된다.

(4) 공여 상대방

이익을 공여받는 상대방이 주주일 것을 요하지 않고, **누구나** 상대방이 될 수 있다(상 467조의2 1항).[46]

(5) 제 재

1) 수령자 – 이익 반환의무

회사가 주주의 권리행사와 관련하여 재산상의 이익을 공여한 때에는 이익을 공여받은 자는 **회사에 이를 반환**하여야 한다(상 467조의2 3항 전단).[47] 주주는 대표소송에 의해 그 이익을 회사에 반환하도록 할 수 있다(상 467조의2 4항).

2) 공여자 – 손해배상책임 및 형사벌칙

상법 467조의2를 위반하여 이익을 공여한 이사 등과 임무를 게을리 한 감사는 회사에 대하여 연대하여 **손해배상책임**을 진다(상 399조). 이사·집행임원·감사·감사위원·이사직무대행자·지배인·기타 사용인 등이 본조를 위반하여 재산상의 이익을 공여한 때에는 **형사벌칙**이 가해진다(상 634조의2 1항).[48] 그 이익을 수수하거나 제3자에게 공여하게 한 자도 형사벌칙을 받게 된다(상 634조의2 2항).

---

45) 예컨대, 총회선물, 총회 참석자에 대한 식대·교통비 지급, 주주총회 의사록 복사비용의 면제 등이 이에 해당한다. 그러나 선물이나 의례의 이름을 빌리더라도 그 내용의 실질에 따라서는 지급이 금지되는 재산상의 이익이 될 수 있다(예: 과다한 축의금 등).

46) 예컨대, 주주 아닌 자가 장차 그 회사의 주식을 취득하지 않을 것을 조건으로 이익을 공여받은 경우라면 본조의 적용대상이 된다.

47) 이는 부당이득(민 741조)의 반환을 청구할 수 없도록 하고 있는 민법규정(민 746조의 불법원인급여 또는 민 742조의 비채변제)에 대한 특례이다.

48) 회사의 계산으로 사전투표와 직접투표를 한 주주들에게 무상으로 20만원 상당의 상품교환권 등을 제공한 것은 주주총회 의결권행사와 관련된 이익공여로서 사회통념상 허용되는 범위를 넘어서는 것이어서 상법상 주주의 권리행사에 관한 이익공여의 죄에 해당한다(대법원 2018. 2. 8. 선고 2015도7397 판결).

2. 부정청탁에 의한 재산상 이익 제공 금지

회사의 업무수행과 관련하여 부정한 청탁을 받고 그 대가로 재산상의 이익을 수수・요구・약속하는 행위에 대해서는 형사벌칙이 따른다(상 630조 1항・2항, 631조).[49] 예컨대, 회사가 경쟁입찰방식을 받는 과정에서 청탁과 함께 금품을 받고 비공개 정보를 알려주는 경우가 이에 해당한다.

연습 및 응용

Q1 **주주의 권리행사와 관련하여 부정한 이익의 제공을 금지한 상법 467조의2에 대한 설명으로 옳은 것은 ○, 틀린 것은 ×로 표시하시오.**

① 20만원이 들어 있는 돈 봉투의 겉에 '촌지'라고 정성스럽게 써서 주는 것도 부정한 이익의 제공에 해당한다. (　　)

② 총회 선물로 시가 50만원 상당의 고급 이어폰을 총회에 참석한 주주 모두에게 회사 신제품 홍보를 겸하여 나누어 주는 것은 부정한 이익의 제공에 해당한다. (　　)

③ 이익을 공여받은 자가 이사가 아니므로 대표소송의 대상이 되지 못한다. (　　)

① ○, ② ×, ③ ×:

① '촌지'(寸志)를 직역하면 '손가락 한 마디만한 뜻'이 되는데 그것은 '아주 작은 정성의 표시'라는 뜻이다. 그러나 아무리 돈 봉투의 겉면에 '촌지'라 썼다고 한들 그 안에 들어 있는 내용물의 성격이 달라지는 것은 아니다. ② 시가 50만원 상당의 것이라면 다소 고가이긴 하지만 총회에 참석한 모든 주주에게 공평하게 기회가 주어졌고 사회통념상 의례의 범주를 크게 벗어난 것이 아니라면 허용된다. ③ 대표소송의 대상이다.

---

49) 형법은 공무수행에 대한 대가로 뇌물을 수수하는 것을 뇌물죄로서 형사처벌하고 있는데(형 129조), 상법 630조 1항・2항은 공무가 아닌 회사의 업무수행과 관련하여 재산상의 이익을 수수・요구・약속하는 행위를 형사처벌하고 있다. 회사의 업무가 공무는 아니지만 다수의 이해관계인이 관련된 집단적 업무로서의 성격을 인정하고 회사업무의 공정성을 보호하기 위함이다.

제4절 보 상

업무수행에 대한 평가방법으로 '당근'으로 경제적 보상을 주거나, '채찍'으로 책임을 추궁하는 방법이 있다. 경제적 보상을 제공하는 방법으로는 임금, 보수, 주식매수선택권 등이 있다.

[14.4.1] 보 수

사모펀드 KCGI(일명 '강▲부 펀드')는 한○○의 발행주식 중 약 12.04%를 보유하고 있는 주주이다. 강▲부 펀드는 한○○의 J회장에 대한 퇴직금 · 퇴직위로금 지급 규정이 주주총회의 결의를 통해 결정한 것인지 등을 조사하기 위해 검사인을 선임해 달라고 법원에 신청했다. J회장에게 퇴직금을 지급했다면 그 액수가 얼마인지도 밝혀야 한다고 요구했다. (출처: 조선비즈 2019. 6. 4; 중앙일보 2019. 6. 4; 한국일보 2019. 6. 4; 금융감독원 전자공시 2019. 8. 28)

이에 대해 법원은 상법 467조 1항에 따라 검사인을 선임할 필요가 있다고 보아 위 조사를 위해 변호사 L씨를 검사인으로 선임하는 결정을 했다. (출처: 금융감독원 전자공시 2019. 11. 4)

1. 뜻과 범위

위임에는 무보수원칙이 적용되나(민 686조 1항)[50] 이사는 통상적으로 회사로부터 보수를 받는다. 보수는 **직무수행에 대한 보상으로 회사로부터 받는 일체의 대가**를 뜻한다.[51] 이에 해당하는 한 월급, 연봉, 보너스, stock option 등 명칭 여하를 불문한다.

---

50) 이사는 근로기준법상의 근로자와는 달라서 당연히 보수청구권을 권리를 갖는 것은 아니다(대법원 1992. 12. 22. 선고 92다28228 판결).

51) 퇴직금도 재직 중의 직무수행의 대가로 지급된 것이면 보수에 해당한다(대법원 2018. 5. 30. 선고 2015다51968 판결). 회사가 성과급, 특별성과급 등의 명칭으로 경영성과에 따라 지급하는 금원이나 성과달성을 위한 동기를 부여할 목적으로 지급하는 금원도 여기의 보수에 해당한다(대법원 2020. 4. 9. 선고 2018다290436 판결).

2. 통 제

이사의 보수는 경영성과에 대한 평가의 의미를 갖는다. 보수결정권은 선임권과 함께 피선임자에 대한 강력한 통제수단이 된다. 이사의 보수는 (i) **정관** 또는 **주주총회의 결의**로 정하여야 하고(상 388조),[52] (ii) 보수액은 직무와 합리적인 비례관계가 인정되어야 한다. 이에 반하는 과도한 보수는 설령 주주총회의 결의를 거쳤더라도 자본충실의 원칙에 반하여 무효이다.[53]

[14.4.2] 주식매수선택권

주택은행은 K행장에게 3년 임기동안 매월 1원씩 월급을 지급하는 대신 스톡옵션 30만 주를 부여하고, 옵션 행사가격을 액면가인 5,000원으로 정했다. 향후 주가가 어떻게 되든 1주에 5,000원씩 30만 주를 매입할 수 있는 권리이다. 주택은행의 주가가 은행 주식 중 1위가 되면 10만 주를 추가하여 더 얹어주기로 했다.

스톡옵션을 행사할 수 있는 2001년 11월 1일~2004년 10월 31일 사이에 주택은행의 주가가 1만원으로 뛰어오른다고 가정할 경우, K행장은 15억~20억원의 목돈을 챙길 수 있다. 그러나 주가가 액면가를 밑돌 경우 월급 1원짜리 은행장에 만족해야 한다. (출처: 서울신문 1998. 10. 27; 서울신문 1998. 9. 3)

(1) 주식매수선택권(stock option)은 회사에 **기여도가 높은 특정 임직원이 장래의 일정한 시점에 일정한 가격**(행사가액)**으로 주식을 매입할 수 있는 권리**이다(상 340조의2).[54] 이는 주가(즉, 경영성과)에 연동된 인센티브 지급방식의 보수로서, 근로자들이 일률적으로 소속 회사의 주식을 보유하는 우리사주 제도와는 구별된다.[55]

---

52) 대법원 2020. 6. 4. 선고 2016다241515, 241522 판결: 상법 388조는 이사가 자신의 보수와 관련하여 개인적 이익을 도모하는 폐해를 방지하여 회사와 주주 및 회사채권자의 이익을 보호하기 위한 강행규정이다. 이러한 주주총회 결의사항은 반드시 주주총회가 정해야 하고 정관이나 주주총회의 결의에 의하더라도 이를 다른 기관이나 제3자에게 위임하지 못한다. 정관 또는 주주총회에서 임원의 보수 총액 또는 한도액만을 정하고 개별 이사에 대한 지급액 등 구체적인 사항을 이사회에 위임하는 것은 가능하지만, 이사의 보수에 관한 사항을 이사회에 포괄적으로 위임하는 것은 허용되지 않는다.

53) 대법원 2016. 1. 28. 선고 2014다11888 판결.

54) 상장회사는 관계회사의 임직원에게도 주식매수선택권을 부여할 수 있다(상 542조의3 2항, 상령 30조 1항).

55) 우리사주제도(종업원지주제)란 근로자의 복지증진을 위하여 근로자 등이 그 소속 회사에 설립된 우리사주조합을 통하여 그 회사가 발행하는 주식을 취득하게 하는 제도이다(자금 165조의7; 근로자복지기본

■ **받을 수 없는 자**

아래 어느 하나에 해당하는 자는 주식매수선택권을 부여받을 수 없다(상 340조의2 2항).[56]

(i) 발행주식총수(의결권 없는 주식 제외)의 10% 이상의 주주

(ii) 이사 · 집행임원 · 감사의 선임과 해임 등 회사의 주요 경영사항에 대한 사실상 영향력 행사자

(iii) 위 (i)과 (ii)의 배우자와 직계존비속

(2) 주식매수선택권을 부여하는 방식에는 (i) 회사가 보유하는 자기주식을 행사가액으로 양수할 수 있는 권리를 부여하는 방법(**자기주식형**)과 (ii) 회사가 행사가액으로 신주를 발행해주는 방법(**신주발행형**)이 있다(상 340조의2 1항). 이 중 어느 방법에 의하건 회사는 자기주식의 양도나 신주발행에 갈음하여 주식의 실질가액과 행사가액의 **차액을 정산**하여 금전으로 지급하거나 차액 상당액을 자기주식으로 지급할 수 있다(상 340조의2 1항 단서).

■ **행사가액**

주식매수선택권의 행사가액은 아래 가액(둘 중 높은 금액) 이상이어야 한다(상 340조의2 4항). 여기서 **주식의 실질가액**은 주식매수선택권의 부여일을 기준으로 한다(상 340조의2 4항 각 호).

(i) 액면주식의 신주발행의 경우 – 주식의 실질가액과 주식의 권면액(券面額)

(ii) 무액면주식의 신주발행의 경우 – 주식의 실질가액과 1주당 자본금 계상 금액

(iii) 자기주식을 양도하는 경우 – 주식의 실질가액

(3) 주식매수선택권을 부여하기 위해서는 (i) **정관**에 근거를 두어야 하고(상 340조의2 1항; 일반적 근거), (ii) 특정인에게 선택권을 부여하기 위해서는 **주주총회의 특별결의**를 거치고[57] **계약서**를 작성하여야 한다(상 340조2 1항, 340조의3 2항; 개별적 근거).[58]

법 2조 4호 · 5호).

56) 상장회사는 최대주주와 그 특수관계인에게 주식매수선택권을 부여할 수 없다(상 542조의3 1항, 상령 30조 2항).

57) 상장회사의 경우에는 정관으로 발행주식총수의 10% 범위에서 시행령이 정하는 한도까지 이사회의 결의로 선택권을 부여할 수 있다. 이 때 선택권 부여 후 최초로 소집되는 주주총회에서 승인을 받아야 한다(상 542조의3 3항, 상령 30조 4항).

58) 주식매수선택권 부여에 관한 주주총회의 결의 이후 회사가 주식매수선택권 부여에 관한 계약을 체결할 때 주식매수선택권의 행사기간 등을 일부 변경하거나 조정하는 것은, 그것이 주식매수선택권을 부여받은 자, 기존 주주 등 이해관계인들 사이의 균형을 해치지 않고 주주총회 결의에서 정한 본질적인 내용을

(4) 주식매수선택권의 행사로 발행할 수 있는 신주 또는 양도할 수 있는 자기주식은 **발행주식총수의 10%**를 초과할 수 없다(상 340조의2 3항).[59]

(5) 주식매수선택권 행사는 이를 부여하는 주주총회의 결의일로부터 **2년 이상 재임 또는 재직**한 이후이어야 한다(상 340조의4 1항). 다만 상장회사에서 주식매수선택권을 부여받은 자가 사망하거나 그 밖에 본인 책임이 아닌 사유로 퇴임하거나 퇴직한 경우에는 2년 이상의 최소 재임·재직 요건에 대한 예외를 인정한다(상 542조의3 4항, 상령 30조 5항).

(6) 주식매수선택권은 **양도할 수 없다.** 그러나 선택권을 행사할 수 있는 자가 사망한 때에는 상속인이 이를 행사할 수 있다(상 340조의4 2항).

>>> **사 례** **넥슨게임즈 정관** (2025. 3. 20)

제11조 (주식매수선택권)

① 이 회사는 주주총회의 특별결의로 발행주식총수의 100분의 15 범위 내에서 주식매수선택권을 부여할 수 있다. 다만, 「상법」 제542조의3 제3항의 규정에 따라 발행주식총수의 100분의 3 범위 내에서 이사회의 결의로 주식매수선택권을 부여할 수 있다. 이 경우 주식매수선택권은 경영성과 또는 주가지수 등에 연동하는 성과연동형으로 부여할 수 있다.

② 제1항 단서의 규정에 따라 이사회의 결의로 주식매수선택권을 부여한 경우에는 그 부여 후 처음으로 소집되는 주주총회 승인을 얻어야 한다.

③ 회사는 주식매수선택권을 다음 각 호의 1에서 정한 방법으로 부여한다.

1. 주식매수선택권의 행사가격으로 보통주식(또는 종류주식)을 발행하여 교부하는 방법
2. 주식매수선택권의 행사가격으로 보통주식(또는 종류주식)의 자기주식을 교부하는 방법
3. 주식매수선택권의 행사가격과 시가와의 차액을 현금 또는 자기주식으로 교부하는 방법

④ 삭제 <2022.03.25>

⑤ 제1항의 규정에 의한 주식매수선택권 부여대상자는 회사의 설립, 경영과 기술혁신 등에 기여하거나 기여할 수 있는 회사의 이사, 감사 또는 피용자 및 「상법 시행령」 제30조 제1항이 정하는 관계회사의 이사, 감사 또는 피용자로 한다. 단, 회사의 이사에 대하여는 이사회의 결의로 주식매수선택권을 부여할 수 없다.

⑥ 제5항의 규정에도 불구하고 「상법」 제542조의8 제2항 제5호 및 제6호의 최대주주와 주요주주 및 그 각 특수관계인에게는 주식매수선택권을 부여할 수 없다. 다만, 회사 또는

훼손하는 것이 아니라면 유효하다(대법원 2018. 7. 26. 선고 2016다237714 판결).

59) 상장회사의 경우는 발행주식총수의 20% 범위 내에서 대통령령으로 정하는 한도(15%)를 초과할 수 없다(상 542조의3 2항, 상령 30조 3항).

제5항의 관계회사의 임원이 됨으로써 특수관계인에 해당하게 된 자(그 임원이 계열회사의 상무에 종사하지 아니하는 이사, 감사인 경우 포함한다.)에게는 주식매수선택권을 부여할 수 있다.

⑦ 임원 또는 직원 1인에 대하여 부여하는 주식매수선택권은 발행주식총수의 100분의 10을 초과할 수 없다.

⑧ 주식매수선택권을 부여받은 자는 제1항의 결의일로부터 2년 이상 재임 또는 재직하여야 행사할 수 있다. 다만, 주식매수선택권을 부여받은 자가 제1항의 결의일로부터 2년 내에 사망하거나 기타 본인의 귀책사유가 아닌 사유로 퇴임 또는 퇴직한 경우에는 그 행사기간 동안 주식매수선택권을 행사할 수 있다.

⑨ 주식매수선택권의 행사로 인하여 발행한 신주에 대한 이익의 배당에 관하여는 정관 제12조(신주의 배당기산일)의 규정을 준용한다.

⑩ 다음 각 호의 어느 하나에 해당하는 경우에는 이사회 결의로 주식매수선택권의 부여를 취소할 할 수 있다.

1. 주식매수선택권을 부여받은 임・직원이 본인의 의사에 따라 퇴임하거나 퇴직한 경우
2. 주식매수선택권을 부여받은 임・직원이 고의 또는 과실로 회사에 중대한 손해를 입힌 경우
3. 회사의 파산 또는 해산 등으로 주식매수선택권의 행사에 응할 수 없는 경우
4. 기타 주식매수선택권 부여계약에서 정한 취소사유가 발행한 경우

>>> 사 례

한화그룹이 임원의 성과급을 수년 후 주식으로 지급하는 '**제한조건부 주식**(RSU)'[60] 제도를 도입했다. 전문경영인 대표이사들과 대표이사 후보군에 속하는 임원들을 대상으로 성과급을 주식으로 주는 방식으로 구글, 애플 등이 시행하고 있다. 이를 위해 ㈜한화는 자기주식 18만 12주(41억 4,000만원 상당)를 취득했다. 대표이사급 임원은 10년 후인 2030년, 다른 임원들은 7년 후인 2027년에 주식을 받게 되며, 대상은 이사회를 통해 결정한다. (출처: 연합뉴스TV 2020. 2. 12; 매일일보 2020. 2. 12; 한국경제 2020. 2. 13)

60) 제한조건부주식(RSU; restricted stock units)은 배당가능한 이익으로 취득한 자기주식 지급형만이 가능하고 신주발행 방식은 불가하다. 그러나 스톡옵션에 비해 이사회 결의만으로 할 수 있어 부여절차가 간단하고 부여대상자, 최소 행사기간, 행사가격 등에 대한 법적 제한이 없다.

제 5 절 책임과 제재

[14.5.1] 민사책임

[1] 서울고등법원 민사부는 S전자가 보유 중이던 S종합화학(주)의 주식을 계열사에 매각하는 과정에서 적정 주식가치를 제대로 평가하지 않아 626억원의 손해를 끼친 S전자 이사들의 책임을 20%로 대폭 제한했다. 재판부는 "당시 S종합화학의 주당 적정주가에 비춰 S전자의 이사회가 이 주식들을 저가에 매각하는 바람에 S전자가 626억원의 손해를 입은 점이 인정된다"면서도 "S전자가 주식매각에 따른 단기 손실을 봤지만 이후 반도체 부문에서 많은 수익을 얻었고, 당시 이사회 구성원이던 피고들이 S전자의 핵심 경영진으로서 이윤창출에 큰 기여를 한 점 등을 감안, 책임비율은 20%인 120억원으로 제한한다"고 밝혔다. 1심 법원이 626억원의 손해에 대해 이사들의 100% 책임을 인정한 것과 차이가 있다.

이○전기의 인수 및 매각으로 인한 손실에 대해 재판부는 "이사회에서 사전 검토와 사업계획을 거쳐 이○전기를 인수했으며 기업인으로서 과오를 저질렀다거나 당시 상황에서 경영판단의 재량권 범위를 넘어섰다고 보기 어렵다"며 기각하였다. 실패한 경영판단에 대해서까지 법적 책임을 물으면 경영위축이 초래된다는 설명도 곁들였다. S전자는 1997년 이○전기를 1,999억원에 인수했지만, 이듬해 이○전기가 퇴출대상으로 선정되자 95억원에 처분했다. 1심 법원은 "1시간 만에 충분한 검토 없이 이○전기의 인수를 결정했다"는 이유로 276억원의 배상책임을 인정했었다. (출처: 파이낸셜뉴스 2003. 11. 20; 매일경제 2003. 11. 28; 문화일보 2003. 11. 21; 헤럴드경제 2003. 11. 21; 한국경제 2003. 11. 21)

[2] 대법원은 S전자에서 노○○ 전 대통령에게 건넨 ●●회장에게도 회사에 70억원을 배상하라고 판결한 원심을 유지했다. 1988년부터 1992년까지 노○○ 전 대통령에게 75억여원의 뇌물을 건넨데 대해 소멸시효가 지난 5억원을 제외한 전액에 대해 배상책임을 물었다. (출처: 대법원 2025. 10. 28. 선고 2003다69638 판결; 국민일보 2005. 10. 29; 동아일보 2005. 10. 29; 서울신문 2005. 10. 29)

생각해보기

1. 위 사안들은 이사의 회사에 대한 손해배상책임 문제를 다루고 있다. 이러한 경우 책임의 유무와 배상액을 결정함에 있어서 고려해야 할 사항은?
2. 이사의 회사에 대한 책임(상 399조)과 제3자에 대한 책임(상 401조)은 어떤 차이가 있는가?
3. 이사의 책임에 대하여 민법규정(민법 390조의 채무불이행책임과 민법 750조의 불법행위책임)과 상법규정(상법 399조와 401조)은 어떤 관계에 있는가? 또한 형사책임과의 관계는?

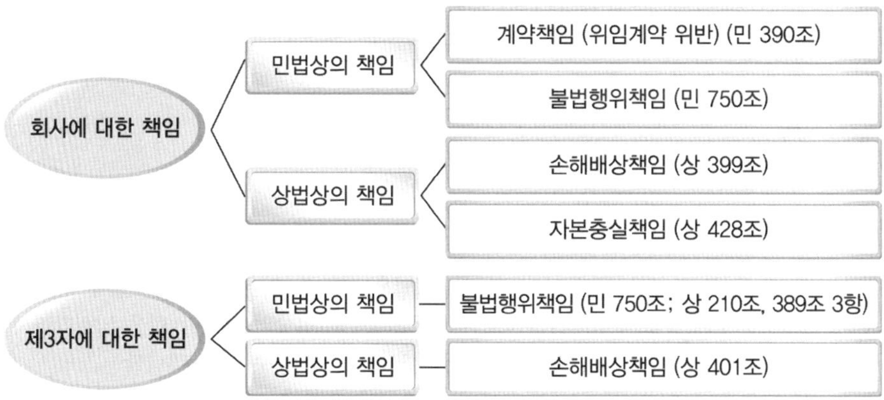

:: [그림 14.5.1-1] 이사의 민사책임 (총괄)

1. 이사의 '회사'에 대한 책임

(1) 법적 근거 및 성질

1) 이사가 회사에 손해를 끼친 경우 민법상의 채무불이행책임(민 390조)과 불법행위책임(민 750조)과는 별도로 상법 399조에서 이사의 회사에 대한 손해배상책임을 규정하고 있다.[61] **상법 399조: "이사가 고의 또는 과실로 법령 또는 정관에 위반한 행위를 하거나 그 임무를 게을리 한 경우에는 회사에 대하여 연대하여 손해를 배상할 책임을 진다."**

61) 상법 399조는 이사의 회사에 대한 손해배상책임이 문제되는 사안에서 약방의 감초처럼 광범위하게 적용되는 매우 중요한 조문이다. 상법 408조의8 1항(집행임원의 회사에 대한 책임)은 상법 399조와 그 내용이 동일하고, 상법 414조 1항(감사의 회사에 대한 책임)은 이와 대동소이하다.

2) 상법 399조가 정하는 이사의 회사에 대한 책임은 위임계약의 불이행으로 인한 책임(**채무불이행책임**)의 성질을 가진다고 보는 것이 통설과 판례의 입장이다.[62)63)] 따라서 위임계약 불이행책임과는 별도로 불법행위책임의 요건(민 750조)을 충족할 때에는 **불법행위책임**을 묻는 것도 가능하다(청구권경합).[64)]

(2) 배상책임의 주체

상법 399조에 의하여 회사에 배상책임을 지는 자는 **이사**이다. 이때의 이사는 주주총회에서 이사로 선임되어 등기되어 있는 자 뿐만아니라, 집행임원과 업무집행관여자(사실상의 이사)도 포함된다(상 401조의2). 감사는 근거규정이 다르지만 대체로 동일한 내용의 책임을 진다.

甲: "상법 399조에 의하여 회사에 배상책임을 지는 자는 등기이사에 국한되는 거야?"

乙: "글쎄. 등기이사만이 상법 399조의 배상책임을 진다면, 악용될 소지가 있지 않겠어? 지배주주가 책임을 회피하기 위하여 실제로는 이사 이상의 막강한 힘을 발휘하면서도 이사로 등기만 하지 않으면 책임추궁의 화살을 피할 수 있을 테니까…."

丙: "그래서 상법에서는 '사실상의 이사'라는 개념을 도입하고 있어. 이사로 등기하지 않았다고 해서 법적 책임으로부터 완전히 해방될 수 있다면, 누구나 그렇게 하게…."

(3) 배상책임의 요건

1) 고의·과실로 법령·정관을 위반하였거나 임무를 게을리하였을 것

상법 399조에 의한 책임을 묻기 위해서는 이사가 고의 또는 과실로 법령 또는

62) 대법원 2021. 5. 7. 선고 2018다275888 판결. 이와는 달리 상법 399조의 책임은 이사의 지위의 중요성을 감안하여 민법상의 위임계약의 불이행책임이나 불법행위책임과는 다른 특수한 책임을 규정한 것이라는 소수설이 있다(이철송, 회사법, 615면).

63) 채무불이행책임과 상법 399조의 책임은 과실책임이라는 점에서는 기본적으로 같으나, 상법 399조에서는 배상책임을 강화(연대책임)하는 한편 완화(책임 감면·해제)하는 특례를 두고 있다.

64) 청구권경합설에 의하면 채권자나 피해자는 상법 399조 위반을 이유로 한 손해배상청구권과 불법행위로 인한 손해배상청구권을 선택적으로 행사할 수 있다. 채무불이행책임과 불법행위책임은 과실의 증명책임의 소재(채무불이행의 경우는 채무자가 자기에게 과실이 없음을 증명해야 하고, 불법행위의 경우는 피해자가 가해자에게 고의·과실 있음을 입증해야 함), 채무의 연대성(민 760조), 소멸시효(민 162조 1항, 766조), 상계의 가부(민 496조) 등에서 차이가 있지만, 손해배상의 범위와 과실상계에 있어서는 동일하다(민 763조).

정관을 위반하였거나 임무를 게을리 하였어야 한다(상 399조). 설령 법령이나 정관을 준수했더라도 이사로서의 임무를 게을리했다면 배상책임을 진다.[65)]

甲: "이사들이 회사의 유휴자금을 연간 수익률이 10%나 되는 투자상품이 있는데도 이를 피하고 연간 수익률이 3%에 불과한 은행예금으로 관리했다고 하는데, 이래도 괜찮은 거야?"

乙: "글쎄…, 그런 경우 일률적으로 잘했다, 잘못했다 단정할 수는 없어. 수익률뿐만 아니라 안정성이라든가 자금의 용도나 투자기간 등도 종합적으로 고려해야 할 테니까."

丙: "그러나 다른 조건이 모두 동일한데도 특별한 이유없이 그렇게 했다면 법령 위반은 아니지만 이사로서 회사에 최대한 이익을 가져다주어야 할 임무를 다하지 못한 것으로 볼 여지는 있어."

2) 회사에 손해가 발생하였을 것

상법 399조에 의한 책임을 묻기 위해서는 법령·정관 위반 또는 임무해태로 인하여 회사에 손해가 발생하였어야 하고, 그러한 행위와 손해 사이에 상당인과관계가 있어야 한다.

(4) 배상책임의 내용

1) 연대책임

① 상법 399조 1항에 의하여 책임을 지는 자는 그 '행위'를 한 이사(집행임원·업무집행관여자 포함)이다. 책임질 자가 2명 이상인 때에는 모두가 **연대책임**을 진다(상 399조 1항).[66)] 이사회 결의에 의한 경우에는 결의에 **'찬성'한 이사**도 그 행위를 한 이사와 함께 연대책임을 진다(상 399조 2항). **이사회 결의에 참가한 이사로서 이사회 의사록에 이의를 한 기재가 없는 자는 그 결의에 찬성한 것으로 추정**된다(상 399조 3항).[67)]

---

65) 입법론으로 법령·정관 준수의무는 이사의 임무에 포함되기 때문에 임무해태로 단일화 하는 것이 우수하다는 견해가 있다(권기범, 회사법, 764면). 감사의 회사에 대한 책임요건을 규정하고 있는 상법 414조 1항은 그렇게 규정하고 있다.

66) 부진정연대책임이다.

67) 상법 399조 3항은 누가 찬성했는지 증명하기 어려운 경우를 대비해 증명책임을 이사에게 전환하는

② 이에 대하여 감사도 책임을 지는 경우 감사는 이사(집행임원·업무집행관여자 포함)와 **연대책임**을 진다(상 399조 1항, 414조 3항).

>>> **사 례**

강원◉드의 김● 이사는 2012. 7. 강원도 태백시의 부탁을 받고 태백시가 출자한 오투리조트에 150억원을 기부금 형태로 지원하는 안건을 강원◉드의 이사회에 상정했다. 당시 이사진 12명 가운데 김● 이사 등 7명이 찬성했고, 김○철 등 3명의 이사는 반대표를, 최○ 사장 등 2명의 이사는 반대의사를 표시하지 않은 채 기권했다.

당시 강원◉드 법무팀은 법무법인 두 곳으로부터 법률검토를 받아 "150억원을 지원하더라도 오투리조트가 회생하기 어렵다. 회사에 손실만 발생시킬 우려가 있어 업무상 배임 및 손해배상 가능성이 있다"라고 이사회에 보고했다.

대법원은 당시 오투리조트의 심각한 경영난과 공익에 대한 기여가 크지 않은데도 충분히 검토하지 않았다면서 찬성표를 던진 이사 7명에 대해 상법 399조에 따른 이사로서의 선량한 관리자의 주의의무를 위반한 책임을 인정하고, 회사(강원랜드)에 발생한 손해를 연대하여 배상할 책임이 있다고 확정했다. 다만, 1·2심에서 책임이 인정되었던 기권표를 던진 2명의 이사에 대해서는 원심판결을 파기하고 책임이 없다고 보아 사건을 파기 환송했다. (출처: 대법원 2019. 5. 16. 선고 2016다260455 판결; 서울경제 2019. 5. 20; 한겨레 2019. 5. 20) 다음 날 강원◉드는 이사의 회사에 대한 책임감경의 건을 결의하기 위한 임시주주총회를 개최한다고 공시했다. (출처: 강원도민일보 2019. 12. 6)

2) 배상액과 제한

이사는 회사에 발생한 **손해 전액**에 대하여 배상책임을 지는 것이 원칙이다(**무한책임**). 그러나 제반사정을 고려하여 '손해분담의 공평'이라는 배상법리의 정신에 비추어 배상액을 제한할 수 있다.[68]

규정이다. (ⅰ) 이사회 의사록에 '기권'으로 기재한 이사는 상법 399조 3항의 '이의를 한 기재가 없는 자'에 해당하지 않으므로 찬성 추정에 의한 찬성 책임(상 399조 2항)을 지지 않는다(대법원 2019. 5. 16. 선고 2016다260455 판결). 그러나 찬성 추정은 면하더라도 이와는 별개로 감시의무 위반 등 일반적인 임무 위반 책임(상 399조 1항)을 질 수 있다. (ⅱ) '결석'한 이사는 결의에 참여한 것이 아니므로 찬성으로 추정되지 않으나, 감시의무 소홀시 책임질 수 있다.

68) 대법원 2019. 5. 16. 선고 2016다260455 판결.

甲: "이 신문기사 봐! 법원이 이사들에게 400억원이라는 엄청난 액수를 배상하라고 판결을 했네. 이사가 회사에 대하여 부담하는 손해배상액에는 한도가 없는 거야?"

乙: "원칙적으로는 그래. 말하자면 무한책임이지. 설령 배상책임액이 몇천억원이 되는 경우도 그 모두를 배상해야만 해. 그 때문에 유능한 인사들이 이사직 수락을 기피하는 경우도 없지 않아. 배상책임보험을 회사가 대신 들어주기도 해."

丙: "하지만 법원은 사안에 따라서 손해분담의 공평을 위해 배상액을 제한할 때도 있어."

(5) 배상책임의 감면 또는 소멸

1) 경영판단의 원칙

이사의 경영판단에 대해 사후적인 결과만을 놓고 법적 책임을 묻는다면 기업가정신(entrepreneurship)을 위축시켜 기업 성장과 국부 증진에 바람직하지 않을 뿐더러 해당 이사에 지나치게 가혹하다. 그래서 일정한 요건을 충족하는 경영판단은 면책사유로 하고 있다.[69] 이를 경영판단의 원칙이라 한다.

① 경영판단의 원칙(business judgment rule; BJR)이란 행위 당시 성실한 경영판단이었다고 인정되면 사후적인 결과만을 놓고 법적 책임을 물어서는 안 된다는 원칙이다. 이에 해당하려면, (i) 이사가 **이용한 가능한 충분한 정보에 기초**하여 **합리적인 절차**에 따라 판단하고(정보 및 절차적 요건), (ii) 그 판단내용이 **합리성**을 가져야 하며(내용적 요건), (iii) 그러한 의사결정이 **회사에 최선의 이익이**[70] **된다고 합리적으로 신뢰하고 신의성실**에 따른 경영판단이었을 것(주관적 요건)을 요한다. 이는 원래 미국 판례법에 의하여 확립된 것인데, 우리 판례도 **선관주의의무** 위반 여부를 판단하는 기준으로 이를 원용하고 있다.[71][72]

---

69) 이사가 회사를 경영함에 있어서 사후 예측이 불확실한 상황에서 내릴 수 있는 의사결정은 크게 두 가지 중 하나이다. 하나는 보다 확실해질 때까지 기다리는 것이고, 다른 하나는 실패할 위험성이 있지만 성공할 가능성도 있는 경우 양자를 저울질하여 의사결정을 내리는 것이다. 이들 모두 외롭고 어려운 결단을 요한다. 우리 기업역사에서 위험을 적극적으로 수용한 기업과 위험을 회피하고 안정성을 추구한 기업의 흥망성쇠를 비교해 보면 흥미로운 결과를 발견할 수 있다.

70) 대법원 2007. 10. 11. 선고 2006다33333 판결; 대법원 2021. 5. 7. 선고 2018다275888 판결; 대법원 2023. 3. 30. 선고 2019다280481 판결: 이사의 경영판단을 정당화할 수 있는 이익은 원칙적으로 회사가 실제로 얻을 가능성이 있는 구체적인 것이어야 하고, 일반적이거나 막연한 기대에 불과하여 회사가 부담하는 비용이나 위험에 상응하지 않는 것이어서는 안 된다.

>>> **사례** **기업가정신**

고(故) 정주영 현대그룹 회장은 왕성한 기업가정신으로 "많은 사람들의 고정관념이 틀렸다는 것을 증명한 인물"이라고 평가된다. 최악의 조건에서도 완성한 경부고속도로, 포니자동차 출시, 자동차 독자모델 개발을 놓고 미국과 진행한 비밀담판, 현대조선소 건립, 석유파동 당시 중동에 진출해 달러를 벌어들인 건설사업, 콘크리트 대신 자갈을 활용한 소양강댐 건설 등은 불확실성을 뛰어넘는 '해봤어?'라는 정신으로 일구어낸 그의 작품이었다. (출처: 박정웅, 『이봐, 해봤어?: 세기의 도전자, 위기의 승부사 정주영』, 프리이코노미북스, 2015)

甲: "러시아 유전개발에 회사가 막대한 자금을 투자했다가 결국 한 푼도 건지지 못해서 회사에 엄청난 손실이 발생했대. 한두 푼도 아니고 거액의 투자를 할 때에는 사전에 사업성을 충분히 검토해봐야 하는 거 아냐. 그처럼 무모하게 투자결정을 한 이사들에게 책임을 물어야 하지 않겠어?"

乙: "글쎄…, 경영세계에서는 결과만을 놓고 나중에 법적 책임을 묻는다는 것이 반드시 바람직하다고 할 수는 없어. 경영이라는 게 원래 한치 앞도 알 수 없는 오리무중의 상황에서 이루어지는 것이고, Risk 없는 경영이란 있을 수 없는 거잖아?"

丙: "그러나 아무리 경영의 속성이 불확실성 속에서 이루어지는 것이라 하더라도, 경솔한 무모함까지 면책된다고 할 수는 없겠지."

丁: "극단적으로 이사에게 지나치게 엄격한 책임을 묻는 것이나, 경영판단의 원칙을 지나치게 안이하게 적용하는 것, 모두가 바람직한 것은 아니라고 생각해. 법적 책임의 문제와 경영의 특수성 모두를 고려해서 양자의 조화점을 찾아야겠지."

>>> **사례**

[1] H자동차와 K자동차, H모비스로 구성된 H자동차그룹 컨소시엄이 한국전력 본사 부지를 감정가(3조 3,346억원)의 3배가 넘는 10조 5,500억원에 낙찰받았다.

H차동차 주가는 부지 매입 직전 22만원 선에서 한때 15만원 선까지 급락했다. 입찰의 전 과정을 주도한 J회장의 무리한 판단이 회사에 손해를 끼쳤다며 H자동차의 한 소액주주

---

71) 대법원 2005. 10. 28. 선고 2003다69638 판결; 대법원 2002. 6. 14. 선고 2001다52407 판결. 경영판단을 '허용된 재량의 범위'라고 표현하기도 한다(대법원 2007. 7. 26. 선고 2006다33609 판결).

72) 경영판단에 해당하지 않는다는 점에 대한 증명책임은 원고가 부담한다(대법원 1996. 12. 23. 선고 96다카30465, 30472 판결).

가 서울중앙지방검찰청에 J회장에 대한 고발장을 제출했다. 그룹 고위 관계자는 "한전 부지 인수에 대한 평가는 현재가 아닌 미래가치에 따라 결정될 문제"라고 말했다. (출처: 중앙일보 2014. 9. 19; 한겨레 2014. 9. 23; 헤럴드경제 2014. 11. 20; 한국경제 2014. 11. 27)

[2] 전 한○광물자원공사 사장이 2010년 3월 아프리카의 니켈광 사업에서 철수하려던 경△기업의 지분을 고가에 매입해 광물자원공사에 212억원의 손실을 초래한 혐의로 기소됐다. 강원도 양양 철광 재개발 사업에 참여하는 과정에서 경제성을 제대로 검토하지 않고 12억원을 투자해 손해를 끼친 혐의도 적용됐다. 그러나 법원은 "경△기업 지분을 고가에 매입한 것은 경영판단으로 임무위배라고 단정하기 어렵다"는 이유로 무죄를 선고했다. 여러 변수가 작용하고 위험요인이 상존하는 경영현실에서 내려진 의사결정이라는 점이 이유이다. (출처: 아시아경제 2018. 11. 15; 연합뉴스 2018. 11. 15)

② 경영판단의 법칙은 **임무 해태에 한하여 적용**된다. 법령 위반인 경우에는 적용되지 않는다.[73]

甲: "이사가 회사 돈으로 권력층에 뇌물을 주었다는데…, 주주들이 뇌물 상당액만큼 회사에 손해가 생긴 거라면서 이사를 상대로 손해배상을 청구했다는군."

乙: "뇌물을 주는 게 바람직한 건 아니지만. 회사의 이익을 위해서라면 현실적으로는 어느 정도는 불가피한 거 아닐까? 회사경영을 도덕 교과서대로 할 수는 없는 거잖아. 물이 증류수처럼 너무 맑으면 물고기가 살 수 없듯이…."

丙: "그럴까? 그러한 경우까지 경영판단의 법칙을 주장하는 건 너무 지나친 거야. 경영판단의 법칙은 사후적인 판단에 의하여 행위 당시로 되돌아가서 이사를 법적으로 비난할 수 없다는 것이지, 법령을 위반한 행위까지 면죄부를 주는 건 아니거든."

2) 책임 감면

① 총주주 동의에 의한 면제 — 상법 399조에 의한 이사의 회사에 대한 손해배상책임은 주주 전원의 동의로 면제할 수 있다(상 400조 1항). 이사에 대한 회사의 손해배상청구권은 모든 주주가 지분적 이익을 갖는 회사에 대한 재산권이므로 반대하는 주주가 단 1명이라도 있으면 다수결로 밀어붙일 성질의 것이 아니기 때문이다.[74]

73) 예컨대, 뇌물 수수(대법원 2005. 10. 28. 선고 2003다69638 판결), 분식결산(대법원 2007. 12. 13. 선고 2007다60080 판결) 등.

② **정관에 의한 감면과 한도** – 정관에 의하여 이사의 회사에 대한 배상책임을 감면할 수 있도록 하는 한편, 그 한도 – 원인행위를 한 날 이전 **최근 1년간 보수액의 6배**(사외이사의 경우는 3배)를[75] **초과하는 금액** 전부 또는 일부 – 를 법으로 정하고 있다(상 400조 2항 본문). 다만 이사가 **고의 또는 중과실**로 손해를 발생시킨 경우와 경업·겸직, 회사기회유용, 자기거래 등의 **사익을 추구**하는 이익상충의 경우에는 이러한 방법으로 배상책임을 면제할 수 없다(상 400조 2항 단서).

››› **사 례** **현대자동차 정관** (2025. 3. 12)

제28조 (이사의 책임) ① (생략)

② 전항에 따른 이사의 회사에 대한 책임은 이사가 그 행위를 한 날 이전 최근 1년간의 보수액의 6배(사외이사의 경우는 3배)에 해당하는 금액을 한도로 한다. 다만, 이사가 고의 또는 중대한 과실로 손해를 발생시킨 경우와 법률상 이사의 책임감경을 허용하지 않는 경우에는 그러하지 아니하다.

③, ④ (생략)

3) 책임해제 의제

결산주주총회에서 재무제표의 승인결의 후 2년이 경과하면 이사의 회사에 대한 책임은 해제된 것으로 의제한다. 그러나 그 2년 내에 책임해제를 번복하는 주주총회의 결의가 있거나 이사에게 부정행위가 있는 때에는 해제되지 않는다(상 450조).

4) 소멸시효

상법 399조에 의한 배상책임의 성질을 위임계약의 불이행책임으로 보아 **10년의 소멸시효기간**(민 162조 1항)이 적용된다는 것이 다수설과 판례이다.[76] 위의 손해배상청구권은 상행위로 인한 채권이 아니기 때문에 상사소멸시효기간(5년, 상 64조)이 적용되지 않는다.

---

74) 이철송, 회사법, 763면. 따라서 설령 발행주식총수의 99%의 주식을 가진 지배주주가 이사의 회사에 대한 배상책임에 대하여 문책을 원하지 않는다 하더라도 면책할 수 없다.

75) 이는 이사가 배상책임을 져야 하는, 즉 면제할 수 없는 법정 최저액이다.

76) 대법원 1985. 6. 25. 선고 84다카1954 판결. 대법원 2023. 10. 26. 선고 2020다236848 판결: 상법 399조 1항, 414조 1항에서 규정하고 있는 주식회사의 이사 또는 감사의 회사에 대한 임무해태로 인한 손해배상책임은 위임관계로 인한 채무불이행책임이므로 그에 따른 손해배상채권에는 민법 766조 1항의 단기소멸시효(피해자나 그 법정대리인이 그 손해 및 가해자를 안 날로부터 3년)가 적용되지 않고 동조 2항의 소멸시효기간(불법행위를 한 날로부터 10년)이 적용된다.

2. 이사의 '제3자'에 대한 책임

[1] 라●자산운용의 환매중단 사태를 시작으로 대략 1조원대의 투자자 피해가 추산된다. 옵티△스자산운용도 대규모 환매중단 사태가 발생하여 해당 사모펀드를 판매한 증권사들이 금융당국과 검찰의 조사를 받았다. 옵티△스자산운용은 증권사 등의 펀드 가입 권유를 통해 투자자들로부터 약 1조 2,000억원을 모은 뒤, 안정적인 정부채권에 투자한다고 투자자들을 속이고, 실체가 없는 부실기업 채권 등에 투자했다가 막대한 손실을 보았다. 불법적으로 자금을 빼고, 수익률을 조작하고, 판매자인 금융회사는 펀드를 비롯한 금융상품의 기본구조, 자금운용, 원금 손실 여부 등 주요 내용에 대해 고객에게 충분히 설명하지 않은 불완전판매를 한 것으로 보고 있다. (출처: 한국경제 2020. 4. 25; 머니투데이 2020. 7. 2; 한국경제 2020. 7. 9; 경향신문 2020. 7. 22; 한국경제 2020. 7. 24; 동아일보 2020. 8. 17; 세계일보 2020. 10. 16; 중앙일보 2020. 10. 30; 경향신문 2020. 11. 1; 연합뉴스 2020. 11. 15; 신동아 2020. 12. 24; 디지털타임스 2020. 12. 29 등)

[2] 甲 주식회사의 이사 丙은 회사재산을 횡령하고, 재무구조가 악화한 사실을 숨기기 위해 허위 · 부실 공시를 했으며, 주가조작도 했다. 주주 乙 등은 이러한 사실을 알지 못한 채 정상 주가보다 높게 형성된 가격으로 甲 회사 주식을 매수했다. 이후 회사의 재무구조 악화 사실이 공표되면서 주가가 급락하였고, 그로 인해 주주들이 손해를 입었다. 주주들은 이사 丙을 상대로 상법 401조 1항에 근거해 손해배상을 청구했다.

대법원은 허위공시 · 주가조작으로 인해 주주가 정상 주가보다 높은 가격에 주식을 매수한 주주의 손해는 직접손해로 인정했다. 그러나 이사가 회사재산을 횡령하여 회사가 손해를 입고, 그 결과 주주의 경제적 이익이 침해되는 경우는 간접손해에 해당하고, 이러한 간접손해는 상법 401조 1항에서 말하는 손해 개념에 포함되지 않으므로 배상청구를 할 수 없다고 판단했다. (출처: 대법원 2012. 12. 13. 선고 2010다77743 판결)

(1) 법적 근거 및 성질

1) 이사는 회사 이외의 제3자와 직접적으로 아무런 법률관계가 없다. 따라서 회사채권자 · 주주 등 제3자는 이사를 상대로 위임계약 위반을 근거로 책임을 물을 수 없는 것이고 불법행위책임(민 750조)만이 문제될 수 있을 뿐이다.[77] 그런데 **상법** 401

조에서는 "**이사가 고의 또는 중대한 과실로 그 임무를 게을리한 때에는 그 이사는 제3자에 대하여 연대하여 손해를 배상할 책임이 있다**"고 규정하고 있다.

2) 상법 401조는 이사의 직무수행이 제3자에게 미치는 영향이 크다는 점을 감안하여 제3자를 보호하기 위한 특칙을 두되, 책임요건을 제한하기 위한 규정이다. 이는 불법행위책임(민 750조)과 무관한 법정책임이라는 것이 다수설이다(**법정책임설**).[78] 상법 401조의 책임과 불법행위책임(민 750조)의 경합이 인정된다(**청구권경합 관계**).

(2) 제3자

상법 401조의 '제3자'는 회사 이외의 자이다. **회사채권자**뿐만 아니라 **주주**나 **주식인수인** 등도 포함된다.

(3) 요 건

1) 상법 401조에 의한 책임을 묻기 위해서는 이사가 **고의 또는 중대한 과실**로 회사의 임무를 게을리하여야 한다. 이 때의 고의 또는 중과실은 제3자의 손해에 대한 것이 아니라 회사의 임무해태에 대한 것이다. 가해에 대한 위법성을 요하지 않는다.

2) 그로 인하여 제3자에게 손해가 발생하고, 회사에 대한 임무해태와 제3자의 손해발생 사이에 상당인과관계가 있어야 한다. 제3자에게 직접 생긴 손해(**직접손해**)뿐만 아니라 이사의 임무해태로 1차적으로 회사에 손해가 생기고 그로 인하여 2차적으로 제3자가 입게 되는 손해(**간접손해**)를 포함한다.

3) **주주가 입은 간접손해**의 경우, 본조의 적용대상이 된다는 것이 다수설이나, 판례는 이를 부정하고 있다.[79]

---

77) 손해배상책임을 물을 수 있는 경우는 크게 두 가지가 있다. 하나는 계약 위반을 이유로 하는 것이고, 다른 하나는 불법행위를 이유로 하는 것이다. 전자는 계약관계(privity of contract)가 있는 당사자 사이에서만 생길 수 있다. 그러나 후자는 계약관계의 존부를 불문한다.

78) 상법 401조는 지배주주가 이사인 경우 법인격부인의 법리를 어느 정도 대체하는 역할을 하기도 한다(권기범, 회사법, 720면).

79) 판례는 주주의 간접손해의 경우 주주의 직접 소송에 의할 것이 아니라 대표소송에 의하도록 하고 있다(대법원 1993. 1. 26. 선고 91다36093 판결; 대법원 2003. 10. 24. 선고 2003다29661 판결). 2025년 개정 상법이 규정하고 있는 이사의 주주에 대한 충실의무(상 382조의3) 위반으로 인한 주주의 손해인 경우 주주는 상법 401조에 의해 배상책임을 추궁할 수 있을까?

〈표 14.5.1-1〉 상법 401조 적용 여부

	제3자	
	회사채권자	주주
직접손해	(예) 회사가 지급능력이 없음에도 불구하고 회사채를 발행하여 상환하지 못하는 경우 - ○	(예) 회사의 허위공시를 믿고 주식을 매입하여 투자손실을 입은 경우 - ○
간접손해	(예) 이사가 회사재산을 횡령하여 회사재산 상태가 악화됨으로써 채무를 변제하지 못한 경우 - ○	(예) 이사가 회사재산을 횡령하여 회사재산 상태가 악화됨으로써 주식가치가 감소한 경우 - ○(통설), ×(판례: 논거-대표소송 가능, 채권자보호)

○: 상법 401조 적용 가능, ×: 상법 401조 적용 불가

(4) 배상책임의 소멸

이사의 제3자에 대한 배상책임은 **10년**의 소멸시효가 적용된다(민 162조 1항).[80]

연습 및 응용

Q1 현대자동차의 정관(2025. 3. 12)에는 이사의 책임에 관하여 아래와 같은 규정을 두고 있다. 이는 상법에서 규정하고 있는 이사의 배상책임과 어떤 차이가 있는가?

> 제28조 (이사의 책임)
> ④ 이사가 본 회사의 이사의 직무수행과 관련하여 부담하거나 지출한 모든 소송비용, 기타의 손실, 손해 및 채무는 회사가 이를 보상한다. 단, 그러한 손실, 손해 및 채무가 당해 이사의 악의 또는 중과실에 의한 임무위배로 발생하거나 그 밖에 회사에 의한 보상이 법률상 허용되지 않는 경우에는 그러하지 아니하다.

이사가 법령과 정관을 모두 준수하였지만 직무수행과 관련하여 부담하게 되는 손해 및 채무, 또는 경과실에 의한 임무해태로 부담하게 되는 손해 및 채무에 대해서는 위 정관규정에 의

80) 대법원 2008. 1. 18. 선고 2005다65579 판결.

하여 이사는 회사로부터 보상을 받을 수 있게 된다. 이에 의하여 이사로 하여금 배상책임에 대한 걱정 없이 업무를 수행하도록 하는 효과를 얻을 수 있을 것이다. 그러나 이사가 자신의 임무해태 등의 귀책사유에 기한 책임을 회사가 대신하여 보상해주는 것은 상법 399조의 취지상 허용되지 않는다고 본다.

Q2 상법 399조(이사의 회사에 대한 책임)과 401조(이사의 제3자에 대한 책임)의 같고 다른 점은?

(1) 같은 점 – ① 책임주체가 이사 · 계속직무집행 이사 · 임시이사 · 이사직무대행자 · 청산인 · 집행임원 · 업무집행관여자이고, 이사회 결의에 의한 경우 책임주체가 확장될 수 있고 찬성이사가 연대책임을 지는 것, ② 회사에 대한 임무해태를 요하는 것, ③ 상당인과관계 있는 손해발생을 요하는 것, ④ 10년의 소멸시효 적용, ④ 민법상의 불법행위책임과의 경합이 가능하다는 것.

(2) 다른 점 – (아래 표 참조)

	이사의 회사에 대한 책임(399조)	이사의 제3자에 대한 책임(401조)
상대방	회사	제3자
책임의 성질	위임계약의 불이행책임(다수설 · 판례)	법정책임(다수설)
책임요건	법령 · 정관 위반, 임무해태	고의 · 중과실로 임무해태
책임감면	• 주주 전원의 동의에 의한 면책 • 정관으로 연간보수액의 6배 또는 3배 초과액에 대한 배상책임 면제	× (규정 없음)
책임해제	주주총회에서 재무제표승인 후 2년 경과(다만, 다른 결의가 없고, 부정행위가 없는 경우에 한함)	× (규정 없음)
대표소송	가능	불가

Q3 다음 사례에서 투자자는 어떤 방법으로 구제받을 수 있을까?

엔터테인먼트 회사인 ●●은 유명 연예인들이 대거 유상증자에 참여한다고 공시했다. ○○○, ◆◆◆, ㅁㅁㅁ 등 소속 연예인 9명이 3억원씩 회사에 돈을 댄다는 소식이었다. 한 증권사는 "●●이 증자를 바탕으로 재도약의 기반을 마련했다"는 보고서를 내며 맞장구쳤다. 그러나 이 회사가 실제 증자를 실시한 결과 회사에 들어온 자금은 고작 459만원이었다. 연예인들은 돈을 한 푼도 내지 않았다. 증자가 실패한 이후 이틀 동안 ●●의 주가는 25% 가까이 급락했고, 이 회사 주식을 산 투자자들만 큰 손해를 입었다. (출처: 동아일보 2006. 7. 13)

원래 투자자는 '자기판단-자기책임'을 지는 것이 원칙이다. 그러나 회사의 고의적인 허위 정보 제공 등에 유인되어 투자한 경우라면 불법행위가 되고, 그것이 회사의 대표이사에 의한 것이면 회사의 불법행위가 되어 피해자는 회사와 대표이사를 상대로 불법행위로 인한 손해배상책임을 물을 수 있다(상 389조 3항, 210조). 대표이사 아닌 자에 의하여 위의 행위가 행해진 경우에는 당해 행위를 한 자에 대해서는 불법행위책임(민 750조)을, 회사에 대해서는 사용자책임(민 756조)을 물을 수 있다.

Q4 **2025년 개정 상법이 신설한 이사의 주주에 대한 충실의무(상 382조의3)와 관련하여 아래 문제를 생각해 보시오.**

(1) 위 의무 위반을 이유로 주주는 이사를 상대로 손해배상을 청구할 수 있는가?
(2) 위 배상책임을 추궁하는 청구권 규범은 무엇인가?
(3) 위 충실의무 위반이 이사의 해임 사유가 될 수 있는가?
(4) 주주가 집행임원, 감사를 상대로 책임을 묻는 경우도 이와 같은가?

(1) 손해배상책임을 묻는 양대 수단은 전통적으로 계약관계를 전제로 그 위반을 요하는 계약책임(채무불이행책임; 민 390조)과 계약관계의 존부를 불문하는 불법행위책임(민 750조)이다. 이 둘에 해당하지 않음에도 불구하고 배상책임을 물을 수 있으려면 그 법적 근거가 있어야 한다. 이사와 회사는 위임이라는 법적 관계를 맺고 있지만, 이사와 주주는 이러한 법적 관계가 없기에 문제된다. 주주에 대한 원래의 책임주체는 법인인 회사이고 이사는 회사의 기관으로 주주와는 간접적인 관계에 있을 뿐이다. 이사는 회사에 대한 위임관계에 따라 선관주의의무를 다하지 못하면 회사에 대해 손해배상책임을 지며(상 399조), 그 임무해태가 고의 또는 중과실로 인한 때에만 이사는 주주(제3자)에 대해 손해배상책임을 진다(상 401조). 2025년 개정상법에 신설된 이사의 주주에 대한 충실의무(상 382조의3)는 이사와 주주 사이에는 원래 위임관계가 없으므로 특별히 책임추궁의 법적 근거를 마련하기 위해 둔 법정의무이다.

(2) 상법은 의무조항과 책임조항을 따로 두고 있다. 위 충실의무 위반을 이유로 배상책임을 묻는 법적 도구로 생각할 수 있는 것은 다음과 같다.

(i) 상법 399조 적용방안 - 상법 399조는 '회사의 손해를 이유로 한 회사에 대한 책임'을 적용대상으로 하므로 주주에 대한 책임을 묻는 용도로는 쓸 수 없다.

(ii) 상법 401조 적용방안 - 상법 401조는 '제3자'에 대한 책임이고 주주는 제3자에 해당하나 고의 또는 중대한 과실로 인한 임무해태로 제한하고 있어 이사의 주주에 대한 충실의무

조항을 신설한 취지를 충분히 살리기 어렵다. 상법 401조의 실제 적용에 있어 '그 임무'를 주주에 대한 충실임무까지 포함하고 '중과실'을 완화하여 해석하는 방안이 있을 수 있다.

(iii) 민법 적용방안 – 이사의 주주에 대한 충실의무(상 382조의3) 위반 책임의 법적 성질을 채무불이행책임으로 보아 민법 390조(채무불이행책임)에 의하는 방안도 생각해 볼 수 있겠다. 그러나 연대책임(상 399조)을 적용할 수 없는 한계가 있다. 민법 750조(불법행위책임)나 756조(사용자책임)를 적용하는 방안도 있겠으나 이 역시 한계가 있다.

(iv) 입법적 보완방안 – 위 충실의무 위반을 이유로 한 배상책임에 관하여 상법 399조를 개정하는 방안, 399조의2를 신설하는 방안 등을 생각해 볼 수 있다. 이러한 입법에는 고의 또는 과실에 의해 이사의 주주에 대한 충실의무 위반과 그로 인해 주주의 손해 발생을 요하고, 연대책임을 부과하며, 이 경우에도 회사의 이익을 위한 경영판단은 존중되고, 총주주의 동의에 의한 책임면제는 가능하나(상 400조 1항), 정관에 의한 책임감경(상 400조 2항)은 허용되지 않는다는 점 등을 포함해야 한다고 본다.

(3) 이사의 주주에 대한 충실의무 위반은 이사 해임사유가 되지 않는다. 해임은 위임계약을 해지하는 것인데, 주주와 이사 사이에는 이러한 위임관계가 없기 때문이다.

(4) 집행임원에 대해서는 이사의 의무에 관한 규정이 준용된다(상 408조의9). 그러나 감사에는 이러한 준용규정이 없다.

[14.5.2] 형사벌칙

회사에 관한 범죄와 형벌에 대해서는 형법과 상법, 그리고 「특정경제범죄가중처벌법」 등에서 규정하고 있다.

1. 행위자와 회사의 형사책임

법인(회사도 이에 해당)이 범죄능력을 갖는가에 대해 대륙법계에서는 부정하는 것이 일반적이다. 그 논거로, 법인에게는 의사능력과 행위능력이 없고 형벌을 가할 수 있는 윤리적 존재가 아니라는 점을 들고 있다.[81] 그러나 법인도 재산형인 벌금형의 수형주체는 될 수 있다.

'행위자'에게 벌칙을 적용하는 것이 원칙이나, **양벌규정**(상 624조의 3)의 특칙을 두어 행위자를 벌하는 외에 행위자가 속한 '회사'에게도 해당 조항의 벌금형을 과하

81) 그러나 영미법계에서는 법인의 범죄능력을 인정하고 있다.

는 경우가 있다(예: 상 624조의2의 부당신용공여죄). 그러나 회사가 그 위반행위를 방지하기 위하여 해당 업무에 관하여 상당한 주의와 감독을 게을리 하지 않았다면 그러하지 아니하다(상 634조의3).

2. 범죄 주체

회사법상의 범죄는 대부분이 법 소정의 신분이 없으면 범죄가 성립할 수 없는 **진정신분범**(구성적 신분범)이다.(예: 특별배임죄, 회사재산을 위태롭게 한 죄, 부실보고죄, 부실문서행사죄, 납입가장죄, 초과발행죄, 독직죄, 주주권 행사관련 이익공여죄 등) 다만 상법 628조 2항(응납입가장죄), 630조 2항(독직죄 관련 이익공여죄), 631조 2항(증수뢰죄 관련 이익공여죄), 634조의2 2항(이익공여죄 관련 이익수수죄)은 신분범이 아니다.

3. 업무상 배임죄

1) 상법 위반사건이 상법상의 제재에 그치지 않고 형사처벌의 대상으로 되는 경우가 종종 있다. 그 중에서도 특히 많이 문제되는 것이 업무상 배임죄이다. 업무상 배임죄는 "타인의 사무를 처리하는 자가 업무상의 임무에 위배하는 행위로써 재산상의 이익을 취득하거나 제3자로 하여금 이를 취득하게 하여 그 본인에게 손해를 가한 때"에 성립하는 범죄이다(형 355조, 356조).[82]

2) 업무상배임죄 성립 여부의 핵심은 '이사 등의 임무위배'와 '본인인 회사에 손해가 발생'하였는가이다. 여기에서 **임무에 위배하는 행위**라 함은 처리하는 사무의 내용, 성질 등에 비추어 법령 규정, 계약 내용 또는 신의칙상 당연히 하여야 할 것으로 기대되는 행위를 하지 않거나 당연히 하지 않아야 할 것으로 기대되는 행위를 함으로써 사무처리를 위임한 본인과의 신임관계를 저버리는 일체의 행위를 뜻한다.[83] 배임죄에 있어서 임무위배는 구체적인 행위유형 또는 거래유형 및 보호법익

82) 상법 622조에서도 특별배임죄를 규정하고 있다. 이를 형법 355조와 356조의 배임죄와 비교하면, 행위의 주체를 이사 등으로 한정하는 점에서 차이가 있으나, 임무위배행위라는 점에서는 본질적으로 동일하고, 법정형도 형법 356조에서와 같다(법조경합관계). 형법상 업무상배임죄의 경우는 이득액이 5억원 이상인 경우 특정경제범죄가중처벌법상의 가중처벌조항이 적용되나, 상법상의 특수배임죄의 경우는 이에 관한 명문의 규정이 없다(특경가 3조 1항). 실무상으로는 주로 형법상의 배임죄인 형법 355조(배임죄)와 356조(업무상배임죄)의 법조를 적용하고 있다.

83) 대법원 2004. 6. 24. 선고 2004도520 판결; 대법원 2008. 5. 29. 선고 2005도4640 판결 등 참조.

등을 종합적으로 고려하여 경제적·실질적인 관점에서 본인에게 재산상의 손해가 발생할 위험이 있는 행위를 의미한다.[84)]

3) **본인**(회사)**에게 재산상의 손해**를 가한 때라 함은 총체적으로 보아 본인의 재산상태에 손해를 가하는 경우를 말한다. 현실적인 손해를 가한 경우뿐만 아니라 재산상 손해발생의 위험을 초래한 경우도 포함한다(**위험범**). 이에 관한 판단은 경제적 관점에서 실질적으로 판단하여야 한다. 여기에는 재산처분, 보증이나 담보제공 등 채무부담으로 인한 재산감소와 같이 적극적 손해를 야기한 경우는 물론이고, 객관적으로 보아 취득할 것이 충분히 기대되는데도 임무위배로 말미암아 이익을 얻지 못한 경우, 즉 소극적 손해를 야기한 경우를 포함한다.[85)]

>>> **사례 헐값으로 신주 등을 제3자에게 발행하는 경우**

• 시가보다 현저하게 낮은 가격으로 신주나 전환사채 또는 신주인수권부사채(이하 '신주 등')를 발행하는 경우에 업무상배임죄가 될 수 있는가? 배임죄로 되기 위해서는 '임무해태'로 인하여 '본인(즉, 회사)에 손해'가 생겨나야 하므로, 이 문제는 결국 신주 등의 저가발행이 '회사의 재산 보호의무' 위반인가, 그로 인하여 '회사에 손해'가 발생하였는가의 문제에 귀착된다.

• 신주 등의 저가발행에 의하여 회사에 손해가 생겨났는가의 여부는 주주 배정방식에 의한 경우와 제3자 배정방식에 의한 경우로 나누어 살펴봐야 하고, 전자의 경우에는 회사에 손해가 없으나 후자의 경우에는 회사에 손해가 있다고 보는 것이 대법원의 다수의견이고, 이 점은 대법원의 반대의견도 동일하다. 이에 대하여 별개의견은 주주의 이익과 회사의 이익을 분리하여 평가하는 배임죄의 원칙상 신주발행을 통하여 회사에 필요한 자금을 형성하였다면, 회사에 대한 관계에서는 임무를 위배하였다고 할 수 없으므로 배임죄가 성립하지 않는다고 한다.[86)]

---

84) 대법원 2008. 6. 19. 선고 2006도4876 전원합의체 판결 등 참조.

85) 대법원 1972. 5. 23. 선고 71도2334 판결; 대법원 2003. 10. 10. 선고 2003도3516 판결; 대법원 2008. 5. 15. 선고 2005도7911 판결 등 참조.

86) 대법원 2009. 5. 29. 선고 2007도4949 전원합의체 판결.

[14.5.3] 행정제재

상법은 회사법 위반에 대하여 행정벌인 과태료에 처할 수 있는 행위를 규정하고 있다(상 635조, 636조). 그러나 그 행위에 대하여 **형벌을 과할 때에는 과태료에 처할 수 없다**(상 635조 1항 단서).

연습 및 응용

Q1 횡령죄 및 배임죄에 관한 상법·형법 및 특정경제범죄가중처벌법상 형벌조항의 구성요건과 법정형을 비교해 보시오.

형 법	상 법	특정경제범죄가중처벌법
355조 (횡령, 배임) 356조 (업무상 횡령과 배임) 359조 (미수범)	622조 (발기인, 이사 기타의 임원 등의 특별배임죄) 623조 (사채권자집회의 대표자 등의 특별배임죄) 624조 (특별배임죄의 미수)	3조 (특정재산범죄의 가중처벌) * 형법 356조 위반으로 이득액이 5억원 이상인 경우에 적용

Q2 기업경영상의 행위에 배임죄라는 형사벌칙을 적용하는 것에 대해서는 아래와 같은 상반된 견해가 있다. 각 주장의 타당성을 판단해 보시오.

甲(엄격론자): "배임행위가 행해지는 양태가 매우 다양하므로 법 적용의 사각지대를 줄이기 위하여 현행법과 같은 포괄적 규정방식은 불가피하다."

乙(완화론자): "기업투자는 본질적으로 실패의 위험을 수반하기 마련인데 이를 형사처벌하면 기업가정신과 투자를 위축시킬 소지가 있고, 임무위배행위의 모두를 널리 대상으로 하고 있기 때문에 무리한 기소남발이 있게 되고, 실제 손해가 발생하였는지를 묻지 않고 손해발생의 위험이 있는 것만으로도 처벌이 가능하기 때문에 형사적 제재의 과잉을 가져온다."

제 6 절 책임추궁

서울지방법원 민사합의부는 한○철강에 거액의 부실대출을 해줘 회사에 막대한 손해를 입혔다며 제○은행의 소액주주인 △ 등 52명이 제○은행의 ● 등 전 이사 4명을 상대로 제기한 4백억원의 손해배상청구소송에서 "피고 ● 등은 제○은행에 4백억원을 지급하라"고 판결하였다. 법원이 소액주주의 권익을 보호하기 위해 부실경영의 책임을 물은 국내 첫 판결이다.

시민단체인 ㅁ는 제○은행의 경영진이 타당성 검토도 제대로 하지 않은 채 부도난 한○철강에 거액의 부실여신을 제공하여, 은행과 주주들에게 막대한 손해를 입힌 만큼 대출에 책임이 있는 담당 임원들이 연대해서 손해를 배상할 책임이 있다며 소액주주들로부터 권한을 위임받아 주주대표소송을 제기하였다.

소액주주들의 소송제기요건과 관련해 제소시점에는 지주요건을 갖추었으나 이후 제○은행이 감자와 증자를 각각 실시하면서 보유지분이 크게 줄어 소송이 각하될 뻔했고, 이 과정에서 주가폭락으로 막대한 손해를 입은 소액주주들이 이탈하기도 했다. 재판부는 "제○은행이 한○철강에 대한 일부 채권을 20% 할인한 가격으로 매각해 발생한 손실금만도 현재 2,113억원에 달하고 앞으로도 채권회수가 불투명하다"며 "원고들이 청구한 4백억원을 전액 인정한다"고 덧붙였다.

전 제○은행장 등은 한○철강에 대출한 돈을 회수하지 못할 것이라는 것을 예측하면서도 이를 무시하고 한○철강이 부도나기 직전까지 거액의 여신을 지속적으로 제공하도록 부하 직원에게 지시했다. 나머지 이사들은 제○은행의 이사로서 한○철강에 대한 여신의 위험성을 감지하고서도 이사회 결의에서 찬성하였다. 무모한 여신제공 결정을 저지하여야 할 은행 이사의 의무를 다하지않은 것으로 재판부는 인정하였다. (출처: 문화일보 1998. 7. 24; 경향신문 1998. 7. 25; 매일경제 1998. 7. 25; 세계일보 1998. 7. 25; 조선일보 1998. 7. 25; 한겨레1998. 7. 25; 한국경제 1998. 7. 25)

생각해보기

1. 위 사례는 은행 경영진의 잘못된 판단으로 부실기업에 거액의 여신을 하고 이를 회수하지 못하여 손해를 입게 되자 주주들이 경영진을 상대로 은행에 끼친 손해에 대하여 배상책임을 물은 사건이다.
   (1) 부실여신으로 손해를 입은 자는 당해 은행인데도 주주들은 어떤 법적 근거에서, 그리고 어떤 자격에서 소송을 제기한 것인가?
   (2) 이사직을 퇴임한 자를 상대로 대표소송을 제기하였는데, 그렇게 해도 상관없는가?
   (3) 부실여신으로 인하여 은행이 입은 손해가 2,113억원에 달함에도 법원이 400억원에 대해서만 배상하도록 판결한 것은 어떤 이유인가? 이러한 배상액은 은행과 소를 제기한 원고 중 누구의 몫으로 되는가?
2. 이사의 회사에 대한 의무 위반을 사전적 또는 사후적으로 시정하는 방법은?

[14.6.1] 총 설

이사가 의무를 위반하면 책임이 있고, 책임이 인정되면 책임추궁이 따르게 된다. 이처럼 '의무－책임－책임추궁'은 상호 연관되어 있다. 이사의 책임(주로 회사에 대한 민사책임)을 추궁하는 방법은 사전적 방법과 사후적 방법으로 구분된다.

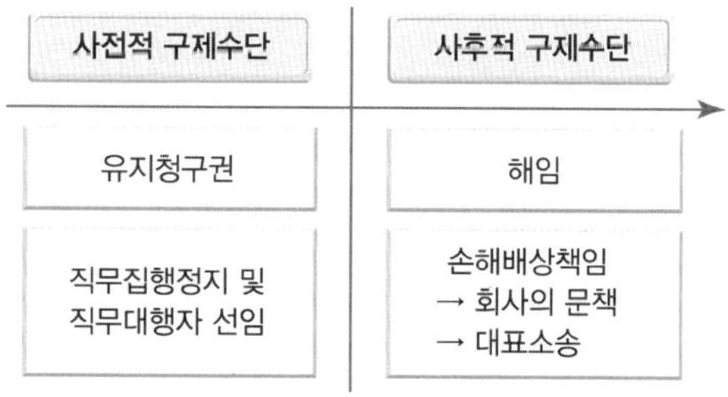

:: [그림 14.6.1-1] 이사의 책임 추궁방법

[14.6.2] 유지청구권

유지청구권(상 402조)은 **이사가 위법행위를 하고 있는 경우 그것이 종료되기 전**에 긴급하게 이를 중지시키기 위하여 사용하는 사전적 · 긴급적 구제수단이다. 상법 402조의 유지청구권 행사는 이사의 경영권 행사에 대한 중대한 장애가 될 수 있으므로 회사의 이익을 위해 인정하되 남용을 방지할 필요가 있다.

甲: "유지청구권이라는 제도가 있던데…, 주주들이 사사건건 이사들의 업무집행이 못마땅하다고 중단하라고 나서면 어떻게 될까?"

乙: "이사들이 일일이 이에 대응하느라 정상적으로 업무집행을 하기 곤란할 거야. 그 중에는 이유 있는 것도 있겠지만, 공연히 생트집 잡으려는 무리들도 있을 테니…. 권리행사를 빙자해서…."

丙: "물론 그럴 가능성도 있겠지만, 주주라면 그런 권리를 당연히 행사할 수 있다고 보아야 하지 않을까? 주주는 회사의 소유자이고, 이사는 주주 대신 경영을 담당하는 자니까…. 위법행위가 종료되기 전에 중단시키는 것이 더 효과적이지 않겠어? 소 잃고 외양간 고치는 일이 없도록…."

丁: "모두 옳은 이야기야. 그래서 상법에서는 유지청구권을 인정하면서도, 남용을 막기 위한 제도적 장치를 두고 있어."

1. 요 건

(1) 법령·정관 위반

이사의 법령 또는 정관 위반 행위가 유지청구의 대상이 된다(상 402조). 이사의 행위가 법령 또는 정관을 위반하면 충분하고, 고의 또는 과실 유무는 불문한다.

■ **임무해태의 경우**

법령 또는 정관을 위반하지 않는 단순한 임무해태는 유지청구의 대상이 되지 못한다(상 402조). 임무해태 여부에 대한 판단이 어렵고 이러한 경우까지 유지청구를 허용하면 이사의 경영권행사에 지장을 초래할 우려가 있기 때문이다. 그러나 임무해태가 이사의 선량한 관리자로서의 주의의무나 충실의무에 관한 법규정(상 382조 2항, 민 681조)을 위반한 것으로 인정되는 때에는 법령 위반이 되어 유지청구의 대상이 될 수 있다.

(2) 회사에 회복할 수 없는 손해발생 염려

① 상법 402조의 유지청구권은 회사의 이익을 보호하기 위한 공익권이다. 그래서 **회사에 회복할 수 없는 손해 발생의 가능성**을 요건으로 한다.

② 회복할 수 없는 손해는 경제적 관점과 사회통념에 따라 판단해야 한다. 손해의 회복이 법률적으로 가능하더라도 회복을 위한 비용·절차 등을 감안할 때 회복이 매우 곤란하거나 상당한 시일과 비용을 요하는 경우는 본조의 회복할 수 없는 손해에 해당한다.

(3) 종료 전

유지청구권은 사전적 구제수단이므로 위법행위가 종료되기 이전에만 행사할 수 있다. 위법행위가 종료된 이후에는 유지청구할 대상이 더 이상 존재하지 않게 되어 허용할 실익이 없다.

2. 청구권자 및 상대방

유지청구를 할 수 있는 자는 발행주식총수의 1% 이상의 주식을 가진 **소수주주**[87] 또는 **감사**(또는 감사위원회)에[88] 한한다. 유지청구의 상대방은 회사가 아니라 법령 또는 정관을 위반한 이사이다.

3. 방 법

유지청구권은 소송에 의하지 않고 이사에 대한 의사표시만으로도 행사할 수 있다. 유지청구의 소송에 의하는 것도 가능한데, 이에 대해서는 상법에 규정이 없는바, 대표소송 규정을 유추적용한다(통설).[89]

4. 효 력

(1) 유지청구권을 소송 아닌 방법으로 행사하는 경우 이사가 유지청구에 응하여 유지해야 할 구속력은 없다. 다만, 이사는 자신의 행위가 법령 또는 정관에 위반한 것인지를 스스로 살펴보아 유지 여부를 결정하여야 할 선관주의의무를 부담한다.

---

87) 상장회사의 경우에는 0.5%(자본금이 1,000억원 이상인 회사의 경우에는 0.25%) 이상의 지주비율과 6개월 계속보유를 요한다(상 542조의6 5항).

88) 감사 또는 감사위원회는 감사의무와 이사회 보고의무가 있으므로 유지청구는 권리일 뿐만 아니라 의무이기도 하다(대법원 2017. 11. 23. 선고 2017다251694 판결).

89) 반대설: 김건식 외 2인 공저, 회사법, 538면.

(2) 실무상으로는 실효성을 높이기 위하여 위법행위 유지의 소를 제기하고 이를 본안소송으로 하여 유지의 가처분을 신청하는 방법이 사용된다(민집 300조 1항).

〈표 14.6.2-1〉 유지청구권 비교

	신주발행 유지청구권	일반적인 유지청구권
공통점	사전 예방적인 긴급수단, 소송 아닌 방법으로도 행사가능	
근거조문	상법 424조	상법 402조
보호이익	주식의 비례적 가치를 보호하기 위한 권리(자익권)	회사의 이익을 위한 권리(공익권)
대상	회사의 위법·불공정한 신주발행	이사의 위법행위
청구권자	불이익을 받을 염려가 있는 모든 주주(단독주주권)	소수주주권, 감사
피청구자	회사	이사

[14.6.3] 직무집행정지·직무대행자

1. 요 건

이사(D) 등의 지위에 대하여 다툼이 있고 그 지위가 박탈될 가능성이 있는 경우 법원은 당사자의 신청에 의하여 가처분으로 이사(D)의 직무집행을 정지할 수 있고, 경영공백을 피하기 위해 직무대행자(D′)를 선임할 수 있다(상 407조 1항 전문). 이는 민사집행법상 임시의 지위를 정하기 위한 보전소송이다(민집 300조 2항).[90] 급박한 사정이 있는 때에는 본안소송 제기 전에도 그 처분을 할 수 있다(상 407조 1항 후문).

2. 직무집행정지 이사 및 직무대행자의 권한

(1) 직무집행이 정지된 이사(D)는 직무집행이 전면적으로 정지된다. 이에 반하는 직무집행은 무효이다.[91]

---

90) 이사의 직무집행정지 가처분을 신청하기 위해서는 이사의 지위를 다투는 본안소송(예: 이사선임 결의의 무효나 취소 또는 이사의 해임의 소)이 제기되어 있어야 하고, 그 이사 등으로 하여금 그대로 직무를 집행하게 한다면 회사에 회복할 수 없는 손해가 생길 염려가 있는 등의 보전의 필요성(민집 300조 2항 단서)이 인정되어야 한다.

91) 대법원 2008. 5. 29. 선고 2008다4537 판결.

(2) 직무대행자(D′)는 임시적 지위에 그친다. 따라서 직무대행자는 가처분명령에 다른 정함이 있는 경우가 아니면 회사의 **상무**(常務)에[92] 속하는 행위만을 할 수 있고 그 외의 행위를 하지 못한다(상 408조 1항 본문). 법원의 허가를 얻으면 그러하지 아니하다(상 408조 1항 단서). 직무대행자가 이를 위반한 경우 회사는 선의의 제3자에 대하여 책임을 진다(상 408조 2항).

[14.6.4] 대표소송

1. 뜻과 취지

이사(D) 등이 회사(X)에 대하여 책임이 있는 경우 원래는 이해당사자인 회사(X)가 직접 나서서 책임을 물어야 함이 원칙이다. 그럼에도 **회사가 책임추궁을 방치하고 있는 경우, 주주**(S)**가 회사**(X)**를 대신하여 이사 등의 '회사에 대한 책임'을 추궁하기 위하여 제기하는 소송**이 대표소송이다(상 403조).[93]

甲: "이사가 부실기업인 줄 뻔히 알면서도 계열회사에 거액의 대출을 해서 결국 한 푼도 못 건지게 되었다는데…, 회사가 감싸 안고 아무도 문제삼지 않고 있어."

乙: "그런 경우는 원래 회사가 이해당사자니까 회사가 나서서 책임을 묻는 소송을 제기하는 것이 정도라고 할 수 있지."

甲: "그렇긴 한데…, 회사가 아무런 조치를 취하지 않고 다들 나 몰라라 수수방관하고 있어."

乙: "그렇다면, 회사 대신 주주가 나서서 이사의 책임을 추궁하는 소송을 제기할 수 있는 길이 있어. 마치 야구시합의 구원투수처럼."

---

92) 상무란 "회사의 영업을 계속함에 있어 통상의 업무범위 내의 사무, 즉 회사의 경영에 중대한 영향을 미치지 않는 보통의 업무"이다(대법원 1991. 12. 24. 선고 91다4355 판결).

93) 그래서 대표소송을 '제3자의 소송담당'이라고 한다. 제3자의 소송담당이란 제3자가 법률의 규정에 의하여 타인의 권리의무에 대하여 소송수행권을 갖고 당사자로서 소송을 수행하는 것을 말한다. 자기 이름으로 소송을 수행한다는 점에서 대리인과 다르다.

2. 대 상

대표소송의 대상이 될 수 있는 것에는 '**회사가 손해**'**를 입음으로써 회사가 책임추궁의 주체가 되는 일체**의 것이 포함된다.

(1) 대표소송에 의하여 추궁할 수 있는 이사의 회사에 대한 책임에는 회사에 대한 손해배상책임(상 399조)과 자본충실책임(상 428조 1항)뿐만 아니라, 위법한 보수의 반환, 회사와의 거래로부터 생긴 책임 등 회사에 대하여 부담하는 일체의 책임을 모두 포함한다.

(2) 이사 외에도 발기인·집행임원·업무집행관여자·감사·청산인 등의 회사에 대한 책임을 추궁하기 위해서도 대표소송을 제기할 수 있다(상 324조, 401조의2, 415조, 415조의2 6항, 542조 2항).

(3) 불공정한 가액으로 신주를 인수한 자(상 424조의2), 주주의 권리행사와 관련하여 회사로부터 이익을 공여받은 자(상 467조의2)를 상대로 대표소송을 제기할 수 있다.

3. 원고 및 피고

(1) 대표소송의 원고적격을 가지려면 발행주식총수의 1% 이상의 주식을 가진 **소수주주**이어야 한다(상 403조 1항).[94] 소송남용을 방지하기 위함이다. **제소시점에** 이 요건을 충족하면 된다. 제소 이후 발행주식총수의 1% 미만으로 감소되더라도 제소의 효력에는 영향이 없다(상 403조 5항). 이는 대표소송 제기 이후 주주들이 주식을 처분할 수 있는 기회를 갖도록 하고 회유 등에 의하여 이탈하는 주주들이 생기더라도 그에 상관없이 대표소송을 계속 유지할 수 있도록 하기 위함이다. 그러나 주주의 지위는 유지해야 하므로 최소한 1주 이상의 주식을 가지고 있어야 소송유지가 가능하다.

››› **사례**

구 외환은행 소액주주인 K 등 3명이 사모펀드인 론○타 측을 상대로 제기한 손해배상청구 대표소송이 대법원에서 각하됐다. 각하란 원고적격 흠결 등 절차상 문제를 이유로

94) 주주명부상의 주주이어야 한다. 회사에 손해가 발생할 당시 주주일 것을 요하지 않고, 의결권 없는 주주도 제소자격을 갖는다. 상장회사의 경우에는 제소자격을 발행주식총수의 0.01% 이상의 주식을 가진 주주로 완화하는 한편 이를 제소 전 6월간 계속 보유하여야 한다(상 542조의6 6항).

재판부가 본안심리 없이 사건을 종결하는 것이다.

대법원은 "소송이 제기된 뒤 외환은행과 하나금융지주의 포괄적 주식교환으로 하나금융지주가 외환은행의 100% 주주가 되고, 원고인 K 등은 더 이상 외환은행의 주주가 아니게 됐다. 따라서 K 등은 원고적격을 상실했다. 이는 의사에 반해 주주 지위를 잃었더라도 마찬가지다"라고 판단했다. (출처: 대법원 2018. 11. 29. 선고 2017다35717 판결; 한겨레 2018. 12. 4; 문화일보 2018. 12. 4)

■ **다중대표소송 :** 모회사의 소수주주

다중대표소송은 자회사(Y) 이사(Dy)의 자회사에 대한 책임을 추궁하기 위해 그 모회사(X)의 주주(Sx)가 자회사의 이사를 상대로 제기하는 소송이다.[95] 그 원고적격을 가지려면, (ⅰ) 모회사(X)가 비상장회사이면 모회사 발행주식총수의 1% 이상을 보유하여야 하고(상 406조의2 1항), (ⅱ) 모회사(X)가 상장회사이면 모회사 발행주식총수의 0.5% 이상을 6개월 이상 계속 보유하여야 한다(상 542조의6 7항).[96] 제소 후 모회사의 지분율이 자회사 주식의 50% 이하로 감소해서 모자관계가 해소되어도 제소의 효력에는 영향이 없다. 그러나 모회사가 자회사 주식을 전혀 보유하지 아니하게 된 경우는 그렇지 않다. 청구적격을 갖춘 모회사의 주주는 먼저 자회사에 책임 추궁의 소를 제기할 것을 청구하고, 자회사가 청구를 받은 날로부터 30일 이내에 소를 제기하지 않을 때 즉시 자회사를 위하여 소를 제기할 수 있다. 관할법원은 자회사 본점 소재지 지방법원의 관할에 전속한다(상 406조의2). 패소한 자회사 이사의 손해배상액은 자회사에 귀속한다. 의제 자회사(손자회사) 및 그 이하의 회사에 대해서도 다중대표소송이 가능하다(법무부 유권해석).

(2) 피고는 회사에 대해 책임이 있는 자 모두이다. 대표소송에 의하여 추궁할 수 있는 이사의 회사에 대한 책임은 이사의 지위에 있는 동안 발생한 것에 한한다. 그러나 일단 '이사로 있는 동안 그 책임이 발생한 이상' 퇴임한 이사도 대표소송의 대상이 된다.

4. 전치절차

소수주주는 대표소송을 제기하기 전에 **먼저 회사**에[97] 이유를 기재한 서면으로[98]

---

95) 이때 자회사 Y는 자회사의 이사 Dy를 상대로 직접 손해배상을 청구할 수 있고, 그 모회사 X는 자회사 Y의 주주로서 대표소송을 제기할 수 있을 것인데, X와 Y 모두 권리행사에 나서지 않을 때 다중대표소송의 실익이 있다.

96) 상장회사는 정관으로 보유기간을 단축하거나 주식보유비율을 낮출 수 있다(상 542조의6 8항).

97) 회사와 이사 간 소의 경우는 감사가 그 소에 관하여 회사를 대표하므로(상 394조 1항) 감사에게 제소 청구를 하여야 한다. 감사가 없는 때는 회사, 이사 또는 이해관계인의 신청에 의해 법원이 선임한 '회사를 대표할 자'에게 제소 청구를 해야 한다(상 409조 4항, 5항). (수원고등법원 2024. 1. 10. 선고 2023나

이사의 책임을 추궁하는 소를 제기할 것을 청구하여야 한다(상 403조 1항 · 2항).[99] 원래의 이해당사자는 회사이기 때문이다. **회사가 소제기의 청구를 받은 날로부터 30일 이내에 소를 제기하지 않는 경우** 비로소 소 제기를 청구한 소수주주는 회사를 위하여 대표소송을 제기할 수 있다(상 403조 3항). 그러나 30일의 경과로 인하여 회사에 회복할 수 없는 손해가 생길 염려가 있는 때에는 그 경과를 기다릴 필요없이 또는 회사에 대하여 소제기를 청구하는 전치절차를 생략하고 곧바로 대표소송을 제기할 수 있다(상 403조 4항).

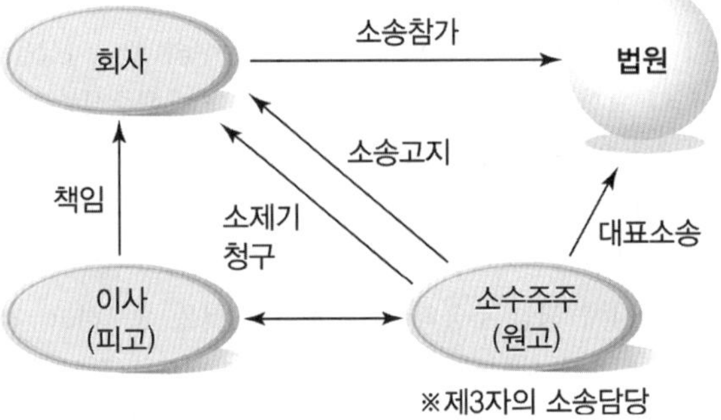

:: [그림 14.6.4-1] 대표소송의 구조

■ **그 밖의 절차**

① **관할법원** – 회사 본점 소재지(다중대표소송의 경우 자회사의 본점 소재지)의 지방법원이 전속관할로 된다(상 403조 7항, 186조).

② **소송고지 및 소송참가** – 대표소송을 제기한 자는 지체없이 회사에 대하여 소송고지를 하여야 한다(상 404조 2항). 회사는 고지 유무를 불문하고 주주의 대표소송에 참가할 수 있다(상 404조 1항).[100]

10418 판결)

98) 대법원 2021. 5. 13. 선고 2019다291399 판결: 상법 403조 2항에 따른 서면에 기재되어야 하는 '이유'에는 권리 귀속의 주체인 회사가 제소 여부를 판단할 수 있도록 책임추궁 대상 이사, 책임발생 원인사실에 관한 내용이 포함되어야 한다. 다만 주주가 언제나 회사의 업무 등에 대해 정확한 지식과 적절한 정보를 가지고 있다고 할 수는 없으므로, 주주가 상법 403조 2항에 따라 제출한 서면에 책임추궁 대상 이사의 성명이 기재되어 있지 않거나 책임발생 원인사실이 다소 개략적으로 기재되어 있더라도, 회사가 그 서면에 기재된 내용, 이사회 의사록 등 회사 보유 자료 등을 종합하여 책임추궁 대상 이사, 책임발생 원인사실을 구체적으로 특정할 수 있다면, 그 서면은 상법 403조 2항에서 정한 요건을 충족하였다고 보아야 한다.

대법원 2021. 7. 15. 선고 2018다298744 판결: 대표소송에서 주장하는 이사의 손해배상책임이 회사에 대한 제소청구서와 차이가 있더라도 동일한 원인사실을 기초로 법적 평가만을 달리한 것이라면 대표소송은 적법하고, 주주가 대표소송 계속 중에 위와 같은 청구를 추가할 수 있다.

99) 처음부터 제3자(주주)가 나서기보다는 먼저 원래의 이해당사자인 회사로 하여금 책임을 추궁하도록 촉구하고 기회를 부여하는 취지이다.

③ **주주의 담보제공** – 이사가 대표소송을 제기한 주주의 악의를 소명하여 청구한 때에는 법원은 주주에게 상당한 담보의 제공을 명할 수 있다(상 403조 7항, 176조 3항·4항). 남소를 막기 위함이다.

④ **당사자처분권 제한** – 제소한 주주는 법원의 허가가 없으면 소의 취하·청구의 포기·청구의 인낙·화해 등을 할 수 없다(상 403조 6항).

⑤ **소가** – 대표소송, 위법행위유지청구의 소 및 신주발행유지청구의 소는 청구금액에 관계없이 소가를 산출할 수 없는 소송으로 본다(민사소송 등 인지규칙 15조).

5. 판결의 효력

(1) 원고가 승소한 경우

① 대표소송에서 승소한 원고는 소송의 전리품을 직접 누릴 수 있을까? 그렇지 않다. 대표소송은 원고가 회사를 위하여 수행하는 **제3자의 소송담당**이므로 그 판결의 효력은 원고의 승소·패소에 상관없이 **회사에 귀속**된다(민소 218조 3항).

② 원고가 승소한 경우 소송비용은 패소자인 이사가 부담한다(민소 98조).[101] 다만 **승소 주주는 '회사'에 대하여 소송비용 및 그 밖에 소송으로 인하여 지출한 비용 중 '상당한 금액'의 지급을 청구**할 수 있다(상 405조 1항 전단, 406조 2항).[102]

甲: "대표소송에서 이겨도 승소한 원고가 직접 배상금을 받는 건 아니고 그게 회사에 귀속한다면, 누가 자기 시간과 돈을 들여가면서까지 그런 소송을 하겠어?"

乙: "그런데도 우리나라에서 그동안 대표소송이 여러 건 있었거든. 주로 시민단체가 공익차원에서 주주들로부터 의결권을 위임받아 소송을 수행했던 거지."

丙: "소송에서 이기면 소송비용 정도는 회사로부터 보상받을 수 있어. 그 이상은 기대하지 않는 게 좋아."

甲: "하지만 대표소송을 수행해서 승소 원고측 변호사는 약정한 보수를 받을 테니, 승산 있는 소송이라면 대표소송도 마다하지는 않겠는 걸."

---

100) 회사가 대표소송에 참가하면 공동소송참가로 된다(대법원 2002. 3. 15. 선고 2000다9086 판결).

101) 이를 소송비용의 패소자부담 원칙이라 한다.

102) 원칙적으로 주주가 대표소송을 제기함에 있어서 변호사와 약정한 변호사보수, 기타 필요비용의 모든 금액을 회사에 청구할 수 있다고 보아야 한다. 이는 사무관리에 기한 유익비 상환청구권(민 739조 2항)으로서의 성질을 가진다(서울중앙지법 2008. 6. 20. 선고 2007가합43745 판결; 김건식 외, 회사법, 224면).

>>> 사례

[1] J교수가 이끄는 참△연대는 L회장 등 제◎모직의 이사·감사를 상대로 배상책임을 묻는 주주대표소송에서 대구고법은 2012년 항소심에서 피고측에 "제◎모직에 130억 4,978만원을 지급하라"며 원고 일부승소판결을 했고 그대로 확정됐다. J교수 등은 제◎모직을 합병한 삼★SDI에 변호사 선임비용을 청구했다가 거절당하자 청구소송을 냈다. 1심 재판부는 J교수 등이 변호사 보수로 약정했던 '승소금액 4%'의 절반인 2%를 삼★SDI가 지급하라고 판결했지만, 항소심 재판부는 승소금액의 3%로 비율을 올렸다. (출처: 경향신문 2016. 9. 6; 조선비즈 2916. 9. 6; 서울경제 2017. 4. 12; 한국경제 2017. 4. 12)

[2] 현○엘리베이터가 주요 계열사인 현○상선의 경영권을 방어하기 위해 5개 금융사에 우호지분 매입을 대가로 연 5.4~7.5%의 수익을 보장해주는 파생상품계약을 체결했다. 당시 스위스 승강기 업체인 쉰△러는 파생금융상품 계약으로 현○엘리베이터에 7,000억원에 가까운 손해를 입혔다며 2014년 초 현○엘리베이터 감사위원회에 손해배상을 청구하도록 했다. 그러나 감사위원회가 쉰△러 측에 답변하지 않자 쉰△러 측은 주주대표소송을 냈다. 현○엘리베이터는 H 회장(7.8%) 등 최대주주 및 특수관계인이 지분 26.5%를 갖고 있고 쉰△러는 15.5%로 2대 주주였다.

대법원은 "H 회장 등이 파생상품계약 중 일부 계약을 체결할 당시 계약 체결의 필요성과 손실 위험성 등에 관해 충분히 검토하지 않았거나 검토가 부족함을 알고도 필요한 조처하지 않았다"라며 해당 계약 체결로 인한 손해를 배상할 책임이 있다고 판단했다. 다만, 해운업 불황이 길어지면서 주가가 계속 내려가리라 예측하기 어려웠던 점, 의무위반 정도와 비교하면 손해 규모가 감당하기 어려울 만큼 커진 점, H 회장이 그룹 회장으로 현○엘리베이터에 기여한 부분이 적지 않은 점 등을 고려해 배상책임을 약 1,700억원으로 줄였다. (출처: 대법원 2023. 3. 30. 선고 2019다226154 판결; 조선일보 2023. 3. 30; 중앙일보 2023. 3. 30; 매일경제 2023. 3. 30. 비즈니스포스트 2023. 4. 11)

(2) 원고가 패소한 경우

패소 원고는 **'악의'인 경우에 한하여**(요건 강화) 회사에 손해배상책임을 진다(상 405조 2항). 악의가 없는 한 설령 패소하더라도 손해배상책임의 부담을 걱정하지 않도록 함으로써 대표소송 제기의 심적 부담을 덜어주기 위한 취지이다. 패소 원고는 소송비용을 부담한다(민소 98조).

6. 악용 방지

(1) 재심의 소 – 대표소송에서 원고와 피고가 공모하여 소송의 목적인 회사의 권리를 사해(詐害)할 목적으로 판결을 하게 한 때에는 회사 또는 주주(단독주주 무방)는 확정된 종국판결에 대하여 재심의 소를 제기할 수 있다(상 406조).

(2) 형사벌칙 – 대표소송에 관하여 부정한 청탁을 받고 재산상의 이익을 수수, 요구 또는 약속한 경우 형사벌칙이 따른다(상 631조 1항 2호·2항).

[14.6.5] 해 임

해임은 회사가 일방적으로 이사와의 위임계약을 해지하는 것이다. 회사는 해임에 의하여 임기만료 이전에 위임관계를 신속히 종결지을 수 있다.[103)]

1. 주주총회에 의한 해임

(1) 해임기관 및 해임절차

① 이사의 해임권은 선임권자인 주주총회에 전속한다. 이사를[104)] 해임하려면 **주주총회의 특별결의**에 의하여야 한다(상 385조 1항 본문). 선임된 이사에 대해서는 임기 중 경영권 안정을 기할 필요가 있기 때문에 주주총회의 보통결의를 요하는 선임의 경우보다 요건을 가중하고 있다.

② 주주총회에서 이사 해임의 결의를 하면 그것만으로 해임의 효력이 발생한다.[105)]

---

103) 대법원 2021. 8. 19. 선고 2020다285406 판결

104) 대법원 2021. 8. 19. 선고 2020다285406 판결: 상법 385조 1항에서 해임 대상으로 정하고 있는 '이사'에 임기만료 후 이사로서의 권리의무를 행사하고 있는 퇴임이사는 포함되지 않는다. 퇴임이사는 새로 선임된 이사가 취임하거나 상법 386조 2항에 따라 일시 이사의 직무를 행할 자가 선임되면 별도의 주주총회 해임결의 없이 이사로서의 권리의무를 상실한다.

대법원 2024. 10. 8. 선고 2020다285697 판결: '대표이사' 해임에 관하여는 상법 385조 1항이 적용되거나 유추적용될 수 없다. (甲이 乙주식회사의 상임이사 및 대표이사로 선임된 후 대표이사의 임기 만료 전에 주주총회의 결의를 통하여 상임이사 및 대표이사직에서 해임되자, 甲이 乙회사를 상대로 상법 385조 1항의 손해배상을 구한 사안) 이는 정관으로 주주총회에서 대표이사를 선정할 것을 정하여 주주총회가 대표이사를 해임하는 때도 마찬가지이다. (대법원 2024. 9. 13. 선고 2020다245552 판결: 광주 MBC 사건)

105) 선임의 경우와는 달리 피해임자의 동의를 받았는가의 여부는 해임의 효력발생과는 무관하다.

(2) 해임사유 – 정당성 불요

① 이사를 해임함에 있어서 **해임사유의 정당성 유무를 불문**한다(해임의 자유). 따라서 정당한 이유 없이 해임당하더라도 해임사유의 부당성을 내세워 해임의 효력을 다툴 수 없다.

② 그 대신 **'정당한 이유 없이'**[106] **'임기 만료 전에'**[107] **회사에 의하여 '적극적으로 해임'당한**[108] **이사는 회사에 손해배상을 청구**할 수 있다(상 385조 1항 단서). 손해배상 금액은 잔여 재임기간 동안 받을 보수이다.[109]

---

106) 대법원 2023. 8. 31. 선고 2023다220639 판결: ① 상법 385조 1항의 '정당한 이유'란 주주와 이사 사이에 불화 등 단순히 주관적인 신뢰관계가 상실된 것만으로는 부족하고, 이사가 법령이나 정관에 위배된 행위를 하였거나 정신적·육체적으로 경영자로서의 직무를 감당하기 현저하게 곤란한 경우, 회사의 중요한 사업계획 수립이나 그 추진에 실패함으로써 경영능력에 대한 근본적인 신뢰관계가 상실된 경우 등과 같이 당해 이사가 경영자로서 업무를 집행하는 데 장해가 될 객관적 상황이 발생한 경우를 의미한다. ② 위 조항에 따라 회사가 이사에 대하여 부담하는 손해배상책임은 회사의 고의나 과실을 묻지 않고 그 책임을 인정하는 법정책임에 해당한다. 정당한 이유가 있는지는 해임결의 당시 객관적으로 존재하는 사유를 참작하여 판단할 수 있고, 주주총회에서 해임사유로 삼거나 해임결의 시 참작한 사유에 한정되는 것은 아니다.

대법원 2024. 1. 4. 선고 2023다263537 판결: ① 법인이 자치법규인 정관으로 이사의 해임사유 및 절차 등에 관하여 별도 규정을 둘 수 있다. 이러한 규정은 법인과 이사의 관계를 명확히 하는 것 외에 이사의 신분을 보장하는 의미도 아울러 가지고 있으므로 이를 단순히 주의적 규정으로 볼 수는 없다. 따라서 법인의 정관에 이사의 해임사유에 관한 규정이 있는 경우 이사의 중대한 의무 위반 또는 정상적인 사무집행 불능 등의 특별한 사정이 없는 이상 법인은 정관에서 정하지 아니한 사유로 이사를 해임할 수 없다. ② 법인이 정관에서 이사의 해임사유와 절차를 정하였고 그 해임사유가 실제로 발생하였다면, 법인은 이를 이유로 정관에서 정한 절차에 따라 이사를 해임할 수 있다. 이때 정관에서 정한 해임사유가 발생하였다는 요건 외에 이로 인하여 법인과 이사 사이의 신뢰관계가 더 이상 유지되기 어려울 정도에 이르러야 한다는 요건이 추가로 충족되어야 이사를 해임할 수 있는 것은 아니다.

대법원 2024. 9. 12. 선고 2020다264010 판결: 정당한 이유가 있는지는 주주총회에서 해임사유로 삼거나 해임결의시 참작한 사유 외에도 해임결의 당시 객관적으로 존재하는 사유를 참작하여 판단할 수 있다. (포항 MBC 사건)

107) 대법원 2024. 10. 8. 선고 2020다285697 판결: '이사의 임기를 정한 경우'란 정관 또는 주주총회의 결의로 임기를 정하고 있는 경우를 말한다. 이사의 임기를 정하지 않은 때에는 이사의 임기의 최장기인 3년을 경과하지 않는 동안에 해임되더라도 그로 인한 손해배상을 청구할 수 없다.

대법원 2001. 6. 15. 선고 2001다23928 판결: 회사의 정관에서 상법 383조 2항과 동일하게 "이사의 임기는 3년을 초과하지 못한다"라고 규정한 것을 이사 임기를 3년으로 정하는 취지로 해석할 수 없다.

108) 이사가 사임의 의사를 표시하고 회사가 이를 수리하는 의원면직의 형식을 취하는 경우에는 회사에 의한 적극적인 해임이 아니기 때문에 손해배상을 청구할 수 없다(대법원 1993. 8. 24. 선고 92다3298 판결).

109) 위임계약의 당사자는 자유롭게 위임계약을 해지할 수 있으나, 부득이한 사유 없이 상대방이 불리한 시기에 위임계약을 해지한 때에는 그로 인하여 상대방이 입은 손해를 배상하여야 한다(민 689조 2항). 다만 유보수인 대표이사를 임기 중에 해임하여 무보수의 이사를 바꾸는 경우에는 이사의 지위를 그대로 유지하기 때문에 상법 385조 1항 단서가 유추적용되지 않고, 따라서 그로 인한 손해의 배상을 회사에 청구할 수 없다(대법원 2004. 12. 10. 선고 2004다25123 판결).

甲: "회사가 나를 이사직에서 해임한다고 일방적으로 통보해 왔어"

乙: "토사구팽이구먼! 그러나, 아무리 대주주인 회장이라고 해도 마음대로 이사를 해임할 수 있는 건 아니야. 어차피 그런 상황이라면 주주총회에서 정식으로 해임하기까지 버텨보지 그래."

甲: "주주총회를 열어서 해임결의를 했데."

乙: "그래? 이유가 뭐래?"

甲: "거래처와 골프를 친 게 이유라나…."

乙: "그런 이유만으로 해임한다는 것은 너무 지나친 것 같아. 이사는 직원과 달라서 업무상 골프를 칠 수도 있는 거지. 겨우 그런 정도의 이유로 해임했단 말이야? 억울하다면 소송으로 다투어 보지 그래."

丙: "근데, 소송을 한들 이사 자리를 그대로 유지할 수 있다고 장담할 수는 없어. 회사는 이유 여하를 불문하고 이사를 해임할 수 있거든."

丁: "맞아! 정당한 사유 없이 해임당한 경우라 하더라도 해임 그 자체의 효력을 다툴 수는 없어. 해임한 회사를 상대로 손해배상을 청구할 수 있을 뿐이야."

甲: "그러면 어느 정도를 손해배상으로 받을 수 있는 거야?"

丁: "명목이 뭐였건, 직무수행의 대가로 회사로부터 받은 게 있다면 모두 보수로 취급해서 잔여임기 동안 받을 보수를 손해액으로 배상받을 수 있어. 심지어 회사가 제공한 아파트 사용료까지도."

2. 소송에 의한 해임

(1) 청구사유

주주총회를 통한 이사 해임결의에 성공하지 못한 경우 주주는 법원에 해임판결을 구할 수 있다.

① 일단은 주주총회에서의 이사해임을 위한 결의절차를 거쳐야 하고 **주주총회에서 해임안이 부결**되었어야 한다(상 385조 2항).

② 당해 이사에 **직무에 관한 부정행위 또는 법령이나 정관에 위반한 중대한** 사실이 있어야 한다(상 385조 2항). 단순히 임무를 게을리 한 것만으로는 법원에 해임을 청구할 수 있는 사유가 되지 못한다(상 399조 1항 참조).

(2) 제소권자·제소기간

법원에 이사해임의 소를 제기하려면 발행주식총수의 **3% 이상**(상장회사의 경우는 0.5%와[110] 6월간 계속보유)의 주식을 가지고 있는 주주이어야 하고(상 385조 2항, 542조의6 3항),[111] 총회의 해임 **부결일로부터 1월 내**이어야 한다(상 385조 2항).

(3) 해임판결의 효력

원고 승소판결(해임판결)이 확정되면 그에 의하여 해임의 효력이 발생한다. 이와는 별도로 위임관계의 해소를 위한 절차를 밟을 필요가 없다. 해임판결이 있기 전이라도 법원은 당사자의 신청에 의하여 가처분으로 이사의 직무집행을 정지할 수 있고, 직무대행자를 선임할 수 있다(상 407조 1항 전단).

연습 및 응용

Q1 이사의 책임을 추궁하는 방법에 대하여 그 실효성을 비용·효과 분석방법(cost-benefit analysis)에 의하여 비교해 보시오. (책임추궁에 필요한 시간·비용, 권리행사의 용이성, 억지력, 성공가능성, 책임추궁자에 대한 경제적 인센티브, 비용의 회수 가능성 등을 종합적으로 고려해 보시오.)

① 이사의 위법행위 유지청구권(상 402조)은 행위가 종료되기 전에 행사할 수 있으므로 사후적인 구제방법에 비하여 손해의 확대를 막을 수 있고, 소송 아닌 방법으로도 행사할 수 있어 권리행사가 용이하다는 장점이 있으나, 소송 아닌 방법으로 행사하는 경우에는 구속력이 없다는 약점을 지니고 있다. ② 이사의 직무집행정지 가처분을 구하는 방법(상 407조, 408조)은 실효성(강제력)을 확보할 수 있으나, 이사의 직무집행이 전면적으로 중단되어 회사경영에 차질을 빚을 수 있다. 이 때 직무대행자를 선임할 수 있으나 원칙적으로 상무에 국한하기 때문에 적극적인 업무수행이 어렵게 된다. ③ 대표소송(상 403조)은 법원의 힘을 빌리기 때문에 강제력을 확보할 수 있으나, 소송결과물이 회사에 귀속되기 때문에 대표소송을 제기할만한 경제적 유인이 약하다. 다만 승소하면 소송비용의 회수는 가능하다.

---

110) 자본금이 1,000억원 이상인 상장회사인 경우에는 발행주식총수의 0.25% 이상의 주식수를 갖추어야 한다(상 542조의6 3항).

111) 해임 청구의 소는 위임계약의 해소를 구하는 소이므로 위임계약의 당사자인 회사와 이사를 공동피고로 해야 한다.

제 7 절 책임주체의 실질적 파악

[14.7.1] 업무집행관여자

(1) 업무집행관여자란 법률상의 이사는 아니지만 실질적으로 이사와 동등한 권한을 행사하거나 이사에 대하여 영향력을 행사하고 있는 자를 말한다.[112] 이에는 (i) 회사에 대한 영향력을 이용하여 이사에게 업무집행을 지시한 자(**業務執行指示者**), (ii) 회사에 대한 영향력을 행사하여 이사가 아님에도 이사의 이름으로 직접 업무를 집행한 자(**無權理事**), (iii) 이사가 아님에도 명예회장, 회장, 사장, 부사장, 전무, 상무, 이사 기타 회사의 업무를 집행할 권한이 있는 것으로 인정될 만한 명칭을 사용하여 회사의 업무를 집행한 자(**表見理事**)를 포함한다(상 401조의2).[113]

(2) 이에 해당하는 자는 **회사 또는 제3자에 대하여 손해배상책임**(상 399조, 401조)을 지고,[114] 회사에 책임을 지는 경우 (다중)**대표소송**(상 403조, 406조의2)의 대상이 된다. 책임감면조항(상 400조)은 준용되지 않는다(상 401조의2 1항).[115]

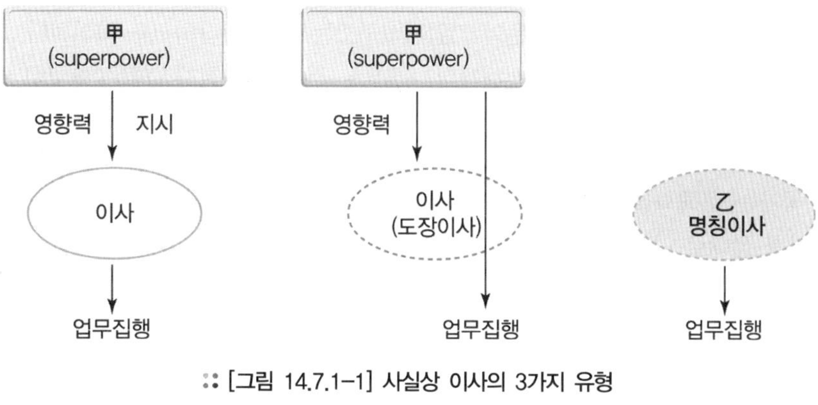

:: [그림 14.7.1-1] 사실상 이사의 3가지 유형

112) 이는 형식을 넘어 '권한이 있는 곳에 책임도 따른다'라는 일반원칙을 실질적으로 구현하기 위함이다.

113) 표현이사의 경우는 앞의 (i)과 (ii)의 경우와는 달리 회사에 영향력을 행사할 수 있는 자인지의 여부를 불문한다(대법원 2009. 11. 26. 선고 2009다39240 판결).

114) 업무집행관여자와 함께 이사도 책임을 지는 경우 이들은 연대책임을 진다(상 401조의2 2항).

115) 대법원 2023. 10. 26. 선고 2020다236848 판결: 상법 401조의2 1항이 정한 손해배상책임은 상법에 의하여 이사로 의제되는 데 따른 책임이므로 그에 따른 손해배상채권에는 일반 불법행위책임의 단기소멸시효를 규정한 민법 766조 1항(3년)이 적용되지 않고 동조 1항(10년)이 적용된다.

>>> **사례**

총수가 있는 77개 공시집단의 2,844개 소속회사 중에서 총수 일가가 1명 이상 이사로 등재된 회사는 518개(18.2%)이고, 미등기 임원으로 재직하는 회사는 198개(7.0%)이다. 총수 일가는 주력회사의 이사로 집중적으로 등재되어있다. (출처: 공정거래위원회, 2025년 공시대상 기업집단 지배구조 현황분석, 2025. 11)

[14.7.2] 법인격부인론

2014년 4월 16일 오전 8시경 ㈜청해진해운 소속의 여객선 세월호가 전남 진도 해상에서 침몰했다. 제주도로 수학여행을 떠났던 학생 324명을 비롯한 탑승객 476명 중 생존자는 172명, 사망자는 295명이다. 9명은 실종된 채로 수색이 마무리됐다. 과다한 선적, 선박의 무리한 구조변경과 노후화, 선장 등의 구조임무 소홀, 정부의 피해구조작업상의 비체계성, 기업과 감독기관의 유착 등이 종합적으로 작용한 대참사였다.

정부는 세월호 피해자 유가족에 대한 보상금, 위로금, 복구비 등을 선지원한 세금을 세월호 선사인 청해진해운에 구상권 청구를 통해 되돌려 받는 방안을 검토했다. 그러나 청해진해운은 자기자본이 65억원이지만 부채가 266억원에 달해 정부의 구상권 청구자금을 지급할 능력이 없는 것으로 보인다.

세월호의 선사인 청해진해운의 기업지배구조는 매우 복잡하고도 특이하다. 지주사인 아이원아이홀딩스가 천해지(42.8%)를, 천해지가 청해진해운(39.4%) 등을 지배하고 있는 구조이다. (출처: 한국경제 2014. 11. 24; 아시아투데이 2014. 7. 29; 경향신문 2014. 6. 21; 서울신문 2014. 9. 1; 이투데이 2014. 12. 17 등 다수)

국가는 피해자들에게 배상금을 먼저 지급한 뒤, 청해진해운과 실소유주인 ○ 일가를 상대로 구상권 소송을 제기했다(유가족 → 국가 → ○). 이 과정에서 '법인격부인론'과 관련된 쟁점이 등장했다. 그러나 대법원은 국가 패소판결을 하였다. ○가 대주주일 뿐 청해진해운의 경영에 직접 관여하거나 세월호 운항과 관련해 업무지시를 내렸다는 증거가 부족하여 법인격부인론을 적용해 그 자녀 ▲에게까지 책임을 묻기는 어렵다고 보았기 때문이다. (출처: 대법원 2020. 5. 14. 선고 2019다207434 판결)

생각해보기

1. 구체적 사안에 법 조항이나 법 원칙을 적용한 결과가 우리의 상식이나 건전한 법감정(法感情)과 부합되지 않는 때가 있다. 이럴 때 법에 따른 것이므로 법치주의(형식적 법치주의)의 원칙상 부득이 그대로 수용하여야 하는가? 아니면 더 고차원적인 법적 정의(실질적 법치주의)를 구현하기 위하여 별도의 조치를 취할 수 있는가?
2. 주주는 회사의 채무에 대하여 변제할 책임이 있는가? 만일 그 주주가 지배주주라면 어떠한가?
3. 위 사안에 대한 법인격부인론의 적용이 가능한가에 대해서는 논쟁이 있었다. 어느 것이 타당한가?

K: "만일 청해진해운이 껍데기뿐인 법인이고 ○씨 일가가 청해진해운을 완전히 장악하고 있으며 청해진해운과 ○씨 일가의 재산이 구분되어 있지 않다는 등의 사정이 인정되면, 법인격부인에 의해 ○씨 등에 대한 구상권 행사가 가능하다."

L: "청해진해운과 ○씨 일가의 관계가 아직 명확하게 밝혀진 것은 아닐 뿐만 아니라 법인격부인은 신의칙에 기초하여 예외적으로 인정되는 법리이다. 따라서 이러한 상황에서 구상권 행사의 가능 여부를 단정하기 어렵다."

1. 회사법 명제와의 충돌

① **회사의 독자적 법인격 원칙** – A가 지배주주인 X회사가 Y와 거래를 하였다면 지배주주 A와 X회사 중에서 그 거래에 따른 권리와 의무의 주체가 되는 자는 X회사이다. 회사는 사원과는 독립하여 그 자체가 법인격을 갖기 때문이다(분리의 원칙).

② **주주 유한책임 원칙** – 회사 채무에 대해서는 회사만이 책임을 질 뿐 주주는 그 자가 설령 지배주주라 하더라도 당사자가 아니므로 직접적으로 아무런 책임을 지지 않고 추가 출자의무도 없다.

③ **위 원칙 적용의 딜레마** – 위의 두 원칙은 회사법의 기본명제이다. 그러나 구체적인 사안에서 이를 고수하면 법적 정의와 형평에 반하는 결과가 초래되기도 한다. 이는 법의 기계적 적용에 의한 것인데 이를 그대로 받아들여야 하는가, 아니면 보다 고차원적인 법적 정의(justice)를 구현하기 위해 시정되어야 하는가?

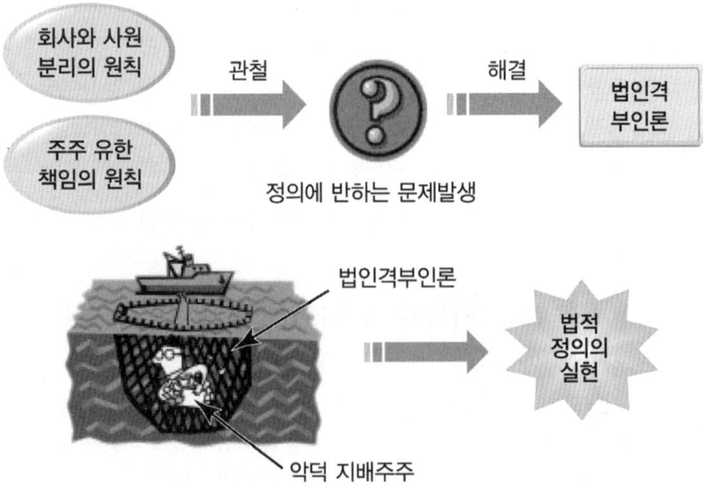

:: [그림 14.7.2-1] 회사법원칙 적용 딜레마의 해결

2. 법인격부인론

(1) 뜻과 근거

위와 같은 딜레마를 해결하기 위하여 개발된 이론이 법인격부인론이다(주주 유한 책임부인론). 이에 의해 법인의 형식에 얽메이지 않고 실질적으로 파악하여 **회사의 독립된 법인격을 부인하고 그 배후에 있는 지배주주에게 직접 책임을 물음으로써 구체적 사건에서 법적 정의**에 부합하는 결론을 얻을 수 있다.[116] 법인격부인론을 상법이 명시적으로 규정하고 있지 않으나 통설과 판례는 이를 채택한다. 그 법적 근거는 사법의 일반원리인 신의성실의 원칙(민 2조)과 법질서의 근간이 되는 정의와 형평의 정신이다.[117]

(2) 최후의 수단

법적 정의를 실현한다는 명분으로 회사법의 기본원칙을 쉽게 부정한다면 법적 안정성을 해치게 되어 더 큰 혼란에 빠질 수 있다. 따라서 법인격부인론의 적용은 기존의 법제도로 해결할 수 없는 경우에 한정하여야 한다(보충성).[118]

---

116) 법은 대부분 건전한 법상식과 법감정을 법제화한 것들이다. 이런 의미에서 '법은 상식이다'라는 말은 타당하다. 그러나 일시적인 여론을 그대로 수용하는 것은 자칫 '여론재판'의 위험에 빠질 수 있다.

117) 대법원 2004. 11. 12. 선고 2002다66892 판결 등.

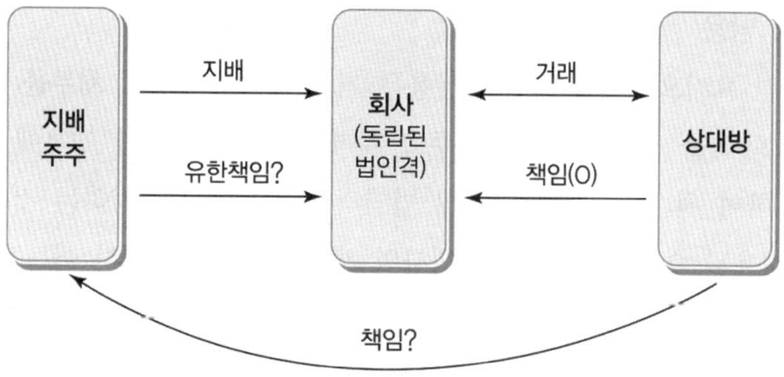

:: [그림 14.7.2-2] 법인격부인론의 구조

(3) 요 건

회사법의 근간인 '법인 독립의 원칙'을 보호하기 위해, 아주 예외적인 경우에만 법인격부인론을 적용한다. 즉, 배후자가 회사를 완전히 장악하여 수족처럼 부리고 있어야 하고(**지배요건; 형해화**), 채무면탈이나 법령 위반 등 부당한 목적으로 법인격을 이용해야 하고(**목적요건; 법인격 남용**), 법인격을 인정하는 것이 현저히 정의와 형평에 어긋나야 한다(**결과요건**).

1) 형해화

회사가 형해화되었다고 볼 수 있으려면 구체적으로, (ⅰ) 어느 주주가 회사를 완전히 지배하고(완전지배),[119] (ⅱ) 회사의 업무·재산과 지배주주 개인의 업무·재산이 분리되지 않고(혼용),[120] (ⅲ) 회사의 무자력으로 회사채권자가 변제를 받지 못하여야 한다(무자력). 이 밖에 자본이 과소하다는 것은 법인격부인론의 적용에 있어서 판단자료가 될 수 있지만, 이는 법인격부인론 적용의 절대적 요건이 아니다.[121] 형해화 요건은 객관적 사정에 관한 것으로 주관적 요건을 불요한다.[122]

---

118) 반대설: 홍복기·박세화, 회사법강의, 41~42면 참조.

119) 법인격부인론을 적용하기 위해서는 지배주주의 회사에 대한 '완전한 지배'를 요하는 것이 일반적이지만, 법인격남용 여부에 중점을 둠으로써 지배하지 않는 회사에 대해서까지 확장하여 적용하는 판례가 있다(대법원 2004. 11. 12. 선고 2002다66892 판결).

120) 대법원 2001. 1. 19. 선고 97다21604 판결. 이러한 미분리가 형해화 판단에 있어 가장 중요한 징표이다.

121) 대법원 2023. 2. 2. 선고 2022다276703 판결: 상법 520조의2에 따라 회사 해산이 간주되었다는 사실만으로 곧바로 법인격이 형해화되었다고 단정할 수 없다

122) 형해화 상태인지를 판단하는 기준시점은 원칙적으로 문제가 된 행위를 한 시점이다(대법원 2016. 4. 28. 선고 2015다13690 판결).

2) 법인격 남용

법인격부인 요건으로서의 법인격 남용은 기존 회사(X회사)의 **채무를 면탈할 목적으로 회사**(Y회사)**를 신설**하는 때[123] 주로 문제가 된다. 이러한 경우에 기존회사의 채권자에 대하여 위 두 회사가 별개의 법인격을 갖는다고 주장하는 것은 신의성실의 원칙상 허용될 수 없으므로, 기존회사의 채권자는 위 두 회사 어느 쪽에 대하여도 채무이행을 구할 수 있다. 이때 기존회사와 신설회사의 실질적 동일성(객관적 요건)과[124] 채무면탈 목적(주관적 요건)이 인정되어야 하고, 정당한 대가의 지급 여부가 중요한 판단기준이 된다.[125] 주관적 요건은 객관적 요건에 의해 추단할 수 있다.

(4) 대 상

1) 법인격부인론은 **채무불이행책임**(계약책임)뿐만 아니라 **불법행위책임**에 대해서도 적용된다.

2) **역적용** – 법인격부인론에 따라 회사의 채권자가 회사(X) 배후의 주주(A)에게 책임을 묻는 것(순적용) 외에, 주주(A)의 채권자가 회사(X)에 대하여 책임을 묻는 것(역적용)을 인정할 것인가? 긍정설과 부정설이 있다. 판례는 개인 채무자가 채무면탈을 목적으로 자기 재산을 출자하여 회사를 설립하여 실질적으로 운영하는 사안에서 회사에 책임을 물을 수 있다고 하여 이를 긍정하고 있다.[126]

(5) 효 과

1) 법인격부인의 요건을 충족하면 당해 사건에 한하여 회사의 법인격(corporate veil)을 잠시 걷어내고 그 배후에 있는 **지배주주를 상대로 직접 회사채무에 대한 책임**을 물을 수 있게 된다. 법인격부인론의 적용에 의하여 회사의 법인격이 완전히 소멸되는 것은 아니다. 문제가 된 특정 사안에 있어서만 일시적으로 회사의 법인격을 무시하여 '회사=지배주주'로 취급할 뿐이다.

2) 법인격부인론의 적용효과는 **실체법적인 효력**에 그친다. 소송법적 효력까지 인

123) 이를 사해설립(詐害設立)이라 한다. 이러한 경우 채권자취소권, 해산명령, 사해(詐害)설립 취소의 소, 설립 무효의 소 등에 의한 구제가 현실적으로 매우 어렵다. 이에 법인격부인론을 적용할 수 있는가에 대해서는 긍정설과 부정설로 나뉘는데, 판례는 긍정하고 있다.

124) 대법원 2024. 3. 28. 선고 2023다265700 판결.

125) 대법원 2008. 8. 21. 선고 2006다24438 판결.

126) 대법원 2021. 4. 15. 선고 2019다293449 판결.

정되는 것은 아니다. 따라서 회사(피고)에 대한 승소판결을 가지고 곧바로 지배주주(피고가 아닌 경우)에 강제집행을 할 수 없다.[127]

연습 및 응용

Q1 K는 자동차 5대를 가지고 택시운송업을 하고 있는 자이다. K는 각 자동차에 의하여 발생될 수 있는 교통사고로 인한 배상책임이 다른 자동차에 미치는 것을 차단하기 위하여 각 자동차 1대당 1개 회사로 모두 5개의 주식회사(A회사, B회사, C회사, D회사, E회사)를 설립하여 운영하고 있다. K는 A, B, C, D, E회사의 지배주주이다. 이에 대한 법적 평가로 옳은 것은 ○, 틀린 것은 ×로 표시하시오. (미국 왈콥스키 사건 참조)

① 위와 같은 회사 설립은 위법하다. (　　)

② A회사의 교통사고로 인한 배상책임에 대해 B, C, D, E회사는 책임 없음이 원칙이다. (　　)

③ A회사의 배상책임에 대하여 법인격부인론을 적용함으로써 K에게 직접 책임을 물을 수 있다. (　　)

Q2 회사(X)에 대하여 승소판결을 받은 자(Y)는 법인격부인론을 적용함으로써 이를 근거로 곧바로 X회사의 지배주주(K)에게 강제집행을 할 수 있는가? 어떻게 하는 것이 소송경제적일까?

법인격부인론은 실체법상의 효과에 그치고 소송법상으로는 인정되지 않는다. 소송법적 절차는 국가의 공적인 절차로서 절차의 명확성과 안정성이 요구되기 때문이다. 따라서 회사(X; 피고)의 채권자(Y; 원고)가 X회사를 상대로 제기한 소송에서 승소판결을 받았다고 하더라도 법인격부인론의 적용을 받아 X회사의 지배주주(K)에게 강제집행을 하려면 다시 지배주주(K)를 상대로 제소하여 승소판결을 받아야 한다. 따라서 처음부터 지배주주(K)와 그 회사(X)를 공동피고로 하여 소송을 제기하는 것이 소송경제적이다.

---

127) 대법원 1995. 5. 12. 선고 93다44531 판결.

제 15 장

회사분쟁의 해결

제 1 절 자율적 해결

당사자간의 교섭과 양보에 의한 분쟁의 자율적 해결은 회사분쟁의 해결에서도 유용하고 바람직하다. 당사자가 상호 양보하여 당사자간의 분쟁을 종결할 것을 약정하면 민법상 화해(민 731조~733조)의 효력을 갖는다.

제 2 절 조정과 중재

(1) **조정**(調停, mediation)은 분쟁 당사자간에 제3자가 중개하여 분쟁의 원만한 해결을 도모하는 것이다. 조정안을 당사자가 수용하면 민법상의 화해(민 731조~733조)로서의 효력을 갖는 것이 원칙이지만, 개별 법령에 의하여 재판상의 화해로 효력이 강화되는 경우도 있다.[1])

(2) **중재**란 당사자간의 합의로 사법상의 분쟁을 법원의 재판에 의하지 아니하고 중재인의 판정에 의하여 해결하는 절차이다(중재법 3조 1호). **상사중재**에 관하여는 대한상사중재원의 중재규칙이 적용된다(중재법 부칙).

■ ADR

대체적 분쟁해결(Alternative Dispute Resolution; ADR)은 법원의 재판이 아니라 화해, 조정, 중재와 같이 제3자의 관여나 당사자간의 타협으로 이루어지는 분쟁해결방식을 말한다. 정식재판에 의하면 비용과 시간이 많이 들고 분쟁상황이 노출되기 때문에 ADR에 의한 분쟁해결의 중요성이 늘어나고 있다.

1) 재판상의 화해가 성립하면 확정판결과 같은 효력이 생긴다. 민법상의 화해계약의 경우에는 집행력이 없고 이를 실행하려면 집행권원을 받기 위하여 이행의 소를 따로 제기하여야 한다.

제 3 절 법원을 통한 해결

[15.3.1] 회사소송

대법원은 ○ 전 대통령이 냉동창고업체 오ㅁ라씨에스 대표이사인 조카 ▲씨를 상대로 낸 손해배상청구소송 항소심에서 ○ 전 대통령이 실질주주라고 본 원심을 깨고 사건을 서울고법으로 돌려보냈다. ○ 전 대통령은 자신의 비자금 120억원으로 설립된 조카 회사를 되찾아 미납 추징금을 내겠다고 했던 상황이었다. 재판부는 "○ 전 대통령이 동생 △씨에게 건넸다는 120억원은 애초 대통령 선거 지원 등을 위해 조성된 불법 자금으로 회사 설립을 전제로 해 교부됐다고 보기 어렵다"고 판단했다. (출처: 동아일보 2011. 5. 27; 한겨레 2011. 5. 27)

서울고법은 ○ 전 대통령이 비자금으로 설립된 ㈜오ㅁ라씨에스의 실질주주가 자신이라며 동생 △씨와 조카 ▲씨 등을 상대로 낸 주주지위 확인 청구소송에서 1심과 같이 원고 패소판결을 했다. 재판부는 "○ 전 대통령이 120억원을 △씨 측에 건넨 것은 어떤 형태로든 가치를 유지·보전했다가 이후 반환하라는 의미로 이뤄진 것이지, 회사의 설립과 운영 자체를 위임한 것은 아니다"라고 밝혔다. 2004년 ▲씨가 회사 소유 부동산을 자신의 별도 유통회사에 매각하자 ○ 전 대통령이 소송을 냈다. (출처: 아시아투데이 2011. 10. 28; 서울신문 2011. 11. 12)

생각해보기

1. 회사법상의 소송의 경우 민사소송법의 특칙을 둔 이유는? 그 특칙의 내용은?
2. 위 사례의 경우 일반 민사소송 또는 형사소송을 제기하는 방법 중 어떤 것이 더 효과적인 분쟁해결방법인가?

1. 특 징

회사법 위반사건 중 형사사건의 절차는 일반적인 형사소송법에 의하고 민사사건의 절차는 민사소송법에 의함이 원칙이다.[2] 다만 개인법적인 법률관계를 대상으로 하는 민사소송과는 달리 **회사소송에서는 단체법적인 법률관계를 획일적으로 확정하는 한편, 남소방지를 위해 상법에 특례**를 두고 있다. 그 나머지는 민사소송법의 적용을 받는다.

2. 종 류

(1) 주식회사 관련 소송으로 상법은 회사설립 무효의 소(상 328조 2항, 186~193조), 합병 무효의 소(상 530조 2항, 237~240조, 186조~191조), 분할·분할합병 무효의 소(상 530조의11 1항, 237조~240조, 186조~191조), 주식교환 무효의 소(상 360조의14 4항, 187조~189조, 190조 본문, 191조, 192조), 주식이전 무효의 소(상 360조의23 4항, 187조~193조), 신주발행 무효의 소(상 430조, 186조~189조, 190조 본문, 191조, 192조), 자본금감소 무효의 소(상 446조, 186조~189조, 190조 본문, 191조, 192조), 주주총회결의 취소의 소(상 376조 2항, 186조~189조, 190조 본문, 191조), 주주총회결의 무효확인의 소와 부존재확인의 소(상 380조, 186조~189조, 190조 본문, 191조), 주주총회 부당결의 취소·변경의 소(상 381조 2항, 186조~189조, 190조 본문, 191조), 이사 해임의 소(상 385조 3항, 186조), 대표소송(상 403조 1항, 186조) 등을 규정하고 있다. 전환사채와 신주인수권부사채 발행 무효의 소에 관해서는 상법에 규정이 없으나 그와 동질적인 신주발행 무효의 소에 관한 상법규정을 유추적용한다.[3]

(2) 그 밖의 회사관계소송(예: 신주발행 부존재확인의 소, 이사회결의 무효확인·부존재확인의 소, 위법배당 반환의 소)에 관해서는 상법에 특별규정이 없으므로 민사소송법에 의한다.

(3) 예컨대, 하자 있는 주주총회의 결의를 거쳐 자본금을 감소한 경우, 선행행위를 다투는 소(예: 주주총회 결의의 하자를 다투는 소)와는 별도로 후속행위를 다투는 소(예: 자본금 감소 무효의 소)에 관한 상법규정이 존재한다. 이러한 경우 소송경제상 전자는 후자에 흡수되므로 후자의 방법으로 다투어야 한다(**흡수관계**).

---

2) 민사소송의 기능은 사권의 확정·보전·실행이다. 사권의 확정은 판결절차에 의하여, 보전은 가압류·가처분절차(집행보전절차)에 의하여, 실현은 강제집행절차에 의하여 이루어진다(임재연, 회사소송, 4면).

3) 대법원 2004. 6. 25. 선고 2000다37326 판결.

3. 원 고

(1) 회사소송의 제소권자(원고적격)는 **주주 · 회사채권자 · 이사 · 감사 등으로 제한**되는 경우가 많다. **주주를 제소권자로 하는 경우**는 (i) 단독주주권으로 하는 경우(원칙형), (ii) 1% 소수주주권으로 하는 경우(이사의 위법행위 유지의 소, 대표소송), (iii) 3% 소수주주권으로 하는 경우(이사해임 청구의 소 등), (iv) 10% 소수주주권으로 하는 경우(회사해산 청구의 소)로 차등화 되어 있다.[4)]

(2) 주주가 원고적격을 갖는가는 구분해서 보아야 한다. (i) 주주가 자신의 이익침해를 이유로 하는 경우에는 다툼의 대상이 되는 사안의 시점에 주주의 지위에 있었어야 원고적격을 가진다. 그러나 (ii) 회사 공동의 이익침해를 이유로 하는 경우에는 당시 주주가 아니었더라도 제소시에 주주의 지위에 있으면 족하다.

4. 피 고

회사소송의 피고는 (i) **회사**인 경우가 대부분이지만, (ii) 회사설립관여자 · 이사 · 집행임원 · 업무집행관여자 · 감사 · 주주 등과 같이 **회사가 아닌 경우**도 있다(대표소송, 주주권 확인의 소 등).

››› **사례**

세계 2위의 승강기 제조회사인 스위스의 쉰들러가 한국 정부를 상대로 3,400억원 규모의 '투자자－국가 간 소송'(ISD)을 제기하기 위하여 중재의향서를 제출했다. 현○엘리베이터 지분 15.87%를 보유한 2대 주주 쉰들러는 현○그룹이 2013년부터 2015년까지 추진한 유상증자가 '경영권 방어' 목적인데도 금융감독원이 이를 수리해준 것은 한국 정부가 조사 · 감독 의무를 게을리 했다는 것을 이유로 들고 있다. 정부는 법무부가 소송을 주도하고 금융위원회가 소송자료 수집을 맡기로 했다. (출처: 한국경제 2018. 7. 20; 서울경제 2018. 10. 16)

---

4) 이상의 지주비율은 비상장회사를 기준으로 한 것이다. 상장회사에 대해서는 비상장회사보다 일반적으로 낮은 소정의 지주비율 외에 6개월간 계속보유를 제소자격(원고적격)의 요건으로 하는 경우가 많다(상 542조의2 이하). 상장회사의 주주는 소수주주권에 관한 특례규정과 일반규정을 선택적으로 주장할 수 있다(상 542조의6 10항). 다중대표소송의 경우는 모회사의 1%이상(상장회사는 0.5% 및 6개월 계속보유) 주주도 원고적격을 갖는다(상 406조의2, 542조의6 7항).

5. 제소기간

회사소송에서는 회사법적 법률관계의 신속한 안정을 위하여 제소기간을 제한하는 경우가 많다. 회사소송의 제소기간은 **대부분 6개월**로 하고 있으나, 1개월(이사 해임의 소는 주주총회에서 해임이 부결된 날로부터), 2개월(주주총회 결의 취소의 소), 2년(주식회사 설립 무효의 소)으로 하는 경우도 있다.[5]

6. 관할법원 및 소가

회사소송의 관할법원은 **회사 본점 소재지의 지방법원을 전속관할**로 한다(상 196조). 회사소송에서는 합의관할이나 변론관할이 인정되지 않는다.[6] 소가에 관해서는, 대표소송, 이사의 위법행위 유지청구의 소 및 회사에 대한 신주발행 유지청구의 소의 경우 소가를 산정할 수 없는 소송으로 본다(민사소송 등 인지규칙 18조의2, 15조).

7. 공고 및 병합심리

(1) 회사소송이 제기되면 회사는 지체없이 이를 **공고**하여야 한다(상 187조). 회사의 분쟁상황을 이해당사자들에게 주지시키기 위함이다.

(2) 수개의 소가 제기된 때에는 법원은 이를 **병합심리**하여야 한다(상 188조). 이는 판결의 저촉을 피하고 회사분쟁을 한꺼번에 해결하며, 원고 승소판결에 대세적 효력이 인정되는 점을 감안한 때문이다.

8. 재량기각

심리 중에 **원인된 하자가 보완되고**[7] **회사의 현황과 제반사정을 참작하여 무효 등의 판결을 하는 것이 부적당**하다고 인정될 때에는 법원은 그 **청구를 기각**할 수 있다(상 189조).[8] 이는 대부분의 회사소송에 준용된다. 그러나 주주총회 결의의 하자

---

5) 다만, 주주총회 결의 무효 확인의 소와 부존재 확인의 소의 경우는 제소기간에 대한 제한 규정이 없으므로 일반원칙에 따라 소의 이익이 있는 한 언제나 제기할 수 있다.

6) 임재연, 회사소송, 27면.

7) 그 하자가 추후 보완 될 수 없는 성질의 것이라면 그 하자가 보완되지 않더라도 재량기각을 할 수 있다(대법원 2010. 7. 22. 선고 2008다37193).

8) 법원은 당사자의 주장이 없더라도 직권으로 재량기각할 수 있다(대법원 2003. 7. 11. 선고 2001다

에 관한 소송에 있어서는 **결의취소의 소**에만 이를 인정한다(상 379조).

재량기각은 위법성이 인정됨에도 불구하고 회사와 이해관계자들의 이익을 고려하여 예외적으로 원고의 청구를 받아들이지 않는 제도이다. 따라서 행정소송에서 사정판결이 처분의 취소가 현저하게 공공복리에 반한다고 판단되는 때에만 제한적으로 허용하는 것처럼, 재량기각 제도의 해석과 적용은 제한적이어야 한다.

9. 담보제공명령

회사소송의 남용을 방지하기 위하여 피고는 **주주인 원고의 청구가 악의임을 소명**하여 상당한 담보를 제공하게 할 것을 법원에 청구할 수 있고, 법원은 담보제공을 명할 수 있다(상 176조 3항·4항, 237조, 377조 2항, 403조 7항, 530조 2항, 530조의 11 1항). 그러나 이사 또는 감사가 소를 제기한 경우에는 담보제공의무가 면제된다(상 377조, 430조, 446조).

10. 당사자처분권 제한

회사소송에서 원고 승소판결에 대세적 효력이 인정되므로 제소 이후에는 당사자처분권주의가 제한되어 **청구의 인낙, 화해 등을 할 수 없다**.[9] **대표소송에는 '법원의 허가'를 얻어야 소의 취하, 청구의 포기·인낙, 화해**를 할 수 있다는 특례를 두고 있다(상 403조 6항).

11. 원고 승소판결

(1) 형성의 소 등 – 회사소송 대부분은 형성의 소이다. 그러나 대표소송, 위법배당 반환청구, 주주총회 결의 무효·부존재 확인을 구하는 소는 확인의 소 또는 이행의 소이다.

(2) 대세적 효력 – 민사소송에서 기판력은 통상적으로 소송당사자에게만 미치는 것이 원칙이나(대인적 효력), 회사소송에서 원고 승소판결의 효력은 단체법적 법률관

45584 판결).

9) 상법에 명문의 규정이 없는 때에도 회사소송은 당사자의 자유로운 처분이 허용되는 권리에 대한 소송이 아니므로 청구인낙·화해·조정이 허용되지 않는다(대법원 1993. 5. 27. 선고 92누14908 판결; 대법원 2004. 9. 24. 선고 2004다28047 판결 등).

계의 획일적 확정을 위하여 제3자에 대해서도 기판력이 확장된다(상 190조 본문).

(3) 소급효 제한 – 민사소송의 일반원칙에 의하면 판결의 효력은 소급하나, 회사소송의 원고 승소판결에 대해서는 회사법관계의 안정을 위하여 소급효를 제한하는 것이 원칙이다. 그러나 예외적으로 **주주총회 결의의 하자를 다투는 소송**(상 376조 2항, 380조, 381조 2항), **자본금감소 무효의 소**(상 446조)**에서는 소급효**를 인정하고 있다.

(4) 판결효과의 귀속 – 원고 승소판결의 효과는 원고에게 귀속하는 것이 원칙이다. 그러나 **대표소송**은 제3자의 소송담당이기 때문에 원고가 승소한 경우뿐만 아니라 패소한 경우에도 판결의 효력이 회사에 미친다.

12. 원고 패소판결

(1) 대인적 효력 – 회사소송에서도 원고 패소판결의 경우에는 대세적 효력을 인정하지 않고 일반원칙으로 돌아가서 소송당사자간에만 기판력이 미친다.

(2) 패소원고의 책임 – 패소한 원고에게 **악의 또는 중대한 과실이 있는 때**에는 패소 원고는 회사에 연대하여 손해배상책임이 있다(상 191조). 그러나 **대표소송**의 경우에는 악의에 한하여 패소 원고가 회사에 손해배상책임을 진다(상 405조 2항).

[15.3.2] 보전소송

(1) 가압류·가처분 등의 보전재판을 얻기 위한 절차, 그 당부를 다투는 쟁송절차 및 그 처분의 집행절차를 보전소송이라 한다. 상법에서는 이사의 직무집행정지와 직무대행자 선임 가처분에 관한 규정을 두고 있다(상 407조).[10)]

(2) 회사법상의 가처분은 대부분 다툼이 있는 권리관계에 대하여 **임시의 지위를 정하기 위한 가처분**(민집 300조 2항)에 해당하고, 민사집행법이 적용된다.

(3) 임시의 지위를 정하기 위한 가처분에서 **보전의 필요성**은 "특히 계속하는 권리관계에 끼칠 현저한 손해를 피하거나 급박한 위험을 막기 위하여, 또는 그 밖의

---

10) 실무상 많이 이용되는 회사법 사건의 가처분에는 이사 직무집행정지 및 직무대행자 선임, 주주총회 개최 금지, 의결권행사 금지, 명의개서 금지, 주주총회결의 효력정지, 신주발행 금지, 주주명부 열람·등사, 회계장부 열람·등사 등에 관한 가처분 등이 있다.

필요한 이유가 있을 경우”에 인정된다(민집 300조 2항 단서).

[15.3.3] 상사비송

비송사건은 **쟁송성이 희박하여 법원이 사인간의 법률관계에 후견자 입장**에서 관여함으로써 법원의 허가, 인가, 결정 또는 명령 등의 처분행위를 얻도록 하고 있다. 회사법관계의 비송사건에 대해서는 비송사건절차법이 적용된다(동법 3편 상사비송사건).

■ **상사비송의 예**

회사의 해산명령(상 176조), 주금납입금보관자 등의 변경(상 306조), 주식매수청구권 행사의 경우 주식매매가격의 결정(상 335조의5, 374조의2 4항), 임시주주총회의 소집허가(상 366조 2항), 일시이사의 선임(상 386조 2항), 신주발행 무효의 소에서 환급금의 증감명령(상 432조 2항), 단주의 임의매각 허가(상 443조 1항 단서), 회계장부 열람 허가(상 277조 2항), 검사인 선임(상 298조), 검사인의 조사보고(상 299조), 공증인 또는 감정인의 조사 또는 감정결과 보고와 법원의 변경처분(상 299조의2, 300조), 변태설립사항 조사를 위한 검사인 선임(상 310조 1항), 이사회 의사록 열람 허가(상 391조의3 4항), 주식의 액면미달발행 허가(상 417조), 현물출자 검사를 위한 검사인 선임(상 422조), 업무와 재산상태 검사를 위한 검사인 선임(상 467조, 582조), 유한회사의 주식회사로의 조직변경(상 607조 3항), 외국회사의 영업소 폐쇄명령(상 619조), 유한회사와 주식회사의 합병 인가(상 600조 1항), 이사와 회사간의 소에서 감사위원회의 위원이 소의 당사자인 경우 회사를 대표할 자의 선임(상 394조 2항) 등(비송 72조).

연습 및 응용

Q1 총회꾼을 동원한 X회사의 주주총회에서 회사합병을 승인하는 결의하였는데 합병비율이 현저히 불공정하다. 이런 경우 회사합병의 효력을 다투는 방법은?

총회꾼을 동원한 주주총회의 결의는 결의방법이 현저하게 불공정한 경우에 해당하며, 그 정도에 따라 주주총회결의 취소의 소(상 376조 1항) 또는 주주총회결의 부존재 확인의 소(상 380조)의 대상이 된다. 한편 합병비율이 현저하게 불공정한 때에는 합병무효의 소(상 530조 2

항)의 대상이 된다. 여러 분쟁해결수단 중 분쟁을 궁극적으로 해결할 수 있는 방법이 있다면 소송경제상 그에 의하여야 한다. 따라서 하자 있는 선행행위를 다투는 소(예: 주주총회의 하자를 다투는 4종의 소)와는 별도로 그 후속행위의 하자를 다투는 소(예: 신주발행 무효의 소, 자본금감소 무효의 소, 합병 무효의 소, 회사분할 무효의 소, 주식의 포괄적 교환·이전 무효의 소 등)가 인정되어 있다면, 전자는 후자에 흡수되어 후자의 방법에 의하여야 한다.

Q2 회사를 둘러싼 분쟁과 갈등을 해결하는 방법은?

사회가 있는 곳에 갈등이 있고 회사도 사회의 일종이므로 그 예외가 될 수는 없다. 분쟁과 갈등이 없는 유토피아(Utopia)는 이 지구상에 존재하지 않으며, 다만 이를 지향할 따름이다. 회사가 활동하고 성장하는 과정에서 분쟁과 갈등의 발생은 각자의 이익을 추구하는 회사 이해당사자의 속성상 피하기 어려운 측면이 있다. 그러한 분쟁과 갈등이 발생할 수 있는 소지를 미리 예방하고 분쟁이 발생한 때에는 이를 자율적으로나 소송 등에 의하여 합리적으로 해결하는 규범적 장치로서 회사법은 그 기능의 한 축을 담당한다.

Keyword · 연관용어 찾아보기

[용례] =동일, ∞ 연관, ≪ 상위, ↔반대 또는 대비, ≒ 무관, ※ 참고

ㄴ

ㄷ

ㅅ

ㅊ

저 자

■ **김성탁** (金性倬 / Kim, Seong Tak)

››› 현직
인하대 법학전문대학원 명예교수

››› 학력 및 경력
연세대 법대 졸업 (법학박사)
영남대 법대 조교수 · 부교수 · 교수
아주대 법대 교수
인하대 법학전문대학원 교수
Columbia University, Law School, Korean Legal Studies Program
Old Dominion University, Business School, Visiting Professor
University of Virginia, School of Law, Visiting Professor
대통령비서실 경제행정규제완화점검단, 증권거래소 연구위원, 소비자보호원 분쟁조정위원회 전문위원, 증권업협회 자문교수, 인하대학교 법학연구소 소장, 한국공인회계사회 회계법 연구위원회 위원장, 대한상사중재원 중재인
증권분석사 · 금융투자분석사 · 증권투자상담사 · 일임투자자산운용사 · FP 등 시험위원
변호사시험 · 사법시험 · 군법무관시험 · 행정고시 · 세무사시험 등 위원 등

››› 주요저서
「상법총론－총칙 · 상행위」(법문사, 2021)
「로스쿨 상법강좌 상법연습」(디자인장이, 2019)
「상법상 법률용어 정비방안」(법무부 용역, 2019)
「판례분석 회사법(제1권)」(인하대학교출판부, 2012)
「판례분석 회사법(제2권)」(인하대학교출판부, 2012)
「사례 주식회사법」(영남대학교출판부, 2006)
「상법판례 백선」(법문사, 2025)(공저)
「회사법 - 사례와 이론 - 」(박영사, 2021)(공저)
「주석 상법(상법총론)」(한국사법행정학회, 2002)(공저) 등

사 례
회사법입문 [제15판]

2011년 3월 15일 초판 발행
2012년 2월 29일 제2판 발행
2013년 2월 25일 제3판 발행
2014년 2월 28일 제4판 발행
2015년 2월 25일 제5판 발행
2016년 2월 28일 제6판 발행
2017년 2월 28일 제7판 발행
2018년 2월 28일 제8판 발행
2019년 2월 28일 제9판 발행
2020년 2월 15일 제10판 발행
2021년 2월 15일 제11판 발행
2022년 2월 25일 제12판 발행
2023년 2월 15일 제13판 발행
2024년 9월 5일 제14판 발행
2026년 2월 28일 제15판 1쇄 발행

저 자 김 성 탁
발행인 배 효 선
발행처 도서출판 法 文 社

주 소 10881 경기도 파주시 회동길 37-29
등 록 1957년 12월 12일/제2-76호(윤)
전 화 (031)955-6500~6 FAX (031)955-6525
E-mail (영업) bms@bobmunsa.co.kr
(편집) edit66@bobmunsa.co.kr
홈페이지 http://www.bobmunsa.co.kr
조 판 법 문 사 전 산 실

정가 36,000원 ISBN 978-89-18-91667-5